21世纪普通高等教育
法 学 系 列 教 材

中国刑法学总论

主　编　石经海
副主编　王志远　郭泽强　丁胜明

撰稿人　（以撰写章节先后为序）
石经海　蔡　英　卢有学
丁胜明　贾　健　陈小彪
刘湘廉　陈　伟　郭泽强
王志远

中国人民大学出版社
·北京·

本书顾问

陈忠林　梅传强　朱建华

李永升　王利荣　蒋　林

作者简介

（以撰写章节先后为序）

石经海：法学博士，西南政法大学法学院教授、博士研究生导师、刑法学科带头人；兼任中国犯罪学学会副会长、中国刑法学研究会常务理事等职。教育部首批国家级线下一流本科课程“刑法学总论”负责人。本教材主编，撰写第一章、第二章、第五章、第十四章、第十五章、第十六章。

蔡英：法学博士，西南政法大学法学院副教授、硕士研究生导师。撰写第三章。

卢有学：法学博士，西南政法大学法学院教授、硕士研究生导师；兼任中国刑法学研究会理事。曾任西南政法大学法学院刑法教研室主任等职。撰写第四章。

丁胜明：法学博士，西南政法大学法学院教授、博士研究生导师、刑法教研室主任。教育部首批国家级线下一流本科课程“刑法学总论”核心成员。本教材副主编，撰写第六章。

贾健：法学博士，西南政法大学法学院教授、博士研究生导师；兼任最高人民检察院西南政法大学检察理论研究中心副主任。撰写第七章。

陈小彪：法学博士，西南政法大学法学院副教授、硕士研究生导师；兼任中国犯罪学学会理事。曾任西南政法大学法学院刑法教研室副主任。撰写第八章。

刘湘廉：法学学士，西南政法大学法学院副教授、硕士研究生导师。曾任西南政法大学法学院刑法教研室副主任。教育部首批国家级线下一流本科课程“刑法学总论”核心成员。撰写第九章。

陈伟：法学博士，西南政法大学法学院教授、博士研究生导师；兼任中国刑法学研究会常务理事、重庆市新型犯罪研究中心执行主任等职。撰写第十章、第十二章。

郭泽强：法学博士，中南财经政法大学刑事司法学院教授、硕士研究生导师、副院长；兼任中国犯罪学学会副会长、中国刑法学研究会常务理事等职。本教材副主编，撰写第十一章。

王志远：法学博士，中国政法大学刑事司法学院教授、博士研究生导师、副院长；兼任中国犯罪学学会副会长、中国刑法学研究会常务理事等职。本教材副主编，撰写第十三章。

编写说明

2023 年 2 月，中共中央办公厅、国务院办公厅印发了《关于加强新时代法学教育和法学理论研究的意见》，要求“坚持以习近平法治思想为统领，通过抓好核心教材、编好主干教材、开发新形态教材等，构建中国特色法学教材体系”，推进“充分反映全面依法治国发展成就”的中国法学系列教材建设。有鉴于此，西南政法大学刑法学科联合中国政法大学、中南财经政法大学刑法学科同仁共同编写西南政法大学新文科系列教材之一《中国刑法学总论》。

本教材在编写中坚持如下原则：(1) 立足于立德树人的法治人才培养。本教材坚持以马克思主义法学思想、中国特色社会主义法治理论、习近平法治思想为指导，坚持立德树人、德法兼修，既着眼于学生刑法学知识水平的提高，也致力于学生思想道德素养的培养。(2) 立足于中国特色的本土实际。本教材不做西方理论的“搬运工”，紧紧围绕新时代全面依法治国实践，构建扎根中国文化、立足中国国情、解决中国问题的话语体系、教学体系和教材体系，反对用域外刑法理论学说“裁剪”中国的刑法实践。(3) 立足于马克思主义的科学原理。本教材坚持马克思主义的历史思维、系统思维和辩证思维等唯物辩证法原理，坚持并合主义的刑法正当性根据，坚持个体与整体、主观与客观、形式与实质相统一原理，反对静止、孤立、片面地分析、理解和适用刑法。(4) 立足于学以致用的司法实践。本教材致力于阐述的刑法学理论，能够基于中国刑法立法、中国法律体系、中国法治体系，能够科学解释刑法立法，能够切实指导刑法适用和解决定罪量刑中的实际问题。(5) 立足于基本理论的学习重心。本教材将基本理论作为学习和驾驭相应内容的重中之重，对传统刑法学教学中不够重视的刑法学、刑法、犯罪成立评价体系、犯罪法律后果等，作了较为充实的阐述，便于同学们对各部分内容的深入学习和驾驭把握，避免直奔刑法规定的注释性刑法教学所带来的囫囵吞枣和知其然不知其所以然。

本教材也是对西南政法大学等政法大学刑法学教材建设的传承与发展。就西南政法大学而言，一直以来就有重视刑法学教材建设的传统：(1) 早在新中国开启法学教育之初，就组织编写了《中华人民共和国刑法总则讲义（初稿）》(1957 年)、《中华人民共和国刑法教学提纲》(1964 年) 等刑法学教材。(2) 在 1979 年《刑法》施行期间，1997 年《刑法》全面修订以前，先后组织编写了《刑法总论》(邓又天、曾宪信、马克昌、伍柳村、董鑫编写，司法部第六期全国法律专业刑法师资进修班教学用书，西南政法学院刑法教研室 1985 年印)、《罪刑各论》(王作富、赵长青编写，司法部第六期全国法律专业刑法师资进修班教学用书，西南政法学院刑法教研室 1985 年印)、《中国刑法总论》(邓又天主编，四川人民出版社 1989 年版)、《中国刑法分论》(董鑫主编，四川人民出版社

1989 年版）、《刑法学教程》（李培泽主编，成都科技大学出版社 1995 年版）、《中国特别刑法通论》（朱启昌、李永升主编，重庆大学出版社 1996 年版）等教材。（3）1997 年《刑法》全面修订并实施后，先后组织编写了《新编刑法学》（赵长青主编，西南师范大学出版社 1997 年版）、《刑法学》（赵长青主编，全国重点政法院校系列教材，法律出版社 2000 年版）、《刑法（总论）》（陈忠林主编，21 世纪中国高校法学系列教材，中国人民大学出版社 2003 年第 1 版、2019 年第 6 版）、《刑法（分论）》（陈忠林主编，21 世纪中国高校法学系列教材，中国人民大学出版社 2003 年第 1 版、2019 年第 5 版）、《刑法学》（陈忠林主编，高等学校法学核心课程教材系列，法律出版社 2006 年版）、《刑法总论》（陈忠林主编，全国高等学校法学专业基础系列教材，高等教育出版社 2007 年版）、《刑法分论》（陈忠林主编，全国高等学校法学专业基础系列教材，高等教育出版社 2007 年版）、《刑法总论》（李永升主编，新阶梯卓越法律人才培养系列教材，法律出版社 2011 年初版、2016 年修订）、《刑法分论》（朱建华主编，新阶梯卓越法律人才培养系列教材，法律出版社 2011 年初版、2016 年和 2018 年修订）、《刑法实务教程》（梅传强、李邦友主编，应用型高级法律人才系列教材，中国人民大学出版社 2013 年第 1 版、2023 年第 2 版）、《刑事疑难案例实务教程》（石经海、余捷主编，应用型高级法律人才系列教材，中国人民大学出版社 2013 年版）。（4）在国家级一流课程建设的“双万计划”实施时期，组织编写了《刑法总论导学教程》（石经海、刘湘廉主编，国家级一流课程建设成果与配套用书，法律出版社 2021 年版）、《刑法分论导学教程》（石经海、卢有学主编，国家级一流课程建设成果与配套用书，法律出版社 2023 年版）。本教材《中国刑法学总论》是在以上两本教材的基础上，借鉴吸收其他政法大学教材建设经验，结合西南政法大学刑法学科主持的教育部首批国家级线下一流本科课程“刑法学总论”的建设成果编写而成。

本教材由主编、副主编拟定编写提纲，经全体撰稿人集体讨论后，由各撰稿人执笔完成初稿，再组织专家团队对稿件进行审阅并提出修改意见，在撰稿人反复修改的基础上，最后由主编统改定稿。在编写过程中，西南政法大学的刘湘廉、陈小彪、蔡英、丁胜明、贾健、胡江等老师，以及重庆市第一中级人民法院资深刑事法官蒋林庭长，承担了稿件的多次审阅工作。

受理论水平和认知能力所限，本教材中难免存在不足甚至错误之处，恳请读者批评指正。

编著者

2023 年 5 月

目　录

第一编　刑法学与刑法的基本问题

第二编　犯罪的成立评价体系

第三编 犯罪的法律后果

第一编

刑法学与刑法的基本问题

第一章 刑法学的基本问题

内容导读

刑法学的基础问题是刑法学的入门性内容，是深入学习刑法学、准确把握和正确适用刑法的基础性、筑底性内容，主要包括刑法学的界定、分类、根据、关系、学派以及新中国刑法学的立场、演进、体系与学习方法等基本内容。在学习这部分内容时，除了要适当结合相应刑法规定，还要适当拓展结合犯罪学、刑事政策学、刑法解释学、刑法史学、外国刑法学、刑事诉讼法学、刑事侦查学、刑事执行法学等相关课程的基础性和原理性内容。

第一节 刑法学概说

一、刑法学的基本界定

刑法学是以刑法为研究对象的法学学科、法学部门或理论体系。这里的“刑法”，既包括刑法规范，也包括刑法理念。刑法规范是规定犯罪及其法律后果的法律规范，以刑法条文为表达载体，是刑法条文的内容和实质；刑法理念是关于犯罪及其法律后果的基本观念、基本立场，如人权保障、公平公正、罪刑均衡、刑法谦抑、罪责自负等。刑法理念通常通过刑法规范、刑法理论等体现出来。无论是刑法规范的创新，还是刑法理论的升华，都需以刑法理念的转换为基础。刑法理念的滞后或脱离实际，都会阻碍刑法和刑法学的发展进化。

刑法学是法学学科中最重要的部门法学之一。一般认为，作为独立学科的刑法学，是近代才出现的。我国古代的《唐律》《宋刑统》《明大诰》《大清律》，均以刑法内容为主。以此为研究对象的律学，就是我国古代的刑法学，但还不是独立学科意义上的刑法学。通常认为，作为独立学科的理论刑法学，以 1764 年意大利刑法学家贝卡利亚出版《论犯罪与刑罚》为正式诞生标志；作为独立学科的规范刑法学，以 1801 年德国刑法学家费尔巴哈出版《德国刑法教科书》为正式确立标志。在我国，在以宪法为核心的中国特色社会主义法律体系中，刑法是七大法律部门之一[①]，与此相适应，刑法学也就是中国

① 据 2011 年 10 月 27 日国务院新闻办公室发布的《〈中国特色社会主义法律体系〉白皮书》，中国特色社会主义法律体系由宪法相关法、民法商法、行政法、经济法、社会法、刑法、诉讼与非诉讼程序法等七个法律部门组成。

特色社会主义法学体系中一门独立的部门法学，且因其研究对象的独特法律性质与惩处机能等而成为最重要的部门法学之一。

刑法学的功能并非定罪量刑的评价依据。刑法学只是关于刑法的知识体系和理论体系，本身不能作为定罪量刑的评价依据。定罪量刑的评价依据，只能是作为刑法学研究对象的刑法规范。学习和研究刑法学，主要是为了增长刑法知识、掌握刑法理论、培养刑法思维、驾驭刑法适用、发现刑法问题、完善刑法立法、能动刑法司法、提升刑法效能等，从而更好地理解和适用刑法，更好地实现刑法的目的、任务。明确和端正刑法学的目的，是学好、用好刑法学的前提。

刑法学既有人类文明的共性，也有基于本国特色的个性。一方面，那些关于犯罪及其法律后果的基本观念、基本立场，如罪刑法定、人权保障、公平公正、罪刑均衡、刑法谦抑、罪责自负等刑法基本理念、原则、精神、原理，是人类文明的共同财富和通用知识，各国刑法学都应坚守与发扬光大。另一方面，刑法学作为基于本国刑法立法、法律体系、法治体系等实际的知识体系与理论体系，又必然具有立足本国刑法实践、服务本国法治需求的本土个性。那些基于外国刑法立法、法律体系、法治体系所形成的个性化刑法知识、特有术语、理论体系，可以用于知识学习、理论思辨，但不能被套用为我国刑法解释、刑法适用的理论根据与实践指导。

二、刑法学的重要分类

对刑法学进行分类，有利于全面了解和把握刑法学的知识体系，有利于深入、系统理解和适用刑法规范。具体需重点把握如下五个方面。

（一）广义的刑法学与狭义的刑法学

这是按刑法学中“刑法”的范围界定不同所作的刑法学分类。这个分类，旨在帮助我们了解刑法学的发展进化以及刑法学的现代界定。

（1）广义刑法学。这是19世纪以前通常意义上的刑法学，以广泛意义的刑法为研究对象。其中的所谓“刑法”，是泛指有关犯罪及其法律后果的法律规范与相关理论体系的“刑事法学”，包括所有以犯罪及其法律后果为研究对象的法学学科，不限于研究有关一国现行实体刑法规范的学科，还包括刑事侦查、刑事诉讼程序、刑罚执行、犯罪原因与对策、刑法的历史发展、刑法规范的哲学基础等的知识体系与理论。这是刑法学和法学还不够发达的表现和产物。

（2）狭义刑法学。这是近代刑法学发展的产物，以实体性刑法规范为研究对象。具体情形是，随着立法的发展、法学的发达，以上广义刑法学的相应内容，逐步演变为独立的学科，如狭义刑法学、刑事侦查学、刑事诉讼法学、刑罚执行法学、犯罪学、刑事政策学、刑法史学、刑法哲学。在这个背景下，刑法学就只是以犯罪及其法律后果的实体规范为研究对象的法学学科。如今，随着刑事法学科研究领域越来越具体，狭义刑法学仅是研究一国现行实体刑法规范的法学学科，与犯罪学、刑法哲学等不同。

（二）国内刑法学、外国刑法学和国际刑法学

这是按刑法学中“刑法”的地域范围不同所作的刑法学分类。这个分类，旨在满足

刑法学在横向知识拓展、理论研究和准确法律适用等方面的需要。

（1）国内刑法学。这是以本国刑法为研究对象的刑法学。本国刑法是由主权国家制定、在其刑事管辖权范围内适用的刑法。国内刑法学专注于一国刑法关于定罪量刑的立法规定、司法适用以及其基本概念、基本理论、基本原理、所存在的问题和完善对策等。这是其与外国刑法学、国际刑法学的主要不同所在。

（2）外国刑法学。这是以外国刑法为研究对象的刑法学。外国刑法是本国以外的其他各国的刑法。与国内刑法学不同的是，对外国刑法的研究，通常是将外国刑法作为整体加以系统的研究，以帮助我们了解外国刑法的历史发展、渊源形式、理论基础、学术流派、立法规定、司法实践等方面的特点、做法、经验、教训等。由此，外国刑法学既可以是以本国以外的某国的刑法为研究对象的刑法学，如德国刑法学、日本刑法学，也可以是以本国刑法以外的某个法系、某个共同体为研究对象的刑法学，如大陆法系刑法学、英美刑法学。只要不将本国刑法列入研究对象范围，不是对某些国的刑法学作横向比较研究，通常都属于外国刑法学的范畴。

（3）国际刑法学。这是以国际刑法为研究对象的刑法学。国际刑法有狭义与广义之分。狭义的国际刑法，是指国际条约、公约规定的旨在制裁国际犯罪、维护各国共同利益的刑事法规范；广义上的国际刑法，除包括狭义的国际刑法以外，还包括刑法适用范围中的空间效力问题，即国内刑法中与国际犯罪相关的规定，以及各国关于避免刑事管辖权冲突的规定。与国内刑法学、外国刑法学不同的是，国际刑法学既涉及国际犯罪、跨国犯罪的实体问题，也涉及其程序问题。实体问题如国际条约、公约规定的战争罪、危害人类罪、种族灭绝罪、侵略罪、非法使用禁用武器罪、非法获取和使用核材料罪、种族隔离罪、劫持航空器罪、劫持人质罪、侵害应受国际保护人员罪等 20 多种国际犯罪；程序问题主要有刑事管辖、引渡、司法协助、刑事侦查合作等问题。因此，国际刑法学为国际法学、刑法学和刑事诉讼法学的交叉学科。

（三）刑法哲学、注释刑法学、刑法史学和比较刑法学

这是按刑法学的研究方法不同所作的刑法学分类。这个分类，旨在揭示刑法规范的哲学基础，解释/阐明刑法规范的理解与适用，梳理刑法的历史发展演变，比较考察不同国家和地区的刑法立法、司法和理论。

（1）刑法哲学。它是注释刑法学、规范刑法学的对称，又称“理论刑法学”，是研究刑法的理论基础和一般原理的法律科学。刑法哲学不是针对刑法具体规定的应用性研究，而是超出刑法规范，将刑法所蕴含的法理提升到哲学高度进行研究的基础性研究，以揭示刑法发展规律，提高刑事政策制定和刑事立法的科学预见度，促进刑法学的知识创新，提升刑法学的理论水平。

（2）注释刑法学。它是理论刑法学的对称，又称“规范刑法学”“教义刑法学”，是对刑法规范进行解释说明的法律科学。它是以刑法适用为目的展开的应用性研究，是将一国现行刑法规范奉为“教义”，并对其予以体系化理解和适用的刑法学。在这个意义上，“注释刑法学”是形式与实质的有机统一，以求对本国有效刑法规范进行体系化的理解与适用。如此，不仅可以避免盲人摸象式的碎片化法律理解与适用，而且可以避免用域内外法学理论替代本国法律规范进行法律理解与适用。不过，需注意的是，理论上对

何为注释刑法学有不同理解，若对“注释刑法学”仅作基于形式刑法观[①]的理解，则这种意义上的“注释刑法学”，就与“教义刑法学”有着实质的不同。

（3）刑法史学。它又称“沿革刑法学”，属于法律史学和刑法学的分支学科，是以刑法的历史演变为研究对象，考察刑法制度、刑法思想的产生、发展和变化，并探究其原因和规律的法律科学。它既可以研究本国古今刑法的演变，也可以研究世界各国或某一类型国家刑法的历史；既可以是刑法制度史，也可以是刑法思想史、科学史；既可以是刑法通史，也可以是刑法专题史或断代史。研究和学习刑法史，既可以了解历史上刑法的承续与变化、沿袭与改革的历程，又可以了解犯罪、刑事责任、刑罚各个方面、各种问题发生、发展和解决的历史运动轨迹，从而利于总结历史经验、揭示兴衰规律、评析利弊得失，利于去伪存真、古为今用。

（4）比较刑法学。它是比较法学和刑法学的分支学科，是对世界各国、各地区或各法系的刑事立法、刑法理论和司法实践进行比较研究的法律科学。它既可以采宏观的比较研究，如从历史类型、所属法系、刑法体系、刑法基本原则和基本制度等方面进行比较研究，也可以采微观的比较研究，如对犯罪构成理论、共同犯罪规定、缓刑制度、假释制度、累犯制度以及某些刑种、某些罪种等进行比较研究，还可以将宏观比较与微观比较结合起来进行综合的比较研究。与外国刑法学在研究对象方面不同的是，比较刑法学通常以本国刑法为比较的基点。通过比较刑法学的研究和学习，可以找出不同国度、区域、法系刑法的共同点和不同点，有利于鉴别优劣、辨明是非、总结经验教训，进而找出刑法的规律，发展刑法理论。

（四）普通刑法学与特别刑法学

这是按特定犯罪类别所作的刑法学分类。这个分类，旨在突出特别犯罪类别的个别性和更有效地对它们施行刑法治理。所谓普通刑法学，是以刑法典为基础，全面研究刑法的内容的刑法学；所谓特别刑法学，是从某方面或某类罪的角度研究刑法特定内容的分支刑法学，如经济刑法学、行政刑法学、环境刑法学、医事刑法学、网络刑法学、军事刑法学等。

（1）经济刑法学。它是指以经济刑法以及经济法等与刑法的交叉、互动与协调关系为研究对象的理论体系，是法治经济时代的产物，是介于刑法学、经济学、经济法学和经济犯罪学之间的边缘学科。在我国，经济刑法主要是指我国《刑法》分则第三章规定的破坏社会主义经济秩序罪、第五章规定的侵犯财产罪、第八章规定的贪污贿赂罪和第六章关于妨害社会管理秩序罪的部分罪名以及刑法总则中相关的规定。将经济刑法学作为一门相对独立的学科，利于为经济犯罪治理提供更有效的对策。

（2）行政刑法学。它是指以行政刑法以及行政法与刑法的交叉、互动与协调关系为研究对象的理论体系，是介于行政法学与刑法学之间的边缘学科。所谓行政刑法，是指规定行政犯罪及其法律后果的法律规范总称；所谓行政犯罪，是指违反国家行政管理法律法规，造成严重社会危害，依法应当被追究刑事责任的行为。在我国，行政刑法是指刑法规定的其前置法属于行政法或经济法的犯罪及其刑事责任的法律规范，包括涉工商、

① 我国刑法理论上存在形式刑法观与实质刑法观的理论争论。详见第二章第五节中刑法解释的立场部分。

税收、金融、海关、环境保护、公共安全、文教、卫生、医疗等行政管理秩序的犯罪规定，以及刑法总则中的相关规定。将行政刑法学作为一门相对独立的学科，利于为行政犯罪治理提供更有效的对策。

（3）环境刑法学。它是指以环境刑法以及环境法与刑法的交叉、互动与协调关系为研究对象的理论体系，是环境和资源保护的产物，是介于刑法学、环境学、环境法学、环境犯罪学等之间的边缘学科。所谓环境刑法，是指规定环境犯罪及其法律后果的法律规范。在我国，它主要包括《刑法》分则第六章第六节破坏环境资源保护罪和第九章关于环境、环境资源保护方面的渎职犯罪以及刑法总则中的相关规定。将环境刑法学作为一门相对独立的学科，利于为环境犯罪治理提供更有效的对策。

（4）医事刑法学。它是指以医事刑法以及医事法与刑法的交叉、互动与协调关系为研究对象的理论体系，是介于刑法学、医事学、医事法学、医事犯罪学等之间的边缘学科。所谓医事刑法，是指调整和规范医事领域内的犯罪及其法律后果的法律规范。在我国，它主要包括《刑法》分则第六章第五节危害公共卫生罪和第九章关于医事方面的渎职犯罪以及刑法总则中的相关规定。将医事刑法学作为一门相对独立的学科，利于为医事犯罪治理提供更有效的对策。

（5）网络刑法学。它是指以网络刑法以及网络法与刑法的交叉、互动与协调关系等为研究对象的理论体系，是网络信息发展的时代产物，是介于刑法学、网络法学、犯罪学等之间的边缘学科。网络刑法是规定网络犯罪及其法律后果的法律规范的总称。在我国，网络刑法包括《刑法》分则第六章中关于妨害或利用网络信息等犯罪的规定以及刑法总则中的相关规定。将网络刑法学作为一门相对独立的学科，利于为网络犯罪治理提供更有效的对策。

（6）军事刑法学。它是指以军事刑法以及军事法与刑法的交叉、互动与协调关系等为研究对象的理论体系，是介于刑法学、军事法学、犯罪学等之间的边缘学科。军事刑法是规定军职人员犯罪以及其他侵犯军事利益的犯罪及其法律后果的法律规范的总称。所谓军事犯罪，是指军人违反职责罪和危害国防利益罪中能够由军人作为犯罪主体的所有犯罪。将军事刑法学作为一门相对独立的学科，利于为军事犯罪治理提供更有效的对策。

（五）古代刑法学、近代刑法学和现代刑法学

这是按刑法所基于的政治文化及其发展演进为主线所作的刑法学分类。这个分类，旨在突显刑法学的阶级性和刑法学的历史发展历程，利于确定刑法学的未来发展方向。

（1）古代刑法学。这是将以古代奴隶、封建或贵族等专制主义政治文化为根基的刑法作为研究对象的刑法学。这个背景下的刑法，基本上只是维护少数专制主义者之利益的工具，缺少保障人权、崇尚法治的精神内涵。在这个时期，虽然也有法典式的刑法立法，但这个立法并非维护以人民为中心的整体利益，而只是维护少数专制主义者的利益。我国封建社会及以前和西方近代以前的刑法学，都主要以这种立法为研究对象。同时，这个意义上的刑法学，只是一些关于刑法的理论，还不是系统性的独立学科。如中国春秋时期的所谓“刑名之学”，其实只是“律学”中关于刑律的学问。

（2）近代刑法学。这是将以近代个体本位主义政治文化为根基的刑法作为研究对象的刑法学。这个背景下的刑法，强调个体权利至上，关注保障人权，崇尚法治的精神内

涵。以此为研究对象的刑法学，已形成体系化的独立法学学科。如 1764 年贝卡利亚所著《论犯罪与刑罚》，在总结前人研究成果的基础上，较为系统地阐述了包括罪刑法定、罪刑均衡、刑罚人道等刑法基本原则在内的刑法学基本问题。此后，经费尔巴哈、龙勃罗梭、菲利、李斯特等人的不懈努力，先后出现了刑事古典学派与刑事实证学派（包括刑事人类学派和刑事社会学派），创立和发展了刑法理论体系。不过，从历史角度来考察，这个意义上的刑法学，尚只是基于这个时期的政治文化和认知水平的近代刑法学。虽然其中涉及的包括罪刑法定、罪刑均衡、刑罚人道等刑法基本原则在内的刑法学基本问题，仍被当今刑法学者所广泛认同，但它们因为要么是建立在基于社会危害性的绝对报应或基于一般预防的相对报应基础上的报应主义刑法学，要么是建立在基于人身危险性（社会危险性）的绝对预防基础上的目的主义刑法学，故而实际上都只是从一个极端认知与发展样态，发展到另一个极端认知与发展样态。虽然这些“极端”样态也是刑法学进化发展中的重要一环，也是必要和重要的，但它们所根植于的极端性正当性根据以及其个体权利至上的政治文化，背离了个体与整体关系的哲学原理，使以人民为中心的整体利益得不到必要体现和有效维护。近现代大陆法系刑法学，大体属于这个意义上的刑法学。

（3）现代刑法学。这是将以现代集体本位主义的政治文化为根基的刑法作为研究对象的刑法学。这个背景下的刑法，一方面，不仅具有重视保障人权、崇尚法治的精神内涵，而且坚持个体利益与以人民为中心的整体利益平衡，从而使其价值根基符合个体与整体关系的哲学原理；另一方面，在正当性根据上，既坚持基于社会危害性的报应主义，又坚持基于人身危险性（社会危险性）的预防主义和基于人性关怀、人权保障等时代精神的人道主义，从而使刑法既能坚守实体上的公平正义，又能在正义范围内体现刑法的时代文明与人性关怀，并能融入国家治理体系与治理能力现代化中，发挥其应当发挥的作用，避免刑法机能的扩张或刑法的私法化异化。以此为研究对象的刑法学，才是真正的现代刑法学，才是刑法学的基本发展方向。

三、刑法学的相邻关系

刑法学的相邻关系，是基于犯罪及其刑事责任的事实、规范与活动等所形成的一体化课程体系和理论体系。学习与把握刑法学的相邻关系，旨在明晰和理清刑法学在刑事法学体系中的位置，更好地理解和把握刑法学。一般来说，刑法学的相邻关系，包括刑法学与犯罪学、刑事政策学、刑事诉讼法学、刑事侦查学、刑事执行法学的关系。

（一）刑法学与犯罪学

刑法学与犯罪学的关系很是密切。它们的密切关系主要体现在：其一，在学科发展史上，犯罪学就是脱胎于刑法学而逐渐分离出来的一门科学。其二，它们都是以犯罪现象为研究对象的学科，只是二者的研究视角不同。其三，刑法学关于犯罪的理论是犯罪学开展研究的必要前提，利于犯罪学在研究中将刑法上的犯罪行为与其他违法行为区分开来，或者利于犯罪学围绕刑法学关于犯罪种类、犯罪人类型、制裁方法的理论展开相应的研究。其四，刑法学是否将某个危害行为纳入处罚范围和如何定罪处罚，往往需要建立在犯罪学考察的基础上。可以说，若刑法和刑法学不以犯罪学对犯罪现象及其特点、危害、原因等的梳理与揭示为基础，则不仅不便于刑事一体化地理解刑法规范，而且这样的立法和理论研究会是盲目的。它们的不同主要在于：一是研究内容不同。刑法学是关于犯罪及其法律后果的规范问题研究，重点研究立法或司法上如何设置犯罪及其法律后果、如何认定犯罪和作出量刑的实体性规范标准；犯罪学是关于犯罪现象及其特点、危害、原因等的事实问题研究，重点研究的是犯罪现象的特点、原因、预防对策等。二是学科性质不同。刑法学是关于犯罪及其法律后果的规范性法律学科，其任务是提出定罪量刑的实体标准、破解定罪量刑中的实体规范困境等，其中所谓“犯罪”是关于对犯罪行为如何定罪和对犯罪人如何处刑的“规范评价”；犯罪学是关于犯罪现象及其特点、危害、原因等的事实性法律科学，其任务是为如何预防和减少犯罪提供理论指导，其中所谓“犯罪”是关于犯罪现象及其特点、危害、原因等的“事实状态”。

（二）刑法学与刑事政策学

刑事政策学是以国家刑事政策的制定和实施为研究对象的理论体系。所谓刑事政策，是指国家为有效地惩罚和预防犯罪而制定和采取的各种策略、方针、原则和措施。其与刑法的关系是，刑事政策是刑法的灵魂，刑法是刑事政策的定型化。一方面，刑事政策是站在犯罪治理、国家治理角度，就对某个危害行为是否入刑以及如何制裁，作出政策上的抉择与分流。另一方面，刑事政策对于刑事法律的整个运作过程，包括刑法立法、刑事司法和刑事执行，都具有指导作用。没有刑事政策的调控，刑法立法、刑事司法和刑事执行就可能找不到它在法律体系、国家治理体系中的合理位置与作用发挥路径，就会带来盲目性、情绪性、极端化的立法、司法和执法。当然，刑事政策在刑法立法、刑事司法和刑事执行中的指导作用是不同的。在立法层面，刑事政策指导着刑法立法的制定，并通过立法程序转化为刑法规定；在司法和执法层面，刑事政策需在既有刑法立法框架之内发挥作用，不能逾越法律界限以政策替代法律。

（三）刑法学与刑事诉讼法学

刑事诉讼法学是以刑事诉讼立法与司法为研究对象的理论体系。在刑法学的相邻关系中，二者的关系最为直接。一方面，作为刑事诉讼法学研究对象的刑事诉讼法，涉及犯罪认定以及刑法制裁适用的证据标准、程序要求，各诉讼主体的地位、诉讼权利与相互关系等程序保障问题；作为刑法学研究对象的刑法，涉及犯罪认定以及刑法制裁适用的实体标准问题。另一方面，刑事诉讼法和刑法相互关联、相互配合，共同实现对犯罪的追诉与对人权的保障。若没有刑事诉讼法关于诉讼程序的规定，则刑法关于犯罪及其法律后果的规定，就只能停留在纸面上，无法对现实中的犯罪现象发挥惩治作用；同样，若没有刑法关于犯罪及其法律后果的实体规定，则刑事诉讼法关于诉讼程序的规定，也因没有实体标准而也无法对现实中的犯罪现象予以惩处打击。因此，只有既学好刑法学又学好刑事诉讼法学，才能一体化地理解和适用刑法规定，才能做好相应的实务工作。

（四）刑法学与刑事侦查学

刑事侦查学是以犯罪人实施犯罪行为的特点、规律，以及侦破、证实犯罪的策略与技术为研究对象的理论体系。在刑法学的相邻关系中，二者的关系也很密切。一方面，二者都围绕犯罪及其法律后果展开，只是视角不同，其中，刑法学研究的视角是如何认定和追究刑事责任，刑事侦查学研究的视角是如何发现和揭露犯罪。另一方面，二者相互关联、相互配合，共同为实现对犯罪的追诉提供理论指导。作为刑事侦查学研究对象的刑事侦查活动，以刑法规定为前提和依据，侦查人员只有很好地掌握刑法学及犯罪的性质和特征，才能良好地展开侦查活动；作为刑法学研究对象的刑法，只有通过刑事侦查活动，才能查明犯罪事实，进而追究犯罪人的刑事责任。因此，理解和明晰刑事侦查学与刑法学的关系，既有利于有效地开展侦查活动，也有利于有效地运用通过侦查活动所收集的材料进行定罪量刑。

（五）刑法学与刑事执行法学

刑事执行法学是以刑事执行的理论、制度与实践为研究对象的理论体系。刑事执行是法院、监狱、劳动改造场所、社区等相关单位依照法律执行刑罚和相关裁决的法律活动。理论上，根据刑事执行的特定活动，刑事执行法学有监狱法学、罪犯矫正学、社区矫正学等分支学科。其与刑法学的关系是，相互关联、相互配合，共同致力于作为犯罪法律后果的刑事责任的实现。一方面，作为刑事执行法学研究对象的刑事执行，其所涉各刑罚方法、各非刑罚处罚措施的执行，是对依刑法定罪量刑的结果的实现，是依刑法裁量结果对犯罪人的具体“治疗”，是犯罪治理的出口。可以说，若没有刑事执行，则就等于医生给病人开了处方而没有按处方去治疗，不会产生相应的治疗结果与效果。另一方面，若没有作为刑法学研究对象的刑法及其定罪量刑，则作为刑事执行法学研究对象的刑事执行，就因没有执行依据而无法开展。

四、刑法学的学派之争

刑法学的学派之争，主要源于对刑法正当性根据的认知局限与认知分歧。所谓刑法的正当性根据，是指刑法设定犯罪和惩罚犯罪人的内在合理依据。刑法的正当性根据问题，是刑法及刑法学的根本性问题，其核心命题围绕社会危害性与人身危险性而展开。所谓社会危害性，是犯罪行为的内在属性，是犯罪给社会已经造成或可能造成的危害。所谓人身危险性，又称社会危险性，是犯罪人的内在属性，是犯罪人的存在对社会造成的潜在威胁，包括犯罪人被改造的难易程度和再犯可能性。

在近现代刑法学上，基于刑法到底是以犯罪行为的社会危害性还是以犯罪人的人身危险性为犯罪设立和刑罚处罚的正当性根据的认知分歧，诞生了以意大利的贝卡利亚、德国的费尔巴哈等为代表的刑事古典学派，以及以意大利的龙勃罗梭、菲利、加罗法洛和德国的李斯特等为代表的刑事实证学派。它们分别存在于 17 世纪到 18 世纪、19 世纪后半期，既是以何为刑法正当性根据的认知分歧表现与学派分流，并形成学派之争，也是对刑法正当性根据的认知进化发展与历史发展承接的结果，表现在分别主张以报应主义与预防主义为刑法的正当性根据。如此分歧，带来对刑法的基本定位以及其极端表现不同，其中：刑事古典学派的刑法是以行为为中心的行为刑法，其极端表现为，主张基于纯粹报应刑论的绝对报应主义或基于一般预防效果的相对报应主义，强调对犯罪行为的报应，排斥犯罪人因素，排斥目的刑，坚持客观主义、行为主义，从而使罪刑法定机械化、绝对化；刑事近代学派的刑法是以行为人为中心的行为人刑法，其极端表现为，主张基于个人素质和社会环境的特殊预防主义，过于强调对犯罪人的特殊预防和社会防卫，主张不定期刑和刑罚的保安处分化，坚持主观主义、行为人主义，从而使罪刑法定原则走向虚化。因此，“一部西方刑罚学说史就是报应论与功利论世代对立的历史”①。不过，从现代刑法发展的历史思维来看，虽然它们是从一个极端到另一个极端，但这些“极端”，也是刑法学发展进化的体现，具有相应的历史意义。

从哲学上的形式与实质相统一原理来看，刑法的正当性根据应是兼以社会危害性和人身危险性为根据的并合主义。这是刑法正当性根据从一个极端到另一个极端，再到相对理性的历史发展要求与结果。由此，将既以行为为中心（定罪）又以行为人为中心（量刑）的行为与行为人刑法作为研究对象的现代刑法学应运而生。不过，相对于现代人类文明的发展现状与需求而言，以上刑法正当性根据也存在现代化与本土化方面的不足。一方面，在现代化上，虽然相较于极端的刑事古典学派和刑事近代学派而言，现代刑法学主张将基于社会危害性和人身危险性的并合主义作为刑法正当化根据，但是，相较于基于形式与实质、主观与客观相统一的唯物辩证法原理而言，现代刑法的正当性根据，不能只以报应和预防为根据，还要兼顾人权保障、人性关怀等刑法的时代精神。这就使作为现代刑法正当性根据的并合主义，已从仅基于社会危害性和人身危险性的旧并合主义，发展进化为基于社会危害性、人身危险性和刑法时代精神的新并合主义。另一方面，在本土化上，现代刑法的正当性根据在刑法归属、刑法基点和刑法知识上表现出明显的本土属性。在刑法归属上，不仅刑法作为特定国家法律体系的有机组成部分，需融入本国治理体系中，而且不同刑法立法下的话语体系（如法益、共犯）具有不同的内涵，不同犯罪入罪模式（如《刑法》第13条规定的既定性又定量的犯罪成立标准）带来不同的定罪标准。在刑法基点上，作为一国法律体系和国家治理体系有机组成部分的刑法，须以本国的政治经济制度、权益保障模式等为构建基点，从而使社会危害性、人身危险性具有本土性内涵。在刑法知识上，虽然其具有不同国家的共通性，例如，反映刑法时代精神的刑法知识如人权保障、人性关怀、轻缓化，反映刑法原则的刑法知识如坚持罪刑均衡、坚持罪责自负、坚持主客观相一致、坚持刑法不得已，反映刑法基本构造的范畴如犯罪、刑罚、刑事责任、定罪、量刑等；但不同国家的刑法也有自己的个别性，例如，反映特定国家特定政治制度的刑法知识如保护人民，反映特定国家特定价值理念的刑法知识如整体利益、罪刑相适应，反映特定国家特定刑法立法的范畴如犯罪客体或法益、社会危害性、共犯与正犯、行为犯、结果犯、情节犯、责任或有责性与责任刑。因此，基于刑法正当性根据的发展进化以及哲学上的唯物辩证法原理，现代刑法学所坚持的刑法正当性根据，应是现代化与本土化的有机统一。

第二节　新中国刑法学概说

一、新中国刑法学的发展演进

以马克思主义在中国的实践与发展为主线，新中国刑法学的发展演进，大体可以被

① 邱兴隆．刑罚的哲理与法理．北京：法律出版社，2003：310.

分为初步构建、繁荣发展和理性发展等三个阶段，各阶段有自己的突出特点。

（一）新中国刑法学之初步构建

这是从新中国成立到改革开放前的一段时期。在这个时期，国民党政府的“六法全书”被废除了，在立法上尚没有刑法典，只有一些“单行刑法”，如1951年《妨害国家货币治罪暂行条例》《惩治反革命条例》，1952年《惩治贪污条例》等。这个时期的同犯罪作斗争的工具，主要是“镇压与宽大”的刑事政策。由此，这个时期的刑法学，主要通过介绍、引进苏联刑法理论和基于社会主义理论予以构建。与此同时，我国学者对其中的具体问题如犯罪的概念、因果关系、反革命罪等，进行了开创性探讨，从而勾勒出新中国刑法学的初步轮廓。[①] 但如此勾勒出的新中国刑法学初步轮廓，难免不脱离中国文化与治理模式，毕竟我国作为有着几千年历史的文明古国，在具体的治理模式和文化基础上与苏联是有着很大不同的。

（二）新中国刑法学之快速发展

这是从改革开放到党的十八大前的一段时期。在这个时期，新中国的第一部刑法典颁布于1979年，全面修订于1997年，此外，出台了24个单行刑法和8个刑法修正案。与此相适应，这个时期的新中国刑法学也有了快速发展，具体可以被分为两个阶段：一是1979年至1997年间的一段时期。这个时期的新中国刑法学，基于在1979年颁布的新中国第一部刑法典，对刑法的理论与实践展开了较为深入的系统研究，使立足于本国立法的新中国刑法学理论体系与学科体系初步建立。虽然这个时期的刑法学仍有苏联刑法学的一些特点（如犯罪构成体系等），但因总体上是基于我国刑法立法与实践所构建，故而在很大程度上具有本土化的鲜明特质。二是1997年到党的十八大前的一段时期。1997年，我国立法机关对1979年《刑法》作了全面修订，在更大程度上赋予了我国刑法以近现代刑法精神。这得益于深化改革开放所带来的与域外刑法理念和理论的交流，以及由此大量翻译德国、日本等域外的教材和论著，出现了学界倾向于用德日刑法理论来探讨和解释我国刑法问题的热潮，并引发对德日刑法理论的推崇与借鉴，以及传统刑法理论与新兴刑法理论的“学派之争”。不过，客观地说，与传统刑法理论不同的是，借鉴自德日刑法理论的新兴刑法理论，尽管也做了中国化的对应与改造，但毕竟德日刑法理论立足于其所在国的立法及实践，并对接于其法律体系和国家治理体系，其所创立的学科体系、学术体系、话语体系具有本国化的特定内涵，无法用来构建中国刑法理论体系，解释中国刑法立法和司法适用，否则就会带来理论越来越复杂、指导的实践越来越混乱的后果。由此可以说，新兴刑法理论其实遇到了难以真正本土化的问题。

（三）新中国刑法学之现代化与本土化发展

这是党的十八大以来的时期。随着习近平新时代中国特色社会主义思想，特别是习近平法治思想的确立，新中国刑法学也进入兼顾现代化与本土化的新时代。这个时期的新中国刑法学的任务，主要是基于新中国刑法学的基本立场构建具有中国特色和符合中国刑法适用实际的刑法学理论体系。

---

① 高铭暄．新中国刑法学六十年发展的简要历程和基本经验．法学杂志，2009（11）：2.

一方面，对既有刑法学进行理性反思与拨乱反正。这既包括对新中国刑法学德日化的反思，也包括对新中国刑法学苏俄化的反思。对德日化的反思，主要是针对新中国刑法学中出现，要么全盘否定传统刑法及其理论，使一些有价值的刑法规定及其理论得不到传承，要么脱离中国传统文化和具体治理模式、法律体系，照搬照抄或简单借鉴移植外国的刑法规定和刑法理论的现象。这些理论现象，虽然也强调中国刑法理论的现代化和本土化构建，但实际上是在推动中国刑法理论的外国化构建。对苏俄化的反思，主要是如何改变受苏联刑法学影响的刑法学研究被狭隘限定在刑法学科体系内的学科壁垒问题，如对刑法问题的研究或解决方案，忽视与其密切相关的刑事诉讼或民事法、行政法等相关法的规定，坚持刑法调整对象等的“独立性”，没能将刑法研究和理论融入整个法律体系、法学体系中，刑法学研究的“自娱自乐”现象突出，助推刑法功能扩大化、立法盲目化、理论西方化等不良现象。对这些现象的拨乱反正，就是从“崇拜”“盲从”域外刑法理论中走出来，研究如何基于中国实际、中国自信、中国信念构建符合中国实践需要的新中国刑法学。

另一方面，研究如何将刑法学有效融入新时代中国特色社会主义理论，包括国家治理体系和治理能力现代化原理中，真正实现刑法治理的现代化与本土化，从而构建出中国特色刑法学的学科体系、学术体系、话语体系和课程体系，使刑法治理有效成为“治国理政”的重要组成部分。这是当前的发展方向和奋斗目标所在。刑法法典化再出发、刑法治理的现代化与本土化等代表性学术活动，与其说是在讨论刑法如何法典化或现代化、本土化，毋宁说是在讨论和推动刑法基于新中国刑法基本立场的国家治理体系和治理能力现代化。2023年2月，中共中央办公厅、国务院办公厅印发的《关于加强新时代法学教育和法学理论研究的意见》，是推进新中国刑法学实现基于本土化的现代化理论研究与理论体系构建的行动纲领和根本遵循。

二、新中国刑法学的基本立场

所谓新中国刑法学的基本立场，是指认识和处理新中国刑法学问题时所处的基本地位和所抱的基本态度。这是构建中国特色刑法学学科体系、学术体系、话语体系、课程体系、教材体系、教学体系的基础和前提，对推进中国特色社会主义刑法学理论研究，支撑中国特色社会主义法治体系、法治国家建设，培养具有坚定理想信念、强烈家国情怀、扎实法学根底的高素质法治人才，具有基石意义。基于我国的国家性质、政治制度和法治模式，这个基本立场具体可被概括为“立足中国实际”“坚持中国自信”“形成中国信念”三个基本方面。

（一）新中国刑法学须立足于中国实际

新中国刑法学要立足于中国实际，至少有三个方面的原因：

一是刑法本身的品性。任何国家的某部法律，都是存在于本国的法律体系、融合于本国的文化传统、服务于本国的治理模式的。可在现实中，各个国家的法律体系、文化传统和治理模式是不同的。这就决定了，各个国家的刑法，虽然会在基本原则、理念、方法、原理等方面具有一定的共通性，但因为它所依存的法律体系、融合的文化传统、服务的治理模式有差别，而必然有它的本土品性。忽视这个本土品性，进行简单的法律移植或借鉴，必然会“水土不服”。国外的某个规定，在这个国家的治理模式、文化传统和法律体系下，可能是先进的、好用的，但离开这些前提条件，可能就完全是另外一回事。例如，我国刑法关于“共犯”与德国刑法关于“共犯”的规定是非常不同的，体现在我国刑法中的“共犯”是共同犯罪的简称①，而德国刑法中的“共犯”是与“正犯”（实行犯）相对称的组织犯、帮助犯、教唆犯等，若理论上以德国刑法学上的共犯理论来分析、解释、构建我国实践中的共犯适用和刑法学上的共同犯罪理论，不仅难以自圆其说，而且还会造成刑法适用错误和我国共同犯罪理论阐述的理解困难与理论指导混乱。因此，虽然我们应当有国际视野，但并不等于就可以脱离中国实际。

二是需要解决的问题。学习新中国刑法学要解决的问题，显然主要不是外国的犯罪和刑法适用问题，而是我们中国刑法立法、司法等中的理论与实践问题。虽然我们在研究中，可以做必要的制度和经验教训比较考察以拓展思路与增长见识，但解决问题的根据，还须是基于我们自己的法律体系、治理模式、文化传统的刑法规范性文件。外国的某个理论或立法规定无论在其社会、历史、文化条件下多么科学先进，也只有在被改造为能融入我国刑法规范体系、法律体系、法治体系等的法律规定后，才能作为解决我国问题的法律依据。

三是人才培养的使命要求。我国法学教育的目标是培养高素质的社会主义法治人才。刑法学虽然只是刑法理论，但其必然会给我们未来从事的法律实务工作带来直接影响。如果我们学习的刑法学脱离中国实际，将来在实务工作中要么无所适从，要么需要重新学习，从而无法担负并完成建设刑事法治中国的重要使命。因此，对刑法学的学习虽然应当有国际视野，但并不等于就可以脱离中国实际。

（二）新中国刑法学须坚持中国自信

我们并不否认，西方民主法治经过几百年的发展有它的先进性，但一方面，这些做法是基于和适合它们的治理模式、传统文化和法律体系的，不一定适合我们的国家治理，不一定与我们的文化传统和法律体系相融合；另一方面，彻底否定已成型的法律体系及其理论体系，是要付出变革国家治理模式、决裂文化传统和重构法律体系的代价的。日本的明治维新、我国清末的“西法东渐”，都是这些方面的例证。在当今中国，社会经济发展及社会治理现状充分表明，中国特色社会主义法律体系和法治体系，既是我们经过70多年探索和实践逐步形成的，同时也是在总体上符合和适应我们的治理模式和文化传统的，是我们自信的根基所在，我们必须坚持。同时，很多转型国家走西方法治道路，之所以纷纷陷入政治困境和治理困局，在很大程度上是因为片面强调西方法治的所谓先进性，忽视本国的政治经济文化、社会治理模式及相应的法律体系。这也表明我们必须走适合我们自己的法治发展道路。

作为新中国法律体系和国家治理体系的有机组成部分，我国刑法的理论体系及其研

① 我国《刑法》第156条（走私罪）、第198条（保险诈骗罪）、第349条（包庇毒品犯罪分子罪，窝藏、转移、隐瞒毒品、毒赃罪，包庇毒品犯罪分子罪）、第350条（非法生产、买卖、运输制毒物品、走私制毒物品罪）、第382条（贪污罪），以及1998年《全国人民代表大会常务委员会关于惩治骗购外汇、逃汇和非法买卖外汇犯罪的决定》第1条（骗购外汇罪）中都有“以共犯论处”的规定。

究也必须坚持这样的自信，避免脱离我国的治理模式、文化传统和法律体系，避免生搬硬套地以外国的刑法规定、理论学说来“裁剪”中国的刑法实践。①

（三）新中国刑法学须形成中国信念

信念决定方向，方向决定道路，道路决定命运。新中国刑法学当然必须要有自己的信念及其所决定的方向、道路和命运，这其中的关键在于，坚持基于马克思主义信念而形成的与我国法律体系和治理体系相适应的刑法信念。具体表现在以下三个方面。

一是坚持马克思主义的指导。马克思主义是我们立党立国的根本指导思想，在任何时候任何情况下都须坚持以马克思主义为指导。一方面，新中国法律制度在总体上都是在马克思主义及其中国化理论指导下，一步一步构建和发展起来的。我国刑法及其理论体系作为新中国法律制度及其理论体系的有机组成部分，在任何时候任何情况下都要坚持以马克思主义为指导。只有坚持马克思主义及其中国化理论的指导，才能正确理解和深入推进全面依法治国的新理念新思想新战略，才能把握和找准法治建设的方向、目标、任务等，才能深入解决法治建设和国家治理中一系列重大问题，否则，新中国刑法学就会既偏离根据马克思主义构建起来的法律体系和国家治理模式，也难以深入解决法治建设和国家治理中的一系列重大问题。另外，在我国深入推进全面依法治国的法治新时代，所要直接坚持的马克思主义就是中国化后的毛泽东思想、邓小平理论、“三个代表”重要思想、科学发展观和习近平新时代中国特色社会主义思想，其中：习近平新时代中国特色社会主义思想，是新时代中国共产党的思想旗帜，是国家政治生活和社会生活的根本指针，是当代中国马克思主义、21 世纪马克思主义②；习近平法治思想，作为顺应实现中华民族伟大复兴时代要求而生的马克思主义法治理论中国化最新成果，以及全面依法治国的根本遵循和行动指南③，是当今建设和发展新中国刑法学的根本遵循和行动指南。它要求，我们要用唯物辩证法的历史思维、系统思维、辩证思维等方法论原理，正确理解和适用刑法，科学构建刑法制度，研究完善刑法立法、司法的基本工具。例如，刑法理论上的行为刑法或行为人刑法、主观主义或客观主义立场、只要形式要件和不要实质要件、只重视孤立的法律条文规定而不问该法律条文在整部法律体系中的地位和功能等的观点和理论，其实都是违背马克思主义关于形式与实质、主观与客观、个别与整体等的有机统一原理的。又如，将刑事古典学派或刑事近代学派的某一具有时代局限性的观点或理论，作为新中国刑法学的逻辑大前提，也是违背马克思主义关于“变化发展”这一唯物辩证法总特征的基本原理的。

二是坚持中国共产党的领导。中国共产党的领导在国家治理和法律体系构建中的地位，决定了坚持中国共产党的领导是全面推行依法治国的根本保障。一方面，中国共产党作为国家发展与民族复兴的掌舵人，不断提升立法民主，将党和人民的意志通过法定程序转化为国家意志，从而形成包括刑法在内的法律。另一方面，中国共产党在全面依法治国中总揽全局、协调各方，确保全面依法治国的全面推进和始终沿着正确方向前进。

① 贾宇．刑法学：上册·总论．北京：高等教育出版社，2019：28.

② 黄一兵．习近平新时代中国特色社会主义思想的理论特色．人民日报，2019－06－28.

③ 为千秋伟业夯基固本：习近平法治思想引领新时代全面依法治国纪实．［2020－11－21］．新华网.

同时，刑法作为国家法律体系的基本组成部分和国家治理的重要工具，决定了只有坚持中国共产党的领导，它的理论及其研究才能真正融于中国共产党领导下的国家治理体系，才能有效服务于中国共产党领导下的国家治理。

三是坚持刑法理念与时俱进。刑法理念是关于犯罪及其法律后果的基本观念、基本立场，如人权保障、公平公正、罪刑均衡、刑法谦抑、罪责自负等。刑法理念对刑法规范的科学创制、合理适用以及刑法理论的创新研究等，都具有举足轻重的作用。无论是刑法规范的创新，还是刑法理论的升华，都以刑法理念的转换为基础。刑法理念滞后或脱离实际，都会阻碍刑法和刑法学的发展进化。然而，刑法理念往往是在一定历史条件下产生、存在和发挥作用的，如"恶法亦法"，在近代反封建专制的法律制度、崇尚和推动近代法治变革中，发挥了极其重要的作用，但是，随着时代的发展、法治的进步和人类文明程度的提高，还崇尚和坚持"恶法亦法"，使法律成为阻碍社会发展和人类美好生活追求的桎梏，肯定是不合时宜的。新中国的新时代法治建设，要深刻把握法治与德治的辩证关系，坚持依法治国和以德治国相结合，使法治承载道德理念，把社会主义核心价值观贯穿于立法、执法、司法工作中，使社会主义法治成为良法善治。

三、新中国刑法学的教学体系

教材是学校教育教学的基本依据，是教育理念、教育内容、教育规律的集中体现，是传播思想、传递价值、传承文化的重要载体，是实现教育教学目标的重要抓手。教材体系及教学体系是教育体系的重要内容，是国家治理体系和治理能力现代化的重要部分，因此，刑法学采用什么样的教材体系、教学体系（以下统称"教学体系"），不仅决定了刑法学的教育教学目标能否实现，而且影响着所培养的人才能否正确理解和适用刑法，能否正确运用刑法参与国家治理体系和治理能力现代化。

（一）代表性新中国刑法学教学体系

在新中国刑法学发展史上，代表性的刑法学教学体系主要是如下两种。

1\. 基于我国刑法立法和苏联刑法学体系的传统教学体系

这种教学体系，以我国刑法及其所规定的犯罪、刑事责任和刑罚为研究对象而建立，同时兼顾刑法体系的内在理论联系、逻辑结构和理论研究成果。如在体系上，分为上下两编，上编为"刑法总论"，通常依次下设如下"章"："刑法学概述""刑法的目的和任务""刑法的基本原则""刑法的体系和解释""刑法的效力范围""犯罪概念""犯罪构成""犯罪客体""犯罪客观方面""犯罪主体""犯罪主观方面""排除犯罪性的行为""故意犯罪的停止形态""共同犯罪""一罪与数罪""刑事责任""刑罚概说""刑罚的体系和种类""刑罚制裁""刑罚裁量制度""刑罚执行""刑罚消灭"，下编为"刑法各论"，通常依次下设如下"章"："刑法各论概述""危害国家安全罪""危害公共安全罪""破坏社会主义市场经济秩序罪""危害公民人身权利、民主权利罪""侵犯财产罪""妨害社会管理秩序罪""危害国防利益罪""贪污贿赂罪""渎职罪""军人违反职责罪"。上述刑法学体系，作为通说性教学体系，"基本上体现了刑法学研究对象的完整性和内容的丰富性，既维护了刑法基本理论的稳定性和连续性，同时可容纳最新的刑事立法、司法和理论研究成果"[①]。高铭暄、马克昌、王作富、苏惠渔、赵长青、陈忠林、刘宪权、贾宇、齐文远、孙国祥、冯军、阮齐林、李永升等教授主编的教材，大致都采用了这种理论体系。

2. 基于我国刑法立法和德国、日本刑法学体系的新兴教学体系

这种教学体系，一方面是追求基于我国现行刑法立法，以我国刑法及其所规定的犯罪、刑事责任和刑罚为研究对象而构建教材的理论体系；另一方面，在理论框架上按德国、日本近代以来的三阶层或两阶层刑法学体系构建，是一种试图"洋为中用"的德日化犯罪构成理论体系和量刑评价体系。这种教学体系，与传统教学体系最大的不同在于：一是将德日刑法上的法益保护主义和责任主义作为刑法的基本原则；二是将犯罪构成定位为违法构成要件和责任要件或不法要件和责任要素的有机整体；三是对共同犯罪依德日刑法学中的正犯与共犯理论予以阐述；四是对量刑依德日刑法学上的责任刑与预防刑理论予以阐述；五是对刑法分则各罪的构成依德日刑法学上的不法要件与责任要素理论予以阐述。陈兴良、张明楷、周光权等教授主编的刑法学教材基本上都采用这种体系。

（二）中国特色刑法学教学体系的构建

基于新中国刑法学的基本立场和新中国刑法学立法实际及其内在关系，中国特色刑法学教学体系分为中国刑法学总论的体系和中国刑法学分论的体系。

1. 中国刑法学总论的体系

这个体系分为 3 编 16 章。第一编为"刑法学与刑法的基本问题"，包括第一章"刑法学的基本问题"、第二章"刑法的基础问题"、第三章"刑法的基本原则"和第四章"刑法的效力"。将第一章和第二章作为刑法学总论入门性的重要内容。

第二编为"犯罪的成立评价体系"，包括第五章"犯罪成立评价体系概述"、第六章"犯罪客体"、第七章"犯罪客观方面"、第八章"犯罪主体"、第九章"犯罪主观方面"、第十章"排除犯罪性行为"、第十一章"故意犯罪的停止形态"、第十二章"共同犯罪形态"和第十三章"罪数形态"，是这个体系的犯罪论部分。其中，第六章"犯罪客体"、第七章"犯罪客观方面"、第八章"犯罪主体"、第九章"犯罪主观方面"和第十章"排除犯罪性行为"，是犯罪成立的基本评价体系，具体对应《刑法》第 13 条规定的严重的社会危害性、刑事违法性和应受刑罚惩罚性这三个基本特征（犯罪成立的基本条件）；第十一章"故意犯罪的停止形态"、第十二章"共同犯罪形态"和第十三章"罪数形态"，是犯罪成立的修正评价体系，分别是对刑法分则规定的犯罪成立的犯罪既遂形态、单个犯罪主体要求和个数犯罪行为要求的修正。在这里，第十章"排除犯罪性行为"之所以不用大陆法系刑法教材通常所用的"正当行为"表述，是因为我国刑法上的有的正当行为，如自救行为等，并非当然正当的。这个体系，既尊重了我国刑法立法包括犯罪客体（刑法总则的第 1 条、第 2 条和刑法分则的类罪规定及其立法蕴含等）在内的四要件构成规定，也突显犯罪成立的规范评价体系所需对应的刑法规定，从而提升犯罪论在指导犯罪认定方面的罪刑法定意义和定罪的科学性、准确性。

第三编为"犯罪的法律后果"，包括第十四章"刑事责任"、第十五章"刑法制裁方

---

① 高铭暄．新编中国刑法学．北京：中国人民大学出版社，1998：9－11.

法”和第十六章“刑法制裁制度”，其中：第十四章“刑事责任”，除介绍刑事责任的基本理论外，还着重处理好定罪和量刑与刑事责任的关系，包括由此涉及的定罪概念、定罪特征、定罪原则、定罪情节、定罪方法和量刑概念、量刑特征、量刑原则、量刑情节、量刑方法等基本内容，这些内容相对于传统教材而言，几乎都是对接司法实践需要的全新内容。第十五章“刑法制裁方法”没有用传统刑法教材中的“刑罚及其种类”等名称，主要是为了适应我国现行刑法立法除规定了针对刑事责任的刑罚与非刑罚等刑法制裁方法外，还规定了不是针对刑事责任的防卫性措施如专门矫治等，虽然它们在属性上不是针对犯罪人而适用，但同为“刑法制裁方法”的相关内容，故在此一并予以介绍。第十六章“刑法制裁制度”将传统刑法教材中几个特定量刑情节（累犯、自首、坦白、立功）以及到底是刑罚裁量制度还是执行制度、消灭制度并不明晰的缓刑、减刑、假释、社区矫正等制度，都根据其刑法属性和制度特点称为“刑法制裁制度”，包括量刑情节制度、数罪并罚制度、刑期折抵制度、缓刑制度、减刑制度、假释制度、社区矫正制度、时效制度和赦免制度。

2. 中国刑法学分论的体系

这个体系分为5编14章。第一编为“刑法学分论概述”，包括第一章“刑法学分论的基本理论”、第二章“刑法分则概述”，是刑法学分论的入门性内容。第二编为“国事、国防、军事犯罪”，包括第三章“危害国家安全罪”、第四章“危害国防利益罪”、第五章“军人违反职责罪”，是有关国家利益方面和分别由国家安全机关、国家军事机关管辖的犯罪。第三编为“治安管理犯罪”，包括第六章“危害公共安全罪”、第七章“侵犯公民人身权利、民主权利罪”、第八章“侵犯财产罪”、第九章“妨害社会管理秩序罪”，基本上都是当前公安机关所管辖的“治安”类案件所对应的犯罪，也是最为常见的犯罪。第四编为“经济管理犯罪”，包括第十章“经济管理犯罪概述”、第十一章“经济管理犯罪类别”，是当前公安机关所管辖的经济犯罪，也是需特别观察民营企业保护政策的一类犯罪。第五编为“职务犯罪”，包括第十二章“贪污贿赂罪”、第十三章“渎职罪”、第十四章“其他职务犯罪”，都是当前监察机关和检察机关管辖的职务犯罪，归结为一类，有利于对职务犯罪的体系化介绍与学习。

四、新中国刑法学的学习方法

刑法学的学习方法很多，不可千篇一律。但是，基于马克思主义的基本原理、基本方法和基本精神，以及新中国刑法学的“立足中国实际”“坚持中国自信”“形成中国信念”的基本立场，新中国刑法学的学习需处理好刑法总论与分论、法条与法理、规范与案例这三个方面的关系。处理好这些关系，是学好、用好刑法学和刑法的关键路径。对此，理论上通常称为刑法学的三种基本学习方法。[①]

（一）处理好刑法总论和分论的关系

刑法总论和分论的关系在很大程度上取决于或对应着刑法的总则和分则的关系。刑

① 陈兴良．口授刑法学．北京：中国人民大学出版社，2007：10.

法学与刑法，作为理论与规范，它们的关系相辅相成。一般认为，总则是关于犯罪和刑事责任的一般规定，分则是关于犯罪及其刑事责任的具体规定①；非空白刑法的刑法分则规范属于“完备刑法”，它们“对于犯罪构成要件有明确、完备的规定，适用时无须参照其他法律”②。

其实，以上对刑法总则与分则之关系的理解，不符合刑法关于定罪或量刑的法律规定的内在关系。刑法总则与分则的关系，不是“一般规定”与“具体规定”的关系，而是“一般规定”与“特别规定”的关系。将刑法分则规定理解为定罪或量刑的“具体规定”，就意味着，依据分则的某个规定可以独立地对某个行为予以定性或处罚评价。事实上，这是不可能的。从刑法规范的实质来看，刑法分则的任何规定都不具有独立评价一个行为是什么性质和如何处罚的能力，必须将其放在整个刑法体系中，基于个案的特定定罪或量刑事实，从刑法分则中找到相应的罪名、罪状和法定刑幅度，并结合刑法总则的规定和分则的其他规定，形成该个案特定定罪或量刑事实的定性或处罚法律评价体系，才能予以定罪或量刑评价。例如，《刑法》第 232 条关于故意杀人罪规定，“故意杀人的，处死刑、无期徒刑或者十年以上有期徒刑；情节较轻的，处三年以上十年以下有期徒刑”。仅凭这一个法律条文是无法对行为性质和如何处罚进行评价的，必须结合刑法总则和分则的其他规定并形成相应的定罪或量刑评价体系，才可以作出评价。对于定罪评价而言，需要结合刑法总则第 17 条关于刑事责任年龄的规定，才能确定是否成立本罪的犯罪主体；需要结合刑法分则关于抢劫罪、强奸罪等的规定才能确定“杀人”构成的到底是故意杀人罪还是抢劫罪、强奸罪等。对于量刑评价而言，需要结合刑法总则的诸多规定，才能确定是否要判处死刑以及没收财产、剥夺政治权利等《刑法》第 232 条没有规定的刑罚方法。因此，新中国刑法学的学习，必须始终结合我国现行刑法总则和分则的规定，找出某个特定定罪或量刑评价所对应的刑法所有规定，并基于评价目标（《刑法》第 2 条规定的刑法的任务、《刑法》第 3～5 条规定的刑法的基本原则、刑罚的目的等）等分析和理顺这些条文的内在关系。如此，才能学好、用好。

（二）处理好刑法法条和法理的关系

法条是法律条文的简称，也是法律规范的载体和基本存在形式，是学习和学好刑法学的最基本的对象和工具。法理是法条背后的立法背景和理论依据，是正确理解、把握与适用法条的基础和关键。对某个行为的刑法定性和如何处罚，不可能由法条自现，需要借助法理去揭示和理解其中所蕴含的刑法规范及相应规定间的内在关系。因此，虽然在刑法适用中，适用的不是法理，而是法条，不可以以刑法理论/学说替代刑法条文来判案，但是在学习刑法时，既要结合法条，也要借助法理，否则，学习时就容易囫囵吞枣和死记硬背。

（三）处理好刑法规范与案例的关系

刑法规范是规定可以做什么或不可以做什么，或评价一个行为是什么和如何处理的行为规则或评价规则。刑法规范存在于法条之中，但与刑法条文不是一一对应关系。一

---

① 贾宇．刑法学：上册·总论．北京：高等教育出版社，2019：34.

② 张明楷．刑法学：上．北京：法律出版社，2021：32.

个特定刑法规范往往需要多个相关刑法条文。如评价故意杀人罪的刑法规范，就涉及《刑法》第232条、第13条、第14条、第17条等。刑法规范的以上特点决定了，对它的查找、适用和学习，都离不开特定的案件或案例。只有相对于特定的案件或案例，刑法规范与刑法条文的对应关系，包括刑法典，甚至广义刑法中的哪些刑法条文规定需要相对于特定案件，才能确定，否则，不仅法律条文的寻找和适用是盲目的，而且学习和理解也是抽象空洞的。所以，在学习刑法规范及其理论时，一定要多结合各种各样的案例去分析、思辨和讨论。

所涉法律条文及司法文件

1.《刑法》第13条、第14条、第17条、第232条等

2.1951年《妨害国家货币治罪暂行条例》《惩治反革命条例》，1952年《惩治贪污条例》

代表性文献推荐

1. 肖前．马克思主义哲学原理．北京：中国人民大学出版社，1998.

2. 贝卡利亚．论犯罪与刑罚．黄风，译，北京：北京大学出版社，2014.

3. 马克昌．近代西方刑法学说史略．北京：中国检察出版社，1996.

4. 贾宇．刑法学：上册·总论．北京：高等教育出版社，2019.

5. 陈兴良．口授刑法学．北京：中国人民大学出版社，2007.

6. 石经海．故意伤害“轻伤与否”定性共识的刑法质疑：以刑法总分则关系下的完整法律适用为视角．现代法学，2017（3）.

思考题

1. 到底该如何理解刑法学？可以从哪些方面概括它的基本特点？

2. 刑法学与刑法是什么关系？“刑法规范”与“刑法理论”有何不同？既然法律适用的根据是法律规范而不是法学理论，那为何还要学习刑法学理论？

3. 对刑法学可以作哪些分类？它们各自的分类标准、功能或意义是什么？如何据此清晰、准确地把握这些类别的“刑法学”概念？通常所说“刑法学”是广义还是狭义的？为什么？

4. 国内刑法学、外国刑法学和国际刑法学间是什么关系？它们最不同的方面各是什么？

5.“注释刑法学”与“教义刑法学”是什么关系？“教义刑法学”的核心要义与价值何在？

6. 刑法学与经济刑法学、行政刑法学、环境刑法学、医事刑法学、网络刑法学、军事刑法学等到底是什么关系？这些特别刑法学存在的意义为何？

7. 刑法学的相邻学科有哪些？它们之间是一个什么样的逻辑关系？把握这个逻辑关系的理论与实践意义何在？

8. 刑法学中的“犯罪”与犯罪学、侦查学、刑事诉讼法学、刑事执行法学中的“犯罪”有何相同与不同？

9. 西方近现代刑法学的发展经历了哪些阶段？每个阶段各有什么突出特点？你认为这些发展阶段及特点，对我国刑法学发展该有什么样的启发或借鉴？

10. 新中国刑法学的发展按不同标准有不同阶段划分，基于马克思主义的指导思想，新中国刑法学的发展阶段可以分为哪些阶段？这些阶段各有什么突出特点？你据此如何展望新中国刑法学的未来发展？

11. 你认为新中国刑法学应坚持什么样的基本立场？坚持这个基本立场的意义何在？

12. 从学习方法上，如何理解刑法学总则与分则的关系、法条和法理的关系、规范和案例的关系？理解和把握这些关系，对学好、用好刑法学和刑法有何意义？

第二章
刑法的基础问题

内容导读

刑法概说，包括刑法的概念、性质、渊源、体系、目的、任务、根据、制定、修改和解释等，是学习和把握刑法的基础性内容，是准确把握和正确适用刑法、构建刑法学知识体系的筑底性理论，其中：规定犯罪及其刑事责任实现方式的法律规范，以“犯罪”和“刑事责任”为基本范畴；对刑法概念作广义与狭义的划分，对刑法渊源作直接渊源与间接渊源的明确，对刑法体系作广义与狭义及宏观与微观的分别，对于正确理解刑法规范和准确找到所需适用的刑法规范有着重要意义；对刑法的阶级性质和法律性质，对刑法的目的，对刑法的目的根据、思想根据、法律根据、实践根据，对刑法的任务与机能，对刑法的解释立场与分类等，都基于立足中国实际的唯物辩证法、系统论、国家治理现代化等予以揭示与分析，从而使学习的知识、理解到的法理和训练出的思维具有科学性和合理性。

第一节　刑法的概念与性质

一、刑法的概念

刑法是规定犯罪及其法律后果的法律规范。这里的“法律后果”，既包括给予刑罚处罚、给予非刑罚处罚、单纯宣告有罪等刑法制裁方法上的刑事责任实现方式，也包括适用缓刑、减刑、假释等刑法制裁制度上的刑事责任实现方式。

在现代刑法上，刑法的第一层次基本范畴为犯罪和刑事责任，刑罚只是刑事责任的一种实现方式，只是刑事责任的下位概念，与犯罪、刑事责任不是一个层级的基本范畴。

刑法有广义与狭义之分。广义的刑法指一切有关犯罪及其法律后果的法律规范，包括刑法典、单行刑法和附属刑法等；狭义的刑法仅指刑法典。我国当前狭义的刑法是于1979年颁布、于1997年全面修订和多次部分修订的《刑法》。通常所称“刑法”，可能是狭义的，也可能是广义的，需要基于相应语境而定。

二、刑法的性质

（一）刑法的阶级性

刑法的阶级性是指刑法的阶级属性，主要表现在如下三个方面：

一是刑法的阶级性由国家的性质决定。国家的性质亦即国家的阶级本质，是社会各阶级在国家中所处的地位。国家的性质由统治阶级的性质决定。刑法和其他法律一样，不是自古就有的，而是随着私有制和阶级的出现，才作为阶级矛盾不可调和的产物而产生的，是统治阶级根据自己的意志和利益制定的，是统治阶级用来进行国家治理的重要工具。刑法的阶级性并非只体现在某个（些）刑法规定上，而是体现在所有刑法规定上。我国《刑法》第 1 条关于刑法目的的规定和第 2 条关于刑法任务的规定，虽然更为鲜明地体现了刑法的阶级性，但其他规定也都要在立法上和司法中体现这个顶层设计性规定。

二是刑法的阶级性决定了刑法调整对象利益的整体性。刑法的行为规制和利益调整，不是以个别社会成员、个别群体的利益为对象，而是以以人民为中心的国家和社会整体利益为对象，从而使纵然某个行为对行为人个人可能“有利”，但因损害了基于统治秩序的整体利益而仍被规定为犯罪和追究刑事责任。

三是刑法的阶级性决定了刑法适用的“三个效果”统一。“三个效果”统一是法律阶级性的鲜明体现，是指在法律适用中，法律效果、政治效果、社会效果都不可或缺、不可偏废，也不可偏弱；既不能因强调法律效果而忽视政治效果和社会效果，又不能因强调政治效果和社会效果而忽视法律效果，更不能采取让“三个效果”零和博弈、此消彼长的方法，以减损某一效果为代价去追求其他的效果。① 刑法适用的“三个效果”统一，是指刑法适用的“法律效果”之中蕴含“政治效果”和“社会效果”，刑法适用的“政治效果”和“社会效果”须在刑法框架内体现，以免背离刑事法治的基本要求。这是刑法阶级性的要求和体现。没有哪个国家的刑法，不是根据统治阶级的意志和利益制定的，不是用作社会治理、国家治理工具的，所以，否定刑法适用的“三个效果”统一，其实就是否定刑法的阶级性。

基于刑法的以上阶级性，所谓刑法是指掌握国家政权的统治阶级，为了维护其统治利益，根据自己的意志和利益，以国家名义规定什么行为是犯罪和应给予什么样刑事责任实现方式的法律规范的总和。

（二）刑法的法律性

刑法的法律性是指刑法作为法律体系有机组成部分所具有的特性，主要表现在：

（1）法律地位上的基本法律性。根据 2023 年修订的《立法法》第 10 条的规定，全国人民代表大会和全国人民代表大会常务委员会制定的法律分为“基本法律”和“基本法律以外的其他法律”。前者由全国人民代表大会制定，并且涉及刑事、民事、国家机构等重要方面；后者由全国人民代表大会常务委员会制定，涉及基本法律以外的方面。刑法在法典或全面修订层面属于由全国人民代表大会制定的基本法律。②

（2）法律体系上的部门法性。部门法是构成法律体系的基本要素。中国特色社会主义法律体系由宪法及其相关法部门、民商法部门、行政法部门、经济法部门、社会法部门、刑法部门以及程序法部门等七大法律部门构成，刑法是其中的一个部门法。

---

① 朱孝清．论执法办案的“三个效果”统一．中国刑事法杂志，2022（3）：3－21.

② 根据该条规定，在全国人民代表大会闭会期间，全国人民代表大会常务委员会可以对全国人民代表大会制定的法律进行部分补充和修改，但是不得同该法律的基本原则相抵触。

(3) 法律功能上的裁判规范性与行为规范性。在法律功能上，刑法规范既可以是裁判规范，也可以是行为规范。它们分别为司法机关的定罪量刑提供裁判上的实体标准，为实施行为的单位或个人提供哪些行为可为和哪些行为不可为的刑法标准。例如，我国的附属刑法规定，虽然关于“应当追究刑事责任”的非法定刑规定不能作为裁判规范，但当然是行为规范。又如，实践中很少发生的一些罪名规定，即所谓的“僵尸”罪名规定，虽然没能发挥其裁判规范的功能，但可以发挥其行为规范的功能。

(4) 规范内容上的实体性。刑法作为实体法，规定的是犯罪及其刑事责任实现方式的实体内容，为刑事诉讼提供处理刑事案件的实体依据。

(5) 制裁手段上的严厉性。虽然违反任何法律都会带来具有强制性的制裁手段，但其手段相对而言都不及刑法对犯罪分子的刑事强制制裁严厉。这体现在通过刑事制裁不仅可以剥夺犯罪分子的财产，限制或剥夺犯罪分子的人身自由，剥夺犯罪分子的政治权利，而且在最严重的情况下可以剥夺犯罪分子的生命。

(6) 调整范围上的广泛性。相对于其他部门法而言，刑法所保护社会关系的范围更为广泛。一般部门法都只调整某一方面的社会关系，如民法仅调整平等主体间的人身关系和财产关系，行政法只调整行政关系及由此产生的行政法制监督关系，经济法调整的只是国家在经济管理、市场干预、宏观调控和维护公平方面具有社会公共性的经济关系。而刑法调整其他所有部门法所调整的社会关系，包括人身关系、财产关系、行政关系、经济关系、社会秩序，这些社会关系只要难以为所在部门法调整，都会成为刑法的调整对象。

(7) 其他法律上的保障性与补充性。一方面，任何一种社会关系，只要受到犯罪行为的侵犯，刑法就规定对这种行为予以一定的刑法制裁，从而使这种社会关系进入刑法调整范围。在这个意义上，刑法是其他部门法的保障法。另一方面，刑法不是国家法律体系和法治体系的全部，也不能替代其他部门法，只是调整其中不能为一般部门法充分保护而不得已由刑法保护的那部分。在这个意义上，刑法是在不得已的情况下才启动的补充法。

第二节　刑法的渊源与体系

一、刑法的渊源

(一) 刑法渊源的概念

所谓刑法的渊源，即刑法规范的来源，是指具有法的不同效力意义和作用的刑法规范的外在表现形式。刑法渊源的功能主要是为裁判提供规范依据的来源，为司法机关等提供寻找法律依据的方法论指引，即定罪量刑所依规范所在的地方，旨在帮助正确理解和准确找到罪刑法定之“法”。

从刑法渊源与刑法规范适用的关系来看，刑法渊源可以分为直接渊源与间接渊源。刑法的直接渊源是指具有法律效力并为定罪量刑提供有效刑法规范的规范文件；刑法的间接渊源是指不能被直接援引为定罪量刑的有效法律依据，但为理解刑法规范的内容或决定刑法规范的适用范围所不可或缺的规范文件或理论学说，如行政法规、国际条约、风俗习惯、法院判例、刑事政策等。依国家性质和所属法系关于罪刑法定原则的要求不同，刑法渊源的范围有所不同。在判例法国家，习惯法和判例通常被当作刑法的直接渊源，法官在定罪量刑时须恪守成案，体现为对于凡与判例相同或类似的案件，各级法院都必须遵守本法院或上级法院已有的判例。在成文法国家，基于罪刑法定的基本原则，刑法直接渊源仅指成文的刑法规范，包括刑法典、单行刑法、附属刑法以及其他可以提供刑法规范的法律文件，是刑法适用的正式渊源。

（二）我国现行刑法的主要渊源

在我国，由于采用的是以宪法为核心的成文法形式，因而宪法是所有部门法的渊源。但由于宪法的规定主要是原则性的，其通常不为定罪量刑提供直接规范依据，因而在刑法适用视角，我国刑法的渊源主要是刑法典、单行刑法和附属刑法。

1. 刑法典

刑法典，是立法机关以“刑法”名称颁布的，全面、系统地规定犯罪及其刑事责任实现方式的法律文件。它是刑法的主要渊源和直接渊源，既为社会主体提供在刑法上哪些行为不该做或该做以及做了或不做该如何承担法律后果的行为规范，又为司法机关提供定罪量刑等规范依据的裁判规范。在称谓上，有的直接称为刑法典，如《苏俄刑法典》《德国刑法典》；有的只称为刑法，如《日本刑法》《瑞士刑法》《中华人民共和国刑法》。

2. 单行刑法

单行刑法，是专门规定某个（类）犯罪及其刑事责任实现方式的法律文件。它独立于刑法典，是刑法的主要渊源和直接渊源，既是行为规范又是裁判规范，是独立的司法援引根据。在名称上，通常为“条例”“决定”“补充规定”，如《关于惩治骗购外汇、逃汇和非法买卖外汇犯罪的决定》等。

3. 附属刑法

附属刑法，是附属规定在民法、经济法、行政法、各诉讼法等非刑法中有关犯罪和刑事责任等的刑法规范。按世界各国的通常做法，它独立于刑法典，是刑法的主要渊源和直接渊源，既是行为规范又是裁判规范，是独立的司法援引根据。据此，我国刑法学上的通说认为，我国没有真正意义上的附属刑法。其实，这是脱离我国立法实际的认知误区。一方面，我国现行《监察法》第 44 条、《刑事诉讼法》第 76 条、《行政处罚法》第 35 条分别关于监察留置、指定监视居住、行政拘留的刑期折抵规定，以及现行《监察法》第 31 条、《刑事诉讼法》第 15 条关于认罪认罚从宽的规定，完全是以上意义上的附属刑法。另一方面，非刑法中有关犯罪和刑事责任的刑法规范，都只笼统地规定了“构成犯罪的，依法追究刑事责任”，如我国现行《药品管理法》第 114 条关于生产、销售假药、劣药等的规定“违反本法规定，构成犯罪的，依法追究刑事责任”，虽然不能作为司法援引的裁判规范，但因是行为规范且符合附属刑法的概念界定，故而也是附属刑法，只不过不是域外通常意义上的附属刑法。

另外，根据我国《刑法》第 90 条的规定，还有变通刑法。所谓变通刑法，是指根据民族特点和刑法典的基本原则而对某些刑法规定所作的变通规定。在理论上看，它独立于刑法典，是应然意义上的刑法主要渊源，既是行为规范又是裁判规范，在贯彻民族区域自治政策方面有着重要的法律意义，但在实践中，还没有民族区域自治地方出台过变通刑法，因而事实上没有承担刑法主要渊源的功能。

至于刑法修正案是不是刑法的主要渊源，在理论上有分歧。不可否认，刑法修正案也产生具有法律效力的刑法规范并在时间效力上具有独立适用性，但经其修订的罪刑规范都要被纳入刑法典中并成为刑法典的有机组成部分，因而它通常不被视为刑法的主要渊源。

（三）关于刑法渊源的相关问题

刑法渊源的确立意义，主要在于寻找作为裁判依据的有效刑法规范。在这个意义上，刑法修正案、刑法解释、习惯法、判例、学说、国际条约和外国刑法，都不是我国刑法的渊源或主要渊源。

1. 刑法修正案

刑法修正案，是立法机关通过立法程序对刑法典条文进行具体修正的刑法立法方式。通过这种立法方式所产生的刑法规定，具有刑法规范上的法律效力，是定罪量刑等的法律依据，是中国特色社会主义刑法体系的重要组成部分。但是，通过这种立法方式所产生的刑法规定要全部被纳入现行刑法典中，并是以刑法典的条款项体系而不是修正案的条文体系被援引适用，所以刑法修正案除在时间效力方面外，在其他方面都不具有寻找定罪量刑规范依据的刑法直接渊源意义。在这个意义上，虽然通过刑法修正案这一立法方式产生的刑法规定具有刑法规范上的法律效力，并在时间效力上具有独立适用性，但不是寻找定罪量刑规范依据的刑法主要渊源。忽视这一点，会带来适用的到底是刑法典还是刑法修正案的法律适用混乱。

2. 刑法有权解释

在我国，刑法有权解释，又称正式解释，是指由立法机关或司法机关通过规范文件方式所作出、具有法律适用效力、可以直接作为法律文书援引根据的解释，包括由立法机关作出的立法解释和由司法机关作出的司法解释。按 1981 年《全国人民代表大会常务委员会关于加强法律解释工作的决议》，无论是立法解释还是司法解释，都只是对“法律、法令条文本身”的“进一步明确界限或作补充规定”，都只是对作为裁判依据的有效刑法规范的解释，不是有效刑法规范本身。[①] 在这个意义上，对刑法的有权解释通常不被理解为刑法的主要渊源和直接渊源。这意味着，定罪量刑所应依据的规范是刑法规定本身而不是各种解释，而且立法和司法有权解释，也都只是解释刑法规范的辅助，既不可以超越刑法规范予以适用，也不可以离开刑法规范予以援引适用。

3. 习惯法和判例

习惯法和判例在英美法系国家是刑法的直接和主要渊源，但在大陆法系国家没有当然的法律效力，对法院的定罪量刑而言只能作为参考，而不能作为裁判的根据。在我国，它们也都只是定罪量刑的“参考”。

4. 学说

学说，不是刑法的渊源，不能作为裁判的根据。刑法解释中的学理解释，作为学说，

---

① 若按理论上将《刑法》中关于“公共财产”“私人所有财产”“国家工作人员”等概念的规定也理解为立法解释，则在这个意义上的立法解释也是刑法的直接或主要渊源。

只是一种理论上的见解，无法律约束力，不应被视为刑法的渊源。在刑法理论上和实践中，虽然某个理论学说可以帮助扩展理解和适用法律的思路，但需要注意的是，理论学说本身不是刑法适用的直接渊源，不能将某个理论学说，包括德国、日本等域外的刑法理论的某个理论学说，作为如何处理疑难犯罪案件的理解或解释依据。

5. 国际条约

国际条约指我国与外国缔结或我国参加、签订、加入、承认的双边、多边的条约、协定和其他具有条约性质的文件（国际条约的名称，除条约外还有公约、协议、协定、议定书、宪章、盟约、换文和联合宣言等）。这些文件的内容，除我国在缔结等时宣布持保留意见、不受其约束的以外，都与国内法具有一样的约束力，在非刑法领域也是我国法的渊源，但在刑法领域，因定罪量刑须严格遵循罪刑法定原则，且这些国际条约没有可以直接适用的关于罪状和法定刑等的规定，故而不能作为刑法的直接渊源。如我国缔结和批准的《联合国反腐败公约》，虽然规定了我国刑法中没有规定的贿赂外国公职人员或国际公共组织官员为犯罪，但因没有法定刑规定而不能作为刑法的直接渊源，需通过立法程序被吸收为我国刑法典或单行刑法的内容后才具有刑法适用性。也正因为如此，《刑法修正案（八）》增设了“对外国公职人员、国际公共组织官员行贿罪”（《刑法》第164条之一），以使该公约在我国生效。

6. 外国刑法

外国刑法，依国家主权原则，不可以作为我国刑法司法适用的援引根据。但在我国刑法理论上，不时有学者在为某个疑难案件寻找解释依据时，以某个外国的刑法规定作为分析依据。显然这是不合适的。

二、刑法的体系

刑法的体系是指刑法的组成和结构。它有广义和狭义之分。广义的刑法体系，包括刑法典的外围刑法规范体系和刑法典的内部结构体系。狭义的刑法体系，仅指刑法典的内部结构体系。其中：刑法典的外围刑法规范体系，是指刑法的直接渊源及其相互关系，包括刑法典、单行刑法、附属刑法以及其他可以提供刑法规范的法律文件及其相互关系所构成的刑法规范体系，也就是前文所介绍的刑法的直接渊源。刑法典的内部结构体系，是刑法典的内部组成和结构，包括刑法典的宏观体系和微观体系。

（一）刑法典的宏观体系

刑法典的宏观体系，包括刑法典中的编、章、节，是不具有司法援引性的刑法典结构编排，以便从整体上明晰和把握刑法典的全部内容。它们的相互关系，在总体上可以被表述为“编下分章、章下分节”。

1. 编

编，是刑法典的最大编排体例。我国现行刑法典有“总则”和“分则”两编，另有一条“附则”[①]。总则的内容是关于犯罪认定及其处罚的普遍适用性规定，包括刑法的任

① 规定了《刑法》的施行日期、相关法律的废止与保留情况。

务、基本原则和适用范围，以及犯罪成立评价体系和量刑评价体系的普遍性规定，为所有犯罪的定罪与量刑提供共性的规范评价要件要素；分则的内容是关于犯罪认定及其处罚的特别性规定，包括组成各具体犯罪成立评价体系的罪状规定和组成量刑评价体系的法定刑幅度规定，为对具体犯罪的定罪与量刑提供特别的规范评价要件要素。

2. 章

章，是“编”下的一级编排体例，在每编内自成体系。我国刑法典总则共5章，规定了刑法的任务、基本原则和适用范围，犯罪，刑罚，刑罚的具体运用，其他规定；分则共10章，分别规定了十类犯罪。

3. 节

节，是“章”下的一级编排体例，在每章内自成体系，但并非所有章下都分节。我国现行刑法典有很多章下没有分节。

（二）刑法典的微观体系

刑法典的微观体系，包括刑法典中的条、款、项。其中，条、款、项具有司法援引性。它们的相互关系在总体上可以被表述为“条下分款、款下分项”，但有例外情形。

1. 条

条，是整个刑法典的统一编排体例。虽然“条”被放在相应编章节之下，但在排列顺序上不受它们的约束，是整个刑法典按一个顺序编排的，从第1条排到最后的第452条，以便于查阅和引用。这种排列顺序，非经法律程序加以修改，不能变动。在遇到刑法修正案增加或减少条文时，这个排列的条文序号不能变。增加的条文，作为“第××条之×”插到相关条文之后。减少的条文，在刑法典中直接删除，如《刑法》第199条。在法律适用的时候，只要直接引第××条就可以，无须列明条文的具体内容。

在刑法条文中，有“段”的划分。这里的“段”是法律术语，不是作为“款”的“自然段”，是指某个自然段内的几层意思，有几层意思就是几个“段”，具体分别称之为“前段、后段”或“前段、中段、后段”等。例如，《刑法》第24条第2款关于中止犯的刑事责任的规定：“对于中止犯，没有造成损害的，应当免除处罚；造成损害的，应当减轻处罚。”就有两层意思，分别称之为前段和后段。

在刑法条文中，还有较多的“但书”规定。但书，作为法律术语，是指包含两个或两个以上意思的结构条款中，由“但是”开始的一段话。在我国刑法典中，“但书”实际上只有如下两种情形[①]：（1）对前段规定的限制。[②] 如《刑法》第13条规定：“一切危害国家主权、领土完整和安全……的，都是犯罪，但是情节显著轻微危害不大的，不认为是犯罪”。这里的“但书”是对犯罪行为成立最低标准所作的限定。刑法分则关于醉驾型危险驾驶罪、故意伤害罪基本犯、伪造货币罪基本犯等，虽然是以行为犯方式规定，但该但书的存在和限制反而使并非实施了这些行为就构成犯罪。又如《刑法》第73条规

① 对此有不同理解，有的认为有是前一部分的补充、例外、限制三种情况（高铭暄，马克昌．刑法学．10版．北京：北京大学出版社，高等教育出版社，2022：18-19）；也有的认为有是前一部分的例外、限制两种情况（贾宇．刑法学：上册·总论．北京：高等教育出版社，2019：50）。

② 在汉语意义上，“限制”是指“规定范围，不许超过”。现代汉语词典．珍藏版．北京：商务印书馆，2019：1425.

定："拘役的缓刑考验期限为原判刑期以上一年以下，但是不能少于二个月……"这里的"但书"是对拘役的缓刑最低考验期所作的限定。再如《刑法》第8条规定："外国人在中华人民共和国领域外对中华人民共和国国家或者公民犯罪，而按本法规定的最低刑为三年以上有期徒刑的，可以适用本法，但是按照犯罪地的法律不受处罚的除外。"这里的"但书"是对外国人在我国领域外实施侵犯我国国家或者公民利益的犯罪适用我国刑法时所作的限定。[①]（2）对前一规定的补充。[②] 如《刑法》第37条规定："对于犯罪情节轻微不需要判处刑罚的，可以免予刑事处罚，但是可以根据案件的不同情况，予以训诫或者责令具结悔过……"这里的"但书"是对"可以免予刑事处罚"规定的补充规定。

2. 款

款，是条下的一级排列体例。它的标志是"自然段"，条下有几个自然段就是几款。在法律适用的时候，直接引第××款就可以。例外的情况是，在某个法律条文只有一个自然段时，就不分"款"或不叫"款"，如《刑法》第1条、第33条。

3. 项

项，是款下的一级排列体例。它的编排标志是带括号的中文数字"（一）""（二）"等，有几个就有几项。在法律适用的时候，只要直接引第××条第××款第××项就可以。例外的情况是，在某个法律条文的自然段下，没有这个排列数字序号的，就表明这个"款"下不分项，如《刑法》第34条第2款；在某个法律条文只有一个自然段，也就是这个条文不分"款"时，这个排列数字序号的内容就是"条"下直接分"项"。如《刑法》第33条就是这种情况。

第三节　刑法的目的与任务

一、刑法的目的

所谓刑法的目的，也即刑法的立法宗旨，是指国家创制、适用与执行刑法所追求的结果。它具有国家意志性、预先设立性、作用全局性、追求主观性和效果阶级性等突出特征。

刑法规定刑法目的的意义主要在于：（1）制约刑法立法。它是刑事立法指导思想之一，整个刑法立法都围绕着刑法目的展开。（2）决定刑法适用。它直接影响着如何理解和适用刑法予以定罪量刑。（3）指导刑法执行。刑法的执行是实现刑法目的的重要环节，只有行刑的方式、内容、制度等一系列环节都与刑法目的相符合，才能取得行刑的效果和实现刑法的目的。

我国刑法的目的，根据《刑法》第1条的规定，是"惩罚犯罪，保护人民"。这里的

---

① 对于这种情况，有的教材把它界定为"例外"。可按现代汉语语义，"例外"是指"在一般的规律、规定之外"（现代汉语词典．珍藏版．北京：商务印书馆，2019：805）。据此语义，将这个规定理解为"限制"更加清晰明了。

② 在汉语意义上，"补充"是指"原来不足或有损失时，增加一部分"（现代汉语词典．珍藏版．北京：商务印书馆，2019：103）。

“人民”，是代表国家、社会和全体公民整体利益的单位和个人。这意味着我国刑法所保护的不是脱离整体利益的个体利益，而是以人民为中心和将个体利益作为有机组成部分的整体利益。这是我国政权性质和刑法阶级性的集中体现。“惩罚犯罪”与“保护人民”是紧密联系的有机整体，其中：“惩罚犯罪”是刑法的固有属性，是刑法的直接目的和“保护人民”的手段；“保护人民”既是人民民主专政、人民当家作主、以人民为中心的国家性质、国家阶级本质等的体现和要求，也是刑法的终极目的所在，包括无罪的人不受刑法追究和有罪的人不受刑法规定之外的追究。

古今中外，不仅统治阶级都十分重视利用刑法作为维护社会秩序的工具，而且任何犯罪从根本上说都是危害国家利益和人民利益的，都需要将刑法作为打击犯罪的有力武器。然而，刑法并非万能，需要将刑法纳入国家的整个法律体系、社会治理体系和国家治理体系中予以体系化理解和适用，才能正确理解和适用刑法，才能有效和合理地发挥刑法的工具作用，才能实现刑法治理现代化和“惩罚犯罪，保护人民”的刑法立法目的。

基于以上刑法目的，无论是刑法立法还是刑事司法都应当适度。一方面，不足的刑法供给不足以保护社会秩序，不能有效实现“保护人民”的目的；另一方面，过度的犯罪设置和刑罚配置，不仅破坏法治体系的良性运行，导致刑法机能的扩大化，而且带来刑法对社会秩序的破坏，带来沉重的社会不良后果。应当基于刑法的立法目的，将刑法置于法律体系、法治体系、社会治理体系中，确定刑法的应有地位，发挥刑法应有和可能的作用，防止刑法机能扩大化，避免刑法成为有损社会良性运行的工具。

二、刑法的任务

刑法的任务是刑法所要达到的目标。在刑法典中规定刑法的任务，往往是为了强调刑法的阶级性。① 例如，1962 年《苏俄刑法典》第 1 条规定：“苏俄刑法典的任务是保护苏维埃的社会制度和国家制度、保护社会主义所有制、保护公民的人身和权利以及整个社会主义法律秩序不受犯罪行为的侵害。”

我国 1979 年《刑法》和 1997 年全面修订的《刑法》均对其作了明确规定。现行《刑法》第 2 条规定：“中华人民共和国刑法的任务，是用刑罚同一切犯罪行为作斗争，以保卫国家安全，保卫人民民主专政的政权和社会主义制度，保护国有财产和劳动群众集体所有的财产，保护公民私人所有的财产，保护公民的人身权利、民主权利和其他权利，维护社会秩序、经济秩序，保障社会主义建设事业的顺利进行。”

我国刑法规定的以上任务，是由我国社会主义的性质和法治建设的要求决定的，具体可分为以下几个方面：

（1）惩罚犯罪。对触犯刑法规定的任何犯罪行为予以相应的刑法制裁，是刑法的基本任务所在。一方面，通过惩罚对犯罪分子予以改造；另一方面，通过惩罚犯罪分子，对社会起到警示、教育作用，从而达到维护社会正义、减少犯罪、预防犯罪的目的。

（2）保卫国家安全、巩固国家政权。国家安全和政权稳固是我国改革开放和进行社会主义现代化建设的基本前提和保证，旨在同犯罪行为作斗争的刑法，应当对各种危害

① 绝大多数国家未在刑法典中规定刑法的任务。

国家安全的犯罪行为予以制裁。与此相照应，我国刑法分则第一章就规定了“危害国家安全罪”。

(3) 保护国家、集体、公民的财产。国家所有的财产和劳动群众集体所有的财产，是社会主义的公共财产，是社会主义的物质基础，是进行现代化建设的物质保证。公民个人的财产，是公民生活、从事生产等活动所必需的物质条件。因此，我国宪法规定：社会主义公共财产神圣不可侵犯。国家保护公民的合法收入、储蓄等其他合法财产。刑法根据宪法的规定，将保护公共财产和公民个人所有的财产作为刑法的任务之一。这对于维护国家的经济基础，保护个人合法财产，具有重要的意义。

(4) 保护公民的人身权利、民主权利和其他权利。在我国，人民是国家的主人。我国宪法规定了公民的各项基本权利，包括公民的生命、健康、人身自由等方面的权利，公民依照法律参加国家管理和政治生活等各项民主权利，以及劳动、学习、创作等相关权利。为了同各种侵犯公民人身权利、民主权利和其他权利的犯罪行为作斗争，刑法对这一类犯罪及其处罚作了比较具体的规定，对于维护公民的合法权益具有重要作用。

(5) 维护社会秩序。这是对刑法的任务的综合和概括。社会秩序的范围是很广的，包括社会的政治、经济、生产、工作、学习、科研等各方面的正常秩序。刑法规定的各种犯罪，尽管所针对的对象、行为表现形式各有不同，但归根结底都是对社会秩序的破坏。有些犯罪，直接目的就是扰乱一定的社会秩序。运用刑法打击犯罪、惩罚犯罪，最终目的是维护社会秩序，保持社会的稳定，实现刑法的目的。

第四节　刑法的制定与修改

一、刑法的制定

(一) 刑法制定的概念

刑法的制定，是指国家权力机关依照法定的职权和程序创制刑法规范的活动。在广泛意义上，刑法的制定还应包括刑法规范的补充、修改和废止等刑法完善活动。

(二) 刑法制定的根据

刑法制定的根据，是指刑法创制所基于的前提或基础，是创制、修改、补充、废止乃至解释刑法规范所需遵循的根本指引。

在我国，《刑法》第1条规定：“为了惩罚犯罪，保护人民，根据宪法，结合我国同犯罪作斗争的具体经验及实际情况，制定本法。”刑法的制定根据有狭义和广义之分。广义的刑法制定根据，包括思想根据、目的根据、法律根据和实践根据，其中：刑法制定的思想根据是马克思主义及其中国化理论。马克思主义是我国整个政治制度的根本指导思想，在当前表现为习近平新时代中国特色社会主义思想和习近平法治思想，在刑法制定的思想根据上，表现为坚持以全面依法治国和以人权保障为核心的刑事法治。刑法制定的目的根据是“惩罚犯罪和保护人民”，是我国制定刑法的价值取向所在。狭义的刑法制定根据仅为法律根据和实践根据。

1. 法律根据

刑法的法律根据，根据我国《刑法》第 1 条的规定，是《宪法》。宪法作为国家的根本大法，是包括刑法在内的所有法律的创制和适用根据。我国宪法规定的是我国社会制度和国家制度的根本原则、国家机关组织和活动的基本原则，以及公民的基本权利和义务等根本性的问题。各个部门法律则是从不同的领域，用不同的手段，为保障和实施宪法所规定的基本内容和各项基本原则服务的。

我国刑法的创制和适用以宪法为根据，一方面，要求刑法必须在自己的领域内具体贯彻宪法的规定，其规定及解释都不能与宪法相抵触，否则便没有法律效力；并通过惩治有关的犯罪行为，保障宪法有关内容的实施。另一方面，刑法的创制和适用需要随着宪法的修改变化而变化。1979 年《刑法》的法律根据是 1978 年《宪法》，1997 年《刑法》及其后各次修改的法律根据是 1982 年《宪法》及其 5 个修正案，就是这个变化的体现。

2. 实践根据

刑法的实践根据，根据我国《刑法》第 1 条的规定，是“我国同犯罪作斗争的具体经验及实际情况”。任何法律的立、改、废和适用，都应当立足于本国的客观实际。我国是一个发展中国家，各种规定都要考虑到同犯罪作斗争的实际需要和利益。只有基于调查研究、实事求是，一切从实际出发，刑法才有生命力，才能满足同犯罪作斗争的需要，才能保证刑法目的和任务的实现。自新中国成立以来制定的刑法，在立法过程中，既借鉴了苏联刑事立法的有益经验，也注重从我国实际情况出发，从而使我国的刑法成为一部具有中国特色的刑法。从刑法规定的内容来看，对于多年来我国同犯罪作斗争行之有效的、成熟的经验以及我国独创的制度，刑法都作了规定，例如管制、死缓、减刑、自首等。这意味着，我国刑法创制和适用的根据，既不是静态意义上的宪法，也不是刑法思想发展史上某个学派的立场，而是动态意义上的宪法和同犯罪作斗争的具体经验及实际情况（包括当下和未来的实际情况）。

（三）新中国刑法的创制

新中国在成立之初彻底废除国民政府的以“六法全书”为代表的全部法律后，在起草刑法典的同时，首先就革命和建设急需事项，如惩治反革命、贪污、贩运毒品、伪造国家货币、泄露国家机密等行为，制定了一些单行刑法，包括 1950 年《关于严禁鸦片烟毒的通令》，1951 年《妨害国家货币治罪暂行条例》《惩治反革命条例》《保守国家机密暂行条例》，1952 年《惩治贪污条例》，等等。

新中国刑法典即 1979 年《中华人民共和国刑法》的起草与出台，经历了一个漫长而又曲折的过程：刑法典最初的起草准备工作，是由当时的中央人民政府法制委员会来进行的。自 1950 年至 1954 年 9 月，法制委员会写出两个稿本：一个是 1950 年《中华人民共和国刑法大纲草案》（共 12 章 157 条，其中总则 33 条、分则 124 条）；另一个是 1954 年的《中华人民共和国刑法指导原则草案（初稿）》（除序言外，共 3 章 76 条，其中，第一章“犯罪”7 条、第二章“刑罚”19 条、第三章“几类犯罪量刑的规定”50 条）。这两个稿本没有被拿出来征求意见，也未进入立法程序。直到 1954 年《宪法》的颁布、施行，全国人民代表大会常务委员会办公厅法律室于 1954 年 10 月组织起草班子开始起草刑法典，并于1957年6月28日写出第22稿，于1963年10月9日写出第33稿。不过，这些草案又因“文化大革命”等的冲击而都未能公布。直到“文化大革命”结束，再组成的刑法草案修订班子于1978年10月依据1978年《宪法》，对第33稿进行修订并先后形成第34稿和第35稿共两个稿本的草案。随着1978年12月党的十一届三中全会的召开，全国人民代表大会常务委员会于1979年2月成立法制委员会，该委员会于3月接手主持刑法典的起草工作，继续搞了第36～38稿共三个稿本的草案，提交第五届全国人民代表大会第二次会议进行审议的《中华人民共和国刑法（草案）》就是其中的第38稿。最终《中华人民共和国刑法》于1979年7月1日通过，于7月6日正式公布，自1980年1月1日起施行。至此，新中国第一部刑法典正式诞生。

二、刑法的修改

刑法修改是立法机关根据宪法和同犯罪作斗争的具体经验及实际情况，适时对不完善的刑法规定作出相应修改的一种立法活动。世界上不可能存在永恒不变的刑法规范，为了适应同犯罪作斗争的当下或未来需要，保证刑法目的、任务的实现，必然要基于宪法的变化和同犯罪作斗争的具体经验及实际情况，对刑法规范作出相应修改。我国《刑法》第1条规定的制定刑法的根据“宪法和同犯罪作斗争的具体经验及实际情况”，也是刑法修改的根据。

刑法的修改方式，大体有如下几种情形：

（1）从修改对象的内容处理方式来看，有废止型修改、修订型修改与增补型修改几种情形，分别是指对刑法条文规定进行删除（废止）、修订和补充。我国现行刑法的修改，主要是修订型修改与补充型修改，但也有废止型修改情形，如2011年《刑法修正案（八）》第32条规定“删去刑法第二百零五条第二款”，就属于废止型修改。

（2）从修改对象的载体形式看，有刑法典修改、单行刑法修改与附属刑法修改，分别是指对刑法典、单行刑法和附属刑法的条文规定予以删除（废止）或修订、补充。

（3）从修改对象的范围来看，有全面修改与部分修改，分别是指对刑法典、单行刑法和附属刑法的全部条文和部分条文规定予以删除（废止）或修订、补充。相对于刑法典来说，部分修改只是对刑法典进行局部的修修补补，不改变刑法典原有的编排体系，只是在原有编排体系中增删条款项规定；只有全面修改时才对刑法典体系进行重新编排，并形成一个全新的刑法典体系。全面修改后的刑法典，之所以不被称为一部新的刑法典，在一定意义上是因为，立法机关公布的其“通过”时间，还是原法律的通过时间。例如，我们通常所说的1997年《刑法》，其实只是对1979年《刑法》的一次全面修改。立法机关公布的是“1979年7月1日第五届全国人民代表大会第二次会议通过，1997年3月14日第八届全国人民代表大会第五次会议修订，1997年3月14日中华人民共和国主席令第八十三号公布，自1997年10月1日起施行”。这意味着，我国现行刑法典的规范称谓是在1979年通过、1997年全面修改和之后多次通过单行刑法和刑法修正案部分修改的《刑法》。大家通常称现行刑法为“97刑法”，只是在其全面修改后的通称而已。刑法的部分修改方式通常有刑法修正案、单行刑法两种：主要采用刑法修正案方式，自1999年以来共出台了12个刑法修正案；采用单行刑法的修改方式很是罕见，比较典型的是1998

年12月29日全国人民代表大会常务委员会《关于惩治骗购外汇、逃汇和非法买卖外汇犯罪的决定》。其他的如1999年10月30日《关于取缔邪教组织、防范和惩治邪教活动的决定》、2000年12月28日《关于维护互联网安全的决定》、2009年8月27日《关于修改部分法律的决定》(部分失效)、2015年8月29日《关于特赦部分服刑罪犯的决定》、2019年6月29日《关于在中华人民共和国成立七十周年之际对部分服刑罪犯予以特赦的决定》、2020年6月30日《香港特别行政区维护国家安全法》,都只是其中的某个(些)内容涉及罪状、罪名等问题,都不是典型意义上的单行刑法。

刑法修正案作为刑法典的部分修改方式,其突出特点主要表现在:(1)它所修订的内容须全部被纳入刑法典中,成为刑法典体系的有机组成部分。(2)它利于保全刑法典的体系完整,有利于体系化理解和适用刑法。(3)它通常不是刑法适用的直接渊源,除时间效力规定外,其他规定通常不作为判案的法律援引依据,判案的法律援引依据须是其被纳入刑法典体系中的相应规定。

单行刑法作为刑法典的部分修改方式,其突出特点主要表现在:(1)在立法体系上独立于刑法典,所立、改、废的内容不被纳入刑法典体系中。(2)它将刑法典体系搞得支离破碎,不方便查阅,不利于对刑法的系统化理解和适用。(3)它是刑法适用的直接渊源,是判案的法律援引依据,并在与刑法典的规定冲突时,依“特别法优于普通法”“新法优于旧法”原则,优先于刑法典适用。在1997年《刑法》修订之前,刑法的部分修改主要采用这种方式,在1980—1997年间共出台了23个单行刑法。但自1997年《刑法》修订以来,除在1998年针对“亚洲金融危机”,出台了《关于惩治骗购外汇、逃汇和非法买卖外汇犯罪的决定》这一个单行刑法外,其他修改全部采用了修正案方式。理论上所讨论的刑法再法典化,在一定意义上就是指如何维护刑法典的体系化功能,避免单行刑法修改方式所带来的弊端。

第五节 刑法的解释

一、刑法解释的界定

刑法的解释,是指对刑法规范含义的阐明。只有刑法规范的真实含义被正确地理解,刑法规范才能正确地得到适用。一方面,刑法条文往往具有一定程度上的抽象性与用语多义性,会引发不同理解;另一方面,不仅案件事实千姿百态和复杂多变,而且具体刑事政策也会随着同犯罪作斗争的具体经验和实际情况而不断调整。为了统一对刑法规范的理解,以使抽象的法律条文被适用于复杂多变的具体案件,使司法活动能够跟上这些变化了的客观情况,需要对刑法规范进行解释。

刑法解释有广义和狭义之分。广义的刑法解释,包括司法机关为统一对刑法规范的理解与适用而作出的规范文件、司法工作人员根据具体刑事政策将法律规定适用于具体案件的思维和实践过程,以及法学工作者关于对刑法规范如何理解和适用所作的理论阐述。狭义的刑法解释,是指司法机关为统一对刑法规范的理解与适用而作出的规范文件,以及法学工作者关于对刑法规范如何理解和适用所作的理论阐述。这是通常所说的刑法解释。

刑法的解释不同于刑法的法律拟制。法律拟制，又称法定拟制，是指对于原本不符合某种规定的情况，基于立法的实质意义按该规定处理的法律现象。其突出特点为：(1) 它只能是立法机关所为。它属于立法现象，是立法技术方式，不可由司法解释作出。(2) 它是将针对这一特征所作的规定适用于另一特征的情形。如《刑法》第 269 条规定，对于“犯盗窃、诈骗、抢夺罪，为窝藏赃物、抗拒抓捕或者毁灭罪证而当场使用暴力或者以暴力相威胁的”，依抢劫罪定罪处罚。又如《刑法》第 382 条第 2 款规定，对于“受国家机关、国有公司、企业、事业单位、人民团体委托管理、经营国有财产的人员，利用职务上的便利，侵吞、窃取、骗取或者以其他手段非法占有国有财物的”，拟制为贪污。(3) 它以具有相同的实质意义为前提。虽然“犯盗窃、诈骗、抢夺罪，为窝藏赃物、抗拒抓捕或者毁灭罪证而当场使用暴力或者以暴力相威胁的”，在构成要件上是基于“盗窃、诈骗、抢夺”主观方面所实施的“盗窃、诈骗、抢夺”行为，但在实施这些行为过程中行为人采取了“暴力或者以暴力相威胁”的手段，在客观上与抢劫罪具有相同的立法意旨，故应作出特别规定，赋予其与抢劫罪相同的法律效果。(4) 它须按拟制规定进行法律适用。一方面，在判案时必须按拟制的特别规定进行法律适用；另一方面，为了正确、准确适用这个拟制规定，需首先明确这个规定的法律拟制性质及内在含义。

刑法的解释也不同于刑法的注意规定。刑法的注意规定是对本已符合刑法总则规定的刑法规范进行提醒式规定，以提示注意、防止忽略的刑法规定。其突出特征为：(1) 注意规定不阐明刑法规范的含义。这是注意规定与刑法解释相区别的重要方面。注意规定的设置，并不改变相关规定的内容，只是对相关规定内容的重申。即使不设置这个规定，也理应这样处理。例如，《刑法》第 382 条前两款规定了国家工作人员，受委托管理、经营国有财产的人员贪污罪，第 3 款规定“与前两款所列人员勾结，伙同贪污的，以共犯论处”。如此规定，既没有增加特别的刑法规范，也不是对贪污罪共同犯罪含义的阐明。没有此规定，也完全可以按刑法总则关于共同犯罪的规定以共犯论处。(2) 注意规定不会带来“不符合相关规定但按相关规定论处”的情形。这是注意规定与法律拟制相区别的重要方面。例如，《刑法》第 163 条前两款规定了非国家工作人员受贿罪，第 3 款规定，国家工作人员“有前两款行为的，依照本法第三百八十五条、第三百八十六条的规定定罪处罚”。如此规定的定罪处罚要求，完全符合《刑法》第 385 条所规定的国家工作人员受贿罪的成立条件，并非将原本不符合受贿罪要件的行为也认定为受贿罪的立法上的特别规定，只是如何适用刑法的提示规定。

二、刑法解释的立场

刑法解释的立场，是指解释者在刑法解释方法论上所固守的地位或秉持的态度。在刑法理论上，有过主观解释论与客观解释论、形式解释论与实质解释论的争论，其中：主观解释论与客观解释论的争论焦点是刑法条文的含义是否要随着社会等各种因素的变化而变化，属于解释基点问题的争论；形式解释论与实质解释论的争论焦点是解释是否只能严格遵循条文的字面含义，属于解释限度问题的争论。综观这些争论，其实都只是理论上的主张分歧，并非司法机关作刑法解释时所遵从的标准。[①] 同时，这些解释主张具有割裂对刑法规范的主观与客观、形式与实质相统一的理解和适用的嫌疑，并不符合事物变化发展的唯物辩证特征和主观与客观、形式与实质有机统一的哲学原理。刑法解释的基本立场应当符合马克思主义哲学的以上基本原理。

（一）主观解释论与客观解释论

根据德国著名民法学家及法哲学家卡尔·拉伦茨（Karl Larenz）的阐述，所谓主观解释是指探究历史上立法者的心理意愿的解释；所谓客观解释是指解析法律内存意义的解释。在刑法意义上，刑法解释到底该采用主观解释还是客观解释？对此始终没有达成统一认识，并产生了主观解释论与客观解释论的争论。

所谓主观解释论，是认为刑法解释是阐释立法者在立法时所表达的意思即找出立法原意的理论观点。这里的“主观”，表现为企求刑法解释达到立法者在为社会一般人设计行为规范时所希望或不希望、允许或不允许人们从事什么样行为的主观状况。理论上坚持该观点的主要理由为：立法行为是立法者的意思行为，法律解释应揭示立法者的立法意图；立法者的意思是一种可以借助立法文献加以感知的历史事实，只以此为根据才不会使判决结论捉摸不定，并维持法的稳定性；司法机关只有根据立法者的意思裁判才符合分权制衡原则。[②]

所谓客观解释论，是认为刑法解释是根据发展变化了的客观实际情况，依据刑法价值、刑法理念探求刑法规范本身应有的合理内涵的理论观点。这里的“客观”，表现为主张刑法解释的目标是存在于刑法规范中的客观意思，而非立法者的立法原意。理论上坚持该观点的主要理由为：立法原意因立法者不是一个人或者探求立法原意也只是一个自我认识的解释而并不十分明确；立法者常以过去的案件为模型来表述构成要件，对立法时未曾发生过的案件不可能有立法原意；解释者应当通过立法者所使用之语词的客观意义来发现立法精神与目的，而非通过立法者事前或事后的想法来发现立法精神与目的；刑法一经制定就是一种客观存在，与立法原意产生了距离，需要根据用语的客观含义作出解释；刑法具有稳定性，但它同时必须适应社会发展的需要，追求立法原意必然导致刑法的滞后，从而影响刑法的生命力。[③]

以上主观解释论与客观解释论的解释立场，其实是刑事古典学派与刑事实证学派在法律解释上各自所持的观点与分歧[④]，并非发展进化了的新时代刑法观与刑法解释观。虽然各国刑法理论与实践主要围绕这些观点展开辨析与论证，但这并不意味着我们必须坚持刑法解释认识发展历史上的某个观点。刑法解释应该基于唯物辩证法关于变化发展特征和哲学上的主客观相统一原理，根据刑法上的规定、基本原则和相应的具体刑事政策等，与时俱进地作出。

---

① 这些关于刑法解释的理论已对刑法解释理论体系的构建产生了重要影响，为确定合理的刑法解释立场，有必要对它们有所了解。

② 陈兴良．本体刑法学．北京：商务印书馆，2001：23及以下．

③ 张明楷．刑法学：上．6版．北京：法律出版社，2021：34及以下．

④ 陈兴良．本体刑法学．北京：商务印书馆，2001：23．

（二）形式解释论与实质解释论

形式解释论与实质解释论源于德日刑法理论，表现为刑法解释到底该采取的是形式解释还是实质解释的争论。按照这些理论，所谓形式解释，是指在对构成要件的解释上，在进行处罚的必要性或合理性的实质判断之前应当从具有通常的判断能力的一般人是否能够得出该种结论的角度出发，以具有通常的判断能力的一般人能够理解的形式的行为类型为中心进行形式的判断；所谓实质解释，是指在对刑罚法规，特别是构成要件的解释上，应当从处罚的必要性和合理性出发，从实质来判定是否存在值得科处刑罚的法益侵害。①

形式解释论与实质解释论的早期争论焦点，在于阶层论中的构成要件该当性的认定究竟是纯事实的判断，还是同时涉及价值判断。自20世纪以来其争论焦点发生了变化，即两者都不否认对阶层论中的构成要件该当性进行价值判断，分歧在于如何进行价值判断，也就是对构成要件该当性的解释是先进行形式判断还是先进行实质判断。形式解释论认为，对构成要件该当性的解释必须从语意解释开始，但又不限于语意解释；主张在解释时，先进行形式判断，然后进行实质判断，也就是先排除那些法无明文规定的行为，再排除那些不值得科处刑罚的行为。实质解释论认为，对构成要件该当性的解释，必须以法条保护的法益为指导，而不能停留在条文字面含义上；主张在解释时，先进行实质判断，然后进行形式判断，即先排除那些不值得科处刑罚的行为，再排除那些法无明文规定的行为。在我国，形式解释论与实质解释论之争出现在1997年《刑法》颁布之后。②

以上形式解释论与实质解释论的解释立场，并不符合我国的立法等实际。其一，这不符合我国刑法的立法实际。例如，在犯罪成立条件上，我国刑法是按四要件犯罪构成评价体系立法的，德国、日本刑法的阶层论评价体系并不对应我国刑法立法。其中，我国刑法分则所蕴含的犯罪客体要件，包括同类客体和直接客体（分为简单客体、复杂客体等），是区分罪与非罪、此罪与彼罪、轻罪与重罪、一罪与数罪的评价体系的有机组成部分，是德国、日本刑法立法以及其阶层论犯罪构成理论和法益等话语体系无法有效对应的。其二，对刑法规范进行形式与实质侧面的切割无法获得唯物辩证法和系统论原理的支持。基于唯物辩证法和系统论原理，对任何构成要件都要融入犯罪成立评价体系中进行有机评价，不可能将某个要件独立出来，进行脱离有机体系的孤立评价。这就意味着，对任何刑法规范及其要件要素的评价，都是主观与客观、形式与实质的有机统一：在刑法上既不可能进行脱离主观的纯客观评价（客观归罪），也不可能进行脱离客观的纯主观评价（主观归罪）；既不可能存在只有形式规定而无实质内涵的空中楼阁性形式刑法规范，也不可能存在只有实质内涵而无形式规定的虚无缥缈性实质刑法规范。可以认为，以上两种理论观点都是从一个极端到另一个极端的过程认知，并不符合唯物辩证法和系统论原理。所谓形式解释论与实质解释论的流派划分和理论对立实际上是一个伪命题。③

① 大谷实．刑法总论．黎宏，译．北京：法律出版社，2003：73-74.

② 我国法学类权威杂志《中国法学》在2010年第4期同时刊登了陈兴良教授的《形式解释论的再宣示》和张明楷教授的《实质解释论的再提倡》两篇文章，引起了学界的热烈探讨，导致逐渐形成了以陈兴良教授为代表的形式解释论和以张明楷教授为代表的实质解释论的“学派之争”。

③ 杨兴培．刑法实质解释论与形式解释论的透析和批评．法学家，2013（1）.

三、刑法解释的分类

（一）有权解释和无权解释

这是按解释的主体和效力所作的分类。

1. 有权解释

所谓有权解释，是指有权进行法律解释的国家机关对法律条文中需要进一步明确界限或作补充规定的问题，或对于具体适用法律的问题，所作的阐释。有权解释具有法规范约束力。在我国，有权解释包括立法解释和司法解释，其中，立法解释在效力上高于司法解释，在它们相冲突时，以立法解释为准。

（1）立法解释。

立法解释，是全国人民代表大会或其常务委员会就刑法条文规定所作的解释。它具有普遍的法律效力。

立法解释通常是指在刑法实施的过程中，立法机关对发生歧义的规定所作的解释。如，2000 年 4 月 29 日全国人民代表大会常务委员会对《刑法》第 93 条第 2 款规定的“其他依照法律从事公务的人员”所作的解释，2004 年 12 月 29 日全国人民代表大会常务委员会关于刑法有关信用卡规定的解释。立法解释有立法机关主动作出和被动作出两种情形。主动作出的情形，是指立法机关在进行刑法立法时，在刑法典中直接对有关概念、术语所作的解释。被动作出的情形，是指最高人民法院、最高人民检察院在对同一问题的解释有原则性分歧时，报请全国人民代表大会常务委员会决定或进行解释。

在理论上，也把如下两种情况视作立法解释：一是刑事立法中的解释性规定，如，《刑法》第 91 条规定：“本法所称公共财产，是指下列财产：（一）国有财产；（二）劳动群众集体所有的财产；（三）用于扶贫和其他公益事业的社会捐助或者专项基金的财产。”“在国家机关、国有公司、企业、集体企业和人民团体管理、使用或者运输中的私人财产，以公共财产论。”其实，这些规定只是刑法立法本身，不是对刑法规定的解释。二是法律的起草说明书中所作的解释，如，1997 年时任全国人民代表大会常务委员会副委员长的王汉斌在《关于〈中华人民共和国刑法（修订草案）〉的说明》中对有关问题所作的说明。显然，这个不是全国人民代表大会或其常务委员会通过的有法律约束力的文件，不宜被视为立法解释。

（2）司法解释。

所谓司法解释，在我国是指最高人民法院、最高人民检察院等司法机关就刑法条文规定所作的解释。司法解释又分为审判解释和检察解释。审判解释是指最高人民法院对于审判工作中具体应用法律的问题进行的解释。检察解释是指最高人民检察院对于检察工作中具体应用法律的问题进行的解释。对于刑法适用中的共同问题，可以由最高人民法院和最高人民检察院联合作出解释。实践中，司法解释的对象和内容会涉及公安部、国家安全部、司法部等部委，最高人民法院，最高人民检察院也经常联合它们共同作解释，如 2019 年 10 月联合出台《关于适用认罪认罚从宽制度的指导意见》。

2. 无权解释

所谓无权解释，也即学理解释，是指有关宣传机构、社会组织、教学科研单位或学者、专家、法律工作者等对刑法规范的含义所作的阐释。学理解释不具有法律效力，但对于正确、准确理解刑法规范，以及立法和司法完善，有着不可或缺的作用。

（二）文理解释和论理解释

这是按解释的方法所作的分类，解释的方法包括文理方法和论理方法。

1. 文理解释

所谓文理解释，又称平义解释，是指以文理方法（对“文字”讲理）所作的解释。在刑法意义上，所谓“文理”方法，就是根据刑法规范用语的文义以及其通常使用方式，包括用词、语法、表述方式、标点符号等，来阐释刑法规范的含义的方法。这是刑法解释的常态性方法，具体包括字面含义解释法和语法结构解释法两种。例如，《刑法》第93条对“国家工作人员”的解释，采用的是字面解释法；《刑法》第18条关于“丧失辨认或者控制”只要具备其一的解释，就是语法解释法。文理解释是最基本的解释方法，只有当作文理解释得不出明确或合理结论时，才会使用其他方法。

2. 论理解释

所谓论理解释，是指以论理方法（对“逻辑”讲理）所作的解释。在刑法意义上，所谓“论理”方法，就是依刑法的根据从逻辑上阐明刑法规范的含义的方法，是在采“文理”方法不能作出合乎刑法根据的逻辑结论时，所需启用的解释方法。由此，刑法上的论理解释是根据刑法的立法精神（基本原则等）和司法实践中的现实情况，以逻辑的方法对刑法条文所进行的解释，包括依据刑法的根据，在刑法规范体系内对刑法规范含义作扩大、缩小、当然、补正、反对、目的、历史、体系解释。这些解释方法，并非孤立存在和运用的。某个解释方法的界定，可能要借助其他解释方法才能较为清晰地实现。对同一解释对象，可能要采用多个解释方法解释才具有合理性。例如，到底是扩大解释还是类推解释，就可能要同时采用当然解释或体系解释等。

（1）扩大解释。

所谓扩大解释，又称扩张解释，是对刑法条文的含义作出大于其字面含义的解释。之所以要扩充解释，是因为刑法条文的字面含义比刑法条文的真实含义要窄，只有扩张其字面含义，才能符合刑法条文的真实含义。例如：将《刑法》第49条规定的“审判的时候怀孕的妇女，不适用死刑”中的“审判的时候”，扩大解释为从羁押到执行的整个诉讼过程，而非仅仅指法院审判阶段；将其中的“怀孕的妇女”，扩大解释为既包括正在怀孕的妇女，也包括案件被起诉到法院以前，在被羁押期间做人工流产的妇女，还包括在被羁押期间自然流产后，又因同一事实被起诉、交付审判的妇女。又如：将《刑法》第341条规定的危害珍贵、濒危野生动物罪中的“出售”，扩大解释为包括出卖和以营利为目的的加工利用行为；将《刑法》第196条规定的信用卡诈骗罪中的“信用卡”，扩大解释为商业银行或者其他金融机构发行的具有消费支付、信用贷款、转账结算、存取现金等全部功能或者部分功能的电子支付卡；将《刑法》第347条规定的走私、贩卖、运输、制造毒品罪中的“贩卖”，扩大解释为出售、为出售而购买、居间介绍买卖三种行为；将《刑法》第116条规定的破坏交通工具罪的对象“汽车”“电车”，分别扩大解释为包括大型拖拉机和包括电瓶车、缆车；将《刑法》规定的故意损毁文物罪和走私文物罪的对象“文物”，扩大解释为包括具有科学价值的古脊椎动物化石、古人类化石；将醉酒驾驶飞机的行为解释为危险驾驶罪。

扩大解释容易与类推解释相混淆。所谓类推解释，是指对具体事实与法律规定相似的情形，援引刑法的某一规定为依据的解释方法。它是指对于刑法无明文规定的事项，在刑法条文用语的字面含义中不可能包括该事项时，基于该事项与刑法明文规定的事项具有相似性，而将刑法明文规定的事项的法律效果赋予刑法无明文规定的事项的解释方法。它们容易相混淆之处在于，它们得出的结论都可能超出刑法条文的字面含义。它们的区别主要表现在：一是，是否符合其他解释方法。扩大解释的结论超出刑法条文的字面含义，符合当然解释或体系解释等解释方法的要求，而类推解释的结论超出刑法条文用语的可能含义，只是法理上的平等原则和正义的要求，不符合当然解释或体系解释等解释方法的要求。例如，根据《刑法》第227条的规定，既然倒卖车票、船票的行为构成倒卖车票、船票罪，那么倒卖飞机票的行为自然更应构成倒卖车票、船票罪。这因符合当然解释的要求而是扩大解释。又如，将通奸行为解释为“同居”，因不符合当然解释、体系解释等方法的要求而属于类推解释。二是，是否超出普通大众的通常认知。扩大解释的结论处于普通大众通常认知和预测的范围之内，类推解释的结论超出了普通大众的通常认知和预测范围。如，将同性之间有偿的性行为解释为“卖淫”，将通奸行为解释为“同居”，都因超出了普通大众的通常认知和预测范围而属于类推解释。三是，是否违背罪刑法定原则。基于罪刑法定原则的人权保障机能，扩大解释和有利于被告人的类推解释因符合罪刑法定原则的人权保障机能和刑法的当然解释、体系解释等解释方法而为罪刑法定原则所认可，不利于被告人的类推解释因不符合罪刑法定原则的人权保障机能和刑法的当然解释、体系解释等解释方法而不为罪刑法定原则认可。

（2）缩小解释。

缩小解释，又称限制解释，是指对刑法条文作小于其字面含义的解释。之所以要缩小解释，是因为刑法条文的字面含义比刑法条文的真实含义广，只有限制字面含义，才能使其符合刑法条文的真实含义，才能使案件得到合理处理。缩小解释如：将抢夺罪中的“凶器”解释为“国家禁止携带的器械”或“为了实施犯罪而携带的其他器械”；将为境外窃取、刺探、收买、非法提供国家秘密、情报罪中的“情报”解释为，仅指关系国家安全和利益，尚未公开或者依照有关规定不应公开的事项；将不解救被拐卖、绑架的妇女、儿童罪中的“绑架”解释为以出卖为目的的绑架；将抢劫罪加重情节“入户抢劫”中的“户”解释为他人生活的与外界相对隔离的住所；将盗窃林木罪中的“林木”解释为不包括他人在房前屋后、自留地种植的零星树木；将犯罪预备规定中“为了犯罪”中的“犯罪”解释为实行犯罪。值得注意的是，不是限制字面含义，而是在刑法规范之外附加条件的，不是缩小解释，可能是目的性限缩解释。

（3）当然解释。

所谓当然解释，是指刑法规定虽未明示某一事项，但依形式逻辑或事物本身的属性、规律当然作出的理解或解释。之所以要当然解释，是因为该事项解释本就包括在该规定的适用范围之内。当然解释通常包括“举轻以明重”意义上的入罪或从重处罚解释、“举重以明轻”意义上的出罪或从宽处罚解释，例如：将《刑法》第50条规定的死缓期间有故意犯罪的“死刑立即执行时间”解释为“无须等到两年期满”，用的就是“不言自明、理所当然”的当然解释方法；根据《刑法》第240条关于拐卖妇女、儿童罪的规定，既然以出卖为目的偷盗婴幼儿属于本罪的加重处罚情形，那么，以出卖为目的，抢劫、抢夺婴幼儿的行为，自然属于本罪的加重处罚情形；根据《刑法》第264条关于盗窃罪的规定，既然针对盗窃银行金融机构和盗窃国家珍贵文物的行为已经取消了死刑，那么，盗窃一般财物，即使数额再大，也不得被判处死刑；根据《刑法》第329条第1款的规定，既然抢夺、窃取国有档案的行为成立抢夺国有档案罪，那么抢劫国有档案的行为当然成立抢夺国有档案罪；根据《刑法》第225条的规定，既然甲未经许可经营香烟买卖业务构成非法经营罪，那么乙未经许可经营伪劣香烟的行为更应成立非法经营罪；根据《刑法》第389条的规定，既然因被勒索给予国家工作人员以财物，没有获得不正当利益的，不构成行贿罪，那么，因为被勒索给予非国家工作人员以财物，没有获得不正当利益的，更不应当构成对非国家工作人员行贿罪；根据《刑法》第65条第1款的规定，既然未成年犯不成立累犯，按照当然解释，那么对未成年犯也不能适用《刑法》第356条规定的毒品再犯制度。

对刑法中的“等”“以及其他”之类的概括规定，通常需要运用当然解释来确定其含义和范围。这里的解释要遵循同类解释规则，要求这里的解释与刑法明文列举的内容具有等价性。如果刑法采取完全列举的方式规定犯罪行为的表现，则不允许以当然解释之名随意扩大成立犯罪的范围，否则，有类推解释的嫌疑。在这个意义上，当然解释与类推解释的区别主要在于：1）解释的结论是否超出用语的可能含义范围。类推解释的结论在用语可能包括的含义范围之外，而当然解释的结论在用语可能包括的含义范围之内。2）解释的结论是否超出普通大众的通常认知。类推解释的结论明显超出了普通大众的通常认知，而当然解释的结论没有超出普通大众的通常认知。3）解释的概念是否提升了概念的位阶。类推解释提升了概念的位阶，改变了被解释的刑法规定的效力范围或层次，而当然解释没有提升概念的位阶，没有改变被解释的刑法规定的效力范围或层次。4）解释的方法是不是类比方法。类推解释是对类似事实的类比，而当然解释是对规范的逻辑解释。5）是否违背了罪刑法定原则。不利于被告人的类推解释违背了罪刑法定原则，为刑法所禁止，而当然解释符合罪刑法定原则，为刑法所允许。

（4）补正解释。

所谓补正解释，是根据法律其他条文的规定来补全某一刑法规范应有内容的情况。之所以需要补正解释，是因为立法机关对某个立法的表述存在逻辑冲突的用语错误，需要通过解释来去除表述上的逻辑冲突。例如，根据《刑法》第99条的规定“本法所称以上、以下、以内，包括本数”，将第63条规定的“犯罪分子具有本法规定的减轻处罚情节的，应当在法定刑以下判处刑罚”中的“以下”理解为包括本数，就与《刑法》第62条关于从重、从轻处罚的规定相冲突，应理解和解释为不包括本数；根据《刑法》第64条规定的“没收的财物和罚金，一律上缴国库，不得挪用和自行处理”，把《刑法》第191条规定的洗钱罪中的“没收”解释为没收或者返还被害人，就属于补正解释；将《刑法》第37条规定的“免予刑事处罚”解释为“免予刑罚处罚”，也是补正解释。

（5）反对解释。

所谓反对解释，又称反面解释，是指根据刑法条文的正面表述，推导其反面结论成立的解释方法。之所以需要反对解释，是因为立法机关在进行刑法立法时，为了使立法内容更加简洁，只对刑法规范作了正面表述，在理解和适用该规定时需要根据该正面表述推导其反面含义。如，将《刑法》第50条关于在死缓期间没有故意犯罪的“二年期满以后，减为无期徒刑”解释为“没有满二年的不得减为无期徒刑”，用的就是根据正面表述推导其反面含义的解释方法。对某个刑法规定是否可以作出反对解释，取决于该刑法规定是否存在两种相反的情形或两种类似的事实。在该刑法规定存在甲乙两种相反的情形时，可以根据该刑法条文规定推导其反面含义，或者在该刑法规定存在A和B两种类似的事实时，可以根据A事实得出与A事实相反的B结论，均为反对解释。据此，可以对《刑法》第17条第2款关于“已满十四周岁不满十六周岁的人，犯故意杀人、故意伤害致人重伤或者死亡、强奸、抢劫、贩卖毒品、放火、爆炸、投放危险物质罪的，应当负刑事责任”的规定作出反对解释。这是因为实践中存在所犯非上述八类罪的事实，故而可以对该规定作“已满十四周岁不满十六周岁的人，所犯非上述八类罪的，不负刑事责任”的反对解释。但是，不可以对《刑法》第18条第4款关于“醉酒的人犯罪，应当负刑事责任”的规定作出反对解释。因为既不能根据这个刑法条文规定推导出其反面含义，也不存在A和B两种类似的可推导事实，所以不可以作出反对解释，否则就会得出“没有醉酒的人犯罪不应负刑事责任”的荒谬结论。在法理根据上，反对解释是将刑法规定的真实含义通过形式规范标准与实质规范含义相统一的方式表现出来，从而可以使刑法规定得到准确适用的解释方法，对既合理又合法地理解和适用刑法具有重要意义。

（6）目的解释。

所谓目的解释，是指将刑法规范的保护目的作为阐明刑法条文真实含义的根据的解释方法，旨在根据法律所要实现的目的来确定法律的意思。例如，根据侵犯通信自由罪被规定在第四章侵犯公民人身权利、民主权利罪中，确定本罪的规范保护目的是公民个人的通信自由权利，从而将作为本罪对象的“信件”限定解释为包括书信、电子邮件在内的个人信件，不包括单位之间的公文信件。在这里，目的是对“信件”进行缩小解释的正当性根据所在。至于目的解释中的“目的”，到底是法律过去的目的，还是当前的目的，需借助体系和历史解释方法予以体系化和历史发展演变的理解，以体现解释结论的社会影响和社会效果。不过，根据罪刑法定原则的人权保障机能，目的解释只能为缩小解释而不能为扩大解释提供正当性解释根据。目的解释的前提是正确确定刑法规范的目的，并在采不同的解释方法得出多种结论或不能得出妥当结论时，就以目的解释来最终决定。据此，任何解释都或多或少包含了目的解释。

（7）历史解释。

所谓历史解释，又称沿革解释，是指根据刑法条文制定的历史背景以及其因袭与演变的情况阐明条文含义的解释方法。这是对所有刑法规范进行解释时都要同时用到的解释方法。之所以需要历史解释，是因为法律作为维护统治秩序和社会治理、保障经济社会发展进步的重要工具，应当随着经济社会的发展进化而发展进化，不可能静止地停留在创制时的所谓立法者意图及当时的经济社会环境。例如，对于盗窃罪等数额犯中的“数额”，应随着经济社会的发展变化而作出与时俱进的解释。由此，刑法的历史解释应当表现为两个维度：一是根据历史资料来确定法律规定创制时的立法意图并据此作出符合其真实含义的解释。例如，为了严厉打击嫖宿幼女的行为，保护幼女的身心健康和正常发育，1997 年《刑法》修订时，将嫖宿幼女罪从强奸罪中分离出来，作为一个单独的罪名。对这个背景的梳理与解读，就是历史解释。但是，并不能由此就以历史解释为由而违背唯物辩证法的变化发展特征而使刑法规定的含义固守在所谓立法原意上。二是根据适时修正的宪法，同犯罪作斗争的具体经验和实际情况，以及相应的刑事政策等，对刑法条文的含义作出与时俱进的解释。这个维度的历史解释因符合唯物辩证法的变化发展总体特征而是合理的。例如，由于近年来在嫖宿幼女方面的违法犯罪和刑罚执行环节均出现了一些新情况新问题，自 2015 年 11 月 1 日起施行的《刑法修正案（九）》删除了嫖宿幼女罪这一罪名，对这类行为适用强奸罪中关于奸淫幼女的以强奸论、从重处罚的规定。这也是历史解释。因此，运用历史解释需要避免犯形而上学的机械主义错误。历史解释并不意味着只是探讨立法原意，而是要根据历史参考资料得出符合时代的结论。

（8）体系解释。

所谓体系解释，也称逻辑解释、系统解释，是指根据刑法条文在整个刑法中的地位，联系相关法条的含义，阐明其规范含义的解释方法。这是对所有刑法规范进行解释时都要同时用到的解释方法。之所以需要体系解释，是因为刑法条文是刑法以及整个法律体系的主要组成部分，对刑法条文进行解释不可断章取义，不可只见单个条文之“树木”、不见整个刑法体系和法律体系之“森林”。例如，从文义来看，“伪造”可以包含“变造”，但我国刑法在伪造货币罪之外又规定了变造货币罪，因此伪造货币罪中的“伪造”就不能包含“变造”。同时，采体系解释的方法，既可以明晰同一词语在不同语境中可能具有的不同含义，也有助于保证同一词语在上下文中含义一致。例如，刑法中多个犯罪要求使用“暴力”“胁迫”手段，但不同犯罪中的暴力、胁迫的内容和程度存在差别。例如，抢劫罪要求“以暴力、胁迫或者其他方式”，对“其他方式”应当理解为与暴力、胁迫一样，使被害人不能反抗、不敢反抗、不知反抗的方式。

当下一些案件之所以引起争议，主要原因在于没有科学理解和合理运用体系解释方法。体系解释时将需解释的法律条文放在整部法律乃至整个法律体系中，联系此法条与其他法条的相互关系、该法条在所属法律文件中的地位、有关法律规范与法律制度的联系等方面入手，系统、全面地分析该法条的含义和内容，以免孤立地、片面地理解该法条的含义。

前述各论理解释，并非处于相同的方法论层面。根据这些解释方法与刑法的根据的内在关系，扩大解释、缩小解释、当然解释、补正解释、反对解释属于定义范畴的逻辑解释，而体系解释、历史解释和目的解释属于关系范畴的逻辑解释，是所有其他论理解释都会涉及和需要遵循的逻辑方法，也就是说，采用其他所有的论理解释方法时都需要在整个刑法体系内，按刑法规范同犯罪作斗争的历史发展情况，依据刑法的根据，作出合乎刑法根据的逻辑解释。例如，将伪造货币罪（《刑法》第 170 条，本来是行为犯）的入罪数额限制解释为“2 000 元”或“200 张（枚）”，就是将“伪造货币”放在整个刑法体系中作限制解释（达不到这个数额的，通常被理解为“情节显著轻微危害不大”，“不认为是犯罪”），同时用了体系解释和限制解释；又如，将盗窃罪（《刑法》第 264 条）的“数额较大”入罪标准，从早期的 500 元，逐步提高到 2 000 元，就是根据同犯罪作斗争的具体情况而对“数额较大”的内涵不断作限制解释，同时用了历史解释和限制解释。再如《刑法》第382条第1款规定贪污罪的主体为“国家工作人员”，将包括该条第2款规定的“受国家机关、国有公司、企业、事业单位、人民团体委托管理、经营国有财产的人员”，以及村民委员会等基层自治组织的人员在内的非国家工作人员，解释为贪污罪的主体，就是基于他们依法依规履行了国家工作人员所履行的职权职责并利用这个职务之便实施了侵吞、窃取、骗取公共财物的行为。这就同时采用了目的解释和体系解释。

另外，学理上认为论理解释中还有一种所谓的比较解释。所谓比较解释，是指对比外国的相关立法、理论，借以阐明我国刑法的真实含义的解释方法。例如对比日本刑法和我国刑法的规定，日本刑法规定了利用计算机诈骗罪和准诈骗罪，我国刑法没有规定如此罪名，从而借此阐明，对我国的类似行为按诈骗罪或者盗窃罪等论处。显然，这种解释方法，在进行理论研究时可以采用，若把它作为司法适用时的刑法解释方法，那就是极其荒谬的，毕竟，刑事司法适用的只能是本国刑法规范。

所涉法律条文及司法文件

《刑法》第1～2条

代表性文献推荐

1. 贾宇．刑法学：上册·总论．北京：高等教育出版社，2019.

2. 陈兴良．口授刑法学．北京：中国人民大学出版社，2007.

3. 肖前．马克思主义哲学原理．北京：中国人民大学出版社，1998.

4. 张武举．刑法的伦理基础．北京：法律出版社，2008.

5. 魏东．中国刑法教学学理论体系的本土化构建．北京：中国社会科学出版社，2022.

6. 黄明儒．论刑法的修改形式．法学论坛，2011 (3).

7. 陈兴良．形式解释的再宣誓．中国法学，2010 (4).

8. 张明楷．实质解释的再提倡．中国法学，2010 (4).

9. 周详．刑法形式解释论与实质解释论之争．法学研究，2010 (3).

10. 杨兴培．刑法实质解释论与形式解释论的透析和批评．法学家，2013 (1).

思考题

1. 如何基于历史思维界定刑法的概念？为什么叫“刑法”？可不可以叫“犯罪法”或“刑事责任法”？从近现代刑法及刑法学的“报应主义—预防主义—并合主义”发展进化特点来看，“刑法”的内涵有什么样的发展变化？在广义和狭义上界定刑法的意义何在？

2. 到底何谓刑法的性质？揭示刑法的阶级性和法律性质的意义分别是什么？

3. 到底何谓刑法的渊源？把握刑法渊源的法律意义何在？从规范确定来看，我国现行刑法的主要渊源有哪些？刑法修正案是不是刑法的主要渊源？

4. 新中国有无或者有几部刑法典？新中国刑法的修改方式有哪些？对这些方式理解的关键点有哪些？

5. 何谓刑法的体系？我国刑法典的外围规范体系和内在结构体系分别是什么？正确理解和把握这些体系，对正确适用刑法有何重要意义？

6. 刑法的根据是不是只是刑法的创制根据？我国刑法是如何规定刑法根据的？对这个规定理解的关键点有哪些？

7. 我国现行刑法是如何规定刑法的任务的？试结合刑法总则和分则的规定对这个任务进行对应性理解。

8. 刑法为何需要解释？应基于什么立场进行解释？

9. 对刑法解释可依哪些标准作哪些分类？如何基于它们的分类标准以自己的理解表述出各类解释的概念和关键点？各类刑法解释之间时什么关系？审判人员、检察人员、侦查人员、律师、立法工作人员、学者以个人身份所作的刑法解释是什么解释？将协助政府从事行政管理公务的村民委员会等基层自治组织的成员解释为贪污贿赂罪的主体"国家工作人员"，用的是什么方法？如何理解"文理"和"论理"的解释方法？如何区分扩大解释与类推解释？

10. 试比较学理解释与论理解释、立法解释与文理解释的异同。

第三章
刑法的基本原则

内容导读

对本章的学习，需重点理解和把握如下内容：刑法基本原则的内涵理解与外延界定；罪刑法定原则的内涵、理论基础、派生原则及其司法适用；对适用刑法人人平等原则的具体理解与运用；对罪刑相适应原则的内涵、理论基础和价值追求的理解；对刑法谦抑原则的内涵以及其与刑法调整对象的关系的理解；主客观相统一原则的立法体现和司法适用；罪责自负原则的内涵与司法适用。

第一节　刑法基本原则概述

刑法基本原则是刑事立法和司法活动中一个带有全局性和根本性的问题。虽然我国1979年刑法没有规定刑法基本原则，但是在这个时段的刑法学教材中也都对其作了介绍。1997年修订的刑法典在第3条至第5条明确规定了罪刑法定原则、适用刑法平等原则和罪刑相适应原则这三个法定的刑法基本原则。正确理解和贯彻刑法的基本原则，对于准确理解刑法的基本精神，正确适用刑法，充分发挥刑法的秩序维护机能和自由保障机能，具有十分重要的意义。

一、刑法基本原则的概念

所谓刑法的基本原则，是指贯穿于全部刑法规范，指导和制约全部刑事立法与刑事司法活动所必需的根本准则。它具有如下几个基本特征。

（一）贯穿于全部刑法规范，具有全局性和根本性

刑法中存在许多原则，如未成年人犯罪从宽处罚、累犯从重处罚、惩罚与教育改造相结合等原则，但并非任何原则都可以成为刑法的基本原则。能够成为“基本”原则的，必须是那些贯穿于整个刑法体系的始终，带有全局性和根本性的准则。如果不能指导全局或者不涉及根本问题，只在局部范围内具有制约作用，则只是刑法的局部原则，还不能上升到基本原则的高度。

（二）指导和制约全部刑事立法与司法活动

刑法的“基本原则”，既是立法原则，也是司法原则。不论是立法活动还是司法活

动，不论是制定刑法规范、制发立法解释还是理解和适用刑法规范、制发司法解释，也不论是制定刑法典还是制定单行刑法或附属刑法，都必须普遍遵循。

（三）既指导定罪也指导量刑

罪刑关系是刑法规范的核心。从刑法规范的内容看，既要规定什么是犯罪、有哪些犯罪、这些犯罪各自的成立条件是什么，同时也要规定犯罪之后的法律后果，也即刑事责任的实现方式。从静态的立法到动态的司法，定罪量刑活动都需要遵循一定的准则。刑法基本原则要与定罪量刑活动密切相关，指导定罪量刑的正确适用。

二、刑法基本原则的范围

原则的存在价值主要是将达成或需要达成共识的理念性东西规则化。刑法基本原则范围的确定，既取决于刑法目的、任务及现代刑法精神、理念等刑法顶层设计的贯彻、体现和要求，也取决于国家刑法立法规定和司法整体状况的实际需要。在这个意义上，凡是符合以上刑法基本原则内涵及界定标准的准则都是刑法基本原则，所有那些需要形成刑事立法、司法、执行理念共识性规则的东西都需被纳入刑法基本原则的范围，包括将需在立法上和司法中统一认识的原则作为法定基本原则，将已经达成了共识的原则作为非法定基本原则。

（一）法定的刑法基本原则

我国现行刑法的法定刑法基本原则，包括罪刑法定原则、适用刑法人人平等原则、罪刑相适应原则这三大基本原则，被分别规定在《刑法》第3～5条，其中：罪刑法定原则是法治原则在刑法中的具体体现；适用刑法人人平等原则反对特权，追求刑法适用中的平等；罪刑相适应原则致力于追求重罪重罚、轻罪轻罚的刑罚公正。它们集中体现了我国刑事法治的现代精神，即“坚持法治，摒弃人治；坚持平等，反对特权；坚持公正，反对枉法”。

（二）非法定的刑法基本原则

根据我国刑法的规定及理论上达成的共识，此类在原则主要有主客观相统一原则、罪责自负原则和刑法谦抑原则。它们在实质上符合刑法基本原则的内涵及界定标准，并且实际上发挥着刑法基本原则的重要作用，并为制定、理解和适用刑法所不可或缺。其中：刑法谦抑原则是刑法补充性、最后手段性的体现，既说明国家发动刑罚权的根据，同时也说明刑罚权介入的必要性和正当性问题，对整个立法与司法活动具有根本性、全局性指导意义。主客观相统一原则是贯穿于立法与司法、定罪与量刑活动的基本准则，“客观归罪”或“主观归罪”早已被历史抛弃。不论是对于定罪、量刑还是对于行刑，主客观相统一原则都发挥着根本性的指导与制约作用。罪责自负原则反对株连，强调谁犯罪谁担责，刑止于一身，只能对实施犯罪者科处刑罚。该原则既是现行刑事立法的重要依据，体现公正、人道主义刑法价值理念，也是刑事司法的边界，对定罪、量刑与行刑活动发挥指导作用。

刑法基本原则并非刑法所“特有”。如《刑法》第4条规定的适用刑法人人平等原则，实际上是宪法平等原则在刑法中的具体体现，同时在诸如刑事诉讼法等部门法中也有规定，并不为刑法所特有，否则，若强调为刑法所“特有”，则与刑法“基本原则”的要求不符。又如保障人权原则，虽然我国宪法已明确规定要“尊重和保障人权”，并且刑法各法定基本原则也都体现和致力于实现在刑事领域的人权保障目标，但为了突显在刑法立法上和司法中保障人权的重要性与必要性，若将其视为刑法的基本原则也有其特定的理论与实践意义。

第二节　罪刑法定原则

一、罪刑法定原则的基本含义

所谓罪刑法定，其经典表述是“法无明文规定不为罪，法无明文规定不处罚”。也即对于什么样的行为构成犯罪、构成什么性质的犯罪，以及犯罪人应承担什么样的刑事责任，都必须要由法律事先作出明文规定。这意味着：对于一个对社会有害的行为，只有在其实施前就已经有法律将其明文规定为犯罪，才能有法可依，追究其刑事责任。如果虽然一个行为对社会有明显的危害，但在该行为实行前的法律没有明文规定为犯罪，则在这种情况下，就不能仅因为行为对社会有害而变相类推入罪，或临事制刑，将其宣布为犯罪。

罪刑法定原则的价值追求在于限制刑罚权滥用，保障公民自由。罪刑法定原则不仅限制司法权，也限制立法权。基于罪刑法定原则的这个意义，刑法既是善良公民的大宪章，也是犯罪人的大宪章，使有罪的人不受刑法之外的追究、无罪的人不受刑法的追究。

罪刑法定原则的思想，最早源自中世纪的 1215 年英国大宪章，其第 39 条规定：“凡是自由民，除经其同级贵族依法判决或遵照国内法律之规定外，不得加以扣留、监禁、没收其财产、剥夺其法律保护权，或加以放逐、伤害、搜索或逮捕。”如此思想的产生，与欧洲中世纪封建刑法制度中的“罪刑擅断”密切相关。罪刑擅断所造成的法律的不确定，成为侵害公民自由的最大元凶。启蒙思想家在猛烈批判罪刑擅断的基础上，对保障公民自由的力量和方式进行了论述，酝酿了罪刑法定的思想片段。其中以洛克关于法律和自由之关系的论断、孟德斯鸠提出的“三权分立”理论对现实政治的影响最大，它们为罪刑法定原则的诞生奠定了思想和理论基础。受启蒙思想家的影响，意大利刑法学家贝卡利亚在其《论犯罪与刑罚》一书中率先较为明确地阐述了罪刑法定原则的含义。1801 年，德国刑法学家费尔巴哈首次以拉丁文在其刑法教科书中对罪刑法定原则进行了明确概括。

在欧洲资产阶级革命胜利后，罪刑法定从理论学说转化为立法规定。如 1810 年的法国刑法典第 4 条规定：“不论违警罪、轻罪或重罪，均不得以实施犯罪前未规定之刑罚处罚之。”这是罪刑法定原则在刑法典中的最早规定。之后，世界各国纷纷效仿这一规定，虽然具体条文的位置和语言表述有所差异，但反映的思想基本相同。如今，罪刑法定原则已成为国际社会公认的法治原则，联合国的一些重要文件和国际公约对该原则予以规定和强调。如，1948 年 12 月 10 日联合国大会颁布的《世界人权宣言》第 11 条第 2 款规定：“任何人的任何行为或不行为，在其发生时依国家法或国际法均不构成刑事罪者，不得被判为犯有刑事罪。刑罚不得重于犯罪时适用的法律规定。”1966 年《公民权利和政治权利国际公约》第 15 条第 1 款规定：“任何人的任何行为或不行为，在其发生时依照国家法或国际法均不构成刑事罪者，不得据以认为犯有刑事罪。所加的刑罚也不得重于犯罪时适用的规定。如果在犯罪之后依法规定了应处以较轻的刑罚，犯罪者应予减刑。”

理论上认为，罪刑法定原则既有形式侧面又有实质侧面。所谓形式侧面，是指罪刑法定原则的传统内容，包括法律主义、禁止事后法、禁止类推解释、禁止不定期刑，是形式法治的表现，旨在限制司法权；所谓实质侧面，包括刑罚法规的明确性原则和刑罚法规内容适正原则两个方面的内容，以及禁止处罚不当罚的行为和禁止不均衡的残虐的刑罚两个方面的要求，是实质法治的表现，旨在限制立法权，反对恶法亦法。[①] 基于马克思主义的形式与实质有机统一原理，罪刑法定原则不应存在孤立的形式侧面或实质侧面，所谓的形式侧面和实质侧面其实都只是罪刑法定原则发展史上从一个极端到另一个极端的表现。它们应是不可分离并共同确立罪刑法定原则的有机整体，以使基于罪刑法定原则的立法和司法既合理又合法。

在我国，罪刑法定原则是“舶来品”，最早被规定在《大清新刑律》中，其第 10 条规定：“法无正条者，不论何者行为不为罪。”之后的 1911 年《暂行新刑律》，1928 年、1935 年《刑法》中也有类似规定。在中华人民共和国成立以后，1979 年《刑法》虽然没有明确规定罪刑法定原则，但是刑法学界大多数学者认为这部刑法施行的是以有限类推为补充的罪刑法定原则。1997 年《刑法》在第 3 条明确规定了罪刑法定原则，也即：“法律明文规定为犯罪行为的，依照法律定罪处刑；法律没有明文规定为犯罪行为的，不得定罪处刑。”这是我国刑事立法的一大进步。

理论上认为，我国刑法规定的罪刑法定原则，因既有积极方面又有消极方面而不真正具有罪刑法定原则的价值、功能。这里所谓的积极方面即关于“法律明文规定为犯罪行为的，依照法律定罪处刑”的规定，这里所谓的消极方面即关于“法律没有明文规定为犯罪行为的，不得定罪处刑”的规定。其实，这种理解具有片面性。一方面，这是结合我国的立法与司法及法律文化等实际所作的规定，是既防止立法权滥用又防止司法权滥用的必要举措；另一方面，罪刑法定原则中的“法”，并不是刑法的某个规定，而是刑法中基于某个案件所需适用的所有相关规定，包括《刑法》第 13 条关于“情节显著轻微危害不大的，不认为是犯罪”等使符合犯罪构成要件的行为不为犯罪的规定，从而使以上积极规定并不消解罪刑法定原则应有的价值、功能。

二、罪刑法定原则的理论基础

一般认为，罪刑法定原则的主要理论基础是孟德斯鸠的“三权分立”学说和费尔巴哈的心理强制理论。

按照“三权分立”学说，立法机关应该依据正当的立法程序独立完成立法任务，这种法律具有最强的权威和最普遍的约束力；司法机关依据立法的明文规定独立地履行司法职责；行政机关必须认真执行司法机关作出的最后判决，不能干涉立法机关与司法机

① 张明楷．刑法学：上．北京：法律出版社，2021：58.

关的活动。由此可见，为了防止罪刑擅断，不仅立法权力、司法权力和行政权力要分立，而且立法机关应该以法律这种普遍的形式，对什么行为构成犯罪、对犯罪处以何种刑罚，事先明文规定下来，司法机关只能根据立法机关事前的法律规定作出裁决。可以说，“三权分立”学说是罪刑法定原则在政治法律方面的直接思想基础。

按照心理强制说，人类行为的基本规律就是避苦求乐，犯罪行为的产生也是内在的苦乐动机支配人们行为的结果，因此，运用刑罚使犯罪行为蕴含痛苦，这样就能促使人们在实行犯罪与不实行犯罪的苦乐之间进行利弊的权衡比较，当犯罪之苦大于犯罪之乐时，避苦求乐的本能心理动机就会产生抑制、消除违法精神动向的效果，从而达到促使行为人选择适法行为的目的。为了使这种心理强制明确、可靠，立法机关就必须首先制定并公布一张“罪刑价目表”，明确规定犯罪与刑罚的范围和种类，使人们知道哪些行为是被刑法禁止的、实施这些行为将会遭受什么样的痛苦，这样，人们就能够合理地计算并选择自己的行为。

但是，国外刑法理论一般认为，“三权分立”学说和心理强制学说作为罪刑法定原则的理论根据仅具有历史沿革上的意义，而民主主义与人权主义才是现在罪刑法定原则的理论基础。我国有部分学者也持这种观点，认为民主主义与人权主义不仅要求实行罪刑法定原则，而且决定了该原则的内容。

三、罪刑法定原则的派生原则

罪刑法定原则从产生至今已逾几百年，其间世界各国的政治、经济、文化和社会状况都发生了深刻变化，罪刑法定原则也经历了从绝对到相对的转变。因此，对罪刑法定原则派生原则的理解要有历史发展思维，绝对的与相对的罪刑法定原则在内容上的差别集中反映了刑法立法由只注重形式合理性到兼顾实质合理性的立场转变。

（一）绝对罪刑法定原则的派生原则

出于对封建专制制度下罪刑擅断的恐惧，早期的罪刑法定原则是一种严格的、不容任意选择或变通的原则。由此，其派生原则为：排斥习惯法，禁止事后法，禁止绝对不定（期）刑，禁止类推。其中：排斥习惯法意味着司法机关只能以立法者制定的公开的成文的法律作为定罪量刑的依据。禁止事后法意味着立法机关不得制定出溯及既往的法律，司法机关也不得援引溯及既往的法律作为定罪量刑的根据。禁止绝对不定（期）刑，一方面是指立法机关制定的犯罪条文不能只宣布某种行为构成犯罪，却没有对该行为规定刑罚的具体后果；另一方面也指法官在裁量刑罚时不能宣告不定期刑，而必须作出具体的刑罚宣告。历史上，1791年法国刑法典曾经规定了绝对确定的法定刑，意图完全排除法官的自由裁量。禁止类推是指如果对某一行为刑法并未加以明确禁止，那么就不能比照法律已有规定的最相类似的条文定罪量刑。

（二）相对罪刑法定原则的派生原则

由于过分强调法律的明确和确定，而把司法活动视为一种简单三段论式的推理，早期罪刑法定原则所提出的主张很快在实践中遭遇到严峻挑战。在追求实质合理性思想的影响下，绝对的罪刑法定原则得到修正，发展出相对的罪刑法定原则。由此，上述四个派生原则也分别被注入了新的内容，并具有相对性。

相对罪刑法定原则的派生原则具体为：（1）允许有利于被告人的习惯法。在刑法的法源上，如果行为人根据有利于自己的习惯法实施了某一行为，尽管客观上对社会造成了危害，却可以缺乏违法性认识的可能性为由排除犯罪成立。（2）允许有利于被告人的事后法。在刑法的溯及力上，如果适用事后法对被告人更加有利，就可以溯及既往，从而发展出从旧兼从轻原则。（3）允许相对不定（期）刑。在刑罚的种类上，绝对确定的法定刑过分机械、僵硬，缺乏灵活性，反而不能实现刑罚正义，故现代各国刑法都规定了相对确定的法定刑，即刑法在对刑罚种类作出明文规定的前提下，可以规定出具有最高刑和最低刑的量刑幅度，法官有权根据案件的具体情况，在法定的量刑幅度内选择适当的刑种和刑期。（4）允许有利于被告人的类推。在定罪时，如果采类推解释有利于弥补严格规则导致的个案不公正，则这样的解释是被允许的。

四、罪刑法定原则的实践适用

罪刑法定原则的实践适用需要防止机械司法和合理解释刑法。

（一）防止机械司法

罪刑法定原则在我国的长期实践表明，以坚守罪刑法定为名行机械司法之实的种种观念与做法，是罪刑法定司法化的一大障碍。

机械司法的典型表现，是认为《刑法》第 3 条前半句强调“有罪必罚”；体现在司法活动中，只要行为人客观上实施了刑法禁止的行为就一律入罪，这方面非常典型的表现就是行为人“醉驾”只要达到“醉驾”认定标准，就一律构成危险驾驶罪。

机械司法问题的形成，与不当解读罪刑法定的特色表述有关。特色表述的产生有一定的时代原因，其强调刑法在保障公民自由的同时，要依法行使刑罚权，但是绝不能由此简单认为，只要实施刑法禁止的行为就一律构成犯罪。就构成犯罪的条件而言，实施刑法禁止的行为只是具备犯罪客观方面的其中一个要素，并不具备犯罪构成的全部，不能以偏概全，忽视其他构成要件在犯罪定型中的决定作用，否则就容易陷入机械司法的泥潭，容易人为制造法理与情理的对立，从而使大众进一步错误认为刑法为冷冰冰的惩罚工具。

机械司法问题的产生，还和不当理解罪刑法定与犯罪定义及但书的关系有关。《刑法》第 13 条关于犯罪定义的规定表明，行为的社会危害性是否达到应受刑罚惩罚的程度，是区分犯罪行为与违法行为的本质特点。没有危害就没有犯罪，危害不大也不是犯罪，这是把握罪与非罪之界限的根本标准。罪刑法定原则与犯罪定义中的社会危害性并不矛盾，即使客观上实施了被刑法禁止的行为，也可能因为没有某种犯罪所欲禁止的害而不构成犯罪。非法制造、买卖爆炸物罪在实践中引发争议，以及王力军非法收购玉米案等典型案件，都是这种问题的反映。

机械司法问题的产生，也与片面理解罪刑法定之“法”有关。如果仅将罪刑法定的“法”理解为直接规定罪与刑的刑法分则规范，那么挪车“醉驾”、隔夜“醉驾”等无一例外都构成危险驾驶罪，为开山修路、打井建房等而未经批准购买炸药都构成非法买卖爆炸物罪，高空抛物一律构成高空抛物罪，如此等等。但是，仅依据刑法分则的具体罪名规范去理解和适用罪刑法定原则，不仅机械而且片面。刑法典是一个整体，对所有刑法规定都要在刑法目的、犯罪定义及基本特征的规定中进行合目的的系统性解释。罪刑法定之“法”，不仅指具体规定罪与刑的刑法分则条文，当然也包括现行刑法规范的所有相关规定。片面理解与适用罪刑法定之“法”，就会制造“合法但不合理”的判决，正所谓“只见树木不见森林”。

（二）合理解释刑法

罪刑法定的司法化要求合理解释刑法。实践中对同一个案件，刑法究竟有无明文规定，案件处理结论是否违背罪刑法定原则，不同的人可能会得出完全相反的结论，而且结论依据都是罪刑法定原则。

刑法解释有静态与动态之分。刑法学是具有价值评判和行为指引功能的部门法学，刑法解释不可能只停留在静态层面，而是为了保证刑法的正确适用，存在一个理解、说明、选择、决定刑法规范的含义的过程。在刑法目的价值指引下解释刑法，防止基于形式理性理解罪刑法定而导致恶法亦法，从而避免解释结论违情悖理，促进解释结论之法理和情理的融合。司法工作人员要注重释法说理，避免作出合法但不合理的判决，以常识常情常理指导和检视相关结论。

关于刑法解释的立场，无论早期的主观主义还是后期的客观主义，都各有优劣，因而正确的刑法解释立场，应是在吸收两者各自合理性的基础之上，依据《刑法》第 1 条之规定，依“宪法”及“与犯罪作斗争的具体经验和实际情况”而展开刑法解释。

刑法解释的方法有很多，每种方法各有所长，关于解释方法的位阶也是见仁见智。不过，所有解释的起点，都是文义解释。这是基于罪刑法定原则的基本要求。罪刑法定之“明文”，绝不是说关于案件事实刚好有对号入座的刑法规定，主要是指规范本身的含义、道理明白。只要没有超出可能文义整体范围，解释结论就没有超出社会公众的预测范围，就不违背罪刑法定原则。将组织男子向同性提供有偿性服务解释为组织他人卖淫，将偷走他人游戏装备、Q 币解释为盗窃他人财物，将面向网友收费“裸聊”解释为传播淫秽物品；等等，都是在规范本身含义范围内解释的结果。

第三节　适用刑法平等原则

一、适用刑法平等原则的基本含义

所谓适用刑法平等，是指对任何人犯罪，不论犯罪人的家庭出身、社会地位、职业性质、财产状况、政治面貌、才能业绩如何，都应追究刑事责任，一律平等地适用刑法，依法定罪、量刑和行刑，不允许任何人有超越法律的特权。1997 年修订后的《刑法》第 4 条对其作了规定，也即：“对任何人犯罪，在适用法律上一律平等。不允许任何人有超越法律的特权。”

法律面前人人平等原则是近代资产阶级启蒙思想家在文艺复兴时期提出来的，17 世纪、18 世纪启蒙思想家的系统论证和阐释，为法律面前人人平等原则的产生提供了理论基础。资产阶级革命取得胜利后，法律面前人人平等原则从思想转化为具体法制原则。1789 年法国《人权宣言》正式确认了这一原则，其第 6 条规定：法律对于所有的人，无论是施行保护或者处罚都是一样的。在法律面前，所有的公民都是平等的。法国《人权宣言》所确认的这种关于法律面前人人平等的原则，在反对封建专制和等级特权、促进资本主义经济关系的发展上，适应了当时历史发展的客观需求，故后来被欧美等资本主义国家广泛采用，成为资本主义法制的一项主要内容，英美等国的法律中随后均有类似的规定，这一原则在各国的部门法中也得到贯彻，当然在刑事法律中就更不例外。

在刑法中确立适用刑法平等的基本原则，在我国具有重要的历史及现实意义。法律面前人人平等原则本是我国宪法所确立的社会主义法制的基本原则。我国《宪法》第 33 条规定："中华人民共和国公民在法律面前人人平等。" 1997 年《刑法》修订的时候，对于是否有必要将适用刑法人人平等原则写入刑法，曾有过激烈争论。考虑到我国历史上关于不平等的观念及制度并非个别，现实中也存在不少有碍平等的观念和做法，"在刑法中再次明确规定是有实际意义的，能够体现我国刑事法制的基本性质与基本精神，会有助于司法实务中减少与消除在适用刑法方面的特权现象"[①]，最终适用刑法人人平等原则成为法定基本原则之一。

对于《刑法》第 4 条规定的这项基本原则的名称，在理论上有刑法面前人人平等原则[②]、法律面前人人平等原则[③]和适用刑法人人平等原则[④]三种不同的表述。本书认为，适用刑法平等原则的表述突出了在刑法适用中的人人平等，且更加简练。

二、适用刑法平等原则的实践适用

（一）定罪平等

定罪平等，是指任何人犯罪，无论其身份、地位等如何，一律平等对待，适用相同的定罪标准，定罪时不考虑法律规定以外的因素。具体表现在：既不能因为被告人地位高、功劳大而使其逍遥法外，不予定罪，也不能因为被告人是普通百姓就妄加追究，任意出入人罪，还不能因犯罪人的身份、财产等不同而有的不定罪、有的要定罪，有的定轻罪、有的定重罪。

不能机械、绝对地理解定罪平等。对于立法针对特殊主体与普通主体所实施的相同行为规制不同的罪名，以及因为特殊主体的特殊职责关系，而针对具有相同社会危害性的行为规制了比普通主体更重的罪名，并不违背定罪平等的原则。另外，在理论上，对于能人犯罪、盗窃罪的入罪数额标准的地区差异以及盗窃罪与贪污罪的入罪数额标准不同是否违背了定罪平等原则，也要具体问题具体分析。

首先，能人犯罪的定罪平等需要具体分析。在 1997 年《刑法》修订时，因中国"首

① 赵秉志．刑法总则问题专论．北京：法律出版社，2004：219.

② 赵秉志．新刑法教程．北京：中国人民大学出版社，1997：55.

③ 周振想．中国新刑法释论与罪案．北京：中国方正出版社，1998：45.

④ 赵长青．刑法学．北京：法律出版社，2000：36.

富村”天津大邱庄原党支部书记禹作敏案而引发的能人犯罪要不要或如何定罪的大讨论，其本质就是在定罪问题上的定罪平等问题。不可否认，这些触犯刑法的能人，曾经确实对社会作出过重大甚至巨大贡献，包括在推动地方经济发展、促进产业升级转型、解决就业和创造巨额税收等方面的贡献，不因其犯罪而被否定。但是，“能人”也要平等守法，只要触犯刑法，就不能因其社会地位、贡献等因素而网开一面，也不能将其罪前表现作为刑法中的“立功”情节处理。当然，能人对社会的贡献等完全可以被当作酌定量刑情节在判决中予以考虑和体现。

其次，盗窃罪的入罪数额标准差异问题是否影响定罪平等需要具体分析。在2013年关于盗窃罪的新司法解释出台之前，理论上就存在以500元～2 000元为盗窃罪的入罪数额标准是否有违刑法平等原则的争议。这个争议，并未因司法机关将标准调整为1 000元～3 000元而平息。其实，这个争议反映了我们应当如何理性地理解定罪平等问题。基于盗窃罪的入罪数额标准的定罪平等，并非形式上的平等。定罪平等应立足于具体情况具体问题具体分析，是形式与实质有机统一。基于我国东西部地区发展不平衡的客观事实，同一盗窃数额的行为，因为其对不同经济发展水平地区的被害人造成的危害大小和心理上的痛苦程度不一样，因而其社会危害性也不相同。如果全国一刀切规定一个统一的定罪数额，因为难以适应全国经济发展不均衡的现实，故而要么造成刑法的过度扩张，要么导致出现刑法的不当缺位，反而是定罪的不平等。

最后，盗窃罪与贪污罪的入罪数额标准不同是不是定罪的不平等需要具体分析。盗窃罪与贪污罪同为秘密窃取财物的行为，只因为犯罪主体为一般主体和国家工作人员这一特殊主体的不同而在入罪数额标准上存在巨大差异，关于这种差异是否违背刑法平等原则，也一直争议不断。本来，贪污罪基于犯罪主体身份的特殊性、犯罪对象和犯罪手段的特殊性，在所造成的社会危害上通常会重于盗窃罪，在应然状态下其在入罪标准上应低于盗窃罪。可是，基于当前的盗窃和贪污犯罪状况，无论是为了与贪污罪定罪平等而提高盗窃罪的入罪数额标准，还是为了与盗窃罪定罪平等而降低贪污罪的入罪数额标准，都会与司法实践状况脱节，进而带来定罪的实质上不平等。事实上，对贪腐犯罪“零容忍”，并非都要作为贪腐犯罪予以惩处，对贪腐犯罪的治理思路，应表现为有机运用定罪量刑惩治与党纪、行政处分的体系化治理。这样，实践中，对数额不满三万元且无其他较重情节的贪污、受贿行为予以党纪、行政处分，可以为党纪处分、行政处罚预留出必要的空间，有利于体现党纪严于国法、“把党纪挺在前面”的反腐精神和宽严相济刑事政策，突出刑事打击重点，增强刑事处罚的确定性、公平性与严肃性。[①]

（二）量刑平等

量刑平等，是指对于相同的罪行，除具有法定的从重、从轻、减轻或免除处罚情节外，应处以大体相当之刑。量刑平等不同于不考虑犯罪情节的绝对的同罪同罚。正如世界上没有两片完全相同的树叶一样，司法实践中也不存在两起情节完全相同的犯罪案件。这样，量刑平等并非同罪同案同判，而是量刑的结果与反映案件的社会危害性和人身危险性的事实相适应。因此，要做到量刑平等，需要法官正确理解和遵从法律。

① 万春，等.《关于办理贪污贿赂刑事案件适用法律若干问题的解释》的理解与适用.人民检察，2016（10）.

在恢复性司法理念的推动下，一些地方法院在刑事附带民事赔偿的案件中，提倡对民事部分进行调解，并对作出经济赔偿的被告人给予从轻处罚。其中，具有很大争议的是所谓“赔钱减刑”的做法。确实，对并未有悔罪表现的犯罪人“赔钱减刑”，是量刑不平等的表现，但若犯罪人积极赔偿被害人遭受的经济损失并取得被害人谅解，则表明了犯罪行为的社会危害性和犯罪人的人身危险性均有所减弱，由此对犯罪人从宽处罚，也是符合量刑的正当性根据和罪刑相适应原则的，并没有背离量刑平等的原则要求。

（三）行刑平等

行刑平等，是指任何人在刑罚执行阶段都应当受到相同的对待和处理，不因身份、地位等因素而有所特殊。我国刑法规定了可根据实际情况调整刑期长短和行刑方式的缓刑、减刑、假释等刑罚执行制度。在刑罚执行的过程中，对不符合法定条件的犯罪人，不允许因身份、地位的不同而作出不同的刑罚执行方式、待遇。

实践中存在的典型行刑不平等现象，有“提钱出狱”“花钱买刑”“以权赎身”“纸面服刑”。这些现象，不仅造成国家刑罚执行的不平等，而且严重影响减刑、假释制度之功能的实现，冲击司法的正义根基。为此，2016 年，最高人民法院发布《关于办理减刑、假释案件具体应用法律的规定》。通过司法解释织密减刑假释之网，完善刑罚执行法律制度，避免司法权力在运作中失范失据，是实现刑罚执行平等正义的重要途径。

第四节　罪刑相适应原则

一、罪刑相适应原则的基本含义

罪刑相适应，是指刑事责任的轻重要与罪行的轻重相适应，要求做到重罪重罚、轻罪轻罚，罪刑相称，罚当其罪。

我国《刑法》第 5 条规定了罪刑相适应原则：“刑罚的轻重，应当与犯罪分子所犯罪行和承担的刑事责任相适应。”这里的“刑罚”，从法律含义看，包括法定刑、处断刑、宣告刑和执行刑；从逻辑含义看，包括刑种和刑量。这里的“犯罪分子所犯罪行”，是一种事实，既包括决定罪质的事实，也包括决定罪量的事实。这意味着，行为时与犯罪构成直接相关的主客观事实既决定罪质也决定罪量，而罪前、罪后及行为时构成要件以外的事实比如一贯表现、自首、立功、累犯、悔改表现，行为对象、时间及地点等，通常只对罪量有影响。

罪刑“相适应”所要求的，并不是某一犯罪和对这种犯罪的惩罚之间完美适应、精确对应的关系，而是对不同犯罪的惩罚应当在罪与罚的标准上“相当于”相应的犯罪的恶或者严重性。此外，公平、正义观念的具体内容是随着历史的变化而变化的，同一种刑罚给人们的痛苦程度也是随着社会条件的变化以及社会成员价值观念的变化而变化的，因此，罪刑相适应是一个相对的要求，没有具体的绝对标准。衡量刑罚是否与犯罪相适应，应以同时代的一般人的平均价值观念为标准。在精确的罪刑对应关系不可求的情况下，刑罚（刑事责任）的轻重与罪行的轻重相适应，既要刑罚与犯罪性质相适应，也要刑罚与犯罪情节相适应，还要刑罚与人身危险性相适应。

对于该原则的称谓，理论上有不同的提法，如罪刑相适应原则、罪刑相当原则、罪刑均衡原则、罪刑相称原则、比例原则等。有观点认为，刑事责任是沟通犯罪与刑罚的桥梁，故罪刑相适应原则的称谓更为全面。然而，结合刑法一般理论，依据我国刑法典的具体规定，刑事责任的准确含义是指行为人犯罪之后要承担的法律后果，刑事责任的实现方式主要有三种：定罪量刑，定罪免刑，定罪免刑并科处非刑罚的制裁措施。从逻辑上看，刑事责任与刑罚是上下位概念的关系，刑罚只是实现刑事责任的其中一种方式，如果将刑罚理解为犯罪的法律后果，显然过于局限，与我国刑法规定不符；如果将刑事责任与刑罚并列，也存在明显的逻辑错误；如果将刑事责任仅仅理解为一种非难可能性，从而试图沟通犯罪与刑罚，也是以理论裁剪立法，与刑法的实际规定不符。相较之下，罪刑相适应原则的表述清楚、简洁、准确，其中的刑，指的是刑事责任。

罪刑相适应的早期思想可追溯到原始社会的同态复仇和奴隶社会的等量报复。“以血还血，以眼还眼，以牙还牙”是罪刑相适应思想最原始、最粗糙的表述形式。“我们可以肯定，罪刑相适应思想，是伴随着罪与刑的出现而出现的。无论在奴隶社会还是封建社会，无论是成文法出现之前或之后，任何国家都从不对各种轻重不同的犯罪千篇一律地适用相同的刑罚，而总是有所区别的。这种区别是罪刑相适应思想的一种反映。”① 然而，罪刑相适应成为刑法基本原则是 17 世纪、18 世纪的资产阶级启蒙思想家倡导的结果。他们从公平、正义的角度，深入探讨了犯罪与刑罚的关系。孟德斯鸠曾经指出：“刑罚应有程度之分，按罪大小，定惩罚轻重。”② 贝卡利亚在《论犯罪与刑罚》一书中指出：“犯罪对公共利益的危害越大，促使人们犯罪的力量越强，制止人们犯罪的手段就应该越强有力。这就需要刑罚与犯罪相对称。”“刑罚不但应该从程度上与犯罪相对称，也应从实施刑罚的方式上与犯罪相对称。”资产阶级革命胜利后，罪刑相适应思想在立法中得到充分的体现，如 1789 年法国的《人权宣言》第 8 条规定：“法律只应当制定严格的、明显地必需的刑罚。”1793 年法国宪法所附的《人权宣言》第 15 条规定：“刑罚应与犯法行为相适应，并应有益于社会。”从 1791 年的《法国刑法典》到 1810 年的《法国刑法典》，虽然由绝对确定的法定刑改为相对确定的法定刑，但无疑都贯彻了罪刑相适应原则，并成为后世刑事立法的楷模。如今虽然各国对罪刑相适应原则的理解还不尽一致，但总体上讲罪刑相适应作为刑法基本原则的地位是不可动摇的。我国 1979 年《刑法》没有明确规定罪刑相适应原则，但罪刑关系的设置基本上是以该原则为指导的。1997 年《刑法》、刑法修正案和单行刑法在罪刑相适应原则确立后比较全面、系统地贯彻了这一原则。

罪刑相适应原则的两大理论基础是报应主义与功利主义。在刑法学说史上，刑事古典学派立足于报应刑论，主张刑罚的程度应同犯罪本身的程度，尤其应同客观的侵害结果的大小相适应。而之后的刑事人类学派和刑事社会学派则立足于目的刑论，主张刑罚应与犯罪人的危险性格相适应。报应主义与功利主义利弊互现，因而并合主义成为现代刑法发展趋势。并合主义认为，刑事责任的轻重不仅要与犯罪本身的社会危害性相适应，

① 张明楷．刑法格言的展开．北京：法律出版社，2003：57.

② 孟德斯鸠．波斯人信札．北京：商务印书馆，1962：141.

而且要与犯罪人的人身危险性相适应。前者是实现报应的正义性要求，后者是实现预防目的的功利性要求。现在，大陆法系国家的刑法理论与刑事立法基本上都采取并合主义的观点，在量刑原理上坚持报应与预防的统一已成为世界共识。

二、罪刑相适应原则与刑罚个别化

刑罚个别化，如果仅从历史沿革意义来说，是指由新派提出的刑罚的轻重应当与犯罪人的人身危险性相适应的主张。新派的刑罚个别化主张虽然对世界各国的刑事法律产生了相当大影响，但这种个别化否认人在犯罪时具有自由意志、抛弃报应刑的观点，忽视了行为的客观性，强调行为人的人格，把难以实证和客观测量的人身危险性作为刑罚裁量的唯一标准，摒弃一般预防的刑罚目的，而以特殊预防为刑罚的唯一目的，最终使罪刑法定原则被束之高阁且瓦解，刑罚的公正性失去客观依据，走向片面和极端。正因如此，新派提出的刑罚个别化主张早已失去社会存在基础，因而，现在我们谈到的刑罚个别化，是融合了刑事古典学派与刑事社会学派的主张，兼顾报应与预防、行为与行为人、社会危害性与人身危险性的现代意义上的刑罚个别化。

刑罚个别化是实现罪刑相适应原则的必经途径。罪刑相适应原则要求刑罚的轻重不仅要与行为的客观危害和行为人的主观恶性相适应，也要与行为人的人身危险性相适应。现代意义上的刑罚个别化，是兼顾报应与预防的刑罚适用理论。因此，罪刑相适应原则与刑罚个别化原则在价值理念、功能作用上是一脉相承、高度吻合的。当然，刑罚个别化更侧重于量刑和行刑阶段，以宣告刑和执行刑的个别化为表现方式。在这个意义上说，刑罚个别化是罪刑相适应原则的下位概念，是实现罪刑相适应原则的不二途径。

三、罪刑相适应原则的实践适用

（一）罪刑相适应原则的定罪实践适用

罪刑相适应原则作为刑法的基本原则，既是定罪原则也是量刑原则。在定罪上，它要求：有罪当罚，无罪不罚；轻罪轻罚，重罪重罚；一罪一罚，数罪并罚。我国《刑法》第 13 条关于“情节显著轻微危害不大的，不认为是犯罪”的规定，第 14～16 条关于故意犯罪、过失犯罪、意外事件和不可抗力的规定，第 22～24 条关于犯罪的预备、未遂和中止的规定，第 25～29 条关于共同犯罪的规定，以及刑法关于转化犯等个罪罪数形态的规定等，都是罪刑相适应原则在定罪上的要求和体现。

（二）罪刑相适应原则的量刑实践适用

罪刑相适应原则作为量刑的基本原则，要求：同罪同罚，罪刑相当；刑罚的性质应当与犯罪的性质相适应。这意味着，对同一性质、情节相近的犯罪，应当处以轻重相近的刑罚，不能由于犯罪人的地位、身份不同而给予轻重悬殊的待遇；在分析罪轻罪重和刑事责任的大小时，既要看到犯罪的客观社会危害性，又要结合考虑行为人的主观恶性和人身危险性，把握行为和行为人各个方面因素所综合体现的社会危害性程度，适用相应轻重的刑罚。我国《刑法》第 61 条关于量刑根据的规定，第 32～60 条关于刑罚的种类和体系的规定，第 65～68 条关于累犯、自首、坦白、立功的规定，第 69～71 条关于数罪并罚的规定，也都是罪刑相适应原则在量刑上的要求和体现。

罪刑相适应原则在量刑上的体现和要求是，不仅量刑合法而且量刑合理，是量刑合法与量刑合理的有机统一。量刑合法，从字面来理解，就是量刑于法有据，符合刑法的规定。可是，究竟符合刑法的什么规定或者哪些规定才算量刑合法，引起很大的认识分歧，直接导致对同一个案件的量刑结论大相径庭。有的观点认为，量刑合法当然指量刑符合行为人触犯刑法规定的某一犯罪的法定刑；有的观点认为量刑合法要求量刑既符合刑法分则关于个罪的法定刑规定，也符合刑法总则关于量刑的指导原则、制度、情节等的规定。广州许霆案的一审和重审判决结果，就是对以上两种观点的生动展现。两次判决社会效果的大相径庭，也充分说明刑法理论和司法实践应该秉持何种量刑合法观才能最终真正求得量刑公正。因此，基于刑法分则与刑法总则的关系原理及刑法分则的规范性质，量刑合法与否，并非孤立地取决于刑法分则关于法定刑的规定，而是综合地取决于刑法总则和刑法分则的所有相关规定。① 广州许霆案的判决结果能够取得特殊预防和一般预防的理想效果，实现法律效果和社会效果的统一，就是以新的量刑合法观指导实践的结果。由此观之，罪刑相适应中的“刑”，绝不仅仅是指刑法分则关于个罪规定之法定刑，还包括刑法总则中所有关于量刑原则、量刑制度、量刑情节的规定。实践中所谓“合法但不合理”的量刑判决，实际上是片面、孤立、僵化量刑的结果。这种貌似无解的冲突，实质系没有正确理解和运用法律规定所致。对这种悖论完全应该避免。“讲法可以不讲理”系一种陈旧的法律观，司法工作人员在实践中应坚决予以摒弃。

第五节　刑法的非法定基本原则

一、刑法谦抑原则

（一）刑法谦抑原则的含义

刑法的谦抑原则，或称刑法的谦抑性，通常是指以少用，甚至不用刑罚措施的最小支出，获取有效地预防和控制犯罪的最大社会效益的刑法基本原则或理念。它强调，“在通过民事救济与行政制裁等手段可以解决问题时，就应当首选民事与行政手段；只有在利用刑罚外其他手段无法解决问题，且该行为确实具备法益侵害或危险时，才可将该行为视为犯罪行为”②，旨在有节制地发动刑罚权和适当限制公权力的适用。③ 刑法的谦抑性包括刑法的紧缩性、刑法的补充性和刑法的经济性，其中：刑法的紧缩性意味着刑法在整个法律体系中所占比重的逐渐降低；刑法的补充性意味着，只有在其他社会统制手段不充分或过于强烈，有必要代以刑罚（如私刑）时，才可以动用刑法；刑法的经济性意味着，刑法及刑罚是一种稀缺的社会资源，应当有效使用，应以最小的刑罚成本支出

① 石经海．量刑的个别化原理．北京：法律出版社，2021：119.

② 黎宏．日本刑法精义．北京：法律出版社，2008：36.

③ 储槐植，何群．刑法谦抑性实践理性辨析．苏州大学学报（哲学社会科学版），2016（3）.

最大限度地遏制犯罪。[①]

（二）刑法谦抑原则与刑法不得已原则

在理论上，存在刑法的谦抑原则与不得已原则之关系的争议。所谓刑法不得已，是指只有在其他法律制裁措施不能有效发挥作用，并且不动用刑法调整，有关的法律制度就会从根本上受到威胁、社会共同生活的基础就会受到严重危害的情况下，国家才能制定刑法规范和动用刑罚。这一原则，与刑法作为二次调整的社会利益最后一道防线直接相关，在国外刑法学中也被称为"刑法的必要性原则""刑法的第二性原则""分散性原则"。

刑法谦抑原则与刑法不得已原则在很多方面具有共性，如都认同刑法在调整社会关系中的最后手段性和补充性；都主张不该动用刑法的时候就不用刑法，能少用刑法就不要多用刑法；都包含对国家刑事立法权和司法权的限制；都意在防止刑法滥用，尽可能更多地保护公民个人权利。由此，理论上有观点认为刑法谦抑原则与刑法不得已原则只是称谓不同。

不过，关于它们在何种表述更能准确、全面表达刑法的最后手段性、补充性特点等方面，尚有争议。其中，主张刑法不得已原则的学者认为，从与刑法调整对象、刑罚本质的关系看，刑法不得已原则更能清楚揭示为何刑法只能充当二次调整的最后防线；从指导、制约刑事立法与司法活动的角度看，刑法不得已原则更为清楚地给出了国家刑罚权介入的必要性和正当性标准，使"应不应该谦抑"的判断有据可循，不致使谦抑精神仅停留在观念层面，或靠模糊笼统的个人感觉作出判断；从实际包含的内容看，刑法不得已原则更为全面地平衡了自由保障与秩序维护的关系，不仅强调国家刑罚权介入的最大限度退让克制，"不到万不得已不能用"[②]，而且还主张国家刑罚权在充足条件下的积极有为，是对谦抑原则的重要补充。本书基于刑法的补充性、保障性等特点，注重二者的核心要义，对刑法谦抑原则与刑法不得已原则的表述不予严格区分。

（三）刑法谦抑原则的立法体现

1. 刑法将"情节显著轻微危害不大"的行为排除在犯罪之外

《刑法》第 13 条规定："一切……危害社会的行为，依照法律应当受刑罚处罚的，都是犯罪，但是情节显著轻微危害不大的，不认为是犯罪。"在这里，通过"情节显著轻微危害不大的，不认为是犯罪"的但书立法规定，并非"一切……危害社会的行为，依照法律应当受刑罚处罚的"行为"都是犯罪"，只有具有"严重的社会危害性"的入刑行为才是犯罪，使刑法上的犯罪与行政法等上的违法行为界分开来，是刑法谦抑原则的最直接、最重要体现。

2. 刑法只应制定确实需要和显然必不可少的犯罪

这主要表现在，在犯罪圈的划定问题上，既要避免传统刑法万能观的惯性思维，无节制扩张犯罪圈，又要及时跟随快速发展的社会现实，将一些以前只是一般违法或者不道德的行为升级为犯罪行为，或将一些新型危害行为纳入刑法的治理视野，或将一些失去继续存在必要性或正当性的犯罪比如嫖宿幼女罪，从刑法典中废除。截至目前，刑法

① 陈兴良．刑法的价值构造．北京：中国人民大学出版社，2017：292－322.

② 陈忠林．刑法散得集：Ⅱ．重庆：重庆大学出版社，2021：32.

修正案数量已经累计至十一个，新增的犯罪为数不少，其中的绝大部分犯罪，都是实践当中危害严重、社会公众反应强烈的行为，有些甚至是采取其他法律治理措施难以攻克的顽疾，如危险驾驶罪，拒不支付劳动报酬罪，不报、谎报安全事故罪，侵犯公民个人信息罪，强制猥亵、侮辱罪，虐待被监护、看护人罪，组织考试作弊罪，高空抛物罪等。这些罪名的增补，既回应了社会公众的强烈关切，同时也及时有效地起到惩治与预防效果，是正确运用刑法谦抑原则的生动体现。

3. 刑法只应制定确实需要和显然必不可少的刑罚

除了在立法上增设新罪名应遵循刑法谦抑原则的要求之外，在刑罚设置上，同样应以刑法谦抑原则为指引，避免刑罚设置得过轻或过重。在过去一段时间里，重刑倾向比较明显，报应刑罚观下的死刑数量亦为数不少。在“少杀、慎杀”刑事政策的指引下，刑法修正案多次大幅度削减死刑，只有罪刑极其严重、非死刑不足以报应和预防时，死刑的设置才属迫不得已，才能罪刑相当。同理，《刑法修正案（七）》对《刑法》第 239 条规定的绑架罪之法定刑幅度的修改，《刑法修正案（八）》对《刑法》第 274 条规定的敲诈勒索罪之法定刑幅度的增设，都是遵循刑法谦抑原则的体现。

二、主客观相统一原则

（一）主客观相统一原则的含义

所谓主客观相统一原则，是指判断行为人刑事责任的有无和大小，必须同时以主观和客观两个方面的事实为依据，并实现主观和客观两方面条件的有机统一。它是马克思主义的唯物辩证法原理的要求和体现，是在对客观主义、主观主义以及客观归罪与主观归罪扬弃的基础上发展起来的。它的含义具体表现在如下几个方面。

1. 定罪上的主客观相统一

定罪是立法制罪和司法定罪的统一。在定罪问题上，主客观相统一原则表现为依据犯罪构成理论在四个构成要件上的统一：关于行为是否构成犯罪，构成何种犯罪，要从主观和客观两个大的方面进行考察。犯罪是行为人在一定主观罪过支配下实施的有害社会的身体动静，因此“无行为即无犯罪”，“无罪过即无犯罪”，“无危害即无犯罪”，“无责任能力即无犯罪”。

2. 量刑上的主客观相统一

量刑包括立法上的制刑和司法上的量刑。在量刑问题上，由于犯罪的本质是客观危害、主观恶性和人身危险性的统一，因此，一方面，刑罚既要与已然之罪所体现的客观危害和主观恶性相适应，也要与行为人所反映出来的人身危险性即再犯可能性相适应。另一方面，对罪前、罪中和罪后事实要统一考虑，既不能局限于行为时的主客观事实，又不能以罪前、罪后事实替代罪中事实。

3. 行刑上的主客观相统一

行刑是定罪与量刑问题的延伸。在行刑阶段，主客观相统一主要表现为行为人的悔罪表现不同，人身危险性的消长也有区别。减刑、假释制度的正确适用，能够动态调整罪刑关系，在对已然之罪行作出刑报应的基础上，着眼于人身危险性的变化，通过减刑、假释制度促进犯罪人早日回归社会。

（二）主客观相统一原则的立法体现

主客观相统一原则在我国《刑法》总则、分则中有诸多体现，在定罪、量刑和行刑各阶段都具有指导和制约作用。

1. 主客观相统一原则在刑法总则中的体现

《刑法》第 14 条、第 15 条关于故意犯罪、过失犯罪的概念规定表明，只有在一定罪过心理态度支配下并且对社会造成一定危害的行为才能构成犯罪；要求行为人承担刑事责任的根据，客观上是其行为对社会有害，主观上是其行为体现了行为人对刑法保护价值的敌视、蔑视或者漠视的心理态度。《刑法》第 16 条关于意外事件和不可抗力的规定，则从反面排除了仅有客观危害而无主观罪过的行为构成犯罪的可能性。《刑法》第 17 条关于刑事责任年龄的规定，第 18 条、第 19 条关于刑事责任能力的规定，则进一步明确了犯罪的主体要件。以上各条规定在立法上体现了成立犯罪的主客观相统一原则。

《刑法》第 20 条、第 21 条关于正当防卫、紧急避险不负刑事责任的规定，防卫过当、避险过当应当承担刑事责任但应当减轻或免除处罚的规定，充分体现了主客观相统一原则的要求。正当防卫、紧急避险之所以不构成犯罪，一方面是因为两者都缺乏犯罪的主观罪过，另一方面也是因为从社会全局看两者没有危害或利大于害。防卫过当、避险过当应当承担刑事责任，客观上是因为行为对社会造成了危害，主观上是因为有罪过的心理态度支配了行为。对防卫过当、避险过当应当减轻或者免除处罚，主要是考虑到行为人初始主观上有防卫、避险认识与目的，过当是由正当防卫、紧急避险超过限度发展而来，其在主观恶性上与一般犯罪不可等量齐观。

《刑法》第 22 条、第 23 条、第 24 条关于预备犯、未遂犯、中止犯承担刑事责任的规定，充分说明主客观相统一原则也决定了行为人刑事责任的大小和轻重。《刑法》第 25 条关于共同犯罪的规定，第 26 条关于主犯刑事责任的规定，第 27 条、第 28 条、第 29 条关于从犯、胁从犯、教唆犯刑事责任的规定，都无一例外地体现了主客观相统一原则在共同犯罪的认定与处罚中所起的指导、制约作用。

《刑法》第 48 条关于适用死刑条件的规定，也完全体现了主客观相统一原则的精神：“罪行极其严重”，不仅指客观上造成的危害十分巨大，而且也指行为人主观恶性极强、人身危险性巨大。《刑法》第 61 条关于量刑一般原则的规定中，“犯罪事实”“犯罪的情节”既有客观事实、客观情节，也有主观事实、主观情节，充分说明量刑活动要在主客观相统一原则的指导与制约下进行。《刑法》第 65 条、第 66 条关于一般累犯、特殊累犯应当从重处罚的规定，第 67 条、第 68 条对自首、立功的处罚规定，第 70 条、第 71 条对漏罪、新罪数罪并罚时分别采用的“先并后减”“先减后并”规定，都与行为人的人身危险性消长有关，是主客观相统一原则在量刑过程中的具体要求与体现。

《刑法》第 72 条至第 77 条规定的缓刑制度，第 78 条至第 80 条规定的减刑制度，第 81 条至第 86 条规定的假释制度，都是在行刑过程中，根据征表犯罪人人身危险性状况的客观事实情况，来决定对原判刑罚中所确定的刑事责任的具体落实与处置办法。[①]

---

① 聂立泽．刑法中主客观相统一原则研究．北京：法律出版社，2004：69.

2. 主客观相统一原则在刑法分则中的体现

在刑法分则中，凡规定具体罪名的条文，其犯罪构成要件都是主客观要件的有机统一。至于未直接规定犯罪主体或主观罪过要件的犯罪，通过刑法总则的规定予以补充。在各罪中，刑法设置了不同刑种与刑度，也是主客观相统一原则的要求和体现。比如，《刑法》第264条对盗窃罪区分“数额较大”“数额巨大”“数额特别巨大”而配置不同法定刑，数额虽是客观的，但行为人主观上意欲侵害财物的价值不同，从而能反映行为人主观恶性的程度不同，因此，盗窃罪中区分刑罚梯度的“数额”，不仅是能够说明客观危害的数额，也是能够反映行为人主观恶性的数额。

刑法分则中关于结果加重犯、情节加重犯、转化犯的规定，如《刑法》第234条关于故意伤害“致人死亡”的规定，第236条第3款第1～6项的规定，第238条第2款关于非法拘禁“致人重伤”“致人死亡”“使用暴力致人伤残、死亡”，依照故意伤害罪、故意杀人罪定罪处罚的规定，第239条第2款关于“杀害被绑架人的，或者故意伤害被绑架人，致人重伤、死亡”的规定，第240条第7项关于“造成被拐卖的妇女、儿童或者其亲属重伤、死亡或者其他严重后果”的规定，也体现了主客观相统一原则的要求。尽管我国刑法理论界对结果加重犯的罪过形式有不同意见，但在行为人对加重结果必须有罪过，至少有过失，则已基本达成共识。

（三）主客观相统一原则的司法适用

坚持主客观相统一原则是确保定罪正确和量刑准确的保证。在司法实践中，出现因忽视主客观相统一原则而在定罪与量刑上引起巨大社会争议的诸多问题，如在定罪上的定罪根据客观要素唯一化，在量刑上的量刑依据客观要素唯一化、主观罪过内容空心化等。这些问题的存在，必然带来定罪的不正确和量刑的不准确，甚至导致冤假错案。

首先，在定罪上，应坚持主客观相统一原则。根据我国刑法规定和犯罪构成理论，认定犯罪应以具体个罪的犯罪构成要件为根据，并以犯罪定义及但书规定为指引和制约。犯罪构成是四要件的有机统一，每一个犯罪的成立都是四要件齐备的结果，不能偏废。如在2003年“北京天价葡萄案”中，其判决结果引起巨大争议的原因就在于忽视了考察行为人的主观方面，片面地将关注点集中在被盗葡萄的价值上。其结果，不仅带来了盗窃行为是否构成犯罪和盗窃者应否面临多重刑罚处罚的争议，而且带来了葡萄的价值到底是11 220元还是376元的巨大估价差异。显然，本案中实施盗窃的主体是几个农民工，虽然被偷物是投资40多万元和花费十年时间培育的科研葡萄，但无论是从行为人自身的认知水平还是从科研单位并未采取有效管控措施来看，都难以要求行为人认识到被盗葡萄的价值巨大，认定行为人具有盗窃数额巨大甚至较大的财物的故意难以成立，应根据主客观相一致原则，以行为人盗窃时的认识内容和意志因素确定葡萄的价值。最终法院以376元的葡萄市场价为估价结果，并据此宣告行为人无罪，就是正确理解和坚持主客观相一致原则的体现。

其次，在量刑上，应坚持主客观相统一原则。根据刑法规定和量刑的一般理论，对于所有能够说明行为的客观危害和行为人的主观恶性、人身危险性大小的事实，在量刑过程中都需要全面把握、综合考量为量刑根据，避免只考虑行为的客观要素，将量刑根据唯一化。如在数额犯中，避免因只考虑数额、不同时综合考察行为人的主观认识内容，而让数额认定空洞化、抽象化，人为割裂客观要素与主观要素的有机统一联系，从而在量刑方面引起社会争议。例如，在2012年保姆藏匿天价手机涉嫌盗窃案中，保姆将雇主放在门口鞋柜上一部不起眼的翻盖手机藏起来，想借此抵充长期拖欠的工钱。岂料这部手机价值6.8万元。原一审法院因忽视主客观相统一原则而以盗窃罪判处行为人有期徒刑10年。重审法院基于主客观相统一原则，认定行为人行为时在认识因素和意志因素上的手机价值，以盗窃罪判处行为人有期徒刑2年。显然，只有基于主客观相统一原则的量刑，才能达到罪刑相适应。

三、罪责自负原则

（一）罪责自负原则的含义

罪责自负原则，又称罪及个人原则或个人责任原则，是指不株及他人，由犯罪人本人承担刑事责任的刑法原则。它意味着国家在进行刑事责任归属和作出刑罚处罚时，应当坚持罪责自负的个人责任主义，既不能将他人应负的责任归咎于特定的个人，也不能将犯罪人应承担的刑事责任转嫁给第三人。这是刑事追责原则由团体责任向个人责任嬗变的结果和要求，是现代刑法所普遍坚持的刑法基本原则。在我国，虽然立法没有明确规定，但这显然是刑法的基本原则。

在人类社会，最原始的刑事责任归责形态是“血亲复仇”“氏族复仇”的团体责任，其中，株连制度是团体责任的最普遍形态，在我国，起自夏商的族刑、发端自秦代的连坐，都是其典型表现。株连制度在人类社会发展历史上绵延数千年，作为奴隶社会和封建社会司法裁判制度的重要征表，在中外法律发展史上曾扮演极不光彩的角色，无辜者受犯罪人牵连而被剥夺生命、自由、财产，刑罚毫无正义可言。随着人权思想的传播，17世纪、18世纪的启蒙思想家率先提出“刑罚止于一身”的观念，在资产阶级革命成功后该观念演化为各国普遍遵循的罪责自负基本理念与原则。该原则内含两个基本要求：第一，犯罪主体只能是实施了犯罪行为的人；第二，刑罚只能针对犯罪人本人，不能累及那些与犯罪人仅有家属、亲戚、朋友、邻居等关系的无辜者。

（二）罪责自负原则的立法体现

在我国，罪责自负原则在刑事立法中多有体现。例如，《刑法》第13条为界定罪与非罪提供了总则性标准，从而杜绝了将未实施犯罪行为或实施一般违法行为之人承担刑事责任的可能；刑法关于共同犯罪人的分类以及分而治之的刑事责任承担规定，既避免了将过失共同犯罪、同时犯、实行过限等划入共同犯罪的可能，也有效防止了因主从不分而导致的刑事责任混淆；刑法关于没收财产的规定，区分了犯罪分子个人所有的财产与家属所有的财产；刑法分则对具体犯罪明确规定了犯罪主体的范围，以防止株连无辜。

（三）罪责自负原则的司法适用

关于追赃的罪责自负适用问题。《刑法》第64条规定：“犯罪分子违法所得的一切财物，应当予以追缴或者责令退赔”。“责令退赔”的前提是犯罪分子已将违法所得使用、挥霍或者毁坏。司法实践中，在犯罪分子无力赔偿的情况下，侦查机关往往责令其近亲属赔偿。这明显违背罪责自负原则，且不仅起不到惩罚犯罪人的作用，还容易引起犯罪分子亲友与侦查机关的对立情绪，激化矛盾。

关于未成年人亲属代缴罚金的罪责自负问题。《最高人民法院关于审理未成年人刑事案件具体应用法律若干问题的解释》第 15 条第 3 款规定："对被判处罚金刑的未成年罪犯，其监护人或者其他人自愿代为垫付罚金的，人民法院应当允许。"对于该规定是否违背罪责自负原则，理论上见仁见智，多数人认为这个规定是对未成年人罚金刑责任的转嫁，未成年犯罪人也未受到应有惩罚，可能还会使其产生错误认识，不利于对其进行教育改造。

关于涉罪群体性事件中刑事责任范围划定的罪责自负问题。群体性事件中的集体行动，其中绝大部分属于一般违法行为，其社会危害性没有达到刑法规定的严重程度，不构成犯罪，但也在极少数情形下应当被追究刑事责任。由于是群体行为，要把个人的行为完全从集体行为当中抽离会比较困难，因而在涉罪群体性事件刑事责任范围划定的过程中，区分一般违法行为和犯罪行为的界限，区分犯罪行为人和事件随行人的界限，就至关重要。涉罪群体性事件中，既有基于共同故意实施的共同犯罪，也有受特定情绪感染和特定环境刺激而临时起意的同时犯，还有为数众多的事件随行人。群体性事件的带头人往往是利益受到侵犯的当事人，其表达诉求的愿望最强烈，常常主动或被动冲在最前边，而其参与者往往耦合而成。基于群体性事件的特殊性，对于事件当中发生的一些无法确定行为人的涉罪行为，就不能随意归责到事件领头人、代表人身上，而应在宽严相济刑事政策和罪责自负原则的指引下，仔细甄别、区分不同行为人在事件中的行为及其后果和作用，准确划定承担刑事责任的主体范围。

所涉法律条文及司法文件

《刑法》第 3 条至第 5 条

代表性文献推荐

1. 贝卡利亚．论犯罪与刑罚．黄风，译．北京：中国大百科全书出版社，1993.

2. 彭凤莲．中国罪刑法定原则的百年变迁研究．北京：中国人民公安大学出版社，2007.

3. 陈兴良．罪刑法定主义．北京：中国法制出版社，2010.

4. 劳东燕．罪刑法定本土化的法治叙事．北京：北京大学出版社，2010.

5. 蔡英．人权视野中的罪刑法定原则．北京：法律出版社，2011.

6. 聂立泽．刑法中主客观相统一原则研究．北京：法律出版社，2004.

7. 马克昌．罪刑法定主义比较研究．中外法学，1997 (2).

8. 陈忠林．从外在形式到内在价值的追求：论罪刑法定蕴含的价值冲突及我国刑法应有的立法选择．现代法学，1997 (1).

9. 赵秉志，肖中华．罪刑法定原则的确立历程．河北法学，1998 (3).

10. 刘宪权．论罪刑法定原则的内容及其基本精神．法学，2006（12）.
11. 周少华．罪刑法定与刑法机能之关系．法学研究，2005（3）.
12. 石经海．从极端到理性：刑罚个别化的进化及其当代意义．中外法学，2010（6）.

思考题

1. 什么是刑法的基本原则？刑法谦抑、主客观相统一、罪责自负是不是刑法的基本原则？为什么？

2. 罪刑法定原则的经典表述和价值追求是什么？如何看待我国《刑法》第 3 条关于罪刑法定原则的特色规定？我国《刑法》第 13 条关于犯罪定义及但书的规定，是不是与罪刑法定原则的精神实质相矛盾？

3. 如何理解罪刑法定原则的派生原则？罪刑法定原则为什么会发生从绝对到相对的转变？

4. 罪刑法定原则与刑法解释是什么关系？如何确定解释结论是否违背罪刑法定原则？类推制度是不是罪刑法定原则的必要和有益补充？

5. 适用刑法人人平等原则的对立面是什么？适用刑法过程中如何落实定罪平等、量刑平等和行刑平等？

6. 罪刑相适应原则的基本内涵和价值追求是什么？如何理解罪刑相适应原则的理论基础？

7. 罪刑相适应与人身危险性是什么关系？刑罚个别化与罪刑相适应原则有无矛盾？罪刑到底如何才能相适应？

8. 如何理解《刑法》第 5 条规定的“刑罚的轻重”“犯罪分子所犯罪行”？

9. 何为主客观相一致？我国刑法的立法规定是否体现了主客观相一致原则？试寻找案例并分析：在司法上主客观相一致原则可能有哪些严重后果？

10. 未成年人亲属代缴未成年人犯罪的罚金是否与罪责自负原则相冲突？

第四章 刑法的效力

内容导读

刑法的空间效力在本质上是刑事管辖权。刑事管辖权可以分为国家刑事管辖权和国际刑事管辖权。享有刑事管辖权与行使刑事管辖权是两个不同的问题，前者确立是否有权依据其《刑法》《刑事诉讼法》追究犯罪人的刑事责任，后者是通过具体的司法活动追究犯罪人的刑事责任。一国的船舶和航空器并不属于该国的领域，对发生在船舶和航空器内的犯罪，实行专属管辖。驻外使领馆并不属于派遣国领域的延伸，其属于驻在国领域。“法律有特别规定”的情形，并未否定我国依据相关原则享有的刑事管辖权。普遍管辖权是一国管辖与本国没有任何联结因素犯罪的权力。我国《刑法》在溯及力问题上采取从旧兼从轻原则。

第一节 刑法的空间效力

“刑法的效力”，是指刑法的效力范围，是刑法对于什么地方所发生的犯罪行为、哪里的人所实施的犯罪行为以及什么时间内所发生的犯罪行为可以适用，涉及刑法的空间效力和刑法的时间效力两个方面。

一、刑法空间效力的概念

刑法的空间效力，是指刑法对地、对人的效力，即刑法可以适用于什么地方所发生的犯罪和可以适用于哪里的人所实施的犯罪。

刑法的空间效力，实质上是刑事管辖权问题。从保护利益的范围看，刑法可以分为保护各个国家整体利益的刑法和保护国际社会整体利益的刑法，前者为各个主权国家自己的刑法，可以称之为国家刑法，后者为国际社会的刑法即国际刑法。刑事管辖权因此可以区分为国家刑事管辖权与国际刑事管辖权：前者是一国主权的重要内容，可以由各个国家在不侵犯其他国家主权的前提下自行规定；后者是整体国际社会所享有的权利，各个国家作为国际社会的成员，无权单独确定。

国家刑事管辖权，是各个主权国家所享有的，可以依照本国《刑法》《刑事诉讼法》等法律，利用本国警察、法官、监狱等国家机器去追究犯罪行为人刑事责任的权力。国际刑事管辖权，是国际社会所享有的，可以依照国际刑法，利用国际刑庭或者各国国内司法机构，对侵害国际社会整体利益的国际犯罪追究刑事责任的权力。

享有刑事管辖权与行使刑事管辖权不同。就国家刑事管辖权而言，行使刑事管辖权以享有刑事管辖权为前提，享有或者行使国家刑事管辖权的主体属于主权国家。确定一个国家是否对特定刑事案件享有刑事管辖权，通常要看这个犯罪行为与该国的关联性（联结因素），如犯罪地国、犯罪人国、受害人国等，因此，世界各国形成了一系列的管辖原则，如属地原则、属人原则、保护原则、普遍原则等。如果一个犯罪具有涉外因素，通常会有两个或者两个以上的国家依照本国刑法享有对该案的刑事管辖权，但可能只有一个国家实际行使对该案的刑事管辖权；没有行使刑事管辖权的国家对已经行使刑事管辖权国家所作出的生效刑事判决，有可能完全承认而不再行使自己原本享有的刑事管辖权，也有可能不承认或者不完全承认，而保留行使其刑事管辖权的可能。因此，在多个国家对同一犯罪行为享有刑事管辖权时，各国的刑事管辖权是同时存在的。一国享有刑事管辖权并不排除其他国家同时享有刑事管辖权，所以在享有刑事管辖权这个层面并不存在管辖权冲突。该现象实际上是“管辖权竞合”。

就国际刑事管辖权而言，对国际犯罪享有刑事管辖权的主体是唯一的，国际社会天然地享有对所有国际犯罪的刑事管辖权，任何主权国家都不享有对国际犯罪的刑事管辖权，因此，也无须通过任何原则来确立国际社会所享有的国际刑事管辖权，属地管辖原则、属人管辖原则、保护管辖原则、普遍管辖原则都只是确定国家刑事管辖权的原则。但是，国际社会自身目前无法行使其所享有的刑事管辖权，只能通过具有国际性质的国际刑事法庭或者通过各个主权国家来行使国际社会对国际犯罪所享有的刑事管辖权。因此，各个国际刑事法庭在其规约或者章程中规定对某些犯罪“具有”管辖权，各个主权国家在国内刑法中规定对某些国际犯罪“具有”管辖权，实际上都是在代表国际社会追究这些犯罪的责任，是“行使”国际社会所享有的国际刑事管辖权。

此外，刑法理论中的“刑事管辖权”与刑事诉讼法中规定的“管辖”不同：前者确定一国刑事管辖权的来源，即一国享有追究哪些犯罪人刑事责任的权力；后者即“诉讼管辖”，是一国在享有刑事管辖权的前提下如何实际行使该刑事管辖权的问题，其实质是一个国家在国内具体安排、分配不同地区、不同层级的国家机关对某些刑事案件的立案、调查、起诉、审判权限。

二、确定国家刑事管辖权的原则

如前所述，国际社会享有对侵害国际社会整体利益的国际犯罪的刑事管辖权，无须任何原则或者规则来加以确定。但对于侵害各个国家整体利益的普通犯罪而言，如果该犯罪涉及两个及两个以上的国家，则存在多个国家对该罪同时享有刑事管辖权的可能。在确定一国是否享有对特定刑事案件的刑事管辖权时，通常是看该国与该犯罪是否存在联结因素。这些联结因素主要涉及犯罪地、犯罪人、被害人三方面。如果犯罪地属于本国，则根据属地管辖原则而享有属地管辖权；如果犯罪行为人是本国公民，则根据属人管辖原则而享有属人管辖权；如果犯罪行为人是本国公民或者犯罪涉及本国国家利益，则根据保护管辖原则而享有保护管辖权；如果该犯罪与本国没有以上任何联结因素，而本国法律规定满足一定条件可适用本国刑法追究犯罪人刑事责任，则是根据普遍管辖原则而享有刑事管辖权。

（一）属地原则

属地原则，也称属地管辖原则、属地管辖主义、领土原则、领土管辖原则等。该原则以犯罪发生地国为标准来确立一个国家刑法的空间效力，即犯罪地国享有对该国领域内犯罪的刑事管辖权，或者说，一国仅享有对本国领域内犯罪案件的刑事管辖权，对于本国领域之外所发生的刑事案件，一律不享有刑事管辖权。很明显，属地原则虽然具有确定性，不易发生管辖争议，因此能够成为其他管辖原则的基础，但该原则具有很大的局限性。它既不利于保护本国公民、本国企业在本国领域外的利益，也对本国公民在本国领域外的行为完全不加约束，所以，目前没有哪个国家只依照属地原则来确立本国的刑事管辖权。

（二）属人原则

属人原则，也称属人管辖原则、属人管辖主义、国籍原则、国籍管辖原则等。该原则以实施犯罪行为的犯罪人的国籍来确立一个国家刑法的空间效力（主动的属人管辖原则），即一个国家只享有对本国公民实施犯罪的刑事管辖权，而不论该犯罪行为是发生在本国领域内还是本国领域外。属人原则侧重于规范本国公民的行为，强调公民对国家的忠诚义务，但忽视了对本国权利、本国社会秩序的保护，可能使本国成为外国人、无国籍人的犯罪天堂，因此，任何国家都不可能单独依据属人原则来确立刑事管辖权，只能将其作为属地原则的补充，共同构建刑事管辖权体系。

（三）保护原则

保护原则，也称保护管辖原则、保护管辖主义、被动的属人管辖原则等。该原则以本国公民、本国国家利益为保护标准来确立刑事管辖权，即凡是侵犯本国公民、本国国家利益的犯罪，都归该国管辖，一个国家不能管辖未侵犯本国利益的犯罪行为。保护原则虽然注重保护本国公民、本国国家的利益，但忽视规范本国公民在本国领域内外实施的侵害外国公民、外国国家利益的犯罪行为，也对外国人在本国领域实施的侵害外国利益的犯罪行为放任不管，因此具有明显的局限性，无法单独确立刑事管辖权体系。

（四）普遍原则

普遍原则，也称普遍管辖原则、普遍管辖主义、世界原则等。普遍原则是指一国可以管辖与本国没有任何联结因素的犯罪，即一个国家对于由外国人实施的、发生在本国领域之外、侵害外国人或者外国利益的犯罪享有刑事管辖权。依据普遍原则，任何国家对与本国没有联结因素的所有犯罪都有权审判。这必然使犯罪人无处藏身。但由于任何犯罪都必然与某些国家相关，这些相关的国家依据其联结因素无疑享有刑事管辖权，只要这些国家能够切实地行使其享有的刑事管辖权，其他国家就没有必要依据本国刑法追究其刑事责任。所以，世界各国在本国刑法中规定普遍原则时，往往都会作一定的限制，如犯罪的严重程度、本国实际控制、无法引渡等。因此，普遍原则只是作为属地原则、属人原则、保护原则的补充来确立国家刑事管辖权。

国内外刑法理论界对普遍原则存在较为普遍的误解，认为该原则是对国际犯罪的管辖原则。存在这一误解的部分原因是理论界对普遍原则的定义没有达成共识，但更重要的原因在于普遍原则混淆了国家刑事管辖权和国际刑事管辖权的关系。

（五）折中原则

折中原则，也称结合原则。折中原则是指以属地原则为基础，结合属人原则、保护原则和普遍原则来确立一个国家的刑事管辖权的体系。实际上所有国家都是采取折中原则来确立本国的刑事管辖权的，因为前述四个原则都各有优点、缺点，都难以独立确立刑事管辖权体系，只能共同来确立一个国家的刑事管辖权体系。

以上原则是确定一国能否管辖相关刑事案件的基本规则，根据任一原则而享有的刑事管辖权，在实质内容上都是指能够适用本国法律、利用本国国家机器追究犯罪人刑事责任的权力。这项权力是一国主权的重要组成部分。同时，不同国家根据不同原则而对同一刑事案件享有的刑事管辖权是平等的，并不存在一国的这项权力高于另一国这项权力的问题。很多人误以为，由于属地原则是确立刑事管辖权的基础，因此，根据属地原则而享有的属地管辖权就优先于其他国家根据属人原则、保护原则而享有的刑事管辖权。实际上，不仅在享有刑事管辖权这个层面上，不同国家根据不同原则所获得的刑事管辖权是平等的，即使在行使刑事管辖权这个层面上，也不能说享有属地管辖权的国家可以优先于其他国家实际行使刑事管辖权，通常享有刑事管辖权并实际控制犯罪嫌疑人的国家会首先行使刑事管辖权。例如，A 国公民甲在 B 国领域内杀死了 C 国公民，如果甲回到了 A 国，则 A 国会行使刑事管辖权，B 国、C 国通常不能请求 A 国将甲引渡到本国审理，此时我们不能说属人管辖权优先于属地管辖权或者保护管辖权；同样，如果甲犯罪后在 B 国被抓获，B 国会行使刑事管辖权，A 国、C 国也不能要求 B 国将甲引渡到本国审理，此时我们也不能说属地管辖权优先于属人管辖权或者保护管辖权。如果甲犯罪后逃到 D 国，则 D 国通常不能对甲追究刑事责任，在这种情况下，A 国、B 国、C 国都可以向 D 国提出引渡请求，根据各国引渡实践，D 国很可能将其引渡到最先提出引渡请求的国家，而不一定是其犯罪地国或者国籍国；如果 D 国刑法明确规定可以对与本国没有联结因素的犯罪行使管辖权，在满足其他条件的情况下，D 国也可以审理该案。

对特定案件享有刑事管辖权的国家，在其他国家实际行使该案刑事管辖权的情况下，通常都保留继续行使刑事管辖权的可能。在这种情况下就存在对外国刑事判决是否承认的问题。对此，世界各国主要有积极承认和消极承认两种立场。前者是完全承认外国刑事判决，本国不再行使刑事管辖权，如瑞士等少数国家。多数国家并不承认外国法院刑事判决的效力，但是，如果犯罪人在外国已经实际受到刑罚处罚，则在量刑时予以考虑。我国采取后者立场。根据我国《刑法》第 10 条的规定，我国对我国享有刑事管辖权案件的外国刑事判决，持消极承认的态度，即原则上保留依照我国刑法再次审理的可能，只是在确定宣告刑时需要考虑被告人是否已经在外国受过刑罚处罚。

三、我国刑法的刑事管辖权原则

根据我国《刑法》第 6～9 条的规定，我国刑法在空间效力的刑事管辖权上采用了折中原则，是以属地原则为基础，以属人原则、保护原则和普遍原则为补充的刑事管辖权体系。这些原则，不是孤立的存在，而是相互衔接的有机整体。基于这些规定的体系解释，它们之间是互不交叉的衔接关系。

（一）我国刑法的属地原则

我国《刑法》第 6 条规定：“凡在中华人民共和国领域内犯罪的，除法律有特别规定的以外，都适用本法。凡在中华人民共和国船舶或者航空器内犯罪的，也适用本法。犯罪的行为或者结果有一项发生在中华人民共和国领域内的，就认为是在中华人民共和国领域内犯罪。”这是我国刑法关于属地原则的规定。

根据以上规定，需注意对如下几个问题的理解。

1. 关于“中华人民共和国领域”

（1）领域的范围。

根据国际惯例，领域的范围包括领陆、领水和领空三部分。领陆是指国家疆界以内的所有陆地领土，包括大陆、岛屿。领水包括内水和领海。内水是指国境线以内的河流、湖泊、内海、海湾等；领海是指与一国领土或者内水相连的、一定宽度的海水带。根据《联合国海洋法公约》和我国《领海及毗连区法》的规定，领海宽度为 12 海里，即从领海基线向外延伸 12 海里的水域，毗连区则是领海以外邻接领海的一带海域，其宽度为 12 海里。国家对领海享有完全主权，在毗连区内可行使部分管制权，包括防止和惩治发生在领土和领海内的犯罪。领空是指领陆和领水以上的大气层空间，超过大气层空间的属于外太空，任何国家都不能主张对外太空享有主权。

（2）船舶和航空器。

刑法理论界曾经用“拟制领土”“浮动领土”“飞行领土”等来概括船舶和航空器，将一国的船舶和航空器视为本国领域中的领陆。实际上，这种认识既不符合国际通行惯例，也不符合我国《刑法》自身的规定。第一，船舶和航空器不具有领陆本身的属性，它并非“陆地”；第二，将船舶和航空器视为领域，必然出现领域之上有领域、领域重叠的不合理现象；第三，将船舶和航空器视为一国领域，没有国内法、国际法依据；第四，从我国《刑法》第 6 条前两款的关系来看，我国《刑法》并未将中华人民共和国船舶和航空器规定为我国领域，因为如果该条第 2 款规定的“中华人民共和国船舶和航空器”属于第 1 款规定的“中华人民共和国领域”，那么，第 2 款就是多余的，更不应该使用“也”这个表并列的词语，这表明中华人民共和国领域与中华人民共和国船舶和航空器是并列关系，而非包含关系；第五，没有必要将船舶和航空器作为领域来确立一国的刑事管辖权，各国对于在船舶和航空器内所发生的犯罪，已经形成了船籍国主义、旗籍国主义、登记国主义等专属管辖原则，这种专属管辖属于习惯国际法规则，各国基于互利互惠而普遍承认。

（3）驻外使领馆。

驻外使领馆是根据习惯国际法，基于互惠互利原则，由各主权国家在协议的基础上设立的机构。驻外使领馆包括驻外大使馆和驻外领事馆，分别由《维也纳外交关系公约》和《维也纳领事关系公约》规制，这两个公约的很多内容已经发展为习惯国际法规则。大使馆是建立了大使级外交关系的国家在对方国家领域内[①]修建的外交代表机关，其主要

① 驻外大使馆通常位于驻在国，但是也存在例外。根据相关协议，与梵蒂冈建交的国家将派驻梵蒂冈的大使馆修建在梵蒂冈境外的意大利罗马市内。

职能是代表派遣国在驻在国行使职权，处理两国外交关系，包括政治、经济、文化、教育等关系；领事馆是一国派驻他国某个城市的领事代表机关，负责管理当地本国侨民和其他领事事务。由于大使馆同时具有领事职能，所以有的国家之间只有大使馆没有领事馆。但有的国家之间由于并未建立外交关系，就可以相互建立领事馆而没有大使馆。

我国刑法理论界曾经普遍将中华人民共和国驻外使领馆视为中华人民共和国领域的延伸。这种认识是没有法律依据的。驻外使领馆仍然属于驻在国的领域，而非派遣国的领域或者领域的延伸。对于发生于驻外使领馆内犯罪的管辖，《维也纳外交关系公约》和《维也纳领事关系公约》有专门的规定，形成了通常由派遣国管辖的国际惯例。这也是世界上绝大多数国家都不在本国刑法中规定对驻外使领馆内犯罪管辖问题的原因。

(4) 遍在地主义。

关于如何确定“在中华人民共和国领域内犯罪”和“在中华人民共和国船舶或者航空器内犯罪”的问题，我国《刑法》第 6 条第 3 款规定了遍在地主义，即：只要犯罪的行为、结果全部或者部分地发生在我国领域或者船舶、航空器内，我国就对该犯罪享有刑事管辖权。世界各国都有类似的规定，以确保本国刑法更广的涵摄范围。但是，在司法实践中，仍然存在如何认识行为地、如何认识结果地的问题，例如行为地是否专指实行行为地，能否包括预备行为地？由于各国对预备行为入刑的范围规定不同，这个问题可能导致管辖争议。如果说相关国家或者地区对某种特定犯罪的预备行为都作了应当承担刑事责任的规定，那么，预备行为地可以作为属地管辖的基础。但如果涉及的两个国家或者地区中只有一个将该预备行为入刑，另外一个并未将之入刑，这时预备行为地国家能否将预备行为地作为属地管辖的基础，值得探讨。本书认为，刑事管辖权本身具有扩张的属性，预备行为地原则上可以作为属地管辖的基础，但在具体行使时应当充分考虑另一国家管辖的可能性，尽量由实行地国管辖，因为在通常情况下，实行地国同时是结果地国，更容易收集证据，更利于打击犯罪。

(5) 网络空间。

随着网络犯罪的日益猖獗和复杂，国内外有学者提出了网络刑事管辖权、网络主权等概念，引起了比较大的争议。毫无疑问，网络空间确实具有不同于传统领域的特征，但本书认为，在刑法上没有必要对网络空间设定专门的管辖权原则，我们仍应当在传统的属地原则、属人原则、保护原则、普遍原则范围内来确定网络犯罪的刑事管辖权。网络犯罪带来的挑战，更多的是诉讼管辖问题而非刑事管辖权问题。通常而言，确定可以由哪些国家依据本国刑法追究该犯罪的刑事责任并不难，其复杂性在于具体由这些国家的哪个机关进行侦查、审判，各国、各地相关机关如何合作打击网络犯罪等。

2. 关于“法律有特别规定的”

根据《刑法》第 6 条第 1 款，即使一个犯罪行为发生在中华人民共和国领域内，只要有法律特别规定的情形，就不适用《刑法》。

关于该款规定的性质，本书认为：它并不是属地原则的例外，也就是说，它并不构成我国刑事管辖权的例外，并未否定我国对相关犯罪享有的刑事管辖权；而只是适用《刑法》的例外，即通常不适用《刑法》追究犯罪人的刑事责任，或者我国不行使该刑事管辖权。

（1）通过外交途径解决。

根据《刑法》第 11 条的规定，享有外交特权与豁免权的外国人的刑事责任，通过外交途径解决。根据国际法，一国的国家元首、政府首脑、外交部长及派驻外国的外交代表，享有外交特权与刑事豁免权，他们在外国行使职权过程中实施犯罪行为的，享有刑事豁免权。根据国际惯例，各国也往往赋予其加入的国际组织官员以刑事豁免权，如很多国家也承认联合国这类全球性国际组织，以及其参加的区域性国际组织的官员，如欧盟官员享有刑事豁免权。根据《维也纳外交关系公约》和我国的《外交特权与豁免权条例》，外交特权与豁免权在刑事方面包括：外交代表人身不受侵犯、不受逮捕或者拘留；外交代表的寓所和财产不受侵犯；外交代表享有刑事豁免权，不能对其展开刑事调查、起诉和审判；等等。与享有外交特权与豁免权的外国人共同生活的配偶和未成年子女、随行人员等，通常也享有相同的特权与豁免权。

享有外交特权与豁免权的外国人在中华人民共和国领域内实施犯罪的，需要通过外交途径解决。外交途径包括宣布其为不受欢迎的人、令其限期出境、建议派遣国将其召回、驱逐出境等。通过外交途径解决，并不意味着犯罪人都不受刑事追究，派遣国可以根据本国刑法属人原则对其实施的犯罪进行调查和起诉，尤其是当该犯罪行为是普通罪行而非危害国家安全的罪行时，行为人回国后很可能会被追究刑事责任。

需要注意的是，对于享有外交特权与豁免权的外国人在中华人民共和国领域内实施的犯罪，我国仍然依据属地原则享有刑事管辖权，通过外交途径解决，只是表明我国依照国际惯例不行使刑事管辖权而已。

（2）我国香港、澳门特别行政区的规定。

根据《香港特别行政区基本法》和《澳门特别行政区基本法》的规定，香港、澳门特别行政区享有行政管理权、立法权、独立的司法权和终审权，《刑法》原则上不适用于两个特别行政区，香港、澳门特别行政区依据特别行政区立法机关制订的刑事法律追究相关犯罪的刑事责任。当全国人民代表大会常务委员会决定宣布战争状态或因特别行政区内发生特别行政区政府不能控制的危及国家统一或安全的动乱而决定特别行政区进入紧急状态时，中央人民政府可以发布命令将有关全国性法律在特别行政区实施。

2020 年 6 月 30 日，第十三届全国人民代表大会常务委员会第二十次会议通过了《中华人民共和国香港特别行政区维护国家安全法》。该法规定了一系列危害国家安全的犯罪，根据该法第 40 条、第 55 条的规定，原则上由香港特别行政区对该法规定的危害国家安全犯罪案件行使管辖权，出现三种特殊情况时，则由驻香港特别行政区维护国家安全公署行使对该法规定的危害国家安全犯罪案件的管辖权。

需要强调的是，港澳地区不适用《中华人民共和国刑法》，并不构成我国属地管辖原则的例外。中华人民共和国的领域包括港、澳地区在内，中华人民共和国作为一个主权国家仍然享有对港、澳地区刑事案件的刑事管辖权，只是在行使该刑事管辖权的时候，依据相关法律或者现状，由这些地区根据当地的法律追究犯罪的刑事责任而已。

（3）民族自治地方的变通、补充规定。

《刑法》第 90 条规定："民族自治地方不能全部适用本法规定的，可以由自治区或者省的人民代表大会根据当地民族的政治、经济、文化的特点和本法规定的基本原则，制定变通或者补充的规定，报请全国人民代表大会常务委员会批准施行。”

（4）特别刑法的规定。

《刑法》是普通刑法，如果有单行刑法作出了特别规定，应当坚持特别法优于一般法的原则，适用特别刑法的规定。例如，1998 年《全国人民代表大会常务委员会关于惩治骗购外汇、逃汇和非法买卖外汇犯罪的决定》第 1 条规定了“骗购外汇罪”，而该决定显然不属于《刑法》第 6 条第 1 款所规定的“本法”。

（二）我国刑法的属人原则

《刑法》第 7 条规定：“中华人民共和国公民在中华人民共和国领域外犯本法规定之罪的，适用本法，但是按本法规定的最高刑为三年以下有期徒刑的，可以不予追究。中华人民共和国国家工作人员和军人在中华人民共和国领域外犯本法规定之罪的，适用本法。”这是我国刑法关于属人原则的规定。

根据该条规定，中华人民共和国国家工作人员和军人在中华人民共和国领域外犯我国《刑法》规定之罪的，无论该犯罪的性质是否轻微，一律要适用《刑法》追究其刑事责任。这是因为军人和国家工作人员在一定程度上代表了国家的形象，其在国外实施犯罪行为，会给国家的形象和声誉造成恶劣影响，因此，他们承担着比普通公民更高的守法义务。

中华人民共和国国家工作人员和军人以外的其他中华人民共和国公民，在中华人民共和国领域之外犯我国刑法规定之罪的，原则上也要依照《刑法》追究其刑事责任，如果其所犯之罪的法定最高刑为 3 年以下有期徒刑，可以不予追究。该规定要求中华人民共和国普通公民即使身处国外，也要遵守我国刑法。如果所犯之罪的法定刑高于 3 年有期徒刑，则一律要适用《刑法》追究其刑事责任。如果所犯之罪的法定最高刑为 3 年以下有期徒刑，是否适用《刑法》追究其刑事责任，则应当根据情况予以确定：在没有严重侵害他人权利、没有给国家造成恶劣影响的情况下，可以不予追究；对于长期居住在国外，甚至从小居住在国外的中华人民共和国公民，由于其可能并不了解我国刑法的具体规定，其所实施的某些犯罪，也可不予追究刑事责任。

我国刑法规定的属人原则，并没有双重犯罪的限制，不要求行为地国的法律也将该行为规定为犯罪，即：我国公民，无论其身在何处，都要遵守我国刑法。这体现了刑法对公民忠诚义务的要求。

（三）我国刑法的保护原则

我国《刑法》第 8 条规定：“外国人在中华人民共和国领域外对中华人民共和国国家或者公民犯罪，而按本法规定的最低刑为三年以上有期徒刑的，可以适用本法，但是按照犯罪地的法律不受处罚的除外。”这是我国刑法关于保护原则的规定。

依据保护原则而享有刑事管辖权，需要具备以下条件：（1）犯罪人是外国人或者无国籍人；（2）犯罪地在中华人民共和国领域之外；（3）犯罪行为侵害的是中华人民共和国国家或者公民的利益；（4）该犯罪行为依照《刑法》的规定，最低刑为 3 年以上有期徒刑；（5）该犯罪行为依照行为地的法律也应当受刑罚处罚。

随着我国综合国力的显著提升和我国经济走向全球步伐的加快，我国公民、企业遍布全球各地，如何更好地保护我国国家和公民在境外的利益，成为一个比较迫切的问题。

我国也日益重视保护原则的作用，向全世界宣告中华人民共和国国家和公民神圣不可侵犯。

（四）我国刑法的普遍管辖原则

我国《刑法》第9条规定："对于中华人民共和国缔结或者参加的国际条约所规定的罪行，中华人民共和国在所承担条约义务的范围内行使刑事管辖权的，适用本法。"这是我国刑法关于普遍管辖原则的规定。

1. 关于我国《刑法》第9条的性质

我国刑法理论界多数学者认为，我国《刑法》第9条规定了普遍管辖原则；极少数学者认为，该条规定的不是普遍管辖原则而是"条约义务原则"[①]。本书认为，《刑法》第9条规定的并非单纯的普遍管辖原则，它在规定国家义务的同时包含了对普遍管辖原则的承认。

首先，我国《刑法》第9条的规定，既包含了对国内犯的管辖，也包含了对国外犯的管辖。根据该条规定，只要是我国缔结或者参加的国际条约所规定的罪行，无论其发生在中华人民共和国领域之内还是发生在中华人民共和国领域之外，当我国在所承担条约义务的范围内行使刑事管辖权时，一律适用我国《刑法》而不适用国际条约。国内外学者均认为，普遍管辖原则是针对域外犯的一种管辖依据，既然我国《刑法》第9条包含了对域内犯的管辖，就说明该条规定不是典型的普遍管辖原则。

其次，普遍管辖权的实质和核心是一国管辖与本国没有任何联结因素犯罪的权力，而《刑法》第9条并未对这个实质问题进行任何规定，它只是强调中华人民共和国在承担条约义务范围内行使对条约规定犯罪的管辖权时，将会适用《中华人民共和国刑法》而非国际条约。因此，从这个意义上说，该条规定的实质内容并非普遍管辖原则。

最后，我国《刑法》第9条包含了普遍管辖的内容。以《联合国反腐败公约》为例：我国于2005年10月27日通过了《全国人民代表大会常务委员会关于批准〈联合国反腐败公约〉的决定》，而《联合国反腐败公约》规定了贿赂本国公职人员、贿赂外国公职人员或者国际公共组织官员、公职人员贪污、挪用或者以其他类似方式侵犯财产、影响力交易、滥用职权、资产非法增加、私营部门内的贿赂、私营部门内的侵吞财产、对犯罪所得的洗钱行为、窝赃、妨害司法等犯罪，我国立法机关通过国内立法及修订，将这些犯罪行为规定于我国《刑法》之中，履行了条约规定的立法义务。根据《刑法》第6条～第8条的规定，我国只能对发生在我国领域之内的这些犯罪、我国公民在我国领域之外实施的这些犯罪、外国人针对我国国家或者公民实施的这些犯罪享有刑事管辖权，并不能对外国人在中华人民共和国领域之外针对外国人或国家实施的这些犯罪享有刑事管辖权。但是，《联合国反腐败公约》第42条第4款规定："各缔约国还可以采取必要的措施，在被指控罪犯在其领域内而其不引渡该人时确立本国对根据本公约确立的犯罪的管辖权。"而该条前三款依据犯罪行为与缔约国的联结因素，确立了各国的属地、属人、保护管辖权，作为对前三款的补充，第4款自然是确立了管辖与本国没有任何联结因素犯

---

① 齐文远，刘代华．完善我国刑法空间效力立法的思考．法商研究，2005（1）；高秀东．论普遍管辖原则．法学研究，2008（3）.

罪的普遍管辖原则。恰好我国《刑法》第9条与《联合国反腐败公约》第42条第4款相吻合，正是履行了该公约所规定的关于管辖原则立法的义务。因此，依据我国《刑法》第9条，如果我国拒绝对某个罪犯的引渡请求或者相关国家不接受对该人的引渡，我国可以依据《刑法》审理《联合国反腐败公约》规定的发生在任何其他缔约国范围之内相关的犯罪，而不需要这些犯罪与我国有任何联结因素。这就是典型的普遍管辖原则。

2. 关于国际条约所规定罪行的性质

我国刑法理论界在解释《刑法》第9条时，普遍认为该条适用的对象是国际犯罪，实际上这是没有法律依据的，其理论依据也明显不足。对此，我们应当注意两点：

首先，国际条约规定的犯罪并不都是国际犯罪。国际条约所规定的犯罪有可能是侵害国际社会整体利益的国际犯罪，也有可能只是侵犯各个主权国家整体利益的普通犯罪。随着国际社会共同打击刑事犯罪的要求越来越迫切，国际社会完全可能通过一项国际公约对原本仅存在于各国刑法中的普通犯罪进行确认，以便各缔约国密切合作，使实施该犯罪的行为人不能逃脱法律制裁。在这种情况下，我们并不能因为一项国际公约规定了某些犯罪，就认为这些犯罪的性质已经从侵害国家的整体利益演变为侵害国际社会的整体利益。前述《联合国反腐败公约》规定的犯罪，在实质上就是国内刑法所规定的贪污罪、受贿罪、挪用公款罪等普通犯罪，显然它们并非国际犯罪。

其次，国际犯罪并不一定需要国际公约加以规定。国内外学者对国际犯罪的范围包括哪些存在很大的争议，但普遍认为国际犯罪包括国际核心罪行和除国际核心罪行之外的其他国际犯罪。而国际核心罪行则包括四大类，分别是战争罪、种族灭绝罪、危害人类罪和侵略罪。这些国际核心罪行，大多数都是习惯国际法之下的罪行，而非条约所确立的犯罪。虽然随着国际条约的日益完善，已经很难找到没有被国际条约规定的国际核心罪行，但是，我们需要注意的是：一方面，国际条约对某个已经属于习惯国际法之下的罪行予以规定，这并未改变其仍然属于习惯国际法上之罪行的性质，它只是对习惯国际法规则进行确认或者编纂，我们并不能因为该罪被规定于国际条约中就将其视为条约法上之的罪行，否则就降低了该罪的效力，因为条约只约束缔约国，而习惯国际法的效力可以及于非缔约国；另一方面，我们应当承认还存在没有被规定于国际条约中的习惯国际法上的罪行，例如，《前南斯拉夫国际刑事法庭规约》等国际刑法在规定战争罪时，就使用了“包括但不限于”的表述，即在规约明确列举的罪行范围之外，还可能存在未被列举、未被国际条约明确规定的罪行。前南斯拉夫问题国际刑事法庭的法官在实际审判过程中，已经根据习惯国际法的基本原理，对该规约明确列举范围之外的行为进行过定罪量刑。

3. 关于“条约义务范围”

一国缔结一项国际条约后，就应当履行条约规定的相应义务。这是“条约必须遵守”原则的内在要求。就国际刑事公约而言，条约义务范围大致包括：(1) 立法义务，即将条约规定的罪行转化或者纳入国内法，使其作为国内法院定罪量刑的依据；(2) 执行与审判义务，即依据相关法律对犯罪人进行侦查、起诉、审判、刑罚执行的义务；(3) 合作义务，即与其他缔约国展开刑事司法合作，包括证据收集、犯罪人的引渡、被判刑人的移管、文书送达等活动。

有的国际条约允许缔约国对个别条款进行保留，即一国缔结该公约时，可以同时提出不受某些条款的限制。我国在缔结某些国际条约时，明确提出了保留条款，因此，我国《刑法》第9条作了“在所承担条约义务的范围内”的限制。但是，有的国际条约不允许缔约国对任何条款进行保留。

四、我国刑法效力范围上的“本法”

我国《刑法》第6条～第12条，存在多处“本法”“适用本法”的表述。理论界对于刑法规定的“本法”到底是指什么存在争议。本书认为，《中华人民共和国刑法》中的“本法”是专指《中华人民共和国刑法》本身，并不包括我国立法机关制定的其他单行刑法，也不包括港澳台地区的“相关规定”，更不包括我国缔结或者参加的国际条约。主要理由有：

首先，“本法”是特指而非泛指。立法机关在制定每一部法律时，都要使用“本法”“本决定”等表述，每一个“本法”“本决定”都只能是特指它本身的那个法律，而不能包含与其性质相同或者处于同等地位的其他法律，这是“本法”一词的当然含义。当《刑法》不特指它本身的时候，就不会使用“本法”一词，例如，《刑法》第3条对罪刑法定原则的规定：“法律明文规定为犯罪行为的，依照法律定罪处刑；法律没有明文规定为犯罪行为的，不得定罪处刑。”

其次，《中华人民共和国刑法》的制定主体与港澳台地区相关规定的制定主体不同，不同主体制定的规定不能相互包含。全国人民代表大会及其常务委员会与港澳台地区的相应机关之间并不具有行政隶属关系。《中华人民共和国刑法》作为全国性法律，在通常情况下不适用于港澳台地区，因此也没有必要把港澳台地区相关规定视为《中华人民共和国刑法》的内容。

最后，国际刑事条约在我国无法直接成为法院定罪量刑的依据。我国《宪法》并未规定我国缔结或者参加的国际条约在我国法律体系中的地位，因此，有人认为我国法院可以像有的英美法系国家那样直接适用国际条约对被告人进行定罪量刑。但是事实上，我国的立法传统和司法经验表明，在我国缔结某项国际条约后，必须将该条约规定的犯罪转化为国内法后，其才对法官的审判活动产生拘束力。

第二节　刑法的时间效力

刑法的时间效力，包括刑法的生效时间、失效时间和刑法的溯及力。

一、刑法的生效时间

刑法的生效时间，是指刑法从什么时间开始具有法律效力。刑法制定之后，就可以作为指引规范引导普通人的行为，但只有在生效之后才产生法律拘束力，才可以作为法官定罪量刑的依据。从我国的刑事立法实践看，刑法的生效时间包括两种情形：即日生效与隔日生效。

（一）即日生效

即日生效，是指刑法自公布之日起生效。通常而言，采用即日生效这种方式的刑法，是内容相对单一、条文较少的单行刑法。例如，《全国人民代表大会常务委员会关于惩治骗购外汇、逃汇和非法买卖外汇犯罪的决定》第9条规定："本决定自公布之日起施行。"自1997年《刑法》生效至今，全国人民代表大会常务委员会先后颁布了11个"刑法修正案"，其中多数也采取即日生效这种模式。

（二）隔日生效

隔日生效，是指刑法公布之后过一段时间生效。采用隔日生效的刑法通常是内容比较全面、条文较多的刑法。例如，第五届全国人民代表大会第二次会议于1979年7月1日通过了《刑法》，其生效时间是1980年1月1日；1997年3月14日第八届全国人民代表大会第五次会议对该法进行了全面修订，修订后的《刑法》自1997年10月1日起施行。内容比较复杂、条文较多的"刑法修正案"也采取隔日生效的模式，如《刑法修正案（八）》《刑法修正案（九）》《刑法修正案（十一）》等。

二、刑法的失效时间

刑法的失效时间，是指刑法从什么时候开始不再具有法律效力，不能作为法官定罪量刑的依据。一般而言，法律失效之后就不具有法律拘束力，不再适用于其失效之后所发生的犯罪行为。从我国的刑事立法实践看，刑法的失效时间包括两种情况：明令失效、自然失效。

（一）明令失效

明令失效，是指在法律中明确规定刑法失去法律效力。例如1997年修订的《刑法》第452条第2、3款规定："列于本法附件一的全国人民代表大会常务委员会制定的条例、补充规定和决定，已纳入本法或者已不适用，自本法施行之日起，予以废止。列于本法附件二的全国人民代表大会常务委员会制定的补充规定和决定予以保留，其中，有关行政处罚和行政措施的规定继续有效；有关刑事责任的规定已纳入本法，自本法施行之日起，适用本法规定。"因此，自1997年10月1日起，包括《惩治军人违反职责罪暂行条例》在内的15个单行刑法失效，包括《全国人民代表大会常务委员会关于禁毒的决定》在内的8个单行刑法中有关刑事责任的规定失效。

（二）自然失效

自然失效，是指虽然没有通过立法明确规定失效日期，但由于新的刑法发生法律效力，旧的刑法自然失去法律效力。例如，自1997年10月1日《刑法》生效起，1979年通过的《刑法》自然失效。

在单行刑法或者"刑法修正案"对《刑法》某个条文进行修改后，相应的原条文自修订后新条文生效之日起自然失效。例如，《全国人民代表大会常务委员会关于惩治骗购外汇、逃汇和非法买卖外汇犯罪的决定》第3条对《刑法》第190条进行了修订，那么，1997年修订的《刑法》第190条自该单行刑法生效之日（1998年12月29日）起自然失效。

1987年6月23日通过的《全国人民代表大会常务委员会关于对中华人民共和国缔结或者参加的国际条约所规定的罪行行使刑事管辖权的决定》的时间效力问题值得探讨。1997年修订的《刑法》第452条两个附件均不包含该决定，但1997年《刑法》第9条吸收了该决定的内容并增加了“适用本法”的表述。有学者认为，该决定自1997年10月1日起自然失效。本书认为，虽然该决定自1997年10月1日起确实没有适用的必要，但其效力并未终止。

三、刑法溯及力问题

（一）刑法溯及力的概念和原则

刑法溯及力，是指新刑法溯及既往的效力，即新刑法在生效后，是否具有对其生效以前发生的未经审判或者判决尚未确定的行为予以适用的效力。如果新刑法能够适用，表明新刑法具有溯及力；如果不能适用，表明新刑法不具有溯及力。

关于刑法的溯及力，存在以下几种原则：

（1）从旧原则，即新刑法不具有溯及力，对于一个行为是否构成犯罪、构成何罪、应当如何处罚等问题，一律适用行为当时的法律。

（2）从新原则，即新刑法具有溯及力，无论行为当时的法律如何规定，只要该行为未经审判或者判决尚未确定，一律以新刑法为依据判断其是否构成犯罪、构成何罪、应当如何处罚。

（3）从旧兼从轻原则，即新刑法原则上不具有溯及力，对于一个行为的判断，原则上要以行为当时的法律为准，但是，如果依据新刑法对被告人更有利，则适用新刑法，此时新刑法有溯及力。

（4）从新兼从轻原则，即新刑法原则上具有溯及力，对于一个行为的判断，原则上要以新刑法为准，但是，如果依据行为时的法律对被告人更有利，则适用旧刑法，此时新刑法不具有溯及力。

现代各国在刑法溯及力问题上大都采用从旧兼从轻原则，因为该原则既坚持了罪刑法定原则，又照顾了犯罪嫌疑人、被告人的利益。一个人只能根据行为当时的法律行事，只受行为当时生效的法律的约束，普通公民很难预测立法者将来会制定什么样的法律；国家也只应当惩罚实施了行为时法律明文规定为犯罪行为的犯罪人。这是罪刑法定原则的基本要求。因此，对一个行为的刑法判断，应当以行为当时的法律为标准。但是，在新刑法颁布后，新刑法对同一个行为的认定发生了变化，认为该行为不再构成犯罪或者应当处罚更轻，这表明随着社会的发展，旧刑法对该行为的评价已经不符合新的社会形势了，那么，司法工作者就没有必要再固守旧刑法，而应当适用新刑法对该行为予以评价。

（二）我国刑法关于刑法溯及力的规定

《刑法》第12条规定：“中华人民共和国成立以后本法施行以前的行为，如果当时的法律不认为是犯罪的，适用当时的法律；如果当时的法律认为是犯罪的，依照本法总则第四章第八节的规定应当追诉的，按照当时的法律追究刑事责任，但是如果本法不认为是犯罪或者处刑较轻的，适用本法。本法施行以前，依照当时的法律已经作出的生效判决，继续有效。”可见，我国《刑法》采用了从旧兼从轻原则。

我国《刑法》规定的从旧兼从轻原则具体表现为以下四种情况：

（1）根据行为当时的法律不构成犯罪，虽然现行《刑法》将该行为规定为犯罪，但应适用行为时的法律，不能追究其刑事责任。

（2）根据行为当时的法律，一个行为构成犯罪，现行《刑法》也将该行为规定为犯罪，原则上根据行为当时的法律定罪量刑；如果现行《刑法》对该行为处罚更轻，则适用现行《刑法》追究其刑事责任。所谓“处刑更轻”，包括新刑法规定了犯罪性质更轻的罪名以及法定刑设置更轻两种情况。前者如寻衅滋事行为，根据1979年《刑法》构成重罪——流氓罪，而根据1997年《刑法》则构成相对较轻的犯罪——寻衅滋事罪。后者如过失致人死亡罪，1979年《刑法》对其规定了“五年以下有期徒刑”和“五年以上有期徒刑”两档法定刑，而1997年《刑法》对该罪规定了“三年以上七年以下有期徒刑”和“三年以下有期徒刑”两档法定刑，显然1997年《刑法》处刑更轻；当新、旧刑法规定的法定最高刑一样时，应当比较法定最低刑，法定最低刑更轻时，也属于“处罚更轻”。

（3）根据行为当时的法律构成犯罪，但现行《刑法》不认为是犯罪的，应当适用现行《刑法》，不能追究其刑事责任。

（4）现行《刑法》生效以前，依照当时的法律已经作出的生效判决，继续有效。我国《刑法》的从旧兼从轻原则不适用于以前已经作出的生效判决。

1997年修订《刑法》之后，全国人民代表大会常务委员会先后通过了1部单行刑法和11个“刑法修正案”，它们对1997年《刑法》的原条文进行了修订，包括增加、删除、修改条文的情形，经过“刑法修正案”修订后的《刑法》，各个条文的生效时间并不一致，因此也就存在溯及力问题，也应当依照《刑法》第12条的规定来确定如何适用法律。

在1997年修订《刑法》，2011年颁布《刑法修正案（八）》，2015年颁布《刑法修正案（九）》之后，最高人民法院都发布了关于溯及力问题的司法解释，它们分别是1997年9月25日发布的《最高人民法院关于适用刑法时间效力规定若干问题的解释》、2011年4月25日发布的《最高人民法院关于〈中华人民共和国刑法修正案（八）〉时间效力问题的解释》、2015年10月29日发布的《最高人民法院关于〈中华人民共和国刑法修正案（九）〉时间效力问题的解释》。这些解释，涉及追诉时效的确定、累犯的成立、自首的认定、立功的认定、撤销缓刑的条件、假释的执行、禁止令的执行、死缓限制减刑的适用、数罪并罚的适用、职业禁止的适用、死缓变更执行的条件、终身监禁的适用等方面，它们总体上体现了从旧兼从轻的刑法原则，在司法实践中应当予以高度重视。

四、司法解释的时间效力

虽然司法解释不是《刑法》本身，但它们要么是对《刑法》条文用语的含义进行说明，要么是确定追诉标准，对《刑法》规定的定罪量刑条件予以具体化，所以，具有法律效力的司法解释也存在时间效力问题。

最高人民法院、最高人民检察院于2001年12月7日发布了《关于适用刑事司法解释时间效力问题的规定》，对于司法解释的时间效力、溯及力问题作了明确规定。该司法解释对司法解释的时间效力作了以下几点规定：

首先，司法解释自发布或者规定之日起施行，其效力适用于法律的施行期间。

其次，对于司法解释实施前发生的行为，行为时没有相关司法解释，司法解释施行后尚未处理或者正在处理的案件，依照司法解释的规定办理。

再次，对于新的司法解释实施前发生的行为，行为时已有相关司法解释，依照行为时的司法解释办理，但适用新的司法解释对犯罪嫌疑人、被告人有利的，适用新的司法解释。

最后，对于在司法解释施行前已办结的案件，按照当时的法律和司法解释，认定事实和适用法律没有错误的，不再变动。

所涉法律条文及司法文件

1.《刑法》第6～12条

2.《外交特权与豁免条例》

3.《最高人民法院关于适用刑法时间效力规定若干问题的解释》

4.《最高人民法院关于适用刑法第十二条几个问题的解释》

5.《最高人民检察院关于对跨越修订刑法施行日期的继续犯罪、连续犯罪以及其他同种数罪应如何具体适用刑法问题的批复》

6.《最高人民法院关于〈中华人民共和国刑法修正案（八）〉时间效力问题的解释》

7.《最高人民法院关于〈中华人民共和国刑法修正案（九）〉时间效力问题的解释》

代表性文献推荐

1. 陈忠林．我国刑法中属地原则的理解、适用和立法完善．现代法学，1998（5）．

2. 陈忠林．全国性法律与香港地区法律的关系．湖南政法干部管辖学院学报，1998（5）．

3. 林欣．国际法中的刑事管辖权与中华人民共和国刑法．中国社会科学，1982（2）．

4. 薛瑞麟．略论我国刑法空间效力的几个问题．河北法学，1983（2）．

5. 刘艳红．论刑法的网络空间效力．中国法学，2018（3）．

6. 齐文远，刘代华．完善我国刑法空间效力立法的思考．法商研究，2005（1）．

7. 高秀东．论普遍管辖原则．法学研究，2008（3）．

8. 卢有学．论国际刑事管辖权．河北法学，2013（5）．

9. 卢有学．普遍管辖原则辨误．云南大学学报（法学版），2007（1）．

思考题

1. 何谓刑法的空间效力？能否称之为“适用范围”？刑法的空间效力与刑事管辖权

是什么关系？刑法的空间效力与刑事诉讼法上的“管辖”是什么关系？

2. 刑法空间效力的五个原则的含义和功用各是什么？为什么各国在确立刑法的空间效力时都采取折中原则？我国刑法关于空间效力范围立法采用的是什么原则？

3. 如何理解“本法”“领域”“法律有特别规定”“犯罪地”“享有外交特权和豁免权”？

4. 为什么我国刑法对属人原则的规定是要求“最高刑在三年以下”可以不予追究，而对保护原则是要求适用我国刑法要求“最低刑在三年以上”？这样的规定的意义是什么？保护原则理论上为保护本国利益而设，但《刑法》第 8 条定罪的 3 个条件更有利于对我国公民实施犯罪的外国人。这是不是与保护原则本身有冲突？

5. 我国属人原则中有关于“按本法规定的最高刑为三年以下有期徒刑的，可以不予追究”的规定，如果不予追究是否违背了法律面前人人平等的原则？

6. 在我国，对虚拟空间中的刑法效力该如何认定？

7. 享有外交特权和豁免权的外国人的外交特权和豁免权是绝对的吗？不在执行公务期间犯罪也不能适用我国刑法吗？

8. 在我国领域外的我国汽车、火车上犯罪的，能否适用我国刑法？

9. 应当如何理解我国《刑法》第 9 条的规定？

10. 我国是如何对待外国刑事裁判的效力的？其法理是什么？

11. 何谓刑法的时间效力？刑法的生效和失效有哪些方式？1979 年、1997 年《刑法》及各刑法修正案是否有生效和失效时间？分别有何特点？

12. 何谓刑法溯及力？它通常有哪些原则？这些原则的刑法精神实质分别是什么？它们分别基于什么时间基点予以判断（是行为时法还是审判时法）？这些原则与罪刑法定原则是什么关系？

13. 我国刑法采用的是什么溯及力原则？该原则在 1979 年《刑法》、单行刑法、刑法修正案、立法解释和司法解释的适用上是如何体现的？司法解释关于我国刑法溯及力的规定，是否都符合从旧兼从轻原则？

14. 按照从旧兼从轻原则，新法对正在服刑期的犯人是否具有改判的效力？能否将已经依照旧法判决的犯罪人提前释放？为什么？

第二编

犯罪的成立评价体系

第五章
犯罪成立评价体系概述

内容导读

犯罪成立评价体系是行为成立犯罪所需具备的法律要求，是由立法通过犯罪定义和犯罪构成等的法律规定所共同确立，用以认定罪与非罪、此罪与彼罪、轻罪与重罪、一罪与数罪的规范标准。其中，立法关于犯罪定义的规定，是犯罪成立的总体标准，确定了犯罪成立的基本条件；立法关于犯罪构成的规定，本应是犯罪成立的具体标准，但在犯罪构成方法论模型没有完全对应犯罪定义规定的全部条件的情形下，它只是犯罪成立必要条件意义上的部分具体标准。

第一节　犯罪与犯罪成立评价体系

一、犯罪的概念界定

（一）犯罪定义的发展演进

对于“什么是犯罪”，在刑法（学）发展史上，有过不同的界定，概括起来，大体有形式意义、实质意义和混合意义三种界定，分别称为犯罪的形式概念、实质概念和混合概念，或犯罪的形式定义、实质定义和混合定义。它们实际上是犯罪定义从一个极端（犯罪的形式定义）到另一个极端（犯罪的实质定义），再到相对理性（犯罪的混合定义）发展演进的产物与存在。

1. 犯罪的形式定义

所谓犯罪的形式定义，也称形式意义上的犯罪，是指违反刑事法律并且应当受刑罚惩罚的行为。这是仅从犯罪的法律表现形式给犯罪所下的定义，并未揭示犯罪的实质含义。如德国刑法学家宾丁认为“犯罪即违反刑事制裁法律的行为”[①]；德国刑法学家、刑事社会学派创始人李斯特认为，“犯罪，就其形式来看，是指实现犯罪构成、应受刑法处罚的作为和不作为”[②]；日本学者松原芳博认为“所谓‘犯罪’，是指被科处刑罚的行为”[③]。在刑法立法上的典型代表，如1810年《法国刑法典》第1条规定：“法律以违警

① 徐久生．德国犯罪学研究探要．北京：中国人民公安大学出版社，1995：1.

② 李斯特．德国刑法教科书．徐久生，译．北京：法律出版社，2006：167.

③ 松原芳博．犯罪概念和可罚性．毛乃纯，译．北京：中国人民大学出版社，2020：1.

刑所处罚之犯罪，称违警罪；法律以惩治刑所处罚之犯罪，称轻罪；法律以身体刑或名誉刑所处罚之犯罪，称重罪。”又如，1930 年《意大利刑法典》第 39 条规定：“根据本法为其分别规定的刑罚的种类，犯罪行为（reato）分为重罪（delitto）和轻罪（contravezione)”[①]。然而，任何事物的存在不可能只有“形式”没有“实质”，只从形式意义上所作的界定以及由此所构建的犯罪定义理论，因不符合形式与实质相统一原理而都是片面和极端的。

2. 犯罪的实质定义

所谓犯罪的实质定义，或称实质意义上的犯罪，是指犯罪具有社会危害性的行为。这是仅从犯罪的社会属性给犯罪所下的定义，并未关注犯罪的法律特征，如：刑事古典学派创始人贝卡利亚称其刑法学说都“不以任何实在法为基础”，仅从犯罪的实质意义上认为“衡量犯罪的唯一和真正的标尺，是对国家造成的损害”，“有些犯罪直接地毁伤社会或社会的代表；有些犯罪从生命、财产或名誉上侵犯公民的个人安全；还有一些犯罪则属于同公共利益要求每个公民应做和不应做的事情相违背的行为”[②]。刑事实证学派的代表人物加罗法洛称“犯罪一直是一种有害行为，但它同时又是一种伤害某种被某个聚居体共同承认的道德情感的行为”[③]。李斯特称“如同每一种不法行为一样，犯罪也是反社会的行为，即使犯罪行为直接针对某个特定的个人，它也是对社会本身的侵犯”[④]。马克思和恩格斯称“犯罪，即孤立的个人反对统治关系的斗争，和法一样，也不是由纯粹的任性产生的。相反地，犯罪和现行统治都产生于相同的条件”[⑤]。以上主张都只是从犯罪的实质或社会学或犯罪学或政治学意义所作的界定，并未结合相应刑法规定阐述其法律规范层面的立法规定，也不由此就意味着某个论者就一定是实质定义的概念论者。事实上，理论上存在某个刑法学家对犯罪定义分别作形式意义上的界定与实质意义上的界定的情形，只是这些界定还不是形式与实质的统一。

3. 犯罪的混合定义

所谓犯罪的混合定义，或称混合意义上的犯罪，是指行为人违反刑法规定、危害社会和应当受到刑罚处罚的行为。这是基于形式与实质有机统一所作的界定。这个意义上的界定，首先出现于 20 世纪 30 年代末的全苏法学研究所集体编写的《刑法总则》教科书，它认为犯罪是具有社会危害性、有罪过的、应受惩罚的行为。之后，苏联刑法学家皮昂特科夫斯基于 1952 年在其《刑法总则》教科书中，把犯罪界定为“对社会主义国家或社会主义法律秩序有危害的、违法的、有罪过的、应受惩罚的作为或不作为”[⑥]。1960 年《苏俄刑法典》第 7 条规定：“凡本法典分则所规定的侵害苏维埃的社会制度和国家制度，侵害社会主义经济体制和社会主义所有制，侵害公民人身权、政治权、劳动权、财

① 《意大利刑法典》第 17 条规定：犯罪行为中应判处无期徒刑、有期徒刑或罚金的为重罪；应判处拘役、罚款的为轻罪。

② 贝卡利亚．论犯罪与刑罚．黄风，译．北京：北京大学出版社，2014：172，24，27.

③ 加罗法洛．犯罪学．耿伟，王新，译．北京：中国大百科全书出版社，1996：21－22.

④ 李斯特．德国刑法教科书．徐久生，译．北京：法律出版社，2006：8.

⑤ 马克思，恩格斯．德意志意识形态．节选本．中央编译局，编译．北京：人民出版社，2003：109.

⑥ 皮昂特科夫斯基等．苏联刑法科学史．曹子丹，等译．北京：法律出版社，1984：23－24.

产权以及其他权利的危害社会行为（作为或者不作为），以及本法典所规定的其他各种侵害社会主义法律秩序的危害社会行为，都认为是犯罪。”除以上苏联刑法学理论和立法采用犯罪的混合概念外，其他国家的刑法学家中也有采用混合概念的，如德国著名刑法学家、国际刑法学协会原主席耶赛克认为：“犯罪是行为人实施的符合犯罪构成、危害社会因而应受刑罚处罚的不法行为。”①

混合意义上的犯罪定义具有严重的社会危害性、刑事违法性和应受刑罚处罚性三个基本特征。它们在内在关系上，体现了形式与实质内在关系的要求。在哲学上，既不存在无形式的实质②，也不存在无实质的形式③，形式与实质永远是有机统一的，永远是一个东西或事物的不可分离的两个方面。犯罪混合概念所具有的三个基本特征，如前所述，就是揭示犯罪本质的形式与实质的有机统一。犯罪定义的三个特征只有成为有机统一整体才能符合哲学上形式与实质内在关系原理。它们作为犯罪成立的基本评价体系中的“要件”，只有被放在一个有机体系中并相互关联、相互作用和相互印证，才具有各自的犯罪评价功能。这正如机器动力系统的任何一个零部件（各基本“要件”），只有融入动力系统中并成为相互关联、相互作用和相互补位的有机部分，才能发挥该“零部件”本该发挥的功能一样。

（二）我国刑法上的犯罪定义

据学界考证，我国早在公元前 4 世纪的中叶就对犯罪有科学的定义，例如，在《墨经》中就基于犯罪和刑罚的关系，指出“罪，犯禁也。罚，上报下之罪也”，从而将犯罪定义为违犯禁令的行为，并为后代所长期承用。在公元 653 年颁行的《唐律疏议》中，犯罪的定义更是被完整地表述为：犯罪是行为人主观恶性表露的（“情恣庸愚，识沉愆戾”），具有社会危害性的（“大则乱其区宇，小则睽其品式”），违犯道德规范的（“德礼为政教之本，刑罚为政教之用”），由法律规定应受刑罚制裁的（“犯罪之人，皆有条制，断狱之法，须凭正文”“刑靡定法，律无正条，徽纆妄施，手足安措”）行为（作为或不作为）。④

新中国刑法立法和刑法学，受苏联刑法立法和刑法学的影响，采用的是混合定义。1979 年《刑法》第 10 条规定：“一切危害国家主权和领土完整，危害无产阶级专政制度，破坏社会主义革命和社会主义建设，破坏社会秩序，侵犯全民所有的财产或者劳动群众集体所有的财产，侵犯公民私人所有的合法财产，侵犯公民的人身权利、民主权利和其他权利，以及其他危害社会的行为，依照法律应当受刑罚处罚的，都是犯罪；但是情节显著轻微危害不大的，不认为是犯罪。”1997 年对刑法进行全面修订，其第 13 条规定在犯罪定义的基本特征的方面没有改动，只是在对社会危害性特征的具体描述上作了与时俱进的修订，即：“一切危害国家主权、领土完整和安全，分裂国家、颠覆人民民主专政的政权和推翻社会主义制度，破坏社会秩序和经济秩序，侵犯国有财产或者劳动群众集体所有的财产，侵犯公民私人所有的财产，侵犯公民的人身权利、民主权利和其他

① 徐久生．德国犯罪学研究探要．北京：中国人民公安大学出版社，1995：2.

② 只有“实质”内容或内涵而无“形式”表现的东西是虚无缥缈的。

③ 只有“形式”外壳而无“实质”内容或内涵的东西是不确定的。

④ 王应瑄．试论我国古代的犯罪概念．法学评论，1986（3）：46－47.

权利，以及其他危害社会的行为，依照法律应当受刑罚处罚的，都是犯罪，但是情节显著轻微危害不大的，不认为是犯罪。”

基于1979年和1997年《刑法》的上述规定，在我国，所谓犯罪，是指具有严重的社会危害性、刑事违法性和应受刑罚处罚性的行为。这里的严重的社会危害性、刑事违法性和应受刑罚处罚性，是犯罪的三个基本特征。从这三个特征的内在关系看，犯罪不是形式定义与实质定义的简单相加，而是形式与实质的有机统一。

二、犯罪定义的犯罪成立意义

（一）犯罪定义是犯罪成立的总体评价标准

我国《刑法》第13条规定的犯罪定义，属于混合意义的界定，包括严重社会危害性、刑事违法性和应受刑罚惩罚性三个基本特征。这些特征也是犯罪成立的三个基本条件，可分别称为犯罪成立的基础条件、规范条件和程度条件。这三个条件的有机整体构成了犯罪成立的总体评价标准。

1. 犯罪成立的价值条件：行为具有严重社会危害性

这是从社会属性角度所确立的犯罪成立条件，是整个犯罪成立体系构建或评价的前提和基础，是犯罪的价值评价。所谓严重社会危害性，特指刑法规定犯罪所应达到的社会危害性程度，即犯罪行为给刑法所保护的社会利益造成或可能造成危害的价值评价。行为成立犯罪不仅要具有社会危害性，而且必须具有严重的社会危害性，否则就不具备成立犯罪的前提和基础。

一个行为是否具有严重社会危害性，并非仅由自身所谓严重程度决定，而是相对其刑事违法性和应受刑罚惩罚性而言的，如“醉驾”行为，其在入刑前和入刑后本身的社会危害性并没有变化，只是入刑赋予其刑事违法性并基于个案的应受刑罚惩罚性，才具备了刑法上和犯罪的社会危害性，从而有了危险驾驶罪的严重社会危害性。

对严重社会危害性的理解和适用，需遵循马克思主义哲学原理的如下有机统一：（1）质和量的统一。严重社会危害性不仅造成或可能造成对刑法所保护社会关系的损害，而且其程度要达到成立犯罪的法定要求。（2）客观和主观的统一。严重社会危害性是犯罪行为的客观危害与主观恶性的统一，并根据其客观危害与主观恶性的大小确定其社会危害性的大小。（3）形式与内容的统一。社会危险性的立法“形式”除了刑法分则的犯罪类别、罪名、罪状，还有总则关于主观罪过、责任能力、犯罪形态等的规定，它们都是社会危害性有无及大小的载体，共同反映和体现犯罪行为对刑法所保护社会关系侵害的实质内容。（4）整体与个体的统一。严重社会危害性是从国家、社会全局角度判断的危害，而不是局部、个体所认为的危害。比如正当防卫，仅从局部、个体看，不法侵害人本人或其亲属可能认为防卫行为对其造成的损害是不利的，但从国家、社会全局看，它是对国家、社会有益和值得肯定与鼓励的行为。我国《刑法》第1条关于“惩罚犯罪，保护人民”立法目的的规定，就是整体与个体关系的体现。

2. 犯罪成立的规范条件：行为具有刑事违法性

这是从规范属性角度所确立的犯罪成立条件，是对犯罪成立条件及其各要件要素的法定要求，是罪刑法定原则的要求和体现。所谓刑事违法性，是指犯罪行为的设立及成立犯罪的条件都必须有相应刑法规范的规定。这里的“刑法规范”，既包括刑法典的各方面规定，也包括单行刑法和可以作为裁判规范的附属刑法规定，如《监察法》《刑事诉讼法》《行政处罚法》等关于刑期折抵的规定。据此，行为具有严重社会危害性并非就成立犯罪，还必须有刑事违法性，否则，依罪刑法定原则，不能将其作为犯罪处理，如各种破坏村委会选举的行为，让这个重要民主实践活动受到很大破坏，具有“严重”的社会危害性，但因无刑法规范赋予其刑事违法性而不能将其认定为犯罪，只能留给相应行政法律法规去调整。

刑事违法性在立法上有狭义、中义和广义上的表现。狭义上的表现为，仅为刑法分则性规范所规定的罪名，以及配置的罪状。中义上的表现为，具备犯罪构成及其要件要素对应的法律规定，包括刑法分则关于抽象个罪的罪状及个罪、类罪犯罪客体的规定；刑法总则关于犯罪客体（《刑法》第 2 条、第 13 条中有涉及）、犯罪主体、犯罪主观方面、犯罪客观方面等的规定，关于单个主体、单个行为和既遂状态的基本犯罪形态的规定，关于多个主体（共同犯罪形态）、多个行为（罪数形态）和没有既遂（未完成形态）的修正犯罪形态的规定。广义上的表现为，具备个案犯罪成立条件及其要件要素对应的全部法律规定。它除了包括以上狭义、中义上的法律规定，还包括关于刑法目的、任务、基本原则、适用范围、犯罪定义等非传统犯罪构成意义上的法律规定，以及正当防卫、紧急避险、意外事件、不可抗力等排除犯罪性的规定。其中，《刑法》第 13 条关于犯罪定义的规定，是统揽犯罪成立全部刑法规范的总体和基本要求，给所有犯罪的认定提出了规范评价的基本要求，提供了法律适用的基础框架。因此，认知和区分刑事违法性的三种意义上的法律规定范围，对科学构建犯罪成立的规范体系，完整地进行定罪法律适用，均具有极其重要的理论与实践意义。

3. 犯罪成立的程度条件：行为具有应受刑罚处罚性

这是从对象属性角度所确立的犯罪成立条件，是为犯罪设置一道区分行政违法、民事侵权等的程度性门槛，是刑法谦抑原则的要求和体现。所谓应受刑罚处罚性，是指行为成立犯罪应达到的值得刑罚这种最严厉的法律制裁措施惩罚的程度。它不是严重社会危害性和刑事违法性派生出来的附属法律后果，而是犯罪成立不可或缺的条件。一方面，违反刑法的有害行为并不必然都是犯罪。基于《刑法》第 13 条的规定，有害行为可能因为“情节显著轻微危害不大”而不应受刑罚处罚进而不认为是犯罪。另一方面，应不应受刑罚处罚，需依据立法关于应或不应受刑罚处罚的规定，在宽严相济刑事政策指引下，才能作出评价。应受刑罚处罚性并非严重社会危害性和刑事违法性派生出来的当然结果。这个条件的立法设置，既是为了使犯罪的行为与刑罚这种最严厉的法律制裁措施相匹配，并为道德、纪律、民事、经济、行政等调整手段留足必要空间，以体现刑法的补充性和保障性，也是为了实现刑法治理的现代化，让刑法只做其该做和能做的事，以确立刑法在社会治理和国家治理中的应有位置与功能。

在我国，“不应受刑罚处罚”是有具体法律规定的，通常包括：《刑法》第 13 条关于“但书出罪”的规定；第 6～12 条关于空间和时间效力的规定；第 20 条关于正当防卫和第 21 条关于紧急避险的规定；第 87～89 条关于追诉时效的规定；第 246 条、第 257 条第1款、第260条第1款、第270条关于侮辱、诽谤、暴力干涉婚姻自由、虐待、侵占犯罪等告诉才处理的规定；其他法律关于正当行为的规定，如刑事诉讼法关于自诉案件的规定、行政法关于正当职务行为的规定、行业法关于正当业务行为的规定、民法关于正当的被害人承诺行为的规定等。根据这些规定，虽然行为符合四要件犯罪构成，但因它们属于情节显著轻微危害不大，或不具有刑法的空间或时间效力、属于刑法上的正当行为、超过追诉时效、被害人没有告诉，以及属于其他法律的正当行为，而不应受刑罚处罚。

在对应受刑罚惩罚性的理解和适用中，不能将“不应受刑罚处罚”与“不需要刑罚处罚”相混淆。“不应受刑罚处罚”，是根据《刑法》第13条的规定，行为虽然具有严重的社会危害性和刑事违法性，但是根据其他立法规定或案件的事实、情节和刑事政策等而不认定为是犯罪。这是犯罪成立的当然之义与应具备的成立条件。例如，一个16周岁的未成年人盗窃人民币2 000元，符合盗窃罪的“数额较大”标准，但从教育挽救和保护未成年人出发，可以根据宽严相济的刑事政策不认定其为犯罪。[①]“不需要刑罚处罚”，是指依据《刑法》第37条的规定，行为人的行为已经构成了犯罪，本应受刑罚处罚，只是考虑到案件的具体事实和情节，如犯罪情节轻微、自首、立功等，而免予刑罚处罚。这样，“不需要刑罚处罚”以行为具有应受刑罚处罚性和成立犯罪为前提。同时，“不需要刑罚处罚”的免予刑罚处罚，并非不给任何处罚，而是根据案件的具体情况，可能要给予训诫、责令具结悔过、赔礼道歉、赔偿损失、由主管部门予以行政处罚或者行政处分、职业禁止等非刑罚处罚。

（二）犯罪本质特征是犯罪成立评价体系构建的基础

犯罪成立的规范评价体系是由犯罪的本质特征所决定的。理论上的通说认为，严重的社会危害性是犯罪的本质特征。但这种理解，一方面，没有契合本质特征与本质的关系原理；另一方面，也无法据此将犯罪与不道德行为、一般违法行为区分开来，毕竟，有严重社会危害性的行为不一定是犯罪，如入刑前与入刑后的“醉驾”、为自诉案件的侮辱诽谤等。只有同时具有刑事违法性和应受刑罚处罚性的严重社会危害性，才是犯罪的严重社会危害性。

其实，基于本质与本质特征间关系原理及犯罪定义三个基本特征的内在关系，犯罪的本质特征不可能是犯罪三个基本特征中的一个，而应是这三个基本特征的有机体，主要表现如下。

1. 犯罪的本质特征须能揭示犯罪的本质并具有区分一事物与他事物的功能

从哲学上看，本质与本质特征是既相互关联又不同的两个东西。本质是决定和表明是一事物而不是他事物的内在属性，本质特征是能够揭示和外化事物本质的外在现象，二者不可分割并互为里表，共同决定和表明是本事物而不是他事物。本质特征与本质的如此关系意味着：一方面，若外化事物本质的外在现象不止一个或有多个方面，则本质

---

① 1998年《最高人民法院关于审理盗窃案件具体应用法律若干问题的解释》第6条第2项规定，盗窃公私财物虽已达到“数额较大”的起点，但情节轻微，并具有下列情形之一的，可不作为犯罪处理：（1）已满16周岁不满18周岁的未成年人作案的；（2）全部退赃、退赔的；（3）主动投案的；（4）被胁迫参加盗窃活动，没有分赃或者获赃较少的；（5）其他情节轻微、危害不大的。

特征也就不可能是其中一个现象或一个方面；另一方面，本质特征具有将一事物与他事物区分开来的功能。显然，犯罪三个基本特征中的任何一个特征，都不能单独揭示犯罪的本质，都不单独具有区分罪与非罪的功能，因此，脱离刑事违法性和应受刑罚处罚性的严重社会危害性，不可能单独作为犯罪的本质特征。一方面，犯罪社会危害性的具体内容，不是泛泛的、毫无根据的、仅凭情绪与感觉的危害，而是必须在刑法框架内，借助刑事违法性来具体认定其客观危害与主观恶性。另一方面，犯罪社会危害性的程度，也不是任意的、缺乏尺度与标准的，而是借助应受刑罚处罚性来判断的。理论上主张以“最能反映本质的外部联系”为本质特征的观点，因单个方面无法形成“外部联系”和不可能与本质互为表里，而决定了犯罪特征中不存在“最能反映本质的外部联系”为本质特征。

2. 犯罪的任何一个特征都需借助其他两个特征才能予以认定

这是由犯罪三个基本特征的“你中有我、我中有你”有机体关系决定的。对于社会危害性特征，因其并非犯罪所特有，而只有同时考察是否具有刑事违法性和应受刑罚处罚性，才能确定是否是犯罪成立所需的“严重”社会危害性。刑事违法性特征的认定，不仅以行为具有严重社会危害性为前提，而且只有在考察个案情节应受刑罚处罚时，才可以认定其为犯罪成立评价体系的刑事违法性；应受刑罚处罚性特征一定是建立在行为具有严重社会危害性和刑事违法性的基础上和前提下。这意味着，犯罪的任何一个特征都不是孤立地存在的，都存在于犯罪本质所外化和统领的犯罪三个基本特征有机体中。

3. 理论上各犯罪本质特征的观点都需融合其他两个特征才能自圆其说

在以“严重社会危害性”为犯罪本质特征的观点中，只有将其社会危害性的所谓“严重”默认为“刑事违法性”“应受刑罚处罚性”，才能使严重社会危害性具有本质特征的功能。在以“刑事违法性”为犯罪本质特征的观点中，只有融合了“严重社会危害性”“应受刑罚处罚性”，“刑事违法性”才具有本质特征的功能。在以“应受刑罚处罚性”为犯罪本质特征的观点中，也只有融合了“严重社会危害性”“刑事违法性”，“应受刑罚处罚性”才具有本质特征的功能。因此，理论上各犯罪本质特征的观点，与其说是在论证某个特征，不如说是在论证以犯罪三个基本特征的有机体为犯罪的本质特征。

综上，不仅严重社会危害性不可能单独为犯罪的本质特征，而且刑事违法性和应受刑罚处罚性也不可能单独为犯罪的本质特征。犯罪的本质特征只能是基于本质与本质特征间关系原理及犯罪定义三个基本特征内在关系的有机体。只有这个有机体，才具有揭示犯罪的本质和区分罪与非罪的功能。如此认知，对形成犯罪本质特征的共识、构建立足于立法实际的犯罪成立评价体系、解决是否需要犯罪客体要件争议、匡正犯罪构成要件排列顺序误区和准确地适用刑法法律规范，均具有极其重要的理论与实践意义。

三、犯罪的立法和理论分类

为了清晰地认知犯罪和准确地认定犯罪，在理论和立法上通常按特定标准将犯罪划分为相应的种类。这些理论或立法的犯罪分类，对正确认定犯罪和有对应地适用诉讼程序，具有重要意义。

(一) 自然犯(刑事犯)与法定犯(行政犯)

这是按行为是否违反伦理道德所作的分类。这种分类,对犯罪构成要件的正确理解与适用以及证据的合理收集与证明,都至关重要。该分类源自古罗马法的"自身恶"(mala in se,行为本身所具备的恶)与"禁止恶"(mala prohibita,行为的恶不是天然就有而是法律规定产生)犯罪分类。[①] 在现代法意义上,所谓自然犯是指违反公共善良风俗和社会中的一般伦理道德,其行为本身就蕴含着犯罪性,人们根据一般的伦理观念即可对其作出有罪评价的犯罪,如故意杀人、抢劫、强奸等犯罪;所谓法定犯是指对行为的犯罪性质,不能通过社会伦理直接进行判断,而要根据刑法的规定才能确定的犯罪,如非法出租枪支、非法吸收公众存款、擅自设立金融机构、非法经营等犯罪。自然犯是自古就有,往往不受社会制度、时代变迁影响的具有相对稳定性和自身就蕴含着犯罪性的传统型犯罪,因而又被称为刑事犯;法定犯是国家为了实现某种政策目的而将其规定为犯罪,其多以行为违反刑法之外的法律规范(主要是行政法律规范)为前提,因而通常又称为行政犯。

自然犯(刑事犯)与法定犯(行政犯)的区别并不在于是否有刑法规定,而在于伦理道德因素在犯罪的存在情况及其对认定犯罪的影响,因此,并不能说法定犯是法定的,而自然犯不是。事实上,无论是法定犯(行政犯)还是自然犯(刑事犯),都是法定的。只不过,它们作为已约定俗成的法律术语,在法定的要求标准上不一样。其中,法定犯(行政犯)因所蕴含的伦理道德不突出、不明显,而在罪状规制方面需要更加详尽的法律规定,在司法适用时需要严格按法律规定作文理解释,不宜作国民难以理解和预测的不利解释。非法持有枪支罪就是典型的例证。而自然犯(刑事犯)因本身蕴含着显而易见的犯罪评价的伦理道德,在立法上只要作相对概括的规定,就可以为国民所理解和预测,就能实现立法规制的明确。故意杀人罪就是典型的例证。

同时,自然犯(刑事犯)与法定犯(行政犯)的区分具有一定的相对性,会因社会伦理道德标准的时代变化等因素而逐渐相互转化。在刑法典与附属刑法独立存在的国家,自然犯(刑事犯)通常被规定在刑法典中,这可维持刑法典的稳定性;法定犯(行政犯)通常被规定在附属刑法中,这可适应变化万千的行政等管理需要,确保刑法规范的适时性和灵活性。我国在刑法典外没有独立存在和可做裁判规范的附属刑法,因而所有法定犯都规定在刑法典或单行刑法中。

(二) 基本犯、加重犯与减轻犯

这是按同一罪名下的法定刑幅度设置情况所作的分类。这种分类,对正确定罪以及处理好定罪与量刑的关系[②],至关重要。其中,基本犯是指刑法分则条文规定的不具有法定加重或者减轻定罪情节与相应法定刑幅度的犯罪;加重犯是指刑法分则条文规定的具有法定加重定罪情节与相应法定刑幅度的犯罪;减轻犯是指刑法分则条文规定的具有法

---

① "自身恶"(mala in se)与"禁止恶"(mala prohibita),分别对应自然犯和法定犯。其中,"自身恶"的"恶"先于制定法而存在,制定法上的犯罪化仅仅是对其的认可和宣告;法定犯的"恶"依赖它在实定法上被禁止这一事实。张文,杜宇.自然犯、法定犯分类的理论反思.法学评论,2002(6):33.

② 定罪不是为了定罪而定罪,而是为了给量刑确定作为量刑起始标准的法定刑幅度。由此,定罪就不仅要定到罪名,而且要定到是基本犯还是加重犯或减轻犯,以为量刑确定好作为起始标准的法定刑幅度。

定减轻定罪情节与相应法定刑幅度的犯罪。例如，《刑法》第234条（故意伤害罪）规定的“故意伤害他人身体的”，是故意伤害罪的基本犯，立法为其配置了“处三年以下有期徒刑、拘役或者管制”的法定刑幅度；“犯前款罪，致人重伤的”，是故意伤害罪的第一档加重犯，立法为其配置了“三年以上十年以下有期徒刑”法定刑幅度；“致人死亡或者以特别残忍手段致人重伤造成严重残疾的”，是故意伤害罪的第二档加重犯，立法为其配置了“十年以上有期徒刑、无期徒刑或者死刑”的法定刑幅度。又如，《刑法》第232条（故意杀人罪）规定的“故意杀人的”，是故意杀人罪的基本犯，立法为其配置了“处死刑、无期徒刑或者十年以上有期徒刑”的法定刑幅度；“情节较轻的”，是故意杀人罪的减轻犯，立法为其配置了“三年以上十年以下有期徒刑”的法定刑幅度。

（三）身份犯与非身份犯

这是按是否要以特殊身份为犯罪主体成立要件所作的分类。这种分类对正确认定犯罪主体要件，以及正确处理犯罪主体与其他要件之间的关系、正确量刑，具有重要意义。所谓身份犯，是以特殊身份作为犯罪主体的要件要素的犯罪，如贪污罪、强奸罪；所谓非身份犯，是指不以特殊身份作为犯罪主体的要件要素的犯罪，如故意杀人罪。在身份犯的特殊身份作为犯罪主体要件要素的认定中，需要基于犯罪构成的有机整体性，借助其他犯罪构成要件。如对贪污罪的特殊犯罪主体认定，根据《刑法》第382条第1款的规定：“国家工作人员利用职务上的便利，侵吞、窃取、骗取或者以其他手段非法占有公共财物的，是贪污罪”，因此，需要行为主体“故意”（犯罪主观方面）“利用职务上的便利，侵吞、窃取、骗取或者以其他手段非法占有公共财物”（犯罪客观方面）且侵害了“职务的廉洁性”（犯罪客体），离开其中任何一个要件都难以成立这个特殊主体。

在非身份犯中，虽然不以特殊身份作为犯罪主体的要件要素，但是可能存在立法将特殊身份规定为量刑情节的情形，如我国《刑法》第243条第2款规定，“国家机关工作人员犯前款罪的，从重处罚”，其中的“国家机关工作人员诬告陷害他人”，就是“从重处罚”的法定量刑情节。对此，理论上将以上特殊身份作为犯罪构成要件要素的身份犯称为“真正身份犯”，将仅影响量刑轻重的特殊身份的犯罪称为“不真正身份犯”。这其实是对刑法关于定罪情节与量刑情节的认识误区。仅影响量刑轻重的特殊身份的犯罪，都是非身份犯，是非身份犯中因有特殊身份而影响量刑的情形。

（四）即成犯、状态犯、继续犯

这是按犯罪结果的发生与犯罪终了之间的关系所作的分类。这种分类是国内外刑法理论普遍认可的一种理论分类，对具体问题的类型化妥当解决以及对犯罪构成要件的正确理解与适用、证据的合理收集与证明，都具有重要意义。所谓即成犯，是指犯罪行为一旦完成则犯罪行为不再延续，不法状态也宣告结束的犯罪情形，如故意杀人罪，故意杀人行为一旦实施完成，故意杀人的行为和不法状态均告结束。所谓状态犯，是指犯罪行为终了后，危害结果继续存在的犯罪情形，如盗窃罪，盗窃行为终了后，通过盗窃行为所占有财物的不法状态仍将继续。所谓继续犯，是指犯罪行为和危害结果同时持续存在的犯罪情形，如非法拘禁罪，非法拘禁行为要成立犯罪一定是持续存在一定时间，在这个持续的时间阶段人身自由被非法限制的不法状态也在持续；又如非法持有枪支罪，非法持有枪支的行为与不法状态也是同时持续存在的。事实上，刑法上的侵犯人身自由犯罪（如非法拘禁罪、绑架罪等）和持有型犯罪（如持有假币罪、非法持有枪支罪等），都是继续犯。在继续犯中，只要犯罪行为没有结束一直在继续，中途加入进来的人可以成立共同犯罪。

（五）隔隙犯与非隔隙犯

这是以行为与结果之间是否有时间或者空间上距离为标准所作的分类。这种分类对正确理解和适用刑法关于空间效力、时间效力、追诉时效和对接程序法上的管辖等，具有重要意义。所谓隔隙犯，是指在实行行为与犯罪结果之间存在时间的、场所的间隔的犯罪，可分为隔时犯与隔地犯两种。例如，在A区车上投放炸弹在B区爆炸，在C国起飞的飞机上投放炸药在D国爆炸，犯罪行为与死亡结果之间存在场所间隔；甲在食物中投放毒药，乙吃过毒药后，5个小时后才死亡，犯罪行为与死亡结果之间存在时间差。所谓非隔隙犯，是指实行行为与犯罪结果之间没有时间、场所间隔的犯罪。对于隔隙犯，犯罪行为完成后，在犯罪结果出现之前实施中止行为防止既遂结果出现的，成立犯罪中止。

（六）重罪与轻罪

这是按犯罪行为的社会危害性大小或者应受刑罚轻重的不同所作的分类，是世界很多国家刑事立法和司法实践的通行做法。如法国，1810年《法国刑法典》将犯罪分为重罪、轻罪和违警罪三类，至今未曾改变。其中，犯罪当处无期徒刑或者终身拘押，或者当处30年、20年或15年有期徒刑或有期拘押刑的，为重罪；犯罪当处“矫正刑”刑罚也即科处最高刑为10年监禁、罚金至少为25 000法郎刑罚的，为轻罪；特别法条规定，除累犯之情形外，对某一犯罪仅可处不超过10 000法郎的罚金的，为违警罪。如此划分，直接带来法院管辖、追诉时效、行刑时效、犯罪未遂认定、共犯处罚、预审程序适用、庭审辩论程序适用等的不同。又如德国，受1810年《法国刑法典》的影响，德国刑法原来在犯罪分类上也一直采取三分法，1975年刑法取消了违警罪，将违警行为以及其他违反秩序行为统一规定于《违反秩序法》中，自此德国刑法开始采用重罪和轻罪两分法。其中，重罪是指最低刑为1年以上的自由刑违法行为，轻罪是指最低刑为更轻微的自由刑或者罚金刑的违法行为。再如意大利，《意大利刑法》将犯罪分为重罪和违警罪。根据《意大利刑法》第39条规定，法定刑为无期徒刑、有期徒刑或罚金的犯罪是重罪，法定刑为拘役或罚款的犯罪则为违警罪。《意大利刑法》规定重罪只能由故意构成；而违警罪则无论故意、过失均能构成。还如俄罗斯，现行俄罗斯刑法规定，依照行为性质和社会危害性的程度，犯罪分为轻罪、中等严重的犯罪、严重犯罪和特别严重的犯罪。轻罪是指刑法规定的最高刑罚不超过2年剥夺自由的行为，中等严重的犯罪是指刑法规定的最高刑罚不超过5年剥夺自由的行为，严重犯罪是指刑法规定的最高刑罚不超过10年剥夺自由的行为，特别严重的犯罪是指刑法规定的最高刑罚超过10年剥夺自由或更严重的行为。其中，轻罪、中等严重犯罪和严重犯罪均可由故意和过失构成，特别严重的犯罪只有故意才能构成。

我国刑法立法上没有明确的重罪与轻罪划分。根据我国《刑法》第7条、第8条、第17条、第72条等的有关规定，实践中一般将“三年有期徒刑”作为区分轻罪和重罪的标准，即应当判处的刑罚为3年以上有期徒刑的犯罪为重罪，应当判处不满3年有期徒刑的为轻罪。如此分类，对正确适用《刑法》第 7 条关于属人原则（按本法规定最高刑为 3 年以下有期徒刑的，可以不予追究）、第 8 条关于保护原则（按本法规定最低刑为 3 年以上有期徒刑的，可以适用本法）的刑事管辖权，有一定意义。

（七）国事罪、国防军事罪与普通罪

这是按犯罪是否危害国家政权、社会制度与安全、国家国防军事利益所作的划分。所谓国事罪，是指危害国家政权、社会制度与安全的犯罪，我国《刑法》分则规定的十章犯罪中的第一章“危害国家安全罪”属于本类罪。所谓国防军事罪，是指危害国家国防军事利益的犯罪，我国《刑法》分则规定的十类犯罪中的第七章“危害国防利益罪”和第十章“军人违反职责罪”属于本类罪。所谓普通罪，是指危害国家政权、社会制度与安全、国家国防军事利益以外的犯罪，我国《刑法》分则规定的十类犯罪中的第一章“危害国家安全罪”、第七章“危害国防利益罪”和第十章“军人违反职责罪”以外的犯罪属于本类罪。这个分类，对凸显刑法保护国家政权、社会制度与安全、国家国防军事利益的特殊地位与重要性，对接相应刑事诉讼程序等，具有重要意义。

（八）亲告罪与非亲告罪

这是按是否需要告诉才处理所作的分类。这种分类对如何提起刑事诉讼具有重要意义。所谓亲告罪，是指只有被害人告诉，司法机关才处理的犯罪；所谓非亲告罪，是指不允许当事人私下和解，国家（检察机关）应提起公诉的犯罪。我国现行刑法中规定的亲告罪包括：(1) 侮辱罪（《刑法》第 246 条，严重危害社会秩序和国家利益的除外）；(2) 诽谤罪（《刑法》第 246 条，严重危害社会秩序和国家利益的除外）；(3) 暴力干涉婚姻自由罪（《刑法》第 257 条，致被害人死亡的除外）；(4) 虐待罪（《刑法》第 260 条，被害人没有能力告诉或者因受到强制、威吓无法告诉的和致被害人重伤、死亡的除外）；(5) 侵占罪（《刑法》第 270 条）。

对于亲告罪，需重点注意：一是亲告罪的“告诉才处理”只是原则。按照《刑法》第 98 条规定，如果被害人因受强制、威吓无法告诉的，人民检察院和被害人的近亲属也可以告诉。二是亲告罪不等同于自诉案件。自诉案件的范围要广于亲告罪，亲告罪中如果被害人无法告诉，也可能转为公诉案件。三是亲告罪的当事人双方是可以和解的。刑法规定亲告罪的原因在于，这种犯罪比较轻微，往往发生在亲属、邻居、同事之间，或涉及被害人的名誉，任意提起诉讼可能损害被害人的名誉。基于如此立法背景，在处理亲告罪时并非一定要给予定罪处刑，在符合当事人双方意愿的情况下是可以和解的。

第二节　犯罪构成与犯罪成立评价体系

一、犯罪构成的基本理论概述

（一）犯罪构成的概念与特征

犯罪构成是指刑法规定的，决定某一行为构成犯罪所必须具备的各要件的有机整体。从现代刑法理论来看，它具有如下三个基本特征。

1. 整体性

所谓犯罪构成的整体性，是指犯罪构成要件所组成的有机体系以及内在有机统一关系。一方面，它要求在数量上，犯罪构成不是只由单个主观或客观要件构成，需包含一系列要件。如四要件犯罪构成包括犯罪客体、犯罪客观方面、犯罪主体、犯罪主观方面，三阶层犯罪构成包括构成要件符合性[①]、违法性、有责性，双层次犯罪构成包括犯罪本体要件、责任充足条件。这些要件在数量上以满足犯罪构成体系化评价的各方面需要为限。另一方面，它要求在构造上，犯罪构成是形式与实质的有机整体，不是几个要件的简单相加。例如，对甲故意刺死乙的行为，若不基于形式与实质的有机统一评价，就难以作出确定性判断。这表现在，该行为既可认定为故意杀人罪，也可能因是正当防卫、依法现场击毙、依法执行枪决等而不构成犯罪，还可能因犯罪客体而成立危害公共安全的犯罪或抢劫罪或绑架罪或强奸罪等。然而，将犯罪构成理解为构成要件的"有机整体"而非"总和"，也就是基于形式与实质的有机整体性，将其中每个要件放在犯罪构成体系中结合其他要件予以分析判断，就可以很好地作出确定性的分析判断。例如，考察合同制民警是否为玩忽职守罪的犯罪主体，就需要同时考察行为人实施的行为（犯罪客观方面），是不是在依法依规履行国家机关工作人员的职权职责（犯罪客观方面），是否侵害了国家机关的正常管理秩序（犯罪客体），是不是基于犯罪故意或过失实施（犯罪主观方面），就可以确定地判断出，合同制民警虽然不具有国家机关工作人员身份，但其在依法依规履行国家机关工作人员职权职责过程中，故意或过失实施的玩忽职守行为，侵害了国家机关的正常管理秩序，成为玩忽职守罪的犯罪主体。

2. 抽象性

所谓犯罪构成的抽象性，是指犯罪构成相对于各具体犯罪来说所具有的共同性。这是指立法者将某个成立犯罪的行为所需达到的社会危害性及其外化表现予以类型化，并规定在刑法中作为刑法分则罪名的特别罪状，连同刑法中的其他相关规定，形成具有广泛适用性的抽象个罪的犯罪构成要件。例如，为了遏制"飙车""醉驾"等带来的恶性事故，加强对人民的保护，立法机关在 2011 年《刑法修正案（八）》中，将在道路上的"飙车""醉驾"行为入刑，并根据它们的社会危害性程度，分别在刑法中类型化为情节犯（以"情节恶劣"为入罪门槛）和行为犯（抽象危险犯）的客观方面要件（特别罪状）、危害公共交通安全的犯罪客体、年满 16 周岁的犯罪主体和故意的犯罪主观方面。这些犯罪构成要件被抽象和写入刑法规范后，就成为普遍适用于所有符合这些构成要件的行为。这样，立法层面上的犯罪构成，只是针对抽象个罪设置的相对普遍适用的方法论模型与法律标准；在实务适用中，需要基于个案犯罪事实所转化的定罪情节予以具体评价。

3. 法定性

所谓犯罪构成的法定性，是指犯罪构成及其要件都必须有相应的法律规定。这是罪刑法定原则的要求和体现。法定性表现在，犯罪构成及其要件不仅都由刑法总则和分则

① 刑法理论上通常将其翻译为"该当性"，我国著名刑法学家、武汉大学马克昌教授主张翻译为"符合性"。本书对此不加区分，作为通用概念。

所共同规定，而且必须是本国的刑法规定。这样，虽然不同方法论模型的犯罪构成在抽象要件要素上可能相同或相通（如都有故意、过失、行为等要件要素），但是因为各自基于的国家法律体系（如刑法与相关法的关系）和刑法关于犯罪构成的设置（如犯罪故意、过失、共同犯罪等）不同，犯罪构成的方法论模型具有鲜明的本土性。忽视犯罪构成的这个本土性，生搬硬套域外犯罪构成理论，并以此解释我国如何定罪，必定导致法律适用的混乱。例如，与德国、日本刑法不同的是，我国《刑法》第 1 条、第 2 条、第 13 条和刑法分则的相应类罪规定、犯罪对象等中规定了相应犯罪的犯罪客体要件，第 13 条和分则的相应犯罪罪状中规定了犯罪客观方面要件，第 17～19 条和分则的相应犯罪罪状中规定了犯罪主体要件，第 14～16 条和分则的相应犯罪罪状中规定了犯罪的主观方面要件。

（二）犯罪构成的发展历程

在语源上，犯罪构成理论来自大陆法系。但其用语不叫“犯罪构成”，而叫“犯罪成立”。大陆法系国家刑法理论普遍认为，犯罪成立必须具备三个要件：构成要件符合性、违法性和有责性。据考证，大陆法系的犯罪构成理论（犯罪成立理论）最早源于中世纪意大利的诉讼程序中，于 18 世纪传到德国，被称为“Tatbestand”（构成要件），在诉讼法意义上被采用。在 19 世纪初，德国刑法学家费尔巴哈（A. Feuerbach）将其用到实体法中作为刑法分则上的犯罪成立条件，提出其是违法行为中所包含的各个行为或事实的诸要件的总和，是适用刑罚的前提条件。在 20 世纪初，德国刑法学者贝林格（E. Beling）在其提出的构成要件理论中，将刑法分则与总则的特殊构成要件概念化，认为犯罪是符合构成要件的、违法的、有责任的并对此有适合的处罚规定和满足处罚条件的行为，其中，构成要件的符合性（该当性）是犯罪成立的第一要件，同时犯罪还必须具备违法性及有责任诸要件。在 20 世纪 20 年代，德国的刑法学者麦兹格（Edmund Mezger）又对其作广义和狭义之划分，认为狭义的构成要件，是指构成特定种类犯罪的要素，即构成要件的符合性（该当性），包括行为及其侵害法益的结果，行为与结果之间的因果关系等客观的违法要素，不包含故意与过失；认为广义的构成要件，是可罚行为的总体，也即成立犯罪的一切条件，既包括构成要件的符合性（该当性）要件，也包括违法性和有责性要件。在 20 世纪 30 年代，德国的里拉哈（Maurach）、韦尔策尔（Welzel）和日本的木村龟二等刑法学者，又以目的行为论为基础提出了新的犯罪构成要件理论，主张将故意与过失作为行为的主观要素纳入构成要件之内。综上，德国、日本刑法理论上并无“犯罪构成”的概念。[①] 其犯罪构成理论的核心概念“Tatbestand”的含义，只是狭义的“构成要件”与广义的“犯罪成立”，而狭义“构成要件”又只是广义“犯罪成立”（理论上通常称之为“犯罪论”）的第一个成立要件。[②]

“犯罪构成”，作为相当于德、日刑法理论中“犯罪的成立”的概念，来自苏联的刑法理论。苏联刑法理论在借鉴、吸收和批判大陆法系国家犯罪构成理论的基础上，在马克思列宁主义指导下，逐步构建起社会主义犯罪构成理论。如刑法学家 A. H. 特拉依宁

---

① 张明楷．刑法学：上．6 版．北京：法律出版社，2021：127.

② 肖中华．犯罪构成及其关系论．北京：中国人民大学，1999：13.

于1925年在《苏俄刑法教科书（分则）》中强调："有一条基本原则始终是不可动摇的，即行为只有符合分则罪状规定的犯罪构成才能受到刑事惩罚"[①]，而刑法学家A.A. 皮昂特科夫斯基具体提出，犯罪的基本条件为"一定的犯罪主体""一定的犯罪客体""犯罪主体行为主观方面的一定特征""犯罪主体行为客观方面的一定特征"[②]。特拉伊宁教授在其于1946年出版的《犯罪构成的一般学说》中，将犯罪构成界定为"苏维埃刑法所规定的说明危害行为特征的诸要件的总和，包括犯罪客体、犯罪客观方面、犯罪主体和犯罪主观方面"。该界定成为社会主义国家犯罪构成理论构建的经典。[③]

新中国刑法的犯罪构成理论，是在批判和摆脱大陆法系国家刑法犯罪构成理论的基础上移植苏联刑法的犯罪构成理论创立的。[④] 一方面，这个理论，经由高铭暄教授等老一辈刑法学家内化到1979年《刑法》中，成为新中国刑法上犯罪成立和认定的基本条件与标准，从理论变为立法上的规范评价体系。另一方面，这个直接从苏联刑法理论与立法上承继而来的理论和规范评价体系，虽然或多或少受到了大陆法系刑法理论的影响，但因其具体基于的制度基础、法律制度体系及运行机理不同而与大陆法系犯罪构成论有着不同的构成要件设置。其中，专门设置了体现侵害社会整体利益的犯罪客体的犯罪成立实质性要件，并与其他形式性构成要件形成"你中有我、我中有你"的有机整体，从而能更好地符合哲学上形式与实质有机统一的内在关系原理，更加具有犯罪评价的科学性和实用性。如对于甲男故意使用毒药于乙女的行为，若在犯罪客体上只是为了报复而侵犯乙女的生命权或健康权，则成立的是故意杀人罪或故意伤害罪；若在犯罪客体上是为了劫财而同时侵犯了乙女的人身权和财产权，则成立的是抢劫罪；若在犯罪客体上是为了奸淫而同时侵犯乙女的生命健康权和性自主决定权，则成立的是强奸罪；若在犯罪客体上危害了公共安全，则成立的是投放危险物质罪。显然，不进行如此与其他要件关联的犯罪客体考察，难以作出以上清晰且准确的定罪。因此，我国现行的犯罪构成理论与规范评价体系，是由我国本土化现行刑法立法及其所依托的制度基础和马克思主义原理等所生成，既难以直接拿德国、日本的犯罪论体系替换，也不可离开我们本土化立法实际及制度基础等来另起构建。

二、犯罪构成的犯罪成立意义

犯罪构成在犯罪成立评价体系中的地位，取决于它与犯罪定义的对应关系，以及它是否具有定罪所需要的规范性。在我国，四要件犯罪构成因只对应犯罪定义所规定的部分成立条件，而只是犯罪成立的必要条件意义上的部分具体标准；同时，其因其有规范意义和理论意义之分而分别具有犯罪成立的规范评价功能和理论指导功能。

---

① A.A. 皮昂特科夫斯基，等．苏联刑法科学史．曹子丹，等译．北京：法律出版社，1984：39-40.

② A.A. 皮昂特科夫斯基，等．苏联刑法科学史．曹子丹，等译．北京：法律出版社，1984：40.

③ A.H. 特拉伊宁．犯罪构成的一般学说．王作富，译．北京：中国人民大学出版社，1953.

④ 构成，在作为汉语名词的词义上，是指结构，即各个组成部分的搭配和排列。法律意义上，作为外来语的犯罪构成（constitution of a crime），其翻译的汉语语义应是指刑法规定的，决定某一行为构成犯罪所必须具备的各要件的有机整体。现代汉语词典．珍藏版．北京：商务印书馆，2019：462，666.

（一）犯罪构成与犯罪定义的关系

犯罪构成与犯罪定义是既有联系又有区别的两个概念。理论上的通说认为，犯罪定义是犯罪构成的基础，犯罪构成是犯罪定义的具体化。犯罪定义回答什么是犯罪和犯罪有哪些基本属性的问题，犯罪构成则进一步回答犯罪是怎样成立的以及它的成立需要具备哪些法定条件。犯罪定义是从总体上划清罪与非罪的界限，而犯罪构成则是分清罪与非罪、此罪与彼罪界限的具体标准。[①] 其实，这只是理想状态下的犯罪构成与犯罪定义的相互关系。如此对相互关系的理解，并不符合我国刑法立法实际。

从我国的立法规定来看，犯罪定义与犯罪构成的对应关系具体表现为如下两个方面。

1. 犯罪定义中的严重社会危害性只是犯罪成立的基础条件

严重社会危害性既不是犯罪构成的某个要件，也不是仅对应犯罪构成的客体要件，而是对应犯罪构成的所有要件要素。犯罪构成的所有要件要素都是在体现或评价行为是否具有以及具有何种程度的社会危害性。

2. 四要件犯罪构成只对应犯罪定义的部分成立条件

据《刑法》第 13 条所规定的犯罪定义，犯罪成立的基本条件不仅有严重社会危害性和刑事违法性，还有应受刑罚处罚性。我国四要件的犯罪构成，实际上只对应了部分法律规定上的刑事违法性，并未对应犯罪成立的完全规范体系，只是犯罪成立的必要而非充分条件。1986 年新中国首起“安乐死”案的控审分歧与结果，就充分地表明了它们并非完全对应关系。这表现在，公诉机关基于四要件犯罪构成指控主治医生等故意杀人罪，法院按《刑法》关于犯罪定义的“情节显著轻微危害不大的，不认为是犯罪”规定宣告它们无罪。因此，犯罪成立的法律适用中，不仅要适用四要件犯罪构成所对应的法律规定，而且还要适用犯罪定义所对应的其他法律规定，否则，就会因法律适用不完整而出现冤假错案。

（二）规范上的犯罪构成是犯罪成立的部分评价标准

作为犯罪成立规范标准的犯罪构成，只能是规范意义上的犯罪构成。在应然层面上，规范上的犯罪构成本是犯罪成立的唯一法律标准，应能既合法又合理地评价某个行为的罪与非罪、此罪与彼罪、轻罪与重罪（基本犯、加重犯或减轻犯）、一罪与数罪，也就是：符合这个犯罪构成所对应的规定就成立犯罪，不符合就不成立犯罪；符合此罪犯罪构成所对应的规定就成立此罪，符合彼罪犯罪构成所对应的规定就成立彼罪；符合减轻犯犯罪构成所对应的规定就成立轻罪，符合加重犯犯罪构成所对应的规定就成立重罪；符合一个罪犯罪构成所对应的规定就成立一罪，符合数个罪犯罪构成所对应的规定就成立数罪。然而，四要件犯罪构成由于并没有完全对应犯罪定义三个犯罪成立条件的所有规定，因此只是用以评价犯罪成立的必要条件意义上的部分规范标准，不是犯罪成立的唯一法律标准。

（三）理论上的犯罪构成是犯罪成立的方法论模型

理论上的犯罪构成本身不是立法，只是犯罪成立评价时具有方法论意义的理论模型。

---

① 高铭暄，马克昌．刑法学．10 版．北京：北京大学出版社，高等教育出版社，2022：47；贾宇．刑法学：上册·总论．北京：高等教育出版社，2019：93.

虽然能为定罪提供思维方法，但不可以替代法律规范作为定罪的根据。这样，无论是大陆法系三阶层犯罪构成理论、英美法系双层次犯罪构成理论，还是苏联耦合式犯罪构成理论，都不仅不能作为我国定罪的根据，而且因为它们不契合我国刑法立法及国家法律体系而应慎重作为指导我国定罪法律适用的思维工具和理论指导。毕竟，刑法理论通常都是基于本国刑法立法、司法及本国的社会治理模式、国家政治、经济制度和文化传统等形成的，具有鲜明的本土性。至于我国的四要件犯罪构成理论，一方面，它本身不是规范，因而也不能作为定罪的规范根据；另一方面，它是我国现行刑法使用的方法论模型，因而具有如何理解和运用四要件犯罪构成的法律规定的理论指导功能。

三、犯罪构成的理论模型概览

在当今刑法理论上，具有代表性的犯罪构成的理论模型，主要是以德国、日本为代表的三阶层犯罪构成理论，以美国为代表的双层次犯罪构成理论和以苏联、中国为代表的四要件犯罪构成理论。

（一）三阶层犯罪构成理论

大陆法系刑法理论普遍认为，犯罪成立必须具备构成要件符合性、违法性和有责性三个要件，这就是所谓三阶层犯罪构成理论。在学术史上，自德国学者贝林和李斯特提出古典的三阶层犯罪论体系之后，德国、日本、意大利、西班牙、波兰、希腊学者以及中国部分学者主张的犯罪构成理论，都逐渐采用了相应形式的阶层体系。[①] 该理论的基本方法论逻辑是，一个行为构成犯罪，要依次经过构成要件符合性、违法性和有责性三个层级的判断，只有依次满足三个层级的判断，才能最终判定某行为构成犯罪。其中，构成要件符合要求行为同时符合客观构成要件（犯罪行为、危害结果、犯罪行为与危害结果间有因果关系）和主观构成要件（故意、过失）；违法性是第一个层次的排除性要件，即违法阻却事由，主要有正当防卫和紧急避险；有责性是第二个层次的排除性要件，即责任阻却事由，主要是判断犯罪人的刑事责任年龄、刑事责任能力和期待可能性。如此犯罪论理论，后来被部分学者改良为不法与有责两个层次。所谓不法，就是将三阶层犯罪构成中的构成要件符合性与违法性融合在一起，将构成要件与正当防卫或紧急避险的违法阻却事由作为一个有机整体来判断；所谓有责，就是原三阶层犯罪构成有责性的判断。

三阶层犯罪构成理论被认为是具有科学性和先进性的犯罪构成理论。这主要表现在：（1）三阶层犯罪构成体系与刑法三个基本原则相对应，表现在：构成要件符合性、违法性和有责性分别与罪刑法定主义、法益保护主义和责任主义相对应；从这些原则出发，分别可以推导出构成要件符合性即符合法律关于某犯罪构成要件的规定，防止刑罚权恣意发动，满足罪刑法定主义的人权保障要求，可以使违法性的正当权益保护得到解释，可以推导出有责性，以判断是否有责任。（2）三阶层体系的阶层性。这表现在，三阶层体系对是否构成犯罪的判断，是由形式（构成要件符合性，外部）到实质（违法性、有

① 陈兴良．三阶层犯罪论属于典型的位阶体系．检察日报，2018－02－01（3）．

责性，内部），由抽象（构成要件符合性，一般、定型）到具体（违法性、有责性，个别、定型），由客观（构成要件符合性、违法性）到主观（有责性）的逐层递进和顺序绝对不可颠倒的判断。

基于三阶层论的以上特点，我国部分学者认为三阶层犯罪构成体系更为合理，主张以三阶层体系取代四要件体系。不过，从构成要件的整体性特点和形式与实质关系原理来看，如此分层分步判断，其实并不切合实际，并不具有科学合理性毕竟，对犯罪成立评价体系中的任何要件，既不可能脱离其他要件作某个步骤的孤立评价，也不可能作形式与实质相割裂的片面评价。

（二）双层次犯罪构成理论

双层次犯罪构成理论是英美法系的代表性犯罪构成理论。在理论结构上，以犯罪本体要件，包括犯罪行为（犯罪行为、犯罪结果和犯罪情节等）和犯罪心态（蓄意、明知、轻率和疏忽），为第一层次；以责任充足条件，包括正当化事由（如正当防卫、紧急避难和警察圈套等）和可宽恕事由（如未成年、错误、精神病、被迫行为等），为第二层次。在逻辑结构上，要成立犯罪，除应具有犯罪本体要件外，还必须排除合法抗辩的可能，即具备责任充足条件。其中，犯罪本体要件的证明责任由控方承担，具体分析而言，基于“行为无罪，除非内心邪恶”的理念，除例外情况的严格责任情形外，控方承担证明被告人具有犯罪心态的证明责任。责任充足条件的证明责任由合法抗辩的被告人一方承担，其中，正当化事由因其行为在客观上是无害甚至有利于社会的和行为人在主观上通常能认识自己行为的性质，因而被告人一方通常承担较小的证明责任；可宽恕事由因其行为在客观上是有害于社会的，只是出于行为人主观上的原因才得到宽恕，且行为人一般不认识自己行为的性质，因而被告人一方通常承担较大的证明责任。①

以上情形表明，双层次犯罪构成理论体系有其科学性和合理性。不过，基于法律体系、诉讼模式等原因，它也不符合我国国情。一是不符合我国职权主义的刑事诉讼构造。在我国诉讼构造中，被告人原则上不负举证责任，若根据这个犯罪构成要求被告人承担抗辩事由的举证责任，对被告人来说是无法承受的重大负担。在这个意义上说，采用双层次犯罪构成理论，既不利于保护人权，也难以保证程序公正。二是不符合我国法院追求实体真实的司法传统。在我国刑事诉讼中，法院必须忠于事实真相，案件事实并不完全取决于控辩双方的举证、质证和辩论。如果采用双层次犯罪构成理论，在现有条件下，检察机关难以胜任履行指控犯罪的证明责任，既不利于有效惩罚犯罪，也不利于实现案件处理的实体公正。

（三）四要件犯罪构成理论

这是我国自 1979 年《刑法》颁布以来基于本国刑法立法所形成的犯罪构成理论模型。据此理论，判断一个行为是否构成犯罪要看该行为是否符合犯罪客体、犯罪客观方面、犯罪主体和犯罪主观方面四个要件，它们没有逻辑判断上的先后之分，一个行为只有同时满足这四个方面才构成犯罪。其中，犯罪客体是刑法所保护而被犯罪行为所侵害

---

① 储槐植．美国刑法．北京：北京大学出版社，2005：65；周光权．犯罪论体系的改造．北京：中国法制出版社，2009：27－30.

的社会关系，属于与其他三个要件相互照应的实质要件。犯罪的客观方面是行为主体针对犯罪对象实施的犯罪行为及其危害结果等具体表现，是行为人犯罪意图（故意或过失）及其危害的客观外在表现。犯罪主体是基于故意或过失实施犯罪行为的自然人或单位（法人），既是犯罪行为的实施者也是刑事责任的承担者。犯罪的主观方面是犯罪主体对其实施的犯罪行为及其结果所具有的故意或过失的心理状态，是支配犯罪行为实施及其导致相应结果的意识与意志因素，也是行为人是否具有主观恶性及其大小的最直接体现，在犯罪行为的发动、危害结果的造就、社会危害性的体现、人身危险性的彰显和犯罪性质的判断中，都具有主导作用。

随着我国学者对域外犯罪构成理论的广泛关注与深入研究，以上四要件犯罪构成论的合理性和科学性受到了质疑与批判。这主要表现在：一是某些情形下的定罪结论不甚合理。如认为 15 周岁的人在盗窃时胁迫 17 周岁的人为其望风情形中，按四要件犯罪构成，因实行犯（大陆法系理论称之为“正犯”）不构成犯罪，故无法对从犯（大陆法系理论称之为“共犯”）定罪。二是按四要件犯罪构成容易得出有罪结论。四要件犯罪构成的要件是“一存俱存”关系，在实务中不是首先考虑在客观上是否有犯罪行为，而是根据最表明犯罪的那个要件（如杀人故意）即得出有罪的结论。三是四要件的逻辑规则不科学。四要件犯罪构成体系和三阶层犯罪论体系的基本要素都是相通的，它们的根本区别与优劣之分在于，在定罪中对这些要素是否按客观判断先于主观判断、形式判断先于实质判断、类型判断先于个别判断的基本逻辑规则来进行，四要件犯罪构成因未按这个逻辑规则认定犯罪而难以保证定罪结果的正确。

不过，以上对四要件的批判，也存在如下问题：其一，用大陆法系刑法理论分析我国如何定罪会导致错误的法律适用。比如，以 15 周岁的人在盗窃时胁迫 17 周岁的人为其望风为批判四要件不合理的例子，既然实行犯（正犯）不构成犯罪就意味着本案不是共同犯罪，那么就不能把本案放在共同犯罪的法律框架中来分析。只要直接按盗窃罪法律规定评价 17 周岁的人的盗窃行为（望风是盗窃行为的组成部分），就可以对其作出盗窃罪的定性认定。其二，以一个要件替代犯罪构成要件体系的做法并不符合司法实际。例如，对哥哥给弟弟买容易出事故航班的机票，期望弟弟在坠机事故中死亡的教学案例，若司法实践是用四要件犯罪构成体系而不是一个主观要件去评价哥哥的行为，则不可能作出哥哥的行为成立故意杀人罪的判断。其三，主张客观判断先于主观判断、形式判断先于实质判断、类型判断先于个别判断的逻辑判断规则，不仅对于实践来说过于理想化，而且也不符合客观与主观、形式与实质、类型与个别的有机统一关系原理。

综上，四要件犯罪构成理论在对接犯罪定义所确定的犯罪成立评价体系上，确实存在不能完全对应的突出问题。然而，因为它对应了自 1979 年《刑法》以来的刑法立法关于犯罪构成四个要件及其要件要素的全部法律规定，而不可简单地被废止或被替换。理性的做法是，基于立法和现有的理论实际，将“犯罪构成”与“犯罪成立”作为两个不同的法律意义上的概念。其中，“犯罪构成”只是对应四个要件及其要件要素的法律规定体系，而“犯罪成立”是对应犯罪定义及其要件要素的完整法律评价体系。在实务中，既要作“犯罪构成”是否符合的法律体系梳理，又要作“犯罪成立”与否的完整规范体系评价。

四、犯罪构成的分类及其意义

犯罪构成作为犯罪成立的评价标准，是对应和支撑犯罪认定的。由此，犯罪构成的分类通常应根据法律适用需要或相应犯罪分类而作出。这些分类对正确把握犯罪构成及其法律适用，具有重要意义。

（一）基本的犯罪构成与修正的犯罪构成

这是按犯罪构成形态的不同所作的分类，是正确处理刑法总则与分则法律适用关系的关键。所谓基本的犯罪构成，是指刑法条文就某一犯罪的基本形态即单个主体、单个行为和既遂状态所规定的犯罪构成；所谓修正的犯罪构成，是指对基本的犯罪构成的主体人数、既遂状态和行为个数予以修改、变更所形成的犯罪构成。从我国刑法的规定来看，刑法分则关于抽象个罪的规定，除必要共同犯罪外，其他的都是按基本的犯罪构成，即单个主体、单个行为和既遂状态所规定的。达到《刑法》第 13 条规定的社会危害性、刑事违法性和应受刑罚处罚性的行为，虽然不符合基本的犯罪构成，但因其社会危害性和应受刑罚处罚性程度也可能应认定为犯罪，由此，就有了修正的犯罪构成。例如，共同犯罪是对单个犯罪主体的修正，预备犯、未遂犯、中止犯是对犯罪既遂状态的修正。这样，对于基本的犯罪构成，在认定犯罪时，直接按刑法分则罪名中规定的要件（罪状），结合刑法总则关于犯罪主体、犯罪主观方面、犯罪定义等的规定，进行法律适用即可；对于修正的犯罪构成，在认定犯罪时，除要基于刑法分则关于某个罪名及其具体犯罪形态规定外，还要结合刑法总则关于共同犯罪、未完成形态的规定，以及刑法总则其他关于犯罪主体、犯罪主观方面、犯罪定义等的规定，进行法律适用。

（二）普通的犯罪构成、加重的犯罪构成和减轻的犯罪构成

这是根据刑法规定的不同形态犯罪对应的犯罪构成所作的分类，是落实有基本犯、加重犯、减轻犯的轻罪与重罪分类的犯罪法律适用的关键。普通的犯罪构成是指犯罪的基本犯所需符合的犯罪构成，加重的犯罪构成是指犯罪的加重犯所需符合的犯罪构成，减轻的犯罪构成是指犯罪的减轻犯所需符合的犯罪构成。例如，根据《刑法》第 234 条及其他关于故意伤害罪的规定，对应和支撑本罪基本犯（法定刑幅度为“三年以下有期徒刑、拘役或者管制”）的犯罪构成为普通的犯罪构成，其犯罪客体为他人的健康权，犯罪客观方面为“故意伤害他人身体”，犯罪主体为年满 16 周岁、具有刑事责任能力的自然人，犯罪主观方面为故意；对应和支撑本罪第一档加重犯（法定刑幅度为“三年以上十年以下有期徒刑”）的犯罪构成为加重的犯罪构成，其犯罪客体为他人的健康权，犯罪客观方面为“犯前款罪（故意伤害他人身体），致人重伤”，犯罪主体为年满 14 周岁、具有刑事责任能力的自然人，犯罪主观方面为故意；对应和支撑本罪第二档加重犯（法定刑幅度为“十年以上有期徒刑、无期徒刑或者死刑”）的犯罪构成也为加重的犯罪构成，其犯罪客体为他人的健康权，犯罪客观方面为“（故意伤害他人身体）致人死亡或者以特别残忍手段致人重伤造成严重残疾”，犯罪主体通常为年满 14 周岁（情节恶劣时为 12 周

岁）、具有刑事责任能力的自然人，犯罪主观方面为故意。又如，根据《刑法》第 232 条及其他关于故意杀人罪的规定，对应和支撑本罪基本犯（法定刑幅度为“死刑、无期徒刑或者十年以上有期徒刑”）的犯罪构成为普通的犯罪构成，其犯罪客体为他人的生命权，犯罪客观方面为“故意杀人”，犯罪主体为年满 12 周岁、具有刑事责任能力的自然人，犯罪主观方面为故意；对应和支撑本罪减轻犯（法定刑幅度为“三年以上十年以下有期徒刑”）的犯罪构成为减轻的犯罪构成，其犯罪客体为他人的生命权，犯罪客观方面为“（故意杀人）情节较轻”，犯罪主体为年满 14 周岁、具有刑事责任能力的自然人，犯罪主观方面为故意。

既然犯罪构成是对应和支撑犯罪形态的，那么除了符合罪数形态通行规则，通常应是符合几个犯罪构成就定几个犯罪。而且，基于定罪与量刑的关系，定罪要确定具体的犯罪是基本犯还是加重犯或减轻犯，从而为其确定作为量刑起始标准的法定刑幅度。这样，在行为人以 A 行为实现了普通犯罪构成，又以 B 行为实现了加重犯罪构成时，就要既认定该罪名的基本犯又要认定其加重犯，例如，甲实施了一次拦路抢劫和一次入户抢劫，两个行为分别符合了一个普通的犯罪构成与一个加重的犯罪构成，应当分别认定为抢劫罪的基本犯和加重犯，最终应按吸收犯以抢劫罪的加重犯从重处罚。

（三）完结的犯罪构成与待补充的犯罪构成

这是按犯罪构成在刑法中表述状况的不同所作的分类，是根据犯罪构成进行相对完整和正确法律适用的关键。完结的犯罪构成，是指刑法完整地规定了所有要件的犯罪构成；待补充的犯罪构成，指刑法仅规定了部分要件，其他要件需要法官适用时进行补充。这一分类的意义在于：当刑法规定了完结的犯罪构成时，司法工作人员应严格依法适用，不得附加或减少要件；当刑法规定了待补充的犯罪构成时，司法工作人员应依照法律的相关规定补充构成要件。至于刑法规定的犯罪构成究竟是完结的犯罪构成还是待补充的犯罪构成，需要根据犯罪行为的性质、犯罪之间的关系等进行识别。

如此分类后，又可以按刑法分则罪名的罪状类型（叙明罪状与空白罪状）及其法律适用要求不同，进一步分为叙述的犯罪构成与空白的犯罪构成。前者指刑法条文用简单或详细的方式完整描述了该犯罪事实特征的犯罪构成，后者指需援引其他法律规范来加以说明的犯罪构成。

（四）单一的犯罪构成与复杂的犯罪构成

这是按犯罪构成的内部结构不同所作的分类，是根据犯罪构成的内部构建进行相应法律适用的关键。单一的犯罪构成，是刑法规定的犯罪构成中只含单一行为、单一主体、单一罪过形式、单一犯罪客体，不存在复合或选择情况的犯罪构成；复杂的犯罪构成是刑法规定的要件内容可供选择或互有重叠，具体包括选择的犯罪构成和重叠的犯罪构成两种具体情况。选择的犯罪构成，是指刑法分则规定了两种以上行为、对象、主体等，只要具体事实符合其中之一，便成立犯罪，如《刑法》第 305 条关于伪证罪的罪状规定，“在刑事诉讼中，证人、鉴定人、记录人、翻译人对与案件有重要关系的情节，故意作虚假证明、鉴定、记录、翻译，意图陷害他人或者隐匿罪证的”，就是这种情况。重叠的犯罪构成是指犯罪构成中的一些要件既非单一要件也非选择要件，而是必须同时具备的情形，具体包括侵犯了复杂客体的犯罪、包含着两种以上客观行为的犯罪和具有两个以上罪过的犯罪三种情况。

五、犯罪构成要件的内容、功能与排序

（一）犯罪构成要件的内容

犯罪构成虽然是评价体系，但任何犯罪构成都是由相应的要件构成的。所谓构成要件，是指刑法规定的决定行为构成犯罪所必须具备的法定条件。这些条件包括哪些以及它们在犯罪成立评价体系中的地位如何，取决于立法者对同类案件的类型化抽象与法定化设置。按在犯罪成立中的位阶不同，可以将犯罪构成要件划分为基本的犯罪构成要件与具体的犯罪构成要件。

基本的犯罪构成要件是犯罪成立评价体系中的总体评价要件，是所有犯罪成立都必须具备的一般性构成要件。在三阶层犯罪构成体系中，有犯罪构成要件的符合性、违法性和有责性三个基本犯罪构成要件。在双层次犯罪构成体系中，有犯罪本体要件（实体意义上的犯罪要件）和责任充足要件（或称抗辩事由，诉讼意义上的犯罪要件）两个基本犯罪构成要件。在四要件犯罪构成体系中，有犯罪客体、犯罪客观方面、犯罪主体和犯罪主观方面四个基本犯罪构成要件。

具体的犯罪构成要件是犯罪成立评价体系中基本构成要件下的具体评价要件，既包括基本构成要件中所有犯罪成立必须具备的必要要件，也包括基本构成要件中某些犯罪成立必须具备的选择要件。这些具体评价犯罪基本构成要件的方面，在理论上通常称为犯罪构成的要件要素，如：三阶层犯罪构成体系中位于犯罪构成要件符合性的行为、行为主体、行为结果、行为客体、行为状况等客观要素和故意、过失、目的、倾向等主观要素，位于违法性的正当防卫、紧急避险等违法阻却要素和位于有责性的故意、过失、责任能力、违法性的意识和期待可能性等责任阻却要素；双层次犯罪构成体系中位于犯罪本体要件的犯罪行为、犯罪结果和犯罪情节等客观要件要素和蓄意（intention）、明知（knowingly）、轻率（recklessly）、疏忽（negligence）等主观要素，位于责任充足要件的未成年、错误、精神病、醉态、胁迫、圈套、安乐死、正当防卫、紧急避难等合法抗辩事由；四要件犯罪构成体系中位于犯罪客体的国家安全、人民民主专政的政权、社会主义制度、公共安全、社会主义市场经济秩序、人身权利、民主权利、财产权利、社会秩序、经济秩序等要件要素，位于犯罪客观方面的危害行为、危害结果、犯罪对象、犯罪的时间和方法，位于犯罪主体的刑事责任能力、刑事责任年龄、生理状况等，位于犯罪主观方面的犯罪故意、犯罪过失、犯罪目的、犯罪动机等。

（二）犯罪构成要件的功能

虽然犯罪构成要件所反映的社会危害性或社会危险性大小会影响量刑，但是其在“要件”意义上是用来定罪的。在理论上和实践中，常常因忽视这个问题而陷于定罪要件（事实）与量刑因素（事实）间的理解与适用困境。

首先，犯罪构成要件是刑法立法上的设置。这是罪刑法定原则的要求和体现。只有刑法明确规定的犯罪成立条件才能成为犯罪构成要件。而某个犯罪需要哪些特征作为犯罪构成要件，是由立法者根据该罪的社会危害性及其外化特征予以设计，并通过刑法加

以规定的。这样，一方面，行为是否具备犯罪构成要件就意味着行为是否违反刑法，另一方面，犯罪构成要件本身不是理论的解释，而是法定的。

其次，犯罪构成要件要素在案件事实与相应法律规定对接后即表现为定罪情节。例如，甲用暴力抢劫了乙，在本案中会涉及大量的案件事实，其中的哪些事实可以用来定罪，取决于其是否符合刑法关于抢劫罪犯罪构成要件的规定。根据我国刑法的规定，抢劫罪的犯罪构成要件，包括抢劫行为所侵犯的财产权和人身权利、抢劫行为及其危害结果等。具有刑事责任能力的犯罪人和抢劫故意，具体到本案所对应评价的犯罪构成要件，涉及作为犯罪客体的乙的财产权和人身权利，作为犯罪客观方面的甲的暴力抢劫行为及其危害结果等，作为犯罪主体的具有刑事责任能力的甲和作为犯罪主观方面的抢劫故意。其实，在本案中还有很多案件事实，但因它们不是抢劫罪犯罪构成要件所对应的犯罪构成要件事实，而一般不能用作定罪根据（用于评价“应受刑罚处罚性”的除外），只能用作量刑根据和评价刑事责任大小及其实现方式的量刑事实，如抢劫犯是男是女，抢劫财物的对象是现款还是物品，抢劫行为实施的地点是在闹市区还是在偏僻的乡村，实施暴力时是赤手空拳还是使用了凶器，等等。

（三）犯罪构成要件的排序

犯罪构成各要件的有机整体性决定了犯罪构成要件是不存在排列和认定顺序的。虽然犯罪构成要件是相对独立地存在的，但它们之间的关系是相互关联并成为有机整体。这主要表现在，在内涵上所有的犯罪构成要件都是“你中有我、我中有你”，否则就不能称之为评价体系中的“要件”。虽然从解剖学上看，它们确实是相对独立的存在，但在系统论上，它们又不可能脱离其他要件而孤立地存在和发挥相应功能。这正如动力系统的零部件，在离开动力系统，离开动力系统中其他零部件的关联与支持时，不可能具有这个动力系统的“要件”功能。对于三阶层的构成要件，在离开违法性和有责性的情况下，其符合性只是符合了关于犯罪成立的部分法律规定，而不是评价该罪成立的规范评价体系的全部，不可能真正具有犯罪构成的“要件”功能。同样，在违法性与符合性或有责性不相对或不相关的情况下，谈何诸如正当防卫、紧急避险、责任能力、期待可能性等的评价？对于四要件的构成要件，其中的任何一个要件的界定与认定，在客观上都无法不关联其他要件而独立地存在并发挥评价功能。只有是“你中有我、我中有你”才能确定是这个体系中的要件，包括：只有是刑法所保护而为犯罪主体的犯罪行为所故意或过失侵犯的社会主义社会关系，才是“犯罪客体”；只有是刑法规定的，犯罪主体在故意或过失支配下针对犯罪对象所实施，并侵犯刑法所保护的相应社会关系的危害行为及其危害结果等客观外在表现才是“犯罪客观方面”；只有是刑法规定的，故意或过失实施了危害社会的行为，侵害了刑法所保护的社会关系和具有刑事责任能力的自然人或单位，才是“犯罪主体”；只有是刑法规定的，行为主体对自己行为及其所造成的危害结果（包括所侵害的社会关系）所持的心理态度，才是“犯罪主观方面”。因此，犯罪构成要件在用于犯罪认定与评价时，因是有机整体而不存在排列顺序和先评价和认定哪个要件问题。所有犯罪构成要件在用于规范评价时，虽然可以对其单独考察（作为要件的存在），但在发挥作用时一定是以“有机整体”方式出现的。

强调犯罪构成要件的顺序性必然带来实务上的悖论与理论上的争论不休。如对于三阶层犯罪构成理论的犯罪构成要件，通常认为是按“符合性→违法性→有责性”顺序排列的，也就是，三阶层的犯罪论体系中的三个要件存在这样一种逻辑上的位阶关系：首先必须要进行构成要件符当性的判断，只有在具备了构成要件符当性的基础之上，再来作违法性判断，在具备了违法性以后，再来作有责性的判断，只有三个要件同时具备，最后才得出一个行为构成犯罪或者不构成犯罪的结论。双层次犯罪构成的犯罪构成体系，具有双层次性的特点。英美刑法的犯罪构成分为实际意义上的犯罪要件和诉讼意义上的犯罪要件。一般认为，实际意义上的犯罪要件即犯罪本体要件，包括犯罪行为和犯罪意图，为第一层次；犯罪定义之外的责任充足要件（或称抗辩事由）是诉讼意义上的犯罪要件，为第二层次。由于这种构成要件具有双层次的逻辑结构，因而我们称之为双层次犯罪构成体系。对于四要件犯罪构成理论中的犯罪构成要件，通说认为是根据认定犯罪的过程，按“犯罪客体→犯罪客观方面→犯罪主体→犯罪主观方面”顺序排列。除此之外，还有的认为是根据罪过的外化、主体对客体侵害的过程，按“犯罪主体→犯罪主观方面→犯罪客观方面→犯罪客体”顺序排列，或者认为是根据行为人人身危险性的外化过程，按“犯罪主体→犯罪客体→犯罪主观方面→犯罪客观方面”顺序排列。①

显然，以上理论观点是违背哲学上的系统论原理和犯罪构成的整体性本质的。如大陆法系的三阶层犯罪论体系的所谓阶层递进式判断与认定，包括主张的“客观判断先于主观判断”“形式判断先于实质判断”“类型判断先于个别判断”的顺序判断与认定原则，都是违背马克思主义哲学关于客观与主观的有机统一、形式与实质的有机统一和类型与个别相辅相成等原理与常识的。在实务中，不可能“先来考察有没有杀人行为，有了杀人行为以后再来考虑有没有杀人故意”，毕竟离开“杀人故意”是无法判断这个行为是不是刑法意义上的“杀人”行为。正因为如此，理论上必然争论不休。究其实质，如此之类的观点，其实是对犯罪构成要件内在关系的盲人摸象式认知，都是片面的。无论是哪种犯罪构成理论，其犯罪构成要件都是不存在排列和认定顺序的。

所涉法律条文及司法文件

1.《刑法》第13条

2.《最高人民法院关于贯彻宽严相济刑事政策的若干意见》

代表性文献推荐

1. 王牧．犯罪概念：刑法之内与刑法之外．法学研究，2007（2）．

① 赵秉志，吴振兴．刑法学通论．北京：高等教育出版社，1993：84.

2. 储槐植．我国刑法中犯罪概念的定量因素．法学研究，1988（2）．
3. 李邦宁．“社会危险性”一语不能说明犯罪的本质特征．法学研究，1956（6）．
4. 陈忠林．应受刑罚惩罚性是犯罪的本质特征．现代法学，1986（2）．
5. 张明楷．犯罪概念探讨．法学研究，1989（3）．
6. 夏勇．犯罪本质特征新论．法学研究，2001（6）．
7. 阮齐林．中国刑法学犯罪论体系之完善．法学研究，2013（1）．
8. 王志远．犯罪成立理论原理：前序性研究．北京：中国方正出版社，2005．
9. 车浩．阶层犯罪论的构造．北京：法律出版社，2017．
10. 马荣春．重拾四要件犯罪构成：从可取性到核心重申．河南警察学院学报，2023（1）．
11. 黄明儒．为我国四要件犯罪构成理论辩护：以共犯论为视角．法商研究，2021（6）．
12. 杨兴培．“三阶层”犯罪结构模式的中国语境批判．东方法学，2021（2）．
13. 周光权．犯罪构成要件理论的论争及其长远影响．政治与法律，2017（3）．
14. 刘艳红．入出罪走向出罪：刑法犯罪概念的功能转换．政法论坛，2017（5）．

思考题

1. 到底何为“犯罪”？三种类型犯罪概念的含义分别是什么？我国刑法的犯罪定义有何突出特点？

2. 根据我国刑法的犯罪定义规定，犯罪有哪些基本特征？它们的切入点分别是什么？它们之间是什么关系？何为犯罪的本质特征？

3. 什么是社会危害性？只有犯罪行为才有社会危害性吗？什么样的社会危害性是犯罪的社会危害性？具有“严重的社会危害性”就一定是犯罪吗？它在我国刑法总则中是如何体现的？有哪些外在表现？如何理解社会危害性、刑法上的社会危害性和犯罪的社会危害性的异同？

4. 什么是刑事违法性？它在刑法立法上是如何体现的？它与大陆法系刑法理论上的“违法性”是否是一回事？如何理解“刑事违法性意味着犯罪的社会危害性是相对的”？

5. 什么是应受刑罚处罚性？它是否有规范评价价值？它是否只是社会危害性、刑事违法性的“派生特征”？刑罚一定是犯罪的法律后果吗？“应不应受刑罚处罚”与“需不需要给予刑罚处罚”有何异同？

6. 对犯罪可以作哪些分类？各类犯罪的分类标准分别是什么？如何借助这些标准界分和把握这些犯罪种类？

7. 犯罪构成的性质与功能是什么？典型的犯罪构成理论模型有哪些？它们各有什么样的特点与不足？

8. 四要件犯罪构成是否是犯罪成立的完整评价体系？它与犯罪定义是什么关系？它与犯罪成立的评价体系是什么关系？作为方法论，其在实践中怎么样适用才能确保定罪既合法又合理？

9. 如何理解犯罪构成与犯罪构成要件的关系？犯罪构成要件是否该有排列顺序？为什么？

10. 各犯罪构成分类的标准分别是什么？对犯罪构成分别作这些分类的功能或价值何在？

第六章
犯罪客体

内容导读

在四要件和三阶层犯罪构成体系中，犯罪客体/法益的体系地位是不同的，四要件犯罪构成体系中，犯罪客体是四大要件之一，在三阶层犯罪构成体系中，法益并不是犯罪构成要件，而是为立法提供正当性根据和指导犯罪构成的解释的要素。犯罪客体存在一般客体、同类客体、直接客体三个层级，三个层级的犯罪客体在犯罪认定过程中的地位和功能并不相同，其中对于具体犯罪认定影响最大的是直接客体。刑法条文中并未明确指出每个具体犯罪的直接客体是什么，各个犯罪直接客体的确认，需要基于其与一般客体和同类客体的关系以及包括犯罪对象在内的所有犯罪构成要件予以综合考察。

第一节　犯罪客体概说

一、犯罪客体的概念

在四要件的犯罪构成体系中，犯罪客体被认为是成立犯罪所必不可少的要件之一。根据通说，犯罪客体是我国刑法所保护的、为犯罪行为所侵害的社会关系。

社会关系是人们在共同生产、生活中形成的相互关系，包括物质关系（经济基础）和思想关系（上层建筑）。社会关系是由政治、经济、法律、历史传统、伦理道德等多种元素共同决定的。总体来看，社会关系不外乎国家与公民的关系、社会与公民的关系、公民与公民的关系，具体来说，则可能体现为政治关系、公共关系、财产关系、人身关系、婚姻家庭关系等。之所以说犯罪是对某种客体的侵害，是因为一个社会形态中总有理想的社会关系，而犯罪则对理想的社会关系造成了破坏。比如，不侵夺他人的财产是一种理想的社会关系，而盗窃罪则是对这一理想社会关系的破坏；又如，不侵害他人生命是一种理想的社会关系，而故意杀人罪则是对这一理想社会关系的破坏；再如，廉洁奉公是公职人员行使职权时与国家及国民之间的理想社会关系，而受贿罪则是对这一理想社会关系的破坏。

任何一个社会形态都必然会追求某种理想的社会关系，法律是建构、维持和保护理想社会关系的手段。反之，破坏法律所保护的理想社会关系的行为便属于违法。但是，并非所有破坏法律所保护的理想社会关系的行为都是犯罪，只有那些严重破坏理想社会关系的行为，才进入刑法，被刑法规定为犯罪。刑法正是通过惩罚与预防犯罪，来实现对理想社会关系的保护。

作为犯罪构成有机整体中的要件，犯罪客体的存在或成立需要其他要件的关联和支持。这具体表现在，犯罪客体是犯罪主体基于故意或过失施行侵害的刑法所保护的社会关系。这意味着，犯罪客体作为犯罪构成中的有机组成部分，若离开其他要件的关联和支持则是不存在或不成立的。这就是犯罪构成是犯罪构成要件的有机整体的要求和体现。

二、犯罪客体与法益

“法益”概念来自阶层论犯罪理论，是指法律所保护的利益，是德日刑法理论中的重要概念。德日刑法理论认为，刑法的任务就是保护法益，任何具体犯罪的规定都是为了保护某种法益。比如，刑法关于财产犯罪的规定就是为了保护财产权，关于故意杀人罪的规定就是为了保护生命权，关于妨害公务罪的规定就是为了保护公务，等等。这里的财产权、生命权、公务，就是刑法上的法益。

德日刑法上的法益概念，虽然与我国的犯罪客体概念表述不同、概念的定义也不同，但内涵几乎是相同的。我国传统刑法理论对犯罪客体的定义，是从“社会关系”的角度切入的，而德日刑法理论对法益的定义，是从“利益”的角度切入的，两者只是视角的不同，但内涵上并没有实质的差异。比如，犯罪客体概念所讨论的财产关系、人身关系问题，完全可以进行话语转换，变为法益概念所讨论的财产权、人身权问题。正因为如此，我国不少学者开始在同等意义上使用这两个概念。[①]

但是，需要指出的是，我国传统理论和德日刑法理论对于犯罪客体和法益在犯罪构成中的体系地位存在着不同的理解。在我国传统的四要件犯罪构成体系中，犯罪客体是四大要件之一，因而是犯罪构成的重要组成部分；而在德日刑法理论中，无论是经典的三阶层体系还是二阶层体系中，法益都不是犯罪构成要素，而是指导犯罪构成要件的解释的要素。例如，就偷砍他人房前屋后、自留地种植的零星树木的行为而言，根据四要件犯罪构成理论，可能认为这一行为符合盗伐林木罪客观方面的要件，但没有侵犯盗伐林木罪的犯罪客体即生态环境因而无罪；但是，根据德日刑法的法益理论，可能认为由于盗伐林木罪要保护的法益是生态环境，因此，“他人房前屋后、自留地种植的零星树木”就不是盗伐林木罪要保护的林木，于是上述行为因为不符合盗伐林木罪客观方面的要件而不构成犯罪。

可见，虽然两种理论无罪的结论是相同的，但是理论出发点和论证的逻辑并不相同。另外，在本书看来，无论如何认识上述分歧，在犯罪认定过程中不可能不考虑犯罪客体/法益这一点应当是各方的共识。需要说明的是，由于本书采取四要件体系，所以依然围绕犯罪客体这一概念来展开后文的论述。

三、犯罪客体与犯罪对象

与犯罪客体容易混淆的一个概念是犯罪对象。所谓犯罪对象是指刑法分则条文规定

---

① 黎宏．刑法学总论．北京：法律出版社，2016：46.

的犯罪行为所作用的人或者物等客观现象的存在状态，与德日刑法中的“行为客体”概念的内涵相同。①

从要件归属上看，犯罪对象属于犯罪客观方面的要件要素，具体属于犯罪成立体系中的选择要件。从犯罪对象与犯罪客体的关系上看，自然所有犯罪都存在犯罪对象，否则就会出现有的犯罪没有犯罪客体的悖论。之所以犯罪对象是犯罪成立的选择要件，不是就是否有犯罪不存在犯罪对象而言，而是因为有的犯罪成立评价上不需要考察或难以考察犯罪对象要件。

犯罪客体与犯罪对象两个概念存在密切的联系。第一，犯罪对象是犯罪客体的具体表现形式。例如，就故意杀人罪而言，生命权是其犯罪客体，而被害人的身体作为犯罪对象，是生命权的具体表现或者承载者；又如，就盗窃罪而言，财产权是其犯罪客体，而被盗窃的手机、电脑等财物则是财产权的具体表现。第二，在解释学上，许多犯罪的客体是通过考察犯罪对象提取出来的。比如，通过对作为破坏交通工具罪犯罪对象的“火车、汽车、电车、船只、航空器”的考察，便可得知该罪侵犯的客体是公共交通安全；又如，通过对生产、销售假药罪犯罪对象“假药”的考察，便可得知该罪侵犯的客体是药品的管理秩序。

但是，犯罪客体与犯罪对象毕竟是两个不同的概念，两者也存在重大的差别。

第一，犯罪客体决定犯罪性质，犯罪对象则未必。例如，甲盗窃修配厂里处于修理状态的汽车的零部件，乙盗窃使用中的汽车的零部件，单纯从犯罪对象来看，两者的犯罪对象都是汽车零部件，仅从这一特征出发，是难以区分甲乙二人行为性质的差异的。但是，若站在犯罪客体的角度考察，可以发现甲侵犯的仅仅是财产权，乙还侵犯了公共安全，便可得知甲仅构成盗窃罪，乙还构成破坏交通工具罪。产生这一差异的原因是，犯罪对象具有局部性、形式性，而犯罪客体具有整体性、本质性，因而后者对犯罪的性质有着决定性的影响。

第二，任何犯罪都会使犯罪客体受到侵害，而犯罪对象则不一定受到侵害。例如，诈骗犯将他人的计算机骗走，侵犯了他人的财产权利，但作为犯罪对象的计算机本身则未必受到损害。一般情况下，犯罪分子往往把诈骗所得之物妥为保存，以便自用或者销赃。产生这一差异的原因是，犯罪对象是犯罪行为作用的对象，而犯罪行为并非都具有物理的破坏性，而犯罪客体即社会关系的破坏不以犯罪行为具有物理的破坏性为前提，只要实施了犯罪行为，其指向的社会关系必然会遭到破坏。

第三，犯罪客体是犯罪分类的基础，犯罪对象则不是。我国刑法分则规定的十章犯罪，主要是以犯罪同类客体为标准划分的，如果按犯罪对象则无法分类。其原因是，不同的犯罪可能有相同的犯罪对象，比如，走私淫秽物品罪和传播淫秽物品牟利罪的犯罪对象都是淫秽物品，故意杀人罪和抢劫罪的对象中都包含了人，因此，犯罪对象难以作为犯罪分类的标准。

---

① 前田雅英．刑法总论讲义．东京：东京大学出版会，2011：96-97；山口厚．刑法总论．付立庆，译．北京：中国人民大学出版社，2011：44-45.

第二节　犯罪客体的功能

作为犯罪构成的重要组成部分，犯罪客体在定罪和量刑中都发挥着重要的功能，具体来说，包含区分罪与非罪、此罪与彼罪以及实现罪刑相适应的功能。

一、区分罪与非罪

任何犯罪都要侵害一定的客体，反之，没有侵害任何客体的行为不可能构成犯罪。在认定犯罪的过程中，不能仅仅机械地、形式地考察犯罪客观方面，还要有机地、实质地考察某一行为是否侵害了犯罪客体，而这正是常常被司法实践所忽略的问题。比如，在王力军非法收购玉米案①中，被告人王力军未办理粮食收购许可证，未经工商行政管理机关核准登记并颁发营业执照，擅自在临河区白脑包镇附近村组无证照违法收购玉米，将所收购的玉米卖给巴彦淖尔市粮油公司杭锦后旗蛮会分库，经营数额 218 288.6 元，获利 6 000 元。一审法院认为王力军构成非法经营罪。王力军虽然属于无照经营，但其行为并未扰乱市场经济秩序，并未侵害非法经营罪的犯罪客体。单纯依据无照经营就认定其构成犯罪的做法，只是机械、形式地考察了非法经营罪的客观方面，而未能结合该罪的犯罪客体进行实质判断。正因为如此，在最高人民法院指令再审之后，内蒙古自治区巴彦淖尔市中级人民法院认定王力军无罪，其依据就是王力军的行为并未扰乱市场经济秩序。

二、区分此罪与彼罪

当某个行为确实具有严重的社会危害性，应当以犯罪论处，但仅仅通过客观方面等的形式考察难以认定构成此罪还是彼罪之时，有可能需要通过行为侵犯的具体客体来确定犯罪的性质。比如，在“复旦大学投毒案”② 中，行为人在宿舍的饮水机内投放致死毒药毒杀室友，单纯从客观方面来考察，该行为似乎既符合故意杀人罪的犯罪构成，也符合投放危险物质罪的犯罪构成；但是，如果结合两罪的犯罪客体来考察，可以发现投放危险物质罪的成立要求行为危害公共安全，然而该案是在宿舍的饮水机内投毒，没有危害到不特定或多数人的人身安全，因而没有侵犯投放危险物质罪的犯罪客体，不能认定为该罪，只能认定为故意杀人罪。

三、实现罪刑相适应

通过区分罪与非罪、此罪与彼罪，实现合理地定罪之后，便自然也能实现罪刑相适应。这是因为，立法不仅根据犯罪客体的不同设置了不同的犯罪，而且根据侵犯的客体的重要程度为这些犯罪设置了不同的法定刑。在行为未侵犯较重的犯罪客体之时，便不

---

① 内蒙古自治区巴彦淖尔市中级人民法院（2017）内 08 刑再 1 号刑事判决书.

② 上海市第二中级人民法院（2013）沪二中刑初字第 110 号刑事判决书.

能按照较重的犯罪处罚；如果行为同时侵犯了轻的犯罪客体和重的犯罪客体，便不能仅根据较轻的犯罪处罚。比如，盗窃油气或者油气设备的案件，一方面侵犯了公私财产，另一方面有可能因为其高危的作案手段而危害了公共安全，此时便需要结合案件实际侵犯的犯罪客体来定罪和选择合适的刑罚。《最高人民法院、最高人民检察院关于办理盗窃油气、破坏油气设备等刑事案件具体应用法律若干问题的解释》第 3 条第 1 款规定："盗窃油气或者正在使用的油气设备，构成犯罪，但未危害公共安全的，依照刑法第二百六十四条的规定，以盗窃罪定罪处罚。"第 4 条规定："盗窃油气同时构成盗窃罪和破坏易燃易爆设备罪的，依照刑法处罚较重的规定定罪处罚。"之所以这样规定，正是因为上述两种情形在侵害的犯罪客体上存在差异。

第三节　犯罪客体的分类

刑法上的犯罪客体存在不同的类型，根据不同的标准可以对其进行类型化的分类。一般来说，首先可以根据犯罪客体的抽象程度不同，将其分为一般客体、同类客体和直接客体；然后，在直接客体中，又可以根据犯罪侵犯的客体的数量，将其分为简单客体和复杂客体。

一、犯罪客体的层级分类

（一）一般客体

犯罪的一般客体，是指一切犯罪共同侵犯的客体，即我国刑法所保护的社会主义社会关系的整体。犯罪的一般客体反映了一切犯罪客体的共性，它是刑法保护的客体的最高层次，是研究犯罪基本特征、一般属性的依据，也是研究其他层次犯罪客体的起点和基础。我国《刑法》第 2 条关于刑法任务的规定、第 13 条关于犯罪定义的规定说明了犯罪一般客体的主要内容。犯罪存在一般客体，说明任何犯罪行为都侵犯了刑法所保护的社会关系的整体，犯罪不仅是对某类或某个具体客体的破坏，也是对国家和社会整体关系的破坏；犯罪不仅是犯罪人与被害人个体利益之间的矛盾，也是犯罪人与国家、社会、所有国民整体利益之间的冲突。在立法上，它是所有犯罪入罪的价值取向和法理基础——若某个行为根本就没有社会危害性或没有严重的社会危害性（如愚昧犯、迷信犯），就不应在立法上将其规定为犯罪。在司法上，它是衡量某个行为是否构成犯罪的总标准——若某个行为形式上看似符合犯罪的客观方面等要件，但实质上没有侵害一般客体，法官就不应将其认定为犯罪；若某个行为虽然具有社会危害性但情节显著轻微危害不大，法官也应当宣告其不构成犯罪。

（二）同类客体

犯罪的同类客体，是指某一类犯罪行为所共同侵害的、我国刑法所保护的社会关系的某一部分或某一方面。犯罪的同类客体，是根据犯罪行为侵害的刑法所保护的社会关系的不同属性进行的分类。作为同一类客体的社会关系，往往具有相同或相近的性质，例如，生命权、健康权、性自由权、人身自由权、人格权、名誉权等都可以被抽象为人身权利这一范畴，因而人身权利就成了这些犯罪的同类客体。

只有依据同类客体，才能对犯罪进行合理分类，建立严密、科学的刑法分则体系。我国刑法分则正是根据同类客体的原理，将犯罪分为十大类，分别是：（1）危害国家安全罪，其同类客体是国家安全，即国家主权、领土完整与安全、人民民主专政的政权与社会主义制度的安全。（2）危害公共安全罪，其同类客体是公共安全，即不特定人或者多数人的生命、身体、健康或者重大公私财产的安全。（3）破坏社会主义市场经济秩序罪，其同类客体是我国社会主义市场经济秩序，即国家通过法律对市场经济运行过程进行调节和管理所形成的正常、有序的状态。（4）侵犯公民人身权利、民主权利罪，其同类客体是公民的人身权利和民主权利。（5）侵犯财产罪，其同类客体是物权、债权等财产性权利。（6）妨害社会管理秩序罪，其同类客体是社会管理秩序。（7）危害国防利益罪，其同类客体是国防利益，即国家为捍卫国家主权、领土完整和安全等而进行的军事建设等相关利益。（8）贪污贿赂罪，其同类客体是国家的廉政秩序。（9）渎职罪，其同类客体是公职行为的正当性。（10）军人违反职责罪，其同类客体是军人职务行为的正当性。

需要说明的是：第一，《刑法》分则第四章“侵犯公民人身权利、民主权利罪”中实际包含了两类同类客体，分别是人身权利和民主权利，这两类客体本来在性质上存在差异，但立法上主要考虑到以民主权利为同类客体的犯罪较少，单立一章较为单薄，且在体系结构上难以与其他各章协调统一，故将此类犯罪与侵犯公民人身权利的犯罪合并在一章规定。第二，同类客体还可以分为一级同类客体和二级同类客体，《刑法》进一步根据二级同类客体的性质，将破坏社会主义市场经济秩序罪分为八节，将妨害社会管理秩序罪分为九节，同属于一节罪名的犯罪，所侵犯的都是同一类的二级同类客体，如破坏社会主义市场经济秩序罪一章第四节“破坏金融管理秩序罪”，侵犯的都是金融管理秩序这个二级同类客体。

某个具体犯罪被规定在哪一章、哪一节，其侵犯的是哪一类同类客体，对于理解该罪的性质有着重要意义。比如，抢劫罪既侵犯人身权也侵犯财产权，但刑法将其规定在侵犯财产罪一章，说明该罪侵犯的主要客体是财产权，因此该罪的核心属性是财产犯罪而非人身犯罪；又如，绑架罪在实践中往往伴随着勒索赎金的行为，但刑法将其规定在侵犯公民人身权利、民主权利罪一章，说明该罪侵犯的主要客体是人身权，该罪的核心属性是人身犯罪；再如，《刑法修正案（十一）》新设的高空抛物罪被规定在妨害社会管理秩序罪而非危害公共安全罪中，说明该罪侵犯的主要客体是社会管理秩序，成立该罪，不以危害到不特定人或多数人的生命、身体、健康或者重大公私财产的安全为前提。

（三）直接客体

犯罪的直接客体，是指某一具体犯罪所直接侵害而为我国刑法所保护的社会关系，即刑法保护的某种具体的社会关系。任何一个法定的犯罪，都有自己的直接客体，例如，故意伤害罪直接侵害的是他人的健康权利，侮辱罪直接侵害的是他人的名誉权，因此，健康权利、名誉权即两者分别侵害的直接客体。

犯罪的直接客体是决定犯罪性质的最核心的要素。一种行为之所以被认定为此罪或彼罪，归根结底是由犯罪的直接客体决定的。犯罪的直接客体揭示了具体犯罪侵害的社会关系的性质以及该犯罪的社会危害性程度。在立法上，直接客体是决定某种危害行为是否应当被规定为犯罪的基本根据，在司法上，它是直接决定犯罪的性质，界分罪与非罪、此罪与彼罪的基本要件。正因为如此，犯罪的直接客体也是各个具体犯罪研究和解释内容的重中之重。

二、直接客体的分类

鉴于直接客体的重要性，有必要对其作进一步分类以便更好地理解这一概念。理论上一般根据犯罪侵犯的直接客体的数量，将直接客体分为简单客体和复杂客体。有些犯罪行为只直接侵犯到一个客体，此种客体便被称为简单客体，也称单一客体。比如，故意杀人罪侵犯的客体只有一个即人的生命权，盗窃罪侵犯的客体也仅仅是财产权。但是，有些犯罪侵犯的客体可能不止一个，此种客体便被称为复杂客体。比如，抢劫罪既侵犯财产权，也侵犯了人身权；私自开拆、隐匿、毁弃邮件、电报罪，不仅直接侵犯了他人的通讯自由，而且妨害了邮政部门的正常活动。

复杂客体由于包含了两个以上的客体，便需要进行主次的划分。根据犯罪的本质属性、复杂客体中各个客体重要性程度的差异，可以在复杂客体所包含的多个客体中区分出主要客体和次要客体。主要客体，是指某一具体犯罪所侵害的复杂客体中受害程度较严重的、刑法予以重点保护的社会关系。主要客体决定该具体犯罪的性质，从而也决定该罪在刑法分则中的体系归属。例如，抢劫罪侵犯了财产权和人身权两个客体，但财产权是其主要客体，因此该罪被设置在侵犯财产罪一章；又如，走私文物罪侵犯了海关管理秩序和文物管理秩序两个客体，但海关管理秩序是其主要客体，因而该罪被设置在破坏社会主义市场经济秩序罪之下的走私罪之中。

次要客体，是指某一具体犯罪所侵害的复杂客体中受害程度较轻的、刑法予以一般保护的社会关系，也称辅助客体。它是立法者在规定某一具体犯罪构成的同时要予以保护的另一种具体社会关系。对于具有复杂客体的犯罪来说，除主要客体外，次要客体也是犯罪构成的必要要件，对于定罪量刑也有重要作用。例如，虽然盗窃罪和抢劫罪都是财产犯罪，但盗窃罪侵犯的是简单客体即财产权，抢劫罪侵犯的是复杂客体，既包含了财产权，也包含人身权，区分盗窃罪和抢劫罪的关键，便在于是否侵犯了人身权。

理论上认为，在复杂客体的情形中，还包含了一种随机客体。随机客体是指某一具体犯罪侵害的复杂客体中包含的由于某种机遇而出现的客体，也称随意客体、选择客体。一般来说，随机客体往往是加重或减轻处罚的原因和依据。如《刑法》第 257 条第 1 款规定："以暴力干涉他人婚姻自由的，处二年以下有期徒刑或者拘役。"第 2 款规定："犯前款罪，致使被害人死亡的，处二年以上七年以下有期徒刑。"该条第 2 款规定的情形侵犯了婚姻自由和生命权两个客体，因而可以说暴力干涉婚姻自由罪侵犯的是复杂客体。然而，成立暴力干涉婚姻自由罪，不以侵犯生命权为前提，对生命权的侵犯是随机出现的结果，所以生命权可谓该罪的随机客体。这一客体是否受到侵犯，不影响暴力干涉婚姻自由罪的成立，但一旦侵犯到该客体，便需要适用加重的刑罚，因此，该随机客体不是犯罪的成立条件，而是加重处罚条件。

第四节　犯罪客体的确定

犯罪客体体现着犯罪的本质属性，是立法上是否将某一行为规定为犯罪的基本依据，也是司法上认定某一行为是否构成犯罪的基本要件。因此，对于犯罪客体的研究是刑法理论研究的重要内容；确定犯罪客体的具体内容，是刑法理论研究的重要任务。就一般客体而言，其内容是我国刑法所保护的社会主义社会关系的整体，可以根据我国《刑法》第 2 条关于刑法的任务、第 13 条关于犯罪的定义等规定予以确定。就同类客体而言，只要根据某个犯罪所在的章罪名和节罪名的标题，即可确定其对应的内容，比如，盗窃罪规定在侵犯财产罪一章，由此我们可知其同类客体是财产权，盗窃枪支、弹药、爆炸物罪规定在危害公共安全罪一章，由此我们可以得知其同类客体是公共安全。就某个具体犯罪的直接客体而言，刑法在设置具体犯罪之时，并未明文规定某一具体犯罪的直接客体究竟为何，需要我们通过对具体犯罪的解释来确定。

一般而言，可以通过以下方法确定一个犯罪的直接客体。

（1）通过刑法条文的文字表述，直接提炼出其直接客体。例如，《刑法》第 102 条背叛国家罪的规定中存在“中华人民共和国的主权、领土完整和安全”的表述，根据该罪的立法目的，可以直接将这一表述理解为该罪的直接客体；又如，《刑法》第 221 条对损害商业信誉、商品声誉罪的规定中存在“商业信誉、商品声誉”的表述，根据该罪的立法目的，可以得知该罪的直接客体便是“商业信誉、商品声誉”。

（2）有的犯罪的罪状中指出了犯罪客体的物质表现，可以通过该物质表现提炼出犯罪客体。例如，《刑法》第 206 条规定了伪造、出售伪造的增值税专用发票罪，增值税专用发票就是犯罪客体的物质表现，这种物质表现表明该罪的直接客体是国家对增值税专用发票的管理制度。又如，《刑法》第 128 条规定的非法持有、私藏枪支、弹药罪中，枪支、弹药是该罪犯罪客体的物质表现，由此可以得知该罪的直接客体是国家对枪支、弹药的管理制度。

（3）有的犯罪的罪状指出了被侵犯的社会关系的主体，可以通过刑法对该类主体特别关注的立法目的，提炼出该罪的直接客体。比如，《刑法》第 236 条规定的强奸罪侵犯的社会关系的主体是女性（妇女和幼女），可以得知刑法是在特别保护这类主体，由此可以提炼出该罪的直接客体是女性的性自由权利和幼女的身心健康权利。

（4）有些犯罪的成立以违反刑法之外的其他法律法规为前提，通过该罪所违反的法律法规及该法律法规所保护的特定社会关系，便可推知该罪所侵犯的直接客体。比如，《刑法》第 332 条规定，违反国境卫生检疫规定，引起检疫传染病传播或者有传播严重危险的，构成妨害国境卫生检疫罪。有关国境卫生检疫的规定并非该罪客体，但这些规定所保护的国境卫生检疫制度和秩序，则是该罪的直接客体。

（5）有些犯罪对于犯罪行为的表述，可以反映出其直接客体。比如，《刑法》第 290 条第 2 款规定，聚众冲击国家机关，致使国家机关工作无法进行，造成严重损失的，构成聚众冲击国家机关罪。通过刑法对该罪行为方式的表述，可以提炼出其直接客体是国家机关的正常工作秩序。又如，通过《刑法》第257条对于暴力干涉婚姻自由罪行为方式“暴力干涉婚姻自由”的表述，可以得知其主要客体是婚姻自由，但由于其行为方式中还包含了“暴力”的要素，所以该罪还包含了一个次要客体即人身权。

以上确定犯罪直接客体的方法，通常还需要基于其与一般客体和同类客体的关系以及包括犯罪对象在内的所有犯罪构成要件予以综合考察。如，盗窃罪的直接客体，除了财产所有权，是否还包含财产占有权？在理论上和实践中存在争议。这个争议，直接影响到如所有权人未经质权人同意私自取回质押物的行为的定性。据此，需要结合盗窃罪的“秘密窃取”行为方式、作为犯罪对象的财物所处状态和财产占有者的财产损失等予以综合考察。综合考察表明，这里的犯罪直接客体是否包含财产占有权，取决于行为人的“秘密窃取”行为是否导致财产占有者的财产损失。若导致损失，则包含财产占有权。又如，理论上和实践中对诬告陷害罪的直接客体是否同时包含人身权与司法秩序，受贿罪直接客体是职务行为的公正性还是不可收买性，也都存在争议。综合考察表明，对于诬告陷害罪，若行为人诬告的是他人，则其直接客体既包括人身权又包括司法秩序，属于以司法秩序为主要客体的复杂客体；若行为人诬告的是自己（如帮人顶包），则其直接客体只是司法秩序，属于简单客体。对于受贿罪，若行为人受贿并没有影响职务行为的公正性，则其直接客体只是职务行为的不可收买性；若行为人受贿影响了职务行为的公正性，则其直接客体既包括职务行为的公正性又包括不可收买性，属于复杂客体。

所涉法律条文及司法文件

1.《刑法》第2条、第13条、第102条、第128条、第206条、第221条、第236条、第257条、第290条、第291条之二、第332条

2.《最高人民法院关于审理破坏森林资源刑事案件具体应用法律若干问题的解释》

3.《最高人民法院、最高人民检察院关于办理盗窃油气、破坏油气设备等刑事案件具体应用法律若干问题的解释》

4.《最高人民法院关于审理抢劫、抢夺刑事案件适用法律若干问题的意见》

代表性文献推荐

1. 童伟华．犯罪客体研究：违法性的中国语境分析，武汉：武汉大学出版社，2005.

2. 徐振华．犯罪客体新探：兼谈犯罪对象在犯罪构成体系中应有的地位．法商研究，2002（2）.

3. 曲新久．犯罪论体系片语．政法论坛，2003（6）.

4. 陈兴良．犯罪客体的去魅：一个学术史的考察．政治与法律，2009（12）.

5. 欧锦雄．犯罪客体的实践价值．广西政法管理干部学院学报，2015（3）.

6. 张明楷．论实质的法益概念：对法益概念的立法批判机能的肯定．法学家，2021（1）.
7. 彭文华．法益与犯罪客体的体系性比较．浙江社会科学，2020（4）.
8. 李洁．论犯罪对象．法律科学，1996（5）.

思考题

1. 到底何谓犯罪客体？成立犯罪客体需要具备哪些因素？妇女性的不可侵犯的权利、人的生命权是否是犯罪客体？犯罪客体与法益、《刑法》第13条及其但书分别是什么关系？它对于认定犯罪有什么作用？

2. 犯罪客体在立法和司法上有无体现？若有如何体现的？一个具体犯罪的客体在哪里可以找到？是不是每一个犯罪的罪状中都明文规定了客体？如果没有明文规定，怎么确定其犯罪客体？

3. 何谓犯罪的一般客体、同类客体和直接客体？强奸罪、故意杀人罪的一般客体、同类客体和直接客体分别是什么？这些客体的各自功能或意义何在？

4. 何谓简单客体、复杂客体？何谓物质性犯罪客体、非物质性犯罪客体？它们的分类标准与分类意义分别是什么？它们与犯罪的一般客体、同类客体和直接客体是什么关系？

5. 犯罪对象是否属于犯罪客体的内容？它们有何不同？它们是犯罪成立的必要要件还是选择要件？为什么？

第七章
犯罪客观方面

内容导读

犯罪客观方面，是指刑法所规定的，说明行为对刑法所保护的社会关系造成侵害的客观外在事实特征，包括危害行为、危害结果，行为的时间、地点、方法（手段）、对象等要件要素。其中，危害行为在犯罪构成中处于核心的地位，具有作为与不作为两种基本表现形式。危害结果有广义和狭义之分，狭义的危害结果可以分为有形的、可以具体测量确定的危害结果和无形的、不能具体测量确定的危害结果。刑法因果关系是危害行为与危害结果之间的引起与被引起的关系，它是负刑事责任的基础，但具有因果关系不等于就应负刑事责任。

第一节　犯罪客观方面概述

一、犯罪客观方面的概念及特征

犯罪的客观方面，又被称为犯罪客观要件、犯罪客观因素，是指刑法规定的，说明行为对刑法所保护的社会关系造成侵害或侵害危险的客观外在事实特征。

作为犯罪构成有机整体中的要件，犯罪客观方面的存在或成立需要其他要件的关联和支持。这具体表现在，犯罪客观方面是犯罪主体基于故意或过失施行侵害刑法所保护社会关系的客观外在事实特征。这意味着，犯罪客观方面作为犯罪构成中的有机组成部分，若离开其他要件的关联和支持则是不存在或不成立的。这就是犯罪构成是犯罪构成要件的有机整体的要求和体现。

犯罪客观方面具有以下几个特征。

（一）犯罪客观方面是犯罪成立所必须具备的客观事实

犯罪客观方面在具体的犯罪中，体现为人的实践活动形之于外的举止行为及其结果，以及与此相关的时间、地点、环境和对象等客观事实。我们也正是通过这些事实来认识各种犯罪的。当然，并非每一个犯罪的成立都需要具备全部的上述事实特征，成立犯罪所必不可少的犯罪客观方面，在客观事实特征上具有多样性。不同的犯罪在犯罪事实特征方面有不同的内容。以故意杀人罪为例，其事实特征有杀人的对象、时间、地点，杀人行为和杀害的结果，在这些客观事实中，能够成为故意杀人罪的客观要件的，只有杀人行为，如果人被杀死了，则还有死亡结果。由于故意杀人罪的客观方面并没有对对象、时间、地点等事实作出要求，因此这些事实并非构成故意杀人罪的客观方面要件，只是量刑时应该考虑的情节。

（二）犯罪客观方面由刑法规范条文所规定

由罪刑法定原则所决定，构成犯罪的各种客观要件必须是刑法规范明文规定或间接包含的。在我国刑法总则中，虽未对犯罪客观方面作专门的规定，但其有关故意、过失的条文中包含有犯罪客观方面的内容。在刑法分则中，则对各种犯罪的客观方面内容给予了比较明确、具体的规定。需要指出的是，有些犯罪，如故意杀人罪、故意伤害罪等，由于客观方面内容，如杀人、伤害等，系众所周知之事，因此，相关条文中并没有详细描述，但这些犯罪的客观方面内容是相关刑法规范所包含了的，同样具有法定性，不能超出对于杀人、伤害的最大射程语义范围去理解故意杀人罪、故意伤害罪的犯罪客观方面。法定性的另一个方面是指，具体的犯罪事实应以刑法规范中所载明的犯罪客观方面为标准来认定，如果刑法条文规定的客观方面要素并没有完全齐备，那么，行为就不构成此种犯罪。

（三）犯罪客观方面是说明行为对犯罪客体有所侵犯的客观事实特征

犯罪客观方面是围绕犯罪客体来界定的，如果不具备犯罪客观方面，就表明不存在犯罪客体遭受侵害的客观事实。在一般情况下，对犯罪客体的侵害，是通过某种行为对犯罪客体造成了某种程度的侵害或危险的结果表现出来的。在一些特殊罪名中，例如，我国《刑法》第 340 条非法捕捞水产品罪，还规定了禁渔期、禁渔区等特定的时间、地点等外部条件。换言之，并非所有与犯罪活动相关的事实特征都可以成为犯罪客观方面的内容。对于不能说明行为对犯罪客体之侵犯性的客观事实特征，不能作为犯罪的客观方面。只有那些能够说明行为对犯罪客体有所侵犯的事实特征才是犯罪客观的内容。

二、犯罪客观方面的要件

犯罪客观方面与犯罪客观方面的要件是不同的两个概念。犯罪客观方面是与犯罪主体、犯罪客体、犯罪主观方面等相并列的，成立犯罪所必需的要件之一，具有抽象性。而犯罪客观方面的要件，则是犯罪客观方面的一个下位概念。犯罪客观方面的要件是指刑法分则中某种犯罪成立在客观方面应当具备的客观要素。它是犯罪客观方面的具体化。

在刑法理论上，根据这些组成各种犯罪的犯罪客观方面要件是否为成立任何犯罪都必须具备的要件，而将这些要件分为必要要件与选择要件。

所谓必要要件，是指构成任何犯罪都必须具备的犯罪客观方面的事实情况。理论界一致认为，危害行为是必要要件。如上所述，任何犯罪都必须以一定的行为表现出来，行为在犯罪事实中居于核心的地位。任何犯罪，脱离危害行为，都是不能成立的。而对于危害结果和危害行为与危害结果之间的因果关系是否为必要要件的问题，学界争议较大。肯定说以我国《刑法》第 14、15 条规定的“明知自己的行为会发生危害社会的结果”或“应当预见自己的行为可能发生危害社会的结果”为依据，认为：无论故意犯罪还是过失犯罪都以危害结果作为客观方面的必要要件。既然危害行为和危害结果都是必要要件，那么，两者之间的因果关系也自然是必要要件。本书认为，我国《刑法》第

14、15条是对认识的要求，即要求将对危害行为的结果之预见作为故意的构成要素，将对危害结果的预见义务作为过失的构成要素，而不是对结果的要求。其实，两种观点的争议涉及对危害结果的界定问题。如果从"任何犯罪都侵害了犯罪客体或者给犯罪客体造成了侵害的危险，没有不给犯罪客体造成侵害或侵害危险的犯罪"这一广义的角度说，危害结果当然是犯罪成立的必要要件。但这种危害结果是抽象意义上的，而刑法理论所争议的危害结果，主要是指具象的物质性结果。从我国刑法分则的规定看，不以这种危害结果作为必要要件的犯罪并不少见。从这个角度说，危害结果与因果关系就只是选择要件，而不是必要要件。因此，本书认为，唯有危害行为是一切犯罪构成必须具备的要素。

所谓选择要件，是指构成某些犯罪所必备的客观方面的事实情况。选择要件并非犯罪成立必不可少的要件，即不是一切犯罪成立必不可少的要件，而是部分犯罪成立必不可少的要件。在刑法中，属于选择要件的具体有犯罪对象，危害结果，犯罪的时间、地点、方法、手段等。如故意杀人罪，就不要求行为人在特定的时间、地点，采用特定的方法、手段。特别需要予以强调的是，选择要件尽管不是所有犯罪都必须具备的要件，但是，对于要求有该选择要件的犯罪来说，该选择要件是必不可少的。例如，暴力的犯罪手段对于暴力干涉婚姻自由罪等罪名而言是必不可少的，但在很多其他犯罪中，却不是必须满足的要件，是不是采用暴力手段实施犯罪行为，并不影响其他一些犯罪的成立。再如，对于非法捕捞水产品罪、非法狩猎罪而言，特定的时间（禁渔期、禁猎期）则可能是构成这两罪的要件。最后，需要强调的是，无论是必要要件还是选择要件，都是犯罪客观方面的有机组成部分，在调查案情和认定犯罪时，都必须弄清楚，否则会影响到准确量刑。

选择要件作为部分犯罪成立必不可少的要件，并不意味着有的犯罪没有这些选择要件方面的事实。显然，所有的犯罪都有犯罪对象、危害结果，都是在一定时间、地点和以一定的方法、手段实施的。否则，基于犯罪客体与犯罪对象的关系，就会出现有的犯罪没有犯罪客体的悖论；基于危害行为与危害结果间的因果关系，就会出现有的犯罪没有因果关系的悖论；基于事物和行为的存在特点，就会出现有的事物和行为不是在一定时间、地点和以一定的方法、手段实施的悖论。事实上，以上事实之所以只是相对于某些犯罪才是必不可少的要件，是因为有的事实在犯罪成立评价时无须用证据来评价，无须或不宜作为要件。

三、犯罪客观方面的意义

犯罪客观方面既是连接犯罪主体与犯罪客体的纽带，又是认定犯罪主观方面的客观依据，在犯罪构成中占据了重要地位。研究犯罪的客观方面，对于正确定罪量刑具有重要意义。

（一）犯罪客观方面是区分罪与非罪的重要根据

犯罪客观方面对于区分罪与非罪具有重要意义。犯罪的成立必须以实施一定的危害行为为前提，没有危害行为而仅有思想，就不可能侵犯犯罪客体，也就没有刑事责任。

例如，甲意图奸淫某妇女，但听闻其患有性病后便打消了意图。对此，其虽然有强奸的思想，但并没有强奸犯罪客观方面的危害行为，因而不构成强奸罪。如上所述，危害行为这个必要要件，是所有犯罪成立都必须具备的要件。除危害行为外，根据刑法的具体规定，是否存在犯罪对象，危害结果，犯罪的时间、地点、方法、手段等选择要件，也是判断犯罪能否成立的必要条件。

（二）犯罪客观方面是区分此罪与彼罪的重要标准

很多犯罪，在犯罪构成的其他要件上，是相同或基本相同的，但刑法之所以将它们规定为不同的犯罪，是因为它们在犯罪客观方面上有差异。例如，对于盗窃罪与诈骗罪来说，两罪的主观方面均为故意，且具有非法占有的目的，客体均是公私财物的所有权或占有权，犯罪主体都是一般主体，要想区分两罪，只有从行为人所实施的行为来进行判断，犯罪行为方式不同，犯罪的性质也就不同。

（三）犯罪客观方面是正确认定犯罪主观方面的客观依据

犯罪活动中，行为人的犯罪行为是主客观相统一的。犯罪主观方面支配犯罪客观方面的进行，犯罪客观方面是犯罪主观方面内容的展现和外化。一般来说，行为人在实施犯罪后，都不愿意暴露自己真实的罪过内容和罪过形式，往往把有罪说成无罪，把重罪说成轻罪，把故意说成过失。对此，只能通过分析行为人所实施的行为及其造成的后果，结合犯罪的时间、地点、方式、手段等来进行客观分析。考察犯罪的客观要件，能够为正确判定犯罪主观方面如罪过形式、犯罪目的、犯罪动机等，提供可靠的客观基础。

（四）犯罪客观方面是区分犯罪完成与未完成形态的主要标志

在完成形态与未完成形态犯罪中，区分它们的标准往往也取决于犯罪客观方面的要件。例如，被害人是否死亡，就是区分故意杀人罪的既遂与未遂的标准。基于非法占有保险金的目的，在故意制造保险事故后，是否已经开始向保险公司索赔，是区分保险诈骗罪的预备阶段和实行阶段的标志。

（五）犯罪客观方面是影响刑罚配置和裁量的重要因素

一般来说，对于犯罪客体、犯罪主体和犯罪主观方面都相同的犯罪来说，犯罪客观方面不同，往往会带来不同的社会危害性，例如，抢劫罪和敲诈勒索罪，两罪的犯罪客体、犯罪主体和犯罪主观要件都是相同的，但前者的客观要件是实施了暴力、胁迫或者以其他方法非法占有公私财物的行为，而后者主要是采用威胁或者要挟的方法强行索要公私财物，虽然也不排除使用暴力或者以暴力相威胁，但其并不要求达到使对方不能反抗或不敢反抗的程度。就这种客观方面的差异而言，抢劫罪的社会危害性显然比敲诈勒索罪大，因而抢劫罪的法定刑要重于敲诈勒索罪。在同一种犯罪内部，刑事立法将一定的结果和情节作为对有些犯罪进行加重处罚的根据，因此，犯罪客观方面这些法定结果和情节直接影响同一犯罪内量刑的幅度。从司法角度看，由于这些案件中的方式、手段、时间、地点、条件、具体对象等因素不尽相同，尽管这些因素不属犯罪客观方面的必要要件，不会对定罪产生影响，但会影响到社会危害性的危害程度，因而会对量刑发生影响。

第二节　危害行为

一、危害行为的含义与特征

（一）危害行为的含义

自 19 世纪以来，大陆法系刑法学界先后出现了因果行为论、目的行为论、社会行为论、人格行为论等具有代表性的行为学说。因果行为论认为，行为是人的意思所引起的外界的自然因果过程，其主要特色在于把行为理解为一种因果事实。但其无法解释无认识的过失的不作为犯（忘却犯）。社会行为论把行为作为一种社会现象，认为行为是行为人有意引起的具有社会意义的身体举动。但其问题在于，这一定义的界限模糊，社会性本身即需要作规范性的判断。目的行为论则认为，行为是行为人有意识地支配自然因果过程，为达到某种目标而进行的有目的活动。但其无法解释过失犯和不作为犯。人格行为论认为，行为是行为人人格的主体的实现化的身体举动，是行为人人格主体的现实化。但问题在于，什么是人格并不清晰。另外，刑法究竟能否介入人格的形成过程也有争议。上述诸种大陆法系刑法学的学说，从不同侧面论证了刑法中的行为，具有一定的理论参考价值，但均存在不同程度的缺陷。至今在大陆法系国家的刑法理论中尚未形成统一的关于行为的学说。

所谓危害行为，是指在人的意识意志支配下实施的危害社会的身体动静。它与犯罪行为的关系密切。它们的不同不在外延，而只在内涵。在外延上，它们应是相同的。这表现在，危害行为作为犯罪构成有机整体中的要件，其存在或成立需要其他要件的关联和支持，既包括某些情况下同为犯罪客观方面的犯罪对象，危害结果，犯罪的时间、地点、方法、手段等选择要件的关联和支持，也包括犯罪主体、犯罪主观方面和犯罪客体等犯罪构成要件的关联和支持。这意味着：一方面，危害行为与犯罪行为的存在或成立，都涉及犯罪成立所有要件要素，二者在外延上是相同的；另一方面，危害行为的存在或成立只是需要犯罪成立所有要件要素的关联和支持，犯罪行为的成立需要具备犯罪成立所有要件要素本身，它们的区别在于，危害行为是犯罪成立所有要件要素关联和支持但尚未评价的身体动静，而犯罪行为是已经接受犯罪成立所有要件要素评价的结果。

（二）危害行为的特征

根据危害行为的以上定义，危害行为具有以下三个基本特征。

1. 有体性

任何危害行为，都必须通过人的身体动静表现出来，没有身体动静，仅有纯粹的思想，就不会有危害行为。人的身体动静包括积极的活动和消极的活动，前者表现为运动状态，后者表现为静止状态。无论是积极的活动还是消极的活动，均是客观的、外在的，能够为人们所感知和认识，能够通过改变客观世界从而危害社会。需要指出的是，基于罪刑法定原则，我国刑法坚决禁止惩罚“思想犯”，反对在没有表露于外的危害行为的情况下，仅惩罚表现于行为人脑海中的“犯罪”思想。需要说明的是，与思想犯不同，发表言论是有可能构成犯罪的，因为用口头、书面等方式发表言论的行为也是人的有意识、有意志的身体动静，也可能会对社会造成危害，完全符合危害行为的三个特征。这具体表现在，当行为人利用言论意欲对客观外在世界产生一定的影响或改变时，言论是行为人在认识、意志支配下的身体动静，可能对刑法保护的社会关系造成危害，能够成为刑法中的危害行为，例如：口头捏造并且散布有损他人人格、名誉的事实；用语言怂恿、鼓惑、刺激、挑拨他人实施犯罪行为；在群体性事件中，以语言煽动某个群体暴力抗拒国家法律实施等，就属于刑法上的危害行为。

2. 有意性

任何危害行为，都是在人的意识、意志支配之下进行的。如果行为不能为行为人的意识、意志所支配，那么，它就不是刑法中所说的危害行为。因为，从刑法规制的角度看，即使它们对社会具有危害性，惩罚这样的行为也无法起到预防犯罪的作用，而且，还违背了刑法中的主客观相统一原则和责任主义原则，必然导致客观归罪，失之正当。基于有意性特征，刑法禁止处罚以下三种不受行为人的意识和意志支配的举动。

（1）人在睡梦中或者精神错乱状态下的举动。如梦游中的人放火烧毁了别人的房屋，精神病患者在精神完全失常时打伤他人的行为，虽然这类行为造成了客观的危害社会的后果，但由于在放火和伤害进行时，行为人欠缺意识和意志的支配，因此不是刑法中的危害行为，不能让其负担刑事责任。当然，基于防卫社会的考虑，可以对其适用相关保安处分措施。

（2）人在不可抗力作用下的举动。我国《刑法》第 16 条明文规定："行为在客观上虽然造成了损害结果，但是不是出于故意或者过失，而是由于不能抗拒或者不能预见的原因所引起的，不是犯罪。"例如，消防队员在赶往救火的途中，突然遇到泥石流，赶往救火地点的公路被毁，无法及时抵达救火现场，因而造成了严重损失。消防队员虽然负担了救火的职责，但不救火的行为并没有体现消防队员的意志，所以不是这里的危害行为，而是不可抗力下的举动。

（3）人在身体受强制情况下的举动。如盗窃犯甲潜入某研究所实验室盗窃时，被工作人员乙发觉而将其堵在屋内，二人展开搏斗。乙因身单力薄，被甲猛力推倒在仪器台上，导致贵重仪器被毁。此时，就不能让乙对损坏贵重仪器负刑事责任，因为乙碰坏仪器的行为，并不表现其意志和意识，是在身体受到强制情况下的行为，所以该行为不是刑法中的危害行为。但需要说明的是，人在精神受到强制、胁迫的情况下，实施的造成危害社会结果的行为，仍然是受到其意志和意识支配的，除紧急避险外，构成犯罪的，应当追究相应的刑事责任。不过，在处罚时也要适当考虑其精神上所受强制、胁迫及其程度。

3. 有害性

危害行为必然是危害社会的行为。立法者在确定什么行为是危害社会的行为时，是从本质上考察行为的社会危害性和社会危害性程度的。无害于社会的行为是刑法所需要保护的行为，不可能成为刑法处罚的对象，如我国刑法规定的正当防卫、紧急避险行为等。正当防卫、紧急避险行为正因为缺乏社会危害性，虽然也是人的身体动静，也是在人的意识或意志支配之下实施的，但却不是危害行为。

二、危害行为的表现形式

刑法所规定的危害行为，其表现形式多种多样，刑法理论将所有的危害行为概括为两种基本形式：作为和不作为。

（一）作为

所谓作为，是指行为人以积极的身体活动实施的违反刑法禁止性规范的危害社会的行为。作为是危害行为的基本形式之一。从表现形式上看，作为是积极的身体活动，例如举刀杀人、抢夺财物等，人的身体的静止不可能构成作为型犯罪。需要指出的是，刑法意义上的作为，是指由人的一系列积极动作所组成的整体，而不是单指某一个别动作环节。例如，开枪杀人的行为，就包括接近被害人，举起枪支，瞄准目标，扣动扳机等举动。从违反法律规范的性质看，作为直接违反了禁止性刑法规范，即法律禁止做而去做。刑法中的绝大多数犯罪，都可以以作为的形式实施，而且很多犯罪，只能以作为形式实施。

作为的实施方式多种多样。具体而言，有以下五种主要方式：（1）利用自己的身体直接实施的作为。这是常见的实施方式。这种作为既可以表现为四肢的活动又可以表现为五官的活动。前者如拳打脚踢，后者如用言语、眼神示意别人犯罪。（2）利用物质性工具实施的作为。这是最常见的实施方式。人在意识、意志支配下，操纵物质性工具，通过其实施危害社会的行为，例如刀砍斧劈他人。（3）利用自然力实施的作为。这里的自然力指水火雷电等自然现象。例如点燃他人房屋放火、破坏水坝导致决水等。（4）利用动物实施的作为。这是指人通过驱使动物实施危害行为，例如放狗咬伤他人、放毒蛇杀人。（5）利用他人实施的行为。这里是指将他人作为工具加以利用实施的危害行为。此种情况刑法理论上称为间接正犯。在这种情况下，被作为工具利用的人并不知情或者不能承担刑事责任。前者如医生利用不知情的护士为病人注射；后者如教唆不满14周岁的人贩卖毒品，指使精神病人杀人等。

（二）不作为

刑法理论中的不作为，是指行为人负有实施某种行为的特定法律义务，能够履行而不履行的危害行为。它是与作为相对应的危害行为的另一基本形式。就外在身体动静而言，不作为一般表现为消极的身体动作。但这并不是绝对的，在某些不作为犯罪中，还可以表现为积极的身体举动。例如逃税罪，只能由不作为构成，即行为人有依法履行向国家缴纳税款的特定法律义务，能履行而不履行的行为。但在实践中，行为人往往有涂改账本、销毁账册等积极的身体动作。从规范违反的法律性质上看，不作为违反了命令性刑法规范，需要强调的是，不能认为不作为在形式上违反禁止性规范而实质上违反命令性规范。在逃税罪中，这些积极的身体动作只是征表不履行纳税义务的外在形式，不具有构成要件的意义。

根据该概念，不作为的成立必须满足三个条件：第一，行为人负有实施某种作为的特定义务。这是不作为成立的前提条件。第二，行为人有能力履行该特定义务。这是不作为成立的重要条件。第三，行为人没有履行该义务。这是不作为成立的关键性条件。

1. 行为人负有实施某种作为的特定义务

区分作为与不作为，关键在于是否与特定法律义务相联系。因此，不作为的特定义务来源，就是一个关系到不作为成立与否乃至与作为相区别的关键。理论界通常认为，不作为的义务来源有以下几个方面。

（1）法律明文规定的义务。这里的法律是广义的，不仅仅是指刑法，也可以指任何由国家制定或认可并由国家强制力保证实施的其他法律、法令和法规等，但并不包括道德方面的义务。例如，我国《民法典》规定，父母对子女有抚养教育的义务，子女对父母有赡养扶助的义务，因此拒不履行抚养、赡养义务的行为，可能构成相关不作为犯罪。

（2）职务或业务上要求履行的义务。这种义务以行为人担任一定的职务或从事一定的业务为前提，如值班医生、执勤消防队员等。职务或业务要求的义务，在时间上，必须发生于行为人应执行职务或从事业务之时；在对象上，必须仅限于职务或业务范围之内。

（3）法律行为引起的义务。所谓法律行为，是指法律上能够产生一定权利义务的行为。这种行为如合同行为、自愿接受行为等，在这些情况下，一定的法律行为产生某种特定的积极义务。实践中以合同行为引起的义务居多。

对于行为人基于自愿承担行为能否产生作为义务的问题，本书认为，从实质角度说，当需保护的对象处于无助或脆弱状态时，行为人自愿承担保护义务，使得需保护对象依赖于行为人时，行为人就为自己设定了一个法律上的积极照顾义务。例如，甲在路边发现一名被遗弃的婴儿，便将其带回家准备收养，但照顾一段时间后，发现负担太重，就将其放回原处。对此，甲的行为构成遗弃罪，其作为义务来源于自愿承担的行为。

（4）先行行为引起的义务。这种义务是指，由于行为人的某种行为而使刑法所保护的合法权益处于危险状态时，行为人就负有了排除危险和防止危害结果发生的特定义务。如果行为人不履行该义务，则构成不作为。需要指出的是，这里的先行行为既可以是合法行为，也可以是不法行为，关键在于是否使相关合法权益处于危险状态。例如，行为人带着邻居家8岁小孩去游泳，小孩在水中遇险呼救，行为人不予理睬、置之不管的行为，就是不履行自己虽合法但置该未成年人于溺水危险中的先行行为所引起义务的行为。

2. 行为人有能力履行该特定义务

法律不能强人所难，如果行为人虽负有某种防止危害结果发生的作为义务，但由于某种原因而不具备履行该义务的现实可能性，则不能构成不作为的犯罪。例如，甲患重病，长期卧床不起，没有履行抚养其未成年女儿乙的能力，导致乙流落街头；对此，不能认定甲的行为构成遗弃罪。再如，甲傍晚带其幼子乙散步时，乙自己不慎掉入湖中，甲发现后及时报警并大声呼救，但由于其并不会游泳，且周边无人，待警察赶到后，乙已不幸溺亡。本案中，由于甲不会游泳，无法施救，因此，同样不能认定甲不作为犯罪的刑事责任。

3. 行为人没有履行该义务

不作为是以不履行特定义务为内容的，其社会危害性表现为不履行特定义务而导致危害结果发生。需要指出的是，行为人在不履行特定义务的当时，去积极实施了其他行为，但该积极行为并非刑法所关注的，例如，锅炉工甲在值班时聚精会神地看球赛，忘了给锅炉加水，导致锅炉温度过高而爆炸，伤亡惨重。对此，看球赛这一积极身体举动并非刑法所关注的，具有刑法意义的是没有履行加水义务而导致锅炉爆炸这一危害结果。

在刑法中，不作为实施的犯罪可以分为两种基本类型。一种是只能由不作为形式实现的犯罪，或者说，刑法条文中明确将作为的义务规定为构成要件要素。这种类型理论上称为纯正的不作为犯或真正的不作为犯。例如，我国刑法中的遗弃罪、巨额财产来源不明罪、拒传军令罪等。另一种是既可以以不作为形式也可以以作为形式实施的犯罪，或者说，刑法并没有明文将作为的义务规定为构成要件要素，行为人以不作为的方式实施了通常由作为实施的构成要件。这种类型理论上称为不纯正的不作为犯或不真正的不作为犯。例如，故意杀人罪在大多数情况下是以诸如刀砍、枪击、殴打等作为的方式杀人，但也存在诸如母亲不给婴儿喂奶导致其饿死这种不作为方式的杀人。由于不纯正的不作为犯，其作为义务并未在条文中明确规定，而是要根据其他法律法规并结合案件具体情况来确定，因此相对于纯正的不作为犯，它在成立犯罪的明确性方面存在问题。当然，处罚不纯正不作为犯并没有违反罪刑法定原则，以故意杀人罪为例，不能认为其就是违反了“不得杀人”的禁止规范，实际上，也可以将故意杀人罪背后的规范理解为“必须要尊重和保护他人的生命”这样一种命令性规范。

为正确理解犯罪的作为和不作为问题，需要注意以下几点。

（1）不能把作为与不作为的划分同故意与过失的划分相混淆。

故意和过失是主观方面的罪过内容，是行为人实施危害行为时的主观心理态度。而作为与不作为则是客观方面危害行为的表现形式，属于犯罪客观方面的内容。作为与不作为，在主观心理态度上，两者既可以由故意方式构成也可以由过失方式构成，不能认为作为犯罪只能是故意犯罪，而不作为犯罪只能是过失犯罪。例如，故意杀人与过失致人死亡，都可以由作为和不作为方式构成。

（2）不能认为作为犯罪的社会危害性一定大于不作为犯罪。

不作为与作为，只是客观方面危害行为的两种不同表现形式，这种形式上的不同并不影响犯罪的性质。一般情况下，不作为犯罪可能并不像作为犯罪那样看起来残酷、恶劣，但是，在危害程度上，不作为犯罪并不一定就具有较小的社会危害性。例如，扳道工忘记扳道导致列车相撞，锅炉工忘记给锅炉加水导致锅炉爆炸的例子中，其危害性也非同寻常。

（3）要正确认识研究犯罪的作为和不作为形式的重要意义。

在司法实践中，既要注意惩处以积极方式构成的作为犯罪，也要注意惩处以消极方式构成的不作为犯罪。当然，对于不负有特定作为义务或不具备履行特定义务实际可能性的人，同样要注意甄别，防止对其不当定罪。正确认识危害行为的两种基本形式，对于全面惩处犯罪、正确定罪量刑，都有重要的意义。

（三）关于持有的性质问题

就持有究竟是作为还是不作为的问题，本书认为，其是一种作为形式。持有是指与某些法律所禁止的物品之间存在支配关系的状态。我国刑法中规定了某些以持有为行为方式的犯罪。例如，非法持有枪支、弹药罪，持有假币罪，非法持有毒品罪，非法持有毒品原植物种子、幼苗罪，非法持有国家绝密、机密文件、资料、物品罪等。

随着我国刑法中广泛地规定持有型犯罪，对于持有行为到底是犯罪的作为还是犯罪的不作为，抑或是第三种行为方式，在我国刑法学界存在争议，主要存在以下三种观点：第一种观点认为持有是作为。该观点认为法律规定持有型犯罪，旨在禁止行为人取得特定物品，所以持有行为违反了禁止性规范，属于作为。[①] 第二种观点认为持有是不作为，法律规定持有犯罪的用意在于命令持有人上缴该特定物品，使其不再危害社会，因此，持有违反了应缴而不缴的命令性规范。[②] 第三种观点则认为持有是有别于作为与不作为的第三种独立的行为方式。该观点认为，持有是指行为人对物品的控制，这是一种静止状态，因而不同于以积极身体动作实施的作为犯罪；同时认为，持有型犯罪如果是不作为，则只可能是纯正不作为，但持有人往往并不负有特定的义务，而仅负一般的法律义务，诸如“非法持有毒品罪”中虽然也有“非法”的规定，但这里的非法是对持有状态的法律评价，而不是对法律上交出义务之不履行的法律评价，因而其不可能是纯正不作为。[③]

本书认为，持有是一种作为。首先，持有实质上是一种实力支配、控制。这种支配和控制是受行为人的意志力所支配的，等于创设了危险，而不只是不消除危险的问题。这与不作为显然不同。在司法实践中，携带与窝藏枪支行为，均被认为是一种持有枪支的方式，但我们通常都认为其属于作为。其次，持有特定物品之人，完全可以将该物品自行销毁，而并不是必须上缴特定部门，也即，其并不属于违反了“必须上缴该特定物品”之作为义务的不作为。最后，即便将持有理解为一种“兼具作为与不作为交融的”状态[④]，这种状态实际上也是作为行为本身的持续状态，如同窝藏赃物的持续状态一样，应被归入作为犯。

三、危害行为在犯罪构成中的地位

危害行为在犯罪构成中处于核心的地位。如前所述，危害行为是犯罪客观方面的必要要件，是任何犯罪成立都必须具备的要件。危害行为这一要素，对于任何种类、任何形态的犯罪都是必不可少的。危害行为通过作用于犯罪对象，对犯罪客体进行侵害；同时，危害行为同犯罪构成客观方面中的危害结果、时间、地点、手段等密切相连。危害行为的这种特殊性决定了其在犯罪构成中的核心地位。就主观要件而言，其是指行为主体对自己的行为及其已经或者可能造成的危害结果所持的心理态度。换言之，危害行为成为主观要件和客观要件之间的“桥梁”。危害行为的这种特殊性决定了其在犯罪构成中的核心地位。

需要指出的是，危害行为并非仅表现为实行行为，即刑法分则所规定的具体犯罪的犯罪客观方面要件中的行为。根据总则的相关规定，非实行行为同样可以构成危害行为。如在预备犯罪的犯罪构成中，危害行为表现为，为了实施实行行为而准备工具、制造条件的行为，这种危害行为就是非实行行为。同时，危害行为在结构上也可以分为单一行

---

① 熊选国．刑法中行为论．北京：人民法院出版社，1992：125.

② 张智辉．刑事责任通论．北京：警官教育出版社，1995.124.

③ 陈兴良．本体刑法学．北京：中国人民大学出版社，2017：213－214.

④ 贾宇．刑法学：上册·总论．北京：高等教育出版社，2019：119.

为和复合行为。所谓单一行为，是指以一个行为作为构成要件客观方面要件的行为，如故意伤害罪，在客观方面（危害行为）要件上，只要求有伤害行为一个行为。所谓复合行为，是指以两个或两个以上的行为作为构成要件客观方面要件的行为，典型的如抢劫罪的基本犯罪构成，在危害行为上，要求既有暴力、胁迫等方法行为又有劫取财物的行为。

第三节　危害结果

一、危害结果的含义

作为客观要件的危害结果，是指危害行为给犯罪客体造成的损害，但这是在比较狭窄的意义上进行理解的。危害结果的含义有广义和狭义之分。

所谓广义的危害结果，是指行为人的危害行为所引起的一切对社会的损害事实。它既包括危害行为所造成的直接结果和间接结果，也包括构成要件的结果和不属于犯罪构成要件的结果。而狭义危害结果是指危害行为侵犯了作为构成要件的客体所造成的或可能造成的直接损害。例如，甲杀害了乙，乙的妻子丙在案发现场感到悲愤而自杀。在这里，行为人所造成的危害结果，就既包括了乙的死亡，又包括了丙自杀身死的结果。前者属于故意杀人罪的构成要件结果、直接结果，是所谓的狭义的结果，是我们判断是否成立故意杀人罪及其是否既遂的重要标准和依据。而后者属于非构成要件结果、间接结果。两种结果都与行为的危害程度有关，因此在案件的处理上都应当予以考虑。

就狭义的危害结果而言，其具有如下几个特征：

（1）现实性。危害结果作为一种事实，不论是已经造成的侵害事实还是危险状态，都是客观存在的。危害结果不是人们猜想的、推测可能出现的结果。它是客观存在的，属于已然的范畴，不包括可能出现的结果。

（2）因果性。危害结果是危害行为引起的，危害行为是危害结果产生的原因。危害结果不同于哲学意义上的其他结果的特性在于，它是刑法犯罪客观方面的危害结果，与人的危害行为相关联，如果结果不是危害行为所造成的结果，就不是危害结果。

（3）侵害性。危害结果说明刑法所保护的社会关系遭受侵害的事实与危险状态，它具有反映行为社会危害性的属性。只有具有对刑法所保护的社会关系造成侵害的侵害性结果，才可能是危害结果。当这种侵害性结果是犯罪构成要件时，它对犯罪的社会危害性起决定性作用；当这种侵害性结果不是犯罪构成要件时，它对犯罪社会危害性的大小也起影响作用。

（4）多样性。危害结果在外观上是多种多样的。它作为危害行为对刑法所保护的社会关系侵害的事实，必然具有多样性。这是由刑法所保护的社会关系的多样性、危害行为的多样性、行为对象和行为手段等的多样性所决定的。但无论这种多样性表现为什么样的具体形式，只要是危害行为造成的、已经出现的客观事实，并且说明危害行为对社会关系的侵害性的，就应当是危害结果。

（5）法定性。危害结果具有多样性，但需要注意的是，作为构成要件要素的危害结果，是刑法分则条文所规定的结果，而不是任何发生的结果。危害结果的法定性要求我们要注意区分属于犯罪构成要件的结果和不属于犯罪构成要件的结果、直接结果和间接结果。例如，在破坏交通工具罪中，如果没有"足以使火车、汽车、电车、船只、航空器发生颠覆、毁坏的危险"，而只是造成火车、汽车、电车、船只、航空器上的乘客心理恐惧，那么，就不能认为行为造成了成立破坏交通工具罪所需要的危害结果。

二、危害结果的分类

一般说来，在理论上，对于危害结果存在以下四种分类。

（一）构成要件的结果和非构成要件的结果

以危害结果是不是犯罪构成要件为标准，可以将危害结果分为构成要件结果和非构成要件结果。

所谓构成要件结果，是指属于犯罪构成要件要素的危害结果，缺乏这一危害结果，则要么犯罪不成立，要么只成立未完成形态，而不可能成立犯罪既遂形态。在我国刑法中，过失犯罪以特定危害结果的有无为罪与非罪的界限。例如，在过失致人死亡罪中，被害人是否死亡的构成要件结果，是过失致人死亡罪成立与否的关键，被害人没有死亡，则不成立过失致人死亡罪。此外，在间接故意犯罪中，由于不存在犯罪未遂，犯罪既遂的成立也要求特定危害结果的发生。因此，特定的构成要件结果是判定间接故意犯罪既遂的关键。而在直接故意犯罪中，许多犯罪规定了犯罪构成要件的危害结果，对于这些犯罪来说，犯罪构成要件的结果是否具备并不是犯罪成立与否的关键，而只是区分犯罪既遂和未遂的标准。例如，直接故意杀人的行为，虽然没有出现被害人死亡的构成要件结果，但犯罪仍然成立，只不过是成立直接故意杀人未遂罢了。

所谓非构成要件的结果，是指不属于构成要件要素的危害结果。这种危害结果，不影响犯罪的成立（包括未完成形态的成立）与否，而是影响到行为的社会危害性大小的程度，从而影响到量刑。非构成要件的结果存在于以下情形之中：（1）存在于结果加重犯中，这种犯罪的加重结果，是基本构成的构成结果以外的结果，对于适用结果加重犯的刑罚具有重要意义。如抢劫致人重伤、死亡，他人重伤、死亡的结果就是对行为人适用抢劫罪结果加重犯的刑罚依据。需要说明的是，行为人对加重结果承担责任的前提是至少对其存在过失。（2）存在于任何性质、任何形态中的随意结果。这种结果，是指危害行为侵害犯罪客体以外的其他社会关系而形成的不属于前两种结果的非构成要件结果。如行为人非法侵入他人住宅，导致他人财物受损的结果。

（二）物质性的危害结果与非物质性的危害结果

以危害结果的现象形态为标准，可以将危害结果分为物质性危害结果和非物质性危害结果。区分物质性危害结果与非物质性危害结果，能够帮助我们合理确定危害结果的范围，有利于全面认识行为的社会危害性。

所谓物质性危害结果，是指现象形态表现为物质性变化的危害结果。它往往是有形的、可以具体确定和测量的，如致人死亡、致人伤害、毁损财产等危害结果。

所谓非物质性危害结果，是指现象形态表现为非物质性变化的危害结果。这种危害结果，往往是无形的、不能或难以具体认定和测量的结果，如对他人名誉造成的损害，对法人造成的信用度受损的状态。无形的、不能或难以具体测量确定的结果，往往在行为人实施犯罪行为时就发生了。因此，在这类案件中，只要查明犯罪行为是否实施，就可以认定犯罪是否既遂。例如，对于《刑法》第246条规定的侮辱罪，只要行为人实施公然的侮辱他人且情节严重的行为，就构成了侮辱罪的既遂，而无须考察是否存在未遂的问题。

有形的、可以具体测量确定的结果，在性质上是物质性的危害结果，这种结果，并不一定在行为人实施犯罪行为时就发生，有的要经历一个时间的过程。例如，甲杀害乙，乙身受重伤3天后不治死亡。再如，甲非法拘禁乙持续48个小时。这些都属于物质性危害结果。

（三）直接的危害结果和间接的危害结果

以危害结果距离危害行为的远近为标准，可以将危害结果划分为直接危害结果和间接危害结果。所谓直接危害结果，是指危害行为直接造成的侵害事实。这种结果与危害行为之间存在直接的因果关系，两者之间并不存在任何中介的现象。所谓间接危害结果，是指危害行为间接造成的侵害事实。这种结果与危害行为之间存在间接的因果关系，两者之间存在另一现象作为联系的中介。

（四）侵害的危害结果和危险的危害结果

这是以危害结果是不是现实后果为分类标准。侵害的危害结果，又称既有的危害结果，是指行为对犯罪客体造成的现实侵害事实，如故意杀人行为造成人死亡的侵害结果，故意伤害行为造成人受伤的侵害结果，财物被偷是盗窃罪的侵害结果。而危险的危害结果是指行为人对犯罪客体造成的现实危险状态，又称可能的危害结果。例如，破坏火车没有造成火车倾覆、毁坏，但是有足以造成火车倾覆、毁坏的危险。

三、危害结果的地位

危害结果在犯罪构成理论中处于什么地位，它是不是犯罪构成的共同要件，是理论上存在不同看法的问题。有的人认为，危害结果是一切犯罪构成所必须具备的要件，这种观点不承认危害结果有构成要件和非构成要件结果之分。有的人认为，危害结果并非一切犯罪构成所必须具备的要件，危害结果有构成要件结果和非构成要件结果之分，只有部分犯罪以危害结果为犯罪构成要件。显然，两者是分别建立在广义和狭义的结果之上的。第一种观点正是从广义上考察的。一切犯罪，无论是故意犯罪、过失犯罪，还是行为犯、结果犯，抑或是既遂犯、未遂犯、预备犯、中止犯，都给社会带来一定的危害，具有危害结果，只不过危害结果有程度之分。第二种观点则是在狭义上对危害结果加以讨论的。

本书认为，立足于狭义的角度考察危害结果，有助于犯罪构成理论研究的深入，有助于考察犯罪构成要件的具体内容，有助于区分某些犯罪的犯罪形态，有助于司法实践中正确定罪与量刑。实际上，危害结果在我国刑法中具有多重意义。第一，在我国刑法中，过失犯罪的成立以危害结果的出现为必要要件，例如，我国刑法中交通肇事罪的成立必须有致人重伤、死亡或者严重的财产损失的结果发生。第二，对于故意的结果犯之既遂，以特定的侵害结果出现为前提。例如，故意杀人罪的既遂，必须有被害人死亡的结果发生，否则，可能成立未完成形态。第三，对于故意的危险犯之既遂，以特定的危险状态的出现为前提。例如，我国《刑法》第 117 条关于破坏交通设施罪规定，破坏交通设施的行为必须足以使火车、汽车、电车、船只、航空器发生倾覆、毁坏危险的，才成立犯罪既遂。第四，结果加重犯的成立，以特定的危害结果的出现为前提。例如，我国《刑法》第 234 条故意伤害罪中规定，故意伤害他人，致人重伤的，要处 3 年以上 10 年以下有期徒刑；第 263 条抢劫罪中规定，抢劫致人重伤、死亡的，处 10 年以上有期徒刑、无期徒刑或者死刑。第五，特定危害结果出现改变犯罪的性质。例如，我国《刑法》第 247 条关于刑讯逼供罪规定，如果出现致人伤残、死亡的结果，则依照故意伤害罪或故意杀人罪的规定定罪从重处罚。第六，以特定危害结果的出现，为自诉罪变公诉罪的条件。例如，根据我国《刑法》第 260 条关于虐待罪的规定，如果虐待行为致使被害人重伤、死亡，则不属于“告诉才处理”的范围，即由自诉犯罪变为公诉犯罪。

第四节 危害行为和危害结果间的因果关系

危害行为和危害结果之间的因果关系，也即刑法上的因果关系，是理论上的一个重要而且复杂的问题。根据罪责自负原则的要求，一个人只对自己的危害行为及其引起的危害结果承担刑事责任，如果危害结果不是行为人的危害行为造成的，危害行为与危害结果之间没有因果关系，那么，行为人不对该危害结果负刑事责任。因此，危害行为与危害结果之间存在因果关系，就成为使行为人在有危害结果发生时对该结果承担刑事责任的一个必要条件。同时，鉴于定罪与量刑的对象和根据不同，定罪和量刑所具有的危害行为与危害结果之间的因果关系是不同的。重视这个不同，并据此依照刑法关于定罪与量刑的对象和根据的规定予以区分认定，是正确定罪量刑和避免出现诸多争议问题所必要的。

一、大陆法系刑法学中的因果关系理论

刑法因果关系，是指危害行为与危害结果之间的因果关系。刑法因果关系与哲学因果关系是特殊与普遍、个别与一般的关系。在研究刑法因果关系时，不能脱离开哲学因果关系一般原理的指导。但刑法因果关系又不等同于哲学上的因果关系，它有自己的特殊性。

大陆法系国家的刑法理论中，对于如何确定刑法因果关系，先后出现过条件说、原因说、相当因果关系说和客观归责理论。

条件说认为，凡是产生犯罪结果所必不可少的条件行为，都是引起犯罪结果的原因。刑法因果关系中的行为与结果之间，存在“若无前者便无后者”的联系，即如果“没有 A 就没有 B”，那么，A 就是 B 产生的原因。条件说将一切条件都视为原因，且认为对结果发生产生影响的所有条件均具有同等的价值，这被认为会将条件的范围无限地追溯下

去，导致处罚范围的不当扩大。例如：甲开枪射杀乙，甲的母亲生下乙的行为会被认为与乙的死亡之间存在因果关系；甲打伤乙后，乙在被送往医院的途中出车祸死亡，对此，如果按条件说的观点会得出甲的行为与乙的死亡结果之间也存在因果关系。

原因说认为，应当在条件行为中按照一定的规则区分原因与条件，只有原因才与结果之间存在刑法因果关系，条件与结果之间的联系不是刑法因果关系。在区分原因与条件的判断标准上，先后提出了各种学说，如“最有力条件说”“优势条件说”“最终条件说”等。原因说区分标准不一，而且否认原因的多样性，因此，在现代刑法理论中也没有支持者。

相当因果关系说认为，凡依据人们社会生活经验判断同结果发生具有相当性的条件行为，才是刑法因果关系。在具体如何判断相当性的问题上，有主观说、客观说和折中说三种不同的标准。主观说认为，应该以行为人在行为时所认识或者所能认识的事实为标准，来确定行为与结果之间是否存在因果关系；客观说认为，应当以行为时的一切客观事实和行为后所发生的结果，作为判断基础，来确定行为与结果之间是否存在因果关系；折中说认为，应该以行为时一般人所能预见或者可能预见之事实以及虽然一般人不能预见而为行为人所认识或所能认识的特别事实为标准来判断。对于个案来说，主张不同的学说可能会得出不同的结论。例如，甲轻伤乙，但乙是血友病患者，因流血不止而死亡。在这个案件中，根据主观说，如果甲对乙的病情并不知情，则甲的轻伤行为与乙的死亡结果之间不存在相当因果关系，反之，则存在相当因果关系。根据客观说，既然行为时乙已经患病是客观事实，那么，轻伤一名血友病患者，导致其流血，则死亡将是具有相当性的结果，即存在相当因果关系。而折中说认为，如果甲实施伤害时，虽然一般人不能预见而为甲所特别认识到乙是血友病患者，则甲的行为与乙的死亡结果之间存在相当因果关系。折中说是传统通说，曾经在我国刑法学界也获得了广泛的认同，但对于折中说与主观说而言，存在把客观存在的因果关系同人们对因果关系的主观认识混为一谈的问题。因此，当前客观说渐成有力观点。但无论如何，“相当性”及其判断的基准都是不清晰的概念。

与相当因果关系同为归责性思考的，是自 20 世纪 70 年代出现并流行于德国刑法学界的客观归责理论。客观归责理论的基本内容有三个方面的判断：（1）行为人的行为对于行为客体（对象）是否制造了不被容许的风险；（2）这个风险在具体的结果中是否被实现了；（3）这个结果存在于构成要件的效力范围内时，由这个行为所引起的结果，才可以算作行为人的结果，而被归责于行为人。① 应该说，广义上的客观归责性理论，即建立在条件说和事实判断基础上的结果归责的认定体系，其解决的很多问题都能够用我国刑法学中的犯罪客体理论、行为理论、紧急避险、推定承诺理论、预见可能性、回避可能性、量刑规则等加以解决。但从比较法的角度来说，客观归责理论的主要内容与马克思主义哲学上对因果关系的时间先后性、客观性、具体性等的认识不谋而合，也就是说，与我们目前的刑法理论体系不会发生本质的冲突。本书认为，这三个方面的判断及其派

① 骆克信．客观归责理论．许玉秀，译．政大法学评论，1994（50）：13.

生的规则，具有排除结果责任之可归责性的示范作用，而且可以在一定程度上解决以往对刑法上的因果关系的判断过于抽象的问题，因而也大体可以为我们有选择性地参考和借鉴。

二、我国刑法学中的因果关系的相关特征

我国的刑法学研究以马克思主义哲学为指导，因此，在刑法因果关系问题上，应当坚持马克思主义哲学的因果观。具体而言，结合刑法学的特点，在刑法因果关系问题上，需要注意以下几点。

（一）因果关系的客观性

所谓因果关系的客观性，是指因果关系作为客观现象之间引起与被引起的关系，它是客观存在的，并不以人们主观是否认识为前提。这就要求在查明刑法因果关系的过程中，必须从实际出发，客观地加以判断和认定。

（二）因果关系的相对性

辩证唯物主义认为，客观世界是普遍联系并相互制约的整体，在这个整体中，许多现象错综复杂，形成一个相互关联的因果"锁链"。所谓因果关系的相对性，就是指各种客观现象是彼此互相制约和普遍联系的"锁链"，原因与结果的区别在普遍联系的现象的整个"链条"中只是相对的，而不是绝对的。在某一对现象中作为原因的，其本身又可以是另一种现象的结果，作为结果的，其本身又可以是另一现象的原因。因此，必须把普遍联系各环节的其中一对现象抽出来，在这时才能显出一个是原因另一个是结果。我们研究刑法因果关系的目的，归根结底是要解决行为人对所发生的危害结果是否负刑事责任的问题。因此，在刑法因果关系中，作为原因的现象，只能是人的危害行为，正当、合法的行为不能是刑法因果关系的原因。例如，教师甲因中学生乙多次违反学校纪律而批评了他，结果乙回家后想到老师的批评，一气之下喝农药自杀。在此案中，甲的行为是正当的，并非危害行为，乙的死亡结果是其服农药的行为客观现实地导致的，不能认为甲的行为是乙死亡结果的原因。

（三）因果关系的条件性和具体性

所谓因果关系的条件性和具体性，是指所有刑事案件的因果关系都是具体的、有条件的。因此，在查明因果关系时，一定要从危害行为实施的时间、地点、条件等具体情况出发来考虑。例如，行为人用匕首刺中被害人胸部，而最近的医院在几十里之外，被害人在送往医院抢救途中失血过多死亡。如果医院不远的话，被害人完全可以得到及时抢救。但是，被害人死亡就是在医院路途遥远的条件下现实地发生了。我们不能因为医院路途遥远、病人没有得到及时抢救而否认行为人的行为与被害人死亡之间的刑法因果关系。再如，行为人甲在与被害人乙的争执中，打了乙腹部一拳，乙因脾脏先天性肥大极易破裂，结果在被送往医院的途中，因脾脏破裂而死亡。对于此案，甲的拳击行为正是发生在乙具有这一特异体质的具体条件下，并且由此造成了乙的死亡结果，因此，应该肯定其拳击行为与死亡结果之间的因果关系。

（四）因果关系的复杂性

所谓因果关系的复杂性，是指因果关系在形式上可以具体表现为"一果多因"或

“一因多果”而呈现出复杂性。“一果多因”是指危害结果由多个原因造成，如在重大责任事故罪中，数个人的过失行为共同引起危害结果。“一因多果”是指一个危害行为同时引起多个结果的情况，如行为人以杀死甲的故意开一枪将甲打死，同时也将甲身边的乙打成重伤的情况。在案件存在如此“一果多因”或“一因多果”情形时，需要梳理出哪个（些）危害行为与危害结果之间的引起与被引起关系属于定罪对象和根据，哪个（些）危害行为与危害结果之间的引起与被引起关系属于量刑对象和根据。

（五）因果关系的时间顺序性

所谓因果关系的时间顺序性，是指在因果关系中，从时间先后上看，总是原因发生在前，结果发生在后。因此，在查明刑法因果关系时，只能在发生于结果之前的现象中寻找原因，而不能相反。如果我们发现行为人的行为是在结果发生以后实施的，那就应该肯定该人的行为与危害结果之间没有因果关系。

（六）因果关系的必然联系与偶然联系

因果关系除了存在必然联系这种形式，还存在偶然联系的形式。必然因果关系，是指现象之间内在的、必然的、合乎规律的引起和被引起的联系，是因果关系基本和主要的表现形式。偶然因果关系是指，某种行为本身不包含产生某种危害结果的必然性（内在根据），但在其发展过程中，又有其他原因偶然加入其中，由后来介入的这一原因合乎规律地引起了这种危害结果。如在甲抢劫乙的过程中，乙乘机逃跑，甲在后紧追，乙在跑出胡同过马路时被丙违章超速驾驶的汽车撞死。这里不能说甲只对抢劫行为负责，而不对乙死亡的结果负责。乙死亡的结果与甲的抢劫行为之间具有偶然的因果关系，对于抢劫罪的量刑具有意义。

三、刑法上的因果关系的认定

在司法实践中，有些刑事案件中，危害行为与危害结果之间的因果关系是容易认定的，如行为人用匕首刺中被害人心脏等要害部位致被害人当场死亡，其认定就很清晰。然而，在有些情况下，行为人的危害行为与危害结果之间是否具有因果关系是一个复杂的问题，需要专门研究。

（一）假定的因果关系

所谓假定的因果关系，是指某个行为正在导致结果的发生，但即使没有该行为，由于其他情况也会发生同样的结果。例如，执行人员甲正在对故意杀人的犯罪人乙执行死刑，在执行人正要扣动扳机的瞬间，被害人的父亲丙抢过甲手中的枪，自行扣动了扳机，打死了乙。再如，甲意图杀死乙，在乙准备穿越沙漠长途旅行的前夜，悄悄在乙的水壶里投放足以致死的毒药；丙也试图杀死乙，在甲投放毒药之后悄悄在乙的水壶底部钻了一个小孔。次日清晨，乙出发了，两小时后想喝水，发现水壶里已经没有水了。乙最后脱水而死。即便没有甲的抢枪执行行为和丙的钻孔行为，死亡结果也会发生，并不符合条件说的理论。但本书认为，两个案例中的死亡结果是分别由甲的抢枪执行行为和丙的钻孔行为，现实地、合乎规律地引起的，符合因果关系的客观性、具体性和顺序性，应肯定二者间存在因果关系。

（二）重叠的因果关系

所谓重叠的因果关系，是指两个以上的相互独立的行为，单独不会导致结果的发生，但合并在一起就导致了结果的发生之情形。例如，甲与乙没有意思联络，分别向丙的水杯里投放致死量50%的毒药，丙喝下后被毒死。由于在这种情况下，甲、乙的行为导致丙的死亡结果的发生，是客观的、具体的，一般应认定两者之间具有因果关系。

（三）疫学的因果关系

在重大的环境公害和药品致害犯罪中，要认定致害行为与受害结果之间的因果关系，按照常规的认定方法非常困难。这时就有必要引入公众卫生学的统计方法，即能证明行为人所排出的有害物质或生产的药品，与附近居民或消费者的健康受损之间存在高度盖然性，就可以认定排出或生产行为与疾病之间存在刑法上的因果关系。要想确认某致病因子与损害结果之间存在高度的盖然性，必须具备以下条件：第一，该因子是在发病前的一定期间发生作用的因子；第二，该因子作用的程度越显著，则该病患者的比率越高，这被称为量与效果的关系；第三，根据该因子的发生、扩大等情况所作的疫学观察记录，能够说明流行特征，而没有矛盾；第四，该因子作为原因而起作用的机制与生物学不发生矛盾。以上四种条件相互关联，并以数量统计作出合理程度的说明，即可成立因果关系。

（四）介入因素与因果关系的判断

在因果关系的发展进程中，在介入了被害人的行为和第三者的行为的情况下，其因果关系的判断较为复杂。对此，理论上通常主张，应通过考察介入情况的异常性、行为人的行为导致结果发生的可能性以及介入情况对结果发生的作用力等因素，来判断前行为与结果之间是否存在因果关系。具体表现在：

1. 介入被害人行为的情况

（1）当行为人实施的行为导致被害人不得不或者几乎必然实施介入行为的，例如，甲放火点燃了乙的衣服，乙跳湖被淹死。或者考虑到被害人在被害当时的情形下的实际身心情况，实施的介入行为具有通常性，例如，甲追杀乙，乙无路可逃，跳入湖中被淹死。那么，即使该介入行为具有高度危险，也应该肯定行为人的行为与结果之间具有因果关系。（2）在行为人实施行为后，被害人介入的行为虽有不当，但对结果的发生仅起轻微作用的，则应当肯定行为人的行为与结果之间具有因果关系。例如，甲故意伤害乙，致乙重伤后，乙在医院没有遵照医嘱卧床休息，导致病情恶化而死亡。此时，应该肯定甲的伤害行为与乙的死亡结果之间存在因果关系。（3）如果被害人介入了对结果起决定性作用的异常行为，则不应肯定行为人的行为与结果之间存在因果关系。例如，甲杀乙，乙仅受伤，但因迷信，在伤口上涂抹了香灰，导致中毒身亡。此时，乙的死亡结果系由其自己的严重不当行为所现实导致，应肯定甲的行为与乙的死亡结果之间不存在因果关系。

2. 介入第三者行为的情况

（1）与前行为无关的介入行为导致结果发生的，应该否认前行为与结果之间的因果关系。例如甲投毒后，乙开枪打死了丙，即断绝了甲的投毒行为与丙的死亡之间的因果关系，该死亡结果系乙的开枪行为所客观地导致。（2）当行为人的伤害行为具有导致被害人死亡的高度危险，进而介入医生或他人的一般过失行为而未能挽救被害人的生命时，应当肯定伤害行为与死亡结果之间存在因果关系，但介入了严重过失行为的除外。（3）行为人实施危险行为后，通常或必然介入第三者的行为，导致结果发生的，应当肯定犯罪人的行为与结果之间具有因果关系。例如，甲将乙推倒在高速公路中间，结果乙被车撞死。（4）行为人实施危险行为后，介入了有义务防止危险现实化的第三者（例如警察）的行为，如果第三者能够防止而没有防止，就只能认定第三者的行为（包括不作为）与结果之间的因果关系。（5）当行为人的前行为与第三者的介入行为均对结果的发生起决定作用时，应当肯定两者的行为都是结果的原因。

其实，以上基于介入因素所作的因果关系判断的理论主张，是将简单问题复杂化、抽象化。在实质上，必然的和偶然的因果关系只是一种因果关系现象，并非可以确定如何定罪的通行规则。基于罪刑法定原则，刑法因果关系作为危害行为、危害结果及其相互关系决定或影响定罪、量刑的规则，只能由刑法关于定罪对象和根据的规定确定。如前述甲抢劫乙，乙在逃跑时被丙违章超速驾驶的汽车撞死案：在区分定罪因果关系和量刑因果关系的情况下，就可以很准确地对案件作出定罪认定和量刑裁处。一方面，甲的行为符合刑法关于抢劫罪的全部规定，应以抢劫罪定罪，但同时，该抢劫行为致乙处于危险境地并被超速行驶的汽车撞死，在量刑时应当酌定从重处罚；另一方面，丙违章超速驾驶汽车撞死乙，丙至少要对其致一人死亡的交通肇事行为负主要责任，应以交通肇事罪定罪，但同时，该交通肇事案与甲的抢劫行为有关，在量刑上应当酌定从宽处罚。

（五）正确认识不作为犯罪的因果关系

有观点认为，不作为的危害行为与危害结果之间在客观事实上并不存在因果关系，而只存在法律拟制的因果关系。这种观点否认了因果关系的客观性。通说认为，不作为犯罪中的因果关系，也必须如作为犯罪中的因果关系那样，将唯物辩证法的观点贯彻到底。不作为犯罪中，行为人的不作为与危害结果之间的因果关系是客观存在的。不作为犯罪的原因力在于，它应当阻止而没有阻止事物向危险方向发展，以致引起了危害结果的发生。

四、刑法因果关系与刑事责任

需要强调的是，不能将因果关系的有无与行为人应否承担刑事责任问题相混淆。即便能够认定危害行为与危害结果之间具有刑法上的因果关系，也不能直接使行为人负刑事责任。刑法因果关系处于犯罪客观要件之中，说明危害行为与危害结果之间的客观联系，危害行为与危害结果之间具备刑法上的因果关系，只是行为人承担刑事责任的一个必要条件。行为人除实施了危害行为并造成了危害结果（危害行为与危害结果之间具有因果关系）外，还必须具备主观上的罪过（故意或过失）并符合犯罪主体和客体要件，才能导致刑事责任。也就是说，没有刑法因果关系，不能使行为人对该结果负责；但有了刑法因果关系，如果行为人对危害结果不具备罪过或者主体要件不符合的话，也不能使行为人对该结果承担刑事责任。

第五节 犯罪客观方面的其他要件

犯罪客观方面的其他要件，是指成为犯罪构成的犯罪客观方面的要件要素。根据我国刑法规定，具体是指犯罪的时间、地点、方法和手段。它们在一定意义上，既可能影响定罪也可能影响量刑。

一、时间、地点、方法、手段对于定罪的意义

任何犯罪都是在一定的时间、地点并采取一定的方法、手段来实施的，但它们并不都是犯罪构成的犯罪客观方面的要件要素。只有能作为犯罪构成的犯罪客观方面选择要件的时间、地点、方法和手段，才是犯罪构成的犯罪客观方面的要件要素。这样的时间、地点、方法和手段，须由刑法立法予以明确规定。刑法理论上称它们为特定的时间、地点、方法和手段。

当刑法条文中明确规定特定的时间、地点和方法是某一犯罪的成立所必备的要件时，这些因素就是成立这些犯罪所必不可少的要件。缺少了这些要件，犯罪就不能成立。典型的如我国《刑法》第 242 条关于聚众阻碍解救被收买的妇女、儿童罪规定："聚众阻碍国家机关工作人员解救被收买的妇女、儿童的首要分子，处五年以下有期徒刑或者拘役"。根据该条文，构成聚众阻碍解救被收买的妇女、儿童罪，必须是以聚众的方式阻碍解救。因此，如果虽有阻碍解救被收买的妇女、儿童的行为，但没有使用聚众的方式，则行为人的行为不构成本罪。又如《刑法》第 340 条关于非法捕捞水产品罪规定："违反保护水产资源法规，在禁渔区、禁渔期或者使用禁用的工具、方法捕捞水产品，情节严重的，处三年以下有期徒刑、拘役、管制或者罚金。"在这里，时间（禁渔期）、地点（禁渔区）、方法（使用禁用的工具）就是非法捕捞水产品罪成立的构成要件要素，对于成立本罪而言，它们是不可缺少的条件。再如，我国《刑法》第 433 条规定的战时造谣惑众罪、第 434 条规定的战时自伤罪、第 445 条规定的战时拒不救治伤病军人罪等，均必须具备"战时"这一时间要素。需要指出的是，有些条文中虽然没有明确规定犯罪时间，但通过其他构成要件要素进行推断，其成立犯罪必须处于某一特定时间内，例如，妨碍公务罪的行为就必须发生在国家工作人员依法执行职务期间。

二、时间、地点、方法、手段对于量刑的意义

在我国刑法分则所涉及的罪名中，除这些明文规定特定的时间、地点、方法、手段的犯罪外，大多数犯罪并没有将这些要素作为犯罪构成的要件。对于这些犯罪而言，对实施犯罪的时间、地点、方法、手段并没有特别的限制，它们不会影响到行为的定性，但是，这些要素会影响量刑。这是因为，这些要素对于说明行为本身的社会危害性具有重要意义。例如，同为抢劫行为，在光天化日之下抢劫、抢劫重要人物、持刀抢劫、在公共场所抢劫，就比没有这些情节的一般抢劫行为社会危害性大，因此，在量刑时要予

以适当的考虑。需要说明的是，有些刑法条文中明确规定，在特定的地点、使用特定的方法，是加重处罚的条件。如在《刑法》第 236 条强奸罪中，在公共场所当众强奸、二人以上轮奸等就是加重处罚的条件。在这种情况下，就必须在法律明文规定的量刑幅度内量刑。

所涉法律条文及司法文件

1.《刑法》第 16 条、第 18 条、第 20 条、第 225 条等关于“行为”的规定，第 13 条关于“危害社会的行为”的规定，第 241 条、第 414 条关于“犯罪行为”的规定

2. 刑法分则条文中关于各犯罪客观方面的特别规定

代表性文献推荐

1. 陈忠林，徐文转. 犯罪客观要件中“行为”的实质及认定. 现代法学，2013 (5).

2. 张明楷. 不作为犯中的先前行为. 法学研究，2011 (6).

3. 林东茂. 客观归责理论. 北方法学，2009 (3).

4. 张绍谦. 刑法因果关系研究. 北京：中国检察出版社，2004.

5. 姚诗. 不真正不作为犯的边界. 法学研究，2018 (4).

思考题

1. 何谓犯罪客观方面？它与犯罪客体的内在关系是什么？它在犯罪成立的评价体系中处于什么样的地位？不同时考察其他要件，仅考察犯罪客观方面要件，能否认定为犯罪？

2. 刑法上的行为、危害行为、犯罪行为到底有何不同？它们的刑法地位分别是什么？应基于什么思维对它们予以理解与界分？对危害行为的特征和表现形式应分别如何理解？如何理解不作为犯的作为义务来源？持有的性质究竟是什么？

3. 危害结果与犯罪对象、犯罪客体的内在关系是什么？它在刑法上的地位是选择要件而不是必要要件，是不是意味着危害结果对犯罪成立是可有可无的或有的犯罪不存在危害结果？危害结果分类的法律意义分别是什么？

4. 刑法因果关系的刑法地位是什么？它与犯罪客观方面、犯罪构成和刑事责任间分别是一种什么关系？它在司法上该如何认定？对偶然因果关系在实践中应如何判断？

5. 犯罪的时间、地点、方法的刑法地位是什么？为何说它们是选择要件而不是必要要件，是不是意味着有的犯罪不存在实施的时间、地点、方法？

第八章

犯罪主体

内容导读

犯罪主体是犯罪成立必要要件，犯罪主体包括自然人和单位两类犯罪主体。其中，自然人犯罪主体要件可分为一般主体要件和特殊主体要件：一般主体要件以刑事责任能力为核心内容，影响刑事责任能力的主要因素为年龄、精神状况和重要生理功能状况；特殊主体要件包括影响定罪和量刑的两类身份。对单位犯罪主体主要掌握单位成立条件以及单位法人人格否定的具体情形。

第一节　犯罪主体与犯罪主体要件

一、犯罪主体与犯罪主体要件概述

（一）犯罪主体

犯罪主体，是指实施犯罪行为的人。刑法意义上的人，包括自然人和法律拟制的人。前者是指作为个体存在的有生命的人，是自然意义的人；后者即法人，是由自然人组成的社会实体，法律承认其有以自己的名义实现权利和履行义务的能力，因而在法律上认为其也具有独立的人格。

在我国刑法中，犯罪主体也包括两种情况：自然人和由自然人组成的单位。后者是刑法拟制的人。动物或者其他的物体不能成为犯罪主体，动物侵袭人身或者毁坏财物的，动物本身不能承担刑事责任；人利用或驱使动物侵袭人身或者毁坏财物的，动物是人的犯罪工具，犯罪主体依然是人。人工智能（体）能否成为犯罪主体？对此，学界有肯定论与否定论两种对立观点：前者基于科技高速发展与无限进步之可能性，认为应适时考虑赋予人工智能刑事责任主体的地位[①]；后者则基于人工智能异于人类本质，认为其不可能产生意识，人工智能不具有刑事责任主体资格。[②] 也有观点认为，即使承认科技进步的无限可能，人类也应该禁止研究、创造与人类一样拥有自主意识的人工智能。

犯罪主体是实施犯罪行为的人，犯罪是刑法所禁止的危害社会的行为。因此，只有实施刑法所禁止的危害行为的人或单位，才有可能成为犯罪主体；脱离犯罪客观要件，

---

① 刘宪权．人工智能时代的刑事风险与刑法应对．法商研究，2018（1）.

② 时方．人工智能刑事主体地位之否定．法律科学，2018（6）.

尤其是危害行为的主体，不可能成为犯罪主体。我国刑法不承认先天犯罪人论、原罪论、血统论，反对仅根据行为人的危险性来认定犯罪，不搞株连。[①]

犯罪是应负刑事责任的人实施的行为。因此，只有应负刑事责任的人实施的严重危害社会的行为才可能构成犯罪。而根据《刑法》第 17 条、第 17 条之一、第 18 条和第 19 条以及刑法分则相关条文的规定，只有主体方面具备一定条件的人（如达到一定的年龄并具有辨认和控制自己行为的能力，或同时具有特定的职务或者身份），才对刑法所禁止的危害行为负刑事责任。不具备刑法规定的主体条件的人，即使实施了刑法所禁止的危害行为，该行为也会因行为人不负刑事责任而不构成犯罪，行为人也不能成为犯罪主体。因此，只有符合刑法所要求的犯罪主体必须具备的条件的人，才可能成为犯罪主体。

作为犯罪构成有机整体中的要件，犯罪主体的存在或成立需要其他要件的关联和支持。具体表现在，犯罪主体是基于故意或过失实施侵害刑法所保护的社会关系的行为的人。这意味着，犯罪主体作为犯罪构成中的有机组成部分，若离开其他要件的关联和支持则是不存在或不成立的。这就是犯罪构成是犯罪构成要件的有机整体的要求和体现。

（二）犯罪主体要件

所谓犯罪主体要件，是指实施刑法所禁止的危害行为的人承担刑事责任的条件；在我国刑法理论中，是指刑法要求的行为成立犯罪，其行为主体必须具备的条件。根据犯罪主体的不同表现形式和刑法对犯罪主体的不同要求，犯罪主体要件可以分为自然人犯罪主体要件和单位犯罪主体要件以及犯罪主体一般要件和犯罪主体特殊要件。

对于自然人或单位成为犯罪主体必须具备什么样的条件，我国刑法并没有直接作正面的规定。但是，《刑法》第 13 条规定，犯罪是"依照法律应当受刑罚处罚的"行为，亦即行为人应对之负刑事责任的行为。《刑法》第 13 条的规定说明，行为人负刑事责任的条件与犯罪成立条件之间存在着内在的必然联系。因此，尽管我国刑法没有明文规定犯罪主体必须具备的条件，但我们完全可以根据刑法规定的行为人对犯罪行为应负刑事责任的条件来揭示犯罪主体要件必须具备的内容。换言之，犯罪是由应负刑事责任的人实施的刑法所禁止的危害行为，所谓"自然人或单位成为犯罪主体必须具备的条件"，就是刑法要求对自己实施的犯罪行为应负刑事责任的自然人或单位必须具备的条件。

1. 自然人犯罪主体要件

自然人犯罪主体要件，是指刑法规定的自然人作为犯罪主体必须具备的条件。根据我国《刑法》第 17、18 条的规定，只有达到一定年龄、在精神状况等方面具备辨认和控制自己行为能力的人，才对相应的犯罪行为承担刑事责任。这里的"达到对相应犯罪负刑事责任的年龄"和"具备对自己行为的辨认和控制能力"，是自然人成为任何犯罪主体都必须具备的条件，即自然人犯罪主体的一般要件。其中的"达到对相应犯罪负刑事责任的年龄"，在刑法理论上被称为"刑事责任年龄"；"具备对自己行为的辨认和控制能力"，在刑法理论上被称为"刑事责任能力"。又根据我国刑法分则的规定，某些犯罪只能由具有一定身份的人实施，若行为人不具备刑法分则相应条文所要求的特定身份，则相应的犯罪就不能成立。这些犯罪主体所必须具备的特定身份，就是自然人犯罪主体的

① 陈忠林．刑法学：上．北京：法律出版社，2006：96.

特殊要件。

2. 单位犯罪主体要件

单位犯罪主体要件，是单位能够成为犯罪主体必须具备的条件。从刑法理论来讲，只要是刑法意义的“单位”，就可能成为单位犯罪的主体，单位为刑法意义的“单位”是单位犯罪主体必须具备的条件。根据我国《刑法》第30、31条的规定，单位犯罪是“公司、企业、事业单位、机关、团体实施的”，“应当负刑事责任”的危害社会行为。刑法意义上的“单位”，是刑法法定的，既需要是《刑法》第30条规定的“公司、企业、事业单位、机关、团体”，又需要是刑法分则中特定罪名明确规定的一般或特定“单位”。这意味着，“法定单位”是单位犯罪的一个必要要件。同时，具备相对独立的刑事责任能力，也是一切单位成为犯罪主体必须具备的必要条件。这是因为，国家在刑法中规定刑事责任的根本目的，在于通过刑罚的教育和威慑作用来指导、调整人们的行为，防止人们实施刑法所禁止的犯罪行为。由于刑法只能调整对刑法所禁止的犯罪行为具有辨认能力和控制能力的人的行为，不可能要求不具有刑事责任能力的单位承担刑事责任。

根据“法定单位”是一般单位还是特定单位的不同，可将单位犯罪主体划分为单位犯罪的一般主体和特殊主体。在我国刑法分则规定的单位犯罪中，绝大多数的单位犯罪主体是一般主体，表现为立法并未对单位作限定，只要是《刑法》第30条规定的“公司、企业、事业单位、机关、团体”，都可以成为犯罪主体，如《刑法》第120条之一（帮助恐怖活动罪）第3款规定：“单位犯前两款罪的，对单位判处罚金，并……”于少数单位犯罪，刑法分则规定要求作为犯罪主体的“单位”必须具有特定性质或符合特定条件，如《刑法》第137条（工程重大安全事故罪）规定：“建设单位、设计单位、施工单位、工程监理单位违反国家规定，降低工程质量标准，造成重大安全事故的，对直接责任人员，处……”这里的单位犯罪主体必须是“建设单位、设计单位、施工单位、工程监理单位”这些具有特定性质或条件的特定单位，是单位犯罪的特殊主体。

3. 刑事责任能力是犯罪主体要件的核心

罪过责任原则要求犯罪主体必须具有刑事责任能力，这与刑法的罪责观念和制度有关。罪责观念，是指要求行为人对自己的不法行为及其结果负刑事责任，必须要求行为人在主观上有罪过，即具有可责备之处。① 由于“刑事责任能力”是以主体对犯罪行为的辨认能力和控制能力为基本内容的，因此，具备相应的刑事责任能力是主体承担相应的刑事责任的根据。不论是自然人犯罪主体的刑事责任年龄或特定身份，还是单位犯罪主体必须是法定单位或须具有的性质或条件，都是表明犯罪主体具有相应刑事责任能力的标志，所以，犯罪主体的刑事责任能力是犯罪主体要件的核心。②

二、研究犯罪主体要件的意义

犯罪行为是犯罪主体实施的行为，因此，犯罪主体要件是犯罪成立必不可少的条件。

---

① 阮齐林，耿佳宁．中国刑法总论．北京：中国政法大学出版社，2019：155.

② 陈忠林．论犯罪构成各要件的实质及辩证关系//陈兴良．刑事法评论：第6卷．北京：中国政法大学出版社，2000：337.

研究犯罪主体要件，对于定罪量刑具有重要意义。

（一）犯罪主体要件是区分罪与非罪的标准之一

犯罪是行为人应负刑事责任的行为，犯罪主体必须具备的条件也是行为人对犯罪行为负刑事责任必须具备的条件。行为主体是否具备刑法规定的犯罪主体必须具备的条件，是行为是否构成犯罪的前提和基础。任何不具备犯罪主体要件的自然人或单位实施的行为，都不可能成为主体应负刑事责任的犯罪行为。例如，根据《刑法》第 17 条至第 19 条的规定，任何犯罪的行为人都必须达到法定年龄，且具有辨认和控制自己行为的能力。如果行为人没有达到法定年龄，或者没有辨认或控制自己行为的能力，其行为就会因主体不负刑事责任而不成立犯罪。同理，刑法分则某些条文规定的犯罪，还要求具备特殊身份的人才能实施，如果不具备特殊的身份，其实施的行为就不可能成立该罪。如《刑法》第 395 条规定的巨额财产来源不明罪，其行为主体要件是国家工作人员这一特殊身份，不具有此身份的人，其行为不可能成立该种犯罪。所以，行为人是否符合刑法所规定的犯罪主体要件，是区别罪与非罪的标准之一。犯罪主体要件对于正确认定犯罪，划清罪与非罪的界限，具有相当重要的作用。

（二）犯罪主体要件是区分此罪与彼罪的标准之一

当刑法为某一种犯罪的主体规定了具体的条件时，行为主体是否符合该种犯罪特殊主体要件，就可能成为区分该罪与其他犯罪的标准。对某些危害行为，一般公民与具有特殊身份的人均可实施，但是，在某些情况下，一般公民与具有特殊身份的人虽实施相同的客观行为，却反映出不同的性质，因而构成不同的犯罪。例如，同是“隐匿、毁弃或者非法开拆他人信件”的行为，如果行为主体为一般公民，则只能构成《刑法》第 252 条规定的“侵犯通信自由罪”；如果行为主体是邮政工作人员，则可能构成《刑法》第 253 条第 1 款规定的“私自开拆、隐匿、毁弃邮件、电报罪”。又如，同是利用职务上的便利，收取他人财物的行为，如果行为人是企业、公司的工作人员，则其行为构成的是《刑法》第 163 条规定的“非国家工作人员受贿罪”；如果是国家工作人员，则其行为应构成《刑法》第 385 条规定的“受贿罪”。

（三）犯罪主体要件是影响刑罚轻重的法定情节之一

犯罪主体要件的内容，既是行为人具有犯罪能力的标志，也是行为人承担刑事责任的重要根据。犯罪主体条件的具备，是行为人具备犯罪主观要件的前提，也是对犯罪人适用刑罚能够达到刑罚目的的基础。同时，在具备犯罪主体要件的同样情况下，行为人符合犯罪主体要件的具体情况也可能不同，而不同的具体情况又影响到刑事责任的大小或刑罚的轻重。因此，行为人符合犯罪主体要件的程度，将会影响行为人刑事责任的大小和刑罚的轻重。例如，《刑法》第 17 条第 4 款关于“对依照前三款规定追究刑事责任的不满十八周岁的人，应当从轻或者减轻处罚”的规定，第 17 条之一关于“已满七十五周岁的人故意犯罪的，可以从轻或者减轻处罚；过失犯罪的，应当从轻或者减轻处罚”的规定，第 18 条第 3 款关于“尚未完全丧失辨认或者控制自己行为能力的精神病人犯罪的，应当负刑事责任，但是可以从轻或者减轻处罚”的规定，第 19 条关于“又聋又哑的人或者盲人犯罪，可以从轻、减轻或者免除处罚”的规定等，以及分则中对于特殊主体中具有加减刑罚身份的人的量刑情节的规定，比如《刑法》第 238 条第 4 款关于“国家机关工作人员利用职权犯前三款罪（非法拘禁罪——引者注）的，依照前三款的规定从重处罚”的规定，都说明行为人符合犯罪主体要件的程度是可以决定刑罚轻重的法定标准。

第二节 自然人犯罪主体一般要件

自然人犯罪主体一般要件，是指自然人作为所有犯罪主体必须具备的条件。在我国刑法上，它以“刑事责任能力”为核心，以自然人的刑事责任年龄、精神状况和重要的生理功能状况等为其决定因素。

一、刑事责任能力

刑事责任能力，是指刑法所要求的犯罪主体必须具备的对犯罪行为的辨认能力和控制能力。它包括辨认能力和控制能力，是一切自然人犯罪主体都必须具备的条件，也关涉罪过有无与罪过形式的判断。

在我国刑法中，“刑事责任”是指行为人因犯罪而应承担的刑事法律后果。所以，不论从法律规定的角度或从字面含义而言，我国刑法中的“刑事责任能力”都应是指行为人承担刑事责任的“责任能力”，即刑法规定的对犯罪行为应负刑事责任的主体必须具备的条件。但是，根据《刑法》第13条的规定，犯罪“是依照法律应当受刑罚处罚的”行为，即行为人应承担刑事责任的行为，因此，只有行为人应负刑事责任的行为，才可能成为我国刑法意义上的犯罪行为；不具备承担刑事责任的“责任能力”的主体实施的行为，就不可能构成犯罪。因此，决定行为人是否应为犯罪行为承担刑事责任的“责任能力”，同时就成了决定行为人能否实施犯罪的“犯罪能力”。所以，我国刑法中的“刑事责任能力”，既是行为人可能对犯罪行为负刑事责任必须具备的条件，也是行为人成为犯罪主体必须具备的条件。行为人承担刑事责任的“责任能力”与实施犯罪的“犯罪能力”之间的辩证关系表明，我们完全可以从我国刑法规定的应对犯罪行为负刑事责任的主体必须具备的条件中，推论出作为犯罪主体必须具备的“刑事责任能力”这一要件的具体内容。

《刑法》第18条规定，“精神病人在不能辨认或者不能控制自己行为的时候造成危害结果，经法定程序鉴定确认的，不负刑事责任”；“间歇性的精神病人在精神正常的时候犯罪，应当负刑事责任”；“尚未完全丧失辨认或者控制自己行为能力的精神病人犯罪的，应当负刑事责任”。从上述规定中可以推知，刑事责任能力是指行为人对自己行为的辨认能力和控制能力；作为行为人辨认和控制对象的“行为”，都是指行为人在精神正常的情况下应当负刑事责任的犯罪行为；作为犯罪主体一般要件的刑事责任能力，应该是指行为人对犯罪行为的辨认能力和控制能力。

行为人对犯罪行为的辨认能力，是指行为人认识犯罪行为的性质及危害的能力；行为人对犯罪行为的控制能力，是指行为人能在认识到犯罪行为危害性质的基础上，控制自己不去实施犯罪行为的能力。因此，具备刑事责任能力的人，是能够按照刑法的要求不实施犯罪行为或履行一定作为义务的人，也是应当承担刑法所规定的禁止性义务或履行作为义务的人。具备刑事责任能力的人犯罪，在主体与刑法规定的关系上，是行为人违反刑法禁止性或命令性规范的意识和意志状态的表现形式；在主体与行为的关系上，是行为人没有按照刑法的要求正确地运用自己的辨认能力和控制能力去认识行为的危害性质，去控制自己不去实施犯罪的结果。这是具备刑事责任能力的人犯罪应当承担刑事责任的根本原因，也是刑事责任能力作为一切犯罪主体必备条件的根本原因。

刑事责任能力中的辨认能力和控制能力间存在着有机联系。一方面，辨认能力是刑事责任能力的前提和基础。只有对自己的行为在刑法上的意义有认识，才谈得上凭借这种认识能力而自觉有效地选择和决定自己是否实施触犯刑法的行为的控制能力。某人被确认没有辨认能力，就不具备控制能力，从而不存在刑事责任能力。控制能力的具备是以辨认能力的存在为前提条件的，不具备辨认能力的未达刑事责任年龄的未成年人或完全丧失辨认能力的精神病人，自然也就没有刑法意义上的控制能力。另一方面，控制能力是刑事责任能力的关键。在具备辨认能力的基础上，还需要有控制能力才能具备刑事责任能力，只要具备了控制能力就一定具备辨认能力。人虽然有辨认能力，但也可能不具有控制能力而并无刑事责任能力。由此可见，仅有辨认能力而没有控制能力，就没有了选择和决定自己行为的能力，也不具有刑事责任能力；控制能力的存在又须以具备辨认能力为前提，因而不可能存在仅有控制能力而没有辨认能力的情况。总之，刑事责任能力的存在，要求辨认能力与控制能力同时具备，缺一不可。

一般说来，当人达到一定的年龄之后，智力发育正常，就自然具备了刑事责任能力。当然，这种能力可能因精神状况、生理功能缺陷等原因而不具备、丧失或者减弱。具备刑事责任能力者可以成为犯罪主体并被追究刑事责任；不具备刑事责任能力者即使实施了客观上危害社会的行为，也不能成为犯罪主体，不能被追究刑事责任；刑事责任能力减弱者，其应承担的刑事责任也相应地适当减轻。

二、决定和影响刑事责任能力的因素

决定一个人刑事责任能力的有无以及影响刑事责任能力程度的因素，包括人的年龄情况（表征着人的知识和智力的成熟程度）、精神状况和重要的生理功能状况等。刑法关于这些因素及其意义的规定，既是判断自然人刑事责任能力的法律依据，也是分析自然人犯罪主体要件符合程度的法定标准，还是认定一个人在具体行为时是否具有罪过以及罪过形式、程度的重要依据。

（一）刑事责任年龄

1. 刑事责任年龄的概念和意义

刑事责任年龄，是指刑法规定的主体为自己实施的刑法所禁止的危害行为负刑事责任必须达到的年龄。达到刑法规定的刑事责任年龄，是刑法推定自然人具备刑事责任能力的最基本要求，因此也是任何自然人犯罪主体都必须具备的条件。

应对刑法所禁止的危害行为负刑事责任的主体条件，是决定主体的行为能够构成犯罪的必要条件之一。所以，刑事责任年龄既是主体承担刑事法律后果必须达到的“责任年龄”，也是决定行为人的行为能否构成犯罪的“犯罪年龄”。

年龄本来是指一个人生存的时间长度，一个人的年龄与其刑事责任能力（对犯罪行为的辨认能力和控制能力）之间具有内在的规律性联系，因为犯罪是具备辨认和控制自己行为的能力者在其主观意志和意识支配下实施的严重危害社会的行为。[①] 从人的能力发展过程来看，年龄的大小往往能反映出其生理、心理的成熟水平，反映出其认识能力和控制能力的高低。没有达到一定的年龄，一般就不可能具有对犯罪行为的辨认和控制能力。因此，只有达到法定的刑事责任年龄的人，才能够辨认和控制自己的行为，并能够适应刑罚的惩罚和教育，刑法才要求其对刑法所禁止的危害行为负刑事责任。确定刑事责任年龄，这主要与一个国家的刑事政策有关。[②] 刑法明文规定主体应为自己行为负刑事责任的年龄，实际上是用法律规定的形式推定：没有达到法定刑事责任年龄的人，一律不具有对犯罪行为的辨认能力和控制能力。尽管存在个别行为人的年龄和刑事责任能力不相称的情况，但对处于从幼年向成年过渡时期的人的责任能力难以测定，现代科学发展水平还不能使司法机关很简单地测量过渡时期的人的责任能力。完全由司法人员根据经验判断一个人有无责任能力，进而认定其是否符合行为主体的质的要求，既不现实，也有损法治。[③] 不采用确定刑事责任年龄的办法就难以避免鉴定行为人的刑事责任能力引起的司法实践中的混乱，同时，这一规定也是基于人道主义原则的要求。

刑事责任年龄制度，就是从年龄上划定一个负刑事责任的范围。我国刑法中关于责任年龄的规定，主要解决不同年龄阶段的人的刑事责任的有无问题，同时包含了对未成年犯罪人从宽处罚的内容。司法实践中处理案件时，必须严格遵守这些规定。研究刑事责任年龄问题，对于从理论上认识责任年龄与责任能力的关系，把握犯罪主体要件的本质，以及在司法实践中正确定罪处罚，都有重要意义。

2. 刑事责任年龄阶段的划分

关于刑事责任年龄阶段的划分，各国刑法有不同的规定。根据我国《刑法》第 17 条、第 17 条之一的规定，我国刑法将刑事责任年龄划分为以下几个阶段：已满 16 周岁的人，属于完全负刑事责任年龄阶段；已满 12 周岁不满 16 周岁者，为相对负刑事责任年龄阶段；已满 12 周岁不满 18 周岁以及年满 75 周岁的人犯罪，属于从宽处罚刑事责任年龄阶段；未满 12 周岁者，为完全不负刑事责任年龄阶段。

（1）完全负刑事责任年龄阶段。这是应对所有犯罪承担刑事责任的年龄阶段。《刑法》第 17 条第 1 款规定，“已满十六周岁的人犯罪，应当负刑事责任”。该规定意味着：已满 16 周岁的人实施任何刑法所禁止的危害行为若无其他原因（如精神病理作用）能证明其无刑事责任能力，都应当认定为犯罪，行为人都应该承担相应的刑事责任。这一刑事责任年龄阶段，即刑法理论中的“完全负刑事责任年龄阶段”。我国刑法如此规定的原因在于：无论从身心发育、接受教育还是从社会经历的角度考虑，已满 16 周岁的人一般

① 李永升．刑法总论．北京：法律出版社，2011：143.

② 周光权．刑法总论．4 版．北京：中国人民大学出版社，2021：241.

③ 张明楷．刑法学：上．6 版．北京：法律出版社，2021：329.

应该已具有认识所有犯罪行为的危害性质和控制自己不去实施这些犯罪行为的能力。一个人在能够认识犯罪行为的危害性和控制自己不实施犯罪的情况下，实施了刑法所禁止的危害行为，当然就应该为这种犯罪行为承担相应的刑事责任。

（2）相对负刑事责任年龄阶段。这是只对少数严重犯罪负刑事责任的年龄阶段。具体可以分为两种情况：

一是已满 14 周岁不满 16 周岁的相对负刑事责任年龄阶段。《刑法》第 17 条第 2 款规定，“已满十四周岁不满十六周岁的人，犯故意杀人、故意伤害致人重伤或者死亡、强奸、抢劫、贩卖毒品、放火、爆炸、投放危险物质罪的，应当负刑事责任”。该规定说明，已满 14 周岁不满 16 周岁的人，只对社会危害性极其明显的“故意杀人、故意伤害致人重伤或者死亡、强奸、抢劫、贩卖毒品、放火、爆炸、投放危险物质罪”承担刑事责任，除上述八种具体罪行外，已满 14 周岁未满 16 周岁的人实施刑法所禁止的其他危害行为，不应当承担刑事责任。由于处于这一年龄阶段的人只对少数严重的犯罪负刑事责任，故这一年龄阶段又被称为“相对负刑事责任年龄阶段”，或者“相对不负刑事责任年龄阶段”。由于故意杀人、故意伤害致人重伤或者死亡、强奸、抢劫、贩卖毒品、放火、爆炸、投放危险物质罪等其社会危害性极其严重，所以一般已满 14 周岁不满 16 周岁的人应对其实施的该八种行为负刑事责任。需要注意的是，条文所列八种并非具体罪名而是八种犯罪行为，即涵摄了条文所列举的八种具体犯罪行为的所有罪名，比如绑架并杀害被绑架人的行为。

二是已满 12 周岁不满 14 周岁的相对负刑事责任年龄阶段。这种刑事责任年龄阶段可以被称为补足刑事责任年龄阶段。也就是根据刑法规定，根据恶意、情节、后果以及程序多方面因素，补足原本并未达到的刑事责任年龄。毋庸置疑的是，即使没有达到法定年龄的人，也可能已经有辨认和控制自己行为的能力。近年出现的低龄恶意犯罪案件，引发了不少人呼吁降低责任年龄。虽然对于是否降龄，争议极大，但《刑法修正案（十一）》采纳了肯定说的主张。根据《刑法修正案（十一）》对《刑法》第 17 条所增加的第 3 款之规定，补足刑事责任年龄阶段者，即“已满十二周岁不满十四周岁的人，犯故意杀人、故意伤害罪，致人死亡或者以特别残忍手段致人重伤造成严重残疾，情节恶劣，经最高人民检察院核准追诉的，应当负刑事责任”。该款规定设定了对已满 12 周岁不满 14 周岁的人追究刑事责任的以下三个条件：1）行为人所犯罪行仅限于故意杀人罪和故意伤害罪；2）必须造成严重后果且情节恶劣，严重后果是指致人死亡或者以特别残忍手段致人重伤造成严重残疾，情节恶劣是指犯罪动机特别卑劣，主观恶性特别大；3）必须经最高人民检察院核准追诉。这三个条件必须同时具备才能追究该年龄段的行为人的刑事责任。

（3）从宽处罚刑事责任年龄阶段。这是指处于某种特定年龄段的行为人犯罪后，可以获得从宽处罚。该年龄阶段分为可以从宽处罚刑事责任年龄阶段和应当从宽处罚刑事责任年龄阶段两种情形。

一是可以从宽处罚刑事责任年龄阶段。于 2011 年 2 月 25 日颁布的《刑法修正案（八）》第 1 条规定：“已满七十五周岁的人故意犯罪的，可以从轻或者减轻处罚；过失犯罪的，应当从轻或者减轻处罚。”根据这一规定，已满 75 周岁的人，如果故意犯罪，应当负刑事责任，但可以从轻或减轻处罚。刑法这样规定，一方面体现了中国传统法文化中的“矜老恤幼”原则。老年人犯罪从宽处罚古已有之，早在西周时期，统治阶级就认识到老年人的判断能力、应变能力、控制能力不可逆转地衰退而形成了“矜老恤幼”原则，对老年人犯罪一般情况下都给予了刑事责任的减免。另一方面，立法者规定对老年人从轻处罚，重点是在预防犯罪，体现的是一种司法文明和人文关怀。从刑法的目的来看，惩罚犯罪的最终目的是保护人民，而刑法又主要是通过预防犯罪来实现这一目的的，老年人因为年老体衰，经过岁月的磨砺，到了老年其主观恶性不可能增加，其再犯可能性相当有限，人身危险性也小。我国刑法对老年人犯罪予以从宽处理不仅是司法文明和人道主义精神的体现，也不悖逆法理、情理的要求。

二是应当从宽处罚刑事责任年龄阶段。《刑法》第 17 条第 4 款规定：“对依照前三款规定追究刑事责任的不满十八周岁的人，应当从轻或者减轻处罚。”根据这一规定，所有达到刑事责任年龄但未满 18 周岁的人犯罪，不论是已满 12 周岁不满 14 周岁犯故意杀人、故意伤害罪，还是已满 14 周岁不满 16 周岁的人犯故意杀人、故意伤害致人重伤或者死亡、强奸、抢劫、贩卖毒品、放火、爆炸、投放危险物质罪，还是已满 16 周岁未满 18 周岁的人犯所有的罪，都应当从轻或者减轻处罚。刑法之所以这样规定，一方面是因为未满 18 周岁的人还是未成年人，对犯罪行为的辨认能力和控制能力相对较弱，故应承担比成年人相对较轻的刑事责任；另一方面是因为未成年人无论在生理或心理上的发育都尚未成熟，可塑性强，同时，基于刑事政策以及人道主义的考虑，对他们适用较轻的刑罚，更有利于他们的教育改造和重归社会。当然，《刑法修正案（八）》第 1 条规定：“已满七十五周岁的人故意犯罪的，可以从轻或者减轻处罚；过失犯罪的，应当从轻或者减轻处罚。”对已满 75 周岁的人过失犯罪的，也应当从轻或者减轻处罚。75 周岁以上的老年人因为正常的辨认能力、控制能力衰退，其过失（疏忽大意或过于自信）犯罪的，主观恶性较小，惩罚这样的过失犯罪，与“矜老恤幼”原则相矛盾。

（4）完全不负刑事责任的年龄阶段。此年龄阶段亦称“绝对不负刑事责任年龄阶段”，是指行为人实施任何刑法所禁止的危害行为，都不承担刑事责任的年龄阶段。我国刑法并未明文规定处于什么年龄阶段的人实施刑法所禁止的危害行为，不承担刑事责任。但是，根据《刑法》第 17 条第 1 款关于“已满十六周岁的人犯罪，应当负刑事责任”的规定，第 2 款关于已满 14 周岁不满 16 周岁的人，只对“故意杀人、故意伤害致人重伤或者死亡、强奸、抢劫、贩卖毒品、放火、爆炸、投放危险物质罪”等八种犯罪负刑事责任的规定，以及第 3 款关于“已满十二周岁不满十四周岁的人，犯故意杀人、故意伤害罪，致人死亡或者以特别残忍手段致人重伤造成严重残疾，情节恶劣，经最高人民检察院核准追诉的，应当负刑事责任”的规定，可以得出未满 12 周岁的人实施刑法所禁止的任何危害行为都不应当承担刑事责任的结论。未满 12 周岁的人还处于幼年时期，受生理、心理发展和社会经历的限制，尚不具有对犯罪行为的辨认能力和控制能力，还无法按刑法的要求履行刑法所规定的禁止性义务。这是我国刑法规定其实施刑法所禁止的危害行为不承担刑事责任的根本原因。

3. 刑事责任年龄的认定

（1）刑事责任年龄的计算。《刑法》第 17 条规定，我国刑法中的刑事责任年龄都是按周岁计算。周岁应当怎样计算？是以公历（阳历）还是以我国的农历（阴历）计算？是以日计还是以时计算？如果是以日计算，认定为已满周岁，是以生日当天还是生日的后一天为标准？由于对周岁的计算方法法律未作明文规定，为了统一司法实践，最高人民法院曾在有关的司法解释文件里专门加以明确。[①] 根据最高人民法院的司法解释和有关常识，周岁应按如下方法计算：第一，周岁应当一律按照公历的年、月、日计算。第二，1周岁以12个月计，每满12个月即为满1周岁。第三，每满12个月即满1周岁应以日计算，而且是过了几周岁生日，从第2天起，才认为已满几周岁。《刑法》第17条中规定的“已满十四周岁”，是指一个人已经整整生活了14年；“已满十六周岁”，则是指一个人已经整整生活了16年。例如，一个在2007年12月1日出生的人，只有从2021年12月2日起才能被认为是“已满十四周岁”，在2021年12月2日以前都只能算是“未满十四周岁”。《刑法》第17条中的“已满十六周岁”“未满十八周岁”等规定，均以此类推进行计算。

（2）跨越年龄阶段行为中的刑事责任年龄问题。犯罪主体是实施犯罪行为的人，只有具有对相应犯罪行为的认识能力和控制能力的人在实施犯罪行为时，其刑事责任年龄才能作为犯罪主体要件的构成因素。因此，就主体与行为的关系而言，认定行为主体是否达到了刑法规定的刑事责任年龄，是判断行为人对其正在实施的刑法所禁止的危害行为是否应当负刑事责任的年龄标准。由于刑法所禁止的某些危害行为的开始和结束往往在时间上有一个持续的过程，因此，可能出现一个刑法所禁止的危害行为在时间上跨越行为人不同刑事责任年龄阶段的情况。这时，就会出现需认定行为人处于哪一个刑事责任年龄阶段的问题。能否正确解决这个问题，将对行为人所实施的刑法所禁止的危害行为是否构成犯罪，行为人是否应当为此承担刑事责任或者应当怎样为此承担刑事责任产生直接的影响。从实践的角度看，跨责任年龄阶段的行为通常表现为“危害行为的实施和危害结果的出现分别发生在不同的刑事责任年龄阶段”和“危害行为的开始和结束分别发生在不同刑事责任年龄阶段”两种情况。

我国刑法学界占主导性的观点认为，当“危害行为的实施和危害结果的出现分别发生在不同的刑事责任年龄阶段”时，行为人是否达到刑事责任年龄的问题，应该以实施危害行为时行为人的实际年龄计算。例如，甲在14岁生日时开枪射中参加其生日宴会的同学，被害人第二天死亡，就应以甲开枪之日为准认定甲未满14周岁，其开枪杀人的行为不应受刑罚处罚。但是如果行为人在14周岁生日那天安放定时炸弹，设置为在生日第二天爆炸，虽然行为时不满14周岁，但结果发生时已满14周岁，此时，应该认定行为人对爆炸结果的发生具有防止义务，属于先前行为引发的作为义务，此时，对于刑事责任年龄的认定应以防止结果发生义务之日作为计算依据，行为人应负爆炸罪的刑事责任。

“危害行为的开始和结束分别发生在不同刑事责任年龄阶段”，主要是指危害行为的实施在时间上呈持续状态的情况。例如，甲生于2005年4月21日，从2021年4月20日至23日将乙非法关押在自己的家里。对于这种犯罪行为在时间上呈持续状态的情况，我国刑法学界一般认为应该以行为人在危害行为结束时的实际年龄为准来确定其刑事责任

---

① 最高人民法院于2006年1月11日公布的《关于审理未成年人刑事案件具体应用法律若干问题的解释》。

年龄。如在上例中，到2021年4月23日非法拘禁行为结束时，甲已满16周岁，应认为其达到刑事责任年龄，应对其自4月22日起非法拘禁乙的犯罪行为承担刑事责任。我国刑法理论通说认为，犯罪行为有连续状态的，应以行为结束之日为基准计算行为人是否达到刑事责任年龄。

(3) 在不同刑事责任年龄阶段分别实施的刑法所禁止的危害行为。在不同刑事责任年龄阶段分别实施的刑法所禁止的危害行为，通常表现为两种情况：一是行为人在达到刑事责任年龄之前与之后分别实施了性质不同的危害行为；二是行为人在达到刑事责任年龄之前与之后先后实施了性质相同的危害行为。前者如甲在满12周岁生日之前与之后先后实施了故意杀人和故意致人重伤的行为，后者如甲在满16周岁生日之前和之后先后实施了非法拘禁行为。

我国刑法学理论认为，无论是属于上面哪种情况，行为人在未达到刑事责任年龄阶段实施的那一部分危害行为，都不应该因为行为人在达到刑事责任年龄以后实施了犯罪行为而构成犯罪，不应该与行为人在达到刑事责任年龄之后实施的犯罪行为混在一起作为犯罪处罚。例如，甲在满12周岁生日之前与之后先后实施了故意杀人和故意致人重伤的行为，就只应该为其12周岁生日之后实施的故意致人重伤的行为承担刑事责任，其在12周岁生日之前实施的故意杀人行为不应受刑罚处罚。又如，假设甲在满16周岁生日之前和之后先后实施的都是盗窃行为，也只能以其在已满16周岁以后实施的那一部分盗窃行为为基础来认定其行为是否构成犯罪和应受何种处罚；其在未满16周岁之前实施的那一部分盗窃行为，就不应该作为定罪和选择法定刑的依据。当然，行为人在达到刑事责任年龄之前实施的刑法所禁止的危害行为，同样是行为人行为具有社会危害性的体现，但它只应是量刑时根据具体情况考虑的重要情节。

4. 对“因不满十六周岁而不予刑事处罚”者的处理

根据《刑法》第17条第1款、第2款、第3款的规定，已满12周岁不满16周岁的人除对前述特定犯罪负刑事责任外，对其实施的其他刑法所禁止的行为都不负刑事责任；未满12周岁的人在任何情况下都不承担刑事责任。但是，这并不意味着刑法对未达到法定刑事责任年龄的人姑息放纵，允许他们任意实施刑法所禁止的危害行为。为了加强对他们的教育和看管，《刑法》第17条第4款特别规定：对“因不满十六周岁不予刑事处罚的”，一般应“责令其父母或者其他监护人加以管教，在必要的时候，依法进行专门矫治教育”[①]。

(二) 精神病及醉酒对刑事责任能力的影响

1. 精神病人的刑事责任能力

达到一定年龄的精神健全的人，由于其生理和心理（或知识与经验）得到一定程度的发展，因而其刑事责任能力即辨认和控制自己行为的能力就开始具备。但是，人即使达到负刑事责任的年龄，也可能由于患精神病而影响刑事责任能力，使刑事责任能力出

① 另见于2021年6月1日施行的《预防未成年人犯罪法》第45条第1款的规定：未成年人实施刑法规定的行为、因不满法定刑事责任年龄不予刑事处罚的，经专门教育指导委员会评估同意，教育行政部门会同公安机关可以决定对其进行专门矫治教育。

现减弱甚至完全丧失的情况。

所谓精神病，是指因大脑功能紊乱而严重影响主体辨认和控制自己行为能力或出现不同程度精神活动障碍的一种疾病。它是影响行为人刑事责任有无和程度的一个重要因素。关于刑法上的“精神病”与司法精神病学中的“精神障碍”的关系，存在区别说与等同说之对立。区别说认为，应将精神病与非精神病性精神障碍加以区别；只有精神病人才属于《刑法》第 18 条规定的无责任能力人，非精神病性精神障碍人则不属于《刑法》第 18 条规定的“精神病人”[①]。等同说则认为，刑法中的精神病等同于精神障碍，因为现代精神医学研究表明，无论是精神病还是精神障碍，都是精神疾病，都会影响到行为人的辨认、控制能力。所以，刑法中的“精神病”是指由于精神障碍而导致的精神异常状态。[②] 本书认为，区别说和等同说都过于绝对，刑法上的精神病人，须从辨认能力与控制能力两个角度并经法定程序鉴定确认，虽不等同于精神障碍，但那些辨认能力和控制能力已经受到影响的精神障碍者，亦可能属于刑法上的精神病人。

关于精神病的程度和表现形式对行为人刑事责任能力的影响，《刑法》第 18 条规定了以下几种情况。

（1）完全丧失辨认或者控制能力的精神病人。

《刑法》第 18 条第 1 款中规定，“精神病人在不能辨认或者不能控制自己行为的时候造成危害结果，经法定程序鉴定确认的，不负刑事责任”。根据该款规定，认定精神病人完全丧失刑事责任能力，应该同时符合以下三个条件：

一是行为人在实施刑法所禁止的危害行为时，处于精神病发作状态中。这意味着必须确认行为人确实患有精神病，并且行为时确实处于精神病的发作期。此标准被我国刑法理论称为“医学标准”或“生物学标准”。

二是行为人因精神病完全丧失辨认和控制自己行为的能力。由于精神病有轻重之分，其对行为人的刑事责任能力的影响也有程度的区别，如非精神病原因引起的精神障碍，如神经官能症、性变态等变态人格等，一般不对行为人的刑事责任能力产生影响。如果间歇性精神病人处于精神正常的“间歇期”，同样不对刑事责任能力产生影响。所以，要认定精神病人完全不具有刑事责任能力，必须以行为时完全丧失辨认能力或控制能力为标准。在我国刑法理论中，此标准被称为“法学标准”或“心理学标准”。

三是须经法定程序鉴定确认。由于精神病是一种功能性疾病，其诊断过程较为复杂。为了防止精神病鉴定被滥用，避免其成为犯罪人开脱罪责的“通行证”，刑法规定行为人是否有精神病，精神病人在实施刑法所禁止的行为时是否丧失辨认能力和控制能力，应经法定程序鉴定，并经司法机关依法查证确认，方可判定行为人有无刑事责任能力。

经法定程序鉴定确系行为时完全丧失辨认和控制能力的精神病人，不负刑事责任，“但是应当责令他的家属或者监护人严加看管和医疗；在必要的时候，由政府强制医疗”。

（2）精神正常的间歇性精神病人。

间歇性精神病人，是指患有精神病，但精神病症状时有时无的精神病人。在精神病

① 高铭暄，马克昌．刑法学．9 版．北京：北京大学出版社，高等教育出版社，2019：89.

② 陈兴良．规范刑法学：上册．北京：中国人民大学出版社，2017：181.

发作期间，这种病人可能完全或者部分丧失辨认或控制自己行为的能力，因而不可能承担或者不可能完全承担刑法所规定的刑事责任。但是，这种病人在精神病间歇期，精神状态与常人无异，具有正常辨认和控制自己行为的能力，因而不存在行为人免除或减轻刑事责任的理由。所以，根据《刑法》第 18 条第 2 款的规定，“间歇性的精神病人在精神正常的时候犯罪，应当负刑事责任”。

（3）尚未完全丧失辨认或者控制自己行为能力的精神病人。

尚未完全丧失辨认或者控制自己行为能力的精神病人，是指经法定程序鉴定，行为人确系精神病人并处于精神病的发作期，但是精神病尚未严重到足以使行为人完全丧失辨认或控制自己行为能力的情况。这种精神病人对犯罪行为还具有一定的辨认能力和控制能力，因此，他们应对自己实施的犯罪行为负刑事责任。但是，由于他们处于精神病发作期，对犯罪行为的辨认或控制能力必然有所减弱，不能让他们像正常人一样承担完全的刑事责任，所以，《刑法》第 18 条第 3 款规定：“尚未完全丧失辨认或者控制自己行为能力的精神病人犯罪的，应当负刑事责任，但是可以从轻或者减轻处罚。”

2. 醉酒人的刑事责任能力

醉酒，是指人一次过量饮用或在特殊情况下少量饮用酒类饮料而因酒精对人机体的毒害作用造成的急性酒精中毒。[①] 由于酒精是酒的主要成分，日常生活中的醉酒一般都是过量饮酒造成的。严重的醉酒状态能极大地减弱人辨认或控制自己行为的能力，因此，从严格的责任主义立场来看，醉酒的人犯罪似乎有违“行为与责任能力同在”，但基于原因自由行为[②]之理论，醉酒的人处于无责任能力状态或者限制责任能力状态系自由意志之选择，故其应当对自陷无/限制责任能力状态下的犯罪行为承担刑事责任。人在醉酒状态下可能实施一些在非醉酒状态下不会实施的犯罪行为。由于一般人都能够认识到醉酒的后果并能够控制自己的饮酒量，因而也应有防止饮酒过量，避免在醉酒状态下实施犯罪行为的义务。行为人不履行相应义务而实施了危害社会的行为的，就应当承担相应的法律后果，如果因醉酒而实施了刑法所禁止的犯罪行为，就应该承担相应的刑事责任。正因为如此，《刑法》第 18 条第 4 款规定，“醉酒的人犯罪，应当负刑事责任”。这一规定对于实现刑法“保护人民”的目的，防止和减少酒后犯罪，维护社会秩序，具有重要的意义。

在因醉酒而引起的精神性障碍中，有一种“病理性醉酒”，即行为人在确实不知道自己酒量的情况下，极少量饮酒而导致的突发性醉酒状态。这种醉酒状态，不仅发生突然，而且精神障碍程度特别严重，可导致行为人完全丧失辨认或控制自己行为的能力。由于这种醉酒通常在行为人无法预见的情况下发生，我国刑法理论认为：“病理性醉酒”应属于精神病范畴，行为人对在因病理性醉酒而丧失对犯罪行为的辨认和控制能力的情况下实施的危害社会的行为，不应当负刑事责任。但同样，如果行为人明知自己有病理性醉酒的疾病，而故意或过失饮酒引发该状态，并借此状态实施犯罪，基于原因自由行为，

---

① 高铭暄，马克昌．中国刑法解释：上卷．北京：中国社会科学出版社，2005：297.

② 原因自由行为，是指在预见到自己可能犯罪的情况下，行为人故意或者过失使自己陷入责任能力丧失或者降低的状态，并在该状态下引起犯罪结果的情形。周光权．刑法总论．4 版．北京：中国人民大学出版社，2021：245.

依然有成立犯罪之可能。

（三）重要生理缺陷（聋哑、盲）对刑事责任能力的影响

一般说来，就精神正常的人而言，其智力和知识随着年龄的增长而发展，达到一定的年龄即开始具有刑事责任能力。但是，重要的生理功能（如听能、语能、视能等）丧失可能影响人接受教育、学习知识和发展智力，并进而可能影响到辨认或控制行为的能力。中外刑事立法和司法实践，不同程度地注意到了人的生理功能丧失，尤其是听能、语能和视能丧失即聋哑或盲对其刑事责任能力的影响问题，并在刑事责任上有所体现。我国《刑法》第19条规定："又聋又哑的人或者盲人犯罪，可以从轻、减轻或者免除处罚。"这就是我国刑法中对生理功能缺陷者即聋哑人、盲人刑事责任的特殊规定。这一规定意味着，聋哑人、盲人实施刑法禁止的危害行为，构成犯罪的，应当负刑事责任，应受刑罚处罚，但又可以被从轻、减轻或者免除处罚。这里的"又聋又哑的人"，是指丧失全部听觉和言语功能的人；"盲人"，是指丧失全部视觉功能的人。只哑不聋或者只聋不哑的人，不属于这里所说的"又聋又哑的人"；没有完全丧失视觉功能的人，不是这里所说的"盲人"。

一般来说，在达到法定的刑事责任年龄后，即使又聋又哑的人和盲人也能在一定程度上具备对犯罪行为的辨认能力和控制能力，如果实施了犯罪行为，也应承担刑事责任。但是，由于聋哑人、盲人不具有听觉、言语或视觉功能，其感知、认识和影响外部世界的功能都会受到一定限制，影响其接受正常教育、学习知识和开发智力，他们对犯罪行为的辨认能力和控制能力也无疑受到一定程度的限制或影响。正是基于这样的考虑，《刑法》第19条规定："又聋又哑的人或者盲人犯罪，可以从轻、减轻或者免除处罚"。

《刑法》第19条这一规定说明，聋哑人、盲人实施刑法禁止的危害行为，构成犯罪的，应当负刑事责任，应受刑罚处罚，但又可以被从轻、减轻或者免除处罚。这一规定要求，在处理有关又聋又哑的人或盲人犯罪的案件时，一般应坚持适当从宽的原则。如果没有特别恶劣的情节，这类案件都应根据案件的具体情况"从轻、减轻或者免除处罚"。但是，丧失听觉、语言功能或视觉功能影响行为人辨认和控制能力的情况非常复杂，在实践中应注意根据行为人刑事责任能力受影响或限制的程度以及犯罪的性质和危害的大小，决定是从轻、减轻还是免除处罚。对于那些刑事责任能力受影响不大，犯罪情节恶劣，特别是利用自己的生理缺陷作为犯罪手段的犯罪分子，则不宜从宽，可以与正常人犯罪同样对待。

第三节　自然人犯罪特殊主体要件

一、自然人犯罪的特殊主体与特殊主体要件

我国刑法分则某些条文规定的犯罪，除要求主体应该达到刑事责任年龄、具备刑事责任能力以外，还要求主体在犯罪时必须具备一定的身份（特定的资格、地位或者状态）。如国家工作人员、军人、司法工作人员、辩护人、诉讼代理人、证人、依法被关押

的罪犯等，在我国刑法理论中，被称为特殊主体。这些犯罪主体必须具备的身份，即自然人犯罪的特殊主体要件。

刑法分则规定某些犯罪的主体必须具备特定身份，是因为只有具备这些特定身份，行为人才可能进入相应刑法规范所调整的特定社会关系的领域，也才可能具有实施相应犯罪所需的辨认能力和控制能力；如果不具备相应犯罪主体所要求的特定身份，行为人就不可能直接实施侵害刑法分则所保护的特定社会关系的犯罪。例如，不具备国家工作人员的身份，行为人就没有职务上的便利可利用，而没有职务上的便利可利用，就不可能直接实施《刑法》分则第八章规定的贪污、受贿、挪用公款等犯罪行为。因此，特定犯罪主体所需的特殊身份，实质上是刑法对特定犯罪的主体必须具备特定的辨认能力和控制能力的要求。具备特定身份，就意味着主体具备了对特定犯罪行为的辨认能力和控制能力，意味着主体是在能够认识到犯罪的危害性质并可以不实施犯罪的情况下，选择了实施刑法所禁止的犯罪行为，因而应对自己的行为负刑事责任。

这里必须说明的是：刑法规定某些犯罪的成立要求主体必须具备特定的身份，是指只有具有相应身份的人参与实施，这些犯罪才能成立。但是，这并不意味着不具备相应身份的人，就绝对不能成为这些犯罪的主体。例如，刑法要求贪污、受贿罪的主体必须具有国家工作人员的身份，但是只要有国家工作人员参与，不具有国家工作人员身份的人也可以在共同犯罪中成为贪污、受贿罪的主体。

除作为特定犯罪成立必须具备的主体条件外，犯罪主体的身份有时还被刑法分则的某些条文规定为从重处罚的条件。例如，符合一般主体要件的人实施“以暴力、威胁、贿买等方法阻止证人作证或者指使他人作伪证”或者“帮助当事人毁灭、伪造证据，情节严重”的行为，就能分别构成“妨害作证罪”（《刑法》第307条第1款）或“帮助毁灭、伪造证据罪”（《刑法》第307条第2款）。但是，如果“司法工作人员犯前两款罪”，则要“从重处罚”（《刑法》第307条第3款）。这种身份不是犯罪构成的主体要件，只能影响刑罚轻重，对犯罪能否成立一般不产生影响。

法律规定以行为人特定身份作为定罪或量刑依据的犯罪，在刑法理论中被称为“身份犯”。其中以行为人特定身份作为犯罪成立条件的[①]，该种身份被称为构成身份或定罪身份；以行为人特定身份作为法定量刑情节的，该种身份被称为加减身份或量刑身份。[②]

二、自然人犯罪特殊主体要件的分类

我国刑法分则规定的自然人特殊犯罪主体要件，即特殊犯罪主体必须具备的身份，可以分为以下几种情况。[③]

1. 国家工作人员

根据《刑法》第93条的规定，我国刑法中的“国家工作人员”包括国家机关中从事

① 如贪污罪的主体是国家工作人员或者受国家机关、国有公司、企业、事业单位、人民团体委托管理、经营国有财产的人员，若行为人不具备此种身份，其行为就不能成立贪污罪。

② 如《刑法》第238条规定的国家机关工作人员利用职权犯非法拘禁罪时，从重处罚，有无国家机关工作人员身份并不影响非法拘禁罪的成立，但有此身份，会影响行为人的量刑。

③ 陈忠林．刑法（总论）．北京：中国人民大学出版社，2003：148－149.

公务的人员，国有公司、企业、事业单位、人民团体中从事公务的人员，国家机关、国有公司、企业、事业单位委派到非国有公司、企业、事业单位、社会团体从事公务的人员，以及其他依照法律从事公务的人员等四种情况。在上述四种情况中，“国家机关中从事公务的人员”，又称“国家机关工作人员”，是真正意义上的国家工作人员。“国有公司、企业、事业单位、人民团体中从事公务的人员和国家机关、国有公司、企业、事业单位委派到非国有公司、企业、事业单位、社会团体从事公务的人员，以及其他依照法律从事公务的人员”，是“以国家工作人员论”的“准国家工作人员”。无论是国家机关工作人员，还是“以国家工作人员论”的“准国家工作人员”，都可以成为那些以国家工作人员为构成要件的犯罪的主体。

我国刑法分则规定的犯罪中，有许多都要求以国家工作人员或者国家机关工作人员为犯罪主体必须具备的条件。例如，《刑法》分则第八章规定的贪污、贿赂、挪用公款等犯罪，都以犯罪主体具备国家工作人员的身份为犯罪成立的必备条件。具备“国家机关工作人员”的身份，不仅可以成为刑法分则中所有要求以“国家工作人员”身份为构成要件的犯罪主体，而且是《刑法》分则第九章规定的各种渎职罪以及《刑法》分则第四章中许多以国家机关工作人员为主体的犯罪必须具备的条件。

2. 特定职业或行业的从业人员

从事特定的职业，意味着行为人进入了刑法所保护社会关系的特定领域，因而也就具备了在这些领域内实施犯罪行为的可能。因此，特定职业或行业的从业人员，也必须承担不实施相应犯罪的义务。

3. 其他负有特定刑事法律义务的人员

特殊犯罪主体所需的身份，实质上都是行为人因处于特定的法律关系之中而负有特定刑事法律义务的表现形式。除国家工作人员和特定职业、行业的从业人员之外，对负有特定法律义务的人员，可以按其义务的产生方式分为以下几种情况。

（1）因自主活动产生特定义务的人员，如因营利性活动而产生对国家纳税义务的纳税人（《刑法》第201条），因从事生产、销售活动而产生遵守相应行政法律法规的义务的各种商品的生产者、销售者（《刑法》第140条至第148条）。

（2）因参与国家职能活动产生特定义务的人员，如在刑事诉讼活动中的证人、鉴定人、记录人、翻译人（《刑法》第305条），辩护人、诉讼代理人（《刑法》第306条）。

（3）因与其他社会成员特定法律关系产生特定义务的人员，如因婚姻或血缘关系而产生相互扶养的义务的配偶、父母与子女等。

第四节　单位犯罪主体要件

一、单位犯罪的概念

单位犯罪是由单位为主体实施的犯罪。《刑法》第30条规定：“公司、企业、事业单位、机关、团体实施的危害社会的行为，法律规定为单位犯罪的，应当负刑事责任。”就法律规定的意义而言，我国刑法中的“单位犯罪”，是指由公司、企业、事业单位、机关、团体实施的，法律规定为单位犯罪，应当负刑事责任的行为。

在理解我国刑法中关于单位犯罪的规定时，应当注意以下三方面的问题[①]：

1. 单位犯罪只能由有资格代表单位的人在履行职务的过程中以单位名义组织实施

单位犯罪是以单位为主体实施的犯罪。但是，现实中的单位，不论是公司、企业、事业单位，还是机关、团体，都是由自然人组成的。所谓“单位实施的行为”，实际上也只能表现为能够代表单位的自然人负责组织实施的行为。由于无论是无权代表单位的人实施的行为，还是不是以单位名义组织实施的行为，或者不是代表单位利益而实施的行为，都不可能是单位的行为。因此，“以单位为主体实施的犯罪”，应该至少包含以下三种情况：一是负责实施单位犯罪的自然人能够以单位的名义实施的行为；二是负责实施单位犯罪的行为必须是自然人履行代表单位利益的职务行为；三是负责实施单位犯罪的自然人以单位的名义组织实施犯罪。简言之，“以单位为主体实施的犯罪”，就是指有资格代表单位利益的自然人，在履行代表单位利益的职务行为中，以单位的名义组织实施的犯罪。《最高人民法院关于审理单位犯罪案件具体应用法律有关问题的解释》规定：个人为进行违法犯罪活动而设立的公司、企业、事业单位实施犯罪的，或者公司、企业、事业单位设立后，以实施犯罪为主要活动的，不以单位犯罪论处。盗用单位名义实施犯罪，违法所得由实施犯罪的个人私分的，依照刑法有关自然人犯罪的规定定罪处罚。

当然，这里的“以单位的名义”，实际上是以单位代表的名义。在实践中可以表现为以单位名义协调单位内部力量实施活动和以单位名义开展对外活动两种形式。无论为其中哪一种形式，都是以单位的名义组织实施犯罪。

2. 单位犯罪只能限于法律明文规定为单位犯罪的范围

根据《刑法》第 30 条的规定，公司、企事业单位、机关、人民团体实施的危害社会的行为，只有法律规定为单位犯罪的，才应当负刑事责任。因此，并不是刑法规定的所有犯罪，都可以以单位为主体。对于我国刑法中那些没有明文规定可由单位实施的犯罪（例如，盗窃罪、诈骗罪），即使是由有资格代表单位的人在履行单位职务的过程中以单位的名义组织实施的，也只能按自然人犯罪追究直接责任人的刑事责任，不属于刑法规定的单位犯罪的范畴。

3. 单位犯罪的刑事责任应按刑法分则的规定具体确定

《刑法》第 31 条规定：“单位犯罪的，对单位判处罚金，并对其直接负责的主管人员和其他直接责任人员判处刑罚。本法分则和其他法律另有规定的，依照规定。”该规定说明，对于单位犯罪的刑事责任问题，我国刑法一般以“双罚制”为原则，即“对单位判处罚金”，对“直接负责的主管人员和其他直接责任人员判处刑罚”。所谓直接负责的主管人员，是指对本单位实施犯罪起决定作用的，负有组织、决策、指挥责任的领导人员；所谓直接责任人员，是指直接实施单位犯罪行为或者虽对单位犯罪负有部分组织责任，但对单位犯罪行为不起决定作用，只是具体执行、积极参与该单位犯罪行为的部门负责人或者一般工作人员。但是，如果刑法分则或者其他法律另有规定，则依照相关的规定

① 陈忠林．刑法（总论）．北京：中国人民大学出版社，2003：150－151．

处理。由于单位犯罪的情况复杂，一律采用双罚制不利于有效地运用刑罚与单位犯罪作斗争。正是基于这种考虑，我国刑法分则中有少数几种单位犯罪，就只有追究自然人刑事责任的规定。例如，《刑法》第 162 条规定的妨害清算罪等，相应的分则条文即规定只处罚直接责任人员。

二、单位犯罪主体要件类型

同自然人需要具备一定的条件才可能成为犯罪主体一样，一个单位要成为刑法中单位犯罪主体，必须具备与其承担的刑事责任及其范围相应的条件。这些单位犯罪主体必须具备的条件，就是单位犯罪主体要件。在我国，它们具体由《刑法》第 30 条和刑法分则的规定予以确定。

（一）单位犯罪的一般主体要件

单位犯罪的一般主体要件也即刑法意义的“单位”。单位犯罪，是单位应当负刑事责任的行为。因此，只有能够独立地承担刑事责任的单位，才可能成为我国刑法中单位犯罪的主体。这里的“能够独立地承担刑事责任”，即单位犯罪主体的刑事责任能力。这是任何单位犯罪主体都必须具备的条件，也是单位犯罪主体要件的核心。

同自然人必须达到法定的刑事责任年龄并且精神正常才可能具有相应的刑事责任能力一样，一个单位要具有成为单位犯罪主体的刑事责任能力，也必须具备一定的条件。一个单位成为一般单位犯罪主体的条件，就是单位犯罪主体的一般要件。

由于单位犯罪是由刑法意义上的“单位”实施的犯罪，只要能在刑法意义上被视为“单位”，就具备成为单位犯罪主体的资格。换言之，刑法意义的“单位”必须具备的特征，就是一个一般意义的单位成为刑法中单位犯罪主体必须具备的条件。因此，在刑法条文没有明文规定的情况下，我们可以通过揭示刑法中“单位”概念内涵的方法，得出单位犯罪主体必须具备的一般条件。

从刑法中的单位必须具有独立承担刑事责任的“责任能力”和独立实施犯罪的“犯罪能力”的角度考察，刑法意义的单位，应该是具有相对独立的社会功能，能以自己的名义对外开展相对独立的活动，具有相对独立的财产的自然人的结合体。

刑法意义的单位，首先必须是一个自然人的结合体。这不仅因为只有自然人才具有理解刑法规定的意义并按照刑法规定调整自己行为的能力，在任何情况下刑法都只可能通过调整自然人的行为来完成自己的任务，实现自己的功能；而且因为任何单位的行为都只有通过作为其成员的自然人才能完成，没有自然人的参与，就不可能有任何具有社会学意义的单位。但是，仅自然人结合所组成的单位还只能是社会学意义的单位，这种单位要成为刑法意义的单位，还必须同时具备以下三个条件。①

1. 具有相对独立的社会功能

这里的“社会功能”，是指具有为本单位以外的其他社会成员进行社会管理、社会生产、提供社会服务等功能。单位犯罪是由单位实施的危害社会的行为，一个自然人的结

① 陈忠林．刑法（总论）．北京：中国人民大学出版社，2003：153－154.

合体只有具有了一定的社会功能，才可能进入刑法所调整的社会关系领域，才具有实施刑法所禁止的危害社会的行为的可能。因此，具有一定的社会功能，是任何自然人结合体成为刑法意义单位的前提。

这里的“相对独立”就形式而言，有三层意思：一是指相对独立于组成单位的自然人，二是指相对独立于自己的上级单位，三是指相对独立于自己的下级单位。这里的“相对独立”，就内容而言，也有三层意思：一是功能的相对独立，二是指活动的相对独立，三是指利益的相对独立。只有在一个单位在功能、活动、利益等方面相对独立于自然人，相对独立于自己的上下级组织的情况下，我们才可能将这个单位的行为与其他单位和自然人的行为区别开来，才可能认定某一危害社会的行为是这个单位，而不是其上下级组织或自然人的行为。所以，一个单位具有相对独立的功能、活动、利益，是一个社会组织成为刑法规定的单位犯罪主体的必须具备的前提条件。

2. 能够以自己的名义对外开展相对独立的社会性活动

“能够以自己的名义对外开展相对独立的社会性活动”，是一个单位具有相对独立的犯罪能力的标志，是单位犯罪主体必须具备的条件。不具备这个条件的单位，就不可能具有相对独立的实施刑法所禁止的犯罪行为的能力，因而也不可能成为单位犯罪的主体。

这里的“对外开展社会性活动”，是指面向本单位（包括本单位的直接上级单位或下级单位）以外的其他社会成员进行生产、经营或社会管理、社会服务等职能性活动。“能够对外开展社会性活动”，意味着一个单位能够进入刑法所调整的社会关系的领域。一个不能够对外开展社会活动的社会实体（如城市中的家庭，学校中的年级、班、学习小组），不可能侵犯刑法所保护的社会关系，实施刑法所禁止的危害行为。因此，也不可能成为刑法中单位犯罪的主体。

这里的“能够以自己的名义”，是指根据有关的法律法规或规章制度，一个单位能够合法地运用自己的名义对外开展活动。一个单位“能够以自己的名义对外开展相对独立的社会性活动”，在法律上意味着法律承认该单位已经具有独立于其他单位和个人的“人格”，即法律承认该单位的代表以该单位名义实施的行为是该单位的行为，该单位的行为能够独立地产生相应的法律效果。简言之，一个单位“能够以自己的名义对外开展相对独立的社会性活动”，即意味着法律承认该单位具有以自己的行为实现法律权利、履行法律义务的行为能力。因此，只有能够以自己的名义对外开展相对独立的社会性活动的单位，才可能具有独立地以自己的行为违反刑法禁止性规范的犯罪能力。那些在法律上不能以自己的名义进行社会活动的非法组织、地下工厂等，不能成为单位犯罪的主体。那些只能以自己所属的上级单位、下级单位或自己个人的名义进行对外活动的“单位”，同样不可能成为刑法中单位犯罪的主体。

3. 具有相对独立的财产

所谓“独立的财产”，是指一个单位具有独立于自己上下级单位和自己组成成员的财产利益，能够拥有以自己的名义相对独立地管理和处分的财产。

在我国刑法中，“罚金”是单位承担刑事责任的唯一形式。因此，是否具有相对独立的财产，是一个单位是否具有承担刑事责任的能力的基本标志。没有相对独立财产，就意味着一个单位不具有独立承担刑事责任的能力。一个不具有独立承担刑事责任能力的单位，当然不可能成为刑法规定的单位犯罪的主体。因此，具有相对独立的财产，是一个单位成为单位犯罪主体必须具备的条件。

应该强调的是：这里的“独立的财产”，是指单位“能够以自己的名义进行相对独立地管理和处分的财产”。不能理解为完全归单位所有的财产，也不能理解为上级单位、下级单位或单位成员绝对无权处分的财产，更不能理解为与上下级单位或单位成员的财产利益无关的财产。一个单位只要对自己管理的财产具有一定的处分权，就可以说具有相对独立的财产。所以，这里的“独立”，也只能具有相对的意义。

（二）单位犯罪的特殊主体要件

刑法分则规定的单位犯罪，多数对单位没有特殊的要求，只要是刑法意义的单位，就可以成为犯罪主体。但是，对某些单位犯罪，刑法分则规定只有符合某些特定条件的单位才能实施。刑法分则规定的实施某些单位犯罪的主体必须符合的条件，就是单位犯罪的特殊主体要件。我国刑法分则中有关单位犯罪的特殊主体要件的规定，通常有以下几种表现形式。

一是规定单位犯罪主体必须具有特定的所有制。如《刑法》第 396 条第 1 款规定的犯罪主体就只能是“国家机关、国有公司、企业、事业单位、人民团体”。

二是规定单位犯罪主体必须具有特定的职能。如《刑法》第 126 条规定的主体就只能是“依法被指定、确定的枪支制造企业、销售企业”，《刑法》第 396 条第 2 款规定的主体就只能是“司法机关、行政执法机关”。

三是规定单位犯罪主体必须具有特定的身份。例如，不具有纳税人身份的单位，就不可能成为违反《刑法》第 201 条、第 203 条、第 204 条第 2 款规定的犯罪主体。

一般而言，当刑法规定单位犯罪的特殊主体要件以单位特定的所有制或特定的职能为内容时，这些犯罪只能由符合这些条件的单位实施，自然人不能成为这些犯罪的主体；当刑法规定单位犯罪的特殊主体要件以单位的身份为内容时，这些犯罪就既可以由单位实施，也可能由自然人实施。

所涉法律条文及司法文件

1.《刑法》第 17～19 条、第 30～31 条、第 93 条

2.《最高人民法院关于审理未成年人刑事案件具体应用法律若干问题的解释》

3.《最高人民检察院关于“骨龄鉴定”能否作为确定刑事责任年龄证据使用的批复》

4.《最高人民法院关于审理单位犯罪案件对其直接负责的主管人员和其他直接责任人员是否区分主犯、从犯问题的批复》

5.《最高人民法院全国法院审理金融犯罪案件工作座谈会纪要》

6.《最高人民检察院关于涉嫌犯罪单位被撤销、注销、吊销营业执照或者宣告破产的应如何进行追诉问题的批复》

7.《全国人民代表大会常务委员会法制工作委员会关于已满十四周岁不满十六周岁的人承担刑事责任范围问题的答复意见》

8.《最高人民检察院研究室关于相对刑事责任年龄的人承担刑事责任范围有关问题的答复》

9.《最高人民法院研究室关于外国公司、企业、事业单位在我国领域内犯罪如何适用法律问题的答复》

10.《最高人民检察院人民检察院办理未成年人刑事案件的规定》

代表性文献推荐

1. 高铭暄，马克昌．刑法学．9版．北京：北京大学出版社，高等教育出版社，2019.

2. 陈忠林．刑法总论．北京：中国人民大学出版社，2011.

3. 张明楷．刑法学：上．北京：法律出版社，2021.

4. 周光权．刑法总论．北京：中国人民大学出版社，2021.

5. 周振杰．比较视野中的单位犯罪．北京：中国人民公安大学出版社，2012.

思考题

1. 到底什么样的“人”可以成为犯罪主体？动物可能实施犯罪吗？国家工作人员、国家机关工作人员、军人到底何时为贪污贿赂罪、渎职罪和军人违反职责罪的犯罪主体？成为犯罪主体的最核心要素是什么？离开犯罪的其他构成要件能否确定某“人”为犯罪主体？

2. 在自然人为犯罪主体所需具备的要件要素中，哪些是必要要件，哪些是选择要件？自然人犯罪主体一般要件与特殊要件间是什么关系？它们的刑法地位有何不同？自然人犯罪主体的特殊身份有哪些？犯罪主体的特殊身份的意义是什么？

3. 刑事责任能力与犯罪、刑事责任（刑法的两个基本范畴）以及犯罪主观罪过（故意和过失）的内在关系分别是什么？它与犯罪能力、受刑能力有何不同？我国刑法对于刑事责任能力是如何规定的？如何理解辨认能力与控制能力之间的关系？单位主体犯罪是否需要以刑事责任能力为必要要件？

4. 刑事责任年龄与犯罪、刑事责任、刑事责任能力的内在关系分别是什么？我国刑法对于刑事责任年龄是如何划分的？它们分别与刑事责任能力有何对应关系？刑事责任年龄是柔性还是刚性的？应如何计算？跨刑事责任年龄阶段该如何处理？我国《刑法》第17条第2款中所规定的“八种严重犯罪”，是该解释为“八种罪名”还是“八种罪行”？对未成年人因未达到刑事责任年龄而不予刑事处罚或使其不承担刑事责任，是否意味着姑息放纵？

5. 精神病人实施危害社会行为是否要负刑事责任？其刑事责任能力的认定标准是什么？精神病人的三种分类分别与刑事责任能力有何对应关系？间歇性精神病人到底是属于哪种刑事责任能力的人？具有强迫症、抑郁症的人是否属于精神病人？

6. 醉酒的人、聋哑人、盲人的刑事责任能力有何特点？他们要承担刑事责任的法理根据分别是什么？

7. 单位为何能成为犯罪主体？单位犯罪是不就是法人犯罪？单位成立犯罪主体的条件和单位成立犯罪的条件分别是什么？国家机关真的可以成立单位犯罪主体吗？单位犯罪主体的一般要件和特殊要件分别是什么？单位犯罪的刑事制裁方式是什么？单位犯罪是不是意味着单位一定受到刑事制裁？

第九章 犯罪主观方面

内容导读

犯罪主观方面的内容包括罪过、犯罪动机与目的，是犯罪成立的主观要件。其中，罪过在立法上分为犯罪故意与犯罪过失。需重点把握犯罪主观方面的特征，犯罪故意的概念、特征及类型，犯罪动机与犯罪目的的关系，犯罪过失的概念、特征及类型。为准确把握犯罪主观方面的内容，还必须搞清楚与之密切相关的意外事件、不可抗力、认识错误的概念、特征、种类及不负刑事责任的根据。

第一节 犯罪主观方面概述

一、犯罪主观方面的概念

犯罪主观方面，也称犯罪的主观要件，是指刑法所规定的，构成犯罪必须具备的，行为主体对自己实施的危害行为及其危害结果所持的心理态度。

作为犯罪构成有机整体中的要件，犯罪主观方面的存在或成立需要其他要件的关联和支持。具体表现在，犯罪主观方面是支配犯罪主体施行侵害刑法所保护社会关系行为的主观心理态度。这意味着，犯罪主观方面作为犯罪构成中的有机组成部分，若离开其他要件的关联和支持则是不存在或不成立的。这也是犯罪构成是犯罪构成要件的有机整体的要求和体现。

犯罪主观方面具有以下特点。

（一）犯罪主观方面是法定要件

《刑法》第14条、第15条所规定的“故意犯罪”“过失犯罪”的定义中，分别包括犯罪故意和犯罪过失的心理内容；而在刑法分则条文中，更是以“明知”、“意图”、“以……为目的”和“过失……”来表明所列各犯罪的特定心理态度。《刑法》第16条又从反面强调，行为虽然在客观上造成了损害结果，但不是出于故意或者过失的心理态度的，就不构成犯罪。从而在法律上确认，犯罪的主观方面是一切犯罪构成的必备条件，罪过是认定行为人构成犯罪和对犯罪应负刑事责任的主观根据。立法之所以如此规定，是因为只有在罪过心理支配下实施的危害行为，才具有刑法上的社会危害性，国家对这种行为人实施的刑事追究才具有合理性与有效性。

（二）犯罪主观方面是行为主体实施危害行为时的心理态度

这里的“主观”是指支配行为人外在活动的意识、意志，属于心理态度的范畴，具有心理学的内容。但它又不是一般的主观心理态度，而是行为主体对自己实施的危害行为及其危害结果所持的心理态度，所以，它只能是行为主体实施危害行为时的心理态度。我们确定罪过的有无、罪过的形式与内容如何，都应以行为人实施行为时为准，而不能以行为前或者行为后为准。

（三）犯罪主观方面是支配行为人实施危害行为的心理态度

犯罪主观方面是行为主体对自己实施的危害行为及其危害结果所持的心理态度，也就是说，这一行为是在行为人的主观心理态度支配下实施的。这就表明：一方面，行为人的客观上危害社会的活动，只有受到其主观故意或过失的心理态度支配时，才可能是刑法中的犯罪行为；另一方面，行为人的危害社会的故意或过失的心理态度只有表现为外在的危害行为时，才具有刑法上的意义，才能成为该行为构成犯罪的必备条件。犯罪心理态度永远只能表现在刑法所规定、所禁止的危害社会的行为中。如果某种心理态度尚未表现于外在的行为，或者尚未对危害行为起到支配作用，说明它仍属于单纯的思想活动范畴，不能将其作为犯罪的主观方面对待。

（四）犯罪主观方面是具有特定内容的一种心理态度

犯罪主观方面是行为主体对自己的行为及其已经或者可能造成的危害结果所持的心理态度。其具体内容包括犯罪故意与犯罪过失（统称罪过[①]）、犯罪的目的与动机。其中，行为人的罪过是一切犯罪都必须具备的主观要件，因而也被称为犯罪主观方面的必要要件；犯罪目的只是某些犯罪构成所必备的主观要件，因而也被称为犯罪主观方面的选择要件；犯罪动机不是犯罪构成的主观要件，它一般不影响犯罪的成立，但会影响量刑。至于“意外事件”“不可抗力”“认识错误”等，则不是犯罪构成的要件内容，只是由于它们或与犯罪主观方面相关或可能改变行为人故意或者过失的心理，从而影响行为人的刑事责任，才有必要将其纳入犯罪主观方面予以研究。

（五）犯罪主观方面具有客观性

犯罪主观方面，不管是犯罪的故意、过失，还是犯罪的动机、目的，都是行为主体的主观心理状态。但这种心理状态并不是单纯的主观性的、完全停留于行为主体的头脑中的东西。在它支配行为主体实施危害行为的过程中，其内容已能动地转化为外在的、客观的危害行为，表现于危害行为及其危害结果之中，从而成为一种可以通过相应证据予以证明的客观存在。它既不以司法工作人员的意志为转移，也不因行为主体事后的心理态度的变化而改变。所以，它具有客观性，是完全可以为人们包括司法工作人员所认识和认定的。当然，在司法实践中准确认定犯罪的主观方面并不是一件容易的事，但只要努力全面掌握与案件有关的各种情况，并适用正确的方法，在大多数情况下都能得出正确的结论。应特别注意的是，不能简单地以客观上发生的危害结果倒推行为人的主观

① “罪过”这一术语源自苏联刑法理论；大陆法系国家的刑法对犯罪故意和犯罪过失有的统称为责任意思或责任条件，有的统称为责任形式或责任种类；英美法系国家的刑法则将其统称为犯意。马克昌．犯罪通论．3版．武汉：武汉大学出版社，1999：312.

心理状态，因为结果并不能决定行为的性质，也不能决定行为人的主观罪过形式。

二、罪过形式及其刑事责任意义

犯罪主观方面的核心内容是罪过，无罪过即无犯罪。但基于不同的罪过而实施危害行为的主体，其主观恶性、人身危险性、反社会性的程度亦会有所不同，对其在法律上的评价也应有所不同，因而有必要对罪过的不同形式予以区分，并明确不同罪过形式的内涵与外延。我国刑法中规定的犯罪，从罪过形式的角度来看，主要包括两种基本类型：一是只能由故意构成的犯罪。这类犯罪占我国刑法所规定的犯罪的大多数，如危害国家安全罪、侵犯财产罪、贪污贿赂罪、侵犯公民民主权利罪，以及破坏社会主义市场经济秩序罪、侵犯公民人身权利罪、妨害社会管理秩序罪中的大多数犯罪等，都属于这一类型。二是只能由过失构成的犯罪，如失火罪、交通肇事罪、过失致人重伤罪、过失致人死亡罪等。除此之外，也有少数犯罪的犯罪主观方面，既可以是故意也可以是过失，或者既包括故意也包括过失，属于故意与过失的复合罪过形式[①]或者模糊罪过形式，如污染环境罪、食品监管渎职罪；还有少数犯罪的犯罪主观方面，是行为人实施的某一犯罪同时具有故意与过失的混合罪过形式[②]，如故意伤害罪的故意伤害致死情形，就是同一行为人实施的同一犯罪中既存在致其伤害的犯罪故意又存在致其死亡的犯罪过失。

行为人在主观上是故意还是过失，反映了其主观恶性程度的差异，进而直接影响到犯罪行为社会危害性的大小和犯罪人人身危险性的大小，以及刑事责任大小的评价。刑法也据此对故意犯罪与过失犯罪规定了轻重不同的法定刑，并且对故意犯罪规定的法定刑通常明显重于对过失犯罪规定的法定刑。只是对于复合罪过形式的犯罪，基于罪过形式的模糊性特点及疑罪从宽理念，设置的是不区分犯罪故意与犯罪过失的同一法定刑。

三、研究犯罪主观方面的意义

研究犯罪主观方面，对正确定罪与量刑都具有重要的意义。具体表现为：

1. 有利于区分罪与非罪的界限

无罪过即无犯罪，是我国刑法在定罪问题上的一个基本原则。只有在客观上实施了危害行为，同时主观上具有犯罪的故意或过失的罪过时，才能构成犯罪；如果虽然行为在客观上造成了某种损害结果，但行为主体在主观上并没有罪过，则该行为不构成犯罪。因此，犯罪的主观方面是区分罪与非罪的标准之一。

2. 有利于区分此罪与彼罪的界限

犯罪主观方面作为行为主体实施危害行为及其所引起的危害结果所持的一种心理态度，既支配行为主体实施危害社会的行为，又支配行为主体实施危害行为的特定方式、特定时间、特定地点等决定危害行为性质的多种因素。罪过的形式、内容不同，危害行为的性质、方式、危害结果就有所不同，罪名也就不同。因此，可以根据不同犯罪所特

---

① 储槐植，杨书文．复合罪过形式探析：刑法理论对现行刑法内含的新法律现象之解读．法学研究，1999 (1).

② 冯军，肖中华．刑法总论．北京：中国人民大学出版社，2008：203.

有的主观方面的内容，来区分此罪与彼罪的界限。如故意杀人罪与过失致人死亡罪，虽然在客观上都是非法剥夺他人生命，但前者是基于故意而后者是出于过失，正是由于支配行为的罪过形式不同，它们构成的是不同犯罪。

3. 有利于区分一罪与数罪的界限

罪过的个数是确定犯罪的罪数的一个重要依据。行为人在一个罪过支配下所实施的一系列活动，在刑法上只认为是一个犯罪行为，并在符合其他犯罪构成要件的情况下，只认定为构成一个罪；行为人在数个罪过支配下实施的数个行为，并在符合数个犯罪构成的情况下，通常都认定为数个犯罪。

4. 有利于准确量刑

犯罪主观方面是影响量刑轻重的重要依据。我国刑法对故意犯罪与过失犯罪通常都规定了轻重不同的法定刑。一方面，通过查明行为人的犯罪主观方面，正确地予以定罪，也就相应确定了基于该犯罪主观方面所成立犯罪的法定刑幅度，从而为准确量刑提供起始标准；另一方面，行为人所具有的犯罪主观方面不同，表明其所具有的主观恶性大小不同，会在量刑中影响对犯罪行为的社会危害性大小和犯罪人的人身危险性大小的评价，进而影响量刑的轻重。

第二节　犯罪故意

一、犯罪故意的概念

《刑法》第 14 条规定，“明知自己的行为会发生危害社会的结果，并且希望或者放任这种结果发生，因而构成犯罪的，是故意犯罪”。所谓犯罪故意，是指行为人明知自己的行为会发生危害社会的结果，并且希望或者放任这种结果发生的心理态度。一方面，犯罪故意与故意犯罪是两个具有密切关联的概念。犯罪故意是指一种罪过心理，故意犯罪是一类犯罪的统称，是在犯罪故意的罪过心理支配下完成的犯罪行为。另一方面，犯罪故意也不同于一般生活意义上的“故意”。犯罪故意具有社会危害性的特定内容，即以对行为结果危害性的明知为基础，以对行为危害结果的希望或放任发生为核心；一般生活意义上的“故意”，只是表明行为人有意识地去实施某种行为，即只要求行为人与行为之间存在一般的心理联系，并不要求具有犯罪故意的特定内容。

二、犯罪故意的构成要素

犯罪故意作为一种罪过，包含以下两个要素：一是认识因素，二是意志因素。

（一）犯罪故意的认识因素

犯罪故意的认识因素，是指行为人明知自己的行为会发生危害社会的结果；也称意识因素，是一切故意犯罪在主观认识上必备的特征。如果一个人的行为虽然在客观上会发生甚至发生了危害社会的结果，但行为人在行为时并不知道自己的行为会发生这种结果，则不构成犯罪的故意。对犯罪故意的认识因素的认定，需要从认识内容与认识程度两个方面予以考察。

1. 关于认识的内容

认识的内容，亦即“明知”的内容，根据《刑法》第14条的规定，是“明知自己的行为会发生危害社会的结果”。基于犯罪主观方面与犯罪客观方面、犯罪客体的关联性，它应具体包括法律规定的构成某种故意犯罪所必需的如下三个方面：一是对行为本身的明知。这个明知，不是行为人对刑法的定性评价认识，而是对刑法规定的危害行为本身的内容及其性质的认识。如并不要求行为人对其持有玩具非制式枪支，是不是刑法上的犯罪有明知，但需要明知自己持有了法律禁止的“枪支”。二是对行为结果的明知。这个明知，是对行为产生或者将要产生的危害社会结果的内容与性质的认识。三是对犯罪构成其他要件事实的明知。这个明知，是对行为及其结果以外的其他犯罪构成要件，包括与危害行为和危害结果相联系的法定犯罪对象、行为手段或方式、犯罪时间与地点等要素的认识。其中，由于犯罪客体是对犯罪对象的抽象，所以这个对犯罪对象的认识，也就包含对犯罪客体的认识。如认识到“当所发射弹丸的枪口比动能大于或等于1.8焦耳/平方厘米时”的非制式枪支就是法律所禁止持有的枪支，就为认识到违反枪支管理制度。

至于认识的内容是否包括违法性认识，刑法理论界一直众说纷纭。[①] 所谓违法性认识，是指行为人认识到自己的行为违反刑法，是行为人明知自己的行为在刑法上是如何评价的认识。鉴于法律认识错误就是行为人对自己行为在刑法上如何评价的不正确认识，犯罪故意的认识内容不应当包括违法性认识。

2. 关于认识的程度

认识的程度，也就是行为人明知自己的行为“会发生”危害社会的结果的含义。所谓“会发生”，通常认为包括两种情况：一是明知自己的行为必然发生某种特定的危害结果，即认识到了这种危害结果发生的必然性；二是明知自己的行为可能发生某种特定的危害结果，即认识到了这种危害结果发生的可能性。但不论行为人是认识到危害结果发生的必然性还是可能性，都不影响犯罪故意之认识因素的成立，只是体现行为人主观恶性及其所支配的社会危害性和人身危险性大小。

（二）犯罪故意的意志因素

犯罪故意的意志因素，是指行为人对自己的行为将要引起的危害结果所持的希望或者放任的心理态度。所谓希望，就是行为人在对自己的行为性质有明确认识的基础上，努力运用自己的意志来协调决定自己行为性质的各种主客观条件，使自己对行为的认识按照自己的意愿转化为客观现实，促使危害结果发生的意志活动。所谓放任，就是行为人在实施行为时，明知自己的行为会发生危害结果，虽然行为人不希望、不是积极追求危害结果的发生，但也不设法改变自己行为的性质或方向以避免这种结果的发生，而是听之任之，继续运用自己的意志控制决定行为性质的各种条件，最终导致危害结果发生

---

① 姜伟．罪过形式论．北京：北京大学出版社，2008：114－119；大塚仁．犯罪论的基本问题．冯军，译．北京：中国政法大学出版社，1993：37－49；田宏杰．违法性认识研究．北京：中国政法大学出版社，1998；陈忠林．违法性认识．北京：北京大学出版社，2006.

的心理过程。

认识因素和意志因素作为犯罪故意内容的两个方面，是密切联系、有机统一的，对犯罪故意的成立具有各自不同的重要作用。其中，认识因素是意志因素存在的前提与基础，也是犯罪故意成立的基础；意志因素是认识因素基础上的发展，是犯罪故意中具有决定性作用的因素，它对于将犯罪故意变为犯罪行为具有重要的主导作用。

三、犯罪故意的类型

关于犯罪故意的类型，刑法理论界有多种划分方法。较常见的分类有以下几种。

（一）直接故意与间接故意

依据行为人对危害结果所持的心理态度即犯罪故意的意志因素的不同，可以将犯罪故意分为直接故意与间接故意。《刑法》第 14 条明确规定了这两种不同的意志形式。正因为如此，这也是我国刑法理论界最常见的一种分类，也被称为犯罪故意的法定类型。

1. 直接故意

犯罪的直接故意，是指行为人明知自己的行为必然或者可能发生危害社会的结果，并且希望这种结果发生的心理态度。它有两个特征：一是明知自己的行为必然或者可能发生危害社会的结果。这是直接故意的认识因素必备的内容。二是行为人希望危害结果的发生，即危害结果是行为人行为时所追求的直接目的。这是直接故意的意志因素必备的内容。

根据行为人的认识程度的不同，可以将犯罪的直接故意划分为以下三种表现形式：(1) 行为人明知自己的行为必然发生危害社会的结果，并且希望这种结果发生的心理态度。(2) 行为人明知自己的行为可能发生危害社会的结果，并且希望这种结果发生的心理态度。(3) 行为人明知自己的行为必然发生危害社会的结果，并且放任这种结果发生的心理态度。以上情况意味着，只要故意的明知是必然性预见，就是直接故意。这是基于故意的认识程度及其所具有的主观恶性所作的实质性界定。另外，在突发情况下，行为人不计后果实施危害行为的主观方面，也是直接故意。

2. 间接故意

犯罪的间接故意，是指行为人明知自己的行为可能发生危害社会的结果，并且放任这种结果发生的心理态度。它也有两个特征：一是行为人明知自己的行为可能发生危害社会的结果。这是其认识特征。这一特征具体是指，行为人根据对自身的犯罪能力、犯罪的工具、对象，以及犯罪的时间、地点、环境等情况的了解，认识到自己的行为引起某种危害结果的发生只具有可能性，而不具有必然性。如果行为人明知自己的行为必然发生危害社会的结果而仍然决意为之，则超出了间接故意的认识因素范围，应属于直接故意。二是行为人放任危害结果的发生。这是其意志特征。在间接故意中，危害结果的发生不是行为人所追求的直接目的，而是行为人在实施追求其他目的或者无目的的行为时对自己的行为可能引起的危害结果持容忍的态度，即有意放任，无意防止。

在司法实践中，犯罪的间接故意大致有以下三种情况：(1) 行为人为了实现某种犯罪意图而放任另一危害结果的发生；(2) 行为人为了实现某种非犯罪意图而放任危害结果的发生；（3）行为人没有明确的行为目的，在突发情绪下，实施危害行为，不计后果放任危害结果的发生。

从我国刑法的规定来看，绝大多数犯罪都是故意犯罪，而故意犯罪中的绝大多数只能由直接故意构成，只有少数故意犯罪如故意杀人罪、故意伤害罪、放火罪等，既可以由直接故意构成，也可以由间接故意构成。

3. 直接故意与间接故意的区别

犯罪的直接故意与间接故意都属于犯罪故意的范畴，在认识因素上，二者都是明知自己的行为会发生危害社会的结果；在意志因素上，二者都是不排斥、不反对、不否定危害结果的发生。它们的区别主要表现在：

（1）在认识因素上，二者的行为人对行为引起危害结果发生的认识状态有所不同。直接故意的行为人对其行为引起危害结果发生的认识包括必然性和可能性两种情形，而间接故意的行为人对其行为引起危害结果发生的认识只有可能性一种情形。

（2）在意志因素上，二者的行为人对危害结果所持的心理态度不同。直接故意的行为人是希望危害结果的发生，即积极追求、促使危害结果的发生。在这种心理支配下，行为人就会想方设法创造条件，排除障碍，积极地甚至顽固地实现犯罪目的，促成危害结果发生。而间接故意的行为人对危害结果的发生，持放任的心理态度，即对危害结果发生与否，采取听之任之、无所谓的态度，危害结果没有发生无所谓，发生了也不违背其本意。在这种心理支配下，行为人就不会想方设法排除障碍、积极追求或努力阻止特定危害结果的发生。意志因素上的不同，是直接故意与间接故意相区别的关键。

（3）在成立的客观条件上有所不同。直接故意的行为人以追求特定危害结果的发生为其行为的直接目的，它的内容不包含容忍危害结果不发生的因素，所以，客观上危害结果是否发生，并不影响直接故意的成立；而间接故意以“放任”危害结果的发生为主要内容，行为人对客观上不发生危害结果也持容忍态度，所以，只有在客观上发生了特定危害结果，间接故意才能成立。

（4）在定罪要求上有所不同。直接故意犯罪按其故意的内容定罪，无论法定的危害结果是否出现，都不影响犯罪的成立。如基于直接故意的对甲射击行为，无论甲是否死亡，都定故意杀人罪，只不过由于意志以外的原因未死亡的，为故意杀人罪的未遂。间接故意犯罪按照其结果定罪，危害结果符合什么犯罪的法定结果就定什么罪，如对于基于间接故意的对乙射击行为，乙死了，定故意杀人罪；乙被射为重伤或轻伤，定故意伤害罪。因此，将犯罪故意划分为直接故意与间接故意，对于我们认识故意犯罪在主观方面的复杂情况，正确地把握犯罪故意完整的内涵与外延，准确地认定犯罪性质，具有重要的意义。但值得注意的是，直接故意与间接故意是刑法理论分析刑法的有关规定而作出的理论概括，法律上并未直接载明这两个概念术语，按照依法定罪的要求，司法文书中不宜将故意犯罪区分为直接故意犯罪与间接故意犯罪，仍应统称为故意犯罪。

（5）量刑轻重所有不同。直接故意与间接故意的认识因素和意志因素的不同，体现了行为人主观恶性及其行为的客观危害程度不同。在绝大多数情况下，在同一种性质的犯罪中，直接故意的社会危害性要大于间接故意的社会危害性，根据罪刑相适应原则，对直接故意犯罪的量刑一般应重于对间接故意犯罪的量刑。在司法实践中，裁判文书在叙述事实时，对行为人的希望或放任心理的分析，就是为了反映两种故意形式的不同危害程度及量刑轻重的不同。因此，将犯罪故意划分为直接故意与间接故意，对于我们正确地确定犯罪的社会危害程度、恰当地量刑，也具有重要的意义。

（二）确定故意与不确定故意

依据行为人对危害结果的认识程度的不同，可以将犯罪故意分为确定故意与不确定故意。

确定故意，是指行为人明知自己的行为一定会发生某种具体的危害结果，并希望或者放任这种结果发生的心理态度。[①] 其基本特征为：（1）认识内容的具体性。行为人对其实施的危害行为的侵害性质、侵害对象以及侵害范围都有明确的认识。（2）认识程度的肯定性。行为人认识到自己的行为一定会发生危害社会的结果。

不确定故意，是指行为人虽然明知自己的行为会发生危害社会的结果，但对结果的具体内容以及发展趋势的认识并不明确，而希望或者放任危害结果发生的心理态度。[②] 其基本特征为：（1）认识内容的不确定性。行为人虽然对自己的行为会发生危害社会的结果有所认识，但对其行为的侵害性质、侵害对象、侵害范围的认识不明确。（2）认识程度的不确定性。行为人认识到自己的行为发展趋势有多种可能性，即对自己的行为是否一定会引起危害结果发生、危害结果如何发生的认识不明确。不确定故意包括概括故意、择一故意、可能故意。概括故意，是指行为人只有犯罪的确定故意，但对其行为的侵害性质、侵害对象、侵害范围尚不明确的故意犯罪心态。择一故意，是指行为人在特定的危害对象范围内，任意侵害其中之一的故意犯罪心态。可能故意，也称未必故意，是指行为人已经认识到自己的行为可能发生危害社会的结果，并希望或放任这种结果发生的故意犯罪心态。

（三）预谋故意与突发故意

依据行为人犯罪故意的形成与危害行为的实施之间是否有一定的时间间隔，可以将犯罪故意分为预谋故意与突发故意。预谋故意，是指行为人产生犯罪意图后，经过一段时间的思想斗争或者进行了一定的准备才着手实行犯罪的情形。突发故意，是指行为人产生犯罪意图后立即实施犯罪行为的情形，也称顿起故意、偶发故意。

在通常情况下，预谋故意能显现出行为人比突发故意情形下更大的主观恶性与人身危险性，因预谋故意而实施的犯罪客观上也会比因突发故意而实施的犯罪更严重，因而在司法实践中对预谋故意的犯罪人的量刑应重于对突发故意的犯罪人的量刑。

四、犯罪的目的和动机

在现实生活中，一切主体的故意行为都是在一定的动机支配之下，为追求一定的目的而实施的。在故意犯罪上，也涉及犯罪目的与犯罪动机问题。

（一）犯罪目的

犯罪目的，就是行为人希望通过实施犯罪行为以实现某种危害结果的心理态度或者

①② 姜伟．罪过形式论．北京：北京大学出版社，2008：153.

说心理愿望。它是行为人对危害结果追求的主观表现。如国家工作人员在实施贪污行为时，就有非法占有公共财物的目的；某人在实施诬告陷害行为时，就有使被害人受到错误刑事追究的目的。由于犯罪目的体现的是一种“希望”的意志倾向，所以，刑法理论界之通说认为，犯罪目的只能存在于直接故意的犯罪心理之中，而在间接故意与过失犯罪的犯罪心理中不存在犯罪的目的。

作为故意犯罪构成要件要素的犯罪目的，根据刑法立法状况，有两种情形：

1. 蕴含在直接故意中并作为直接故意内容的犯罪目的

既然直接故意是行为人明知自己的行为会发生危害社会的结果，并且希望这种结果发生的心理态度，那么所有的直接故意犯罪都具有犯罪目的。这既包括作为行为人追求危害结果主观表现的方面，如故意杀人罪的杀人目的、故意伤害罪的伤人目的；也包括立法没有明确规定但该罪成立在主观明知上必须具有的特定犯罪目的，如盗窃罪、诈骗罪、抢夺罪等占有型财产性犯罪在主观上都必须有非法占有的目的。

2. 刑法立法明确将特定犯罪目的规定为该罪成立的要件要素

这在刑法理论上被称为目的犯。但是并不是所有直接故意犯罪都可被称为目的犯，目的犯的目的必须由立法者在刑法条文中明确规定，否则不称其为目的犯。侵犯著作权罪、赌博罪立法要求“以营利为目的”，高利转贷罪立法明确要求“以转贷牟利为目的”，集资诈骗罪立法明确要求“以非法占有为目的”。不具有这些立法明确要求的目的的，通常就不是犯罪。立法做如此限制，一方面是为了限制定罪处罚的范围，缩小刑法打击面；另一方面是为了界分那些界限比较模糊、容易相混淆的罪与非罪行为。如就赌博行为而言，对于那些亲朋好友偶尔聚集一起争输赢的娱乐消遣行为，并不适宜作为违法犯罪论处；只有那些以营利为目的聚众赌博或者以赌博为业的行为，才应按赌博罪论处。

犯罪目的的认定，既要坚持罪刑法定原则也要坚持主客观相一致原则。就罪刑法定原则而言，对于目的犯，须按刑法明确规定的犯罪目的要求予以认定，只有具备了这个特定犯罪目的才构成犯罪；对于刑法没有明确规定犯罪目的的普通直接故意犯罪，按刑法分则的相应罪名的罪状规定并结合《刑法》第 14 条关于直接故意的“明知”要求及其蕴含，认定是否构成犯罪或构成何种犯罪。就主客观相一致原则而言，犯罪目的不存在超客观的纯主观责任问题，都反映其所支配犯罪行为实施并带来相应危害结果的主观恶性及社会危害性大小。在司法中，无论是目的犯的犯罪目的还是普通直接故意犯罪的犯罪目的，都是需要借助相应证据予以确切查明的主客观相一致的客观事实。

（二）犯罪动机

犯罪动机，就是推动行为人实施犯罪行为以达到犯罪目的的内在动力或者说内心冲动。它常常表现为行为人希望得到满足的愿望或者要求，如有的国家工作人员为了追求奢华生活而贪污公共财物，其追求奢华生活就是贪污的动机。

犯罪动机与犯罪目的既有联系又有区别。二者的联系主要表现在：（1）二者都是犯罪人实施犯罪行为过程中的主观心理活动，其形成和作用都反映了犯罪人的主观恶性程度及行为的社会危害性程度；（2）犯罪目的以犯罪动机为前提和基础，它来源于犯罪动机，是犯罪动机的延伸和发展，而犯罪动机促使犯罪目的的形成；（3）二者有时表现为直接的联系，即二者有时反映的犯罪人的非法需求是一致的，如出于贪利动机实施以非法占有为目的的诈骗罪即是如此。

犯罪动机与犯罪目的虽然都是犯罪人主观方面的心理态度，有着密切的联系，但二者毕竟是两个不同的概念，不能混淆。二者的区别主要表现在：（1）二者形成的时间先后不同。犯罪动机是促使犯罪人实施犯罪行为以达到犯罪目的的内在动力或曰内心冲动，它产生于犯罪目的之前，先有犯罪动机，后有犯罪目的，犯罪目的是犯罪动机的延伸和发展。（2）二者在内容、性质、作用上有所不同。犯罪动机是表明犯罪人为什么要犯罪的内心起因，比较抽象，是内在的发动犯罪的力量，起着推动犯罪实施的作用；犯罪目的则是实施犯罪行为所追求的客观危害结果在主观上的反映，比较具体，已经指向外在的具体犯罪对象与客体，起着为犯罪确定目标与侵害程度的引导、指挥作用。（3）二者的复杂性不同。一方面，一种犯罪的犯罪目的相同，而且除复杂客体犯罪以外，通常是一个罪一种犯罪目的；而犯罪动机可能因人、因具体情况有所不同，一种罪可能有多种不同的犯罪动机，如直接故意杀人的目的都是希望非法剥夺他人的生命权利，而犯罪动机可能多种多样，有的基于报复，有的基于义愤，有的基于奸情，等等。另一方面，一种犯罪动机可能导致几种不同的犯罪目的，而一种犯罪目的也可以同时为多种犯罪动机所推动。例如，基于报复的动机，行为人可能会去追求非法剥夺他人生命权利、损害他人人身健康权利、贬损他人名誉、毁坏他人财产等不同的犯罪目的；而为追求非法剥夺他人生命权利的犯罪目的，可以是基于仇恨、图财、嫉妒等几种犯罪动机的混合作用。（4）二者的追求不同。犯罪动机与犯罪目的在某些情况下反映的犯罪人的需求并不一致，如实施间谍犯罪行为，行为人的犯罪动机可以是出于物质的、经济的需求，而其犯罪目的反映的是行为人精神的、政治的需求。（5）二者在定罪量刑中的作用不同。犯罪目的是犯罪构成主观方面的选择要件，对于区分罪与非罪、此罪与彼罪有重要意义，因而侧重于影响定罪；犯罪动机是影响量刑轻重的一个重要因素，侧重于影响量刑。

研究犯罪动机的意义，既有利于准确量刑，也有利于正确定罪。主要表现在：一是犯罪动机侧重影响量刑。犯罪动机是犯罪的一个重要情节，根据刑法规定和刑事审判实践经验，量刑要考察犯罪的各种情节，所以，犯罪动机对量刑有重要意义，它既可能影响到对不同量刑幅度的选择，也可能影响到在某一量刑幅度内轻重刑罚的确定。二是犯罪动机对定罪也有一定的意义。根据《刑法》第 13 条规定的“情节显著轻微危害不大的，不认为是犯罪”的内容，以及刑法分则某些条文所规定的“情节犯”（如第 246 条规定的侮辱罪、诽谤罪）的要求，某些行为是否构成犯罪，除了须具备犯罪构成的其他条件，还须视其情节是否严重、恶劣。这样，作为重要情节之一的犯罪动机，自然在一定程度上，尤其是对这些“情节犯”而言，成为可以影响犯罪构成成立的一个因素。

第三节　犯罪过失

一、犯罪过失的概念

《刑法》第 15 条规定，“应当预见自己的行为可能发生危害社会的结果，因为疏忽大意而没有预见，或者已经预见而轻信能够避免，以致发生这种结果的，是过失犯罪”。所谓犯罪过失，是指行为人应当预见自己的行为可能发生危害社会的结果，因为疏忽大意而没有预见，或者已经预见而轻信能够避免，以致这种结果发生的心理态度。

作为一种罪过心理，犯罪过失与犯罪故意一样，也是认识因素与意志因素的有机统一体，只不过其认识因素与意志因素的内容有所不同。犯罪过失具有以下两个特征：（1）在认识方面，行为人的实际认识状况与认识能力、实际所为与应为不一致。具体表现为，行为人具有认识自己的行为可能发生危害社会的结果的能力，但实际上在行为时没有认识到，或虽然已经认识到，但对危害结果发生的现实可能性作出了错误的判断，误以为危害结果可以避免。（2）在意志方面，行为人的主观意愿与客观后果不一致，具体表现为：行为人对某种危害结果的发生既不希望也不放任，而是持反对、排斥的心理态度；而客观上某种危害结果在行为人缺乏应有的注意、轻率行事的情况下发生了，与行为人的主观意愿相违背。

从犯罪过失的概念和特征可以看出，犯罪过失的成立是以某种危害结果的发生为必备条件的，而对这种危害结果的造成并不是行为人自觉自愿的。既然行为人并不是自觉自愿去危害社会，为什么还要追究行为人的刑事责任呢？这是因为，人是具有相对的意志自由的，任何正常的人都可以凭借自己对客观事物的正确认识，在客观条件许可的范围内自由地选择自己的行为。而在过失犯罪的情况下，行为人本来能够正确地认识到自己的行为与危害社会结果之间的客观联系，并进而正确地选择自己的行为，避免危害结果的发生；但是，行为人在其意志的支配下，对国家、社会利益与他人权益的安危采取了严重不负责任的态度，以自己的行为造成了严重危害社会的结果。所以，国家就有充分的理由要求行为人对自己严重不负责任的态度支配下的行为所造成的严重危害社会的结果承担刑事责任。也就是说，过失犯罪行为人的过失心理态度，是其承担刑事责任的主观根据。

二、犯罪过失的类型

关于犯罪过失的类型，刑法理论界有多种划分方法。较常见的分类有以下几种。

（一）疏忽大意的过失与过于自信的过失

依据行为人的过失心理态度内容的不同，可以将犯罪过失分为疏忽大意的过失与过于自信的过失。由于《刑法》第15条明确规定了这两者的内容，因而这是我国刑法理论界最常见的一种分类，也被称为犯罪过失的法定类型。

1. 疏忽大意的过失

疏忽大意的过失，是指行为人应当预见自己的行为可能发生危害社会的结果，因为疏忽大意而没有预见，以致这种结果发生的心理态度。由于在疏忽大意过失中行为人对危害结果的发生没有预见，所以，这种过失也被称为无认识的过失。它具有以下两个基本特征：

（1）行为人应当预见自己的行为可能发生危害社会的结果。

所谓应当预见，是指行为人在行为时对危害结果的可能发生既有预见的义务，又有预见的能力。所谓预见的义务，是指行为人在行为时对危害结果的可能发生负有预见的责任。这种预见的义务，来源于法律法规的规定，或者职务、业务的要求，或者公共生活准则的要求。所谓预见的能力，是指行为人在行为时对危害结果的可能发生有预见的现实条件和实际可能性。预见的义务与预见的能力是有机联系在一起的。法律不能要求人们去做他们力所不能及的事，而只是对有实际预见能力的人才会确定其预见的义务。所以，虽然行为人对其行为引起的危害结果的发生负有预见的义务，但如果在当时情况下其不具有预见的能力，那么即使发生了严重的损害结果，也不能要求行为人对此承担刑事责任。

关于“预见能力”的判断标准问题，刑法理论界意见并不一致，主要有三种主张：一是客观说，也称社会标准说，即主张以社会上一般人的能力与水平来衡量；二是主观说，也称个人标准说，即主张在当时的具体条件下以行为人本身的能力和水平来衡量；三是折中说，也称综合说，即主张以主观标准为根据，以客观标准作参考。本书赞同第三种主张。按照这一主张，对于社会上一般正常理智的人能够预见到的危害结果，正常理智的行为人在正常条件下也应当预见到；但对于判定行为人有无预见能力具有决定性意义的，只能是行为人的实际认识能力和行为当时的具体条件。也就是说，要根据行为人本身的年龄状况、智力发育、文化知识水平、业务技能、工作与生活经验等因素所决定的其实际认识能力，以及行为当时的客观环境与条件，具体分析行为人在当时的具体情况下，对其行为发生这种危害结果能否预见。据此，社会上的一般人在普通条件下能够预见的，行为人可能因其自身认识能力较低或行为当时的特殊条件限制而不能预见；相反，社会上一般人在普通条件下不能预见的，行为人可能基于其自身的认识能力较高（如有此方面的专业知识、专业技能或经验等）或者行为当时的特殊条件方便而能够预见。所以，只有折中说才是科学的和合乎情理的。

（2）行为人由于疏忽大意而没有预见到自己的行为可能发生危害社会的结果。

所谓“没有预见到”，是指行为人在实施行为的当时没有想到自己的行为可能发生危害社会的结果。这种主观上对可能发生危害结果的无认识状态，是疏忽大意过失心理的基本特征和重要内容。行为人行为时的疏忽大意，是其没有预见到的根本原因。正是这种疏忽大意心理，导致行为人在有义务预见也能够预见到自己的行为可能发生危害结果的情况下，实际上没有预见到，从而盲目地实施了危害社会的行为，并且未采取必要的防范危害结果发生的措施，最终导致了危害结果发生。我国刑法之所以对因疏忽大意过失构成犯罪的行为人予以刑罚处罚，就是由于其主观上的疏忽大意过失造成了严重的危害结果。处罚和警诫这种基于对国家、社会与民众利益严重不负责任的疏忽大意的心理态度而实施的行为，可以促使行为人与其他社会成员戒除疏忽大意的心理，谨慎行事，以防止疏忽大意的过失犯罪的发生。

2. 过于自信的过失

过于自信的过失，是指行为人已经预见到自己的行为可能发生危害社会的结果，但轻信能够避免，以致发生这种结果的心理态度。由于行为人事先已经预见到自己的行为可能发生危害社会的结果，所以，这种过失也被称为有认识的过失。

（1）过于自信的过失的基本特征。

过于自信的过失具有以下两个基本特征：

一是行为人已经预见到自己的行为可能发生危害社会的结果。所谓“已经预见到”，是指行为人在行为时已经认识到自己的行为可能引起某种危害结果的发生。这是过于自信的过失在认识因素方面的表现，也是成立过于自信的过失的前提条件。如果行为人在行为时根本没有预见到自己的行为可能发生某种危害结果，就不属于过于自信的过失，而可能属于疏忽大意的过失或者意外事件。还应特别注意的是，这种已经预见到，只能是预见到自己行为引起危害结果发生的可能性，而不能是预见到危害结果发生的必然性。只有在预见危害结果可能发生的情况下，才会轻信能够避免这种结果发生。如果已经预见到危害结果必然发生，行为人也就没有任何理由相信能够避免这种结果发生了。在这种情况下，行为人仍然实施该行为，则应属直接故意而不是过于自信的过失了。因此，"已经预见到"意味着，行为人既认识到危害结果可能发生，同时还认识到危害结果可能不会发生。

二是行为人轻信能够避免，以致发生了危害结果。所谓"轻信能够避免"，是指行为人在预见到了自己的行为引起危害结果发生的可能性的同时，过高地估计了可以避免危害结果发生的主客观方面的有利因素，而过低地估计了自己的行为导致危害结果发生的可能程度。具体说，它包括三层含义：1）行为人相信危害结果不会发生，即对危害结果的发生是持否定态度的；2）行为人相信能够避免危害结果的发生是有一定实际根据的，如行为人自身的较强体力、熟练技巧，或者对客观环境、自然规律的熟悉，等等；3）相信能够避免危害结果发生的根据并不可靠。正是这种"轻信"，使危害结果发生了，也使过于自信的过失最终成立并区别于其他罪过形式。

（2）过于自信的过失与疏忽大意的过失的区别。

过于自信的过失与疏忽大意的过失作为犯罪过失的两种类型，虽然都是行为人对危害结果的发生持否定、排斥的态度，但有着明显的区别，主要表现在：1）在认识因素上，对自己行为导致危害结果的可能发生，前者是已经预见到，而后者是根本没有预见到；2）在意志因素上，虽然二者都是行为人对危害结果的发生持反对态度，但前者是轻信能够避免危害结果发生，而后者是疏忽大意。

（二）普通过失与业务过失

依据过失的内容与特定主体所从事的特定职业是否有内在的必然联系，即行为人是否违反特定注意义务，可以将犯罪过失分为普通过失与业务过失。

1. 普通过失

普通过失，是指仅仅违反一般公共生活规则，而导致了自己不希望发生的危害结果的犯罪过失，如失火、过失致人死亡、过失致人重伤等犯罪行为中的过失。

2. 业务过失

业务过失，是指从事某项职业的人，因违反业务上要求的注意义务而导致了自己不希望发生的危害结果的犯罪过失。如重大责任事故罪的罪过形式即业务过失。业务过失常与高度危险的行业密切相关，而行为人所违反的注意义务也是行为人从事相应业务活动所要求的基本义务，并且这种注意义务是由相应法律法规、部门规章或行业规范等所确定的，只要行为人违反了相应的法律法规、部门规章或行业规范就证明其违反了这种注意义务。而从业人员对其业务范围内的风险也有比普通社会成员更高的预见能力，应负更高要求的预见义务，其一旦违反这种注意义务，所造成的危害后果就会比普通过失所造成的危害后果更严重，所以，通常对因业务过失而构成的过失犯罪的处罚应重于对普通过失犯罪的处罚。

由于不同从业人员在业务活动中的职责不同，他们之间会存在着监督与被监督、管理与被管理的关系，因而在业务过失中存在监督过失、管理过失。这也是现代社会中经常发生的业务过失。所谓监督过失，是指在现场作业的人员因失误而引发事故之时，本应为不出现这种错误而加以指导、训练、监督，并且，如果履行此监督义务本可以避免结果发生或结果扩大的过失。[①] 所谓管理过失，是指在具有预见事故发生的可能性的情况下，违反为了防止事故的发生或者即使发生了事故但为防止所受损失扩大而准备物资设备与确定工作人员等安全保障义务的过失。

三、犯罪过失与犯罪故意的区别

（一）犯罪过失与犯罪故意的一般区别

犯罪过失与犯罪故意相比，有着明显的区别。这主要表现在两个方面：（1）在认识因素方面，犯罪过失表现为行为人对危害结果的发生虽然应当预见但实际上并没有预见到，或者只是预见到在其看来并非现实的可能性；而犯罪故意表现为行为人明知自己的行为必然或者可能发生某种危害社会的结果。（2）在意志因素方面，犯罪过失的内容是对危害结果的发生既不是希望，也不是放任，而是排斥、反对的心理态度，只是疏忽大意或者过于自信能够避免结果发生的主观错误心理支配下的过失行为导致了危害结果的发生；而犯罪故意的内容是希望或者放任危害结果发生的心理态度。因此，犯罪过失所表明的行为人的主观恶性明显地小于犯罪故意所表明的行为人的主观恶性。

（二）过于自信的过失与间接故意的区别

作为罪过心理，过于自信的过失与间接故意有不少相似之处，如：在认识因素上，都预见到自己的行为可能发生危害社会的结果；在意志因素上，都不是希望危害结果的发生；在成立的客观条件上，都以特定危害结果的实际发生为其成立的一个必备条件。正因为如此，二者容易混淆。但它们是性质不同的两种罪过形式，在认识因素与意志因素上有着重大的区别。

1. 在认识因素上，对危害结果发生的认识程度不同

就过于自信的过失而言，行为人虽然预见到自己的行为引起危害结果发生的可能性，但同时又认为，由于自己的能力、经验、技能和某些外部条件，实施行为时，危害结果发生的可能性不会转化为现实性，而恰恰这种认识是错误的，即对危害结果发生的可能性转化为现实性的客观事实发生了错误认识，其主观认识与客观结果不一致；而在间接故意的情况下，行为人不仅认识到了自己的行为引起危害结果发生的可能性，而且认识到了该危害结果发生的现实性，即行为人对自己的行为引起危害结果发生的可能性转化为现实性的客观事实并没有发生错误的认识，其主观认识与客观结果是一致的。

2. 在意志因素上，对待危害结果发生的态度有着本质的不同

过于自信的过失的行为人，不仅不希望危害结果发生，而且希望避免危害结果的发

① 西田典之．日本刑法总论．刘明祥，等译．北京：中国人民大学出版社，2007：226.

生，即反对、排斥危害结果的发生。行为人在预见到自己的行为可能发生危害结果的情况下，仍然相信能够避免这一结果发生，并且在行为过程中，必然会凭借、利用一定的自认为能够避免危害结果发生的有利因素，如行为人自身能力方面的体力、经验、技能等因素，他人的行为预防措施，以及客观条件或自然力量等有利因素，来避免危害结果的发生；客观上危害结果最终发生了，是违背行为人的本意的。而在间接故意的情况下，行为人虽不希望危害结果发生，但也不反对危害结果发生，也就不会去利用什么条件、采取什么措施来防止、避免危害结果的发生，而是听之任之，有意放任危害结果的发生；客观上危害结果最终发生了，并不违背行为人的本意。

第四节 与罪过相关的几个特殊问题

一、无罪过事件

（一）不可抗力

不可抗力，是指行为在客观上虽然造成了损害结果，但不是出于行为人的故意或者过失，而是由于不能抗拒的原因所引起的情形。对于不可抗力，不认为是犯罪。

不可抗力具有以下三个特征：（1）行为人的行为在客观上已经造成了损害结果。（2）行为人在主观上对自己的行为造成的损害结果没有任何过错。行为人对自己的行为所引起的损害结果既非出于故意，也非出于过失，即无罪过。（3）损害结果的发生是行为人不能抗拒的原因引起的。所谓“不能抗拒的原因”，是指超出行为人的控制能力的原因。在存在不可抗拒的原因的情况下，虽然行为人认识到了自己的行为会引发损害结果，但由于受当时主客观条件的限制，行为人无法排除这种原因，从而无法防止、避免损害结果的发生。

不可抗力与过于自信的过失都表现为对危害结果有所预见，结果的发生都违背了行为人的意愿，二者较为容易混淆。它们的区别主要表现在：（1）结果避免可能性不同。过于自信的过失是本来可以避免结果发生，不可抗力是根本无法避免结果发生。（2）结果发生的原因的不同。过于自信的过失的行为人本来具有避免结果发生的能力，只是由于过于自信的认识错误导致发生了危害结果，如长途客运司机极度疲劳致无力控制汽车而发生车祸；不可抗力的行为人在客观上无避免结果发生的条件和环境，如因为地震、台风等自然灾害或因为军事行动等社会现象。

（二）意外事件

所谓“意外事件”，根据《刑法》第16条的规定，是指行为在客观上虽然造成了损害结果，但不是出于行为人的故意或者过失，而是由于不能预见的原因所引起的情形。意外事件不被认为是犯罪。

意外事件具有以下三个特征：（1）行为人的行为在客观上已经造成了损害结果，即某种损害结果的发生，是行为人的行为所造成的。如果不是行为人的行为造成的，而是地震、洪水等自然原因造成的，就不能称之为刑法中的意外事件。（2）行为人在主观上对自己的行为造成的损害结果没有任何过错。行为人对自己的行为所造成的损害结果，主观上既无故意，也无过失，即无罪过。(3) 损害结果的发生是行为人不能预见的原因引起的。所谓“不能预见的原因”，是指行为人对其行为所引起的损害结果不仅没有预见到，而且根据行为人的实际认识能力和其行为当时的具体条件，其根本不可能预见。

意外事件与疏忽大意的过失容易混淆。它们都是行为人对损害结果的发生没有预见，客观上都发生了这种结果，都以这种结果的实际发生为成立条件之一，因而在司法实践中容易混淆，应注意区分开来。二者的根本区别在于：行为人是否有预见能力。根据行为人的实际认识能力和行为当时的具体条件，意外事件是行为人对损害结果的发生不可能预见、不应当预见而没有预见；疏忽大意的过失则是行为人对其行为发生危害结果的可能性能够预见，只是其疏忽大意的心理才导致其未能实际预见。

(三) 无罪过事件不认为是犯罪的根据

不可抗力事件与意外事件不被认为是犯罪，是由我国刑法所坚持的主客观相统一的定罪原则所决定的。在这种情况下，虽然行为人的行为在客观上造成了损害结果，但其主观上既没有犯罪的故意也没有犯罪的过失，因而，缺乏构成犯罪和承担刑事责任的主观基础与根据，也就不能将其认定为犯罪与追究行为人的刑事责任，否则，就是客观归罪，违反了主客观相统一的定罪原则。

二、期待可能性问题

(一) 期待可能性的概念与理论源流

期待可能性一词是由德文“zumutbarkeit”而来的。在刑法上，它通常是指从实施行为时的外部情况看，可以期待行为人不实施违反刑事义务的行为。[①] 从实施行为时外部情况看，如果行为人有选择不实施违反刑事义务的行为的可能性，就是有期待可能性；如果行为人没有选择不实施违反刑事义务的行为的可能性，就是没有期待可能性。它的有无，反映了行为人的意志自由的程度，进而直接影响着行为人的主观恶性与人身危险性程度，从而影响行为人的刑事责任。

期待可能性理论发端于19世纪末的德国。而这一理论产生的契机，是1897年3月23日德意志帝国法院第四刑事部所作的关于“莱伦芬格”事件的判决[②]，亦称“癖马案”判决。该案被告人是一位马车夫，从1895年开始受雇驾驶双匹马车，但其中一匹叫“莱伦芬格”的马具有以其尾绕住缰绳并用力压低的恶癖，非常危险，并因此被称为“绕缰鬼”，而马车夫与其雇主都知道这一点。马车夫曾提醒其雇主更换该马，但被拒绝并以解雇相威胁。1896年7月19日，马车夫在其雇主的特别命令下，使用了“莱伦芬格”，正当马车驾驶在街上时，该马又将尾绕住缰绳有力下压。马车夫虽一再努力，也未能使马尾脱离缰绳，马匹却因此狂暴起来，马车夫当时已完全无力控制两匹马。结果马匹狂奔，撞伤了行走于路旁的一个铁匠，致其脚部骨折。检察官以此而对马车夫以过失伤害罪提起诉讼，但原审法院宣告马车夫无罪，检察官以原审法院判决不当向帝国法院提起上告，帝国

① 冯军．刑事责任论．修订版．北京：社会科学文献出版社，2017：226.

② 同①227－228.

法院经审理后驳回了上告。其驳回的理由是："肯定基于违反义务之过失责任（不注意之责任），如仅凭被告曾认识驾驭有恶癖之马或将伤及行人一点看，则不能谓为得当；更应以被告当时是否得以基于其认识，而向雇主提出拒绝驾驭此有恶癖之马一点为必要条件。然而，吾人果能期待被告不顾自己职位之得失，而违反雇主之命令拒绝驾驭该有恶癖之马乎？此种期待，恐事实上不可能也。因此，本案被告不应负过失之责任。"[①] 此后，规范责任论兴起，并以此案作为"期待不可能"而阻却责任的有力论据。当时的德国学者弗朗克、格尔德施米特、弗洛登塔尔、施米特等为这一理论的产生与发展作出了重要贡献。[②] 后这一理论被传到日本，经佐伯千仞等刑法学者的努力而在日本获得支持，并在第二次世界大战后成为日本学界通说。[③] 这一理论也在多国的司法实践中被适用。

（二）期待可能性的理论基础

关于期待可能性的理论基础，现代刑法理论有人认为包括规范责任理论、谦抑性的刑法思想、刑法的人性基础以及形式理性与实质理性的融合。[④] 实质上，其根本性的依据就是人类与生俱有的对人性中普遍存在的脆弱性的应有尊重的怜悯之心。

（三）期待可能性的判断标准

期待可能性的有无及程度，会直接影响到行为人的刑事责任，因而明确判断期待可能性的标准十分重要。然而对此至今众说纷纭，莫衷一是。主要有三种主张[⑤]：（1）行为人标准说。此说主张应以行为人的能力为标准，在其具体行为情况下，能否期待其实施合法行为。（2）通常人标准说，亦称平均人标准说。此说主张应将通常人（平均人）置于行为人实施犯罪的情况之下，看能否期待通常人实施合法行为，来判断对行为人能否期待合法行为。（3）国家标准说，亦称法规范标准说。此说主张对行为人有无期待适法行为的可能性不能以被期待的方面为标准，而应以国家或法秩序期待的方面为标准，依在该行为情况下国家或法秩序期待什么来决定。

对于上述三种主张，理论界都进行了批评。有的人认为，行为人标准说不仅有违公平原则，而且如果贯彻行为人标准说，结果会是"理解一切就允许一切"，使责任判断成为不可能，且对确信犯人也不能处罚，因而此说是不恰当的。有的人认为，通常人标准是不恰当的，首先"通常人"（平均人）的概念不明确，判决标准也就不明；其次，对通常人有期待可能，对直接行为人不一定有期待可能。有的人认为，国家标准说也是不恰当的，因为它是以问答问，没有提供任何实质的标准，结果在法规之外就不能承认期待可能性。

应当说，这三种判断标准都各有其道理，但又都存在如上述批评所指出的缺陷，因而都失之偏颇。期待可能性问题实质上就是在非常规情况下行为人是否有选择的可能性问题，确认与运用这一理论，就是为了实现具体正义，将不幸陷于某种具体恶劣境况中的行为人从刑事责任的追究中解救出来，以在法律上尊重人类普遍的脆弱人性。所以我

---

① 洪福增．刑法之理论与实践．台北：刑事法杂志社，1988：92-98.

② 冯军．刑事责任论．修订版．北京：社会科学文献出版社，2017：232-235.

③ 马克昌，等．刑法学全书．北京：上海科学技术文献出版社，1993：645.

④ 孙国祥．刑法基本问题．北京：法律出版社，2007：197-200.

⑤ 马克昌，等．刑法学全书．上海：上海科学技术文献出版社，1993：645.

们赞同综合标准说，即以具体行为人的状况为基础标准判断期待可能性的有无，也适当考虑平均人标准说和国家标准说在判断期待可能性有无上的意义。①

（四）期待可能性理论的适用

期待可能性理论，作为一个刑法理论，在司法适用上因得不到罪刑法定原则的支持而不宜适用。但是，期待可能性作为影响社会危害性和人身危险性大小的机理，无论是在刑法立法还是刑事司法上都有体现和应用。在刑法立法上，诸如正当防卫、紧急避险、“情节显著轻微危害不大的，不认为是犯罪”规定、“对于犯罪情节轻微不需要判处刑罚的，可以免予刑事处罚”规定等，都可以理解为是期待可能性机理在立法上的体现和要求。在刑事司法上，根据宽严相济刑事政策，将被害人有过错等作为酌定从宽处罚情节，或者将“不可抗力”事件，如对已婚妇女因逃荒为求生存又与他人结婚而不以重婚罪追究该妇女刑事责任，也是期待可能性机理在司法上的体现和要求。

三、严格责任问题

在英美刑法中，有一种不以行为人的主观罪过为犯罪成立要件内容的所谓严格责任犯罪（strict liability crimes）。因其与现代刑法学所坚持的“无罪过即无犯罪”的主客观相统一原则相悖，故它一产生即备受争议与批判，但其至今仍被保留着。

（一）严格责任概述

19世纪中期以后，在英美刑事立法和司法判例中出现了针对涉及公共福利、运输、公共卫生、工业安全保障等方面的犯罪的成立不以行为人主观上有罪过为要件的所谓严格责任犯罪。一般认为，其产生的原因主要在于：随着工商业的发达，危害公共健康及社会安全与福利的违法犯罪行为急剧增多，要证明这类行为人行为时的主观罪过也很困难，容易使罪犯逃脱惩罚；而立法者认为，在处理这类犯罪中，需要保护的社会法益特别重要，而且行为人往往存在过错，只是难以证明罢了，为防止行为人以此为借口逃避惩罚，也为避免同类案件在不同场合得到不同的认定，立法者从保护社会和公共利益出发，在立法上表明对这类行为的零容忍与统一处理的态度。②

对严格责任（strict liability）的界定在英美国家也没形成统一认识。比较有代表性的观点有以下几种：（1）英国学者克罗斯、琼斯所主张的，即：“在某些特殊的犯罪中，即使被告的行为不具有对被控犯罪必有后果的故意、放任或过失，即使被告对必要的犯罪条件没有犯罪意思或者行为过失，即使被告的行为是基于合理的错误认识即自己认为自己具有犯罪定义所规定的某个特殊的辩护理由，他也可能被定罪。在这种情况下，被告人本人虽然没有过错，但却要承担刑事责任，这种责任称为严格责任。”③（2）英国学者史密斯、霍根所主张的：某些对于特定行为的一个或者多个行动要件不要求故意、轻率甚至疏忽的犯罪就是严格责任的犯罪，但这绝不意味着对构成该犯罪的其他要件也不

---

① 冯军．刑事责任论．修订版．北京：社会科学文献出版社，2017：238.

② 刘仁文．严格责任论．北京：中国政法大学出版社，2000：18－19.

③ 鲁伯特·克罗斯，菲利普·琼斯．英国刑法导论．赵秉志，等译．北京：中国人民大学出版社，1991：67.

要求犯意，某一罪行属于严格责任并没有完全排除主观要件；其责任是严格的，但不是绝对的。[①]（3）美国学者胡萨克所主张的：严格责任应分为实体性的与程序性的。他言道："由于两种不同的原因，不必要求有犯罪意图的证据。第一，犯罪意图可能与定罪完全没有关系；无论如何，有犯罪意图或者无犯罪意图对责任来说可能都不是实质性，我们把这称为严格责任的'实体性'解释。第二，起诉不要求有犯罪意图的证据，尽管被告提出的无犯罪意图的证据可能排除他的责任。按照第二种'程序性'的解释，如果把有关犯罪意图的举证责任加给被告，这种犯罪属于严格责任的情况。"[②] 关于严格责任的界定虽有分歧，但严格责任的基本内涵是明确的，它是一种适用于特定犯罪的不问主观过错的刑事责任，即对特定犯罪的成立不要求有一般犯罪成立所要求的主观要件，只要行为人的行为符合法律规定或导致了法定结果，就可以追究其刑事责任。以上情况表明，严格责任与英美刑法精神、刑事法制度体系是相契合的。时至今日它仍然存在并时有适用，但已看不到其生机与活力。

（二）严格责任与我国刑法

在我国刑法学界，对严格责任几乎一直都是持批判与否定态度的。这也是与我国的刑事立法所确立的基本规则及刑事诉讼体制相适应的。我国刑法坚持主客观相一致的刑事归责原则，这也是当今世界刑事法治普遍遵循的一般原则。虽然学界有人认为，我国刑法中关于持有型犯罪、奸淫幼女犯罪是实行的严格责任，还曾于 2003 年针对最高人民法院发布的《关于行为人不明知是不满十四周岁的幼女，双方自愿发生性关系是否构成强奸罪问题的批复》（已失效）是否否认了我国刑法关于奸淫幼女犯罪的严格责任问题展开了争论；但仍普遍认为，我国刑法没有关于严格责任的规定，而且仍然应当毫不动摇地坚持主客观相一致原则。[③] 近年来，也有个别学者认为，从发挥刑法的预防功能、有利于保护被害人的权益、提高司法效率等方面做价值判断，将严格责任作为我国坚持主客观相一致原则的例外，有其存在的空间与合理性。[④]

事实上，严格责任原则只是一个刑事诉讼上的证明责任，并不是实体法上的原则。它通常适用于那些证据难以收集或不好用证据来证明的事实认定。但是，这并不等于这些事实的认定就真的不需要坚持主客观相一致原则，在行为人有证据证明其行为不具有刑法要求的故意或过失时，不应认定行为人的行为为犯罪和追究行为人的刑事责任。

第五节　刑法中的认识错误

一、刑法中的认识错误的概念

刑法中的认识错误，是指行为人对自己的行为在法律上的评价或者对与自己的行为有关的事实情况的不正确认识。由于在刑法中认识因素属于犯罪主观方面的内容，因而行

① J.C. 史密斯，B. 霍根 . 英国刑法 . 李贵方，等译 . 北京：法律出版社，2000：114－115.

② 道格拉斯 . N. 胡萨克 . 刑法哲学 . 谢望原，等译 . 北京：中国人民公安大学出版社，1994：137.

③ 陈兴良 . 中国刑事司法解释检讨：以奸淫幼女司法解释为视角 . 北京：中国检察出版社，2003：134.

④ 孙国祥 . 刑法基本问题 . 北京：法律出版社，2007：213－215.

为人的认识错误也就直接影响到行为人罪过的有无与罪过的形式，同时还可能影响到行为人所实施犯罪的既遂与未遂，从而影响定罪量刑。所以，研究刑法中认识错误十分重要。

刑法中的认识错误，可以分为两类：法律认识错误与事实认识错误。

二、法律认识错误

法律认识错误，是指行为人对自己行为的法律评价产生了不正确的认识。这种认识错误，通常有以下四种情况。

（一）假想的有罪

这是指行为人的行为在刑法上本来不构成犯罪，但行为人误认为构成了犯罪。也有人称之为积极错误。这种认识错误不影响对该行为认定为不构成犯罪。这种法律认识错误，不影响行为性质的认定，不能因为行为人自认为是犯罪就对其定罪处刑。

（二）假想的无罪

这是指行为人的行为在刑法上构成犯罪，但行为人误认为不构成犯罪。也有人称之为消极错误。由于刑事违法性不是犯罪故意的认识内容，因而这种认识错误通常不影响定罪量刑。但是，在某些极为特殊的情况下，行为人的这种错误认识有合理依据，并且足以影响到行为人对自己行为危害社会性质的评价，就应实事求是地进行处理，包括认定为“情节显著轻微危害不大的，不认为是犯罪”或“对于犯罪情节轻微不需要判处刑罚的，可以免予刑事处罚”。

（三）假想的他罪

这是指行为人的行为在刑法上构成此罪，但行为人误认为构成彼罪。例如，某个国家工作人员利用职务之便窃取公共财物，他认为构成的是盗窃罪，实际上构成贪污罪。这种法律认识错误，不影响行为性质的认定，不能因为行为人自认为是彼罪就对其按彼罪定罪处刑。

（四）假想的轻罪或重罪

这是指行为人的行为在刑法上构成的是轻罪但行为人误认为构成重罪，或者在刑法上构成的是重罪但行为人误认为构成轻罪。这种法律认识错误，通常并不影响行为人犯罪的性质与危害程度，因而既不影响定罪也不影响量刑，不能因为行为人自认为是轻罪或重罪就对其按轻罪或重罪定罪处刑。

三、事实认识错误

事实认识错误，是指行为人对与自己行为有关的事实情况的不正确理解。这类认识错误是否影响行为人的刑事责任，要区分情况，分别处理：如果是对属于犯罪构成要件的事实情况认识错误，就影响对行为人行为的定罪；如果是对犯罪构成要件以外的事实情况认识错误，就不影响对行为人行为的定罪，但会影响对行为人的量刑。

事实认识错误主要表现为以下几种情况。

（一）对象认识错误

对象认识错误，是指行为人主观上所认识的行为对象与其行为实际作用的对象不一致但体现的社会关系相同的情形。如，行为人本欲杀害甲，却错误地将李四当作甲杀害；行为人误将乙妇女当作甲妇女实施了强奸。这种认识错误既不影响犯罪故意的成立，也不影响犯罪既遂的成立，即不影响对行为人的行为的定罪量刑。故意的认识因素是对行为的危害性质及危害结果的认识，当具体对象不同但所体现的社会关系的性质相同时，行为所侵害的社会关系的性质就没有改变，因而罪过性质也没有改变。

（二）客体认识错误

行为人对客体认识错误，是指行为人对其行为侵害的社会关系产生的不正确认识，即行为人意欲侵害的社会关系与实际侵害的社会关系不一致的情形。犯罪客体是对犯罪对象实质内容的抽象，而客体认识错误往往同时包含对象认识错误，但只要这个认识错误的犯罪对象体现的是不同的社会关系，就视为客体认识错误。

客体认识错误通常有如下几种情形：

（1）行为人实施的行为意图侵害此社会关系可实际侵害的是彼社会关系。如，甲在某公共场所调戏妇女，被一便衣警察抓获，便衣出示证件后，将其押送附近派出所处理；途中与甲的朋友乙、丙相遇，乙、丙误以为甲被人欺负，便冲上前去对便衣警察大打出手，将便衣警察打成轻伤，放走了甲。本案中，乙、丙意图侵害的是他人的健康权利，但由于认识错误，实际侵害了国家机关工作人员正在依法执行的公务活动。对此，应以行为人意欲侵害的客体定罪，即对乙、丙应以故意伤害罪论处。

（2）行为人对意欲侵害的犯罪对象有认识错误且犯罪对象体现了不同的社会关系，如，误把珍贵动物当作人予以杀害，误把尸体当作活人予以杀害，误把男人当作女人实施强奸，误将一箱炮弹当作普通财物盗走。它们不仅犯罪对象有认识错误，并分别体现了不同犯罪客体。如误把动物当作人予以杀害，存在财产权与生命权的客体错误；误把尸体当作活人予以杀害，存在社会风尚与生命权的客体错误；误把男人当作女人实施强奸，存在男性身心健康与女性性的不可侵犯权利的客体错误；误将一箱炮弹当作普通财物盗走，存在炮弹的管理制度和公共安全与财产权的客体错误。在这种情况下，若行为人主观上有犯罪的故意，客观上实施了相应的行为，只是由于对行为所侵害的犯罪对象所体现的社会关系有认识错误而未能得逞，则应认定为犯罪未遂；若行为人没有认识到自己实际侵害的对象与意欲侵害的对象所体现的社会关系不同，则因没有实际侵害的故意，而要么不认定为犯罪，要么认定为过失犯罪；若行为人的行为对实际侵害对象与意欲侵害的对象都构成了犯罪，则属于想象竞合犯，应从一重罪处断。

（3）误将犯罪对象当作非犯罪对象予以侵害且二者体现了不同社会关系，如，误把人当作一般动物杀害。在这里，作为被杀害犯罪对象的人所体现的犯罪客体是生命权，而意欲杀害的一般动物不是犯罪对象，不体现犯罪客体。在这种情况下，由于行为人没有弄清楚自己行为对象的属性及所体现的社会关系，没有认识到自己的行为会发生危害社会的结果，其主观上没有犯罪故意，因而，不能认定其为故意犯罪；如果行为人应当预见而由于疏忽大意没有预见，则应认定其有疏忽大意的过失，如果刑法有处罚此种过失犯罪的规定，就应按过失犯罪处理；如果行为人不能预见，则属意外事件。

（三）手段认识错误

手段认识错误，也叫工具认识错误、方法认识错误，是指行为人对自己所使用的手段（工具）是否会发生危害结果存在不正确的认识。它包括三种情形：

（1）行为人所使用的手段（工具）本来会发生危害结果，但行为人误以为不会发生危害结果。如：误将农药当作药酒给他人喝，结果致他人中毒身亡；误将子弹上膛的枪支当作空枪朝人射击，结果致他人中弹死亡。在这种情况下，行为人主观上没有犯罪的故意，不能构成故意犯罪；如果行为人应当预见并能够预见，则主观上有疏忽大意的过失，可构成过失犯罪；如果行为人不能预见，则属意外事件。

（2）行为人意欲使用某种会产生危害结果的手段（工具），但由于认识错误，实际使用的手段（工具）与其意欲使用的手段（工具）在性质或作用上不符，以致犯罪未得逞，也称手段不能犯。如：行为人误将白糖、白面当作砒霜去投毒杀人，误将空枪为实弹枪、误将哑子弹为好子弹、误将教练弹为实用弹去杀人，等等。在这种情况下，行为人的行为具备犯罪的主客观要件，只是由于其对犯罪手段的实际效能发生误解而致犯罪未能得逞，因此，对行为人应以犯罪未遂论处。

（3）行为人因愚昧而使用在任何情况下都不可能导致危害结果发生的迷信手段来实现自己的犯罪意图。这在理论上称为迷信犯。如行为人以诅咒、画符、烧香拜佛、求神的方式意图致人死亡。由于迷信犯不具备刑法所要求的主客观相统一的犯罪构成，也就应被认定为无罪。

（四）行为性质认识错误

行为性质认识错误，是指行为人由于对某种客观事实产生误解，而导致对自己行为的实际性质产生的不正确理解。如假想防卫、假想避险等。在这种情况下，由于行为人主观上没有犯罪的故意，因而不能认定为故意犯罪，而应根据实际情况，判定为过失犯罪或者意外事件。

（五）因果关系认识错误

因果关系认识错误，是指行为人对自己所实施的行为与所造成的结果之间的因果关系的实际发展的不正确认识。对这种认识错误，要按照主客观相一致的原则来分析确定其是否影响行为人的刑事责任。因果关系认识错误主要表现为以下几种情况：

（1）行为人误认为自己的行为已经产生了预期的犯罪结果，事实上并没有发生这种结果。如，甲欲杀害乙，一天趁乙不备向其头部猛砍数刀，乙当即倒地昏迷，甲以为乙已死亡而离去。不久，乙遇救未亡。这种情况不影响甲的行为构成故意杀人罪，但属于犯罪未遂。

（2）行为人误认为预期的结果是自己的行为造成的，实际上是由其他原因造的。如，甲欲杀害乙，某晚趁乙外出途中，藏在路边开枪击中乙，乙当即昏迷倒地，甲见乙不再动弹，以为乙已死亡而离去。不久，乙苏醒，慢慢爬到一条公路边求救。此时，丙驾驶汽车经过，由于丙边打瞌睡边开车，未注意到乙，并将汽车从乙身上轧过，当即致乙死亡。本案件中，丙的行为当然构成了交通肇事罪；而甲虽然以为自己已开枪打死了乙，但仍不能认为甲的行为构成了故意杀人罪既遂，因为乙的死亡结果并不是甲的开枪杀人行为所直接造成的，所以，甲只应负故意杀人未遂的刑事责任。

（3）行为人的行为没有按照其预期的方向发展及其预期的目的而停止，而是发生了行为人预期所追求的目标以外的结果。如，甲意图伤害乙，用水果刀向乙的腹部刺了一刀即逃走，由于这一刀刺破了肝脏，乙经抢救无效死亡。在这种情况下，虽然甲的行为已造成了乙死亡，但甲主观上并无杀死乙的故意而只有伤害乙的故意。所以，不能认定甲的行为构成故意杀人罪，甲只应承担故意伤害致人死亡的刑事责任。

（4）行为人的行为已经引起预期的危害结果，但行为人对其行为与结果之间的因果关系的发展进程认识错误。如，甲将乙从桥上推到河里，企图淹死不识水性的乙，乙也确实死亡，但他不是被水淹死的，而是从桥上掉下时头撞在石头上而死的。这种对因果关系发展的具体经过的认识，不属于犯罪故意的内容。所以，这种认识错误不影响行为人的刑事责任。上例中的甲仍应负故意杀人既遂的刑事责任。

（5）行为人误以为自己当初的行为已经发生了预期的危害结果，为达到另一目的又实施第二个行为，事实上行为人所预期的危害结果是第二个行为所造成的。如，甲意图勒死乙，将乙勒昏后，误以为乙已死亡，为逃避罪责，湮灭罪证，又将乙抛入河中，以致乙被淹死。这种情况，在西方刑法理论上通常被称为“事前故意”或韦伯的概括故意。在上例中，行为人主观上有杀人的故意，客观上实施了杀人行为，虽然被害人死亡的结果不是其前一行为直接造成的，而是其后一行为直接造成的，但这两个行为是紧密联系在一起的，实际上后一行为是前一故意行为的继续。所以，其这种错误认识不影响其犯罪故意的成立，也不应影响其刑事责任，行为人仍应承担故意杀人既遂的刑事责任。但如果行为人为达到另一目的而实施的第二个行为可以单独构成犯罪，则其前一行为属于犯罪未遂，对行为人应以前一行为构成的故意罪未遂与后一行为构成的罪予以两罪并罚。如乙意图杀死李四，某日深夜窜至李四家，向熟睡中的李四头部猛砍数刀，致李四昏迷。乙误以为李四已死，为“毁尸”灭迹，又放火烧毁李四的住房，结果李四被烧死，同时还烧毁了李四及其邻里数家人的房屋，烧死了屋内熟睡中的人员若干。此案中，对乙的前一行为应以故意杀人未遂论，对后一行为应以放火罪论，对乙应以此二罪并罚。

所涉法律条文及司法文件

1.《刑法》第 14～16 条

2.《最高人民法院、最高人民检察院、海关总署办理走私刑事案件适用法律若干问题的意见》第 5 条、第 6 条

3.《最高人民法院、最高人民检察院、公安部、司法部关于依法惩治性侵害未成年人犯罪的意见》第 19 条

代表性文献推荐

1. 高铭暄，马克昌．刑法学．10 版．北京：北京大学出版社，高等教育出版社，2022.

2. 马克昌．犯罪通论．3 版．武汉：武汉大学出版社，1999.

3. 冯军，肖中华．刑法总论．3 版．北京：中国人民大学出版社，2016.

4. 姜伟．罪过形式论．北京：北京大学出版社，2008.

5. 冯军．刑事责任论．修订版．北京：社会科学文献出版社，2017.

6. 刘仁文．严格责任论．北京：中国政法大学出版社，2000.

7. 储槐植，杨书文．复合罪过形式探析：刑法理论对现行刑法内含的新法律现象之解读．法学研究，1999 (1).

8. 卢有学．论并存罪过．法律科学（西北政法大学学报），2015 (1).

思考题

1. 犯罪主观方面的核心要义是什么？如何理解犯罪主观方面的客观性？

2. 何谓罪过？如何理解罪过的刑法地位与意义？其他法律有无“罪过”之要求？

3. 犯罪故意包含哪些要素？具体如何理解？与犯罪主体的核心要件要素是什么关系？“明知”的内容该有哪些？“应知”与“明知”有何不同？

4. 犯罪故意与犯罪过失的区别及其意义何在？区分的关键点是什么？

5. 直接故意与间接故意区分的根本性标志是什么？只要认识因素为必然性预见就一定是直接故意吗？

6. 如何理解犯罪动机与犯罪目的的关系？它们各自的刑法意义是什么？犯罪动机会不会影响定罪？

7. 为什么过失行为也可能被追究刑事责任？

8. 如何判断“应当预见”？

9. 管理过失、监督过失的主要特点是什么？

10. 如何理解间接故意与过于自信过失的相似性与区别点？区分的难点是什么？

11. 如何理解期待可能性的意义与判断标准？结合德国马车夫“癖马案”予以思考。

12. 严格责任是怎么回事？它与意外事件、不可抗力有何不同？意外事件、不可抗力与犯罪主观方面的关系应如何归纳？有哪些情形容易与它混淆？界分它们的难点是什么？

13. 刑法中的认识错误与犯罪主观方面及犯罪成立有何关系？有哪些类型？具体如何理解？对其的处理原则是什么？刑法中的认识错误有哪些难点？

14. 认识错误问题中如何运用主客观相统一原则？

第十章 排除犯罪性行为

内容导读

排除犯罪性行为是指在客观上造成了一定的损害结果，形式上与某种犯罪的客观要件相符，但由于在实质上并不具备犯罪行为所特有的社会危害性和刑事违法性，因而不受刑罚惩罚，是为法律所允许或者认可的行为。需重点把握排除犯罪性行为的概念和特征、正当防卫的概念和成立条件、紧急避险的概念和成立条件、正当防卫与紧急避险的联系与区别、防卫过当、避险过当及其处罚原则、其他排除犯罪性行为的类型和适用条件。

第一节　排除犯罪性行为概述

一、排除犯罪性行为的概念及特征

排除犯罪性行为，即排除社会危害性行为，是指在客观上造成了一定损害结果，形式上与某种犯罪的客观要件相符，但由于在实质上并不具备犯罪行为所特有的社会危害性和刑事违法性，因而不受刑罚惩罚，是为法律所允许或者认可的行为。理论上，也将其称为正当行为的。

对于排除犯罪性行为，大陆法系和英美法系在各自的刑法理论中有不同的称谓。大陆法系的学者将此类行为称为“违法性阻却事由”或“正当化事由”；而在英美法系中，此类行为则与“一般辩护理由”中的“正当理由”（justification）相通。名称虽不尽相同，但其实质都是在对行为进行价值判断和选择后排除其社会危害性，作为非犯罪行为处理，使行为人不负刑事责任。在我国，所谓的排除犯罪性行为，并非都具有正当性。如自救行为，并非没有社会危害性，之所以不认为其是犯罪，是因为其被评价为“情节显著轻微危害不大，不认为是犯罪”。据此，在我国，将排除犯罪性行为等同于正当行为并不合适。

我国刑法中的排除犯罪性行为具有以下特征：

第一，形式上与某种犯罪的客观要件相符。排除犯罪性行为在其形式上符合某种犯罪行为的客观要件。例如，为了保护正当利益实施正当防卫行为，可能造成不法侵害人受伤害或者死亡；为了保护较大合法利益而选择实施紧急避险行为，则可能使某种较小合法利益受到损害。这些行为在客观上都造成了一定的损害结果，在表面上符合刑法分则所规定的某罪的犯罪构成要件，因而常被误认为属于犯罪行为，因此刑法理论和刑法立法上都对其进行了特别的研究和规定，以期将二者区别开来。

第二，实质上不具有犯罪行为所特有的社会危害性和刑事违法性。一个行为要构成犯罪，必须具有严重的社会危害性，这是犯罪的实质特征。然而排除犯罪性行为虽然在客观上造成一定的损害，导致其在形式上与犯罪行为相似，但是其在实质上并不具有社会危害性，所以这点成为区别排除犯罪性行为与犯罪行为的本质特征。所谓“不具有社会危害性”可以从多个角度分析论证。例如，从行为本身的社会效果分析，大多数排除犯罪性行为符合和维护了社会整体利益，如正当防卫制止了不法侵害，保护了国家、社会、个人的合法权益；紧急避险为保护重大利益，事急从权，避免了重大损失；公务人员履行法定职责、执行命令可以保障国家机器正常运转和社会秩序稳定；开展正当的医疗、竞技业务可以促进社会科技、经济和文化的正常发展；等等。当然，并非所有的排除犯罪性行为都是有百利而无一害的，如被害人承诺行为，经权利人承诺而损害其合法权益的行为未必对社会有益。总的来说，排除犯罪性行为不具有社会危害性，从整体而言是有益于国家、社会和人民的行为。由于缺乏犯罪的前提条件和本质特征——严重的社会危害性，排除犯罪性行为亦当然不具有刑事违法性。

二、排除犯罪性行为的分类

关于排除犯罪性行为，现代世界各国刑法的普遍共识都是此种行为的行为人不负刑事责任。大陆法系国家大都将正当防卫、紧急避险作为典型的违法性阻却事由，在刑法典中予以明文规定。国外刑法中还规定了依照法令的行为、正当业务行为、自救行为、被害人承诺的行为等。对于排除犯罪性行为，我国刑法虽然只明文规定了正当防卫和紧急避险两种行为，但是刑事理论上和司法实践中对于上述提及的其他行为都是予以承认的。在我国对排除犯罪性行为进行分类的话，可以将其分为法定的排除犯罪性行为和超法规的排除犯罪性行为，前者包括正当防卫和紧急避险，后者作为正当行为的外延范围。理论界并未达成普遍一致，本书认为其主要包括法令行为、执行上级命令的行为、正当业务行为、经权利人承诺的行为、自救行为、义务冲突行为等等。本章将主要介绍我国刑法明文规定的正当防卫和紧急避险两种行为，至于其他的外延行为类型只在此略作介绍。

（一）法令行为

法令行为，是指根据现行成文法律法规的规定实行的行为，其实质是依法行使权力和履行义务的行为。法令行为是法律本身所允许和期待的行为，执行法令行为有利于实现立法者所期待的法律秩序，所以法令行为虽然形式上同犯罪行为相似，但因其在实质上具备正当性，应当将其作为排除犯罪性行为。在我国实践中，法令行为主要表现为职务行为和权利（义务）行为，例如，侦查机关根据刑事诉讼法的规定对犯罪嫌疑人采取的拘留、逮捕等行为，公民依据刑事诉讼法的规定所实施的扭送现行犯的行为。①

① 陈忠林．刑法总论．5版．北京：中国人民大学出版社，2016：134．

（二）执行命令的行为

执行命令行为，是指下级依照上级国家机关工作人员的命令所实施的行为。上级国家机关工作人员所发布的命令必须是为国家法律所认可的，依照法定程序且在其职权范围内发布的。下级执行上级命令，是国家机器得以正常运转和社会秩序保持稳定的必要保障，因而排除其犯罪性。但若执行人明知上级的命令内容构成犯罪，却仍然执行该命令，则可能与下达命令者构成这种犯罪的共同犯罪。

（三）正当业务行为

正当业务行为，是指行为人在社会生活中实施的被认为是正当的可以反复、继续实施的行为，例如医疗救助活动、体育竞技活动等等。这类行为是在一定业务的必要范围内实施的，在活动中造成的难以避免的损害，也属于社会生活中为了科技、经济、文化等的进步所需付出的必要代价。因此，正当业务行为具有正当性，为社会公众所认可，不构成犯罪。

（四）经权利人承诺的行为

经权利人承诺的行为，又称被害人承诺行为，是指经对某种利益有处分权的权利人请求或同意而损害其利益的行为。早在罗马法时代，就有“经承诺的行为不违法”的法谚。现代各国刑法界的普遍共识认为，不违反法律法规和社会共同生活准则的权利人承诺可以排除损害行为的犯罪性。因为损害行为是依本人承诺而实施的，侵害的是权利人已经自愿放弃的法益，所以在不影响公共利益的情况下，法律应当尊重权利人的自主决定权，从而无须追究该损害行为的刑事责任。①

（五）自救行为

自救行为，又称自助行为，是指自己的合法权益受到侵害的人，在情势紧迫又不能及时通过法律程序或者请求国家机关恢复其权益的情况下，依靠自己的力量救济自己合法权益的行为。如饭店老板在警察到达之前当即对逃单顾客采取的拘束人身、扣留财产的行为即属于自救行为。当然，自救行为的成立条件非常苛刻，要排除其犯罪性，必须符合以下条件：（1）行为人的合法权益已经受到不法侵害。该侵害可能刚刚结束，也可能已经经过了一定的时间。（2）行为人实施自救行为是为了保护自己的合法权益。（3）情势紧迫，行为人不能及时通过法律程序或者依靠国家机关的力量获得救济。如不及时采取自救行为，则可能在事实上不可能或者明显难以恢复其已受侵害的权益。（4）行为人采取的救济手段必须具有适当性，不能超过必要限度。

第二节　正当防卫

一、正当防卫的概念和意义

《刑法》第 20 条第 1 款规定：“为了使国家、公共利益、本人或者他人的人身、财产

① 李永升．刑法总论．2 版．北京：法律出版社，2016：210.

和其他权利免受正在进行的不法侵害，而采取的制止不法侵害的行为，对不法侵害人造成损害的，属于正当防卫，不负刑事责任。”

根据法律的以上规定，所谓正当防卫，是指行为人为了使国家、公共利益、本人或者他人的人身、财产和其他权利免受正在进行的不法侵害，而采取的制止不法侵害的行为，对不法侵害人造成损害而不负刑事责任的排除犯罪性行为。它是行为人在合法权益正在遭受不法侵害的紧急情况下，采取对不法侵害者本人的人身或者财产造成损害的方式，以有效制止其不法侵害，从而达到保护合法权益目的的一种紧迫措施。正当防卫虽然给不法侵害人造成必要损害（伤害、死亡等），形似某种犯罪行为，但其本身在客观上是制止不法侵害的行为，而且行为人主观上是为了保护国家、公共利益、本人或者他人的人身、财产和其他权利免受正在进行的不法侵害，所以正当防卫在实质上是法律鼓励允许的且对社会有益的行为，不具有犯罪性，故而行为人依法不负刑事责任。2020 年 8 月 28 日，最高人民法院、最高人民检察院、公安部联合发布的《关于依法适用正当防卫制度的指导意见》也表明，正当防卫是法律赋予公民的权利，对于符合正当防卫成立条件的，坚决依法认定，要切实防止“谁能闹谁有理”“谁死伤谁有理”的错误做法，坚决捍卫“法不能向不法让步”的法治精神。

法律设立正当防卫制度，有着极其重要的现实意义：

（1）有利于及时、有效地制止和抵御不法侵害，以使国家利益、公共利益、本人或者他人的合法权益免受侵害。当法律保护的合法权益正在遭受不法侵害时，国家公权力在许多时候都无法立即提供保护并予以制止。此时公民若行使法律赋予的正当防卫权，就可以及时加以制止或降低其程度，从而使合法权益免受损害或者减轻损害。这正是立法上规定正当防卫制度的直接目的。

（2）有利于有效地威慑犯罪分子，从而预防和减少犯罪。法律鼓励公民为维护国家、公共利益、本人或者他人的合法权益，而对正在进行不法侵害的人进行防卫反击，对其人身或者财产利益造成必要的损害，甚至可以致伤或者致死。这对不法侵害人形成一种十分有效的威慑力，促使其遏制犯罪欲念或减弱暴力程度，从而达到预防和减少犯罪的目的。

（3）有利于鼓励公民勇敢地同违法犯罪行为作斗争。正当防卫制度为公民在紧急情况下制止不法侵害，提供了可靠的法律保障。公民面对正在发生的不法侵害，有法律赋予的防卫权为后盾，便能够挺身而出、见义勇为，同违法犯罪行为作斗争。这是法律设立正当防卫制度的基本指导思想。立法及刑法理论上对正当防卫成立条件的设定，司法实践中对疑难个案的处理，均应符合该基本指导思想——鼓励公民勇敢斗争，不让防卫人畏首畏尾。当然，绝不允许公民滥用正当防卫权利。①

二、正当防卫的成立条件

（一）起因条件：有不法侵害行为发生

正当防卫的起因条件，又称前提条件，要求确有不法侵害客观、真实存在，而不能

① 陈忠林．刑法总论．5 版．北京：中国人民大学出版社，2016：135－136.

是行为人主观想象或者猜测的。如果实际上并不存在不法侵害，行为人由于自己的认识错误而对主观臆测的“不法侵害”进行防卫，则属于假想防卫，不能成立正当防卫。造成损害的，应该按照对事实认识错误的原则处理：第一，假想防卫不可能是故意为之，如果行为人主观上是故意，则构成故意犯罪而非假想防卫；第二，如果行为人应当预见而没有预见到他人的行为不是不法侵害，对其所造成的损害应负过失犯罪的责任；第三，如果行为人在行为时不能预见他人的行为不是不法侵害，则行为人在主观上没有罪过，属意外事件，对造成的损害不负刑事责任。例如，便衣警察张某在追捕小偷李某时，路人王某听见李某的呼救，误以为是张某在对李某实施抢劫，遂上前将张某绊倒在地，造成张某受伤，路人王某的行为构成假想防卫；由于其主观上不存在罪过，故属于意外事件，王某对此不负刑事责任。

所谓不法侵害，一般是指犯罪行为的侵害，还应包括一些侵犯人身、财产，破坏社会秩序的违法行为的侵害。之所以将不法侵害的范围扩展至一些违法行为的侵害，是因为当紧迫情况发生时，防卫人通常处于高度紧张、恐惧、愤怒的情绪状态中，防卫人难以立即明确区分出该侵害是犯罪行为还是违法行为，这无可厚非，更何况“未经人民法院依法判决，对任何人都不得确定有罪”，侵害行为是否构成犯罪需要经过严格的诉讼程序才能最终判定。并且在侵害发生时，违法行为和犯罪行为并没有特别明显的界限，如果不允许公民对尚未达到犯罪程度的违法行为进行正当防卫，那么等到违法行为发展到犯罪程度时再防卫已然来不及保护合法利益。因此，法律应当允许公民对犯罪行为和一些违法行为进行正当防卫。

当然，并不是对所有的不法侵害都可以进行正当防卫，此处所针对的不法侵害，必须是那些具有积极攻击性、破坏性、紧迫性、暴力性的不法侵害，如杀人、伤害、抢劫、强奸、放火、爆炸、决水、破坏易燃易爆设备等行为。这些行为对我国刑法所保护的国家、公共利益、本人或者他人的人身、财产和其他权利等合法权益造成的侵害具有一定的紧迫性，因此法律允许公民对这些行为实施进攻性、损害性的反侵害行为；而对于那些不具有暴力性和紧迫性的不法侵害行为（如诈骗、贪污、行贿受贿行为，对姓名权、肖像权等的侵害行为），则不能进行正当防卫，只能通过其他手段解决。例如，公民甲发现某单位涉嫌逃税罪，不能对其进行正当防卫而擅自夺取该单位的应缴税款。[①]

（二）时间条件：不法侵害正在进行

正当防卫的时间条件要求不法侵害正在进行，防卫人的防卫行为应具有适时性，即此时须处于可以实施正当防卫的合法时间段。所谓“不法侵害正在进行”，根据法律规定，是指不法侵害已经开始，尚未结束。

关于“已经开始”这个时间节点认定标准，刑法理论界存在三种代表性观点[②]：其一，着手说。该说主张以实际着手的时间为不法侵害的“已经开始”。“着手”通常解释为行为人开始实施刑法分则条文所规定的某种具体犯罪构成要件的行为，如杀人犯举枪向被害人射击。其二，现场说。该说主张以不法侵害者进入实施侵害的现场的时间为不

① 李永升．刑法总论．2版．北京：法律出版社，2016：198－199.

② 赵长青．刑法学：上．北京：法律出版社，2000：182.

法侵害的“已经开始”。所谓“现场”是指侵害行为实际发生的地点。这种观点认为，只要侵害人进入现场，被侵害人的合法权益即已直接面临实际危险，应当视为不法侵害已经开始，可以实行正当防卫。其三，临近说。该说主张对某些危险性较大的不法侵害，其已经开始的时间应当提前到预备行为转入着手实施的时间。由于实践中的具体案件的情况极为复杂，采用上述任一单一学说标准来处理都不甚全面，所以具体案件应当具体分析，通常在实践中将三种学说相互综合后对个案进行处理。

一般来说，以侵害人已经着手直接实施侵害行为作为“已经开始”的时间节点。在某些情况下，虽然不法侵害尚未着手实行，但是该侵害人已经进入现场，不法侵害的现实威胁十分巨大，不实行正当防卫可能丧失防卫时机，导致再难保护合法权益，应当认为符合正当防卫的时间条件。例如，某个冬天，一村妇甲晚上做完农活后独自一人回家。途中，发现曾多次对自己表达不轨意图的邻村屠夫乙正尾随自己，甲意识到屠夫乙可能要对自己实行不轨之事，而自己无法反抗屠夫。为施缓兵之计，甲遂出声叫住乙，假装顺从，哄骗乙到半山腰的一平台处，平台旁边有一个粪池。乙见甲并未反抗十分高兴，便跟着甲来到平台上开始脱衣服。甲趁乙脱衣服之际一把将乙推入粪池中，此后乙每每将要爬上岸，都被甲用石头砸下去，最后乙因体力不支死在粪池里。此例中乙尚未对甲着手实施暴力或以暴力相威胁，而是在脱衣服的时候就被甲推入粪池中，乙的不法侵害已经开始了吗？甲的防卫时间早了吗？如果乙已经将甲按住开始实施暴力，此时才将不法侵害算作已经开始的话，由于甲乙之间存在着巨大的身形体力的差距，甲已然不能再保护自己的合法权益，正当防卫制度也将不能真正发挥其作用，因此甲的防卫时间不早，具有适时性。至于后续中，乙已经跌入粪池后，甲仍用石头不断砸乙，阻止乙上岸，最终致乙死亡的行为究竟构成正当防卫还是故意杀人，后文将继续援用此例进行讨论。

所谓“不法侵害尚未结束”，是指不法侵害行为仍在继续进行或者其导致的危险状态并未停止消失。在此阶段，防卫人可以使用防卫手段对不法侵害人进行反击，制止或排除其不法侵害。当不法侵害结束时，则不能再对其进行正当防卫。不法侵害的结束具体表现为三种情况：第一，不法侵害行为已经实行完毕，危害结果已经发生。例如杀人犯已经将受害人杀死。正当防卫行为可能并未实施或者防卫失败，而此时不法侵害人的侵害行为已经实施完毕，也已经造成了无法再减轻、避免的侵害结果，此时刑法所保护的法益失去了被继续保护的可能性。第二，不法侵害人自动中止犯罪，例如杀人犯良心发现，自己丢掉凶器，不再侵害受害人。不论不法侵害者出于何种原因，是自己真诚的悔悟、出于对被害人的怜悯、受到他人的规劝还是因为害怕受到刑罚的惩罚，只要不法侵害人彻底放弃继续实施不法侵害，就认为不法侵害已经不再紧迫、危险，受害人的合法权益已经脱离危险并相对安全，不再需要正当防卫行为加以保护。此处的自动中止不法侵害，包括不法侵害人自动客观地放弃实施正在进行的不法侵害行为，也包括在不法侵害行为已经实施完毕但侵害结果尚未发生的情况下，不法侵害人自动有效地采取积极措施防止了犯罪结果的发生的情况。例如，乙投毒杀害其妻，其妻服毒后痛苦万分，乙心生怜悯之情，速将其妻送医院救治，其妻获救未死。第三，不法侵害人被迫结束不法侵害行为。例如，强奸犯得逞之前被他人制服。不法侵害人虽然已经着手实施不法侵害，但是最终未能得逞，因为出现了不法侵害人意志以外的不可克服的客观障碍，或是被害人的反抗、第三者的阻止，或是自然力的阻碍、不法侵害人的能力不足等，总之，此时的实际情况是，不法侵害人的侵害行为已经在事实上无法继续进行。在某些场合中，虽然不法侵害的实行行为已经结束，但侵害人还未离开现场或刚离开现场，由侵害行为所造成的损失还可以挽回。在这种情况下我们可以认为不法侵害行为并未结束。例如，出租车司机被乘客抢劫之后，开车撞倒抢劫犯，夺回被抢劫的财物。而对于不法侵害已经结束的三种情况，行为人不能再对不法侵害人进行正当防卫，如果此时对不法侵害人进行反击属于事后报复，将可能承担故意犯罪的刑事责任。

行为人在不法侵害尚未开始或者已经结束时进行防卫，对侵害人造成损害的，称为防卫不适时。防卫不适时包括两种情况，即在尚未开始时防卫（事前防卫）和已经结束后防卫（事后防卫）。由于防卫不适时并不满足正当防卫的时间条件，因此防卫不适时不属于正当防卫。对防卫不适时的处理方法是：如果行为人是故意为之，则成立故意犯罪；如果行为人主观上存在过失，则成立过失犯罪；如果行为人主观上既非故意也无过失，则成立意外事件。前文所举例子（屠夫强奸未成反丧命一案）中已经分析过妇女甲的防卫行为是否构成事前防卫，此处将继续对其是否构成事后防卫进行分析。屠夫乙已经跌落粪池中，好像在此时已经丧失了继续侵害的能力，甲的法益不再面临紧迫、危险的不法侵害。在这种情况下甲还屡次用石头砸乙，阻止其爬上岸的行为构成事后防卫吗？答案是否定的。乙跌入粪池中，虽然短时间内从表面上看似乎丧失了继续侵害的能力，不法侵害好像也已经属于被迫结束的情形，甲继续用石头砸乙的行为是趁其处于劣势时的事后报复，但是这样的判断是事后诸葛亮式的思路。试想：甲处于当时的情形并不能确保自己能在乙落水之后、上岸之前安全地离开，而且在甲当时看来，乙上岸之后加倍报复的可能性更大。乙受到甲的欺骗，又被甲推入粪池中，必定恼羞成怒，想要爬上岸来报复甲，很可能会实施比强奸更暴力的侵害。甲的这种担忧并不是臆想，在当时的情况下是很有可能变为现实的，甲并不能确定地保护自己的合法权益，即乙的不法侵害还未完全真正地处于结束状态，甲的合法权益仍然处于紧迫危险之中，故此时甲完全可以对乙实行正当防卫，不属于“事后防卫”，符合正当防卫时间条件的要求，具有适时性。

（三）对象条件：针对不法侵害者本人

正当防卫的对象条件要求防卫人的防卫行为必须是针对不法侵害者本人实施的，即只能是通过损害不法侵害者本人的人身或财产来达到保护合法权益的目的，不能通过对与不法侵害无关的第三人（包括不法侵害者的家人、朋友等）造成损害的方法来进行防卫。正当防卫行为就是为了制止不法侵害，也即制止不法侵害人的侵害行为，而制止该不法侵害的最及时、最有效、最直接的途径就是对不法侵害人的人身、财产等权益造成必要的损害，以达到威慑不法侵害人的目的。虽然对不法侵害人以外的第三人实施损害也有可能达到威慑、制止不法侵害人的目的，但是这样做就使反击非法侵害的正当防卫失去了正当性的根据，因为法律设立正当防卫制度的初衷就是制止和打击不法侵害，若反从该制度中滋生出了不法侵害，那必然是为法律所否认和排斥的。所以，即使对第三人的权益进行的反击有可能制止不法侵害行为，也不能对不法侵害者以外的第三人实施防卫。对于防卫第三人，一般分为三种情况进行处理：其一，实施防卫行为过程中给第三人的人身或者财产造成损害，符合紧急避险条件的，应以紧急避险论。其二，出于侵害故意，故意对第三人进行防卫，造成第三人人身或者财产损害的，以故意犯罪论。其三，由于行为人对事实存在认识错误，对第三人的人身或者财产造成损害，主观上具有过失的，应以过失犯罪论；主观上无过失的，应以意外事件处理。

我国刑法规定：不满12周岁的人不负刑事责任；已满12周岁不满14周岁的人除实施两种犯罪的恶劣情形外，不负刑事责任；已满14周岁不满16周岁的人除实施刑法规定的八种特定犯罪以外，不负刑事责任；因患精神病不具备认识和控制能力的人不负刑事责任。对于实施侵害行为的未达到刑事责任年龄的未成年人或无刑事责任能力人，能否进行正当防卫？刑法学界意见不尽一致。否定论者认为，除须行为在客观上危害社会、违反法律外，还必须不法侵害人具有责任能力和主观罪过。换言之，否定论者认为，精神病人和未成年人的侵害行为不属于不法侵害，对其一般不能进行正当防卫。肯定论者认为，不法侵害中的违法不包括行为人主观方面及责任能力的内容，只要行为人的行为在客观上对法律所保护的权益有现实的危害性，就属于不法侵害，与有责任能力人的不法侵害并无本质区别，对之都可以进行正当防卫。本书认为：（1）从原则上讲，对无责任能力人的侵害行为是可以实行正当防卫的。无责任能力人的侵害行为，客观上也是危害社会的行为，广义上讲属于不法侵害，不能因为其是无责任能力人，就让其站在金字塔顶端，让受侵害人对其侵害行为毫无办法，只能自认倒霉。因此，不能完全将无责任能力人排除在正当防卫的对象之外。（2）对无责任能力人的侵害行为可以实行正当防卫，但是需要加以一定的限制。从刑法精神上来讲，无责任能力人的侵害行为虽然与有责任能力人的故意侵害在客观上可能给人造成程度相近的侵害，但是两者在主观上可能存在极大的差别，因此无责任能力人的侵害行为明显不能等同于有责任能力人的故意侵害；从社会道义上来讲，未成年人与精神病人不具有法律规定的辨认和控制能力，基于扶弱心理，应当尽一切努力避免对精神病人、未成年人造成不应有的身体或精神的损害。因此，在遇到无责任能力人的侵害时，如果明知侵害者是无责任能力人，并且有条件用逃跑等其他方法避免其侵害，则应当尽量使用其他方式避免或者制止侵害；如果不知道侵害者是无责任能力人，或者没有其他方法可以避免、制止侵害，或者不法侵害严重危及人身安全的，则可以进行反击。①

对动物的侵袭是否可以实施正当防卫，应该具体分析。如果遇他人豢养的动物或者野生的动物自发侵袭，行为人当然可以打击，此时的动物自发侵袭并不能算是不法侵害，则行为人对动物的打击自然不是对不法侵害的反击，谈不上是正当防卫。如果动物是他人进行不法侵害的工具，例如侵害者训练恶犬撕咬他人，那么防卫人对动物的反击行为就属于正当防卫。

（四）主观条件：为了保护合法权益免受不法侵害

正当防卫的主观条件是指防卫人的防卫行为必须是基于保护合法权益免受不法侵害的目的，也即要求防卫人具有保护国家、公共利益、本人或者他人的人身、财产和其他权利免受正在进行的不法侵害的防卫意图。防卫意图包括防卫意识和防卫意志，即行为人不仅要对不法侵害的各种事实有一定的认识基础，对自己的防卫行为及其社会意义具

---

① 高铭暄，马克昌．刑法学．4版．北京：北京大学出版社，高等教育出版社，2010：142-143.

有防卫意识，还要基于此防卫意识产生防卫动机，具有防卫意志，即行为人是在为了保护合法权益免受不法侵害的防卫目的的指引下，实施正当防卫行为。

某些行为，从形式上看似乎符合正当防卫的客观要件，但由于其主观上并不具备正当防卫的防卫意图，因而不能被认定为正当防卫。这类行为有如下几种情况：

1. 防卫挑拨

所谓防卫挑拨，是指行为人具有侵害的目的，故意用语言、行为等挑衅、引诱对方，促使对方先向自己实施侵害，然后以正当防卫为借口加害对方的情形。在这种情形中，由于对方的不法侵害是由挑拨者故意诱发的，挑拨者主观上并不具有正当的防卫意图，反而恶意地、有预谋地实施不法侵害行为，因此法律否认其成立正当防卫，对防卫挑拨依法予以惩处，构成犯罪的，应当追究其刑事责任。

2. 相互斗殴

所谓相互斗殴，是指双方都出于侵害对方的非法意图而相互攻击，例如，聚众斗殴、因私仇纠纷而决斗等。在互殴情形中，双方都对对方抱有侵害的非法意图，都积极追求对方利益受损的结果，对斗殴可能出现的损害结果有预见、有承诺，因此有承诺的行为对双方来说都不再是不法行为，双方都无权进行正当防卫。当然，需要注意的是，如果互殴的某一方已经放弃侵害，出现例如认输、求饶、逃跑等不再斗殴的行为，而另一方仍然不依不饶、穷追不舍，继续对其加害，那么此时放弃侵害的一方就可以针对对方的不法侵害行为进行反击，对其进行正当防卫。

3. 为保护非法利益而实施的防卫

为保护非法利益，例如为保护赌资、毒资、走私货物、赃款等而实施的防卫行为，保护的并非国家、公共利益，本人或者他人的合法利益，防卫人明显不具备正当的防卫意图，不符合正当防卫的主观要件，不能被认定为正当防卫。

4. 偶然防卫

偶然防卫是大陆法系阶层论上的一个概念，是指行为人主观上并没有防卫意图，但客观上偶然阻止了正在进行的不法侵害的行为，可以分为故意型偶然防卫和过失型偶然防卫。（1）故意型偶然防卫，如：甲在胡同口发现了自己的杀父仇人乙，于是开枪打死了乙。甲过去检查尸体时才发现原来刚才开枪时，乙正在对丙实施暴力威胁，正要强奸丙。甲开枪时并不知道乙在对丙实施不法侵害，开枪射杀乙也不是出于保护丙的目的，射杀乙纯粹是为了报复泄愤，结果误打误撞保护了丙的合法权益，甲涉嫌构成故意杀人罪。（2）过失型偶然防卫，如：乙、李四、甲都是猎人，打猎的时候乙正在瞄准李四，准备开枪射杀他。甲站在不远处擦枪，结果不小心枪走火，打死了乙。如果甲的枪没有走火打死乙，李四必死。甲不知道乙正在实施不法侵害，并不具有保护李四的防卫意图，对枪支走火也持有过失心态，但结果误打误撞，保护了李四的合法权益，甲涉嫌构成过失致人死亡罪。在我国，刑法立法没有对偶然防卫进行明文规定，司法上不认定其为正当防卫，通常是作为犯罪论处。

（五）限度条件：防卫行为不能明显超过必要限度造成重大损害

正当防卫的限度条件，是指正当防卫不能明显超过必要限度造成重大损害。如何理解正当防卫的必要限度？目前大多数学者倾向于“有效制止说”，即正当防卫的必要限度应当以“有效制止”正在进行的不法侵害为衡定尺度。对正当防卫的必要限度可以从以下两个方面判定：

第一，防卫的限度是制止不法行为所必需的，即防卫的性质、手段、强度以及造成的损害结果是制止不法侵害行为所必需的。判断防卫行为是否必需，不能单纯地考虑不法侵害行为的性质、手段、强度以及可能造成的危害后果，而应从个案的实际出发，侧重分析防卫人所保护权益的大小，防卫人的个人状况，案发的时间、地点、场合，防卫人在他所处的特殊情境下的当然反应等多种因素。在大多数情况下不法侵害都是有预谋的突然袭击，而防卫人没有任何精神和物质上的准备，很难在进行防卫时立即准确判明不法侵害的具体意图和危害程度，也没有条件选择一种恰如其分的方式、工具和强度来进行防卫，只是在慌乱之中为求得压倒对方而仓促应对，从而在表现的程度上很难同侵害行为保持一种完全对等或基本对等的状态，一定程度的过激反应自在情理之中。总之，必要限度的确定，以鼓励公民合理地行使正当防卫权利，勇敢地同违法、犯罪行为作斗争为前提，不能对防卫人提出超常理、超场合的要求。

第二，没有明显地超过必要限度从而造成重大损害。根据法律的规定，允许防卫行为一定程度地超过制止不法侵害行为所必需的特定限度。虽然造成重大损害，但行为只要不是“明显超过必要限度”，或者即便行为明显超过必要限度，但客观上没有造成重大损害，均属正当。

《刑法》第 20 条第 3 款规定：“对正在进行行凶、杀人、抢劫、强奸、绑架以及其他严重危及人身安全的暴力犯罪，采取防卫行为，造成不法侵害人伤亡的，不属于防卫过当，不负刑事责任。”[①] 这一规定被我国刑法学界称为“无限防卫”，实质上是刑法对在面临严重危及人身安全的暴力犯罪的情况下，应当如何确定正当防卫必要限度的具体说明。在适用该款规定时，应当准确理解和把握其含义。(1) 对于“行凶”：其一，使用致命性凶器，严重危及他人人身安全的；其二，未使用凶器或者未使用致命性凶器，但是根据不法侵害的人数、打击部位和力度等情况，确已严重危及他人人身安全的。虽然尚未造成实际损害，但已对人身安全造成严重、紧迫危险的，可以认定为“行凶”。(2) 对于“杀人、抢劫、强奸、绑架”：它是指具体犯罪行为而不是具体罪名。在实施不法侵害过程中存在杀人、抢劫、强奸、绑架等严重危及人身安全的暴力犯罪行为的，可以实行特殊防卫。有关行为没有严重危及人身安全的，应当适用一般防卫的法律规定。(3) 对于“其他严重危及人身安全的暴力犯罪”：它应当是与杀人、抢劫、强奸、绑架行为相当，并具有致人重伤死亡的紧迫危险和现实可能的暴力犯罪。[②]

三、防卫过当及其刑事责任

（一）防卫过当的概念

防卫过当，是指防卫明显超过必要限度造成重大损害应当负刑事责任的行为。《刑法》第 20 条第 2 款规定：“正当防卫明显超过必要限度造成重大损害的，应当负刑事责

---

① 陈忠林．刑法总论．5 版．北京：中国人民大学出版社，2016：137.

② 《最高人民法院、最高人民检察院、公安部关于依法适用正当防卫制度的指导意见》.

任，但是应当减轻或者免除处罚。”所谓重大损害，是指造成他人死亡、重伤。防卫过当与正当防卫具有本质的区别，也存在千丝万缕的联系。防卫过当完全符合正当防卫的前四个成立条件，只是不符合最后一个限度条件，但是正因为其超出了防卫的必要限度，防卫行为的性质就发生了变化，失去了正当性、合法性，转化成了一种非法侵害，与正当防卫有了本质的区别，因而我国刑法规定防卫过当应当承担刑事责任。

（二）防卫过当的刑事责任

首先应该解决的问题是防卫过当如何定罪。我国刑法中当然没有将防卫过当行为笼统地规定为“防卫过当罪”，但是由于对其没有具体规定，理论界和司法实践中的具体做法并不完全统一。对防卫过当定罪应当根据防卫人主观上的罪过形式和客观上造成的具体危害结果，依照刑法分则的有关条款来确定其罪名。一般来说，防卫过当的罪过形式多为过失，在极少数情况下，可能是间接故意。例如过失致人死亡罪、过失致人重伤罪、故意杀人罪、故意伤害罪、故意毁坏财物罪等。

其次是解决防卫过当如何量刑的问题。我国《刑法》规定，对防卫过当应当“减轻或者免除处罚”。这是因为防卫过当的社会危害性一般较通常犯罪行为的社会危害性小，对具备缓刑条件的，可以适用缓刑，对犯罪情节显著轻微不需要判处刑罚的，应当免除处罚。

第三节　紧急避险

一、紧急避险的概念和意义

（一）紧急避险的概念

《刑法》第 21 条规定：“为了使国家、公共利益、本人或者他人的人身、财产和其他权利免受正在发生的危险，不得已采取的紧急避险行为，造成损害的，不负刑事责任。”

根据法律的以上规定，所谓紧急避险，是指行为人为了使国家、公共利益、本人或者他人的人身、财产和其他权利免受正在发生的危险，不得已采取的紧急避险行为，造成损害而不负刑事责任的排除犯罪性行为。紧急避险和正当防卫一样，也属于排除社会危害性的行为，紧急避险是在两个合法权益发生冲突，只能保护其中一个的紧急情况下，不得已选择牺牲较小利益以保护较大利益的行为，虽然造成了较小的权益受到损害，但从整体上来说，它是有益于社会的行为，所以为法律所允许和鼓励，不具有社会危害性，不需承担刑事责任。

（二）紧急避险的意义

刑法规定紧急避险不负刑事责任，使公民在合法权益遇到危险时可以紧急避险，具有重要意义：

（1）有利于鼓励公民在必要的情况下，通过损害较小合法权益的手段，来保全较大的合法权益，尽一切可能减少自然灾害、不法侵害等危害带给社会的损害。

（2）有利于培养广大公民顾全大局、互助友爱的思想。鼓励和支持公民树立公共利益、整体利益的观念，使人们在与自然灾害、不法侵害等危险的斗争中，培养集体主义精神，提高思想境界。[①]

二、紧急避险的成立条件

（一）起因条件

紧急避险的起因条件与正当防卫的相似，要求必须有危险现实存在，行为人想要保护的合法权益受到危险的现实威胁。所谓危险，是指某种有可能立即对合法权益造成危害的紧迫事实状态。危险主要来源于四个方面：（1）自然灾害，如火山、地震、台风、山崩、海啸、塌方、泥石流等等。（2）动物侵袭。它是指他人豢养或者野生的动物的自发侵袭，如老虎追赶、恶狗撕咬、惊马狂奔冲撞人群、马蜂蜇咬等。但如果动物是他人实施不法侵害的工具，公民可对其实施正当防卫。（3）人的不法侵害行为。人的违法犯罪行为会使某种合法权益处于危险状态，如人的暴力侵害。（4）人的生理、病理过程，即因生理、病理需要不能满足而威胁人的生命的危险。例如，在荒野、沙漠中的迷路旅人因缺乏粮食饮水生命危急，迫不得已私取路边房屋中的饮食；为了抢救重伤员，强行阻拦过往汽车送往医院。

只有在真正存在客观、现实、紧迫的危险时，才能进行紧急避险，如果危险是行为人主观臆测，或者由于行为人对事实的认识错误，误认为危险存在而实施紧急避险行为，导致合法权益受到损害，则属于假想避险。对假想避险，与假想防卫的处理办法相同，应该按照对事实认识错误的原则处理：第一，假想避险不能是故意，如果行为人主观上是故意，则可能构成故意犯罪；第二，如果行为人主观上存在过失，则对其所造成的损害应负过失犯罪的责任；第三，如果行为人在主观上没有罪过，则属意外事件，对造成的损害不负刑事责任。例如路人李四怀疑自己衣服里飞入了一只蜜蜂，就靠着电线杆用力甩，路人王某见状以为李四触电了，就找来木棒打倒李四，路人王某的行为就属于假想避险，由于其主观上不存在罪过，故属于意外事件，王某对此不负刑事责任。

（二）时间条件

紧急避险的时间条件，是指现实存在的危险正在发生，处于已经开始且尚未结束的阶段。危险已经出现，开始对合法权益形成了紧迫、直接的危险，行为人此时已经别无他法，迫不得已只有采取紧急避险措施才能保护处于危险中的合法权益。但是如果危险还处于潜在状态，其出现还存在或然性，即是否真实发生并不确定，此时行为人还可以通过采取其他防范措施避免合法权益受损，因而在此种情况下不允许行为人实施紧急避险。危险尚未结束，是指合法权益仍在遭受紧迫、直接的威胁，危险并未消除，即将或者正在对合法权益造成危害，此阶段实施紧急避险尚可避免合法权益遭受危害或者遭受进一步的损害。

如果危险已经结束，合法权益就不再处于危险之中，紧急避险也就失去了其时间条件，抑或合法权益已经受到了损害，则紧急避险就失去了作用的土壤，再实行紧急避险

① 高铭暄，马克昌．刑法学．4版．北京：北京大学出版社，高等教育出版社，2010：147.

也已经无法挽救，回天乏术了，又怎么可能被允许再损害另一合法权益呢？在危险尚未开始或者已经结束的情况下，实行所谓的避险而对其他合法权益造成损害的，称为“避险不适时”，即事前避险或者事后避险，其处理办法与防卫不适时相同，结合案件的具体情况，由行为人承担相应的刑事责任或者民事责任。

（三）对象条件

紧急避险行为针对的对象是第三者的合法利益。紧急避险的本质特征，就是为了保全一个较大的合法利益，而将面临的现实、紧迫的危险转嫁给另一个较小的合法权益承受，因而，紧急避险行为所指向的对象，不是危险的来源，而是第三者的合法利益。例如甲遭遇仇人追杀，迫不得已抢夺路人的摩托车逃走的行为就是紧急避险行为，为了保护生命权利而不得已损害他人财产权。如果行为人的行为是对危险的直接对抗，那么该行为就不是紧急避险。例如，行为人通过损害不法侵害人的人身权利或者财产权利，来排除遭受不法侵害的危险，其行为就不是紧急避险而是正当防卫。

当然，不是任何第三者的合法权益，都可以作为紧急避险的对象。作为紧急避险的第三者的合法权益，必须比所保全的合法权益次要，而且第三者的牺牲确实可以换来较大权益的安全。否则，对第三者合法权益的损害便会成为毫无价值的牺牲，从而违背法律规定紧急避险制度的初衷。损害第三者的合法权益主要指财产权和住宅不可侵犯权等，一般情况下，不得用损害他人生命和健康的方法保护另一种合法权益。

（四）主观条件

紧急避险的主观条件要求行为人必须有正当的避险意图，要求对危险事实有正确认识的避险意识，基于此认识有实施紧急避险行为以保护较大合法利益的避险意志，即在遭受危险的紧急情况下，行为人实施紧急避险行为是为了保护国家、公共利益、本人或者他人的人身、财产和其他权利免受正在发生的危险。避险意图决定着紧急避险行为的正当性、合法性、无罪过性。

如果行为人是为了保护非法利益而实施避险行为，则不允许实行紧急避险，例如小偷为了逃避警察抓捕而闯入第三人的住宅。在司法实践中，如果行为人主观上并没有正当的避险意图，但其行为在客观上意外地避免了某种合法权益免遭危害，即偶然避险，则不能被认定为紧急避险。例如，盗窃犯在盗窃某车主汽车中的财物时，砸坏了汽车的车窗玻璃，却意外地拯救了被锁在车里即将窒息而死的小孩。同偶然防卫一样，理论界对此存在构成紧急避险和不构成紧急避险两种对立的观点。

（五）限制条件

紧急避险的限制条件是指行为人只有在迫不得已的情况下才能实施紧急避险行为。所谓迫不得已，是指采取紧急避险行为是避免危险、保护较大合法权益的唯一的途径，除此以外别无选择。因为虽然紧急避险从整体来说保护了更大的利益，有益于社会整体，但是其所损害的毕竟是无辜的第三方的合法较小利益，所以刑法对紧急避险必须规定以更加严格的限制条件。例如一司机在山区驾驶客车行驶，在弯多坡陡的下山道上突然刹车失灵，司机为避免客车冲下山沟，只得使客车右侧擦向山体，汽车撞击山体后迫停，造成车上十余名乘客受伤的后果。该司机的行为即属于迫不得已的紧急避险。若不是迫不得已，只要行为人还有别的方法可以排除危险，就决不允许行为人采用损害第三人合法权益的方式来避险。例如行为人有条件逃跑、报警或者直接对抗危险、进行正当防卫等，行为人却不采取，直接实施避险行为造成第三人损害，构成犯罪的，应当追究其刑事责任。

当然，在对行为人实施避险行为时是否属于迫不得已进行考察判断时，要求司法人员一定实事求是地立足于危险发生时的客观情况，分析当时的环境、时间、危险的紧急程度等，并结合行为人的自身生理及心理状况，充分考虑其年龄、经验、性格、主观认识能力条件等，予以合理认定。

（六）限度条件

紧急避险的限度条件是指避险行为不能超过必要限度造成不应有的危害。所谓“必要限度”，根据紧急避险行为的性质和目的，应是避险行为所造成的损害必须小于所保护的权益，而不能等于或者大于所保护的权益。因为，紧急避险的本质就是为了社会的整体利益得到保护，即最终是为了保护一个较大的合法权益。如果“弃车保卒”，为了较小利益而损害较大的或者同等的权益，该行为就不再具有正当性，法律自然也不会支持。

至于如何衡量冲突的各种权益的大小，大体上存在这样的比较标准：生命权利＞身体健康权利＞人身自由权利＞财产权利。人身权利自然高于财产权利，在人身权利中又以生命权为最高权益；财产权利的大小一般可以用财产的实际价值大小、数量多少来加以衡量。但是这并不能作为绝对性的判断标准，因为现实生活中总是会存在许多复杂多样的情形，当不同性质的权益发生冲突时，应根据案件的具体情况，进行全面的分析判断才可能得出结论。例如，为了保护个人生命安全，选择损害数以亿计的国家和人民的财产，或者付出使数以百计的人受重伤的代价，这样的取舍很难让人认为这样的权益大小对比标准具有合理性。

（七）特别例外限制条件

根据刑法的规定，紧急避险中“关于避免本人危险的规定，不适用于职务上、业务上负有特定责任的人”。这是紧急避险的特别例外限制条件。在职务上、业务上负有特定责任的人，不能因为避免本人的合法权益免受危险的损害而实施紧急避险。所谓在职务上、业务上负有特定责任，是指这些人所担任的职务或其所承担的业务本身的性质决定了他们的工作本身存在一定的危险，且他们负有接触或排除这些危险的责任，不可避免要与危险进行斗争。例如军人必须面对在战场受伤的危险服从命令参加战斗；医生、护士必须面对被病菌感染的危险治疗疾病；消防队员必须面对被烧伤的危险奋勇扑火；警察必须面对被犯罪分子伤害的危险阻止并打击犯罪；等等。这是法律对紧急避险主体设置的特殊限制，之所以不允许这些人对个人面临的危险实施紧急避险，是因为：其一，负有特定责任的人的工作具有排险性质，涉及国家和人民的重大利益。如果允许他们避险，允许他们脱离岗位、逃避责任，那排险工作将无法开展。其二，负有特定责任的人一般会经过专门培训，具有与其职责有关的专门知识和技能，他们比普通人在面临危险时会有更强的应对和处理能力。只要他们运用专门技能，一般可以在不损害自己利益的条件下排除损害危险。正因为有这样的特定责任，所以法律规定他们在遇有紧急危险时，应当坚守岗位，保卫人民生命财产的安全，不得因使自己脱离危险而将危险转嫁给第三者承受。如果负有特定责任的人为了避免与自己职务、业务有关的危险而擅离职守、逃避责任，其行为不能成立紧急避险，若因渎职造成严重后果，应当追究其刑事责任。[①]

三、避险过当及其刑事责任

（一）避险过当的概念

避险过当是指避险行为超过必要限度造成不应有的危害的行为。避险过当是指出现了损害的利益大于或者等于所保全的利益，失去了正当的依据，属于有害于社会的行为，为法律所否认和排斥，因此对避险过当的行为应追究刑事责任。

避险过当的基本特征是：（1）避险行为在客观上超过了必要限度，造成了不应有的损害，即避险行为造成的损害大于或者等于所保全的利益。例如，为了保全自己的财产利益而损害他人的或者公共更大的财产利益。这是避险过当行为人承担刑事责任的客观基础。（2）行为人在主观上对其避险行为以及造成的结果具有罪过，存在过失，即行为人应当预见自己的避险行为会超过必要限度造成不应有的损害，因疏忽大意而没有预见或者虽然已经预见但是轻信自己能够避免。但是在某些情况下，行为人也可能持有放任其发生的间接故意心态。这是其承担刑事责任的主观基础。

（二）避险过当的刑事责任

《刑法》第 21 条第 2 款规定："紧急避险超过必要限度造成不应有的损害的，应当负刑事责任，但是应当减轻或者免除处罚。"我国刑法并未对避险过当规定独立的罪名，也没有规定独立的法定刑。对避险过当定罪应当根据避险行为人主观上的罪过形式和客观上造成的具体危害结果，同时对危险的性质和强度、避险人自身的排险能力和处境等情况加以综合考虑，依照刑法分则的有关条款来确定其罪名，依法减轻或免除处罚。

四、紧急避险与正当防卫的比较

（一）紧急避险与正当防卫的相同点

（1）目的相同：都是为了保护国家、公共利益、本人或者他人的人身、财产利益和其他合法权益免受损害。

（2）性质相同：都是法定的正当行为，虽然对他人的合法权益造成一定损害，但是属于排除社会危害性的行为的范畴。

（3）前提相同：都必须是在合法权益正在受到现实、紧迫的危险时才能实施。

（4）责任相同：超过法定的限度造成相应损害后果的，都应当负刑事责任，都应当减轻或者免除处罚。

（二）紧急避险与正当防卫的区别

从直观上看，正当防卫是正义对抗非正义、法对抗不法的斗争，而紧急避险则是在合法与合法之间进行的取舍。它们之间具体的区别如下：

---

① 高铭暄，马克昌．刑法学．4 版．北京：北京大学出版社，高等教育出版社，2010：150－151.

（1）危害来源不同。紧急避险的危害来源非常广泛，既可能来源于人的不法侵害，也可能来源于自然灾害、动物侵害、特定的危难境地等，而正当防卫的危害来源只能是人的不法侵害。

（2）行为损害对象不同。紧急避险损害的对象是危险源以外的第三者的合法权益，而正当防卫损害的对象只能是不法侵害人本人。这是紧急避险与正当防卫的根本区别。在危险源系不法侵害、不法侵害又欲置被害人于死地（被害人只能抵抗）的情况下，如果防卫人（避险人）损害的是侵害人的利益，则属于正当防卫；如果用损害财物的方式抵挡凶杀行为，则应根据财物的归属来区分损害行为的性质。

（3）行为限制条件不同。紧急避险只有在迫不得已即没有其他方法可以避免危险的情况下才能实行，而正当防卫没有这种限制，即使有其他方式可以避免不法侵害也可以实施正当防卫，因为法律鼓励公民积极地同违法犯罪行为作斗争，而不是简单消极地放弃抵抗以求自保。

（4）对损害程度要求不同。紧急避险损害的合法利益必须小于所保护的合法权益，不能大于或者等于受保护的利益，而正当防卫所造成的不法侵害人的损害可以大于或者等于其所要保护的利益。例如，防卫人在遭受严重人身暴力侵害时，可以杀死不法侵害人。

（5）对主体限定不同。正当防卫对行为主体并没有任何限制，因为正当防卫是每一个公民的权利，即使是职务上、业务上负有特定责任的人仍然有权实施正当防卫。而紧急避险对行为主体有限制，该制度不适用于职务上、业务上负有特定责任的人。

由于衡量是否过当的标准不同，我们将正当防卫与紧急避险进行区别。正是因为正当防卫是合法与不合法的对抗和冲突，其衡量是否过当的标准必然明显有利于防卫方，即使防卫人对不法侵害人所造成的损害大于不法侵害人可能造成的损害，法律也可能将其认为是必要的、合理合法的；而紧急避险由于是在两个合法权益之间做取舍，其衡量是否过当的标准是平等的，甚至略微偏向被避险的一方，即使避险行为损害的利益与保全的利益相等，也可能被认为是避险过当。

所涉法律条文及司法文件

1.《刑法》第20、21条

2.《最高人民法院、最高人民检察院、公安部关于依法适用正当防卫制度的指导意见》

代表性文献推荐

1. 高铭暄，马克昌．刑法学．9版．北京：北京大学出版社，高等教育出版社，2019.

2. 王政勋．正当行为论．北京：法律出版社，2000.

3. 张明楷．刑法学：上．6版．北京：法律出版社，2021.
4. 王政勋．正当防卫体系性地位的再思考．法律科学（西北政法大学学报），2022（5）.
5. 陈兴良．正当防卫：以刑民比较为视角的规范诠释．交大法学，2022（5）.

思考题

1. 排除犯罪性行为的刑法地位和刑法意义分别是什么？这个地位是如何在它的基本特征上得到体现的？它通常包括哪些情形？所有的排除犯罪性行为都是合法行为吗？为何能排除犯罪性？“排除犯罪性行为”与“正当行为”的表述在内涵上有没有不同？

2. 如何理解我国刑法中的正当防卫成立的起因条件？为什么要设定该条件？不符合该条件的相关违法犯罪行为是什么？该如何处理？

3. 如何理解我国刑法中的正当防卫成立的时间条件？为什么要设定该条件？不符合该条件的相关违法犯罪行为是什么？该如何处理？

4. 如何理解我国刑法中的正当防卫成立的对象条件？为什么要设定该条件？不符合该条件的相关违法犯罪行为是什么？该如何处理？

5. 如何理解我国刑法中的正当防卫成立的主观条件？为什么要设定该条件？不符合该条件的相关违法犯罪行为是什么？该如何处理？互殴与正当防卫如何区分？

6. 如何理解我国刑法中的正当防卫成立的限度条件？为什么要设定该条件？不符合该条件的相关违法犯罪行为是什么？该如何处理？防卫过当应如何认定与定罪量刑？对其减免刑罚的根据是什么？

7. 我国刑法中的特殊防卫与普通正当防卫有何异同？到底什么情况下可以实施特殊防卫？

8. 什么是偶然防卫？在我国刑法中该如何评价它？

9. 我国刑法中的紧急避险与正当防卫有何异同？这个异同体现了它们怎样的相同和不同刑法意义？会不会带来民事责任上的不同？

10. 在紧急避险过程中，可否为保全自己的生命而牺牲他人的生命？为什么？

11. 根据以下案情，分析杨甲和杨乙的行为属于何种性质的行为，应当如何处理。

杨甲是杨乙的胞弟，两人住处相邻。某日，因杨乙摸了经过其身边的一条狼狗而遭到狗的主人彭某指责，兄弟二人与彭某发生口角，彭某扬言要找人报复。杨甲随后返回住所将一把单刃尖刀、一把折叠刀藏于身上。十分钟后，彭某返回上述地点，其邀约的黄某、熊某、王某持洋镐把跟在身后十余米。彭某手指坐在自家门口的杨乙，杨乙未予理睬。彭某接着走向杨甲家门口，击打杨甲面部一拳，杨甲即持单刃尖刀刺向彭某的胸、腹部，黄某、熊某、王某见状持洋镐把冲过去对杨甲进行围殴，彭某从熊某处夺过洋镐把对杨甲进行殴打，双方打斗至杨甲家门外的马路边。熊某拳击，彭某、黄某、王某持洋镐把，四人继续围殴杨甲，致其头部流血倒地。彭某持洋镐把殴打杨甲，洋镐把被打断，彭某失去平衡倒地。杨乙见杨甲被打倒在地，便从家中取来一把双刃尖刀，冲向刚从地上站起来的彭某，朝其胸部捅刺。杨乙刺第二刀时，彭某用左臂抵挡。后彭某受伤逃离，杨乙持刀追撵并将刀扔向彭某未中，该刀掉落在地。黄某、熊某、王某持洋镐把追打杨乙，杨乙捡起该刀边退边还击，杨甲亦持随身携带的一把折叠刀参与还击。随后黄某、熊某、王某逃离现场。经法医鉴定，被害人彭某身有七处刀伤，且其系被他人以单刃锐器刺伤胸腹部造成胃破裂、肝破裂、血气胸致急性失血性休克死亡。另杨甲、黄某、熊某均受轻微伤。

第十一章
故意犯罪的停止形态

内容导读

故意犯罪的停止形态是指直接故意犯罪在过程中由于主客观原因而停止下来的犯罪形态。与犯罪阶段不同的是，故意犯罪的停止形态是静态的、不可逆的。其基本类型可以分为完成形态以及未完成形态。犯罪的完成形态即犯罪既遂，主要涉及究竟是根据犯罪结果发生与否、犯罪目的实现与否，还是犯罪构成要件齐备与否来认定犯罪既遂的成立。犯罪的未完成形态分为犯罪预备、犯罪未遂与犯罪中止。把握不同犯罪停止形态所处的不同犯罪阶段，以及具备的不同特征要件，有利于区分行为的性质构成何种停止形态。不同犯罪停止形态应采取何种认定标准，不同犯罪未完成形态的刑事责任根据以及处罚原则是什么，需具体情形具体分析。

第一节　故意犯罪的停止形态

一、故意犯罪的停止形态定义

（一）故意犯罪的概念

犯罪特殊形态分为犯罪的停止形态、犯罪的共犯形态以及犯罪的竞合形态。故意犯罪的停止形态，是指直接故意犯罪在产生、发展和完成的过程中由于主客观原因而停止下来的犯罪形态。故意犯罪从行为人产生犯意、实施犯罪行为到完成犯罪，是一个纵向的发展过程，然而，这个过程并不总是完整、顺利的，往往会受到各种主观或客观因素的影响和制约，最终产生不同的形态。

按犯罪是否已经既遂为标准，故意犯罪可分为犯罪的完成形态和犯罪的未完成形态两种基本类型，其中：犯罪的完成形态即犯罪既遂，就是故意犯罪在完成其纵向发展过程后顺利到达终点，行为人完成了符合刑法分则中所规定的某一具体犯罪构成的全部构成要件的情形；犯罪的未完成形态是指故意犯罪在发展过程的中途停止而未到达终点，行为人没有完成犯罪的情形。根据故意犯罪阶段的不同以及主客观条件的影响，犯罪的未完成形态可进一步分为犯罪预备、犯罪未遂和犯罪中止。

研究故意犯罪停止形态相关问题，从理论上有利于正确认识、科学把握故意犯罪，从实践上有利于正确、科学地进行定罪量刑。

（二）故意犯罪停止形态的特征

1. 犯罪的停止形态只是直接故意犯罪的表现形式

在过失犯罪中，只有行为人主观上存在疏忽大意或过于自信的心理，客观上实施了犯罪行为且发生实害结果时，才讨论是否构成犯罪，因此，过失犯罪的形态单一，不可能存在犯罪预备、未遂、中止等未完成形态，对其没有论述犯罪停止形态的必要。在间接故意犯罪中，行为人主观方面对其行为可能产生的危害结果秉持的是一种放任的心理态度，这意味着行为人主观上对于结果的性质、发生与否都听之任之，也就是说，即便危害结果并未发生，这种情形也是包含在行为人主观心理预期之中的。而在犯罪的停止形态中，行为人对于危害结果的发生本应秉持着希望、追求的主观心理，只是由于客观条件（犯罪预备、犯罪未遂两种形态）或者主观条件（犯罪中止形态）而停止下来。可见，间接故意犯罪的主观方面不符合故意犯罪未完成形态的要求。此外，在客观方面，间接故意犯罪的危害结果发生或不发生均符合行为人的心理目的，因此，这种客观方面的不确定性导致在间接故意犯罪中不存在讨论未完成形态的操作可能性。而从另一角度出发，因为这种犯罪的主观恶性小于直接故意犯罪的，倘若真的存在未完成形态，其社会危害性也很小，基于刑法的谦抑性，其不具备刑罚当罚性。所以，刑法理论上通常所指的间接故意犯罪仅讨论其完成形态的情形。

2. 故意犯罪的停止形态存在于犯罪进行过程之中

故意犯罪过程实际上是故意犯罪产生、发展和完成的所有阶段的集合，是故意犯罪在时空上连续性的呈现。各种犯罪形态的产生和界定实际上都是在故意犯罪发展过程之中发生的，而相应的，一旦出现了犯罪停止形态，犯罪过程也宣告结束。而且，犯罪的停止形态具有定罪的意义，犯罪的过程只是提供了一个前提，最终还是需要依据犯罪的停止形态来定罪。

3. 故意犯罪在客观上存在不同的停止形态

故意犯罪在其复杂的发展过程中，因为种种因素的影响和制约，在客观上会有种种不同的表现形态。从犯意产生到犯罪完成这一整个过程中，有些犯罪最终得逞，有些则不能，其中有出于意志以外的原因而中途停止的，也有因为行为人本人主观意愿而放弃所以停止的。不同的停止形态都是客观存在的，是犯罪的现实表现，其社会危害性的严重程度以及刑事违法性、应受刑罚处罚性均不应被忽视。

4. 故意犯罪的停止形态是刑法意义上的犯罪表现形式，具有停顿性和不可逆性

故意犯罪的停止形态是在犯罪过程中固定下来的、不再发展的一种状态，该形态已经表明某种故意犯罪的性质和社会危害性，具有定罪的意义，具有确定性。故意犯罪的停止形态之间是相互独立、不可转化的，比如，犯罪未遂、犯罪中止不可能再前进为犯罪既遂，犯罪既遂也不可能再逆化为犯罪未遂，某一故意犯罪的停止形态一旦发生，就意味着该故意犯罪过程的结束。

二、故意犯罪的停止形态与故意犯罪阶段的关系

（一）故意犯罪阶段的定义

故意犯罪阶段是指在故意犯罪发展过程中所经过的，具有明显先后次序和不同特征

的时期。

故意犯罪的阶段不能脱离故意犯罪的过程，但也不等同于故意犯罪的过程，故意犯罪发展的过程与故意犯罪的发展阶段呈现的是整体和部分之间的关系，过程是阶段的集合体，阶段则表现为在整个过程之中，从一个接点连接到另一接点的，具有不同特征的具体时间段，所以，故意犯罪的阶段和过程呈现出运动、递进、发展变化的特征。

对于故意犯罪阶段的划分，理论上有如下不同观点：二阶段说，将犯罪分为预备以及实行两个阶段；三阶段说，将犯罪分为预备、着手与完成三个阶段；四阶段说，将犯罪分为阴谋、预备、着手与实行四个阶段；五阶段说，将犯罪分为犯意表示、阴谋、预备、着手与实行五个阶段；六阶段说，将犯罪分为决意、阴谋、预备、着手实行、行为完成、结果发生六个阶段。[①] 在我国，现有通说观点以行为的不同特征为根据，将不同阶段中行为的不同意义作为接点，分为犯罪预备阶段、犯罪实行阶段和犯罪实行后阶段，其中，实行行为的着手和实行行为的结束，是联系犯罪不同阶段的接点。

（二）故意犯罪的停止形态与故意犯罪阶段的关系

故意犯罪的停止形态不同于故意犯罪的阶段。从联系上来说，故意犯罪的停止形态是在故意犯罪的阶段中产生的，所以对于各种故意犯罪的停止形态的界定需要考虑其处于犯罪阶段的何种发展程度。

从区别上来说，故意犯罪的停止形态与故意犯罪的阶段主要有以下三个方面的区别：

其一，故意犯罪的停止形态是静止的行为状态，而犯罪阶段则是动态的发展过程。犯罪形态是由于主客观原因而停止下来的形态，是犯罪的表现，是相对稳定的静止样态。犯罪阶段则不然，它是犯罪过程中所划分的若干段落，具有前后相继、发展变化的属性特征。

其二，故意犯罪的停止形态没有连续性，而犯罪阶段则具有先后顺序性和连续性。犯罪形态都已构成犯罪，具有停顿性，且不可转化。而犯罪阶段则不能彼此分开，存在时间上的先后顺序和连续性，而行为的不同特征则成为判断、划分不同阶段的接点。

其三，故意犯罪的停止形态和犯罪阶段对于构成犯罪的意义不同。一个故意犯罪行为可能经过几个阶段，但一个犯罪不可能出现几种形态。犯罪形态是犯罪的表现，本身已经构成犯罪，具有定罪的意义。犯罪阶段则不然，它本身没有定罪的意义，需要借助犯罪的形态来认定犯罪的性质。

三、未完成形态应负刑事责任的处罚根据

在故意犯罪的完成形态中，犯罪既遂意味着在犯罪构成方面已经具备了完整的主客观相统一的构成要件，所以应当追究刑事责任。在故意犯罪的未完成形态中，犯罪预备、犯罪未遂、犯罪中止的犯罪构成要件要素并没有齐备，包括在犯罪预备中没有出现犯罪实行行为，在犯罪未遂以及犯罪中止中没有出现犯罪危害结果，所以不能直接将犯罪既遂的处罚根据作为追究刑事责任的根据。

---

① 陈兴良．未完成罪研究．政法论坛，2000（3）.

理论上，对未完成形态犯罪应负刑事责任的处罚根据，有以下几种观点。（1）基本构成要件齐备说，认为：犯罪构成是刑事责任的唯一根据，但并不意味着只有犯罪既遂的构成才是追究刑事责任的唯一根据，犯罪的预备、未遂和中止同样符合犯罪构成要件，否则，如果认为犯罪预备、未遂和中止构成犯罪但不完全符合犯罪构成要件，就割裂了犯罪构成与犯罪的社会危害性的关系。（2）修正的构成要件说，认为：未完成形态的构成是以犯罪完成形态的构成为基础的，犯罪完成形态与犯罪未完成形态之间是一般构成与特殊构成的关系。刑法分则明文规定的犯罪完成形态的构成，只要符合，即可直接依照分则的条文规定，以犯罪既遂追究其刑事责任。而作为犯罪的特殊形态，对于犯罪预备、犯罪未遂和犯罪中止的刑罚处罚体现为以分则相应条文规定的犯罪构成为基础，以总则有关规定为补充，由此形成对行为定罪量刑的根据。① （3）刑罚扩张事由说，认为：未完成形态的犯罪是刑罚的扩张事由，在这种情况下，根据处罚犯罪既遂的法律条文，对于未达到既遂的情形也加以处罚，即预备犯、未遂犯和中止犯使某具体犯罪的构成要件超出了其概念的限定，从而具有扩张适用刑罚的效力，因此可以认定这些行为虽然"欠缺了完整的构成要件要素"，但仍然符合对犯罪构成要件的判断。

通说认为，未完成形态的犯罪虽不具备基本形态犯罪的全部要件，但仍然符合了法律规定的修正犯罪构成要件。对未完成形态的犯罪之所以要追究刑事责任，是因为犯罪未完成形态具备了修正的犯罪构成的所有要件。刑法总则中关于未完成形态犯罪的相关规定是对犯罪基本构成要件的修正和补充。

第二节　犯罪既遂

一、犯罪既遂的概念

（一）犯罪既遂的概念

犯罪既遂是故意犯罪的完成形态，是指故意犯罪在其发展过程中未在中途停止下来而得以进行到底、行为人的行为已经完全符合刑法分则中所规定的某一具体犯罪构成的全部构成要件的情形。从字面意义上理解，犯罪既遂就是行为人犯罪得逞、犯罪得手的意思。然而，从规范意义上讲，犯罪既遂应该注重确定认定标准，只要某一犯罪达到了该标准即成立犯罪既遂。

（二）犯罪既遂的标准

理论对于犯罪既遂标准，有犯罪结果发生说、犯罪目的实现说、犯罪构成要件齐备说三种观点。犯罪结果发生说认为犯罪既遂就是行为人故意实施犯罪行为并且造成了法律规定的危害结果发生的情形；犯罪目的实现说认为行为人故意实施的犯罪行为达到了其所期望的犯罪目的即为犯罪既遂；犯罪构成要件齐备说认为所谓犯罪既遂，是指行为人所故意实施的行为已经具备了具体犯罪构成要件的全部要件。

---

① 王志祥，曾粤兴．修正的犯罪构成理论之辨正．法商研究，2003（1）．

我国刑法学界通说观点是犯罪构成要件齐备说。关于对犯罪既遂的判断，要求行为人主观上具有故意的罪过，客观上着手实行了犯罪行为，且行为实质上符合了刑法分则规定的某一犯罪的全部构成要件。犯罪目的实现说、犯罪结果发生说都不能全面、确切地划分我国刑法中存在完成形态与未完成形态之分的犯罪。其中，犯罪目的实现说要求必须出现行为人所期望的目的的结局，然而，如果行为人实施的犯罪行为已经全部具备了法律规定的犯罪构成要件，虽然没有达到犯罪目的，仍应将其视为犯罪既遂。比如诬告陷害罪中对于既遂的判断标准是行为人实施了诬告陷害行为，而非行为人实施了诬告陷害行为且导致受害人承担相应的刑事责任。而犯罪结果发生说不能正确区分以是否具备相当程度的危险状态为客观结果的危险犯。[①]

二、犯罪既遂的表现形式分类

根据对直接故意犯罪构成要件的不同规定，可以将其分成以下几种类型。

（一）行为犯与结果犯

通说以区分犯罪既遂与未遂的标志不同为界，可以将犯罪分为行为犯与结果犯。结果犯以法定犯罪结果的发生与否作为判断犯罪既遂、未遂的区别标志，例如，故意杀人罪、故意伤害罪、抢劫罪等。这类危害结果通常是有形的、物质性的实害结果，比如故意杀人罪的犯罪结果就是他人的死亡，以他人的死亡为标志划分故意杀人罪的既遂与未遂。行为犯以法定犯罪行为的完成与否作为判断犯罪既遂、未遂的标志：对于刑法分则中规定的基本的犯罪构成，并不要求发生危害结果，只要实行行为完毕，即可判断犯罪的基本构成要件齐备。[②] 比如，我国刑法以“插入说”作为判断强奸罪犯罪既遂的标准。[③]

（二）危险犯与实害犯

依危害结果的表现形式不同，可以将犯罪分为危险犯和实害犯。危险犯，是指以法律所规定的某种危险结果作为构成要件的犯罪。危险犯不仅要求行为人实施了某种特定行为，而且还要求该行为引起了法定的客观危险状态。这种危险状态不仅仅只是作为犯罪的成立要件，而且还是判断这类犯罪既遂不可或缺的要素。此外，危险犯还可以分为具体危险犯和抽象危险犯，但二者的区分标准同样没有定论，目前大陆法系国家的刑法理论中主要存在四种观点。第一种观点是一般危险说，主张具体危险犯以发生危险作为构成要件要素，而抽象危险犯不以发生危险作为构成要件要素，仅作为处罚根据；第二种观点是危险性推定说，认为具体危险犯需要在司法上具体认定，抽象危险犯是从立法上推定；第三种观点认为具体的危险是“作为结果的危险”，而抽象的危险是“行为的危险”；第四种观点认为具体危险犯、抽象危险犯实际上只是危险的程度不同。[④] 此种以危

---

① 高铭暄，马克昌．刑法学．10版．北京：北京大学出版社，高等教育出版社，2022：146.

② 李希慧，童伟华．论行为犯的构造．法律科学（西北政法学院学报），2002（6）.

③ 不过，理论上的以上认知也值得讨论：根据我国《刑法》第13条，“情节显著轻微危害不大的，不认为是犯罪”，在我国刑法上，事实上所有的犯罪都是“情节犯”，不存在以上意义的行为犯。

④ 张明楷．外国刑法学纲要．3版．北京：法律出版社，2020：85－87.

险结果为构成要件的犯罪，在我国刑法分则中有很多，如放火罪、决水罪、投放危险物质罪、爆炸罪、破坏交通工具罪、破坏交通设施罪、破坏易燃易爆设备罪等。危险犯在既遂的认定方面也不同于实害犯，不要求出现实际的损害结果；也不同于行为犯，并不以实行行为的实施终了为标准。危险犯的既遂具体表现为以下三点：（1）行为本身具有客观现实的危险性；（2）该行为已经实施完毕；（3）危害行为具有足以造成一定危害结果的现实可能性。即便在行为本身具有客观危险性的情况下，如果该行为已经实施完毕，而危险结果没有出现，或者该行为尚未实施完毕，都只能构成犯罪未遂。比如放火罪中所采取的独立燃烧说，如果行为人在野外河边焚烧一堆废纸，焚烧放火的行为虽然有一定的客观现实危险，但是远没有达到足以威胁公共安全的危险程度，则其不能构成放火罪。

实害犯是与危险犯相对的概念，是指以法律所规定的某种实际损害结果为构成要件的犯罪，以客观方面出现了法律所规定的实害结果作为认定既遂的标准。所谓实害结果，是指危害行为对犯罪直接客体所造成的现实损害。我国刑法中的实害犯很多，如故意杀人罪以剥夺他人生命为要件，诈骗罪以给他人造成损失为构成要件。

（三）结果加重犯与情节加重犯

结果加重犯，是指实施了基本犯罪构成要件的行为，发生了基本犯罪构成要件之外的加重结果，根据刑法规定可加重处罚的犯罪。对结果加重犯的既遂，理论上认识不一。主要争论在于：对于加重结果，行为人的主观过错是否仅限于过失？如果行为人对加重结果所持的心理态度仅限于过失，则结果加重犯中没有区分既遂与未遂问题的必要；反之则不然。本书认为，结果加重犯一般没有未遂形态，只有成立与否的问题，一经出现重结果，即构成结果加重犯，否则不构成。

情节加重犯，是指实施了基本的犯罪构成要件的行为，由于具有严重情节，法律明文规定需要加重处罚的犯罪。加重情节不同于加重结果，前者范围较广，可以表现为行为人行为手段极其恶劣、犯罪意图极其卑鄙等；后者范围较确定，即法律明确规定的某种具体结果。一般而言，情节加重犯的情节是出现刑法规定超过基本犯罪质的特殊情形，与基本犯同属一个罪名，比如强奸罪中的轮奸情节。这类法定的加重定罪情节是决定是否成立情节加重犯的关键：具体案例中存在加重情节，就应该按情节加重犯定罪量刑，反之则不然。所以，情节加重犯只有构成与否的问题，而不存在既遂与未遂的问题，只要加重的定罪情节出现，即为成立。

理论上围绕过失犯、间接故意犯是否存在既遂形态进行了激烈争论。通说肯定了过失犯与间接故意犯的既遂形态；而持否定说的论者认为，既遂与未遂相对成立，无未遂则无既遂，因而过失犯和间接故意犯均无犯罪既遂。本书持通说观点，认为既遂形态即犯罪的完成形态，从犯罪既遂的构成根据来看，只要行为人实施的行为符合刑法分则规定的某一犯罪的全部构成要件，就成立既遂。因此，所有犯罪都存在既遂形态。

三、犯罪既遂的刑事责任

既遂犯的构成是故意犯罪的完成形态，刑法分则中针对某一犯罪基本犯罪构成而设的法定刑就是既遂犯的刑事责任法律根据所在。所以对既遂犯的处罚应当参照刑法总则中的一般量刑原则，并根据刑法分则中具体犯罪的法定刑予以确定。

关于犯罪既遂的刑事责任，在实践中，有以下两点需要注意：(1) 由于故意犯罪的既遂犯应当直接按照刑法分则的具体条文定罪量刑，在罪名上不需要标明既遂，然而在司法文书中（尤其是起诉书、判决书的叙述部分）仍应阐明行为人完成犯罪的情况。[①] (2) 对于同种犯罪的既遂犯，处罚时应该根据行为人行为的危害程度予以区别对待。为贯彻罪刑相适应原则，对于具体案件中不同既遂犯行为的危害性，处罚上也应予以参考。

第三节　犯罪预备

一、犯罪预备的概念与构成特征

《刑法》第 22 条第 1 款规定："为了犯罪，准备工具、制造条件的，是犯罪预备"。如此规定，并不是犯罪预备形态的规范定义，而只是规定犯罪预备行为的主客观特征。结合犯罪预备成立的主客观条件，所谓犯罪预备，是指行为人已经开始实施为了犯罪而准备工具、制造条件的行为，但由于其意志以外的原因而未能着手实施犯罪的犯罪未完成形态。其中，预备行为是指在故意犯罪过程中出现的，为顺利进入犯罪实行阶段而作出的客观犯罪行为，这种行为不仅存在于犯罪预备形态之中，同时也存在于犯罪既遂、犯罪未遂和犯罪中止等其他形态之中，是一种阶段性的犯罪行为。

犯罪预备形态具有以下四个特征：

1. 行为人主观上是为了犯罪

"为了犯罪"是指行为人在主观上有明确的犯罪故意，认识到自己将实施的预备行为会对犯罪实行行为起到推动作用，并且在为"顺利实行犯罪"的心理支配之下实施了创造条件的客观行为。具体包括如下几个要点：(1) 若行为人并不是"为了犯罪"，其行为就不能被评价为犯罪预备。(2)"为了犯罪"是为了实行犯罪，而不是为了预备犯罪。例如甲为了杀人而购买菜刀的行为可能构成犯罪预备，但是甲为了购买菜刀而前往商铺的行为则不可能构成犯罪预备。(3)"为了犯罪"包括为了自己犯罪和为了他人犯罪。其中，为了他人犯罪所实施的犯罪预备行为，成立相应犯罪的共同犯罪。(4) 行为人必须具有明确的犯罪决意，即必须有相对明确的犯罪对象和犯罪类型。如果行为人只有模糊的犯罪意图，并不确定犯罪对象，也并未明确实施何种犯罪，只是随心所欲追寻目标的途中购买相关工具的，不符合这里"为了犯罪"的主观要素。

2. 行为人客观上实施了预备行为

预备行为是为进入实行行为而存在的，是为犯罪的顺利推进创造便利条件的行为。为进入实行行为创造便利条件是其实质，准备工具、制造条件、进入场所、探寻机会等等是其表现形式。因而，《刑法》第 22 条第 1 款规定的"准备工具，制造条件"，应当被理解为预备行为的非穷尽形式特征，也即凡是为实行行为创造便利条件的行为，均可认

① 高铭暄，马克昌．刑法学．10 版．北京：北京大学出版社，高等教育出版社，2022：148.

为是预备行为。在我国理论界，有学者将“准备工具”“制造条件”分别称为有形预备和无形预备。[①]

3. 行为人客观上尚未着手实行犯罪行为

犯罪预备终结于着手以前，未能着手进入实行阶段。这是犯罪预备与犯罪未遂的界分点。如果犯罪行为着手进入实行阶段，则不可能成立犯罪预备。是否着手，既是区分犯罪预备与犯罪未遂的显著标志，也是区分犯罪预备行为和实行行为的显著标志。[②] 刑法理论上最先提出着手的概念，是将其作为刑事可罚性的起点。[③] 在我国，根据刑法关于犯罪未遂的“已经着手实行犯罪”的规定，着手是判断犯罪未遂的显著标志，其也被视为实行行为的起点，与大陆法系刑法理论关于刑事可罚性的起点问题无关。在我国刑法意义上，所谓着手，是指在主观上行为人的犯罪意图已经通过客观实行行为的开始较为明显地表现出来，在客观上行为人已经开始实行具体犯罪构成客观方面的行为，从而使刑法所保护的社会关系面临紧迫的现实威胁。[④]

4. 未能着手实施犯罪是由于行为人意志以外的原因

犯罪预备终结于预备阶段而未能着手，必须是行为人意志以外的原因造成的。这是犯罪预备与犯罪中止的界分点。未着手实施犯罪的实行行为，系出于行为人意志以外的原因，这是对《刑法》第 24 条关于“自动放弃犯罪或者自动有效地防止犯罪结果发生”的规定进行体系解释的应然结论。至于何为“意志以外的原因”，应当坚持主客观相一致原则予以整体性判断，具体可以理解为行为人在行为时想着手实施犯罪而没能实施的情形。

二、犯罪预备与犯意表示的关系

（一）犯意表示的概念与特征

所谓犯意表示，是指具有犯罪意图的人以一定的方式将犯罪意图表示于外，为外界所认识的活动。我国刑法理论一般认为，犯意表示本身并不属于刑法评价的范围，而属于犯罪思想范畴。其存在意义，主要在于与犯罪预备行为作出区分，表现为，其“无论是从行为人的主观意图还是客观表现上看，都不是在为犯罪实施创造条件，不具有社会危害性”[⑤]。

对于犯意表示，需要厘清以下几个问题：

其一，犯意表示属于思想范畴。作为以一定的行为将犯罪意图为外界所认识的思想活动，犯意表示之方法通常有三：（1）以言语表示。（2）以文字表示。（3）以举动表示。若行为人将犯意藏存于心而无任何为外界所知悉的行为，则不属于犯意表示，而是犯意。

其二，犯意表示是行为人犯罪意图的反映。若行为人的表示行为所反映的并非犯罪目的，则不属于犯意表示。关于犯意表示是否以行为人真实意思表示为要件，理论上存

① 陈兴良．规范刑法学．北京：中国政法大学出版社，2003：129.

② 陈兴良．教义刑法学．北京：中国人民大学出版社，2010：626.

③ 贝卡利亚．论犯罪与刑罚．黄风，译．北京：中国大百科全书出版社，1993：40.

④ 赵秉志．犯罪未遂形态研究．北京：中国人民大学出版社，2008：85－86.

⑤ 高铭暄，马克昌．刑法学．9 版．北京：北京大学出版社，高等教育出版社，2019：149.

在肯定说和否定说的分歧。持肯定说的学者认为，犯意表示必须是行为人真实犯罪意图的反映，因为“犯意表示的内容是犯罪意图，非犯罪意图不是犯意表示，虚假的犯罪意图也不是犯意表示”[①]。持否定说的学者则主张，犯意表示本身不受刑法评价，关于真实或虚假的犯罪意图的讨论不具有实质意义。[②] 本书赞同否定说的观点。

其三，犯意表示不具有值得科处刑罚的危害性。这是犯意表示与犯罪预备行为的核心区别。犯意表示作为一种犯罪意图的单纯流露，对以后可能实施的犯罪不具有实质推动作用。若以举动表示的犯罪意图对行为对象造成危害或实质危险，则已不是犯意表示而是犯罪预备行为。例如，甲意欲捅死乙，其购买刀具的行为属于预备行为，但是若只是比画捅杀姿势，则属于犯意表示的举动行为。

（二）犯罪预备与犯意表示的相同点

犯罪预备与犯意表示的相同点可以被概括为：（1）二者都是一种行为，犯意表示是表露犯罪意图的行为且止步于此，犯罪预备则必须为犯罪完成起到推动作用。（2）二者均反映行为人的犯罪意图。（3）相较于实行行为，二者均不能对刑法所保护的社会关系产生实质、紧迫的现实危险或者实际损害。

（三）犯罪预备与犯意表示的区别

犯罪预备与犯意表示的区别可以概括为对刑法保护的社会关系是否产生了潜在的危险。犯意表示是以言语、文字或举动的形式表示犯罪意图且止步于此，并未给犯罪意图的实现创造有利条件，对刑法所保护的社会关系并未产生潜在的危险。犯罪预备则是将犯罪目的与犯罪行为有机结合，使犯罪意图的实现成为可能，在客观上为犯罪的完成起到了推动作用，对刑法所保护的社会关系产生了潜在的现实危险。

三、预备犯的刑事责任

（一）预备犯及其刑事责任根据

预备犯与犯罪预备是两个既有联系又有区别的概念。在广泛意义上，犯罪预备既可能指故意犯罪发展过程当中的犯罪预备阶段，也可能指故意犯罪停止形态中的一种未完成形态，即犯罪预备形态。在狭义上，犯罪预备是特指犯罪预备形态。通常意义上的犯罪预备，是狭义的。根据《刑法》第 22 条第 2 款的规定——“对于预备犯，可以比照既遂犯从轻、减轻处罚或者免除处罚”，需要承担刑事责任的是预备犯，而不是犯罪预备。由此可以认为：预备犯是处于犯罪预备阶段和基于犯罪预备形态所成立的犯罪，是行为人基于犯罪故意在犯罪预备阶段实施并停止在犯罪预备阶段的犯罪形态。

在世界各国，通常是将预备犯规定在刑法分则中，它并非针对所有故意犯罪适用的普适性规定。理论上认为，预备犯的刑事责任根据在于，“行为所具有的实现犯罪意思的客观危险性”[③]。在我国，刑法立法将其作为针对所有故意犯罪适用的普适性规定。结合刑法的正当性根据，其刑事责任的根据应为行为所具有的社会危害性和行为人所具有的

① 张明楷．法益初论．北京：中国政法大学出版社，2000：167.

② 林亚刚．犯罪预备与犯意表示、阴谋犯．国家检察官学院学报，2003（4）.

③ 大谷实．刑法讲义总论．2 版．黎宏，译．北京：中国人民大学出版社，2008：330.

人身危险性。若这个社会危害性和人身危险性程度较小，被评价为“情节显著轻微危害不大”或“犯罪情节轻微不需要判处刑罚的，可以免予刑事处罚”，则可以在刑法上直接不认为是犯罪，或在刑事诉讼法上作出相对不起诉的决定。也正因为此，在我国的司法实践中，处罚预备犯的情况极为少见。

（二）预备犯的刑事责任

《刑法》第 22 条第 2 款规定：“对于预备犯，可以比照既遂犯从轻、减轻处罚或者免除处罚。”这是我国刑法对预备犯处罚的原则性规定。需要注意以下几点：

其一，对于预备犯进行刑罚裁量是“可以”而非“应当”。“可以”代表了暗含立法倾向性的允许，即一般情况下应当倾向于比照既遂犯从轻、减轻处罚或者免除处罚，在极个别情况下不遵循上述裁量路径时，应当充分说明理由。

其二，比照的“既遂犯”必须是该预备行为指向的后续实行行为的既遂形态犯罪，即不能随意选择刑法分则规定的构成要件进行裁量，必须严格遵循具体预备行为指向的实行行为的既遂形态犯罪对预备犯进行刑罚裁量。

其三，究竟是从轻、减轻还是免除处罚，应当综合考虑预备行为的整体样态进行裁量。应当纳入的考量因素包括但不限于：预备行为的客观危险大小、预备行为与着手的距离、预备行为对着手进入实行阶段所起作用大小、着手后可能造成的侵害的程度等。

第四节　犯罪未遂

一、犯罪未遂的概念和构成特征

我国《刑法》第 23 条第 1 款规定：“已经着手实行犯罪，由于犯罪分子意志以外的原因而未得逞的，是犯罪未遂。”根据此规定，所谓犯罪未遂，是指行为人已经着手实施了犯罪，但由于其意志以外的原因而未能达成既遂的犯罪未完成形态。

犯罪未遂应当具备以下三个方面的构成特征。

1. 行为人已经着手实行犯罪

成立犯罪未遂，前提条件是行为人已经“着手”实行犯罪，“着手”是未遂的标志，也是犯罪未遂和犯罪预备的根本区别。此外，可以依据行为在性质上是否能被认定为实行的着手，与不能犯相区分。由此，如何认定犯罪的实行行为的着手是未遂犯认定中最为重要的问题。

对着手的判断应当基于主客观两方面予以整体判断，即犯罪意图已较为明显地显露出来。其一，在客观方面，行为人开始实施刑法分则规定的具体犯罪构成客观方面的行为。这表现为，行为人的行为已经直接指向犯罪对象[①]，对刑法所保护的社会关系构成现实的、迫切的威胁。具体而言，在行为犯中，行为人已经开始了刑法所规定的行为，具有侵害刑法所保护的社会关系的具体危险；在危险犯中，行为人的行为已经具备了一定

① 在无犯罪对象的犯罪中，则往往从行为性质方面来把握，如赌博罪中，行为人已经开始了赌博的行为。

的具体、客观的危险；在结果犯中，该行为已经具备引起该实害结果的可能性。其二，在主观方面，行为人已经确立了明确具体的犯罪目的，并在此目的的支配下，把犯罪推进到能够完成犯罪，甚至导致犯罪结果发生的阶段，行为人的犯罪意图必须通过其行为明确表现出来，如行为人入室盗窃时物色财物。

2. 犯罪未得逞

犯罪未得逞，即犯罪未既遂而终止。这是成立犯罪未遂的第二个条件，是犯罪未遂形态区别于犯罪既遂形态的主要特征，包括行为人已经着手实施犯罪，但实行行为没有实施终了的“着手未遂”情形，和实行行为虽然实施终了但结果没有发生的“实行未遂”情形。

如何判断犯罪未得逞？理论上存在目的实现说、结果出现说、犯罪构成要件充足说等理论。目的实现说认为，犯罪未得逞是指犯罪人主观上的犯罪目的没有达到，即犯罪人希望能通过实施犯罪行为所达到的结果没有发生。但目的实现说纯粹根据犯罪目的实现与否来考虑是否得逞，容易得出错误结论。如在以法定危险状态是否出现作为成立要件的危险犯和着手实行即达到既遂的直接故意犯罪（如举动犯）里，行为人也有目的，但是按照法律的规定，只要出现了法定的危险状态就构成犯罪，而不要求行为所追求的主观目的已经实现。[①] 结果出现说认为，犯罪未得逞是指没有发生法律所规定的作为犯罪构成要件的犯罪结果，该理论进一步补充说明，犯罪未遂一般只存在于发生物质性结果的犯罪之中，而一般不适用于发生非物质性结果的犯罪中。[②] 但这一理论的缺陷在于，它仅仅以行为的客观方面作为判断行为是否既遂的依据，未将主客观要件统一判断。

目前，我国通说是犯罪构成要件充足说，犯罪未得逞是指犯罪行为没有充足的刑法分则条文规定的某一犯罪构成的全部要件，犯罪构成是否齐备成为区分犯罪既遂与未遂的标志。根据具体情况不同，犯罪未得逞的表现也有所区别。行为犯的“未得逞”，是指犯罪的实行行为最终没有完成；结果犯的“未得逞”，是指法定危害结果最终没有出现；危险犯的“未得逞”，是指公共危险虽然存在，但没有变成现实的威胁，尚不足以自然发展成为实害结果。[③]

3. 犯罪未得逞是由于行为人意志以外的原因

犯罪意志以外的原因使犯罪人没有完成犯罪，是犯罪未遂的重要特征，也是区别犯罪未遂与犯罪中止的关键。这种原因违背了行为人的本意，并最终发挥了关键作用。这种原因本身并无特别的要求，只要违背了犯罪人的本意且抑制了行为人的犯罪意图，最终阻止了犯罪行为，无论是主观的还是客观的，都可以作为犯罪未遂的原因。

犯罪未得逞的意志以外的原因通常包括：

第一，客观外界原因。这些客观外界原因包括被害人的反抗或逃避、他人的制止或司法机关的拘捕以及其他物理、时空障碍。如强奸妇女时，被害人大声呼救，使行为人产生恐惧心理，从而放弃犯罪；再如盗窃仓库财物时，发现财物已经变质、失效。

---

① 赵秉志．犯罪停止形态适用中的疑难问题研究．长春：吉林人民出版社，2001：65－66.

② 高铭暄．新中国刑法学研究综述．郑州：河南人民出版社，1986：326.

③ 王安异．刑法中的行为无价值与结果无价值研究．北京：中国人民公安大学出版社，2005：213.

第二，行为人自身素质原因。因行为人自身素质而客观导致犯罪未遂的原因主要有：犯罪分子能力低下、作案手段拙劣、犯罪工具简陋等。如行为人平时患有晕血症，着手杀人行为时，见血后立即神志不清、肌肉抽搐，无法继续实施杀人行为；再如行为人向他人饮品中投放老鼠药，因所投毒药剂量不足，无法致被害人死亡。

第三，行为人的认识错误。由于行为人对客观事实认识不足，犯罪实行行为可能无法顺利进行，从而犯罪无法达成既遂。具体而言，导致犯罪未遂的认识错误主要有：犯罪对象的认识错误，即误将非犯罪对象当作犯罪对象，如误认为木桩是人，并进行射击的；犯罪工具的认识错误，即误将非犯罪工具当作犯罪工具的，如误把白糖当砒霜杀人；对犯罪因果关系的认识错误，即误认为危害结果已经发生而放弃继续侵害的，如将某人掐晕后，误认为其死亡。

二、犯罪未遂的分类

（一）实行终了的未遂和未实行终了的未遂

所谓实行终了的未遂，是指犯罪的实行行为已经实施结束，但因为行为人意志以外的原因，危害结果没有出现，未达成既遂的形态。所谓未实行终了的未遂，是指因为行为人意志以外的原因，犯罪的实行行为无法进行，从而停止在实行阶段，未达成既遂的形态，如在抢劫的过程中，被第三人制服。

在实行终了的未遂中，行为人已经实施了全部的实行行为。如已经给被害人服下毒药，但被害人及时就医，而没有被毒死。在这种情况下，行为人已经完整地表露出其犯罪意图和人身危险性，其行为的手段、形式、客观义务违反性和危险性也得到充分表达，应当追究刑事责任。有些情况下，实行终了的未遂也掺杂了认识错误的问题，如犯罪分子误认为其犯罪意图已经实现而停止犯罪的。对于存在主观认识错误而停止犯罪实行行为的情形，一般应该适用错误论来处理，具体为，客观上的实行行为并没有完成，它只是被行为人人为地提前结束了，从主客观相统一的角度看，其实行行为并没有终了，不属于实行终了的未遂。

区分实行终了的未遂与未实行终了的未遂，只有在结果犯中才有意义。在行为犯中，依据充足构成要件的标准，犯罪既遂表现为行为人实施了全部的实行行为，实行终了的未遂没有存在的空间。在结果犯中则不然：实行行为的终了与危害结果的出现往往有时间差，行为实施完毕后，结果较晚才能出现，甚至根本不会出现。在后一种情况下，结果犯的构成要件就没有充足，也即成立犯罪未遂。

（二）能犯未遂与不能犯未遂

所谓能犯未遂，是指犯罪行为有达到既遂的现实可能性，但由于行为人意志以外的原因而未能既遂的形态；所谓不能犯未遂，是指犯罪行为虽具有一定危险性，但因行为人所使用的工具不当、方法不对，或者犯罪对象不存在，实际上不具备达到既遂的现实可能性，而停止下来的犯罪形态。

不能犯未遂可以分成对象不能犯未遂和工具不能犯未遂两种。所谓对象不能犯未遂，是指由于犯罪分子的行为所指向的对象不具备犯罪对象的特征，故而不可能达到既遂的形态。如向尸体开枪，就不可能构成故意杀人罪的既遂。所谓工具不能犯未遂，是指犯罪分子实施犯罪所采用的工具没有破坏力，因而犯罪不可能达到既遂的形态。如使用已经损坏的枪支杀人，误把食碱当毒药杀人等。

通说仅主张不能犯未遂的概念，认为不能犯虽然不可能达到犯罪既遂，但仍然具有一定危险性，要予以处罚。比如将白糖当砒霜杀人一类行为，没有犯罪结果发生的可能性，但是行为人主观上具有犯罪故意，客观上实施了未遂犯构成要件的行为，应当负未遂犯的刑事责任。而对于一些没有社会危害性或者社会危害性明显较小的行为，应基于"情节显著轻微危害不大"的评价而不应当以犯罪论处。比如在迷信犯的场合，行为人实际上并没有采取具有社会危害性的手段，而是出于迷信思想通过拜神求佛等途径企图加害于他人，这种行为明显区别于上述讨论的不能犯未遂，并不符合犯罪构成，因而不能以犯罪论处。

在我国，有部分学者认为，将不能犯作为未遂犯处理，以主观说及抽象危险说立场定罪，违背了我国刑法有关未遂犯的处罚根据。[①] 基于主客观相统一的原则，本书认为，需要严格区分未遂犯和不能犯，不可采取从主观到客观的思考方式，以主观归罪。未遂犯在实质上属于具体的危险犯，其是否成立犯罪和是否具有可罚性，需具体依照我国刑法的规定判断。只有在行为被评价为"情节显著轻微危害不大"即没有具体危险时，才是不能犯，不具有可罚性，不认定为犯罪；在行为人主观上具有罪过，其客观上实施的行为具有现实危险和不能被评价为"情节显著轻微危害不大"时，需要认定为未遂犯。

三、未遂犯的刑事责任

根据《刑法》第 23 条第 2 款的规定——"对于未遂犯，可以比照既遂犯从轻或者减轻处罚"，需要被追究刑事责任的是未遂犯，而不是犯罪未遂。由此可以认为：未遂犯是处于犯罪实行阶段和基于犯罪未遂形态所成立的犯罪，是行为人基于犯罪故意在犯罪实行阶段实施并停止在犯罪实行阶段的犯罪形态。

关于未遂犯的处罚根据，刑法理论上存在着主观的未遂论和客观的未遂论。主观的未遂论认为因为存在客观障碍犯罪才没有达到既遂，所以犯罪未遂和犯罪既遂在主观上并无根本区别，二者人身危险性并没有不同；并主张对未遂和既遂采取相同的处罚。客观的未遂论的基本观点是，未遂犯的处罚根据在于发生构成要件结果的客观危险或者法益侵害的客观危险，即使认定存在犯罪意思但没有犯罪结果发生的客观危险，也不能作为未遂犯加以处理。[②] 我国刑法对犯罪未遂概念的规定采用了折中的立场，是一种综合主客观因素来限定犯罪未遂概念的方式，同时把客观的危险与犯罪人的人身危险性作为未遂犯的处罚根据。

对我国刑法关于未遂犯刑事责任的规定，可作以下几个方面的理解：

其一，未遂犯从宽处罚是刑法规定的一种倾向性要求。未遂犯的社会危害性一般比

---

① 张明楷．刑法的基本立场．北京：中国法制出版社，2002：243－247；张明楷．刑法学．6 版．北京：法律出版社，2021：461；周光权．刑法总论．北京：中国人民大学出版社，2007：272；陈兴良．教义刑法学．3 版．北京：中国人民大学出版社，2017：589－593；黎宏．刑法学总论．2 版．北京：法律出版社，2016：240－246.

② 张明楷．教义刑法学．北京：中国人民大学出版社，2017：580.

既遂犯的小，刑事责任相应也较轻。犯罪未遂虽然符合了犯罪构成，但没有充足所有的构成要件，或者是没有出现危害结果，或者是行为没有完成，较之有危害结果或者完成了实行行为的犯罪，其社会危害性相对较小。根据罪责刑相一致原则，未遂犯较之既遂犯的刑事责任也相对较小，处罚也相对较轻。

其二，未遂犯的处罚应该比照相应既遂犯的法定刑。对具体案件的未遂犯适用该弹性条款，应该综合考虑各方面的因素。这就要求，在具体裁量对某一未遂犯是否从宽处罚、是从轻还是减轻处罚之时，应该综合考虑犯罪的性质、未遂行为距离既遂的远近、行为人的人身危险性和主观恶性等因素。对于犯罪性质不太严重、人身危险性较小、刚刚实施着手行为、主观恶性较小的未遂犯，一般考虑减轻处罚；对于一般的未遂犯，可以考虑从轻处罚；对于那些犯罪性质恶劣（如投放危险物质、爆炸类的犯罪）、行为人动机卑鄙、人身危险性较大的未遂犯，也可以不予从宽处罚。

其三，未遂犯比照既遂犯量刑时，所参照的应当是未遂犯罪向前发展合乎逻辑可能形成的既遂犯。如在故意杀人未遂的场合，量刑所比照的就是不出意外必将导致他人死亡的故意杀人既遂犯罪。

第五节　犯罪中止

一、犯罪中止的概念

《刑法》第 24 条第 1 款规定："在犯罪过程中，自动放弃犯罪或者自动有效地防止犯罪结果发生的，是犯罪中止。"根据刑法的以上规定，所谓犯罪中止，是指在故意犯罪过程中，行为人自动放弃犯罪或者自动有效地防止犯罪结果发生，因而未完成犯罪的犯罪停止形态。

构成犯罪中止，必须具备三个方面的特征。

1. 时间性特征

犯罪中止作为一种犯罪停止形态，只能发生在直接故意犯罪的过程之中，具体而言，在犯罪预备阶段之后，且该犯罪还没有产生任何他种停止形态。在这一个时间段内行为人自动放弃犯罪或自动有效防止危害结果发生，才能构成犯罪中止。时间性特征是犯罪中止成立的客观前提，据此，在预备行为实施之前自动、有效停止行为的，不构成犯罪，当然不构成犯罪中止；在犯罪预备行为发生后，因为行为人意志外的原因犯罪未遂的，同样无法构成犯罪中止；在犯罪既遂后，不可能再中止犯罪，行为人的表现只能作为犯罪后的悔罪表现。如贪污罪中贪污犯主动退赔以前的公款，不影响犯罪既遂的成立。

根据犯罪所处的不同阶段，犯罪中止也表现出不同特点，以时间性特征为根据，可以划分出犯罪中止的三种类型：

第一，预备阶段的犯罪中止，即行为人在犯罪预备阶段自动放弃犯罪，从而使犯罪未进入着手实行阶段的犯罪形态。其时间性起始于犯罪预备行为开始后，终结于犯罪实行行为着手前。这种中止犯与预备犯一样，都发生在犯罪预备阶段，且都没有着手。两者的区别在于：中止犯是行为人在自认为可以继续实施犯罪活动的情况下，出于自愿而停止实施犯罪预备行为或放弃着手实行犯罪行为，但预备犯是出于行为人意志以外的原因而未着手。

第二，实行阶段的犯罪中止，即行为人已经着手实施犯罪行为，在行为尚未终了之时自动放弃犯罪或自动有效地防止犯罪结果发生，从而使犯罪未达到既遂的形态。其时间性起始于犯罪预备阶段后，终结于犯罪实行阶段。同未实行终了的未遂犯一样，实行阶段的犯罪中止发生在犯罪实行阶段，并且也没有达到既遂。两者的区别在于：中止犯是出于自愿而自动放弃了继续实施犯罪，但未实行终了的未遂犯是出于行为人意志以外的原因而停止犯罪。

第三，实行终了的犯罪中止，即实行行为已经结束，危害结果尚未出现，行为人自动有效地防止了危害结果的发生，最终使犯罪没有达到既遂的形态。其时间性特征处于犯罪实行终了阶段，在犯罪既遂达成之前。与既遂犯不同，实行终了的中止犯是犯罪的未完成形态，比如行为人本欲投毒杀人，但将毒药投入水杯后又心生悔意，看到被害人准备喝下毒水时积极阻止，最终避免了死亡结果的发生。所以对于实行终了的中止，必须要求行为人积极、有效地防止犯罪结果的发生，要考虑这种防止行为是否有足以避免原犯罪结果发生的性质，以及行为人是否真诚、积极地实施防止行为。

比较三种类型的犯罪中止，其中预备阶段的犯罪中止社会危害性最小，实行终了的犯罪中止相对于实行阶段的犯罪中止所体现的社会危害性较小。

2. 自动性特征

犯罪中止的自动性是犯罪中止的主观条件，也是犯罪中止的本质特征，是区别犯罪中止与犯罪未遂的根本所在。犯罪中止的自动性要求行为人在确信当时能够继续完成犯罪的情况下，基于本人的意志而决定停止犯罪，或者主动防止危害结果的发生。

如何理解外界因素对行为人本人意志的影响作用：理论上存在多种争议观点。比如日本刑法理论就存在“主观说”“客观说”“限定主观说”“新客观说”等学说，德国刑法理论提出了“frank 公式”，认为“能完成而不欲完成者”是中止未遂，而“欲完成不能完成者”是障碍未遂。[①] 在我国，对于行为人出于本意放弃犯罪，理论上也存在几种观点：第一，绝对自动论，认为行为人构成自动放弃犯罪必须是在没有任何外界因素影响的情况下，所以被害人的哀求、辱骂导致行为人停止继续实施犯罪行为的，不能成立犯罪中止；第二，内因决定论，认为外因只是条件，内因是决定性根据，即使客观上存在影响犯罪继续进行的不利因素，只要行为人是自己放弃的犯罪行为，就以中止犯论；第三，主要作用论，认为各种外界因素对行为人的意志影响不可能等同，有的足以迫使行为人无法继续犯罪，而有的并不能，只有查明具体意外因素对于行为人改变意志的影响是否居于主要地位，才能判断是否成立犯罪中止；第四，综合考察论，认为在受到外界因素影响而犯罪未完成的场合，既不能一味强调行为人自身意志，也不能单纯考虑外界因素，应当结合行为人对当时事实的认识情况、外界因素的性质和程度，综合认定。[②] 本书赞同综合考察论。

---

① 马克昌．比较刑法原理：外国刑法学总论．武汉：武汉大学出版社，2002：600.

② 林亚刚．论犯罪中止的若干争议问题．法学评论，2003（6）.

结合法律规定分析，中止犯的自动性应有如下两层含义：

第一，有自动中止的前提，这个前提要求行为人当时必须是自认为，并且是确信自己仍有能力决定犯罪的进程，有能力继续实施犯罪并达到犯罪既遂。即使行为人对外界的客观障碍存在认识错误，主观以为能继续犯罪，但事实上已经不具备达到既遂形态的客观条件，根据主观认识来判断，也应该定中止，比如行为人入室盗窃，本来误认为被害人家中有财物而中途放弃实施盗窃行为，即使被害人家里并没有保存数额较大的财物，也不影响该前提的成立。反之，主观上误以为不能继续犯罪而放弃的，即便客观上仍然能达既遂，也应该定未遂，比如行为人入室盗窃，过程中听到门外有钥匙声，以为主人回家了，遂逃离，实际上钥匙声是邻居开门的声音，行为人停止行为的原因是个人预见到该犯罪难以得逞而放弃实施，这种停止行为不能被视为自动放弃。理论上，自动中止这一前提主要依据行为人的主观认识来判断。但这并不否定客观条件的作用，如果行为人只有单纯的臆想或者愚昧无知是不行的。在一些两可的情况下，往往需借助客观条件来判断该前提条件是否存在。如行为人本来试图强奸被害人，结果认出被害人是小学的同学，羞愧之下逃离现场。这时，应该根据客观条件判断当时行为人是否具备达到犯罪既遂的客观条件，只有存在该条件，才具备自动中止的前提。

第二，出于本人意志而停止了犯罪。自动中止是出于行为人的本意，可以是出于悔恨、同情心，甚至惧怕心理，或者由于他人劝说教育，但最终都是由于行为人的自由意志停止犯罪的，并非被迫或受到意志外的障碍阻碍。即便在具体案件中，存在妨碍犯罪的客观障碍，对行为人的犯罪意志产生影响，这种影响都不应是造成行为人放弃犯罪的决定因素，比如敲诈勒索案件中，行为人已经寄出了恐吓信件，却想起被害人熟悉自己的字迹，可能已经认出了自己，而放弃寄出勒索信件。这种行为是由于行为人的惧怕心理而放弃，而非由于被害人认识行为人字迹的客观事实，外部因素对行为人只是起刺激作用，起决定作用的还是行为人本身。所以行为人必须是在自己的心理影响下决定停止犯罪或防止危害结果发生，即使存在外界因素和特殊条件的影响，行为人主观上仍然能够自由地决意。

综合来看，对于犯罪中止的自动性判断可以分为几种情形。第一，没有任何客观障碍而中途停止犯罪的，构成犯罪中止。第二，存在客观障碍，但没有直接迫使行为人放弃犯罪意图，或者即使形成心理压力但不足以干扰其继续实行，或者行为人根本没有认识到这种障碍，并自愿放弃犯罪的，也构成犯罪中止。第三，存在客观障碍，且行为人认识并且预见这种客观障碍会阻碍犯罪完成，从而放弃犯罪的，无论是否产生认识错误，均构成犯罪未遂。

3. 有效性特征

有效性是指行为人必须彻底抛弃犯罪意图，停止犯罪行为，或者有效地防止了犯罪结果的发生。有效性包括两方面的内容：主观上，行为人彻底地打消了犯罪意图，产生了自动停止犯罪的诚意和决心，而不是因为认为自己准备不充分或时机不成熟而暂时中断犯罪，伺机再犯；客观上，行为人必须彻底地终止犯罪行为，导致没有引起犯罪结果，或者积极采取措施，使行将发生的犯罪结果得到有效的制止。

犯罪中止的有效性在不同的犯罪阶段有所不同。根据对中止行为有效性的不同要求，可以将犯罪中止分为以下两类。

第一，消极中止，即行为人只需要自动停止犯罪行为就成立犯罪中止。消极中止在犯罪阶段中距离犯罪既遂形态较远。在犯罪预备阶段，只要行为人消极停止准备犯罪工具、计划犯罪条件等行为，或者在预备行为后放弃着手实行行为，打消犯罪意图，就构成犯罪中止。消极中止的社会危险性相对较小，尚不足以直接引起犯罪结果，如故意杀人罪的磨刀行为，本身没有导致他人死亡的现实危险；盗窃、侮辱尸体罪中事前探路的行为，也不能成为该罪充足的构成要件。在多数的犯罪实行阶段，自动停止犯罪就能构成犯罪中止。然而对于实行阶段的犯罪中止，不能单从消极角度判断，还要考虑具体案件中行为人的实行行为对犯罪客体造成的现实危险程度，仅仅消极停止犯罪是否能防止危害结果的发生。

第二，积极中止，即除消极放弃继续犯罪行为以外，还需要行为人有所作为才能构成犯罪中止。比如在犯罪实行终了阶段，犯罪意图已经得到了充分的表露，且犯罪行为已经实行完毕，不可能再放弃，行为人只有采取措施加以补救，才能防止犯罪结果的出现。如果行为人没有采取积极措施，但犯罪结果没有出现，则对行为人应当以犯罪未遂来处理；如果行为人最终没能有效地防止犯罪结果，则应以犯罪既遂处理。需要注意的是，有观点认为，关于“有效防止犯罪结果发生”只在犯罪行为实行终了的犯罪中止中探讨。然而，应当认识到，在未实行终了的少数情况下，也只有行为人采取了积极的措施才能阻止结果发生。比如故意杀人案件中，行为人的行为已经导致受害人重伤，如果不及时送医抢救很可能造成死亡，但行为人只是消极地停止了继续杀人的行为，并没有进一步采取积极的抢救措施，对于这种情况，也应当考虑行为人是否自动、积极地防止犯罪结果的发生。

综上所述，只有同时具备时间性、自动性和有效性三个特征，才能成立犯罪中止。这三个特征之间也存在一定的逻辑关系，其中：时间性特征是前提条件，把握时间界限，有助于排除非罪行为以及犯罪既遂形态；自动性特征是实质条件，有助于划清犯罪中止与犯罪预备、犯罪未遂之间的界限；有效性特征是限定性条件，有助于认定那些中止不彻底的犯罪，如伺机再犯的犯罪，或未能防止犯罪结果，从而构成既遂的犯罪。

二、自动放弃重复的侵害行为的性质

所谓自动放弃重复的侵害行为，是指实施了足以造成危害结果的既遂形态的行为，但出于意志以外的原因没有引起犯罪结果，而在行为人本有能力继续实施侵害行为的情况下，行为人自动放弃继续加害，使犯罪没有达到既遂。

自动放弃重复的侵害行为的性质，处于犯罪未遂和犯罪中止之间的边缘地带：已经实施的行为由于意志以外的原因而未得逞，具备了犯罪未遂的特征；而其尚未实施的行为是由于行为人自动放弃，才未达到既遂，符合犯罪中止的特征。

对于如何处理这种情况，理论上存在争论。

主张未遂犯说的学者认为放弃了可以重复实施的侵害行为不代表消除了此前已经实施的未遂行为所应承担的刑事责任。譬如故意杀人案件中，犯罪人对被害人开枪射击，第一枪没有射中，而放弃继续开枪的，不代表第一枪的危害性因后续放弃行为而消灭，只能作为证实行为社会危害性较小的一个量刑情节。主张未遂犯说的学者支持个别行为说，认为虽然行为人已经着手实施的行为和所放弃的行为是同种的犯罪行为，但二者是分别独立的，前行为已经达到了犯罪未遂的停止形态，行为人对后行为的中止不影响前行为的未遂形态。

主张中止犯说的学者支持整体考察说，认为已经着手实施的行为与后面行为人所放弃的行为是一个整体，是一个连续的动作，所以前行为并没有形成犯罪未遂的停止形态，对于这类行为的性质，应该强调其中止行为的自动性特征，即行为人放弃可能重复的侵害行为是自动的。

通说认为，这种情况下应该以中止犯处理。这是因为：

(1) 放弃重复侵害的行为符合犯罪中止的时间性特征。不能忽视的是，可能重复实施的侵害行为同前行为均处于具有连续性的同一犯罪过程之中，其中，行为人已经实施了一个加害行为，表明实行行为已开始，犯罪结果没有引起，表明犯罪尚未达到既遂，因而该行为尚可以重复实施，所以并没有构成犯罪的停止形态，而仍然停留在犯罪的过程之中。以故意杀人行为为例：行为人持木棒朝被害人头部敲击，第一下未敲中，看到被害人畏惧的模样心生怜悯，最终放弃了第二棒、第三棒，这种行为应该构成犯罪中止。同样以故意杀人行为举例，用木棒敲打和开枪射击都是重复的多个同性质行为，可见，个别行为说没有认识到犯罪形态与犯罪阶段的区别，人为地将一个完整的犯罪过程一分为二，分成两个独立的形态。这是不正确的。近年来，国外部分原主张个别独立说的学者进一步提出了修正的个别独立说，将前行为分为“绝对的独立”与“相对的独立”。比如当行为人确实无法对行为予以支配时，如开一枪的行为，则成立未遂；而行为人仍能予以支配时，比如投放毒药的行为，则成立中止。[①] 本书认为，修正的个别独立说主张具体案件具体分析，然而对于行为属于“绝对的独立”抑或“相对的独立”缺乏明确、统一的标准，不具有可取性。

(2) 放弃重复侵害的行为符合犯罪中止的自动性特征。在可重复侵害的犯罪中，行为人具有重复侵害的能力，这意味着行为人本具有继续，进而最终引起犯罪结果的可能性（至少行为人主观上有这种信心）。然而，在这种确信之下，行为人出于本意而放弃其行为，表明行为人有放弃犯罪的自动性。

(3) 放弃重复侵害的行为符合犯罪中止的有效性特征。由于行为人放弃重复侵害，犯罪结果没有出现，犯罪就只能停止在未完成状态，不可能达到既遂。这表明行为人有效地放弃了犯罪。

可见，放弃可重复侵害的行为符合犯罪中止的构成特征，对于可以重复实施的数行为应当用整体的目光去看待，部分行为实施完毕，不意味着犯罪实行终了，只有确定出现了犯罪停止形态或者达到了犯罪既遂，犯罪过程才算终局。

三、中止犯的刑事责任

《刑法》第 24 条第 2 款规定：“对于中止犯，没有造成损害的，应当免除处罚；造成

---

① 张明楷．论放弃重复侵害的行为性质．中外法学，2017 (6).

损害的，应当减轻处罚”，需要承担刑事责任的是中止犯，而不是犯罪中止。由此可以认为：中止犯是处于犯罪预备、实行或实行终了的危害结果发生前阶段和基于犯罪中止形态所成立的犯罪，是行为人基于犯罪故意在犯罪实行阶段实施并停止在犯罪预备、实行或实行终了的危害结果发生前阶段的犯罪形态。

对我国刑法关于中止犯刑事责任的规定，可以作如下理解：

(1) 我国刑法中对中止犯的从宽处罚采取的是必减免制，也就是说对中止犯必须予以减轻处罚或免除处罚。对中止犯的处理，不需要比照既遂犯，不但轻于未遂犯，也轻于预备犯。采取必减免制所体现的是刑法的罪责刑相一致原则与我国刑事政策上主张的主客观相统一原则，在司法实践中，也更有利于体现出对于行为人中止犯罪、避免犯罪结果产生的鼓励与从宽处理的态度。

(2) 对中止犯的处理还应该区分不同的犯罪阶段和犯罪危害：在犯罪预备阶段的中止犯，距离犯罪既遂较远，主客观方面的社会危害性均较小，所以处罚时应该一律免除处罚。在犯罪实行阶段的中止犯，如果没有造成危害结果，应当免除处罚；造成一定危害结果的，应当减轻处罚。在犯罪实行终了阶段的中止犯，造成一定损害结果的，社会危害性相对较大，处罚时可多考虑比照既遂犯减轻处罚；未造成损害结果的，根据法律的规定，仍然应该免除处罚。应注意的是，这里强调的损害结果应该排除行为人原本期望造成的犯罪结果。

所涉法律条文及司法文件

1.《刑法》第22～24条

2. 刑法分则各个罪条文中的罪状规定

代表性文献推荐

1. 高铭暄，马克昌．刑法学．9版．北京：北京大学出版社，高等教育出版社，2019.

2. 马克昌．犯罪通论．3版．武汉：武汉大学出版社，1999.

3. 刘宪权．故意犯罪停止形态相关理论辨正．中国法学，2010 (1).

4. 陈兴良．未完成罪研究．政法论坛，2000 (3).

思考题

1. 故意犯罪的停止形态具有什么样的特征？它与故意犯罪的犯罪阶段是什么关系？如何厘清犯罪形态与犯罪过程、犯罪阶段？

2. 何谓犯罪既遂？有何构成特征？它对其他故意犯罪停止形态的认定有何意义？

3. 何谓犯罪未完成形态？为什么会有犯罪未完成形态？能否存在于间接故意和过失犯罪中？包括哪几种类型？这些犯罪的成立是否需要符合犯罪构成？犯罪未完成形态的刑法意义是在定罪上还是量刑上？

4. 何谓犯罪预备？是否所有直接故意犯罪都有预备阶段？犯罪预备阶段和实行阶段的界限是什么？犯罪预备有哪些分类？其分类意义何在？

5. 如何理解犯罪预备的成立条件及罚则？这些条件与其他未完成形态的连接点分别是什么？犯罪预备与预备犯是不是一回事？

6. 何谓“着手”“未得逞”“自愿放弃犯罪”“放弃可重复实施侵害”？试寻找例子说明到底何谓“着手”？

7. 何谓犯罪未遂？如何理解犯罪未遂的成立条件及罚则？这些条件与其他未完成形态的连接点分别是什么？犯罪未遂的分类及意义何在？未遂犯是否等同于不能犯？犯罪未遂与未遂犯有何不同？

8. 何谓犯罪中止？如何理解犯罪中止的成立条件及罚则？这些条件与其他未完成形态的连接点分别是什么？犯罪中止的分类及意义何在？犯罪中止与中止犯有何不同？未遂犯与中止犯之间的区别是什么？

9. 如何区分意志以内的原因和意志以外的原因？在意志以内和意志以外的原因同时存在的情况下，犯罪人在既遂前停止了犯罪，此时究竟是犯罪中止还是犯罪未遂（或预备)？

10. 为何说“犯罪中止是用来鼓励犯罪人踏上悔罪的‘黄金桥’”？放弃可重复实施的行为是否成立犯罪中止？共同犯罪人的犯罪中止有何特点？

11. 在预备犯、未遂犯及中止犯的罚则中存在多种功能选项，如从轻处罚、减轻处罚或者免除处罚，它们适用不同档次从宽处罚规定的根据是什么？

12. 对预备犯和未遂犯是可以从宽处罚，对中止犯是应当从宽处罚。刑法如此规定的根据是什么？

13. 区分犯罪完成形态与未完成形态、犯罪预备与犯罪未遂、犯罪未遂与犯罪中止的关键方面分别是什么？如何厘清犯意、犯意表示与犯罪行为？

第十二章 共同犯罪形态

内容导读

共同犯罪是指二人以上共同故意犯罪。这里的“人”既可以是自然人也可以是单位，但都需达到犯罪主体要求。对于二人以上共同实施但只有一人达到犯罪主体要求的，按单个犯罪的刑法规定定性处理。共同故意强调的是有共同的意思联络，并不要求有行为上的共谋。在学习中，需重点把握我国刑法中共同犯罪的概念和成立条件、共同犯罪的法定分类及其刑事责任、各共同犯罪人的界定与刑事责任、我国刑法关于共犯概念与德日刑法中共犯概念的不同。

第一节　共同犯罪概述

一、共同犯罪的概念

共同犯罪，是相对于单独犯罪而言的。在社会生活中，既有一人单独实施的犯罪，也有两人以上共同实施的犯罪。两人以上共同实施犯罪，行为人之间通过事前、事中的谋划、配合，其不再是若干单独犯罪的简单相加，而会产生更大的社会危害。

我国《刑法》第 25 条规定：“共同犯罪是指二人以上共同故意犯罪。二人以上共同过失犯罪，不以共同犯罪论处；应当负刑事责任的，按照他们所犯的罪分别处罚。”这一规定为我国司法实践打击和预防共同犯罪提供了法律依据，也为对共同犯罪理论的进一步研究提供了法律基础。

二、共同犯罪的成立条件

根据我国《刑法》第 25 条，构成共同犯罪，必须具备以下条件。

（一）共同犯罪的主体要件

首先，共同犯罪的主体必须是二人以上。这里的人作广义的理解，既包括自然人，也包括单位。具体而言，共同犯罪的主体结构既可以是自然人与自然人，也可以是自然人与单位、单位与单位。

其次，二人以上必须具备相应的刑事责任能力。若具有刑事责任能力的人利用不具有刑事责任能力的人实施犯罪，不成立共同犯罪。例如成年人指使未满 16 周岁的人实施盗窃行为，这种情形被称为间接正犯。间接正犯是指利用他人作为犯罪工具，以实现自己犯罪意图的人。按照德日等国刑法理论的一般共识，对间接正犯根据单独犯的规定定罪量刑。

（二）共同犯罪的客观要件

从犯罪的客观方面来看，共同犯罪要求有共同犯罪行为。共同犯罪行为是两人以上共同实行或者参与犯罪的行为。共同犯罪行为不仅指各共犯人都实施了同一犯罪构成的行为，而且要求各共犯人的行为在共同故意支配下相互配合、相互协调、相互补充，形成一个整体。

共同犯罪人参与犯罪的行为类型，按照分工可以分为以下五类：第一，实行行为，实行行为指我国刑法分则规定的、符合犯罪构成的行为。第二，教唆行为，是指通过劝说、收买、威胁等方式使他人产生犯罪故意的行为。第三，组织行为，包括指挥、策划、领导共同犯罪的行为。第四，帮助行为，指为他人准备工具、制造条件或者排除障碍的行为。第五，共谋行为，是为实施犯罪进行的谋议、商讨行为。共谋行为与教唆行为有所不同，共谋是已经有犯罪意思的犯罪人之间的互相讨论、沟通。而教唆是使没有犯罪意思的人产生犯罪故意，被教唆人事前并无犯罪故意，因此教唆不是共谋。

共同犯罪的表现形式多种多样。一是共同作为，例如甲乙两人共同实施伤害他人的行为。二是共同不作为，例如夫妻二人共同遗弃年幼的女儿，致使其终身残疾。三是作为与不作为相结合，例如，盗窃犯甲与仓库保管员乙通谋，甲入室盗窃，保管员乙借故离开。甲是作为的实行犯，乙是不作为的帮助犯。

（三）共同犯罪的主观要件

共同犯罪故意是成立共同犯罪主观方面的要求。所谓共同犯罪故意，是指共同犯罪人明知共同犯罪行为会发生危害社会的结果，而希望或者放任这种结果发生的主观心理态度。

具体而言，在认识因素上，各个共同犯罪人不仅需要认识到自己行为的性质以及危害行为和危害结果的因果流程，还需要认识到其他共同犯罪人的行为；在意志因素上，共同犯罪人希望或者放任自己的行为导致危害结果的发生，同时也希望或者放任其他共同犯罪人的行为导致危害结果的发生。

共同犯罪人之间有犯罪意思联络，犯罪意思联络是共同犯罪人之间对于犯罪意图以及分工等进行的沟通、交流。具体来讲，共同犯罪“意思联络”既可以表现为共同犯罪人在犯罪前就犯罪行为、实施过程等方面的详细交流和谋议，也可能是在犯罪过程中的一种简单交流。犯罪意思联络的方式也是多样的，既可以书面，也可以口头；既可明示，也可暗示；既可以横向交流，也可以纵向顺次交流。而该意思联络是否一定要有意思的互换，是否要求双向的互动？当没有互换的意思联络，只有单方面的一方有与他人联络的意思，是否成立共同犯罪？例如，甲欲杀丙，看到乙在追杀丙，便暗中设置绳索将丙绊倒，乙顺利杀了丙。这就是片面共犯的问题。

三、共同犯罪的认定

（一）犯罪共同说和行为共同说

对于共同犯罪的本质，围绕何谓“共同”这一问题，在大陆法系刑法理论中，不同学派展开了长期争论，其中最具代表性的有犯罪共同说和行为共同说。

犯罪共同说认为，数人共同实施符合同一构成要件的行为便成立共同犯罪。根据“共同”范围的不同，犯罪共同说分为完全犯罪共同说和部分犯罪共同说。完全犯罪共同说认为，只有在同一犯罪且基于同样的故意内容的情形下才成立共同犯罪。因此，在不同的构成要件之间、不同故意内容之间以及过失犯、共犯者之间欠缺意思沟通的片面共犯的场合，完全犯罪共同说均否定成立共同犯罪。比如，甲、乙二人分别基于杀人的故意和伤害的故意共同造成丙死亡，由于这两个人故意内容不同且符合不同犯罪的构成要件，因此甲、乙不成立共同犯罪。由于完全犯罪共同说太过机械和僵硬，无法解释和解决现实中出现的问题，学者们又提出了部分犯罪共同说。部分犯罪共同说强调，只要行为人所实施的符合构成要件的行为存在重叠，在重叠范围内可成立共同犯罪。对于前面所举的例子，由于甲、乙两人的“伤害”与“杀人”行为在“伤害”范围内存在重叠，因此两人成立伤害罪的共同犯罪。由于晚近以来受到日本刑法理论的影响，我国刑法学界目前也有学者持部分犯罪共同说。不过，部分犯罪共同说存在的诸多问题（如构成要件定型的行为能否重叠、重叠之外的行为如何评价等）尚需进一步分析和研究。

行为共同说的基本立场是，共犯通过共同实施行为来实施各自的犯罪，共犯也是对自己的犯罪行为承担罪责，所以，共犯相互之间的罪名不必具有同一性，共犯之间也不必存在共通的犯罪故意，一方出于故意，另一方出于过失，都可以成立共同犯罪。行为共同说认为“违法是连带的，责任是个别的”，行为人主观上是故意心理还是过失心理，在责任阶层判断，不影响共同正犯的成立，因此其承认共同过失犯罪与片面共犯。

（二）共同过失犯罪

共同过失犯罪，是指二人以上的过失行为共同导致一定的危害结果，因而分别构成犯罪的情况。关于是否承认共同过失犯罪，刑法理论界和实务界争议颇多，主要有否定论与肯定论两种不同的学术观点。

否定论者主要从立法的角度出发。我国《刑法》第 25 条第 2 款规定，二人以上共同过失犯罪，不以共同犯罪论处；应当负刑事责任的，按照他们所犯的罪分别处罚。据此规定，否定论者认为：什么样的行为是共同犯罪，对其该如何处罚，一切都以刑法的规定为准。在法律没有明文规定之前，无论如何不得因某种行为经常发生、社会危害性极大而自主地将其升格为犯罪。在罪刑法定原则之下，这应当是一种基本观念。[①]

肯定论者认为：基于刑法的规定而否定过失共同犯罪现象是不恰当的。因为这种社会现象并不是以法律是否规定而决定其存在与否。[②] 例如，甲、乙二人在山顶共同将巨石推落，因疏忽大意将行人砸死。

是否承认共同过失犯罪，影响着对于共同过失犯罪能否适用“部分行为全部责任”的法理。如在共同实施过失行为，但不能证明死亡结果由谁的行为造成的情况，是疑罪从无，还是将其共同归责，值得探讨。著名的雷德奇、孔建华在旅游区开枪射击致人死

① 黎宏．“过失共同正犯”质疑．人民检察，2007（14）：24.

② 林亚刚．犯罪过失研究．武汉：武汉大学出版社，2000：262.

亡案就是如此。[①] 也有学者指出：可以通过对现行立法进行合理的解释来承认共同过失犯罪，认为如果完整地理解《刑法》第 25 条，立法者想表达的意思应该是，共同故意犯罪的，区分主犯、从犯等进行处罚；共同过失犯罪的，不区分主犯、从犯等，分别处罚。[②] 因此区别仅在于是否要进一步区分出主犯、从犯、胁从犯、教唆犯而已，其中没有提及共同过失犯罪应当否定共同归责，认为可以在司法实务中对共同过失行为人进行共同归责。

本书认为，共同过失犯罪是刑法立法规定的一种犯罪形态，是客观存在的法律事实。但它不是约定俗成意义上的共同犯罪。约定俗成意义上的共同犯罪也即通常所说的共同犯罪，只能是共同故意犯罪。共同过失犯因其不是共同犯罪而不按追究共同犯罪人刑事责任的规则定罪处刑，而是按各自犯罪定罪及按各自所具有的社会危害性和人身危险性量刑。

（三）片面共犯

根据目前刑法学界的共识，所谓片面共犯，是指一方认识到自己是在与他人共同实施犯罪行为，而另一方却并不知情而实施了犯罪行为的情形。比如，甲明知乙要去抢劫丙的财产，并深知乙迟迟不动手是苦于丙太过强悍。某日，在乙鼓足勇气准备去抢劫丙时，甲事先在丙喝的咖啡里放入麻醉药，从而使乙顺利取财。在该案中，甲明知乙实施抢劫行为并予以帮助，而乙对甲的帮助行为却一无所知。由于欠缺共同犯罪故意，甲和乙是否成立共同犯罪？如果不能成立共同犯罪，司法实务中又该如何处理？对此，德日刑法理论有比较深入的研究。近些年来，我国刑法理论界也逐渐开启了对片面共犯的研究。

有观点认为片面共犯难以成立。在共同犯罪中，意思联络一定要有意思的互换，要求双向的互动。行为人无论是在认识因素上，还是在意志因素上，均不具有共同犯罪的一般特征。该观点认为，上述案例中的乙并不存在与他人共同犯罪的故意，其认为自己是一个人在实施犯罪，如果将其按主犯处理，不符合主客观一致的定罪量刑原则。同时该观点也承认片面共犯的情形会给司法实务带来困难，比如会使追究帮助犯甲的刑事责任失去法律依据，其帮助行为不是刑法分则规定的构成要件行为，如果不承认甲、乙构成共同犯罪，则无法追究甲的刑事责任。该观点认为比较可行的解决方法是在立法上直接对片面共犯这类情形作出专门规定，即规定在实行犯不知情的情况下帮助实行犯完成犯罪的，比照共同犯罪中的从犯定罪处罚。“这样既解决了追究片面帮助犯的刑事责任的法律依据问题，又将其与共同犯罪情形区别开来，从而名正言顺地只以单独犯罪追究实行犯的刑事责任，避免了一方面将片面共犯视为共同犯罪，另一方面却又只能以单独犯罪追究起主要作用的实行犯的刑事责任这种矛盾局面。”[③]

有学者认为片面共犯是成立的，但只存在片面帮助犯、教唆犯。共同犯罪的犯罪意思联络因共同犯罪的形式不同而有差异，只有在共同正犯中犯罪故意要求犯罪意思的沟

---

① 最高人民法院应用法学研究所．人民法院案例选・刑事卷．北京：人民法院出版社，2000：46.

② 何庆仁．共同犯罪的立法极限：以我国刑法中的共同过失犯罪为中心．法学，2018（8）：89.

③ 贾宇．刑法学．北京：高等教育出版社，2019：235.

通和联络是双向的、互动的，因此在共同正犯的情形下否认片面共犯的成立。而在其他共同犯罪的形式下，是共犯人（教唆者、帮助者、组织者）主动与实行犯进行犯罪意思沟通和联络，不要求互动和双向。以教唆犯为例，教唆的故意包括两个层次：一是教唆者认识到自己的教唆行为本身的危害性，即促使被教唆者产生犯罪意图并可能实行犯罪；二是认识到被教唆者行为的危害性，即被教唆者实行该行为时将会产生危害结果。但对于被教唆者来说，只要认识到自己实行犯罪的行为会造成危害社会的结果即可。[①] 因此片面的帮助犯、教唆犯是存在的。

还有的学者主张片面共犯这一概念不仅需要，而且根据具体情况可以成立片面实行犯、教唆犯与帮助犯；主张按照行为人的主观罪过内容来定罪，依据行为人的作用大小来量刑。依据这种观点，上例中甲的行为就应当成立抢劫罪，由于起到主要作用，因此应当按照抢劫罪基本犯的法定刑处罚。不过，片面共犯是否成立、成立基础是什么、在什么范围内成立、如何认定片面共犯的性质以及承认片面共犯如何与犯罪论体系协调等问题，仍然值得进一步深入研究。

本书认为，基于罪刑法定原则、主客观相一致原则和罪责自负原则，片面共犯在立法上是成立的，在司法中也是可以被认定的。在立法上，对于认识到自己是在与他人共同实施犯罪行为的一方，以共同犯罪定性处罚，符合《刑法》第 25 条关于“共同犯罪是指二人以上共同故意犯罪”的规定，体现了罪刑法定原则、主客观相一致原则和罪责自负原则。在司法中，对于认识到自己是在与他人共同实施犯罪行为的一方，以共同犯罪定性处罚；对于并不知情而实施了犯罪行为的一方，按单个犯罪定性处罚。

（四）不成立共同犯罪的情况

1. 共同过失犯

我国《刑法》第 25 条第 2 款规定：“二人以上共同过失犯罪，不以共同犯罪论处；应当负刑事责任的，按照他们所犯的罪分别处罚。”因此，根据我国现有的刑法规定，由于行为人在共同过失犯罪中缺乏共同犯罪故意，所以不构成共同犯罪。

2. 同时犯

同时犯指两人以上没有共同犯罪故意而同时对同一犯罪对象实施同一性质的犯罪行为。例如甲、乙同时射杀走夜路的行人丙。同时犯主观上并不具备共同的犯罪故意，缺乏犯罪意思联络，实际上是各犯罪人同时实行的单独犯罪，各行为人只对自己的犯罪行为承担刑事责任。

3. 超出共同犯罪故意

该情形多发生于事前通谋的共同犯罪。共同犯罪人在共谋时约定实施某种或者某几种犯罪，但是在实施犯罪过程中部分共同犯罪人超出共同犯罪故意实施了其他犯罪行为。对于超出共同犯罪故意内容的行为，只能由实施该行为的人单独承担刑事责任，其他共同犯罪人对此不承担责任。比如，甲和乙二人共谋盗窃，但是乙在盗窃过程中实施了抢劫行为，由于该行为并不在共谋范围内，因此乙单独承担抢劫罪的责任。这种情况也被称为实行过限。

---

① 曲新久．刑法学．北京：中国政法大学出版社，2016：156.

4. 罪过形式不同

二人以上实施犯罪，罪过性质不同，犯罪人之间不存在共同犯罪故意。它表现在：故意教唆或帮助他人实施过失犯罪；过失地引起或帮助他人实行故意犯罪。对这种情形按单独犯罪处理即可。

5. 事后通谋的窝藏、包庇行为

这是指犯罪人为已经实施完毕犯罪行为的人提供窝藏或者包庇等事后帮助行为。犯罪人之间不具备共同的犯罪故意和共同的犯罪行为，不成立共同犯罪。我国《刑法》分则将其独立规定为犯罪，根据具体情况成立窝藏、包庇罪，掩饰、隐瞒犯罪所得、犯罪所得收益罪等。

第二节　共同犯罪的形式

一、共同犯罪形式的概念及划分意义

共同犯罪的形式，指共同犯罪的存在方式、结构状况或者犯罪人之间的结合形态。

社会生活中共同犯罪形式各种各样，而不同共同犯罪形式的特点和社会危害性有所不同。划分并区分共同犯罪的不同形式，可以分清各共同犯罪人的地位和作用，在共同犯罪认定构成中最大限度地落实宽严相济基本刑事政策，通过认识各种不同形式的共同犯罪的性质、特点及社会危害程度，可以更有效地与共同犯罪作斗争。

二、共同犯罪形式的划分

共同犯罪的形式，即共同犯罪的种类划分，通常有以下四种：

（一）任意的共同犯罪和必要的共同犯罪

以共同犯罪能否任意形成为标准进行划分，共同犯罪可以分为任意的共同犯罪和必要的共同犯罪。

任意的共同犯罪是指二人以上共同故意实施刑法分则规定的犯罪。例如，刑法分则中规定的故意杀人罪、抢劫罪、盗窃罪，既可以由一人单独实施，也可以由两个以上的主体共同故意去实施。对于任意的共同犯罪，应当根据刑法总则规定的共同犯罪条款和刑法分则规定有关犯罪的条文来定罪量刑。

必要的共同犯罪是指根据刑法分则的规定，基于特定情形成立或者由三个以上的人共同实施的犯罪。对于必要的共同犯罪，不必适用刑法总则规定的共同犯罪的条款，根据刑法分则规定有关犯罪的条文处理。根据我国刑法，这种共同犯罪分为以下两类。

（1）对行型共同犯罪。这也被称为“对向犯”“对行犯”。它是指社会观念上互以对方的行为为自身存在条件的一种犯罪形式，比如，行贿和受贿。如果缺少了对方的行为，对向犯也将不复存在。基于刑事政策等诸多因素考量，我国刑法对对向犯作出了不同的规定：1）对对行双方的行为适用同一罪名。比如，与有配偶者结婚的人（相婚者）和有配偶者（重婚者）都有可能成立重婚罪。2）对对行双方的行为适用不同罪名。比如，行

贿者和受贿者分别构成行贿罪和受贿罪。3）对对行双方中一方的行为构成犯罪，另一方的行为不构成犯罪。比如，贩卖高等院校的学历、学位证书可能构成伪造事业单位印章罪，但是购买不构成犯罪。

（2）聚合型共同犯罪。它是指以三人以上的聚合行为作为成立要件的一类犯罪。以聚众斗殴罪为例，其特点是：1）人数为三个以上；2）有共同的犯罪目的；3）在犯罪过程中，行为人参与的程度和形态可能不同，如有的实施组织、策划或者指挥，有的积极参与共同犯罪活动，有的则只参与实施犯罪活动。具体而言，聚合型共同犯罪包括聚众共同犯罪，如《刑法》第292条规定的聚众斗殴罪。聚众犯并非都构成共同犯罪，在刑法分则规定只处罚首要分子的情况下，是首要分子的单独犯罪。聚合型共同犯罪还包括集团共同犯罪，最典型的有《刑法》第120条规定的组织、领导、参加恐怖组织罪。

（二）事前通谋的共同犯罪和事中通谋的共同犯罪

以共同犯罪故意形成的时间为标准进行划分，共同犯罪可以被分为事前通谋的共同犯罪和事中通谋的共同犯罪。

事前通谋的共同犯罪是指各共同犯罪人在实行犯罪之前已经形成共同犯罪故意的共同犯罪。这里所指的“通谋”是指共同犯罪人之间通过语言、文字或者动作等互相沟通犯罪意思而达成合意的过程。“通谋”的内容可能是拟定所实施的犯罪以及犯罪的方法、地点、时间、分工，也可能是拟定犯罪后湮灭罪迹、分配赃物的方式等。“通谋”的具体形式可以表现为用语言进行谋议，或以文字交换意见，也可以表现为动作甚至眼神。只要共同犯罪故意是在着手实行之前形成的，不论采取什么形式通谋，都无碍于事前通谋的共同犯罪的成立。

与此对应的是，事中通谋的共同犯罪是指共同犯罪人开始准备犯罪及着手犯罪以后形成共同犯罪故意的共同犯罪。这种共同犯罪形式，通常也被称为事前无通谋的共同犯罪。例如：甲企图偷窃，正在撬门，适逢乙经过，甲便叫乙在门外望风，乙同意了，甲便入室偷窃财物。此案例属于事前无通谋的共同犯罪。

（三）简单的共同犯罪和复杂的共同犯罪

根据共同犯罪过程中各个共同犯罪人是否存在分工为标准进行分类，共同犯罪可以分为简单的共同犯罪和复杂的共同犯罪。

简单的共同犯罪，也称共同实行犯（在大陆法系国家刑法中被称为共同正犯），是指二人以上共同故意实行某一具体犯罪客观方面的行为的共同犯罪形式。在这种共同犯罪形式中，每一个共同犯罪人都是实行犯。我国刑法没有对此作出专门规定，但是这种共同犯罪形式在司法实践中经常出现。共同实行表现为以下两种情况：其一，共同实行犯罪构成客观方面的行为。在这种情形下，各共同犯罪人既可以对同一对象实施相同的行为，如甲、乙两个共同犯罪人共同用枪将被害人杀死；各共同犯罪人也可以对不同的对象实施相同的行为，如甲、乙约定共同杀害两名被害人，甲负责杀害其中一人，乙负责杀害另一人。其二，各共同犯罪人实行不同的行为。在这种情形下，各共同犯罪人实施同属于犯罪客观要件的具体（复合）行为。如甲、乙共同对丙实施抢劫，甲用凶器对丙进行威胁，乙对丙进行搜身将其财物抢走。各共同犯罪人实施的行为都是犯罪客观方面的行为。这两种情况都属于简单的共同犯罪。这里有必要指出的是，如果一人实施犯罪构成客观要件的行为，另一人实施非犯罪构成客观要件的行为（非实行行为，如帮助行为），如甲、乙约定共同杀丙，甲负责实施杀人行为，乙负责提供匕首，则这种情形就不是简单的共同犯罪，而属于复杂的共同犯罪。

复杂的共同犯罪是指各共同犯罪人之间存在一定分工的共同犯罪形式。这种共同犯罪形式表现为：有的共同犯罪人教唆他人使他人产生实行犯罪的故意，有的帮助他人实施犯罪而使他人的犯罪易于得逞，有的则直接实施犯罪行为（实施该种犯罪构成客观要件的行为）。正是由于共同犯罪人参与共同犯罪的行为各不相同，因而此类共同犯罪被称为复杂的共同犯罪。这种共同犯罪与简单的共同犯罪的区别在于：简单的共同犯罪是各共同犯罪人都实行了作为犯罪构成客观要件的行为，都是实行犯，而复杂的共同犯罪中，有的共同犯罪人实施的是犯罪构成客观要件的行为，有的实施的则是"修正"的犯罪构成客观要件的行为，故而这种形式的共同犯罪中就存在实行犯、教唆犯、从犯等犯罪人。

（四）一般的共同犯罪和特殊的共同犯罪

以共同犯罪人之间结合的紧密程度为标准进行划分，共同犯罪可以被分为一般的共同犯罪和特殊的共同犯罪。

一般的共同犯罪是指各共同犯罪人之间的结合程度比较低，不存在特定的组织形式的共同犯罪形式。这种共同犯罪形式的特点在于：共同犯罪人之间结合得比较松散，他们只是为了实施某一具体犯罪而临时结合在一起，在该具体犯罪实行完毕后，这种共同犯罪形式也就不复存在了。一般的共同犯罪可以是事前通谋的共同犯罪，也可以是事中通谋的共同犯罪；可以是简单的共同犯罪，也可以是复杂的共同犯罪。

特殊的共同犯罪是指各共同犯罪人之间建立起严密组织的共同犯罪形式。正因为如此，特殊的共同犯罪也被称为有组织的共同犯罪，也即犯罪集团实施的集团犯罪。

根据《刑法》第 26 条第 2 款的规定，"犯罪集团"是指三人以上为共同实施犯罪而组成的较为固定的犯罪组织。根据这一规定，"犯罪集团"具有如下基本特征：

第一，主体必须是三人以上。根据《刑法》第 99 条的规定，"三人以上"包括"三人在内"。只有三人或者超过三人共同实施犯罪行为的，才可能成立犯罪集团。这也是界分犯罪集团与一般共同犯罪的标准之一。

第二，目的特定性和明确性，即犯罪集团是为共同实施犯罪而组织起来的。一般来讲，犯罪集团以实施某种或者某几种犯罪为目的而组织起来。比如，湖南常德以张君为首的"抢劫、杀人犯罪集团"就以杀人、抢劫为集团的主要犯罪目的。犯罪目的既可能是通过集团成员之间口头交流而形成的，也可能是采取书面形式的通谋形成的。这一特征是区分犯罪集团与那些不是出于犯罪目的而是基于低级趣味或者封建习俗而形成的社会组织的重要标准。

第三，较强的组织性和较大的稳固性，即犯罪集团是一个较为固定的犯罪组织。"组织性"是犯罪集团的一个根本特征。较强的组织性是指犯罪组织是以犯罪为目的而形成一个较为固定的有机体。"组织"意味着有机体内部的成员之间存在领导与被领导的关系，既有组织者、领导者、指挥者，又有积极的和一般的参与者。在犯罪集团中，后者往往服从、听命于领导者或者指挥者，在他们的领导或者指挥下实施犯罪活动。当然，犯罪集团的组织严密程度不同，其性质也不一样。一般来讲，根据组织严密的程度来划分，犯罪集团可以被分为普通犯罪集团、黑社会性质的组织和黑社会组织。就世界范围来看，犯罪集团的最高表现形式是“黑社会组织”。“在我国，明显的、典型的黑社会犯罪还没有出现，但带有黑社会性质的犯罪集团已经出现，横行乡里、称霸一方，为非作歹，欺压、残害群众的有组织犯罪时有出现。”① 较大的稳固性则是指犯罪集团是以实施多次犯罪为目的而组织起来的，该组织体准备长期存在，并非以实施一次具体犯罪为目的而临时纠集在一起。这里的“较为固定”是就准备长期存在而言的，并不以事实上长期存在为必要。只要查明各共同犯罪人是以实施多次或者不定次数犯罪为目的而组织起来的，便可以认定该组织具有较大的稳固性。

对于犯罪集团，刑法分则有明文规定的，如《刑法》第 120 条规定的组织、领导、参加恐怖组织罪，按照相应的规定处理；刑法分则没有规定的，依照刑法总则对共同犯罪的有关规定，对共同犯罪人分别予以相应的刑罚处罚。

犯罪团伙并不是一个明确的法律用语。由于我国刑法只规定了犯罪集团和一般共同犯罪而没有规定犯罪团伙，所以对于什么是犯罪团伙，实务界和理论界都存在不同的看法。有的认为犯罪团伙就是犯罪集团，有的认为犯罪团伙是介于一般共同犯罪与犯罪集团之间的共同犯罪形式，有的认为犯罪团伙是犯罪集团与犯罪结伙的合称，有的认为犯罪团伙包括犯罪集团和一般共同犯罪。多数学者认为最后一种观点是可取的，即犯罪团伙是指三人以上结成一定组织或者纠合比较松散的共同犯罪形式。这样来界定犯罪团伙，既符合现有法律规定的精神，又符合刑事司法的实际情况。对犯罪团伙案件的处理，应当具体情况具体分析。根据法律的规定，能够认定为犯罪集团的，依照犯罪集团处理否则，就依照一般共同犯罪处理。在处理这类案件时，在判决书、裁定书以及其他法律文书中要避免使用犯罪团伙的提法。

关于有组织犯罪的概念，我国刑法学界长期以来未能达成共识。自 2022 年 5 月 1 日起正式施行的《反有组织犯罪法》明确界定了有组织犯罪的概念内涵及外延，《反有组织犯罪法》第 2 条第 1 款以形式定义方式明确了有组织犯罪的概念，即有组织犯罪是指“《中华人民共和国刑法》第二百九十四条规定的组织、领导、参加黑社会性质组织犯罪，以及黑社会性质组织、恶势力组织实施的犯罪”；第 2 款以实质定义方式界定了恶势力组织的概念，即“是指经常纠集在一起，以暴力、威胁或者其他手段，在一定区域或者行业领域内多次实施违法犯罪活动，为非作恶，欺压群众，扰乱社会秩序、经济秩序，造成较为恶劣的社会影响，但尚未形成黑社会性质组织的犯罪组织”；第 3 款对第 1 款的规定进行了补充，将有组织犯罪的外延扩张至“境外的黑社会组织到中华人民共和国境内发展组织成员、实施犯罪，以及在境外对中华人民共和国国家或者公民犯罪的”行为。

《反有组织犯罪法》从发展阶段与行为类型两个方面界定了有组织犯罪的概念，符合对有组织犯罪从低级向高级阶段渐进发展规律的科学认知，规制范围更加全面、合理，有利于我国有组织犯罪的防治和惩处。② 首先，在发展阶段方面，有组织犯罪涵盖了恶势

① 王汉斌．关于《中华人民共和国刑法（修订草案）》的说明：1997 年 3 月 6 日在第八届全国人大代表大会第五次会议上．全国人民代表大会常务委员会公报，1997（2）：225.

② 蔡军．《反有组织犯罪法》中有组织犯罪概念的理解与适用．中国应用法学，2022（4）：62－63.

力组织犯罪、黑社会性质组织犯罪和黑社会组织犯罪三种不同的发展形态。其次，在行为类型方面，有组织犯罪包括了“组织罪”和“行为罪”两种类型。其中，“组织罪”包括组织、领导、参加黑社会性质组织罪，入境发展黑社会组织罪和包庇、纵容黑社会性质组织罪；“行为罪”包括黑社会性质组织所实施的犯罪、恶势力组织所实施的犯罪和黑社会组织在我国境内实施的犯罪或者在境外对我国国家或公民实施的犯罪。

第三节　共同犯罪人的分类及刑事责任

一、共同犯罪人的分类标准

由于各共同犯罪人在共同犯罪中的地位、作用以及分工不同，因此有必要对共同犯罪人进行分类。所谓共同犯罪人的分类，是指按照一定的标准，将共同犯罪人划分为不同的类型，以期合理地定罪量刑。从各国的立法例来看，共同犯罪人的分类标准主要有三种。

第一，分工分类法。这种分类方法以共同犯罪人在共同犯罪活动中的分工为标准。按照这种分类方法，共同犯罪人可以分为正犯、帮助犯、教唆犯：正犯为实施构成要件行为之人；帮助正犯实施犯罪的人为帮助犯；教唆他人犯罪的人为教唆犯。在采用分工分类法的国家，共同犯罪人的分类不尽相同。有的国家和地区采用“二分法”，即分为正犯与从犯，如 1810 年《法国刑法典》就采用这种分类。有的国家采用“三分法”，即分为实行犯、教唆犯和帮助犯，如 1975 年《联邦德国刑法典》就采用这种分类方法。有的国家采用“四分法”，将共同犯罪人分为实行犯、组织犯、教唆犯和帮助犯，如 1960 年《苏俄刑法典》、2003 年《俄罗斯联邦刑法典》等就采用这种分类方法。

第二，作用分类法。这种分类方法是以共同犯罪人在共同犯罪活动中所起作用大小为标准。按照这一标准，可将共同犯罪人分为主犯和从犯。

第三，混合分类法。这种分类方法以“作用为主、分工为辅”为标准。按照这一分类标准，一般将共同犯罪人分为正犯（实行犯）、从犯（帮助犯）、教唆犯，有的还包括组织犯。

我国刑法采用混合分类法，将共同犯罪人分为主犯、从犯、胁从犯、教唆犯，其中：主犯、从犯、胁从犯是以共同犯罪人在共同犯罪中所起的作用大小为标准进行划分的结果，教唆犯则是按照分工分类法划分的结果。由于教唆犯具有一定的特殊性和复杂性，不宜简单地认定为主犯或者从犯，因而我国刑法将其单独加以规定，并按照他在共同犯罪中所起的作用进行处罚。

二、主犯的特征及刑事责任

（一）主犯的概念和类型

《刑法》第 26 条第 1 款规定：“组织、领导犯罪集团进行犯罪活动的或者在共同犯罪中起主要作用的，是主犯。”据此，主犯分为以下两种。

1. 组织、领导犯罪集团进行犯罪活动的犯罪分子

这也就是犯罪集团的首要分子。这种主犯具有两个特征：(1) 只存在于犯罪集团当中。这是犯罪集团首要分子成立的前提条件。(2) 实施了组织、领导犯罪集团进行犯罪活动的行为。“组织”是指招募、拉拢、召集他人的行为，“领导”是指策划、指挥等行为。

2. 在共同犯罪中起主要作用的犯罪分子

这种主犯是指犯罪集团首要分子以外的在共同犯罪中起主要作用的犯罪分子。这种主犯包括：(1) 在犯罪集团中起主要作用的犯罪人。这种主犯积极参与犯罪集团的犯罪活动，在犯罪集团中起骨干作用。(2) 聚众共同犯罪中的首要分子或者其他在聚众共同犯罪中起主要作用的犯罪分子。(3) 在一般共同犯罪中起主要作用的犯罪人。

(二) 主犯的刑事责任

根据刑法的规定，主犯的刑事责任分为如下两种：

(1) 犯罪集团首要分子的刑事责任，被规定于《刑法》第 26 条第 3 款中，即“对组织、领导犯罪集团的首要分子，按照集团所犯的全部罪行处罚”。根据这一法律规定，犯罪集团的首要分子，不仅要对自己实施的所有犯罪负刑事责任，还要对其他成员在集团的犯罪故意范围内实施的犯罪承担刑事责任。其他成员超出集团犯罪故意的范围实施的其他犯罪，由实施这些犯罪的成员自己负责，犯罪集团的首要分子对此不承担刑事责任。

(2) 首要分子以外其他主犯的刑事责任，被规定于《刑法》第 26 条第 4 款中，即“对于第三款规定以外的主犯，应当按照其所参与的或者组织、指挥的全部犯罪处罚”。

三、从犯的特征及刑事责任

(一) 从犯的概念和类型

《刑法》第 27 条第 1 款规定：“在共同犯罪中起次要或者辅助作用的，是从犯。”根据刑法的这一规定，从犯分为以下两类。

1. 在共同犯罪中起次要作用的犯罪人

这里所说的次要作用是相对于主犯的主要作用而言的。但理论上认为这种从犯所实施的行为属于犯罪构成要件客观方面的行为。所以，在共同犯罪中起次要作用，是指虽然实行了某一犯罪构成客观要件的行为但在共同犯罪活动中所起的作用比主犯小的情形。这种情形被称为次要实行犯。因此，不能简单地认为从犯就是帮助犯，也不能将实行犯一律认为是主犯。

2. 在共同犯罪中起辅助作用的犯罪人

辅助作用是指次要实行之外的辅助作用。所谓辅助作用，是指为共同犯罪人实行犯罪创造条件且没有实施犯罪构成客观要件的行为。换言之，这种辅助作用是通过非实行行为来实现的。辅助可以表现为有形的帮助，如提供犯罪工具、排除实施犯罪的障碍、事前答应事后窝藏赃物以及隐匿罪犯等；也可以表现为无形的帮助，如给予精神上的支持等。辅助行为通常是在犯罪实施之前进行的，也可能在犯罪实行之时进行，甚至是事前通谋事后给予帮助。但是，不论行为人采取什么形式或者在什么时间内为实施犯罪提

供帮助，只要对犯罪的实施起到了辅助作用，就可以被认定为从犯。这里值得注意的是，如果刑法分则已经将某种共同犯罪中的辅助行为规定为独立的罪名，应当按照该罪定罪量刑。比如，为组织卖淫的人招募卖淫女的行为是为组织卖淫行为提供帮助，但是《刑法》已将其独立规定为协助组织卖淫罪，因此该行为构成协助组织卖淫罪，不能再被认定为组织卖淫罪的从犯。

（二）从犯的刑事责任

关于从犯的刑事责任，刑法理论上有三种主张：（1）同等处罚说。这种观点认为，无论是从犯或者实行犯，客观上都实施了实现犯罪结果的行为，主观上都具有实现犯罪结果的故意，所以从犯应与实行犯承担同等责任。（2）必减说。这种观点认为，行为的危害轻重是刑罚轻重的标准，实行犯的行为直接引起危害结果的发生，而从犯对危害结果的发生仅仅起了帮助作用，两者行为的危害轻重大小不相同，所以对从犯应当比照实行犯减轻处罚。（3）得减说。这种观点认为，从犯的个人情况千差万别，有时其主观恶性可能较大，若不根据具体情况而一律减轻处罚，不符合刑罚个别化的原则。所以，对于从犯可以比照实行犯减轻处罚。我国刑法基本上采取必减说。《刑法》第 27 条第 2 款规定："对于从犯，应当从轻、减轻处罚或者免除处罚。"这里不仅规定了"应当"从宽，而且规定从宽的幅度较大，即从轻、减轻或者免除处罚。至于在什么情况下从轻、减轻或者免除处罚，需要综合考虑共同犯罪人在共同犯罪中所起的辅助作用之大小等情况加以确定。

四、胁从犯的特征及刑事责任

（一）胁从犯的概念

根据《刑法》第 28 条的规定，胁从犯是指被胁迫参加犯罪的人。所谓被胁迫参加犯罪，是指因受到胁迫而参与犯罪活动。胁从犯具有以下两个基本特征：（1）行为人明知自己参加的是犯罪活动并且不愿意参与犯罪。这是认定胁从犯的前提条件。如果行为人被迫参与的不是犯罪活动，那么行为人无论如何也不能构成胁从犯。（2）行为人客观上是由于他人的胁迫而实施了犯罪行为。

（二）胁从犯的认定

（1）绝对强制和相对强制。根据强制性的程度，胁迫可以被分为绝对强制和相对强制。胁从犯中的胁迫，对行为人的自由意志只形成了相对强制。换言之，虽然精神上受到了一定的抑制，但行为人仍然可以在是否参与犯罪的问题上作出自己的决定和选择。这是胁从犯最基本的特征。绝对强制指被胁迫者完全失去了自己的选择自由，而完全受到胁迫者的支配和利用。在这种情况下，行为人因胁迫而完全丧失了意志自由，其行为就可能不是危害行为，当然也不成立犯罪，不成立胁从犯。

（2）注意区分胁从犯和紧急避险。若行为人被胁迫实施的犯罪行为所侵害的利益小于行为人要保护的利益，行为人的行为成立紧急避险。

（3）对于如何认定共同犯罪中胁从犯的作用大小，我国刑法学界有着不同的看法。有人认为，胁从犯的行为只能是起辅助作用的帮助行为，而不可能是实行行为。有人认为，胁从犯的行为是被胁迫实施的次要实行行为和帮助行为，刑法规定的“被胁迫参加犯罪”，当然是指参加共同犯罪，而共同犯罪行为的形式包括实行行为和帮助行为，无论是实施实行行为还是帮助行为，都属于参加犯罪，因此，不能认为胁从犯的行为只限于帮助行为。本书认为，后一种观点是合理的：一是从刑法关于胁从犯的规定中，我们并不能得出“胁从犯只能是帮助行为”的结论；二是司法实践中被胁迫实施实行行为而只能被认定为胁从犯的情形并不在少数。

(4) 胁从犯可能转化为从犯或者主犯。有些行为人最初是被他人胁迫参加犯罪，后来变为自愿或者积极从事犯罪活动，甚至在案件立案侦查时成为犯罪集团的骨干分子。对于这一类犯罪分子，不能因为其第一次犯罪是被胁迫实施的，就将其按胁从犯处理，而应依其转化后的情况按从犯或者主犯处理。

(三) 胁从犯的刑事责任

根据《刑法》第28条的规定，“对于被胁迫参加犯罪的，应当按照他的犯罪情节减轻处罚或者免除处罚”。对于胁从犯是减轻还是免除处罚，应当结合其犯罪情节，比如被胁迫的程度、所参与实施犯罪的性质、对危害结果发生的实际作用大小、参加犯罪的时间长短等情况，综合判定。

五、教唆犯的特征及刑事责任

(一) 教唆犯的概念和特征

根据《刑法》第29条的规定，教唆犯是指教唆他人犯罪的人。教唆犯的主要特征是：

1. 行为人有教唆他人犯罪的行为

所谓教唆，是指唆使具有相应刑事责任能力且没有犯罪故意的他人产生犯罪故意的行为。具体来讲：(1) 教唆的对象必须是有相应刑事责任能力的人。若行为人教唆无刑事责任能力的人实施犯罪活动，不能构成教唆犯。这种情形是行为人利用无刑事责任能力人实施犯罪行为，成立间接正犯。(2) 教唆既可以是口头的，也可能是书面的。教唆的方法也是多样的，如收买、嘱托、劝说、请求、利诱、命令、威胁、强迫等。上述教唆行为的具体方式或者方法都只能由作为构成。我国刑法理论通说不承认“不作为的教唆”。

2. 行为人有教唆他人犯罪的故意

教唆的故意要求教唆人认识到被教唆人尚无犯罪故意，自己的行为会引起他人实行犯罪，而希望或者放任教唆行为所产生的结果。教唆犯的主观方面，可以是直接故意，也可以是间接故意。教唆的故意涉及教唆者和被教唆者两个方面的内容，是双重意义上的故意，因此情况比较复杂，对教唆故意的理解会直接影响对未遂的教唆是否继续处罚。

(二) 教唆犯的认定

1. 一般教唆犯与独立教唆犯

根据《刑法》第29条的规定，教唆犯可以分为两类：一是该条第1款规定的一般教唆犯。这一类教唆犯以被教唆者实施了所教唆的罪为前提。二是该条第 2 款规定的独立教唆犯。相对于一般教唆犯而言，被教唆者没有着手实行被教唆的罪，因此教唆犯独立承担刑事责任的根据仅在于其教唆行为，这种教唆犯和被教唆者不成立共同犯罪。

2. 教唆未遂和未遂的教唆

教唆的未遂包括以下几种情况：教唆者实施了教唆行为，但没有引起被教唆者实行犯罪的决意，教唆行为以失败而告终。教唆者实施了教唆行为，并引起被教唆者产生犯罪的决意，但被教唆者没有着手实行。教唆行为引起了被教唆者实行犯罪的决意，并且着手实行，但没有达到既遂。

未遂的教唆是指教唆者在教唆时已经预测到被教唆者的行为最多只能达到未遂的情形。例如，甲明知丙家中一贫如洗，教唆乙前往盗窃；明知手枪中没有子弹，而教唆他人用手枪杀人。对于未遂的教唆，如果认为教唆的故意仅要求教唆者认识到自己的教唆行为会引起他人实行犯罪，但不要求教唆者对危害结果的认识，则未遂的教唆成立教唆犯；如果认为教唆不仅对自己的教唆行为引起他人实行犯罪有认识，还对被教唆者实行犯罪导致的结果有认识，则未遂的教唆不成立教唆犯。

对于未遂的教唆，不能仅仅考虑教唆者的主观故意，还应该从客观方面予以分析。如果教唆者起初认识到被教唆者的行为不会达到既遂，但由于被害客体偶然出现等情况，被教唆者的行为客观上产生了危险性，则应当认为教唆行为具有可罚性。例如，甲知道丙家一贫如洗，教唆乙前往盗窃，而此时丙正好家中有财物。这种情况下，甲应当成立教唆犯。

（三）教唆犯的刑事责任

关于教唆犯的刑事责任，《刑法》第 29 条作出了具体规定。

第一，《刑法》第 29 条第 1 款规定：“教唆他人犯罪的，应当按照他在共同犯罪中所起的作用处罚。”这是被教唆者犯了被教唆的罪，教唆者和被教唆者成立共同犯罪的情况。“按照他在共同犯罪中所起的作用处罚”，是指对教唆犯的处罚不以共同犯罪中的实行犯为依据，而是应当依照教唆犯自己在共同犯罪中所起的是主要作用还是次要作用来加以确定。如果教唆犯在共同犯罪中起主要作用，就作为主犯处罚；如果起次要或者辅助作用，就作为从犯处罚。

第二，“教唆不满十八周岁的人犯罪的，应当从重处罚”。需要指出的是，若教唆不满 14 周岁的人犯罪，或者教唆已满 14 周岁不满 16 周岁的人实施《刑法》第 17 条第 2 款所规定的八种以外的行为的，应当以间接正犯论处，不成立教唆犯。

第三，“如果被教唆的人没有犯被教唆的罪，对于教唆犯，可以从轻或者减轻处罚”。这是教唆犯独立性的表现。所谓“被教唆的人没有犯被教唆的罪”，包括以下四种具体情况：（1）被教唆的人拒绝教唆；（2）被教唆的人虽然接受教唆，但随后又打消犯意而没有进行任何犯罪活动；（3）被教唆的人当时接受了实施某种犯罪的教唆，但实际上被教唆人所犯的罪并不是教唆犯所教唆的罪；（4）教唆犯对被教唆的人进行教唆时，被教唆的人已有实施该种犯罪的故意即被教唆的人实施犯罪不是教唆犯的教唆引起的。这些情况，或者根本没有引起被教唆者实施犯罪的故意，或者实际上没有造成危害结果，或者虽然造成了危害结果，但与教唆犯的教唆行为不存在因果关系。但是，教唆者由于在这些情形中主观上具有教唆故意，客观上又实施了教唆行为，所以成立独立的教唆犯。

第四节　共同犯罪的特殊问题

一、正犯和共犯

（一）区分标准

我国刑法中的共同犯罪体系是以“主犯”为中心的，德日等大陆法系国家共犯论体系是以“正犯”为中心的。“正犯”和“共犯”是德日刑法立法和理论关于共同犯罪的基本范畴。就“正犯”而言，我国刑法上并未使用“正犯”的概念，德日刑法立法和理论中的“正犯”相当于我国刑法关于共同犯罪规定中的“实行犯”。就“共犯”而言，尽管我国刑法总则中没有采用“共犯”的措辞，而是称之为“共同犯罪”，但在刑法分则中有多达6个条文采用了“以共犯论处”的提法。[①] 应当认为，此处所提及的“共犯”概念与德日刑法立法和理论上的“共犯”概念，在内涵与外延上具有较大不同。具体来说，德日刑法立法和理论上的“共犯”是相对于“正犯”的组织犯、帮助犯、教唆犯，而我国刑法分则中所使用的“共犯”，则是“共同犯罪”的简称。比较典型的立法规定体现于：一是作为实行犯的共犯，如《刑法》第382条第3款规定，“与前两款所列人员勾结，伙同贪污的，以共犯论处”；二是提供辅助或帮助作用的共犯，如《刑法》第350条第2款规定，“明知他人制造毒品而为其生产、买卖、运输前款规定的物品的，以制造毒品罪的共犯论处”。值得注意的是，德日刑法中区分正犯、共犯的立法模式将正犯、共犯直接与刑罚挂钩，也存在值得进一步反思之处，有学者便指出：“较之于德、日相对僵化、机械的共犯处罚机制，我国的共犯处罚机制有着能够更为灵活地认定各共犯人罪责之优势，不仅有利于实现罪刑的均衡，而且还可以实现刑罚的个别化。”[②]

正犯一般指实行犯，也即实施了符合刑法分则所规定的构成要件的行为人。同时根据犯罪事实支配说进行扩张，对犯罪进程有实质的支配作用的参与人也被称为正犯。例如，甲、乙基于意思联络，甲从后面死死抱住丙，乙拳击丙的头部，致丙重伤。乙的伤害行为是符合构成要件的行为，是实行行为，乙是实行犯。虽然甲的行为不是故意伤害的实行行为，但对犯罪进程有着支配作用，甲虽然不是实行犯，但甲也是正犯。在判断支配作用时，要考虑各个行为人客观行为贡献的方式和大小，主观上对于犯罪的期待、主导、驾驭程度。

狭义的共犯是指正犯之外的，参与共同犯罪的教唆犯和帮助犯。

（二）正犯的处理原则

共同正犯要对自己的行为所导致的结果负责，同时要对其他正犯所导致的结果负责。

---

① 具体为：《刑法》第156条（走私罪）、第198条（保险诈骗罪）、第349条（包庇毒品犯罪分子罪，窝藏、转移、隐瞒毒品、毒赃罪）、第350条（非法生产、买卖、运输制毒物品、走私制毒物品罪）、第382条（贪污罪）以及1998年《全国人民代表大会常务委员会关于惩治骗购外汇、逃汇和非法买卖外汇犯罪的决定》第1条（骗购外汇罪）都有“以共犯论处”的立法规定。

② 钱叶六．双层区分制下正犯与共犯的区分．法学研究，2012（1）：134.

在共同正犯的场合，只要一个行为人的行为既遂，所有的共犯都要承担既遂的责任，这被称为“部分行为全部责任原则”[①]。例如甲、乙共谋开枪射杀丙，后查明丙中弹身亡是甲打中的，乙根本没有打中丙。甲当然是故意杀人既遂，乙也是故意杀人既遂。如果无法查清该子弹是谁发射的，甲、乙也都成立故意杀人既遂。

“部分行为全部责任原则”也逐渐被我国刑法理论采纳。“如何解决简单的共同犯罪人的刑事责任？本书认为应当遵守如下原则：各共同犯罪人对共同实行的犯罪整体负责，而不只是对自己实行的犯罪行为负责。”[②] 应当说这种处罚原则具有其合理性，从主客观方面出发，共同正犯都表现出“你中有我，我中有你”的联系，所以对于个别正犯造成的后果，所有正犯都难逃干系。

（三）间接正犯

间接正犯是指将他人作为犯罪工具，以实现自己犯罪目的的人。例如成年人指使未满 14 周岁的人实施抢劫行为。间接正犯具有正犯性，也就要求间接正犯对于被利用者具有支配性的优势地位，如果幕后的操纵者不能支配、控制犯罪，就不具备间接正犯的条件。间接正犯对他人的支配力主要表现在以下情形：

（1）利用无责任能力者。例如利用未成年人、精神病人实施犯罪。

（2）利用他人无身份的行为。例如警察指使普通公民刑讯逼供犯罪嫌疑人。

（3）利用他人无犯罪故意的行为。例如医生将毒针给护士，让其给病人注射，护士相信医生的权威而未检查，最后导致了病人的死亡。

（四）共犯的处罚根据

关于正犯和共犯之间的关系，一直存在争议。例如甲为乙准备好了杀人的犯罪工具，但乙之后根本没有杀人的意思。当犯罪实行者乙没有着手实施杀人行为时，帮助犯甲是否成立共同犯罪？对此存在共犯独立性说与共犯从属性说。

共犯独立性说站在刑法主观主义的立场上，认为行为人的危险性一旦通过外部行为表征出来，即可以认定其有实行行为。所以教唆行为、帮助行为就是行为人自己犯意的表征，教唆犯、帮助犯本身就有实行行为，这些实行行为就是独立的犯罪行为，决定了共犯本身具有独立的犯罪性和可罚性。因此，即使正犯没有着手实行犯罪，也可以对其依照未遂犯的规定予以处罚。依据这种观点，前例中甲就可以被定罪处罚。

刑法客观主义赞成共犯从属性说。共犯从属性说认为，正犯的行为是符合犯罪构成要件的行为，对于构成要件结果的形成具有根本性影响，自然可以独立构成犯罪。但是狭义共犯的行为与犯罪的发生只有间接、轻微的关系，本身不能成为独立的犯罪。共犯没有实施正犯意义上的实行行为，本身并无独立的犯罪性和可罚性，其犯罪性和可罚性都隶属、依赖于正犯的实行行为。如果实行行为缺位，教唆、帮助行为便失去了凭借，也就不构成犯罪。依照这种观点，前例的甲就不构成犯罪。

我国刑法理论界曾有学者提出了教唆二重性说。实际上，这种学说和德、日等国刑

① 板仓宏．新订刑法总论．东京：日本劲草书房，1998：305.

② 高铭暄，马克昌．刑法学．9 版．北京：北京大学出版社，高等教育出版社，2019：166.

法理论中所讲的共犯从属性与共犯独立性之间并不存在太多关联，而只是对当时我国刑法关于教唆犯规定的一种理论阐释。[①] 这一阐释在我国现行犯罪论体系中并非没有问题，尚值得进一步探讨。[②]

二、承继的共同犯罪

承继的共同犯罪，是指前行为人已经实施一部分实行行为后、达到既遂之前，后行为人以共同的犯罪故意中途参与犯罪的形态。例如，甲基于抢劫的意思深夜将被害人杀害，乙知道真相后参与进来，持手电筒为甲照明，使甲在黑暗中更容易取得财物。承继的共犯在时间上，只能存在于犯罪既遂之前。犯罪既遂之后参与进来的，一般成立独立的犯罪，例如窝藏罪。承继的共同犯罪所要解决的问题是：后行为人的中途参与行为是否对先行为人已经实行的行为或者先行行为造成的结果承担责任。

承继的共同犯罪包括两种情况：一是承继的共同正犯，即后行为人以共同实行的故意中途参与进来。例如，丙以抢劫罪的故意对被害人实施暴力，此时知道真相的丁与丙共同强取财物。二是承继的帮助犯，是指前行为人实施了一部分实行行为之后，知道真相的后行为人以帮助的故意实施了帮助行为。例如，前述案例中，乙中途参与进来为甲照明，使甲更容易取得财物。对于教唆犯，应当认为不能成立承继的共同犯罪，因为先行为人已经产生犯罪故意，不可能再对其进行教唆。

关于承继的共同犯罪，存在肯定说和否定说两种观点。

肯定说认为，后行为人在前行为人的行为尚未结束时参加犯罪，对先行事实存在认识和容忍，即便是前一行为人造成的后果，后行为人也要承担责任。依据该观点，上述案例中乙的行为构成抢劫致人死亡罪。

否定说认为，后行为对前行为没有原因力和影响力，而且只是认识到先行为人的行为和利用了结果产生的状态，因此，后行为人只能对自己介入以后的行为部分承担责任。依据这种观点，上述案例中乙的行为只构成盗窃罪或侵占罪。

对此问题，应将承继的共同犯罪区分为单一犯和复行为犯分别进行考察。复行为犯，是指一个独立的犯罪由两个以上行为结合为一个犯罪构成，例如，抢劫行为是由使用暴力和抢夺财物两部分行为结合而成的；强奸行为是由使用暴力等手段和强行性行为两个部分结合而成的。在单一犯场合下，后行为人应对先行为人的行为及其产生的后果承担刑事责任。例如 A 开始杀人但未将被害人杀死，B 加入进来一起杀死了被害人。A 和 B 的行为应视为一个整体，B 对 A 的行为及后果同样负刑事责任。在复行为犯的情形下，后行为人只对其介入之后的行为及其产生的后果负刑事责任。从因果关系出发，后行为人的行为并非基于先行为人的行为所产生结果的原因，因此后行为人的行为与先行为人的行为造成的结果不具有因果关系。特别是在先行为人实施的行为已经造成一定结果的情况下，后行为人的行为不可能成为该结果的原因，因而其不可能对该结果承担刑事责

---

① 伍柳村．试论教唆犯的二重性．法学研究，1982（1）：17－18.

② 我国学界晚近有学者对“共犯的属性”展开过批判性研究。陈世伟．论共犯的二重性．北京：中国检察出版社，2008：61－62.

任。据此，在前述案例中，乙的行为只构成盗窃罪或侵占罪。

三、实行过限

实行过限，指实行犯实施了超出共同犯罪故意的行为。该情形多发生于事前通谋的共同犯罪中，共同犯罪人在共谋时约定实施某种或者某几种犯罪，但是在实施犯罪过程中部分共同犯罪人超出共同犯罪故意实施了其他犯罪行为。对于超出部分，是否成立共同犯罪，仍然要从共同犯罪成立所需要的主客观要件予以确认。如果对于过限行为，其他犯罪人一无所知，则其缺乏共同犯罪故意，不能按共同犯罪论处。至于如何处理，要区分具体情况予以判断。

（一）共同实行犯中实行过限的处理

共同实行犯中的实行过限，是指数行为人在共同实施符合刑法分则规定的构成要件行为时，部分犯罪人实施的行为超过了他们事先计划实施行为的范围。例如，甲、乙二人共同盗窃丙家，甲负责在客厅作案，乙在卧室行窃。后乙看到睡着的女主人丙，对其实施了强奸行为。甲对此并不知情。在此案中，乙所实施的强奸行为便属于典型的实行过限。对乙除了以盗窃罪的共犯论处，还应当追究其强奸罪的刑事责任。对甲而言，由于乙所实施的强奸罪不属于共同犯罪的范围，甲对女主人被强奸这一危害结果的发生在主观上也不存在罪过，客观上也没有相应的实行行为，因而甲不应当对乙所实施的强奸行为承担刑事责任，而只能以盗窃罪追究他的刑事责任。

（二）实行过限时教唆犯的责任

教唆犯实施的是教唆行为，对实行犯的实行过限一般也不知道，主观上也不存在罪过，一般无须对实行犯的实行过限行为承担刑事责任。但是，在某些情况下，教唆犯对实行犯的实行过限行为已经认识到或应当认识到被教唆人有可能实行过限。在这种情况下，教唆犯主观上可能存在故意或者过失。例如，甲雇用乙教训丙，但叮嘱过乙不要闹出人命。乙在实施故意伤害行为过程中，由于丙激烈反抗而杀死了丙。关于甲在本案中承担什么样的责任，本书认为，在教唆犯对实行犯的实行过限已经认识到或应当认识到的情况下，应当分情况来处理。如果实行过限的内容属于结果加重犯中的加重结果，如故意伤害致死中的致被害人死亡的结果，则对于这种实行过限，教唆犯应当承担刑事责任。在这种情况下，首先从客观方面出发，共同犯罪行为与过限行为有引起与被引起的关系，二者关系是密不可分的，甲的教唆行为制造的危险中蕴含了乙杀害丙的危险。在主观方面，甲对丙的死亡有过失。因此，教唆犯对过限的危害结果也必须承担责任。另一种情况是实行过限的内容与教唆犯所教唆的犯罪没有联系。例如，A 教唆 B 实施盗窃行为，B 在盗窃过程中实施强奸行为。A 的教唆行为制造的危险是盗取财物，其中不蕴含强奸的危险，二者之间没有引起与被引起关系。因此，不能要求教唆犯对过限的危害结果承担刑事责任。

（三）实行过限时帮助犯的责任

对帮助犯而言的实行过限应当如何处理？本书认为，一般情况下只要其行为超出了帮助犯帮助故意的范围，都属于实行过限，帮助犯对于被帮助人的过限行为不负刑事责任。但是，如果实行过限的内容属于结果加重犯中的加重结果，比如故意伤害致死中的致被害人死亡的结果，那么对于这种实行过限，帮助犯应当承担刑事责任。例如甲、乙商量入户伤害丙，甲在外面望风，告诫乙不要闹出人命。乙在伤害过程中，由于丙反抗，便杀死了丙。客观上甲的望风行为给乙的杀人行为起到帮助作用，主观上甲对乙的杀人行为存在过失心理，故甲应当对丙的死亡承担责任。

四、共同犯罪与身份

（一）共同犯罪和构成身份

所谓构成身份（也称定罪身份），是指行为人构成犯罪的身份。若不具有这种身份，即便具备其他要件，也不能成立犯罪。这种犯罪被称为真正身份犯。例如，没有国家工作人员的身份就不能构成贪污罪。

1. 无身份者与有身份者能否构成共同犯罪

不具有特定身份的人与具有特定身份的人可以构成共同犯罪，这在现有的刑事立法中已经有了表现。尽管刑法总则没有关于共同犯罪和身份的规定，但在分则中有条文涉及这一问题。例如，《刑法》第 382 条第 3 款明确规定，与前两款所列人员（国家工作人员和受国家机关、国有公司、企业、事业单位、人民团体委托管理、经营国有财产的人员）勾结，伙同贪污的，以共犯论处。因此，尽管没有特殊身份的人不能单独构成贪污罪，但是没有特殊身份的人可以与国家工作人员一起构成贪污罪。

2. 无身份者与有身份者共同犯罪的性质

第一，无身份者教唆、帮助有身份者实施或者与其共同实施真正身份犯的问题。例如无身份者甲教唆或者帮助有身份者乙实施贪污罪。我国《刑法》第 382 条第 3 款明确规定，“与前两款所列人员勾结，伙同贪污的，以共犯论处”。甲虽然不具有国家工作人员身份，但是由于其教唆或者帮助国家工作人员乙贪污，共同侵害法益，因此成立贪污罪的共犯。同时，如果甲系教唆犯，应当按照其在共同贪污犯罪中所起作用大小来量刑。

第二，无身份者和有身份者分别利用自己身份共同实行犯罪的问题。为了说明这一问题，我们以最高人民法院发布的《关于审理贪污、职务侵占案件如何认定共同犯罪几个问题的解释》第 3 条为例。该条规定：“公司、企业或者其他单位中，不具有国家工作人员身份的人与国家工作人员勾结，分别利用各自的职务便利，共同将本单位财物非法占为已有的，按照主犯的犯罪性质定罪。”例如在中外合资的甲公司中做会计的非国家工作人员 A 和国有公司委派到甲公司管理国有资产的经理 B 分别利用职务便利，共同侵占了甲公司 1 000 万元人民币。为了解决 A、B 的定罪问题，首先需要确定谁的作用大。如果 A 的作用大，那么 A、B 两人成立职务侵占罪；如果 B 的作用大，那么 A、B 两人便成立贪污罪。但是，这样处理同样存在两个疑问：一是无法分清作用大小时怎么办；二是实践中这样理解和适用刑法，是否颠倒了定罪和量刑的关系。对于这些问题尚需要进一步研究。

（二）共同犯罪与加减身份

所谓加减身份，是指影响量刑轻重的身份。这类犯罪被称为不真正身份犯。例如，根据《刑法》第 238 条第 4 款的规定，普通公民和国家机关工作人员均可构成非法拘禁罪。不过，国家机关工作人员利用职务便利实施非法拘禁的，应当从重处罚。若非国家机关工作人员的A和警察B共同非法拘禁罪C，A、B两人应当如何定罪量刑？“国家机关工作人员”实施非法拘禁罪应当“从重处罚”，因此“国家机关工作人员”在本罪当中属于“加重身份”。我国刑法也规定了“减轻身份”。比如，根据《刑法》第17条第4款的规定，未满18周岁的人犯罪，应当从轻或者减轻处罚。这种身份就属于“减轻身份”。对共同犯罪中加减身份的处理，可以遵循以下原则：有身份者和无身份者共同实施不真正身份犯或者有身份者教唆、帮助无身份者实施不真正身份犯的犯罪行为的，于前者，对有身份者和无身份者按照不真正身份犯来定罪；于后者，对有身份者根据刑法的规定对其从重、从轻或者减轻处罚，对无身份者仍处以普通犯罪（不考虑身份情形下的犯罪）之刑。①

所涉法律条文及司法文件

1.《刑法》第25～29条、第382条

2.《最高人民法院关于审理贪污、职务侵占案件如何认定共同犯罪几个问题的解释》第3条

代表性文献推荐

1. 刘明祥．论中国特色的犯罪参与体系．中国法学，2013（6）.

2. 丁胜明．共同犯罪中的区分制立法模式批判：以正犯、实行犯、主犯的关系为视角．中国刑事法杂志，2013（2）.

3. 何庆仁．共同犯罪的立法极限：以我国刑法中的共同过失犯罪为中心．法学，2018（8）.

4. 张明楷．共犯的本质：“共同”的含义．政治与法律，2017（4）.

5. 石经海．首要分子与主犯关系新论．现代法学，2000（6）.

思考题

1. 到底何谓共同犯罪形态？它的刑法地位是什么？它的成立要不要符合犯罪构成？它的构成特征有何特点和认定上的难点？

2. 对共同犯罪形态可依哪些分类标准作哪些分类？各自的分类标准及含义、功能是什么？其中各有哪些难点？

3. 到底何谓共同犯罪人？其分类标准有哪些？使用不同标准分类的意义何在？胁从犯在作用分类法中处于什么样的地位？各共同犯罪人的刑法意义分别是什么？其中各有

① 陈世伟．论共犯的二重性．北京：中国检察出版社，2008：223.

哪些难点？

4. 据共同犯罪的立法和理论，刑法上的行为方式有哪些？它们与共同犯罪人分别是什么关系？

5. 如何理解共同犯罪与身份？各有何难点？

6. 对《刑法》第 29 条第 2 款规定的“独立教唆犯”如何理解？

第十三章
罪数形态

内容导读

对罪数形态的讨论归根结底是为了解决罪数不典型的情况下如何对行为人进行处罚的问题。我国通说将罪数形态分为实质的一罪、法定的一罪和处断的一罪。实质的一罪包括想象竞合犯、继续犯和结果加重犯，其中想象竞合和法条竞合的区分、结果加重犯的未遂是理论上讨论的重难点问题。法定的一罪包括结合犯和集合犯，对于结合犯的罪名设置，各国存在较大差异，也引起了理论界的关注。处断的一罪包括连续犯、牵连犯和吸收犯，其中连续犯和集合犯的区分、牵连犯和吸收犯的区分、牵连关系的认定、事后不可罚理论与吸收犯的关系在理论上还存在着诸多争议，也是实务中亟须解决的难点问题。

第一节　罪数的区分

一、区分罪数的意义

罪数，是指一人所犯之罪的数量。区分罪数，也就是区分一罪与数罪。被告人的行为究竟是构成一罪还是成立数罪，是司法实践中经常遇到的重要问题之一。正确区分一罪与数罪，具有非常重要的意义。

（1）有利于准确定罪。准确定罪，除指准确地认定行为是否构成犯罪、构成此罪还是构成彼罪之外，还包括准确地认定行为构成的是一罪还是数罪。例如，行为人以伤害的故意持刀攻击被害人，结果造成被害人死亡：如果被认定为一罪，就是故意伤害（致死）罪；如果被认定为数罪，就可能是故意伤害罪与过失致人死亡罪。

（2）有利于合理量刑。根据罪刑关系的基本原理以及罪刑相适应的基本原则，一罪一罚，数罪并罚。如果将一罪认定为数罪，往往可能会导致不当加重刑罚的法律后果；而如果将数罪认定为一罪，则可能会导致不当减轻刑罚的法律后果。当然，在极端例外的情况下，也可能出现相反情况。因此，一罪与数罪确定上的混乱，几乎必然会造成量刑上的畸轻畸重。只有正确区分罪数，才能为合理量刑提供前提条件。

（3）有利于全民法治观念的树立。法治之要不在于规则体系的建构，而在于民众守法意识的养成。民众守法意识养成的前提在于民众对法律的尊重和遵从，而要想获得民众对法律的尊重和遵从，需要让民众在司法运行的过程中体会到公平正义。以此为前提观察，正确确定行为人的罪数，保证定罪和量刑的合理性，有助于在取得民众接受的基础上维护刑法权威与严肃性的效果，不仅有利于对犯罪人的教育改造，也有利于推进以守法意识养成为前提的法治建设进程。

（4）有利于刑事诉讼程序的顺利进行。罪数问题，不仅涉及定罪和量刑的妥当性，也涉及刑法适用的空间效力、时间效力、追诉时效，刑事诉讼法的立案管辖、起诉程序等涉及一系列保障刑事诉讼顺利进行的机制和制度问题。因此，为保障刑事诉讼顺利进行，需要正确确定行为人的罪数。

二、区分罪数的标准

关于区分罪数的标准，理论上主要有行为标准说、法益标准说、犯意标准说、个别化标准说、犯罪构成说等观点，我国的通说观点是犯罪构成标准说。

行为标准说认为，犯罪的本质是行为，没有行为就无所谓犯罪，所以判断罪数自然应当以行为的个数为标准。此说关于行为的概念又有自然行为说与法律行为说之分。自然行为说主张，行为就是自然的一个行为，亦即人的一个动作或举动就是一个行为。法律行为说主张，犯罪行为与自然行为不同，应当依照法律观念来认定。依照法律观念，数个举动可能只是法律上的一个行为。如装上子弹、举枪瞄准、开枪射击致人死亡，这一系列的自然举动，从法律上看只是一个杀人行为。

法益标准说认为，犯罪的本质是对法益的侵害，不侵害法益的行为就不可能构成犯罪，所以判断罪数应以侵害法益或者犯罪结果的个数为标准。根据这种观点，行为人非法制造毒品后又非法大量持有毒品的，因为仅侵害到了一个法益，自然只能论以一个犯罪。

犯意标准说认为，犯罪是行为人主观上犯罪意思的外部表现，行为只是行为人的犯罪意思或主观恶性的表征，所以判断罪数应以犯罪意思为标准，例如：以一次杀二人的意思同时杀害二人是一罪；而杀害一人之后决意杀另一人的，是数罪。

犯罪构成标准说认为，符合一个犯罪构成的事实就是一罪，符合数个犯罪构成的事实就是数罪。

个别化说认为，原则上应以符合犯罪构成的次数为标准，但同时也要考虑刑法的特殊规定，参照合理的司法实践经验，实行不同标准。

犯罪构成标准说在我国学界取得通说地位，主要是基于以下五点理由：第一，犯罪构成标准说使犯罪构成理论在罪数领域得到贯彻。第二，犯罪构成标准说是对罪刑法定主义原则的贯彻。第三，犯罪构成标准说是主客观相统一原则的实践贯彻。第四，犯罪构成标准说体现了罪数判断上的排他性原则。第五，犯罪构成标准说可以克服其他学说的弊端，容易为多数司法工作人员所理解和接受。但实际上，犯罪构成标准说也存在一些缺陷：我国现行刑法没有完全依照犯罪构成标准说来区分一罪和数罪，如奸淫被拐卖的妇女虽然符合强奸罪的犯罪构成，但不单独构成强奸罪；对多次符合一个犯罪构成的连续犯、惯犯，司法实践中按照一罪处理，由此引发符合犯罪构成要件的“次数”还是“个数”之争；更为严重的是，行为尽管在形式上符合数个犯罪构成，但最终仍被作为一罪处理的牵连犯、吸收犯，使犯罪构成标准说存在无效的问题领域。

在判断数行为是构成一罪还是数罪的时候，必须充分关注刑法的特殊规定，在刑法有特殊规定的场合，从特殊规定。同时，还必须注意参照司法实践中的一般做法，如对同种数罪即性质相同的两个以上的犯罪行为，司法实践中往往不实行数罪并罚，而是累计犯罪数额，作为一罪处理。[①]

三、罪数的种类

从广义意义上讲，罪数领域涉及的范畴包括罪数典型和罪数不典型两种情况，其中，罪数典型又包括典型一罪和典型数罪两种情况。根据行为人的数个行为所涉及的罪名是否相同，理论上又将数罪形态区分为同种数罪和异种数罪，前者如甲于2020年2月抢劫一次，于2021年3月又抢劫一次，后者如甲在乙家盗窃之后又强奸了乙的妻子。

典型一罪和典型数罪显然不属于罪数形态理论所要关注的问题[②]，而异种数罪与同种数罪中都既有应予并罚的情况，又有不应并罚的情况，仍需要回到“行为人的数个行为是否应当被评价为一罪”这一原初的问题上，所以这两组分类概念均不能充分体现罪数形态理论所要解决的根本问题。概言之，罪数理论真正要解决的是不典型的一罪或者说不典型的数罪如何司法处断的问题，而其解决方案是以对“应否按照一罪处理”这一命题的回答呈现出来的。

在罪数不典型的情况下应否按照一罪处理，在中外学术界是个观点纷呈、分歧很大的问题。我国刑法学界的通说观点是三分法，即将罪数形态分为实质的一罪、法定的一罪和处断的一罪，其中：实质的一罪是指在外观上具有数罪的某些特征，但实质上构成一罪的犯罪形态，概言之即所谓“形式上的数罪，实质上的一罪”。法定的一罪是指数个可单独符合犯罪构成要件的行为由法律明确规定为一罪的情况。处断的一罪，又称裁判的一罪，是指行为人的数行为虽然符合数个犯罪构成，但基于对其固有的特征及罪刑适当的考量，司法机关将其作为一罪处理的情况。

第二节　实质的一罪

实质的一罪有两个特点：一是有一定的数罪特征，借此与典型的一罪相互区别；二是实质上是一罪，借此与典型的数罪相互界分。实质的一罪包括想象竞合犯、继续犯和结果加重犯。

一、想象竞合犯

想象竞合犯，又称观念的竞合、想象的并合犯、想象的数罪或一行为数罪，指实施

① 曲新久．刑法学．6版．北京：中国政法大学出版社，2022：141.

② 付立庆．刑法总论．北京：法律出版社，2020：326.

一个行为，侵害了数个法益，从而触犯数个不同罪名的情形。我国现行刑法没有关于想象竞合犯的明确规定，但刑法理论和司法实践均承认想象竞合犯的司法处理原则。有观点认为想象竞合犯的本质是“本来的数罪，处断的一罪”，而非实质的一罪。① 但通说认为想象竞合犯属于实质的一罪。

（一）想象竞合犯的基本特征

想象竞合犯虽然造成了数个法益侵害结果，但却只有一个行为，为了避免对同一行为进行重复评价，所以在法律效果上以一罪处理更为妥当。因此，想象竞合犯存在两个基本的构成特征：

（1）行为人只实施了一个行为。这是想象竞合犯的前提条件，如果行为人有数个行为，则不能成立想象竞合犯。这里的“一个行为”，并非自然意义上的一个行为，而应以法定犯罪构成中的行为要件为判断标准，在规范意义上予以把握；想象竞合犯可能出于一个故意行为，也可能出于过失；至于这一个行为是不是基于一个故意或一个过失而实施的，则应视具体情况而定。比如，甲谋杀乙，放一枪，击死乙，丙也受重伤。在这里，甲对乙的故意和对丙的过失同时存在，共同支配一个危害行为。因此，想象竞合犯的一个行为是基于一个还是数个罪过，不可一概而论。

（2）一个行为因为侵害到数个法益，所以触犯数个罪名。所谓“触犯数个罪名”，是指一行为同时在形式上或外观上符合刑法规定的数个犯罪的特征。有观点认为，针对一身专属法益，这里的数个罪名包括数个同种罪名。但一般认为只有数个不同的罪名才是数罪名，数个相同的罪名，即使是侵犯数个被害人的权益，仍然只是一个罪名。至于同一行为触犯数个罪名的原因，则是其同时侵害到数个法益。这里包括两种情况：一是一行为触犯数罪名，数罪的保护法益部分重合，但任何一罪的保护法益都不能被另一罪所完整评价；二是数罪的保护法益完全不重合。

（二）想象竞合犯的处罚原则

在想象竞合犯的场合，应适用“从一重从重处断”的原则，即按行为所触犯的数罪名中的一个重罪从重论处，而不以数罪论处。之所以在适用重罪的同时还要从重处罚，主要是因为想象竞合犯除了只有一个行为，在其他构成要件甚至罪过要件上都是复数的，也就是说其社会危害性程度绝不低于典型的一罪。与此相适应，在对想象竞合犯的处罚上只有轻于并罚数罪，同时又重于典型的一罪，因此只有从一重罪从重处断才能切实体现罪刑相适应原则。

关于如何区分一行为所触犯之数罪中的重罪轻罪，首先应当衡量主刑刑种的轻重，以主刑刑种重者为重罪；在主刑刑种相同的情况下，以重刑种的上限来比较孰轻孰重；如果重刑刑种的上限相同，则需再比较重刑种的下限；如果重刑种种类相同，且重刑种的上下限均相同，则以较轻刑种和刑度为准进行比较。依此类推。当法定刑完全相同时，则应根据犯罪情节来比较孰轻孰重。

在适用“从一重从重处断”原则的时候，不得科以较轻犯罪最低法定刑以下之刑，这体现了轻罪的封锁作用。另外，必须注意刑法分则中的特殊规定，如《刑法》第 204

① 阮齐林，耿佳宁．中国刑法总论．北京：中国政法大学出版社，2019：285.

条第2款规定，纳税人缴纳税款之后，采取假报出口或者其他欺骗手段骗取所纳税款的，依照逃税罪定罪处罚；骗取税款超过所缴纳的税款部分，依照骗取出口退税款罪定罪处罚。

（三）想象竞合与法条竞合的联系与区别

法条竞合，是指数个刑法条文所规定的犯罪构成对同一行为均能够有效涵摄，从而形成一行为触犯数罪名的场合时，只能选择适用其中一个条文，而排斥其他刑法条文适用的情形。由于均存在一行为触犯数罪名的外观，法条竞合与想象竞合具有相当的相似性，但两者也存在显著的区别。

法条竞合和想象竞合的区别，主要在于造成一行为触犯数罪名的原因不同和处罚原则不同两个方面。就前者而言，在法条竞合的场合，造成一行为触犯数罪名的原因，是法律的错杂规定导致一个犯罪行为可以被多个条文所涵摄；而在想象竞合的场合，则是一行为侵害多个法益，造成多个不同法益受侵害结果。就此而言，法条竞合并非罪数领域的范畴，其本质是法条关系问题。关于这里的法条关系样态，理论上有不同的界定，主要有特别关系（包含关系）、补充关系（偏一竞合关系）①、吸收关系②、择一关系（交叉关系）、包容关系③等观点。本书认为：包容关系本质上是一种特别关系；吸收关系属于吸收犯的范畴，不应被纳入法条关系视域；补充关系也可以被特别关系所容纳；所以法条竞合中的法条关系样态只有两种，即特别关系与择一关系。

就处罚原则而言，传统观点认为法条竞合时的处罚应当适用特殊法优于普通法的处理原则，但是这一原则存在明显的缺陷。首先，现行刑法存在法条竞合时适用重法优于轻法原则的明确规定，如《刑法》第149条第2款规定，生产、销售本节第141条至第148条所列产品，构成各该条所规定的犯罪，同时又构成本节第140条规定之罪的，依照处罚较重的规定定罪处罚。其次，特殊法优于普通法的处断原则有可能造成实践中的明显不公。④ 如合同诈骗罪和诈骗罪存在特殊关系的法条竞合，合同诈骗罪的立案追诉起点数额是2万元，而诈骗罪的立案追诉起点数额为3 000元。如果采取特殊法优于普通法的处断原则，利用签订合同这种手段实施诈骗的行为人显然会得到特殊的宽缓对待。最后，特殊法优于普通法的处断原则不能适用于择一关系的法条竞合。如职务侵占罪包括窃取型和骗取型两种情况，从而与盗窃罪之间形成交叉关系的法条竞合，但此种情况下职务侵占罪与盗窃罪之间何为特殊法、何为普通法，根本无从谈起。

本书认为无论是特殊关系的法条竞合还是择一关系的法条竞合，均应采取重法优于轻法，也即“从一重罪处断”的处理原则。这一原则不仅可以与现行刑法的规定相契合，消解司法不公的质疑，而且具有更大的适应性。尽管“从一重罪处断”与“从一

① 一个行为，同时符合某构成要件（基本类型）和为了对其补充而规定的构成要件（补充类型）的双方，但由于“基本法优于补充法”，仅适用基本法的构成要件成立一罪的场合。

② 即一个行为实施过程中所通常伴随的行为，分别符合不同的犯罪构成，但作为伴随形态的行为并不独立成罪，而是被主行为成立的犯罪所吸收。

③ 即指刑法分则规定的甲罪（重罪）和乙罪（轻罪），并不存在规范意义上的普通法条和特别法条关系，但甲罪的犯罪构成要比乙罪的犯罪构成具有完全性时，完全法排斥、拒绝不完全法的适用。

④ 张明楷．贪污贿赂罪的司法与立法发展方向．政法论坛，2017（1）：35.

重从重处断”如此相似，但法条竞合与想象竞合的处断原则与之间仍存在根本的差异。对想象竞合犯之所以适用“从一重从重处断”原则，是因为存在溢出一罪涵摄范围的法益侵害结果；但这种从重处罚的理由在法条竞合的情况下根本不存在，所以仅“从一重罪处断”即可保证罪刑均衡。

二、继续犯

继续犯，是指犯罪行为与不法状态在一定时间内同时处于继续状态的犯罪。典型的继续犯罪名是非法拘禁罪。对于继续犯概念及其处罚原则，我国现行刑法没有专门规定，但《刑法》第 89 条第 1 款中规定：“追诉时效从犯罪之日起计算；犯罪行为有连续或者继续状态的，从犯罪行为终了之日起计算”。一般认为，这里的犯罪行为有继续状态的犯罪，就是指继续犯。

（一）继续犯的构成特征

（1）必须是一个犯罪行为。这里的“一个犯罪行为”，从主观上看必须出于一个故意，出于数个故意所实施的行为不可能成立继续犯；从客观来看，继续犯的犯罪行为存在一个持续的实施过程。这种继续状态可能表现为从开始到终止的积极动作形式，也可能表现为从开始到终止的消极动作形式，还可以表现为从开始到终止的积极动作与消极动作的混合形式。

（2）必须是犯罪行为的不间断继续。如果存在间断，则可能形成连续犯。如甲非法拘禁乙 3 天后放回，5 天后又非法拘禁乙 3 天。司法实践中对此种情况会按照连续犯认定一罪。

（3）犯罪行为侵犯的必须是同一犯罪构成内的法益。详言之，犯罪行为自始至终都针对同一犯罪构成内的法益持续、不间断地侵害。如果数行为侵犯同一构成要件内的法益或者一行为侵犯到数个犯罪构成内的不同法益，则不成立继续犯。

（4）必须是犯罪行为与不法状态的同时继续。所谓不法状态，通常是指犯罪行为终止后，法益继续遭受侵害的一种状况，刑法理论上叫作状态犯；几乎所有的取得型的侵犯财产犯罪都是状态犯。继续犯与状态犯的不同之处在于，其不法状态并非发生在犯罪行为终止后，而是与犯罪行为同时发生的，是犯罪行为与不法状态同时继续。

（5）犯罪行为与不法状态必须继续一定的时间。对于继续犯来说，其犯罪行为与不法状态的继续，必须有相应的时间作保证。至于构成继续犯的时间究竟以多长为宜，应当根据犯罪性质、情节和社会危害性程度等各方面进行综合分析，不宜一概而论。关于非法拘禁罪的继续时间要求，一般要求持续 24 小时以上才追究刑事责任；而根据 2018 年《关于办理黑恶势力犯罪案件若干问题的指导意见》规定，非法拘禁他人 3 次以上、每次持续时间在 4 个小时以上，或者非法拘禁他人累计时间在 12 小时以上的，应当以非法拘禁罪定罪处罚。

（二）继续犯的处罚

属于继续犯这种罪数形态的犯罪，无论在规范层面还是事实层面，均不可分割。因此在我国刑法分则中往往将继续犯规定为专门的罪名，并设置相应的法定刑，如遗弃罪、非法拘禁罪等等。犯罪行为与不法状态继续的时间长短，可以在量刑时作为酌定的量刑情节予以考虑。

（三）继续犯与相关犯罪的区别

1. 继续犯与即成犯

即成犯是指危害行为一旦实施终了，即符合某种犯罪的犯罪构成，达到既遂状态的犯罪形态，如伪证罪、诬告陷害罪，其不以产生一定不法状态或者危害结果为犯罪成立要件。两者的区别在于：继续犯的犯罪行为和其所引起的不法状态同时继续存在一定时间才成立犯罪；而即成犯是犯罪行为一旦实施终了，犯罪行为和违法状态即告终结，不存在延续状态。

2. 继续犯与接续犯

继续犯与接续犯的主要区别在于，继续犯是犯罪行为和不法状态同时处于持续之中，而接续犯则是行为人借助数个相同的举动完成一个犯罪行为，不要求犯罪行为和不法状态的同时继续。

（四）重婚罪是不是继续犯

肯定说认为：重婚罪的犯罪行为是违反婚姻法确立的一夫一妻制的非法同居行为。[①] 重婚登记或者开始以夫妻名义共同生活只是非法同居的起始，是重婚行为的一部分。因此，重婚罪是继续犯，如果仅有重婚登记行为，不构成重婚罪。否定说则认为：重婚罪属于即成犯，在行为人完成重婚手续或可以确认其构成事实的重婚关系，犯罪行为即已完成，事后是否以夫妻名义同居，在所不问；即使以后继续同居也只是犯罪状态的继续，而非犯罪行为的继续。[②] 区分说认为：重婚分为法律重婚与事实重婚两种。事实重婚是以同居时间较长来认定的，属于实际重婚行为的继续，属于继续犯；但在法律重婚中，到国家登记机关办理婚姻登记的法律行为是该种重婚罪的犯罪行为，此行为结束造成重婚的结果状态。因此，法律重婚属于状态犯，不是犯罪行为的继续。[③] 本书倾向于认为重婚罪属于继续犯，因为如果没有一定的以夫妻名义非法同居的关系持续，难以区分重婚还是单纯的不法两性关系。而如果把重婚行为界定为非法同居关系，那么重婚行为与不法侵害状态的同时继续特征就得到显现了。

三、结果加重犯

结果加重犯，是指实施基本犯罪行为，由于发生了基本犯罪构成以外的重结果，刑法规定加重其法定刑的犯罪形态。如故意伤害致死，虽然因为发生了更为严重的死亡结果而加重其刑，但犯罪行为只有一个，所以仍然是一罪而不是数罪。

（一）结果加重犯的构成特征

结果加重犯由两部分构成，即基本犯罪与加重结果。所谓基本犯罪，是指行为人实施的犯罪行为已经符合刑法分则规定的某种犯罪的基本犯罪构成。对于结果加重犯来说，

---

① 冯军，肖中华．刑法总论．3版．北京：中国人民大学出版社，2016：371.

② 林东茂．刑法综览．台北：一品文化出版社，2015：60.

③ 彭文华．重婚罪疑难问题研究．新疆警官高等专科学校学报，2003（2）：31.

基本犯罪只有一个，不能是数个。所谓加重结果，是指行为人所造成的危害结果是超出了基本犯构成结果范围的更为严重的结果。加重结果与基本犯的构成结果相比，其主要特点是加重结果超出了基本犯罪的范围。基于这两个基本要素，结果加重犯的构成特征具体如下：

（1）行为人实施基本犯罪行为引起了基本犯构成结果以外的重结果。一般认为，基本犯罪必须是刑法明文规定的犯罪。从当前立法情况看，结果加重犯的基本犯罪可以是结果犯，也可以是行为犯和危险犯。加重结果在当前的立法中则存在以下几种表现形式：1）基本犯为抽象的危险犯，当行为导致抽象的危险发展为实际侵害结果时，该结果成为基本犯的加重结果。如生产、销售有毒、有害食品，对人体健康造成严重危害结果的，属于这种情形。2）基本犯为具体的危险犯，当行为导致具体的危险发展为实际侵害结果时，该结果是基本犯的加重结果。放火致人死亡的，属于这种情形。3）基本犯为实害犯，行为导致性质相同且程度更为严重的实害时，该重实害是基本犯的加重结果。伤害行为造成重伤或者死亡的，属于这种情形。4）基本犯为实害犯，行为对更重要的法益造成了性质更为严重的结果时，该重结果属于基本犯的加重结果。强奸、抢劫致人重伤、死亡的，属于这种情形。

（2）行为人对于加重结果具有罪过。行为人对加重结果的罪过形式，需要结合立法规定予以确定，但至少必须具有过失，如强奸罪致人重伤死亡的情形；明确可以故意的形式成立结果加重犯的情形是抢劫罪致人重伤死亡。

（3）基本犯罪与加重结果之间应具有可予结果归责的因果关系。如果不具有因果关系，则不能认定为结果加重犯。例如，强奸行为引起被害人事后自杀身亡的，不应认定为强奸致人死亡。如果具有条件意义上的因果联系，但不应从规范意义上予以归责的，也不成立结果加重犯，如行为人放火导致已经逃离火场后又自行返回的被害人死亡，该结果不应归责于行为人，不成立结果加重犯。

（4）刑法对加重结果规定了加重处罚的法定刑。所谓加重的法定刑，是指结果加重犯的法定刑高于基本犯的法定刑。如果没有规定加重法定刑，则不存在结果加重犯。

（二）结果加重犯的处罚

对于结果加重犯，刑法明确规定了加重的法定刑，因此结果加重犯的处罚，直接依照刑法的规定在较重的法定刑幅度内量刑即可。

（三）结果加重犯和转化犯

转化犯是指行为人实施一个基本犯罪，在出现法定的严重情节或者严重结果时，法律规定转化为另一种性质更为严重的犯罪，并应依照后一种犯罪定罪量刑的犯罪形态，包括情节转化犯和结果转化犯两种情况。结果转化犯与结果加重犯之间的相同之处在于都发生了法定的加重结果；不同之处在于结果加重犯是按照基本犯定罪，按照加重的法定刑量刑，而结果转化犯的场合则是按照转化后的犯罪定罪量刑。

（四）结果加重犯的未遂

关于结果加重犯是否存在未遂形态的问题，理论界争议较大。对此有全面否定说、部分肯定说和全面肯定说等立场。全面否定说认为，从加重结果没有发生来看，在基本犯罪既遂以后，没有未遂的问题，不能说基本犯罪既遂而加重构成未遂，这是与刑法的立法精神相抵触的。[①] 部分肯定说认为，可以部分承认结果加重犯的未遂，内部又分为两种观点，其中：一种观点肯定基本犯未遂而加重结果发生的结果加重犯未遂，但否定基本犯既遂而加重结果未发生的结果加重犯未遂[②]；另一种观点肯定基本犯既遂而加重结果未发生的结果加重犯未遂，但否定基本犯未遂而加重结果发生的结果加重犯未遂。[③] 全面肯定说立足于构成要件齐备说来考量未遂形态的成立与否，认为只要结果加重犯的构成要件未完全齐备，就应当认定结果加重犯未遂。[④]

本书认为，结果加重犯未遂问题研讨的目的，并非解决事实层面构成要件是否齐备的问题，而是解决在结果加重犯的情况下，是否根据未遂这一从宽量刑情节对行为人予以刑罚裁处的规范层面问题。据此而言，如果结果加重犯成立所需要的加重结果没有发生，直接对行为人给予基本犯的刑罚裁处即可，没有给予未遂情节裁处的必要和余地；如果基本犯未遂而发生了加重结果，对行为人的刑罚裁量自然应当在结果加重犯的加重法定刑幅度内进行，也不能排除此种场合对行为人根据基本犯未遂情节予以从宽裁处的余地。但这并不意味着此时应当承认所谓“结果加重犯未遂”的概念，直接根据基本犯未遂情节给予从宽即可。综上，不应承认结果加重犯的未遂概念。

（五）结果加重犯的共犯问题

如果基本犯犯罪参与人中的某一个在实行预谋的犯罪行为时造成了法律所规定的加重结果，其他参与人对这一加重结果是否承担共同犯罪的刑事责任呢？对此有肯定说、否定说和区分说等立场。本书认为，应当根据结果加重犯的具体样态做不同的分析。逻辑上，结果加重犯有“故意的基本犯＋过失加重结果”“故意的基本犯＋故意的加重结果”“过失的基本犯＋故意的加重结果”“过失的基本犯＋过失的加重结果”四种具体样态。根据我国《刑法》第 25 条第 2 款关于共同过失犯罪不以共同犯罪论处的规定，除了“故意的基本犯＋故意的加重结果”，均不存在结果加重犯的共犯成立的余地。在其余三种样态下，均应当按照结果加重犯的基本成立逻辑来解决问题：肯定未直接造成加重结果的犯罪参与人满足基本犯的要求，进而考量其是否满足为所出现的加重结果负责的主客观要求。其中，“故意的基本犯＋过失的加重结果”这种样态下的所谓“结果加重犯的共犯”问题，就转变为了“共犯的结果加重犯”问题。

第三节　法定的一罪

法定的一罪以本来是数罪但法律上规定为一罪为其特征，通常包括结合犯和集合犯两种具体形态。法定的一罪以本来的数罪与实质的一罪形成对照，以法律上规定为一罪与处断的一罪相互区分。

① 高铭暄，马克昌．刑法学．9 版．北京：北京大学出版社，高等教育出版社，2019：142.

② 邓毅丞．结果加重犯的基本原理与认定规则研究．北京：法律出版社，2016：241－245.

③ 田坤．结果加重犯研究．北京：中国社会科学出版社，2016：141－145.

④ 陈兴良．刑法适用总论：上卷．3 版．北京：中国人民大学出版社，2017：676－677.

一、结合犯

结合犯是指数个原本可以独立成罪的犯罪行为，根据刑法分则的明文规定，结合成另一独立的新罪的形态。从理论逻辑上讲，结合犯包括形式结合犯和实质结合犯两种情况。形式结合犯是指从法条所规定的结构或者文字便可推知该罪是由两个独立犯罪行为结合而成的，实质结合犯则是指通过对条文的规定形式或者文字进行解释所形成的结合犯。根据《日本刑法》第241条的规定，犯强盗罪而又强奸妇女的，为强盗强奸罪。这是把强盗罪与强奸罪两个独立的、罪名不同的犯罪行为结合成为新的强盗强奸罪，是形式结合犯的典例。一般认为，我国刑法中不存在典型的形式结合犯，但理论上存在将某个条文解释为实质结合犯的情况，如有观点将交通肇事后逃逸解读为结合犯。

（一）结合犯的构成特征

结合犯有两个基本要素，即原罪与新罪，其中原罪是结合要素，新罪是合成产物。作为结合要素的原罪必须是两个以上原本各自独立的犯罪行为，这是结合犯与想象竞合犯的重要区别；作为合成产物的新罪必须有刑法的明文规定，这是结合犯与牵连犯的重要区别。基于这两个基本要素，结合犯的构成特征具体如下：

（1）结合犯所结合的原罪，原本为刑法上数个独立的异种犯罪。所谓独立犯罪，是指原罪是不需要依附任何其他犯罪而独立存在、符合独立犯罪构成的行为。数个独立的原罪必须是异种数罪，同种数罪没有以法律规定结合的必要性。

（2）数个原罪结合而成之罪必须是新的犯罪。公式化表现为甲罪＋乙罪＝丙罪，丙罪便是结合犯。作为结合而成的新罪，不但在内部结构上与原罪有一定差异，而且在罪名上与数个原罪有所不同。在内部结构上，它兼有数个原罪的特征，并将其融合为一，形成了一个统一的整体，如强奸罪与杀人罪结合而成强奸杀人罪；而据此而言，我国《刑法》第240条规定的“奸淫被拐卖的妇女”就不是结合犯。

（3）数个原罪结合成为新罪必须依据刑法的明文规定，这是结合犯的合成特征。如果没有刑法的明文规定，数个原罪之间也可能发生某种联系，如可能具有牵连关系，但不存在依法结合而成的新罪就没有结合犯。

（二）结合犯的处罚

因为刑法将结合犯规定为完全独立于原罪的独立犯罪，所以行为人实施的数个危害行为符合结合犯的犯罪构成的，就直接按照法定的量刑幅度裁量处罚即可，不应当实行数罪并罚。

（三）结合犯与结果加重犯

结合犯与结果加重犯二者之间存在一些相同特征。首先，在客观上两者都以两个以上的结果及其与行为的两个以上的因果关系为构成要件；其次，在主观上两者都具有罪过的复合形式；最后，在处罚上结合犯往往也存在加重处罚的刑法规定。两者的区别主要体现在两个方面：（1）就内在结构而言，结合犯是数个独立原罪结合而成的新罪，而结果加重犯是依附于基本犯而存在的。这是结合犯与结果加重犯区分的关键所在。（2）就因果关系而言，结果加重犯只有一个犯罪行为，且只因产生了应加重处罚的加重结果，其因果关系存在于基本犯的一个行为与基本犯的结果和加重结果之间；而结合犯是几个独立的犯罪的结合，其因果关系分别存在于数行为与数结果之间。

二、集合犯

集合犯是指以一定的惯常性意思倾向，反复实施同种行为，依照法律的特别规定，成立一罪的犯罪类型，如赌博罪。传统刑法理论将其称为“惯犯”。考虑到我国1997年《刑法》已经取消了惯犯的概念，且惯犯在理论上仅属于集合犯的一种，并不能概括所有的集合犯，本书以集合犯代替惯犯概念。集合犯通常包括常习犯、职业犯、营业犯等情况。常习犯是指具有反复实施某种犯罪习性的犯罪，如赌博罪；职业犯即以反复实施一定犯罪为职业的犯罪，如传播、散布、贩卖淫秽物品罪；营业犯则是指出于营利目的而反复实施犯罪，如非法行医罪。

（一）集合犯的构成特征

考虑到集合犯场合犯罪分子的主观恶性深，人身危险性也大，刑法专门规定独立的罪名并规定较重的法定刑，或者对犯罪成立条件作区别于通常犯罪的较低设定①，以利于同惯犯进行更为有效的斗争。在这种认识的基础上，集合犯的构成特征具体如下：

（1）主观特征。成立集合犯，须行为人具有多次实施同一种危害行为的主观意图，犯罪恶习深。这里的犯罪恶习，指的是犯罪人形成了实施某种故意犯罪的人格特征，人身危险性即再次犯罪的可能性大。

（2）客观特征。行为人的危害行为应当具有违法性和多次性，这是集合犯的客观特征。这里的违法性，是指行为人多次实施的同一种危害行为均应当具有违法性，即从单独某次危害行为来看，都可以符合具体犯罪的构成要件类型要求；所谓多次性，则是指行为人不是仅实施了一次危害行为，而是在一定的期间内反复多次地实施同一种危害行为。需要注意的是，有时被认为属于集合犯的特定罪名成立，并不一定要求行为人事实上实施了多次危害行为，如非法行医罪，即使只非法行医一次，但属于情节严重的，仍然构成本罪。从中可以看出，集合犯并不是与特定罪名相对应的概念，特定罪名下的危害行为实施多次仍构成一罪的属于集合犯，但是行为人仅实施一次因情节严重而构成犯罪的情况则不属于集合犯。

（3）法定特征。集合犯必须是刑法将行为人多次实施的同一危害行为规定为一罪，如果没有刑法的明确规定，则只能按照同种数罪或者不构成犯罪处理。

（二）集合犯的处罚原则

集合犯是法定的一罪，刑法分则条文设有明文规定。对集合犯，不论行为人实施多少次行为，都只能根据刑法的规定以一罪论处，不实行数罪并罚。

（三）集合犯与连续犯、继续犯的区别

集合犯是刑法将多次实施刑法上数个并不独立成罪的同种行为规定为一罪，属于

① 如两年内三次以上多次盗窃的，成立犯罪，不受通常盗窃罪的数额要求限制。

法定的一罪；而在连续犯中，行为人连续多次实施数个独立成罪的同种危害行为，本质上是数罪，但刑事司法出于处罚的特殊考虑而在处理上作为一罪，属于处断的一罪。

在犯罪可能存在的时间过程上，集合犯和继续犯存在一定的相似性，但两者存在明显的区别：集合犯由数个同种的犯罪行为组成，并且行为之间存在时间间隔；而继续犯是一行为处于不间断的持续当中，只有一个行为。

第四节　处断的一罪

处断的一罪是将本来的数罪作为一罪作司法处断；其以本来的数罪与实质的一罪相区别，以司法处断上的一罪与法定的一罪相对照。

一、连续犯

连续犯是指基于同一的或者概括的犯罪故意，连续实施数个独立且性质相同的危害行为，触犯同一罪名的犯罪形态。

（一）连续犯的构成特征

（1）数行为须基于同一或概括的犯意，这是连续犯的主观特征。同一的犯罪故意是指每次行为的意思内容都完全相同；概括的故意则是指尽管每次行为的意思内容不完全相同，但是行为人自始就有实施行为的总犯意，它对于数行为的单个犯意起统领作用，贯穿于每个犯罪的单个犯意之中，从数行为开始时起到终了时止始终发挥作用。

（2）数行为须有独立性和连续性，这是连续犯的行为特征。这里的独立性是指连续犯的数行为必须是数个独立的犯罪，符合数个具体的犯罪构成；连续性是指连续犯的数行为必须是连续进行的，而且主观上要有犯罪故意上的连续性，客观上要有时空上的关联关系。

（3）数行为必须触犯同一罪名。是否触犯同一罪名，以具体犯罪中基本犯的犯罪构成为标准。行为人的数行为符合同一基本构成的，是触犯同一罪名；数行为符合基本构成，也符合与基本构成相对应的修正的犯罪构成、加重或者减轻的犯罪构成、选择的犯罪构成的，视为符合同一基本构成，触犯同一罪名。

（二）连续犯的处断原则

连续犯是处断的一罪，其处罚原则简单地说，就是按照数行为所触犯的同一罪名从重或加重处罚，不实行数罪并罚。具体而言，刑法规定只有一个量刑档次，或者虽有两个量刑档次但无加重构成的量刑档次的，按照一个罪名从重处罚；刑法对多次实施某种犯罪规定了加重的刑罚幅度的，对符合该种情况的连续犯，依照该加重刑罚幅度处理；刑法虽然对多次实施某种犯罪没有明文规定，但对“情节严重”或“情节特别严重”分别规定了不同的加重量刑幅度的，对符合某种情况的连续犯，依照该刑罚幅度处理。行为人连续犯罪的事实中一次或者数次犯罪行为在其服刑期间才被发现的，应作为漏罪单独定罪量刑，依照刑法关于数罪并罚的规定合并执行刑罚。

（三）连续犯与其他相关罪数形态的区别

1. 连续犯和接续犯

两者的区别表现在以下四个方面：（1）连续犯是数个独立犯罪行为的连续，接续犯则是客观上多次举动或行为接续而实现的一个犯罪行为；（2）连续犯的数个行为在主观上必须基于同一或者概括的犯罪故意，而接续犯在主观上只有一个犯罪故意；（3）连续犯是实质的数罪、处断上的一罪，而接续犯是单纯的一罪；（4）对连续犯按一罪从重或加重处罚，而对接续犯不需要从重或者加重处罚。

2. 连续犯与继续犯

两者的区别主要表现在：（1）在客观方面，连续犯是数个独立犯罪行为的连续，而继续犯的表现是犯罪行为和不法状态的同时继续；（2）在主观方面，连续犯是数个故意的同一，继续犯则只有一个犯罪故意；（3）连续犯是实质的数罪、处断上的一罪，继续犯是单纯的一罪；（4）对连续犯应当从重或者加重处罚，对继续犯不需要从严处置。

二、牵连犯

牵连犯，是指以实施某一犯罪为目的，方法行为或者结果行为分别触犯不同罪名的犯罪形态。牵连犯本来是数罪，但意思决定只有一个，具有近似“一罪”的性质，因此，在科刑上作为一罪处理。我国刑法中没有牵连犯的规定，但理论上和司法实践中一般是予以承认的。

（一）牵连犯的构成特征

牵连犯包含两个基本的要素，即本罪与他罪。本罪，是作为行为人犯罪目的的犯罪行为，又称目的行为或原因行为；他罪，是行为人的方法行为或结果行为所构成的犯罪，又称方法行为或结果行为。本罪行为具有双向对应的特点，与手段行为相对应，它是目的行为；与结果行为相对应，它是原因行为。基于这两个基本要素，牵连犯的构成特征可以呈现如下几点：

（1）牵连犯必须具有两个以上的行为，而且必须是可以独立成立犯罪、触犯两个以上的罪名的多个异质行为。这是牵连犯本来为数罪的本质所在。各个行为所触犯的罪名，以现行刑法的规定为准。例如，检例第35号曾兴亮、王玉生破坏计算机信息系统案的指导意义中指出，行为人采用非法手段锁定手机后以解锁为条件，索要钱财，在数额较大或多次敲诈的情况下，其目的行为又构成敲诈勒索罪。在这类犯罪案件中，手段行为构成的破坏计算机信息系统罪与目的行为构成的敲诈勒索罪之间成立牵连犯。

（2）两个以上的行为之间存在牵连关系。关于牵连关系的界定，理论上主要存在以下几种观点：1）因果关系说，即牵连关系应该也只能具有统一的认定标准，牵连关系就是以牵连意图为主观形式、以因果关系为客观内容的有机统一体。所谓牵连意图，是指行为人对实现一个犯罪目的的数个犯罪行为之间所具有的手段与目的或原因与结果的关系的认识。2）主从（从属、依附）关系说，即牵连犯之牵连关系，就是依主客观事实来考察，犯罪分子所实施的数个犯罪行为之间所具有的一种手段与目的、原因与结果的从属关系。3）必然（直接、密切）关系说，即牵连犯的目的行为与成为其方法或结果的犯罪行为间在客观上必须有内在的、必然的联系。4）包容和交叉关系说，即行为人认定数行为之间是否有牵连关系，应坚持主客观相统一的原则，只有在客观上手段行为与目的行为、原因行为与结果行为之间在法律规定的犯罪构成上存在包容和交叉关系，在主观上具有牵连意图，即手段行为或结果行为围绕一个最终目的，为其服务，才能认定它们之间有牵连关系，两个条件缺一不可。5）类型说，即只有当某种手段通常用于实施某种犯罪，或者某种原因行为通常导致某种结果行为时，才宜认定为牵连犯。6）侵犯同一客体说。该学说认为牵连犯中先后发生的具有牵连关系的两个犯罪行为，处于对同一犯罪客体的同一次侵犯过程之中。在客观上，两个犯罪行为必须侵犯的是同一客体，亦即先后发生的多个犯罪行为，侵犯的是同一社会关系。在主观上，必须基于同一犯罪目的。本书赞同必然（直接、密切）关系说，认为牵连关系具体包含手段与目的牵连、原因与结果牵连两种类型。

（3）两个以上的行为须出于一个犯罪目的。如果行为人实施多个行为具有不同的犯罪目的，则不成立牵连犯。两个以上的行为必须触犯不同罪名。

（二）牵连犯的处断原则

关于对牵连犯的处罚，刑法学界传统的看法是适用从一重处断原则。就现行的立法情况来看，对于符合牵连犯成立条件的数个行为，有明确规定适用从一重处断原则的情况，如《刑法》第 399 条第 4 款规定，司法工作人员收受贿赂，有前三款行为的，同时又构成《刑法》第 385 条规定之罪的，依照处罚较重的规定定罪处罚；也有规定实行数罪并罚的情况，如《刑法》第 157 条第 2 款规定，以暴力、威胁方法抗拒缉私的，以走私罪和《刑法》第 277 条规定的阻碍国家机关工作人员依法执行职务罪，依照数罪并罚的规定处罚。而司法解释中也有对逻辑上属于牵连犯的数个犯罪行为明确规定数罪并罚的，如受贿后滥用职权为他人牟取利益的，以受贿罪和滥用职权罪数罪并罚。

因此在牵连犯的处罚原则问题上，出现了多种主张争鸣的局面。归纳起来，除了传统的“从一重处断”的观点，还有一律并罚说、从一重重处断说、双重处断原则说①等观点。本书认为，在没有刑法或者司法解释明确规定适用数罪并罚原则的情况下，对于牵连犯上仍应坚持不适用数罪并罚的原则，但是应采从一重重处断的观点，因为跟想象竞合犯的场合一样，牵连犯的情况下也存在溢出一罪涵摄范围的情节。

（三）牵连犯的存废问题

废除论认为，取消牵连犯的概念，可以避免刑法理论的烦琐化，并避免牵连犯与其他犯罪形态相互关联和区别的不必要争论。② 保留论认为：作为实践中客观存在的一种犯罪形态，牵连犯是刑法理论无法回避、无法忽视的一个问题。由于刑法理论研究尚不够

① 认为对于牵连犯既不能一律采用从一重处断的原则，也不能均适用数罪并罚，而应当依据一定的标准决定究竟采取何种原则予以处断。由于所采用的判断标准不同，此种观点又可分为两种类型：其一为以法律规定为标准的双重处罚原则说，即对于刑法未明文规定予以并罚的牵连犯，可适用从一重处断原则；对于刑法明文规定予以并罚的牵连犯应当实行数罪并罚。其二为以罪行轻重为标准的双重处断原则说，即对于危害程度一般或轻罪的牵连犯，应适用从一重处断的原则；对于危害程度严重或重罪的牵连犯，则应实行数罪并罚。

② 周光权．刑法总论．北京：中国人民大学出版社，2016：387.

深入，故牵连犯的认定标准含混不清，但这不是取消牵连犯的根据，反之，应当成为加强对其研究的理由。[①] 本书认为，现行刑法和司法解释针对特定的牵连犯情形规定数罪并罚原则，往往是出于特殊的刑事政策考量，在不存在特殊性的一般牵连犯场合，仍应坚持不数罪并罚的原则，按照一罪处断。

三、吸收犯

吸收犯，是指数个犯罪行为因一个被另一个所吸收而失去独立意义，仅按吸收之罪处断的犯罪形态。

（一）吸收犯的构成特征

吸收犯存在两个基本的结构要素：一是吸收之罪，二是被吸收之罪。以此为前提，对吸收犯的特征可以分析如下：

（1）犯罪行为的复数性，即具有数个独立的犯罪行为；其中吸收之罪行只能有一个，而被吸收之罪行可以有两个以上。如果不具备这一特征，就谈不到一行为被另一行为所吸收，也就没有吸收犯可言。

（2）数行为之间具有吸收关系。这里的吸收关系主要包括三种情况：第一，重行为吸收轻行为。对于两个以上的行为，不问孰先孰后，即使重行为在后，也是重者吸收轻者。这里的轻重衡量标准是行为的性质及法定刑。如，将人捆绑后，装入麻袋，放在自家仓房达十几个小时，后于半夜驮至江边，扔进江中淹死，其故意杀人行为吸收非法拘禁的行为。第二，主行为吸收从行为。这里所说的主行为与从行为，是就共同犯罪中行为的类别和作用而言的。如，甲先是教唆乙去杀人，后又为乙杀人望风。在这里教唆行为是主行为，帮助行为是从行为，教唆行为吸收帮助行为，以教唆杀人罪处罚。第三，实行行为吸收预备行为。如入室盗窃：行为人非法侵入住宅是预备行为，盗窃是实行行为，盗窃行为吸收非法侵入住宅行为。

（二）吸收犯的处罚原则

因为吸收犯的数个行为往往存在必经阶段与当然后果之间的关系，所以不认定为数罪，仅以吸收之罪定罪量刑；刑法有特别规定的，以吸收之罪从重处罚。如《刑法》第171条第3款规定，伪造货币并出售或者运输伪造的货币的，依照《刑法》第170条的规定定罪从重处罚。

（三）牵连犯和吸收犯的区别

牵连犯与吸收犯都存在两个以上可以独立成罪的行为，两者存在相当的相似性。但在以下两个方面，两者还是存在较明显差异的：第一，吸收犯的吸收关系要比牵连犯的牵连关系更为密切，其成立范围自然也就狭窄；而牵连犯的牵连关系要比吸收犯的吸收关系更为松散，其成立范围自更为广泛一些。第二，牵连犯一般采取“从一重重处断”的原则；在吸收犯的场合，吸收之罪的法定刑往往可以包容被吸收之罪的法定刑，所以并不一定非得考虑根据被吸收之罪予以从重处罚的问题。

---

① 王彦强．牵连关系的类型：基于刑事立法、司法解释规定的分析．法学研究，2022（3）：159.

（四）吸收犯和事后不可罚行为

所谓事后不可罚行为，是指在犯罪达于既遂之后、不法状态仍然继续存在期间，行为人又实施的形式上触犯其他犯罪、但未侵犯新法益或无责任的行为。这种情况下之所以不将这些新的行为认定为独立犯罪，主要有两个方面的原因：一是没有侵犯新的法益，没有对后行为单独定罪处罚的必要。如在行为人实施盗窃窃得财物之后，对赃物的非法使用、支配和占有乃是盗窃罪的题中应有之义，不宜对窝赃、销赃、毁坏财物行为另行处罚；二是不具有期待可能性，从而对后行为不再处罚。如杀人后为毁灭证据而秘密碎尸，此时不宜认定行为人具有为合法行为的可期待性。需要注意的是，事后不可罚行为是否能够被作为吸收犯处理，理论上还存在着较大争议，尚需进一步探讨。

所涉法律条文及司法文件

1.《刑法》第 89 条、第 115 条、第 144 条、第 149 条第 2 款、第 157 条第 2 款、第 198 条第 2 款、第 204 条第 2 款、第 238 条第 2 款、第 239 条第 2 款、第 240 条、第 253 条第 2 款、第 263 条、第 277 条、第 303 条、第 318 条、第 321 条、第 364 条、第 336 条、第 399 条第 4 款

2.《最高人民检察院关于对跨越修订刑法施行日期的继续犯罪、连续犯罪以及其他同种数罪应如何具体适用刑法问题的批复》

代表性文献推荐

1. 阮齐林．论构建适应中国刑法特点的罪数论体系．河南师范大学学报（哲学社会科学版），2006 (3).

2. 陆诗忠．我国罪数理论之基本问题研究．法律科学（西北政法学院学报），2007 (2).

3. 陈兴良．从罪数论到竞合论：一个学术史的考察．现代法学，2011 (3)．

4. 张明楷．罪数论与竞合论探究．法商研究，2016 (1).

5. 庄劲．机能的思考方法下的罪数论．法学研究，2017 (3)．

思考题

1. 一罪与数罪的区分标准是什么？理论上各争议观点分别有什么特点？我们应以什么样的思维方法来确定这个标准？

2. 区分单纯的一罪、复杂的一罪、实质的一罪、法定的一罪和处断的一罪的关键点分别是什么？这些罪数形态各有哪些具体情形？这些情形分别有哪些需要把握的难点？

3. 与继续犯最易相混淆的罪数形态有哪些？它们分别有哪些基本特征？

4. 想象竞合犯与法条竞合犯的界限何在?
5. 继续犯、即成犯、状态犯三者如何区分?
6. 连续犯的特点是什么?如何区分连续犯与集合犯、继续犯?
7. 牵连犯的基本特征有哪些?它与吸收犯的区别何在?
8. 如何处理判决宣告以前的数罪与刑罚执行期间的数罪?

第三编

犯罪的法律后果

第十四章 刑事责任

内容导读

刑事责任是刑法的核心范畴之一，是犯罪人因实施犯罪行为依法所应当承担的法律责任。从刑法的规范视角看，犯罪人因实施犯罪行为所应承担的法律后果，既包括行为被认定为犯罪，又包括犯罪人要因此被处以刑罚和非刑罚等的刑法制裁。刑事责任的根据有哲学根据、法律根据和事实根据三个层面，分别解决为何要追究刑事责任、拿什么追究刑事责任和基于什么认定刑事责任问题。刑事责任的实现，虽然通常要经历发生、确认、落实的阶段与过程，但刑法意义上的刑事责任实现，一定要经审判的确认与执行。刑事责任的实现方式，并非只有刑罚处罚，还包括给予非刑罚处罚和单纯宣告有罪。由此，定罪和量刑都是实现刑事责任的环节，需要基于法定的原则、制度、情节、方法等予以科学认定与裁量。

第一节 刑事责任概述

一、刑事责任的概念

所谓刑事责任，是指犯罪人因实施犯罪行为依法所应当承担的法律责任。从刑法的规范视角看，刑事责任既包括行为被认定为犯罪，又包括犯罪人要因此被处以刑罚和非刑罚等刑法制裁。其基本特征表现在如下几个方面。

（一）刑事责任是一种法律责任

从法律规范角度看，所谓法律责任，是行为人违反相应法律规范所应承担的法律后果。据此，依据所违反的法律规范不同，法律责任可以分为民事责任、行政责任、刑事责任、违宪责任等，分别是违反民法、行政法、刑法、宪法所应承担的法律责任。在这个意义上，刑事责任是法律责任的一种，具有以法律责任为概念的质的规定性，是行为违反刑法所应承担以及由司法机关代表国家根据法律和案件事实予以确认的法律责任。明确这一点，至少有两个重要意义：一方面，刑事责任是刑法规范意义上的概念，不能与犯罪学视角的犯罪现象、刑事诉讼对象的嫌疑事实混为一谈，不能将未经法定程序和未依刑法规定确认的现象与事实视为刑事责任；另一方面，三阶层理论中的“有责性”，仅是三阶层犯罪论中的一个构成要件，而不是作为犯罪法律后果的刑事责任。

（二）刑事责任是刑法的核心范畴之一

随着刑法现代化的发展，以及刑法观念与立法从报应主义和预防主义向并合主义的发展进化，刑事责任的实现方式不再只是“刑罚处罚”，还包括单纯宣告有罪、给予非刑罚的处罚等多元化、轻刑化方式。由此决定了，“刑罚”只是“刑事责任”的一个下位概念，现代化刑法的核心范畴不再是“犯罪—刑罚”，而是“犯罪—刑事责任”。虽然“刑罚”在刑法典中出现的频率高，甚至刑法总则和刑法分则的很大一部分内容都围绕其展开，如总则的第三章为“刑罚”、第四章为“刑罚的具体运用”，分则的所有犯罪的法定刑也都从刑罚的种类和幅度予以设置，但这并非就可以将“刑罚”的地位拔高到与“犯罪”在同一位阶。“刑罚”的高频率现象，与其说是其地位高，不如说是基于罪刑法定主义的人权保障精神，限制刑罚权滥用的需要。因此，在现代刑法上，与“犯罪”处于同一层面的范畴只能是“刑事责任”。

（三）刑事责任以定罪和量刑为实现方式

基于现代化刑法立法，刑事责任的实现方式通常可以分为三个方面：一是给予刑罚处罚。这是刑事责任的主要实现方式。毕竟，刑法为惩罚最为严厉的公法，给予刑罚处罚还是刑法的主要制裁手段。二是给予非刑罚的处罚。就是行为构成了犯罪，但基于案件的社会危害性和人身危险性等不给予刑罚处罚，而只给予非刑罚的处罚，如《刑法》第 37 条规定的教育性处罚措施、经济性处罚措施和行政性处罚措施等。从刑法治理体系和治理能力现代化视角看，这些处罚措施也是必要和重要的。三是单纯宣告有罪。宣告有罪作为对犯罪行为的否定评价，也是刑事责任的实现方式。因此，在刑事责任的三种实现方式中，一方面，定罪作为对犯罪行为的刑法性质认定与否定评价，是刑事责任的一个实现环节与方式；另一方面，量刑作为对犯罪人应承担刑事责任的大小及刑事责任实现方式的裁量，也是刑事责任的一个实现环节与方式。

（四）刑事责任是刑法区分于其他法律的基本标志

违反某部法律所应承担的相应法律责任，是区分此法与彼法的基本标志。如：民事责任重在补偿性，可以“连带承担”、“代为承担”和“无过错担责”；行政责任重在行为或结果归责，如开车超速，只讲行为结果“是否超速”，不讲主观过错，除非法律有特别规定；刑事责任重在惩罚与预防，以惩处和预防主观恶性为核心，讲求“罪责自负”和“主客观相一致”。这样，刑事责任作为违反刑法所应承担的法律责任，在很大程度上具有将刑法与其他法律区分开来的功能，是刑法区分于其他部门法的基本标志所在。

二、刑事责任的根据

刑事责任的根据，有哲学根据、法律根据和事实根据三个层面。

（一）刑事责任的哲学根据

刑事责任的哲学根据，解决的是行为人为何要对自己实施的犯罪行为负刑事责任，以及刑法为何要将危害社会行为规定为犯罪的问题。例如，甲把乙的一只手砍掉了，若查明是因为报仇，或是因为不小心，或是因为医疗，或是因为不可预见或不可抗拒的原因，那么在这四种情况中，基于哲学上的“主观能动性”原理，“是因为报仇”肯定要负刑事责任；“是因为不小心”也应当负刑事责任；“是因为医疗”，一般不应当负刑事责任；“是因为不可预见或不可抗拒的原因”，不应当负刑事责任。

刑事责任应以哲学上的“主观能动性”原理为根据。主观能动性，又称意识能动性，是人类所特有的根本特征，是人运用自己的主观意识反映和改造世界的能力和作用。人具有主观能动性意味着，做什么、不做什么或如何做，都是由人的主观能动性所支配的。具体到刑法问题上，刑法关于定罪量刑的“主观恶性”要求及立法配置，都是或应是以行为人是否具有或有多大的主观能动性为根据和标准的。例如：在定罪方面，犯罪的直接和间接故意、犯罪的疏忽大意和过于自信过失，无故意、过失的意外事件，各正当行为，各刑事责任能力情形，无不是行为人有无主观能动性上的故意、过失或相应辨认和控制能力；在量刑方面，各法定和酌定量刑情节的从重、从轻、减轻、免除处罚功能的设置及其对量刑轻重的影响，也都是或应是主观能动性所表现的“主观恶性”的体现。因此，在这个意义上，刑法所惩罚的，与其说是危害行为及其结果，不如说是支配犯罪行为实施及其导致结果的主观恶性。这意味着，刑法所要求承担的刑事责任，是主观恶性与客观危害行为及其结果的有机统一。

（二）刑事责任的法律根据

刑事责任的哲学根据，只是行为人应负刑事责任的“应然根据”。从罪刑法定原则的要求来看，应然的刑事责任根据还需要得到刑事责任的法律根据认可才能实现。刑事责任的法律根据，是刑事责任在刑法上的体现和规定，是实现刑事责任的具体标准。可以说，刑法的所有规定都是刑事责任的法律根据，不仅包括关于犯罪的，也包括关于量刑的。表现为，行为被认定为犯罪和犯罪人被量刑都是实现刑事责任的方式，所涉的所有法律规定，包括刑法分则关于罪状和法定刑的规定，刑法总则关于定罪量刑的立法目的、根据、任务、基本原则、犯罪定义、犯罪各要件的一般规定、刑罚的种类、刑罚制度等的规定。

（三）刑事责任的事实根据

刑事责任的事实根据，是依据刑法规定予以刑事责任评价的具体对象，包括用以定罪评价的犯罪构成事实和用以量刑评价的影响刑事责任大小的量刑事实。这些事实包括：（1）关于犯罪行为社会危害性有无的事实，如基本犯犯罪构成方面的事实；（2）关于犯罪行为社会危害性大小的事实，如加重犯或减轻犯犯罪构成方面的事实，又如影响量刑轻重的主观恶性程度的事实、客观行为恶劣程度的事实、对刑法保护利益的侵害程度的事实、受害人为弱势群体的事实，等；（3）关于犯罪人的人身危险性大小的事实，如犯罪人犯罪前表现较好的事实，犯罪人有前科、是累犯的事实，犯罪人犯罪后立功、自首、坦白、积极赔偿损失、认罪态度较好等事实。这些事实是刑事责任法律根据的基础和前提，是刑法的刑事责任立法设置和司法裁判的基础和根据。

三、刑事责任的实现

（一）刑事责任的实现阶段

刑事责任的实现，通常被理解为，需要经历一个发生、确认、落实的阶段与过程。

其中，发生阶段，意味着犯罪事实发生了，只是这个事实还没有被依照刑法和法定程序予以确认，这个事实还只是犯罪学上的“犯罪现象”。确认阶段，是指办案机关按刑法和刑事诉讼法等的规定启动了追究刑事责任程序的过程；但按刑事诉讼法上的无罪推定原则，这个阶段的程序对象，通常还只是“刑事责任的嫌疑事实”，还只是程序法意义上的“刑事责任的指控”，还不是刑法意义上的“刑事责任的实现”。落实阶段，是指审判机关依法启动审判程序进行基于刑事责任有无或大小的犯罪认定与量刑裁判，并交付执行机关按定罪量刑裁判予以执行。纵观以上过程，刑事责任只有经过“落实阶段”，才是刑法意义上的，才带来刑法上否定评价的相应法律后要果。

（二）刑事责任的实现方式

在刑事责任的以上实现过程中，刑法仅是其中的法律根据之一，即为其实体性规范根据。在这里，需要特别注意我国刑法关于刑事责任实现方式的规定，有三种情况：（1）给予刑罚处罚。《刑法》第32～60条以及刑法分则所有犯罪的法定刑中都作了规定。（2）给予非刑罚处罚。《刑法》第37条作了规定。它们不是刑罚处罚，但是针对犯罪人的刑事处罚方法。所以该条第1款“免予刑事处罚”的正确表述应当是“免予刑罚处罚”，否则就与第2款相冲突。（3）单纯宣告有罪。《刑法》第37条作了规定。仅宣告有罪而不给任何具体的刑罚和非刑罚处罚，也是对犯罪人的犯罪性评价，也是刑事责任的实现方式。

第二节 定罪与刑事责任

一、定罪概述

（一）定罪的概念与特征

定罪，是审判机关依法对被指控的犯罪是否成立进行审查判断的诉讼活动，是实现刑事责任的基本环节之一。定罪有狭义和广义之分。狭义的定罪仅指刑法上的犯罪性质认定，广义的定罪还包括程序法上的各种诉讼活动。它具有如下基本特征：

1. 定罪是对被指控为犯罪的行为性质作刑法上的规范评价

这个评价包括罪与非罪、此罪与彼罪、重罪与轻罪、一罪与数罪的评价。这是定罪的最基本特征。在传统刑法理论上与实务中，通常有个误区，认为定罪只是对行为作罪与非罪、此罪与彼罪、一罪与数罪的刑法评价，对重罪与轻罪的评价是量刑问题。其实，基于犯罪的基本犯、加重犯、减轻犯分类，犯罪构成也相应有普通的犯罪构成、加重的犯罪构成和减轻的犯罪构成之分。与此相对应，在刑法分则关于某个罪名有基本犯、加重犯、减轻犯规定（同一罪名对应不同法定刑幅度[①]，绝大多数罪名都有这种规定）时，定罪就不仅是对行为作刑法上的罪与非罪、此罪与彼罪、一罪与数罪评价，还要作重罪与轻罪评价，以实现为量刑确定起始标准的法定刑幅度的定罪使命。这意味着，定罪并不是只确定罪名，而是还要确定是基本犯还是加重犯或减轻犯，以确定相应的法定刑幅

① 理论上通常将加重犯的法定刑称为“升格刑”，它其实就是个罪加重犯所对应的法定刑幅度。

度，如此，其任务才算完成。例如，《刑法》第232条规定的故意杀人罪，有基本犯（故意杀人的，处死刑、无期徒刑或者10年以上有期徒刑）和减轻犯（情节较轻的，处3年以上10年以下有期徒刑）之分，其定罪就要定到是基本犯还是减轻犯，从而为量刑相应确定作为量刑起始标准的法定刑幅度。又如，《刑法》第234条规定的故意伤害罪，有基本犯（故意伤害他人身体的，处3年以下有期徒刑、拘役或者管制）、第一档加重犯（犯前款罪，致人重伤的，处3年以上10年以下有期徒刑）和第二档加重犯（致人死亡或者以特别残忍手段致人重伤造成严重残疾的，处10年以上有期徒刑、无期徒刑或者死刑）之分，其定罪就要确定是基本犯还是第一档加重犯或第二档加重犯，从而为量刑相应确定作为量刑起始标准的法定刑幅度。

2. 定罪以审判机关为主体

《刑事诉讼法》第12条规定："未经人民法院依法判决，对任何人都不得确定有罪。"这意味着，严格意义上的定罪是人民法院的专属权力，包括侦查机关和检察机关在内的其他任何机关和个人，都没有定罪的权力。虽然侦查机关、检察机关可以对犯罪嫌疑人、被告人以某个罪名立案侦查、决定拘留、批准逮捕或者提起公诉，即"在诉讼过程中认定某个人实施了某种犯罪"，并实施相应的诉讼行为，但这不是定罪活动，这些"犯罪认定"活动的事实前提是有"犯罪嫌疑"，认定的法律后果是采取侦查措施、强制措施，或者提出犯罪指控，但对犯罪嫌疑人、被告人并不产生"有罪"的法律后果。但是，根据《刑事诉讼法》第163条、第177条的规定，侦查机关在侦查过程中发现不应对犯罪嫌疑人追究刑事责任的，应当撤销案件；检察机关在审查起诉阶段认定指控犯罪犯罪嫌疑人有罪的证据不足，不符合起诉条件的，或者虽然符合起诉条件，但依法不需要判处刑罚或者免除刑罚的，分别应当或者可以决定不起诉。换言之，侦查机关、检察机关可以对犯罪嫌疑人涉嫌犯罪的行为作出无罪的处理结论。

3. 定罪以被告人实施的被指控为犯罪的行为为对象

这是定罪不同于量刑的重要方面，包括两个维度的内容：一是定罪的对象只能是被指控为犯罪的行为。根据控审分离原则，未经检察机关或自诉人指控，法院不得启动审判程序，审判和定罪的范围受指控范围的限制。在刑事诉讼中，法院只能针对被告人实施的已经被指控为犯罪的行为进行审判，并根据审理的结果和法律规定认定被告人是否有罪，不得超出指控范围另行给被告人定罪。但是，在法律允许的条件下，允许法院在公诉事实同一性的范围内依法变更指控罪名。[①] 二是定罪的对象是被告人的"行为"而非"人"本身。因量刑是在定罪基础上，为实现刑罚的一般预防与特殊预防目的，而对被告人刑事责任大小及实现方式进行裁量，故其对象是被告人。与量刑不同的是，因定罪是对已经发生的客观事实作是否符合刑法犯罪成立规范体系进行法律符合性判断，故其对象是行为，具体为被告人的行为。

4. 定罪只能以法院依法审理后查明的事实为依据

第一，在我国，定罪的事实根据必须是法院依法审理后查明的事实，不是控辩双方

① 2020年12月7日最高人民法院审判委员会第1820次会议通过，自2021年3月1日起施行的《最高人民法院关于适用〈中华人民共和国刑事诉讼法〉的解释》第352条.

合意的事实，更不是控方单方面主张的犯罪事实。第二，定罪的事实根据必须是证据能够证明的事实，其中既包括证明行为社会危害性的事实，也包括证明被告人人身危险性的事实。综观刑法的规定，反映被告人人身危险程度方面的事实用于定罪的有两类：一是用于评价人身危险性较大而认定为有罪的事实。这类事实，既有因两次或多次实施本不构成犯罪的行为而成立犯罪的情形（如5年内因偷税被税务机关给予两次行政处罚又偷税、1年内曾因走私被给予两次行政处罚后又走私、多次盗窃、多次敲诈勒索、多次参加聚众淫乱活动等），也有因多次实施已构成犯罪的行为而成立相应罪名加重犯的情形，如多次猥亵儿童，多次抢劫，多次聚众斗殴，多次组织他人偷越国（边）境，多次实施偷越国（边）境运送行为，多次盗掘古文化遗址、古墓葬，多次强迫他人卖淫，等。二是用于评价人身危险性较小而不认定为犯罪的事实。这类事实如犯罪人平时表现较好，犯罪后认罪态度较好，有较好悔罪表现，属于初犯、偶犯，等，通过用来评价“情节显著轻微危害不大”而不认为是犯罪。

5. 定罪只能以刑法关于被指控的具体犯罪成立的评价规范体系为法律依据

从规范评价上看，定罪的规范依据，既不是刑法理论，也不是刑法分则的单个规定，而是基于个案犯罪事实的所有法律规定。如甲（11周岁）在乙（18周岁）的辅助下，绑架了丙，甲在勒索财物无果后残忍地将丙杀害。这里的定罪根据，既不是域外关于共犯的立法和理论，也不单单是《刑法》第232条关于“故意杀人的，处死刑、无期徒刑或者十年以上有期徒刑”的规定，而是以上事实所对应的所有刑法规定，既包括《刑法》第232条和第239条关于故意杀人罪和绑架罪的规定，也包括《刑法》第13条、第17条、第25条关于犯罪成立基本条件、犯罪主体和共同犯罪等的规定，甚至还包括刑法总则关于刑法的目的、任务、基本原则等的规定。以上这些规定，组成了个案定性的规范评价体系，作为本案行为的定罪依据。具体是：甲的行为因不符合第17条关于犯罪主体的规定而不符合第13条规定的犯罪成立基本条件而不成立犯罪；本案因甲不符合犯罪主体要求而不是第25条规定的共同犯罪，对乙的行为只能按单独犯罪定性；乙的辅助行为，作为“绑架”行为的组成部分与实施方式，符合《刑法》第239条关于“以勒索财物为目的绑架他人……杀害被绑架人的”加重犯的规定，应认定为绑架罪的加重犯（因属于从犯而“从轻、减轻处罚或者免除处罚”）。

（二）定罪的刑事责任意义

定罪的刑事责任意义，主要表现在如下几个方面：

第一，定罪是实现刑事责任的环节之一。从逻辑关系上看，既然刑事责任是犯罪的法律后果，以及刑事责任的实现方式包括定罪处刑、单纯有罪宣告和有罪宣告后给予非刑罚处罚，那么定罪、量刑和行刑就都是实现刑事责任的基本环节。在通常情况下，刑事责任是在立案、侦查、起诉基础上，通过定罪、量刑和行刑几个基本环节实现的。这意味着：一方面，定罪通过基于刑法给予行为的法律及其所蕴含的社会政治的否定评价、通过基于否定评价带来的法律威慑效果、通过基于追诉时效制度等的不以犯罪追诉等，来实现行为人的刑事责任。另一方面，定罪不是为了定罪而定罪，而是为了给准确量刑和合理行刑提供基础和前提。责由罪生，无罪则无责。只有构成了犯罪，才可能追究刑事责任和予以定罪、量刑、行刑。将无罪定为有罪或将有罪定为无罪、将轻罪定为重罪或将重罪定为轻罪、将此罪定为彼罪或将彼罪定为此罪，都是不正确的定罪，都因对应的法定刑幅度错误而让准确量刑和合理行刑失去基础和前提。例如对于某个故意杀人案：如果定的罪是故意杀人罪的基本犯，那么这个定罪就为量刑选定了“死刑、无期徒刑或者10年以上的有期徒刑”这个法定刑幅度，案件的量刑就以此为起始标准，审判机关根据案件全部量刑事实、情节和所涉全部法律作出最后量刑裁决；如果定的罪是故意杀人罪的减轻犯，那么这个定罪就为量刑选定了“3年以上10年以下有期徒刑”这个法定刑幅度，案件的量刑就以此为起始标准，审判机关根据案件全部量刑事实、情节和所涉全部法律作出最后量刑裁决。定罪与量刑的如此关系决定了，只有定罪正确，才能做到量刑恰当。同样，行刑的对象是犯罪人，行刑的根据是犯罪人所应承担的责任刑与预防刑通过教育改造等实现。这意味着，在定罪与行刑关系上，只有正确定罪，才能确定行为人为犯罪人，才能通过量刑为行刑提供犯罪人所应承担的责任刑与预防刑依据。

第二，正确定罪是落实刑法目标的基本途径。司法活动都是有任务的活动，必须落实相应的刑法目的、任务。定罪活动作为基本的刑事司法活动，应相应落实刑法的目的、任务。根据《刑法》第1条的规定，刑法的目的是“惩罚犯罪，保护人民”；根据其第2条规定，刑法的任务是“保卫国家安全，保卫人民民主专政的政权和社会主义制度，保护国有财产和劳动群众集体所有的财产，保护公民私人所有的财产，保护公民的人身权利、民主权利和其他权利，维护社会秩序、经济秩序，保障社会主义建设事业的顺利”。另外，保护无罪的人不受刑法追诉和有罪的人不受刑法以外的追诉，也是刑法目的、任务的重要内容。因此，基于定罪的惩罚犯罪，既不是刑罚的任务，也不是刑法的任务，只是实现刑法目的、任务的基本手段。定罪落实刑法的以上目标，意味着对被告人定罪，并不是为了定罪而定罪，而是为了保护包括被告人正当利益在内的所有刑法利益。

第三，正确定罪是贯彻刑事政策的重要方式。党和国家的刑事政策，是我们长期与犯罪进行有效斗争的经验总结，是司法机关正确实施国家法律的重要指针。在定罪时，要注重贯彻刑事政策，充分发挥政策的感召力，分化瓦解犯罪分子，促进罪犯改过自新，有效预防和减少犯罪。宽严相济的刑事政策，是我国当今的基本刑事政策。这一刑事政策，包括“宽”和“严”两个方面。其中，这里的“宽”，是其基本方面，意味着：在立法上，按犯罪的社会危害性和犯罪人的人身危险性情况，专门在犯罪的“基本犯”后设置那些情有可原的“减轻犯”，如《刑法》第232条规定故意杀人“情节较轻的，处三年以上十年以下有期徒刑”；在司法上，对那些因“犯罪情节显著轻微”而可以被评价为行政处罚、民事侵权、党纪政纪处分或能够被评价为“正当防卫”“紧急避险”“意外事件”等可左可右的行为，而按宽严相济的“宽”的要求不以犯罪论处。这里的“严”，是在“宽”的基础上设置的“加重犯”或“从重处罚”。前者是在立法上，在罪名的基本犯后又视犯罪的社会危害性等情况，设置了1～3个档次的加重犯。如《刑法》第234条规定的“犯前款罪，致人重伤的，处三年以上十年以下有期徒刑”“致人死亡或者以特别残忍手段致人重伤造成严重残疾的，处十年以上有期徒刑、无期徒刑或者死刑”，分别是本罪基本犯“故意伤害他人身体的，处三年以下有期徒刑、拘役或者管制”的第一档和第二档的加重犯。后者是在司法中，基于案件的定罪情节所反映的社会危害性和人身危险性情况而被评价为相应罪名“加重犯”的“情节严重”“情节恶劣”等，从而体现宽严相济中的“严”。

第四，正确定罪是维护公民合法权益和社会安定的重要措施。刑法作为保障权益的大宪章，需要保障无罪的人不受刑法追究和有罪的人不受刑法规定以外的追究。显然，无论哪种不正确定罪，都会损害公民合法权益和扰乱社会秩序，并有损刑法公信力和司法权威。

二、定罪原则

（一）定罪原则的概念

定罪原则，是指刑法规定的对定罪具有全局性、根本性指导意义和制约作用的基本准则。这个界定，既是确定定罪原则的根据和标准，也是定罪原则指导定罪实践的目的和功能所在。其功能在于主导定罪的方向、弥补定罪具体法律规定的漏洞与不足。在实践中，法官在定罪时遇到立法的明确性不足或适用某个规定明显不合理的情况时，就应当从定罪原则中寻求解决问题的方向与方案。例如，行为人在暴力抗税中，将税务人员残忍地杀害，按《刑法》第 202 条关于抗税罪的规定，至多只能处 7 年以下有期徒刑，这显然不符合罪刑相适应原则，需要基于罪刑相适应原则适用《刑法》第 232 条关于故意杀人罪的规定。

（二）定罪原则的种类

定罪原则有基本原则与一般原则之分。定罪的基本原则也就是刑法的基本原则，既包括刑法立法上明确规定的罪刑法定原则、刑法面前人人平等原则和罪刑相适应原则，也包括刑法立法上没有明确规定但在刑法立法上蕴含着的主客观相一致原则、罪责自负原则和刑法不得已原则。这些刑法基本原则，作为指导整个刑法立法和司法的全局性指导原则，自然也是指导定罪的基本原则。其中，罪刑法定原则意味着，犯罪成立条件的所有要件要素都必须有相应的法律规定，而且是本国法律规定；刑法面前人人平等原则意味着，对相同的犯罪行为适用相同的刑法规定、作出相同的罪名；罪刑相适应原则意味着，所定罪名及其基本犯、加重犯或减轻犯形态，须与犯罪行为的性质及它所反映的社会危害性程度和人身危险性程度相适应，例如符合《刑法》“情节显著轻微危害不大”等规定的不认定为犯罪，符合《刑法》关于“犯罪情节轻微不需要判处刑罚”的规定的单纯宣告有罪，符合转化犯、牵连犯、吸收犯、法条竞合犯等规定的认定为相应罪名；主客观相一致原则意味着，定罪须将犯罪行为的主客观表现作为一个有机整体予以考察与认定，如考察犯罪客观方面事实是不是犯罪主体基于犯罪主观方面的支配所实施并侵害了其犯罪客体；罪责自负原则意味着，只能对被告人自己的行为定罪，不能将其他人或单位的行为作为被告人的行为定罪；刑法不得已原则意味着，定罪时须将被指控的行为放在整个法律体系，甚至社会治理体系中，考察其是否属于刑法上的犯罪行为、到底是刑法上的重罪行为还是轻罪行为，从而避免刑法功能的扩大化和刑行不分、刑民不分等问题。

定罪一般原则是专门针对定罪活动所规定的专有全局性、基本性指导原则。在我国，虽然没有法律明确规定，但一般认为是“以案件事实为根据，以刑法规定为准绳”原则。

它包括“以案件事实为根据”和“以刑法规定为准绳”两方面的内容。其中，前者是基础和前提，后者是在前者基础上的法律适用要求。在与定罪基本原则的关系上，定罪一般原则并非只是罪刑法定原则在定罪问题上的具体化，而是刑法各基本原则延伸出来并同时指导下的下一层级的定罪一般原则。

三、定罪情节

（一）定罪情节的概念和特征

定罪情节，是指依照刑法关于具体犯罪成立评价体系的规定提取并用于定罪的案件事实。它具有如下几个方面的基本特点：

（1）定罪情节在本质上是一种法律事实。定罪情节不是脱离刑法规定的事实，而是经具体犯罪成立的规范评价体系评价后的特定事实。这个事实因有了法律的规范评价而成为对定罪具有影响的法律事实。例如，16 周岁中学生甲于 2022 年 9 月 1 日 18：00 路过本校 4 号楼 101 男生寝室时，见寝室近门桌子上有一部价值 2 000 元的手机，就顺手拿走，随即意识到问题的严重性，就返回将手机放回原处。这是甲生平第一次盗窃，为痛改前非，立即到校保卫处投案。以上事实，只有被依据刑法关于盗窃罪成立评价体系的所有规定予以提取后，才能用来支撑对甲的行为作刑法上的性质评价，由此，这些事实也相应成为具有定罪意义的法律事实。其中，能作为定罪情节的法律事实，包括“16 周岁”（被用来支撑犯罪主体要件），“见寝室近门桌子上有一部价值 2 000 元的手机，就顺手拿走”（被用来支撑犯罪主观方面、犯罪客观方面和犯罪客体），“随即意识到问题的严重性，就返回将手机放回原处”“这是甲生平第一次盗窃，为痛改前非，立即到校保卫处投案”（被用来支撑“情节显著轻微危害不大”而不认为是犯罪）。这些法律事实，既包括被用来评价四要件犯罪构成的构成要件事实，也包括被用来评价犯罪成立程度条件的其他事实。

（2）定罪情节在实质上反映的是危害性与危险性的有无与大小。在刑法上，所谓的社会危害性通常是指犯罪过程中形成的反映犯罪行为主客观相一致方面事实的内在属性。其中，反映行为社会危害性及其程度的事实，在基于刑法关于罪与非罪、此罪与彼罪、轻罪与重罪、一罪与数罪的成立评价时，就成为定罪情节。所谓人身危险性，又称社会危险性，是指犯罪人的存在对社会所构成的潜在威胁，包括对犯罪人改造的难易程度和犯罪人再犯罪的可能性大小。反映犯罪人的人身危险性及其程度的事实，如犯罪人在犯罪前与犯罪后的与犯罪行为有联系的表现，以及犯罪人的人格、家庭及社会环境、职业状况等，在用以评价是否符合《刑法》第 13 条关于“情节显著轻微危害不大的，不认为是犯罪”的规定时，就成为定罪情节。

（3）定罪情节的功能在于定罪。定罪情节只能用于定罪，不能用于其他，否则，要么不是定罪情节，要么就进行了重复评价。最高人民法院、最高人民检察院《关于常见犯罪的量刑指导意见（试行）》（以下简称《量刑指导意见》）关于量刑起点和基准刑确定的根据规定，其实就存在这个方面的问题，如规定“根据基本犯罪构成事实在相应的法定刑幅度内确定量刑起点”，“根据其他影响犯罪构成的犯罪数额、犯罪次数、犯罪后果等犯罪事实，在量刑起点的基础上增加刑罚量确定基准刑”。显然，这里的“基本犯罪构成事实”和“其他影响犯罪构成的犯罪数额、犯罪次数、犯罪后果等犯罪事实”，若是用来支撑某个犯罪的成立体系规定的，则就只能是定罪情节而不能是量刑情节；若是用来支撑犯罪成立体系规定以外的量刑评价的，则就只能是量刑情节而不能是定罪情节。若把本来只能作为定罪情节的事实又用来确定所谓的量刑起点和基准刑，则是违背罪刑相适应原则的重复评价。

（4）定罪情节通常配有法定刑幅度。这是区分定罪情节与量刑情节的直观标准。它表现为：在刑法立法上，定罪情节是个罪罪状的组成部分，被用来评价个罪犯罪成立，后面跟有个罪（基本犯、加重犯、减轻犯）相应的法定刑幅度；量刑情节是立法针对个罪特别规定的，需要从重、从轻、减轻、免除处罚的轻重惩处情形，后面跟有从重、从轻、减轻、免除处罚的量刑功能。例如，《刑法》第133条交通肇事罪规定中存在的三种“逃逸”，分别是基本犯（交通肇事致1人以上重伤，负事故全部或主要责任，并为逃避法律追究逃离事故现场的，处3年以下有期徒刑或拘役）、第一档加重犯（交通运输肇事后逃逸或者有其他特别恶劣情节的，处3年以上7年以下有期徒刑）和第二档加重犯（因逃逸致人死亡的，处7年以上有期徒刑）中的“罪状”组成部分，后面都跟有法定刑幅度，都是用来定罪的定罪情节，而不是量刑情节。又如，《刑法》第236条第2款关于强奸罪的“奸淫不满十四周岁的幼女的”规定，后面跟有“从重处罚”的量刑功能，就是强奸罪的量刑情节。

需要说明的是，定罪情节不同于犯罪情节。犯罪情节是犯罪过程中的一些主客观事实情况，既可能充当定罪情节又可能充当量刑情节。例如，5 000元人民币的盗窃事实，属于犯罪中形成的犯罪事实。在其被用来评价盗窃的“数额较大”时，是定罪情节，为盗窃罪基本犯的客观方面要件要素；在其被用于评价相较于“数额较大”（如2 000元）的量刑轻重时，是量刑情节，表明行为的社会危害性相对增大，对犯罪人要酌定从重处罚。同时，在少数情况下，定罪情节也可以是犯罪情节以外的情形。如犯罪人在犯罪前后的表现、初犯、偶犯等因素，也可能因被用来评价“情节显著轻微危害不大”而成为定罪情节。

（二）定罪情节的种类

（1）总则性定罪情节与分则性定罪情节。

依提取定罪情节的刑法总则和分则规定的不同，可以将定罪情节分为总则性定罪情节与分则性定罪情节，总则性定罪情节是依照刑法总则关于犯罪成立评价体系规定从案件事实中提取的定罪情节，如根据《刑法》第17条提取的年满12周岁的犯罪主体情节，根据《刑法》第25条提取的甲乙二人共同犯罪情节。分则性定罪情节是依照刑法分则的罪状规定从案件事实中提取的定罪情节，如根据《刑法》第234条提取的轻伤、重伤、致人死亡的三个定罪情节。

（2）符合性定罪情节与排除性定罪情节。

依定罪情节在定罪中的功能不同，可以将定罪情节分为符合性定罪情节与排除性定罪情节。符合性定罪情节是被用来评价个案行为符合具体犯罪成立评价体系要件要素的定罪情节。排除性定罪情节是被用来评价个案行为不符合具体犯罪成立评价体系要件要素的定罪情节。其具体包括：1）被用来评价排除成立具体个罪的与基本犯罪构成相关的要件要素的定罪情节，例如被告人未达到法定刑事责任年龄、被告人没有犯罪故意或者过失、被指控的行为是正当防卫或紧急避险行为等等。2）被用来评价排除成立具体个罪的与修正犯罪构成相关的要件要素的定罪情节，如，被用来评价不符合犯罪未完成形态的定罪情节（属于情节显著轻微危害不大），被用来评价不符合共同犯罪形态的定罪情节（因不符合主体要求而不成立共同犯罪、因不具有意思联络而不成立共同犯罪、因没有共同犯罪行为而不成立共同犯罪等），被用来评价不符合某个罪数形态的定罪情节（因只有一个行为而不成立数罪等）。3）被用来评价犯罪成立的基本条件（《刑法》第13条）的定罪情节，如，被用来评价情节显著轻微危害不大的定罪情节（如自救行为等），被用来评价不具有刑法空间效力和时间效力的定罪情节，被用来评价已过追诉时效的定罪情节。

四、定罪方法

（一）定罪方法的概念

定罪方法，是审判机关依法对被指控的犯罪是否成立进行审查判断的思维方式与程序。它既是对定罪原则、定罪政策、定罪理念、定罪情节等的综合运用，也是统一法律规范下对法律适用的具体问题具体分析。

（二）定罪方法的种类

基于刑法规范存在的内在体系性、犯罪成立评价体系的有机整体性和犯罪定义的总体统揽性，定罪方法通常包括规范系统适用法、要件一体分析法和结果综合考量法。它们各自从定罪如何适用刑法条文规定、定罪如何处理构成要件关系、定罪如何进行总体考量三个维度，共同为定罪提供切合实际的方法保证。

1. 规范系统适用法

所谓规范系统适用法，是指定罪要体系化适用所有相关刑法规范的定罪方法。它要求定罪在法律适用上，必须基于个案事实适用犯罪成立的所有相关规定，形成个案犯罪认定的规范体系，并基于刑法的目的、任务、原则等，予以体系化考察与认定。

定罪在法律适用上之所以要采用规范系统适用法，是因为刑法关于犯罪成立条件所对应的法律规定，本就是一个基于刑法的目的、任务、原则等的有机体系。不过，在刑法的理论上与实践中，这个定罪的法律适用方法并没有获得共识性认知。例如，传统刑法理论认为：刑法分则与刑法总则是“特殊与一般、具体与抽象”的关系。其中，刑法总则是“对犯罪、刑事责任和刑罚作出一般性规定”，刑法分则是“对各类、各种犯罪的刑事责任和刑罚作出具体规定”，“刑法总则指导刑法分则，刑法分则是刑法总则的具体化”。这意味着，刑法分则关于某个犯罪的罪状规定，可以独立评价一个行为在刑法上是不是犯罪或构成何种犯罪。显然，按如此认知进行定罪的法律适用，是不完整的法律适用，必定带来定罪的法律适用片面甚至错误。

事实上，刑法分则关于犯罪成立条件的规定（罪状），并不是一个完整的定罪法律规范，不具有独立评价一个行为是什么的功能。从我国刑法的规定来看，刑法分则实际上并不是总则内容的具体化，与总则的关系实际上只是特殊规定与一般规定的关系。其中，刑法分则关于罪名条文规定的"罪状"，只是该罪成立的特别规定。这个规定，需要被放在符合总则与分则内在关系的规范体系中，根据个案情况接受总则规定的补充、限制甚至修正，才能被用于定罪评价。例如，《刑法》第232条关于故意杀人罪的定罪规定中，只有"故意杀人的""（故意杀人）情节较轻的"的部分要件，无法据此作出故意杀人罪的定性认定。基于个案的犯罪成立评价体系，要对行为作出故意杀人罪的认定，至少还要同时考察，是否符合《刑法》第17～18条规定的犯罪主体要求（补充），是不是第20条规定的正当防卫（补充），是不是第25条规定的共同犯罪（修正），是不是第114～115条规定的以危险方法危害公共安全罪（补充），是不是基于绑架、强奸、抢劫等故意实施的杀人行为（补充），是不要基于案件的情节评价为"情节显著轻微危害不大"不认为是犯罪（限制）。这意味着，任何案件的定罪法律适用，都必须基于具体案件的事实，适用刑法总则和分则的所有相关刑法规定。

2. 要件一体分析法

所谓要件一体分析法，又称要件整体认知法，是指定罪时对各构成要件（实为犯罪成立评价体系的要件）一体分析或整体认知的定罪方法。它要求，对于某个犯罪成立评价体系的各要件要素，应置于个案犯罪的规范评价体系中作基于犯罪本质的有机整体评价，不可割裂与其他要件要素的相互关系而予以孤立评价。

要件一体分析法的定罪机理，源于犯罪构成的整体性特点。其核心要义在于，各要件要素虽然是相对独立的存在，但在被用于定罪评价时，必须将其置于个案犯罪的规范评价体系中，予以"一体分析"或"整体认知"，以避免盲人摸象式法律适用。

其实，实践中违背要件一体分析法的盲人摸象式法律适用很是多见。例如，实践中对情节恶劣的故意轻微伤案，要么不认定为犯罪，要么错误地认定为寻衅滋事罪，就是其中的典型例证。根据《刑法》第234条第1款的规定，作为故意伤害罪基本犯的"伤害"，当然包括"轻微伤"。其是否成立犯罪或成立何种犯罪，不是由"轻微伤"自身而是由相应犯罪成立的评价体系决定的。在通常情况下，其属于"情节显著轻微危害不大"，不认为是犯罪。但在案件不能被评价为"情节显著轻微危害不大"时，如轻微伤是为了报复而以雇凶，使用了致死伤性武器、器具、物品等手段所致。这个"轻微伤"，就不仅因为是行为人在伤害故意支配下所实施，并侵害他人健康权，而完全符合了故意伤害罪的四个构成要件，而且因为是情节恶劣，不能被评价为"情节显著轻微危害不大"，而完全符合了犯罪定义的三个基本条件，所以应被以故意伤害罪定性。相反，对这个"轻微伤"不作要件一体分析，就会出现将"轻微伤"认定为寻衅滋事罪的悖论。虽然寻衅滋事罪的行为方式中也包括轻微伤，但二罪在主观故意内容、犯罪客体等的犯罪成立规范评价体系上完全不同，不能因为将其认定为故意伤害罪有困惑，而当然地将其认定为寻衅滋事罪，否则，就出现二罪的区别只在于是"轻伤"还是"轻微伤"的悖论。因此，为避免盲人摸象式的法律适用，在定罪中应当坚持要件一体分析法，不可孤立地基于某个要件作出定罪结论。

使用要件一体分析法，也可以有效避免行为犯、数额犯、结果犯的定罪误区。传统刑法理论认为，就行为犯、数额犯、结果犯而言，只要实施了刑法分则罪名规定的行为、达到了规定的数额、产生了规定的结果，就已成立犯罪且是犯罪既遂。其实，以上"行为”“数额”“结果”，都只是这些犯罪成立中的一个客观方面要件要素，不是犯罪成立的全部要件要素。在定罪评价时，既不可盲人摸象地据此认定为犯罪，也不可将它们脱离犯罪的规范评价体系孤立地予以分析评价，只有坚持各要件的“一体分析”或“整体认知”，才能作出正确的定罪结论。

3. 结果综合考量法

所谓结果综合考量法，是指对定罪的法律适用和结果根据法律效果、政治效果、社会效果相统一的原理进行综合审查的方法。它是在采取其他定罪方法后，为确保定罪的法律适用与结果既合法又合理而采用的检验性方法。

结果综合考量法的核心要求在于，定罪评价既要合法又要合理。具体表现在：

其一，定罪结果必须坚持“三个效果相统一”。在我国《刑法》上，无论是第 1 条关于刑法的目的和根据的规定，还是第 2 条关于刑法的任务的规定，都直接体现了刑法“惩罚犯罪，保护人民”“用刑罚同一切犯罪行为作斗争”的性质。同时，第 13 条关于犯罪成立基本条件（概念）规定了，犯罪的社会危害性、刑事违法性和应受刑罚惩罚性的要求。曾经广受瞩目与争议的广州许霆案的原一审判决、云南李昌奎故意杀人案的二审改判死缓判决等，都是其中的典型例证。此外，定罪要获得公众认同，必须基于国家治理体系和治理能力现代化要求，将拟定罪行为放在整个刑法体系、法律体系、社会治理体系和国家治理体系中予以考量，从而找到刑法适用及定罪的合理定位。正因为如此，2019 年人民法院第七次全国刑事审判工作会议强调，刑事审判工作“必须坚持政治效果、法律效果与社会效果相统一”。

其二，定罪结果必须符合常识、常理、常情。常识、常理、常情即“三常”，是指为社会的普通民众长期认同和共同享有，并且至今没有被证明是错误的常识、常理、常情；是社会民众最基本的是非标准、最基本的行为规则，是普通民众能够按照已成为其潜意识组成部分的“良心”的自觉性判断是非、指导自己行为的标准①，是体现“三个效果相统一”和践行“提高司法公信力，更好维护社会公平正义，努力让人民群众在每一个司法案件中感受到公平正义”的最直观体现。如此标准，其实就是刑法上的罪刑相适应原则和刑法面前人人平等原则的要求和体现。因此，遵循“三常”定罪，其实就是较为直观和符合人民群众司法感受的法律外化做法，是科学合理和重要的。

第三节 量刑与刑事责任

一、量刑概述

（一）量刑的概念与特征

量刑，是审判机关在定罪的基础上，依法对犯罪人进行刑事责任大小及其实现方式裁量的刑事审判活动，是实现刑事责任的基本环节之一。量刑有狭义和广义之分。狭义

① 陈忠林.“常识，常理，常情”：一种法治观与法学教育观. 太平洋学报，2007（6）.

的量刑仅指刑法上的刑事责任大小及其实现方式的裁量活动，广义的量刑还包括程序法上的各相应诉讼活动。它具有如下基本特征：

1. 量刑以定罪为前提

在定罪与量刑的关系上，量刑以定罪为前提。一方面，没有定罪就没有量刑。只有对犯罪行为进行刑法上的认定以后，才能进入量刑环节。另一方面，定罪为量刑确定法定刑幅度。量刑是在定罪确定的法定刑幅度基础上逐步展开的。例如对于某个故意伤害案：如果定的是故意伤害罪的基本犯，那么这个定罪就为量刑选定了“处三年以下有期徒刑、拘役或者管制”的法定刑幅度，量刑就以此为起始标准，审判机关进而根据案件的全部量刑事实、情节和所涉的全部法律规定作出量刑裁决；如果定的是故意伤害罪的第一档加重，那么这个定罪就为量刑选定了“处三年以上十年以下有期徒刑”的法定刑幅度，量刑就以此为起始标准，审判机关进而根据案件的全部量刑事实、情节和所涉的全部法律规定作出量刑裁决。定罪与量刑的如此关系原理决定了：一方面，只有定罪正确，才能做到量刑恰当；另一方面，任何量刑规则的制定，如《量刑指导意见》，都必须遵循该关系原理，避免违背量刑的基本运行规律。

2. 量刑以审判机关为主体

根据宪法和其他相关法律的规定，只有审判机关才是量刑的主体。其他任何机关和个人，如侦查机关、检察机关、被告人、犯罪人、辩护人、自诉人等，虽然以量刑证据收集、量刑指控（量刑建议）、量刑辩护（量刑意见）等方式参与量刑活动，但都不是行使量刑权的主体。这也意味着，检察机关提出量刑建议，并不是行使量刑权，而是行使作为量刑指控与监督的求刑权。

3. 量刑兼以反映社会危害性和反映人身危险性等事实为根据

基于量刑与定罪的刑法意义不同，量刑的事实根据也就与定罪的事实根据有所不同。定罪是对犯罪行为的定性，主要以犯罪中形成的反映犯罪行为的社会危害性等方面的事实为根据。量刑是对犯罪人所应承担的刑事责任大小及实现方式的裁量，主要以犯罪中和犯罪前后形成的反映犯罪人实施犯罪行为的社会危害性大小及人身危险性大小等方面的事实为根据。犯罪行为的社会危害性大小和犯罪人的人身危险性大小，都是行为人的主观恶性与客观方面表现的有机统一。例如，关于没有因钱权交易而带来严重后果的受贿100万元与因索贿10万元而致对方于困难境地这两种情形，后者的主观恶性更大，若仅以客观数额为量刑根据，会带来罪责刑的不相适应。这样，量刑轻重的裁判，并不是计算量刑情节的个数，而是根据案件的所有量刑情节制度所体现的犯罪行为的社会危害性大小和犯罪人的人身危险性大小。

4. 量刑以犯罪人为对象

定罪与量刑的刑法意义及相互关系，决定了它们的对象有所不同。定罪是对行为人的行为进行刑法上的性质认定。这里的“行为人”，在刑事诉讼法上为被告人，也即行为被指控有罪但未经审判确认为有罪的人。量刑是在定罪基础上，对行为人的刑事责任大小及其实现方式的裁量。这里的“行为人”，在刑事诉讼法上为犯罪人，也即行为经审判确认为有罪的人。这意味着：一方面，量刑的对象不可以是未经审判确认有罪的任何人，包括被告人、犯罪嫌疑人。另一方面，量刑的对象并不一定是一审、二审确认有罪的人。

基于定罪与量刑的关系，只要是经审判确认有罪的人，都可以是量刑的对象，既包括一审确认为有罪的人，也包括二审确认为有罪的人，还包括刑罚执行中因减刑、假释程序而需要由审判机关运用裁量权对原判刑罚予以减刑、假释裁判的人。以上关于量刑对象的原理，对科学定位缓刑、减刑、假释等制度的刑法性质，合理构建与运行量刑建议制度等，均具有重要的理论与实践意义。

5. 量刑以裁量刑事责任大小及实现方式为内容

在传统理论上，量刑通常被界定为刑罚的“裁量”。在当前的量刑改革中，量刑被定位为刑罚的“量化”。实际上，随着刑法的现代化发展，刑罚只是刑事责任的一个下位概念，与作为刑法中最核心范畴的“犯罪”概念，不在同一层级上。并且，量刑作为实现刑法的目的、任务和刑罚的目的的价值评价活动，不可能主要是形式逻辑上的加减乘除数学运算。有鉴于此，量刑应以裁量刑事责任的大小及实现方式为内容。一方面，量刑之“刑”不只是刑罚。在我国，因刑事责任的实现方式包括刑罚处罚、非刑罚处罚和单纯宣告有罪，故与定罪对应的量刑的内容，就不只是刑罚处罚，还包括非刑罚处罚和单纯宣告有罪，但是刑罚处罚仍是其主要内容。另一方面，量刑之“量”是“裁量”而不只是“量化”。“刑之量化”与“刑之裁量”的根本不同，在于是否把量刑视为一个能动的、个别化的活动和过程。关于“刑之量化”，因作为量刑事实根据的各因素被事先数量化，故量刑只是一个“对号入座”的、一般化的技术活动和过程；而“刑之裁量”，虽然也在一定程度上包含了“刑之量化”，但更多的是针对个案的具体情况，对作为量刑事实根据的各因素作具体的分析判断，使量刑表现为一个能动的、个别化的活动和过程。这样，就量刑作为综合的价值判断活动而言，虽然其中可以有数量化的技术手段，但决定权还是需要交给作为量刑主体的审判人员。

6. 量刑是行刑的前提和保证

刑罚权在运行中，有制刑权、求刑权、量刑权和行刑权之分，它们分别由立法机关、检察机关或自诉人、审判机关和执行机关行使。行刑作为刑罚权运行中的最后环节，以制刑、求刑和量刑为基础和前提。量刑作为与行刑关系最为直接的环节，需基于刑法和刑罚的目的与功能，通过给犯罪人裁量决定刑罚或非刑罚等处罚措施，为行刑提供依据，以实现刑法的惩罚犯罪、保护人民、保障社会主义建设事业顺利进行的目的、任务和刑罚的预防犯罪目的。这样，量刑适当与否，是行刑能否取得最佳效果的前提和保证。

量刑的以上基本特征，是量刑的基本原理所在，是符合量刑自身特点与运行规律的普遍性道理。它们是刑法现代化的产物，对正确理解和推行量刑规范化、认罪认罚从宽制度、企业刑事合规等改革，具有重要的理论与实践意义。

（二）量刑的刑事责任意义

量刑是刑事审判的一个重要环节，是一个实体性与程序性相互衔接与有机统一的司法活动。它的刑事责任意义，至少可以表现在如下几个方面：

第一，正确量刑是实现刑事责任的必要手段。在刑事审判活动的两个基本环节中，定罪只是对犯罪行为进行性质认定，虽然这也是实现刑事责任的必要环节，但刑事责任的最终实现，尚需要正确的量刑来完成。在刑事责任的几种实现方式中，无论是对犯罪人给予刑罚处罚还是免予刑罚处罚而给予非刑罚处罚或给予单纯宣告有罪的处罚，都需要由量刑来完成。因此，“量刑”是整个刑事法运行的“中心”和“关键”环节。在实践中，其实大家对刑事案件的关注点，在很大程度上还是量刑的轻重。在理论上，很多关于犯罪论问题的困惑与争议，其实是因为对量刑缺乏深入系统研究，特别是没有把定罪与量刑的关系理顺。可以说，随着刑法的现代化发展，如果不懂量刑，不仅做不好法官、检察官和律师，而且无法洞察刑事法理论上与实践中的深层次问题。然而，受“重定罪轻量刑”的传统观念影响，理论上对“量刑问题”重视不够，进而使量刑问题得不到量刑理论的有效指导。随着量刑规范化和认罪认罚从宽制度改革的推进，对量刑理论与实践的把握已显得尤为重要。

第二，正确量刑是落实刑法任务的基本途径。量刑活动作为基本的刑事司法活动，应相应落实刑法的目的、任务。基于《刑法》第 1 条、第 2 条等的规定，这里的目的、任务也包括保护无罪的人不受刑法追诉和有罪的人不受刑法以外的追诉。因此，基于量刑的惩罚犯罪，既不是刑罚的任务，也不是刑法的任务，只是实现刑法目的、任务的基本手段。量刑落实刑法的以上目标，意味着对被定罪的犯罪人量刑，并不是为了给犯罪人刑法制裁而给予刑法制裁，而是为了保护包括犯罪人正当权益在内的所有刑法利益。

第三，正确量刑是贯彻刑事政策的重要方式。党和国家的刑事政策，是我们长期与犯罪进行有效斗争的经验总结，是司法机关正确实施国家法律的重要指针。在量刑时，要注重贯彻刑事政策，充分发挥政策的感召力，分化瓦解犯罪分子，促进罪犯改过自新，有效预防和减少犯罪。宽严相济的刑事政策，是我国当今的基本刑事政策。这一刑事政策，包括“宽”和“严”两个方面。其中，“宽”是其基本方面，意味着对犯罪情节轻微或具有从轻、减轻、免除处罚情节的，依法从宽处罚；对严重的刑事犯罪，如果具有自首、立功等从宽处罚情节的，也应当依法从宽处罚。在“宽”的基础上，对于惯犯、累犯以及没有从宽处罚情节的严重刑事犯罪，应当依法“严”惩，充分发挥刑罚的打击效果和威慑效应，维护国家安全、社会安定、人民权利。在量刑实践中，对量刑起点的选定、量刑情节的提取及量刑情节作用力大小的确定等，在很大程度上都是在刑事政策的指导下完成的。在这个意义上说，量刑是贯彻刑事政策的重要平台。

第四，正确量刑是维护公民合法权益和社会安定的重要措施。罪责刑不相适应的量刑，既没有维护公民的合法权益，也没能维护社会的安定，并有损量刑公信力和司法权威。只有正确量刑，使量刑在罪刑法定、罪刑相适应和刑法面前人人平等原则的基础上实现适法、适当和公平，才是既惩罚了犯罪又保护了人民，并促进了我们的现代化建设和保障了我们的社会长治久安。

二、量刑原则

（一）量刑原则的概念

量刑原则，是指刑法规定的对量刑具有全局性、根本性指导意义和制约作用的基本准则。由此，量刑原则也是主导量刑的方向、弥补量刑具体规定的漏洞与不足的总体性指导法则或标准。它具体表现在，法官在量刑时遇到立法的明确性不足或适用某个规定明显不合理的情况下，应当从量刑原则中寻求解决问题的方向与方案。例如，在《刑法修正案（八）》颁布之前，对于利用 ATM 机的程序错误进行巨额恶意取款的行为，在按 2009 年《刑法》第 264 条的规定定性为“盗窃金融机构，数额特别巨大”的前提下，当在“无期徒刑或者死刑”法定刑幅度内处以刑罚而明显为罪责刑不相适应时，就应基于罪刑相适应原则，适用刑法总则关于免予刑事处罚（《刑法》第 37 条）或酌定减轻处罚（《刑法》第 63 条第 2 款）等的规定，以实现量刑的既合法又合理，避免诸如 2008 年广州许霆案原一审判决中量刑结果的出现。

（二）量刑原则的种类

量刑原则，有基本原则与一般原则之分。量刑的基本原则也即刑法的基本原则。刑法的基本原则如罪刑法定原则、刑法面前人人平等原则、罪刑相适应原则，作为指导整个刑法立法和司法的全局性指导原则，自然也是指导量刑的基本原则，指导着整个量刑活动。在实践中，很多貌似合法而实际既不合法也不合理的量刑判决，在很大程度上就是因为没有遵循罪刑相适应原则。量刑一般原则是专门针对量刑活动的全局性、基本性指导准则。对此，我国《刑法》第 61 条作出了规定，即“对于犯罪分子决定刑罚的时候，应当根据犯罪的事实，犯罪的性质、情节和对于社会的危害程度，依照本法的有关规定判处”。事实上，这个量刑一般原则的规定，是从量刑根据（包括事实根据和法律根据）角度所作的规定，包括量刑“以案件事实为根据”“以刑法规定为准绳”。

量刑“以案件事实为根据”，是对量刑的案件事实要求，是准确量刑的基础和前提。这里的“案件事实”，是指可以被用来评价量刑轻重的一切事实。其一，“犯罪的事实”是犯罪实施过程中发生的所有事实，其中，那些关于犯罪成立评价方面的构成要件事实是被用于定罪的，那些被用于定罪以外的非构成要件事实即反映刑事责任大小的量刑程度方面的事实被用于量刑。其二，“犯罪的性质”本来只是犯罪行为在刑法上属于什么的评价即定罪。这包括评价是不是犯罪，或评价属于哪个罪名的犯罪，或评价属于某个罪名的基本犯、加重犯或减轻犯。但是，基于定罪与量刑的关系，“犯罪的性质”被用于定罪评价，是为量刑确定作为量刑起始标准的法定刑幅度，从而在这个意义上也将其作为量刑的“根据”。其三，“犯罪的情节”也并非当然只是量刑情节。如《刑法》第 13 条关于“情节显著轻微危害不大”的规定，以及作为犯罪基本犯、加重犯、减轻犯犯罪构成要件的“情节恶劣”“情节严重”“情节较轻”等，都不是量刑情节而是定罪情节。只有那些被用于定罪之外的反映犯罪行为社会危害性大小（而不是“有无”，不是评价某个罪名具体犯罪形态的“情节”要求）的“犯罪的情节”，才是量刑情节。其四，“（犯罪的事实、犯罪的性质、情节）对于社会的危害程度”也并非就只被用于量刑。那些被用于评价某个罪名基本犯、加重犯、减轻犯犯罪构成要件的“情节恶劣”“情节严重”“情节较轻”等的反映社会危害程度的事实，都不是量刑事实而是定罪事实。从刑法的正当性根据看，以上关于量刑事实的规定，通常是关于犯罪行为社会危害性方面的量刑根据、关于犯罪人人身危险性方面的量刑根据，由“依照本法的有关规定”予以规定，如《刑法》第 65 条规定的累犯，第 67 条规定的自首、坦白[①]，依照第 5 条罪刑相适应原则和第 37

① 需要说明的是，自首、坦白并非都体现犯罪人人身危险性，也可能仅是为了换取一个相对较轻的处罚，从而使它们的从宽处罚程度有所不同。

条、第62～63条等确定的酌定从重、从轻、减轻、免除处罚的事实。

量刑"以刑法规定为准绳"，是对量刑的法律规范要求，既是罪刑法定原则的直接要求和体现，也是准确量刑的规范标准。这里的"刑法规定"，是关于某个具体个罪的量刑评价体系的全部刑法规定。它既包括某个具体案件量刑事实所对接的刑法总则关于量刑的一般性规定（《刑法》第61条关于量刑根据或一般原则的规定，第30～36条、第38～60条关于刑罚的种类及适用要求的规定，第37条和第62～63条关于免除处罚、从重从轻处罚、减轻处罚的制度性规定，第64条关于量刑时如何处理犯罪所得、所用之物的规定，第65～68条关于特定法定量刑情节的制度性规定，等）；也包括它们对接的特别规定（《刑法》第20～21条关于防卫过当、避险过当等的量刑规定；第22～29条关于犯罪未完成形态、共同犯罪形态的量刑方面的规定，即关于预备犯、未遂犯、中止犯、主犯、从犯、胁从犯、教唆犯如何量刑的规定；第69～71条关于数罪量刑的并罚方法等的规定；第72～86条关于案件如何基于缓刑、减刑、假释作出执行刑的规定；其他法律如《宪法》《监察法》《刑事诉讼法》《行政处罚法》等中关于赦免和刑期折抵的规定；等）；还包括刑法总则关于犯罪成立评价体系的总体性规定（《刑法》第3～5条关于量刑基本原则的规定）。

三、量刑情节

（一）量刑情节的概念

量刑情节，是指法律规定或办案机关依法确定的，量刑时应当考虑的影响量刑轻重的主客观事实，如未成年犯，未遂犯，中止犯，从犯，累犯，自首，立功，坦白，自愿认罪，被害人有过错，退赃退赔，积极赔偿被害人经济损失，前科劣迹和针对未成年人、老年人、残疾人、孕妇等弱势人员犯罪，等。

从正当性根据上看，凡是反映犯罪行为的社会危害性、反映犯罪人的人身危险性方面的事实以及其他法律特别规定的情况，都是量刑情节。它具体可以分为如下四种情形：(1) 反映犯罪行为的社会危害性方面的量刑情节。如，未遂犯是反映犯罪行为的社会危害性相对较小的情节，针对老年人、未成年人、残疾人、孕妇等弱势人员犯罪是反映犯罪行为的社会危害性较大的情节。(2) 反映犯罪人的人身危险性方面的量刑情节。如，自首、坦白、被害人有过错均是反映犯罪人人身危险性较小的情节，累犯、前科劣迹均是反映犯罪人人身危险性较大的情节。(3) 既反映犯罪行为的社会危害性又反映犯罪人的人身危险性的量刑情节。如，从犯、中止犯、积极赔偿被害人经济损失、胁从犯，既反映了这些犯罪行为的社会危害性较小，又反映了这些犯罪人的人身危险性较小。(4) 既不反映犯罪行为的社会危害性也不反映犯罪人的人身危险性的其他法定量刑情节。这类量刑情节有三个特点：一是都只能是从宽处罚情节。在现代刑法上，基于并合主义的正当化罪责根据，量刑兼以犯罪行为的社会危害性和犯罪人的人身危险性为根据。但是，基于罪刑法定主义的人权保障精神，可以在以上根据之外作出有利于犯罪人的从宽处罚。例如，刑法特别规定的，对已满12周岁不满18周岁的犯罪人应当从轻或减轻处罚，对犯罪的时候不满18周岁的人或审判的时候怀孕的妇女不适用死刑，反映的就不是社会危害性和人身危险性，而是刑法的人性关怀或人权保障。二是都只能是法定量刑情节。它们都是刑法特别规定的，司法机关不可在刑法特别规定外另外确认这类量刑情节。三是都有刑法上的正当性根据。根据《刑法》第 61 条关于量刑根据的规定，“对于犯罪分子决定刑罚的时候，应当根据犯罪的事实、犯罪的性质、情节和对于社会的危害程度，依照本法的有关规定判处”。这意味着，在现代刑法上，量刑的根据并不只是反映犯罪行为社会危害性和犯罪人人身危险性的事实，还有那些“本法的有关规定”规定的其他事实。这是并合主义的刑法正当性根据的发展所在，符合罪刑法定原则的人权保障蕴含。

量刑情节与犯罪情节是既有联系又有区别的两个概念。犯罪情节，是犯罪中形成的主客观事实，可能是定罪情节或量刑情节。定罪情节是影响定罪的主客观事实，如：盗窃犯罪中发生的，被用来评价基本犯成立要件的“数额较大”盗窃数额（如为 5 000 元，达到了通常所需 2 000 元的数额较大标准）；盗窃案存在的，被用来评价“情节显著轻微危害不大”的积极退赃、初犯、偶犯、平时表现较好等事实。量刑情节是影响量刑轻重的主客观事实，如，盗窃犯罪过程中发生的“数额较大”盗窃数额的具体大小（如为 5 000 元，比 2 000 元数额的危害性大），行为人犯罪前的前科劣迹，犯罪后的自首、坦白、立功。这样，与定罪情节一样，量刑情节既包括犯罪过程中形成的犯罪情节，也包括犯罪前后的非犯罪情节。在通常情况下，定罪情节与量刑情节由不同事实充当。如按《刑法》第 232 条关于故意杀人罪的规定，妇女因丈夫一般的过错而将其杀害的事实，通常被评价为故意杀人罪基本犯的酌定从宽处罚情节；但若是因丈夫有大的过错（如长期虐待妻子）而杀死丈夫的事实，就应被评价为故意杀人罪减轻犯即“（故意杀人）情节较轻的”的定罪情节。在这里，定罪情节与量刑情节分别由丈夫有大的过错和一般过错两个不同性质的事实充当。但在某些情况下，定罪情节与量刑情节会由同一事实的不同侧面或不同属性充当。如对于盗窃 5 000 元人民币的事实，在以 2 000 元为盗窃罪基本定罪标准的情况下，在定罪时这 5 000 元表明达到数额较大标准而为盗窃罪基本犯的定罪情节，在量刑时这 5 000 元表明大于数额较大标准①而为其酌定从重处罚的量刑情节。又如对于 14 周岁的人故意杀人的事实，在定罪时表明其符合故意杀人罪的犯罪主体要求，为其基本犯的犯罪情节；在量刑时表明其为未满 18 周岁的未成年人犯罪，为应当从轻、减轻处罚的量刑情节。

（二）量刑情节的功能

在我国现行刑法中，量刑情节，无论是法定量刑情节还是酌定量刑情节，都具有从重处罚、从轻处罚、减轻处罚和免除处罚的量刑功能。

（1）从重、从轻处罚。《刑法》第 62 条规定：“犯罪分子具有本法规定的从重处罚、从轻处罚情节的，应当在法定刑的限度以内判处刑罚。”据此规定，所谓从重处罚，是指在所犯之罪应适用的法定刑幅度内，选择适用较重的刑种或较长的刑期的功能性量刑制度；所谓从轻处罚，是指在所犯之罪应适用的法定刑幅度内，选择适用较轻的刑种或较

① 不能将 5 000 元分割为 2 000 元为定罪情节和 3 000 元为量刑情节，这个 5 000 元的盗窃数额是一个事实，不可以分割适用。正如不可将 14 周岁的人故意杀人的事实分割为定罪情节与量刑情节的道理一样。石经海．论量刑基准的回归．中国法学，2021（5）.

短的刑期的功能性量刑制度。在实践中，从重处罚和从轻处罚是基于情节事实在法定刑幅度内作出相对于没有这个情节时要重一些或轻一些的裁处。至于到底要重多少或轻多少，既不能一概而论，也不能机械地以法定刑幅度的中线或通过实证统计的点或幅度为基准决定，而应当结合本案其他量刑情节予以综合裁处。同时，从重处罚和从轻处罚既可以为法定情节，也可以为酌定情节。如：累犯为法定的从重处罚情节，坦白为法定的从轻等处罚情节；在疫情防控期间哄抬急需品价格、盗窃或抢夺弱势群体财物的，为酌定的从重处罚情节，被害人有过错为酌定的从轻等处罚情节。

（2）减轻处罚。《刑法》第 63 条第 1 款规定："犯罪分子具有本法规定的减轻处罚情节的，应当在法定刑以下判处刑罚；本法规定有数个量刑幅度的，应当在法定量刑幅度的下一个量刑幅度内判处刑罚。"第 2 款规定："犯罪分子虽然不具有本法规定的减轻处罚情节，但是根据案件的特殊情况，经最高人民法院核准，也可以在法定刑以下判处刑罚。"据此规定，所谓减轻处罚，是指在所犯之罪应适用的法定刑幅度之下选择适用刑种或刑期的情形，具体包括法定减轻处罚和酌定减轻处罚两种。其中，所谓法定的减轻处罚，按《刑法》第 63 条第 1 款的规定，是指由司法机关根据案件情况和刑法的具体规定予以确定，减轻适用所选择的刑种或刑期需在下一个量刑幅度内的功能性量刑制度；所谓酌定的减轻处罚，按《刑法》第 63 条第 2 款的规定，是指由司法机关根据案件情况予以具体确定，对减轻适用所选择的刑种或刑期的量刑幅度没有限制，但需经最高人民法院核准的功能性量刑制度。①

（3）免除处罚。《刑法》第 37 条规定："对于犯罪情节轻微不需要判处刑罚的，可以免予刑事处罚，但是可以根据案件的不同情况，予以训诫或者责令具结悔过、赔礼道歉、赔偿损失，或者由主管部门予以行政处罚或者行政处分。"据此，所谓免除处罚，是指因犯罪情节轻微而不需要判处刑罚，宣告有罪而不给予刑罚处罚的功能性量刑制度。免除刑罚处罚的前提是犯罪情节轻微而不是情节显著轻微和犯罪性质轻微。一方面，情节显著轻微危害不大的，按《刑法》第 13 条的规定，不是犯罪。另一方面，免除刑罚处罚的适用，并不需要以犯罪性质轻微为前提，即使是性质严重的犯罪（如故意杀人罪），只要案件的犯罪情节属于轻微、不需要判处刑罚的，就可以考虑作为法定或酌情量刑情节给予免除刑罚处罚。酌定免除处罚，在认罪认罚从宽制度改革和企业刑事合规改革中有着广泛的探索适用空间。免予刑罚处罚并不意味着不给予任何处罚，可以视案件具体情况，依据《刑法》第 37 条、第 37 条之一等的规定，给予训诫或者责令具结悔过、赔礼道歉、赔偿损失，或者由主管部门予以行政处罚或者行政处分的非刑罚处罚，或者给予相应的职业禁止处置。

在我国，曾有过"加重处罚"量刑情节。如全国人民代表大会常务委员会于 1983 年 9 月 2 日通过《关于严惩严重危害社会治安的犯罪分子的决定》，将"流氓犯罪集团的首要分子或者携带凶器进行流氓犯罪活动，情节严重的，或者进行流氓犯罪活动危害特别严重的"等六类严重危害社会治安的情形，规定为"加重处罚"量刑情节，允许"在刑法规定的最高刑以上处刑，直至判处死刑"。然而，随着 1997 年《刑法》全面修订时罪

① 为有利于本制度的适用，应通过修改立法将其核准权交由高级人民法院行使。

刑法定原则的立法确立，“加重处罚”量刑情节也被废止。

（三）量刑情节的种类

1. 法定量刑情节与酌定量刑情节

以量刑情节的内容和功能是否由法律明确规定为标准，可以将量刑情节分为法定量刑情节与酌定量刑情节。所谓法定量刑情节，是指内容和功能由法律明确规定的，反映犯罪行为社会危害性和犯罪人人身危险性程度的法律事实。刑法除明确规定了它们的内容（名称）外，还明确规定了它们的“从重处罚”或“从轻处罚”、“减轻处罚”、“免除处罚”功能。根据规定的法律不同，具体有普遍适用的总则性量刑情节和只适用于特定犯罪的分则性量刑情节。如《刑法》第 17 条规定的“未成年犯罪”，为总则性法定量刑情节，其内容为“已满 12 周岁未满 18 周岁的人犯罪”，功能为“应当从轻或减轻处罚”，它普遍适用于所有未成年人犯罪；《刑法》第 279 条规定的“冒充人民警察招摇撞骗的，依照前款的规定从重处罚”，为分则性量刑情节，其内容为“冒充人民警察招摇撞骗的”，功能为“依照前款的规定从重处罚”，它仅适用于招摇撞骗罪。据统计，截至 2020 年《刑法修正案（十一）》出台前，我国刑法中共有 50 多个法定量刑情节，其中 3/4 的是从重处罚的法定量刑情节。

所谓酌定量刑情节，是指内容和功能未被法律明确规定，需由司法机关根据法律的原则制度确认的，反映犯罪行为社会危害性和犯罪人人身危险性程度的法律事实。确定酌定量刑情节的相关规定，既包括《刑法》第 5 条关于罪刑相适应原则和第 61 条关于量刑根据的原则性规定，也包括《刑法》第 62 条、第 63 条和第 37 条关于从重、从轻、减轻和免除处罚的制度性规定。其中，原则性规定意味着，凡是反映犯罪行为社会危害性大小的事实和反映犯罪人人身危险性大小的事实，都应当为量刑情节；制度性规定意味着，酌定量刑情节是司法机关依据刑法的原则性规定，结合关于从重、从轻、减轻和免除处罚功能的制度规定所确认的量刑情节。如，有前科的，以未成年人、老年人、残疾人、孕妇等弱势人员为犯罪对象的和在重大自然灾害，预防、控制突发传染病疫情等灾害期间故意犯罪的，均是对应《刑法》第 62 条规定的酌定从重处罚量刑情节；当庭自愿认罪、被害人有过错、退赃退赔、积极赔偿被害人经济损失并取得谅解、当事人依法达成刑事和解协议、羁押期间表现好、认罪认罚的，均是对应《刑法》第 62 条、第 63 条、第 37 条规定的酌定从轻、减轻或免除处罚量刑情节。据此，那些根据刑法的以上原则制度通过司法解释方式明确的量刑情节，也只是酌定量刑情节。在《量刑指导意见》所列 18 种常见量刑情节中，有 3 种酌定从重处罚情节，有 10 种酌定从宽处罚情节。

在司法上，对酌定量刑情节通常可以从如下方面予以考察：（1）犯罪动机。犯罪动机不同，反映犯罪人的主观恶性以及其行为所具有的社会危害性也就不同。一般来说，犯罪动机越是卑鄙恶劣，主观恶性及社会危害性就越大，量刑也应相对重些。（2）犯罪手段。犯罪手段残酷、狡猾程度不同，犯罪人仇视社会的程度、犯罪经验以及其行为所具有的社会危害性大小也有所不同。（3）行为时的犯罪时间、地点等环境和条件。不同政治、经济和社会治安形势下实施的犯罪行为，所造成社会危害性大不相同。比如在重大自然灾害，预防、控制突发传染病疫情等期间故意犯罪的，其社会危害性比平时的一般犯罪的危害性要大，在量刑时应酌定从重处罚。（4）犯罪侵害的对象。犯罪侵害对象的具体情况不同，会带来社会危害性上的差异。如以未成年人、老年人、残疾人、孕妇等弱势人员为犯罪对象的故意犯罪，其社会危害性比侵害其他对象的犯罪的危害性要大，在量刑时应酌定从重处罚。（5）犯罪所造成的损害结果。那些非构成要件的损害结果，包括直接的、有形的结果（如对被害人造成的物质损害），间接的、无形的损害（如行为对社会的危害和恶劣影响等）。它们可能是非犯罪构成要件的损害结果，也可能是用作定罪要件同时表明犯罪行为社会危害性大小的损害结果（如盗窃 5 000 元，既是盗窃“数额较大”的定罪要件，也表明比 2 000 元“数额较大”标准有相对较大的危害），都是犯罪行为所造成社会危害的反映，在量刑时应酌定从重处罚。（6）犯罪人的个人情况和一贯表现。这些情况和表现在一定程度上反映出犯罪人的人身危险性大小，在量刑时应斟酌考虑。（7）犯罪人犯罪后的态度。行为人犯罪后除法定情节以外的态度，如是否积极实施挽救以防止结果的发生，是否积极退赃退赔，是否主动赔偿损失，是否有良好的羁押表现等，都在一定程度上反映出犯罪人的人身危险性大小，在量刑时应斟酌考虑。

法定量刑情节与酌定量刑情节既有联系又有区别。二者的联系表现在：在实质内容上，都是反映行为社会危害性和犯罪人人身危险性的事实，因而对量刑都有影响；在存在根据上，因量刑情节本身复杂多样和贯彻罪刑相适应原则的需要不同，而都有必要存在，且不可互相替代；在功能上，没有作用力大小之分，因此在具体适用时应当一并重视，既不能有所遗漏，也不能片面强调一种情节而忽视另一种情节，尤其是要防止轻视甚至忽视酌定情节的倾向，否则，就必定出现对诸如2008年广州许霆案的一审判决罪刑不相适应问题的巨大争议。

二者的区别表现在：（1）法定性的具体表现不同。二者的法定性区别不在于有无法律规定，而在于法律具体规定的是什么。法定量刑情节是刑法对量刑情节的内容（名称）和功能均作出明确规定，而酌定量刑情节是量刑情节的内容（名称）和功能由司法机关根据法律的相应原则制度规定予以确认。（2）情节的具体根据有所不同。虽然二者都以反映犯罪行为社会危害性大小和反映犯罪人人身危险性大小为量刑的正当性根据，但立法基于人性关怀、人权保障等特殊原因，还专门设定了一些从宽处罚的法定量刑情节，如“犯罪的时候不满 18 周岁的人和审判的时候怀孕的妇女，不适用死刑”“审判的时候已满 75 周岁的人，不适用死刑，但以特别残忍手段致人死亡的除外”等。（3）情节的具体适用规则不同。对法定量刑情节直接依照立法的规定适用，对酌定量刑情节依法律的相应原则制度在宽严相济刑事政策指导下适用，包括按司法解释的规范化规则适用。综观我国刑事司法解释规定，这些被司法解释规范化的酌定量刑情节已有很多。

2. 应当型量刑情节与可以型量刑情节

以量刑情节对量刑结果是必定性还是倾向性影响为标准，可以将量刑情节分为应当型量刑情节与可以型量刑情节。所谓应当型量刑情节，是指对量刑结果产生必定性影响的量刑情节；所谓可以型量刑情节，是指对量刑结果产生或然性影响的量刑情节。在我国，法定量刑情节中有部分是可以型量刑情节。所有具有从重处罚功能的法定量刑情节，都是应当型量刑情节；从宽处罚的法定量刑情节中，既有应当型的也有可以型的。

应当型量刑情节与可以型量刑情节的关键区别，不在于量刑情节是否适用，而在于是必定适用还是倾向性适用。应当型量刑情节的适用是必定的，且其对量刑结果必定产生影响。可以型量刑情节的适用是带有倾向性和酌定性的。一方面，在司法上，“可以”作为一种授权性规范的表达方式，反映了立法者的倾向性意见，对犯罪者从宽处罚时不需要特别理由，但不从宽处罚时需要特别理由。另一方面，可以型量刑情节对量刑结果产生多大的影响，由审判人员根据量刑情节所体现的社会危害性和人身危险性大小裁量。如自首、坦白、立功、赔偿被害人经济损失等，在一般情况下都是可以型量刑情节，这些量刑情节，在实践中，一般都要被提取和影响量刑；但在少数情况下，因犯罪的社会危害性极大、后果特别严重、犯罪手段极为残忍、犯罪人缺乏真实悔罪表现等，酌定情节对量刑的影响有多大，由审判人员根据它们所体现的社会危害性或人身危险性的大小予以裁量。

（四）量刑情节的适用

1. 量刑情节的全面考量与综合平衡

所谓量刑情节的全面考量与综合平衡，是指在量刑时应对个案量刑产生影响的所有量刑情节作通盘考虑，慎重处理各种情节之间的矛盾冲突。具体而言，既要全面考量，又要有所取舍；既不能漏掉某个情节，也不能把不该重复评价的情节重复评价；对各情节既不能孤立适用，又不能不分轻重主次适用；既要找出其中的决定性情节，又要分清其中的一般性情节。这意味着，对于既有法定情节又有酌定情节，既有从重情节又有从轻情节的案件，既不能等量齐观而一对一抵消，又不能绝对地认为法定情节应当重于酌定情节；既不能只重视多数情节而忽视少数决定性量刑情节的作用，又不能只重视个别关键性量刑情节而不重视多数情节的作用。至于具体如何全面考量与综合平衡，须依据刑法的相应规定和罪刑相适应原则的要求，根据情节所应具有的社会危害性大小和人身危险性大小裁量。

2. 避免量刑情节的重复评价

在量刑情节的适用中，应避免对同一犯罪事实予以二次或二次以上的法律评价，包括量刑情节与定罪情节的重复评价，以及量刑情节与量刑情节的重复评价。如在盗窃案中，对于盗窃孤寡老人财物的事实，在案件数额达到“数额较大”时，该事实是影响刑罚的量刑情节；在案件数额达不到“数额较大”时，该事实是决定是否成立犯罪的定罪情节，此时，该事实就不能再被作为量刑情节使用，否则就是重复评价。又如，在交通肇事案中，对于交通肇事致 1 人重伤后逃逸的事实，在行为人负事故全部或主要责任并因酒后、吸毒后驾车或无证驾车等情形已成立交通肇事罪的情况下，该事实属于“交通肇事后逃逸”这个加重犯的定罪情节，不能再被作为量刑情节使用；在行为人负事故全部或主要责任并因该事实成立交通肇事罪的情况下，该事实属于交通肇事罪基本犯的定罪情节，不能再被作为量刑情节使用。

四、量刑方法

量刑方法，是审判人员依法对犯罪人进行刑事责任大小及其承担方式裁量的手段，既是量刑原则、量刑政策、量刑理念、量刑情节等的综合运用，也是统一法律规范下的具体问题具体分析。

（一）经验量刑法

所谓经验量刑法，是指主要基于案件事实依法综合作出裁量的定性式量刑方法。在理论上，通常称之为“估堆量刑法”。在实践中，其做法通常是，法官首先审理案件，掌握案情，在法定刑的范围内，参照司法实践的经验，大致地估量出对该案应判的刑罚，接着再考虑案件中存在的加重、从重、减轻、从轻等各种量刑情节，最后综合地估量出应当执行的刑罚并加以宣告。这种量刑方法，几乎停留在传统形式逻辑的技术手段上，没有把现代形式逻辑（数理逻辑）融入现代科技手段中，从而与刑法现代化的要求和表现不相适应。

（二）现代量刑方法

所谓现代量刑方法，是指主要基于现代科学技术等的定量式量刑方法，主要有层次分析法、数学模型法、定量分析法和电脑量刑法等。所谓层次分析法，又称多层次加权分析决策法，是指基于系统论而对非定量事件作定量分析、对人们的主观判断作客观描述的方法；所谓数学模型法，是指基于量刑的法律系统模型而使量刑数学化的量刑方法；所谓定量分析法，具体又可分为加权平均测评法、指数确定法和积分量化法，是指基于系统论而对犯罪事实情节和法定刑幅度作定量分析的量刑方法；所谓电脑量刑法，是指运用计算机系统存储的法律和有关知识进行推理判断的量刑方法。这些量刑方法，虽然都运用了系统论等现代理论成果，但在实质上都只是“用数学形式来表现形式逻辑的推论关系”的定量方法。然而，量刑并不是一个简单的算术或数学问题，也不是简单的推理和证明，它既需要实现一定的法律功能也需要达到一定的社会效果；数学上的加减乘除不能解决量刑所涵盖的复杂社会矛盾。它们不仅没有使量刑彻底从经验作业方法中解脱出来，而且挤压了量刑所需要的裁量权，从而使量刑无法遵循量刑的思维规律。

基于以上传统与现代量刑方法的固有不足，在当前量刑规范化改革中，创造了“定性为主，定量为辅”的规范化量刑方法。在这个过程中，从量刑起点到基准刑到宣告刑的确定，在很大程度上是通过将量刑情节数量化的方式来实现的。虽然要求“综合考虑全案情况”，但这主要是将全案量化的量刑情节进行加减运算而得出的“综合计算结果”，并直接约束着量刑结果。在功能上，定量只是一种数量上的客观事实，本身不具有价值论上的判断取向；而定性刚好相反，本身不是一种客观事实，而是一种带有价值取向的主观判断。只要量刑结果实质上受量化结果的约束而不是参考，那么这个方法就不是以定性为主而是以定量为主。因此，如此规范化量刑方法，实际上仍然只是一种定量分析的方法。

（三）分步量刑方法

据我国刑法立法规定以及定罪与量刑的相互关系，量刑实际上是“法定刑→处断刑→宣告刑→执行刑”的动态运行过程。

1. 先通过定罪选定法定刑幅度

基于定罪与量刑的内在关系，定罪不是为了定罪而定罪，而是要确定作为量刑起始标准的法定刑幅度。因此，对于有基本犯、加重犯或减轻犯设置的罪名，定罪还要定到其基本犯或加重犯或减轻犯，从而确定相应的法定刑幅度。如对故意伤害罪的定罪，按

《刑法》第234条的规定，若是一般的故意伤害他人身体的，就定基本犯，相应确定“处三年以下有期徒刑、拘役或者管制”为其量刑的起始标准；若是故意伤害他人身体致人重伤的，就定第一档加重犯，相应确定“处三年以上十年以下有期徒刑”为其量刑的起始标准；若是故意伤害他人身体致人死亡或者以特别残忍手段致人重伤造成严重残疾的，就定第二档加重犯，相应确定“处十年以上有期徒刑、无期徒刑或者死刑”为其量刑的起始标准。又如对故意杀人罪，按《刑法》第232条的规定，若是基本犯，相应确定“死刑、无期徒刑或者十年以上有期徒刑”为其量刑的起始标准；若是减轻犯（情节较轻），相应确定“三年以上十年以下有期徒刑”为其量刑的起始标准。

2. 根据免除处罚情节裁处免刑

免除刑罚处罚的量刑情节及刑事责任实现方式，是相对于个罪而不是具有数罪的个案而言的。对于只有一个免予刑罚处罚量刑情节的个罪，就可以直接不给予刑罚处罚而只作单纯有罪宣告，或者作出不予刑罚处罚但可能给予非刑罚处罚的裁判。从我国现行刑法立法来看，这个“犯罪情节轻微不需要判处刑罚”，具体表现在《刑法》第10条、第19条、第20条、第21条、第24条、第27条、第28条、第67条、第68条、第351条、第383条、第390条、第392条等的规定中。以上关于“免除处罚”的量刑情节，实际上就是免除刑罚处罚的量刑情节，并非指不给任何处罚。另外，对有些情节如犯罪人系初犯、偶犯、激情犯，在犯罪情节轻微的情况下，且基于宽严相济的刑事政策和刑罚轻缓化的时代精神，也可酌情考虑免除刑罚处罚。

3. 按减轻处罚情节确定处断刑

处断刑是指审判机关对于具有加重或减轻情节的被告人，在变更法定刑范围之后以判决的形式所确定的刑罚。据此，所谓处断刑，就是根据个罪基本犯罪构成事实确定的法定刑幅度的下一个或下几个的法定刑幅度。如在根据个罪基本犯罪构成事实确定的法定刑幅度为“处三年以下有期徒刑、拘役或者管制”的情况下，在个案存在法定或酌定减轻处罚情节时，其处断刑为给予非刑罚处罚或单纯宣告有罪的处罚；在根据个罪基本犯罪构成事实确定的法定刑幅度为“处三年以上十年以下有期徒刑”的情况下，在个案存在法定或酌定减轻处罚情节时，其处断刑一般在“处三年以下有期徒刑、拘役或者管制”这个法定刑幅度；在根据个罪基本犯罪构成事实确定的法定刑幅度为“处十年以上有期徒刑、无期徒刑或死刑”的情况下，在个案存在法定或酌定减轻处罚情节时，其处断刑可以在“处三年以上十年以下有期徒刑”“处三年以下有期徒刑、拘役或者管制”等法定刑幅度。

处断刑以各种法定或酌定减轻处罚情节为依据，且只针对有加重或减轻情节的具体犯罪（个罪）适用，并非任何具体犯罪都存在。至于如何界定减轻处罚情节，尚需综合犯罪情状、犯罪人情状、刑事政策乃至常理、常识、常情等诸多因素。从我国现行刑法立法来看，不仅有很多关于减轻处罚而形成处断刑的量刑情节的明文规定，即法定减轻处罚情节，而且有酌定减轻处罚情节。它们具体根据刑事政策和司法解释等确定，如偶犯、初犯、激情犯、被害人的过错、不可复制的诱惑犯等。至于案件的社会影响，如民意等能否作为酌定量刑情节，要区分媒体炒作所形成的所谓民意与基于案件实情所形成的民意。前者自然不可作为处断刑的根据，而后者应当作为处断刑的根据。

4. 据从轻、从重情节裁量宣告刑

所谓宣告刑，一般认为，是法官在审理具体案件时对具体犯罪判决宣告的应当执行的刑罚。从刑罚的司法运行，即“法定刑→处断刑→宣告刑→执行刑”和“法定刑→免刑”的完整过程来看，宣告刑应不以免除处罚情节、减轻处罚情节和数罪并罚、刑期折抵、缓刑等量刑制度为裁量根据，而其实际上只是针对具体个罪根据从轻、从重处罚情节所裁量和宣告的刑罚。

在性质上，宣告刑只不过是一种裁判上的刑罚：一方面，它以法定刑或处断刑为基础，在法定刑或处断刑范围内作出；另一方面，它并不就是行刑的直接依据。在存在数罪并罚或刑期折抵等量刑制度要适用的情况下，宣告刑还要形成执行刑，才能由审判机关移交给执行机关执行。这意味着，宣告刑在本质上，是对具体个罪的具有“罪刑均衡”或“同案同判”品质的法定刑幅度的调整和变更，使相对统一化的法定刑幅度，变为具体个罪的个别化刑罚。

从表面上看，宣告刑是审判机关对犯罪人以判决形式宣告的刑罚。但从宣告刑与法定刑、处断刑、执行刑、免刑在量刑情节上的内在关系来看，宣告刑只不过是根据从重或从轻处罚情节进行裁量的刑罚。这是因为，虽然量刑情节可被分为从重处罚情节、从轻处罚情节、减轻处罚情节、免除处罚情节四种情况，但减轻处罚情节、免除处罚情节分别为处断刑和免刑裁量的根据，分别在选定下一个量刑幅度（法定刑幅度）的处断刑裁量、只定罪不处刑等的免刑裁量中被使用，不可能在宣告刑裁量中再被重复使用，因而宣告刑的裁量，实际上仅以从重或从轻处罚情节为根据。发现和重视这一点，对构建合理量刑规则、匡正不当量刑做法、作出罪刑相适应量刑裁判，至关重要。

宣告刑裁量中最需要关注的是如何理解和适用“从轻处罚”和“从重处罚”。对此，理论上和实践中存在较大争议。概括起来，大体有“中间线”法、“两端”法、“同类相比”法、“相对”法、“实证归纳”法、“数学运算”法等六种观点或做法。其中，“相对”法，较为可取。虽然“中间线”法曾在司法实践中影响最为广泛，但其问题也显而易见，正如有论者所指出的那样，它不仅没有把量刑的从轻或从重情节与整个案件的罪行联系起来，机械看待并过高地估计某一情节对量刑结果的影响，而且不适应我国刑法中的那些有几个刑种、有多个从轻和从重处罚情节等的复杂情形。“两端”法因其极端性而既不符合立法意图也不能适应司法实际需要。虽然“同类相比”法提出了比较的参照对象，但这里的“同类事实”指什么？究竟如何理解其中的“较重的刑罚”和“较轻的刑罚”？实践中仍难以确定。“实证归纳”法，因其脱离个案具体实际的“一刀切”做法，不仅忽视了诸如强奸罪基本犯（处 3 年以上 10 年以下有期徒刑）与加重犯（处10 年以上有期徒刑、无期徒刑或者死刑）是基于不同“法定刑幅度”所作出的量刑裁判问题，而且曲解了“司法不可对立法断章取义适用”的立法与司法关系，而并不可取。“数学运算”法的不合理性在前述量刑方法和量刑基准的阐述中已经论及，在这里不再赘述。只有“相对法”，因其认为“从重”“从轻”相对于“不具有这种从重情节或从轻情节”要重或要轻，而使审判机关能够比较明确、具体地确定“从轻”“从重”在宣告刑裁量中的相对位置与作用力大小，从而可以准确理解和适用刑法。

5. 依全案量刑制度确定执行刑

量刑，并非只是作出宣告刑的裁量活动，还应包括作出执行刑的裁量活动。基于宣告刑针对个罪和从轻、从重处罚情节的实质特点，对于案件为多个个罪、存在先行羁押、需要调整刑事责任的实现方式、需要适用缓刑，以及因刑罚交付执行后犯罪人有法定变更事由而要由审判机关进行减刑、假释的情形，还需要对针对个罪宣告的宣告刑进行数罪并罚，对被先行羁押的犯罪人进行刑期折抵，对适用缓刑确实不致再危害社会的轻罪犯罪人适用缓刑，裁定是否适用或如何适用减刑、假释。显然，这些司法活动都是审判机关裁量确定“执行刑”的活动。

执行刑与执行机关对刑罚的执行，在性质上是根本不同的。如果说执行刑相当于医生开具的“处方”的话，则执行机关对刑罚的执行就相当于护士按“处方”给病人打针、吃药乃至监护，登记和向医生上报各种治疗信息材料，对治疗效果明显的提请减少药量、对提前康复的提请提前出院，等。实际上，所谓执行刑，是在宣告刑的基础上根据特定事实（如需并罚的数罪）在裁判中确定的移至行刑阶段执行的刑罚，而不是刑罚的执行。执行刑并不是由执行机关确定的，而仍是由审判机关量定的。

五、量刑改革

为了更好地贯彻落实宽严相济的刑事政策，增强量刑的公开性和透明度，实现量刑公正和均衡，更好地满足人民群众对刑事审判工作的新要求、新期待，更好地维护社会公平正义，我国司法机关自二十一世纪初以来开展了宏大的量刑改革。其中，最为突出的是量刑规范化改革和认罪认罚从宽制度改革。

（一）量刑规范化改革

我国的量刑规范化改革是一场首先由部分基层法院于2003年发起、随后为其他地方法院所效仿和最高人民法院所肯定及着手调研与牵头推广实施的“自下而上”与“自上而下”的中央司法改革。其间，其经过了从过去“部分法院初步试点—全国法院全面试点—全国法院全面试行”到现在“全国法院全面施行”的发展历程。

所谓量刑规范化，是指规范裁量权，将量刑纳入法庭审理程序，在遵循量刑规律的前提下，通过设置和适用完备的程序制度，使审判机关作出公正有效及符合刑罚目的的量刑裁决。从运行规律上看，量刑并不是抽象法律规范在具体案件中的简单对号入座，而是把抽象的法律规范与具体的案情事实相结合，并上升到量刑判决的动态过程。在这个过程中，既需要统一的法律规范，又需要具体案件的全部量刑事实，还需要法官的理性、知识、良知，并在遵循量刑规律和刑法基本原则的前提下，最终形成具体的量刑判决。

要不要搞量刑规范化，理论上和实践中曾争议较大。其实，“没有规矩无以成方圆”，无论是基于“幅度过大”的法定刑立法，还是针对需“具体问题具体分析”的自由裁量司法，没有规范化的手段，就难以有“方圆”的量刑目标。在这个意义上，为了公正有效地实现量刑目标，量刑的规范化是非常必要的。这意味着，这里的争议不在于是否要搞量刑规范化，而在于如何科学合理地搞量刑规范化。

科学合理的量刑规范化的实现，需特别注意如下三个方面的问题：

一是要正确理解和保障量刑裁量权。所谓量刑裁量权，并不是“任意的裁量权”，而是根据案件全部事实和所涉全部法律，基于量刑规律和法官的理性、知识、良知等，酌情作出决定的权力，并且这种决定在当时情况下应是公正、公平和合理的。实践中的所谓量刑“以事实为根据、以法律为准绳”，并强调“量刑说理”，以使量刑公开、透明，就意味着量刑裁量权的行使不是“任意的”，而必须以相应的法律制度和具体的案件事实为根据。

二是要避免将量刑规范化等同于“同案同判”“量刑同一”。量刑不均是世界各国量刑中的一大弊病，它不仅影响审判机关的公信力和量刑权威，而且也有损量刑的公正有效性。但并不能由此就要求对具体案件必须“同案同判”“量刑同一”。实际上，“同案异判”与“量刑不均”是根本不同的两个问题。对于前者，固然非理性的“同案异判”确属“量刑不均”而应被摒弃，但理性的“同案异判”，不仅不是“量刑不均”，反而对实现量刑的实质公正及量刑效果来说，是必要而又重要的。在同一时空条件下，对性质相同、情节相当的犯罪，不仅犯罪行为的社会危害性可能不同，而且犯罪人的人身危险性也往往不同；并且，对于具体案件，“适用相同的法律”，只是表明这些案件的“量刑基准”相同，而不意味着它们的量刑结果也必须相同；特别是，即使是在同一个案件中，不同审判人员间对量刑情节的合理评价差异，也必然带来不同的量刑结果。因此，虽然量刑规范化以实现“量刑均衡”为重要目标，但它并非要绝对消除“同案异判”和“同罪异罚”。

三是要制定完善的程序制度来规范量刑裁量权的行使。基于量刑裁量权容易被公平正义以外的东西所左右的问题，量刑规范化的正确做法，应是制定完善的程序制度来规范而不是挤压量刑裁量权的行使。这里的程序制度，包括正确的量刑原则、科学的量刑方法和完善的量刑程序，以及由此提取和适用的量刑情节等。

应当说，既有量刑规范化改革取得了诸多重要成效。如将量刑程序纳入庭审，使量刑的程序公正得以真正实现；要求全面提取和适用量刑情节，使量刑的实体公正得以真正实现；大大改变了长期存在于理论上和实践中的“重定罪、轻量刑”的观念和做法；强调量刑指导原则在量刑中的运用，有利于减少量刑法律适用的片面性；强调刑事政策在量刑中的指导作用，有利于量刑“三个效果”的实现。当然，改革也存在需要进一步深入研究的问题。如在相应的法定刑幅度内另外确定“量刑起点”“基准刑”的做法是否背离了刑法的体系化适用特质？将具有从轻、减轻或免除处罚等不同功能的量刑情节合在一起量化并据此约束量刑结果，是否异化了立法关于量刑情节的立法目的？是否背离了量刑的运行规律？

（二）认罪认罚从宽制度改革

为了保证公正司法和提高司法公信力，2014 年《中共中央关于全面推进依法治国若干重大问题的决定》提出“完善刑事诉讼中认罪认罚制度”战略；2016 年中央全面深化改革领导小组审议通过《关于认罪认罚从宽制度改革试点方案》；2018 年国家立法机关通过的《监察法》和《刑事诉讼法》，分别对“认罪认罚从宽”的实体和程序方面作出规定；2019 年 10 月联合作出的《关于适用认罪认罚从宽制度的指导意见》，对认罪认罚从宽制度的司法适用作了较为详尽的规定；2021年7月最高人民法院、最高人民检察院联合出台的《量刑指导意见》，将“认罪认罚”作为量刑的一个从宽处罚的酌定量刑情节。

本制度作为由中共中央决定和审议通过，并经全国人民代表大会常务委员会授权试点的重大司法改革，不仅是为了“提高诉讼效率、节省司法资源”，而且是为了完成缓解社会矛盾、提升行刑效果、转型刑罚观念、贯彻国家治理体系和治理能力现代化国策等新时代使命，从而为实现新时代奋斗目标，提供良好的社会环境。为此，本制度在实体从宽上，既不是将刑法中既有从宽制度或规定简单重申，也不是将其视为一个独立的量刑情节，而应是理念上有转型、政策上有突破、立法上有改变、程度上有激励的革新；在具体举措上，需要通过对接刑法中的出罪、免刑、减轻、从轻处罚、缓刑等既有定罪量刑制度，根据宽严相济刑事政策，给行为人更大程度的“激励性从宽”。

法律条文及司法解释

1.《刑法》第5条、第10～12条、第13～21条、第37条、61～63条

2.《刑事诉讼法》(2018年）第15条、第173条、第174条、第176条

3.《最高人民法院、最高人民检察院、公安部、国家安全部、司法部关于适用认罪认罚从宽制度的指导意见》

4.《量刑指导意见》

代表性文献推荐

1. 冯军．刑事责任论．北京：社会科学文献出版社，2017.

2. 马克昌．刑罚通论．2版．武汉：武汉大学出版社，2002.

3. 高格．定罪与量刑．北京：中国方正出版社，1999.

4. 石经海．量刑的个别化原理．北京：法律出版社，2021.

5. 石经海．量刑规范化解读．现代法学，2009（3）.

6. 石经海．论量刑合法．现代法学，2010（2）.

思考题

1. 到底何为刑事责任？如何评价其刑法地位？

2. 刑事责任的实现方式有哪些？如何据此构建刑法的制裁体系？

3. 如何理解定罪、量刑与刑事责任的关系？

4. 定罪的方法有哪些？试结合典型案例予以应用。

5. 什么是量刑？它与定罪有何不同？

6. 试根据量刑的基本原理评价量刑规范化的科学性与不足。

7. 法定量刑情节与酌定量刑情节的区别是否在于是否有法律规定？它们相区别的关键点在哪里？法定量刑情节的作用力是否一定大于酌定量刑情节的作用力？

8. 如何正确理解与适用从轻处罚、减轻处罚、从重处罚和免除处罚？能否对它们予以量化计算？

9. 何为量刑情节？它与定罪情节、犯罪情节有何不同？如何合理适用？我国刑法分则在交通肇事罪中规定的“逃逸”、在故意伤害罪中规定的“重伤”、在强奸罪中规定的“轮奸”和“奸淫幼女”，分别是定罪情节还是量刑情节？

10. 量刑的方法有哪些？试结合典型案例分析如何选用合理的量刑方法。

第十五章 刑法制裁方法

内容导读

作为刑法制裁体系之一的刑法制裁方法，既包括由五种主刑和四种附加刑组成的刑罚制裁方法，也包括针对犯罪人适用的非刑罚的教育性制裁方法（训诫、责令具结悔过、赔礼道歉）、非刑罚的经济性制裁方法（赔偿损失、责令退赔、刑事追缴、刑事没收）、非刑罚的行政性制裁方法（由主管部门予以行政处罚或行政处分）和非刑罚的防卫性制裁方法（禁止令、从业禁止）等非刑罚制裁方法。以上制裁方法，作为实现刑事责任的方式，以行为构成犯罪为适用前提，并具有法定性、强制性等特点。

第一节 刑法制裁方法概述

一、刑事责任的刑法制裁方法

所谓刑法制裁方法，是指对犯罪人因犯罪行为而依法适用的作为刑事责任方式的刑事制裁方法，包括刑罚制裁方法和非刑罚制裁方法两大类。其中，刑罚制裁方法是针对犯罪人适用的具有刑罚性的主刑和附加刑，如我国刑法上的五种主刑和四种附加刑；非刑罚制裁方法是针对犯罪人适用的不具有刑罚性的刑事处罚方法，如我国《刑法》第 37 条规定的“训诫或者责令具结悔过、赔礼道歉、赔偿损失，或者由主管部门予以行政处罚或者行政处分”，第 37 条之一规定的职业禁止。

刑法制裁方法是刑法制裁体系的有机组成部分。在我国刑法上，刑法制裁体系既包括由刑罚与非刑罚措施组成的刑法制裁方法，也包括由量刑情节制度、数罪并罚制度、缓刑制度、刑期折抵制度、减刑假释制度、社区矫正制度、时效制度、赦免制度等组成的刑法制裁制度。我国刑法的如此制裁体系，与国外许多国家的刑法制裁体系有所不同，具有浓厚的本土特色[1]，如，设置了独特的管制主刑，将附加刑作为既可以附加适用又可以独立适用的刑罚体系组成部分，将罚金作为附加刑的刑罚方法，对死刑制度设有死缓和终身监禁两种执行制度，等。

刑法制裁方法是实现刑事责任的基本方式。一方面，刑事责任是通过由刑法制裁方法和刑法制裁制度组成的刑法制裁体系实现的。无论是对犯罪行为进行刑法上的性质认

---

① 彭文华．我国刑法制裁体系的反思与完善．中国法学，2022 (2).

定即定罪，还是对犯罪人进行刑事责任大小及其实现方式的裁量即量刑，都是在实现刑法制裁体系所需实现的刑事责任。另一方面，作为刑法制裁体系的重要组成部分的刑法制裁方法，一定是以行为构成犯罪并需要追究犯罪人的刑事责任为前提。行为不构成犯罪和不需要追究犯罪人的刑事责任的，不能适用刑法制裁方法。

二、非刑事责任的防卫性措施

非刑事责任的防卫性措施，是指那些不以成立犯罪为前提和为保护某个特定利益而为刑法所特别规定的预防性措施。它本不属于刑法制裁体系，之所以也由刑法予以规定和需要放在刑法制裁方法理论体系中介绍，主要是因为其与相应的刑法制裁体系具有相关性，一并规定或介绍，有利于正确理解和适用相应措施。在我国刑法中，非刑事责任的防卫性措施包括专门矫治教育和刑事强制医疗两种。

（一）专门矫治教育

1. 专门矫治教育的概念

专门矫治教育，是对实施了刑法规定的危害行为、因不满法定刑事责任年龄不予刑事处罚的未成年人所采取的教育性处分措施。在性质上，专门矫治教育不属于我国刑法中主刑和附加刑的内容，也不符合《刑法》第 37 条关于非刑罚处罚措施的规定，而是由《刑法》和《预防未成年人犯罪法》规定的矫正性处分措施。在刑法上，《刑法修正案（十一）》以其替代以前的收容教养，规定在《刑法》第 17 条第 5 款，其内容为“因不满十六周岁不予刑事处罚的，责令其父母或者其他监护人加以管教；在必要的时候，依法进行专门矫治教育”。在《预防未成年人犯罪法》上，其第 45 条第 1 款规定：“未成年人实施刑法规定的行为、因不满法定刑事责任年龄不予刑事处罚的，经专门教育指导委员会评估同意，教育行政部门会同公安机关可以决定对其进行专门矫治教育。”

专门矫治教育措施是贯彻“教育为主，惩罚为辅”的未成年人违法犯罪刑事政策的重要举措。因未成年人的心智等原因，立法规定了负刑事责任的最低年龄，低于这个年龄的，不负刑事责任。但是并不能由此就放任其继续危害社会或不对其矫治，而需要通过设置“专门矫治教育”对其予以“教育、感化、挽救”。从实践来看，这里的矫治内容，不仅包括获得学业成绩和职业技能，而且包括复杂社会生活所必需的社会适应能力以及有关问题的解决技巧，旨在促使学习与行为不良者或犯罪者重新回到正常状态，摆脱与犯罪或过失行为有密切相关的处境。

2. 专门矫治教育与专门教育

专门矫治教育措施不同于《预防未成年人犯罪法》规定的“专门教育”。它们在适用对象、行为性质、适用程序等方面有所不同。

（1）适用对象不同。根据《预防未成年人犯罪法》第 6 条的规定，专门教育是对有严重不良行为的未成年人进行教育和矫治的保护处分措施；根据《预防未成年人犯罪法》第 45 条的规定，专门矫治教育是对实施了刑法规定的行为、因不满法定刑事责任年龄不予刑事处罚的未成年人所采取的教育矫治措施。

（2）行为性质不同。专门教育针对的是严重不良行为，专门矫治教育针对的是刑法上的危害行为。《预防未成年人犯罪法》第 38 条规定了九种“严重危害社会的行为”，它们分别对应了《治安管理处罚法》中所罗列的五种妨害社会治安管理的行为，包括危害公共安全的行为（如非法携带枪支、弹药或者弩、匕首等管制器具）、侵犯他人人身权利的行为（如殴打、辱骂、恐吓或故意伤害他人）、侵犯财产权利的行为（如盗窃、哄抢、抢夺或者故意损毁公私财物）、扰乱社会秩序的行为（如寻衅滋事、传播淫秽物品、卖淫嫖娼、吸食注射毒品、赌博）、其他严重危害社会的行为。这里的“严重危害社会的行为”，并非刑法上的犯罪行为，而是需要施行专门矫治教育的不良行为。根据《刑法》第 17 条第 5 款的规定，“因不满十六周岁不予刑事处罚的，责令其父母或者其他监护人加以管教；在必要的时候，依法进行专门矫治教育”。这里的“因不满十六周岁不予刑事处罚的”未成年人，从刑事责任年龄角度看，具体有三种：一是因不满 12 周岁而绝对不负刑事责任的未成年人；二是因已满 12 周岁不满 14 周岁、实施两种犯罪行为以外的危害行为而相对不负刑事责任的未成年人；三是因已满 14 周岁不满 16 周岁、实施八种犯罪行为以外的危害行为而相对不负刑事责任的未成年人。他们都“因不满十六周岁不予刑事处罚”而“在必要的时候，依法进行专门矫治教育”。

（3）适用程序不同。根据《预防未成年人犯罪法》第 43 条的规定，未成年人的父母或者其他监护人、所在学校无力管教或者管教无效的，可以向教育行政部门提出申请，经专门教育指导委员会评估同意后，由教育行政部门决定送入专门学校接受专门教育；根据该法第 45 条的规定，经专门教育指导委员会评估同意，教育行政部门会同公安机关可以决定对其进行专门矫治教育。

（二）刑事强制医疗

1. 刑事强制医疗的概念和特点

强制医疗，是国家为了社会的共同利益而对法定特定人群限制社会活动范围并予以医学治疗的一项强制防卫性措施。刑事强制医疗特指我国《刑法》第 18 条针对施行危害行为造成严重危害结果的精神病人所施行的强制医疗。也就是“精神病人在不能辨认或者不能控制自己行为的时候造成危害结果，经法定程序鉴定确认的，不负刑事责任，但是应当责令他的家属或者监护人严加看管和医疗；在必要的时候，由政府强制医疗”。

根据以上规定，刑事强制医疗具有如下特点：（1）防卫性。在性质上，它既不是刑罚方法，也不是非刑罚的处罚方法，而是兼有医学目的和公共利益防卫目的的预防性措施。（2）公益性。它是为了防止无刑事责任能力的精神病犯罪人继续危害社会，主要由政府承担经费和管理的责任，不具有经济上的营利性。（3）强制性。在符合强制医疗条件时，由人民法院裁决强制施行，具有非自愿的强制性。

2. 刑事强制医疗的适用条件

根据《刑事诉讼法》第 302 条的规定，对精神病人予以刑事强制医疗，在适用上必须同时符合以下五个条件：

（1）对象条件。刑事强制医疗针对实施了造成危害结果的行为但依法不负刑事责任的精神病人实施。那些针对吸毒、严重传染性疾病等采取的强制戒毒措施、强制医疗措施，不属于这里的刑事强制医疗。

（2）行为条件。刑事强制医疗要求实施的是危害公共安全或者严重危害公民人身安全的暴力行为，而不是一般损害行为，如伤害他人致伤残、毁容、死亡，或采取纵火、投毒等方式危害公共安全，等。那些针对自身、针对物体等实施但不危害公共安全和他人人身安全的暴力行为，都不符合刑事强制医疗的行为条件。

(3) 危险性条件。对精神病人进行刑事强制医疗，并不是对其行为的惩罚，而是出于治疗其疾病和保护他人、社会安全的需要。因此，其适用需以精神病人有继续危害社会可能为前提。有暴力行为倾向的精神病人，因为家属、监护人等的看管或医疗而无继续危害社会可能的，不符合刑事强制医疗的条件。

(4) 必要性条件。刑事强制医疗只有“在必要的时候”才可适用。这里的“必要的时候”，主要是指他的家属或者监护人无能力看管和医疗，或者他的家属或者监护人的看管不足以防止其继续危害社会的时候。

(5) 程序条件。根据2018年修订的《刑事诉讼法》第303条的规定，没有法院的决定，任何机关都无权对精神病人施行刑事强制医疗。公安机关发现精神病人符合强制医疗条件的，不能直接送精神病院，应当写出强制医疗意见书，移送检察院，由检察院向法院提出申请，由法院依法决定。当然，在法院决定前，公安机关可以采取临时的保护性约束措施。此外，刑事强制医疗不是处罚，精神病人治愈后应当及时出院。

第二节 刑罚制裁方法

基于刑法的公法性质和制裁手段的最为严厉性特征，在刑法制裁方法中，刑罚制裁方法占主体地位。

一、刑罚概述

(一) 刑罚的概念与特征

刑罚，是立法机关在刑法中规定的由审判机关依法对犯罪人适用的限制或剥夺某种权益的制裁方法。

刑罚具有如下基本特征：

(1) 在法律性质上，刑罚是最为严厉的强制性制裁方法。它是刑法制裁方法中的主体，是刑法作为制裁手段最为严厉的公法的集中体现。相对于行政制裁、民事制裁、经济制裁方法而言，刑罚不仅是给予犯罪上的否定性评价，通常还是给予强制性限制，甚至剥夺人身、财产等权益的处罚，并带来比行政制裁、民事制裁、经济制裁方法更为严重的法律后果，如生命被剥夺、在一定期限内失去人身自由、财产被无偿没收、成立累犯、被视为有前科的人等。

(2) 在概念属性上，刑罚是刑事责任的下位概念。实现刑事责任的方式除有给予刑罚处罚外，还有单纯宣告有罪、宣告有罪而不给予刑罚处罚和给予非刑罚处罚等。

(3) 在适用对象上，刑罚只能对犯罪人适用。只有其行为成立犯罪的人（包括自然人和单位）才应该和可能受到刑罚处罚。对于尚处在犯罪嫌疑阶段的犯罪嫌疑人、为检察机关或自诉人指控实施犯罪的被告人以及民事、行政被告，都绝对不可以给予刑罚处罚。那些在侦查、审查起诉、提起公诉阶段针对犯罪嫌疑人或被告人的“量刑建议”和“认罪认罚”，都不是给予的刑罚处罚。

(4) 在设置主体上，刑罚只能由最高权力机关即国家立法机关依法设置。其他任何机关和个人，包括国家最高监察机关、最高审判机关、最高检察机关、最高行政机关等，都没有设置刑罚的权力。

(5) 在规范形式上，刑罚只能由法律规定。依《立法法》的规定和罪刑法定原则要求，刑罚的种类和适用标准都只能以刑法的明文规定为依据。在司法上，既不可以对刑罚的种类和适用标准作超出刑法解释规则的理解和适用，也不可以作断章取义的孤立、片面理解和适用，更不可以在刑法典体系外另外制造个“司法法”替代刑法典。

(6) 在裁决主体上，刑罚只能由审判机关裁决。这是宪法赋予审判机关的职权职责所在。一方面，审判机关应当按宪法的规定依法和公正地履行好该职责；另一方面，其他任何机关和个人都不可以以任何借口和理由行使刑罚的适用权。

(7) 在适用程序上，刑罚必须依照刑事诉讼程序适用。这是刑罚适用的实体与程序有机统一的要求和体现。刑法规制上的刑罚种类与适用标准，只是给犯罪人量刑的实体依据，如此实体依据缺乏程序上的过程步骤、证据证明甚至权利保障等程序依据，是无法给犯罪人适用的。

(8) 在执行主体上，刑罚的执行机关为相应的法定机关。按现行《刑法》《刑事诉讼法》《监狱法》等的规定，刑罚的执行机关包括人民法院、公安机关、监狱、未成年犯管教所、社区矫正机构等。其中，管制的执行机关为社区矫正组织（原来为公安机关），拘役的执行机关为公安机关，有期徒刑的执行机关为监狱和看守所（收押余刑为 3 个月以下的罪犯），无期徒刑的执行机关为监狱，死刑缓期两年执行的执行机关为监狱，死刑立即执行的执行机关为人民法院；罚金的执行机关为人民法院，剥夺政治权利的执行机关为公安机关，没收财产的执行机关为人民法院；缓刑的执行机关为社区矫正组织（原来为公安机关），减刑的执行机关为原主刑执行机关，假释的执行机关为社区矫正组织（原来为公安机关），监外执行的执行机关为社区矫正组织；未成年犯的执行机关为未成年犯管教所。

（二）刑罚权

刑罚权是依照宪法规定并分配给相应机关行使的刑罚设置、提起、裁量和执行的权力。

刑罚权具有如下基本特征：

(1) 在权力属性上，刑罚权是国家权力的一部分。国家权力是由宪法规定，运用国家机器来实现其意志和巩固其统治的支配力量。按我国《宪法》的规定，刑罚权作为我国国家权力的一部分，视不同权力形态分别由权力机关（全国人民代表大会及其常务委员会、授权的特别行政区机关等）、审判机关、检察机关、侦查机关、司法行政机关等行使。

(2) 在与刑罚的关系上，刑罚权是创制和运行刑罚的权力根据。作为限制或剥夺某个权益的最严厉强制性制裁方法的刑罚，为何可以如此和应当如何运行，均源自宪法对刑罚权的设置与分配。没有宪法的刑罚权依据，既不能设置任何刑罚方法（如国务院就不能设置刑罚方法），也不能运用刑罚方法制裁和处罚任何个人或单位。

（3）在内容上，刑罚权包括制刑权、求刑权、量刑权与行刑权四种。这是刑罚权的完整形态。在我国，它们分别是立法机关创制刑罚立法、检察机关或自诉人提出刑罚建议、审判机关作出刑罚裁决和执行机关予以刑罚执行的权力根据。在实践中，各相应机关必须严格按宪法的这些权力分配行使自己的职权职责，不可以任何名义行使其他机关的相应形态刑罚权。如检察机关提出量刑建议，只是在行使求刑权而不是量刑权。

（三）刑罚的目的

刑罚的目的，是国家创制、适用与执行刑罚想要得到的结果。它是对刑罚的创制、适用与执行起着决定性作用的顶层设计所在，贯穿于刑罚创制、适用与执行的整个过程。

刑罚的目的有根本目的与直接目的之分。刑罚的根本目的，就是刑法的目的，是刑法所追求的最终目标。根据《刑法》第 1 条和第 2 条的规定，我国刑罚的根本目的是“惩罚犯罪，保护人民”，具体表现在，“保卫国家安全，保卫人民民主专政的政权和社会主义制度，保护国有财产和劳动群众集体所有的财产，保护公民私人所有的财产，保护公民的人身权利、民主权利和其他权利，维护社会秩序、经济秩序，保障社会主义建设事业的顺利进行”。

基于并合主义的刑罚正当性根据，刑罚的直接目的是报应犯罪和预防犯罪。二者都是刑罚直接目的中不可偏废的两个方面，共同服务于刑罚和刑法的根本目的，都依赖相应的刑罚功能来实现。其中，预防犯罪包括特殊预防和一般预防，它们的不同主要在于：（1）针对的对象不同。特殊预防是通过对犯罪人适用刑罚，预防他们再次犯罪。一般预防是通过创制刑罚和对犯罪人适用、执行刑罚，教育和警戒那些有可能犯罪的人不要走上犯罪道路。（2）所具有的内容不同。特殊预防的内容主要是剥夺犯罪人的再犯罪能力（如判处死刑立即执行、在一定时间内剥夺人身自由、通过罚金或没收财产剥夺再犯罪的经济能力等）、对犯罪人实行心理强制（所需受到的惩处及其后果等）、对犯罪人予以教育改造（行刑过程中的思想、文化、职业技术等教育与矫正），使他们不能、不敢、不愿再次犯罪，并成为远离犯罪的新人；一般预防的内容主要是通过创制刑罚（作为行为规范和其所具有的威慑效果）和对犯罪人适用、执行刑罚（被惩处的警示效应），教育和警戒那些有可能犯罪的人不愿或不敢走上犯罪道路。（3）不同阶段的侧重有所不同。在刑罚创制上，多侧重于一般预防；在刑罚适用上，通常是基于罪刑相适应原则在量刑上体现两者并重，但在需要突出体现一般预防的警诫效应时，通常会基于行为的恶劣影响而酌定从重量刑；在刑罚执行上，通常侧重对犯罪人教育改造上的特殊预防。

（四）刑罚的功能

刑罚的功能，是刑罚的创制、适用与执行所发挥的有用的作用。刑罚的功能仅是从刑罚的积极意义和有用作用上考察的。在这个意义上，刑罚的功能是刑罚目的的体现与外化。

刑罚既可能产生积极的正面作用，也可能产生消极的不利影响。前者如，可以安抚被害人，可以威慑、警戒犯罪人不再犯罪，可以威慑、警戒社会其他成员远离犯罪，等；后者如，可能让犯罪人难以回归社会，会耗费巨额的人力、财力、物力，会带来新的社会矛盾及其他社会后果，等。因此，在社会治理和国家治理中，不过于依赖刑罚，只是严格按宽严相济刑事政策创制、适用与执行刑罚，在全面深入推进依法治国的今天，是至关重要的。

根据作用对象的不同，刑罚的功能包括：

（1）对犯罪人的惩罚功能、剥夺功能和改造功能。其中，这里的“惩罚功能”是指，通过对犯罪人适用刑罚，使其遭受一定的痛苦或承担一定的后果，进而产生心理震慑而不愿、不敢再次犯罪；这里的“剥夺功能”是指，通过对犯罪人适用刑罚，剥夺其一定权益，使其丧失再次犯罪的条件或能力，从而不能再次犯罪；这里的“改造功能”是指，通过对犯罪人适用刑罚和在行刑过程中对犯罪人进行思想、文化、职业技术等教育与矫正，使其成为遵纪守法、有理想情操、有益于社会，以及具有劳动能力、劳动技能、劳动习惯、谋生本领的“新人”。以上功能是现代刑罚并合主义正当化根据的体现和要求。也就是，在现代刑法上，刑罚的功能不是为了惩罚而惩罚，而是使审判机关在报应犯罪人所实施犯罪行为的责任刑基础上，还要根据反映犯罪行为社会危害性和犯罪人人身危险性（社会危险性）及主观恶性的量刑情节等，作出如何体现以上功能的预防刑的量刑结果。明确这一点，对推进国家治理体系和治理能力现代化来说至关重要。

（2）对被害人及其亲属产生的安抚功能。这是指通过对犯罪人适用和执行刑罚，彰显法律和法治的公平正义，减少犯罪人给被害方造成的损害、带来的伤害，从而能够定分止争和有利于社会和谐稳定。

（3）对社会其他成员的一般预防与教育鼓舞功能。其中，这里的“一般预防”功能，是指通过创制刑罚措施、对犯罪人适用和执行刑罚，防止那些有可能走上犯罪道路的潜在犯罪者犯罪。这里的“教育鼓舞”功能，是指通过创制刑罚措施，使广大社会成员知法、守法和用刑法同犯罪行为作斗争；通过对犯罪人适用和执行刑罚，让广大社会成员感受到法律和法治的公平正义，从而能够正当合法地行使自己的自由权利和将精力投入自己的工作和生活中。

（五）刑罚的体系与种类

刑罚体系是国家创制的各刑罚方法所组成的有机体系。这个体系，是立法者基于刑法和刑罚的目的和功能，按一定顺序设置并相互衔接和满足不同适用需要的刑罚方法所组成的法定体系。其具有完整性（能够适应所有犯罪惩处需要）、目的性（立法者根据刑法和刑罚目的与功能设定）、顺序性（按由主刑到附加刑、由轻到重顺序排列）、严厉性（原则上重于其他所有制裁手段）、法定性（规定在刑法中且须刑法有明文规定才能适用）等特点。刑罚体系的种类，在立法上有主刑和附加刑两种，在理论上有生命刑、自由刑、资格刑和财产刑之分。

1. 主刑与附加刑

在我国刑法立法上，刑罚的体系由主刑和附加刑两类九种刑罚方法构成。

主刑是只能独立适用、不可附加于其他刑罚适用的刑罚方法；并且对于一种犯罪行为，只能判处一个主刑。在我国，根据《刑法》第33条的规定，主刑有五种，从轻到重依次是管制、拘役、有期徒刑、无期徒刑和死刑。“死刑缓期执行”和“死刑立即执行”都不是一个独立的刑种（刑罚方法），而只是死刑的两个执行制度。

附加刑，是补充主刑适用的刑罚方法。通常意义上的附加刑，只能附加适用。在我国，按刑法的规定，附加刑既可以附加于主刑适用，又可以独立适用；在附加适用时，可以同时适用两个以上附加刑；在独立适用时，主要针对较轻的犯罪。根据《刑法》第34条和第35条的规定，附加刑有四种：罚金、剥夺政治权利、没收财产、驱逐出境。其中，驱逐出境是特殊附加刑，只适用于犯罪的外国人。

2. 自由刑、财产刑、生命刑与资格刑

刑法立法上的主刑和附加刑，按刑罚方法的性质，在理论上可以进一步划分为自由刑、财产刑、生命刑、资格刑四种。其中，自由刑是剥夺或限制人身自由的刑罚类型，在我国包括管制、拘役、有期徒刑、无期徒刑四种。生命刑即死刑，是剥夺犯罪人生命的刑罚类型。财产刑是剥夺犯罪人财产的刑罚类型，在我国有罚金和没收财产两种。资格刑是剥夺犯罪人公权等资格的刑罚类型。现代各国刑法一般都有资格刑的规定，主要内容有：剥夺担任国家工作人员的资格，剥夺出版自由权，禁止驾驶，禁止行使亲权或担任监护人，禁止营业，等。在我国，资格刑有剥夺政治权利和驱逐出境两种。其中，剥夺政治权利是剥夺犯罪人的特定政治权利，驱逐出境是剥夺犯罪的外国人在中国境内逗留的资格。

二、主刑

（一）管制

1. 管制的概念和特征

管制，是指对犯罪分子不实行关押，但限制其一定自由的刑罚方法。在我国刑罚体系中，管制是主刑的一种，也是我国独有的刑罚方法。《刑法》第38～41条作了具体规定。

根据这些规定，管制具有如下特征：

（1）适用于罪行较轻的犯罪分子。罪行较轻的犯罪分子主要有两个特点：一是罪行性质不是很严重，社会危害性较小，如持有型犯罪的基本犯。二是人身危险性较小。管制只有适用于人身危险性较小者才能贯彻罪刑相适应原则和达到预防犯罪的目的。

（2）不剥夺犯罪分子的人身自由。这是管制与其他刑罚方法的重要区别。被判处管制的犯罪分子在服刑期间，不被羁押在监狱、看守所等执行场所中，仍留在原工作单位或居住地，不离开自己的家庭，不中断与社会的正常交往。

（3）限制犯罪分子的一定自由。管制属于限制自由刑，主要表现在：一是必须按《刑法》第39条的规定工作与生活。行使政治自由权利、会客、外出、迁居等都需遵循相应的法律规定。二是根据犯罪情况，对其同时宣告适用禁止令。

（4）在劳动中同工同酬。被判管制的罪犯在自谋生计的劳动中，与普通公民同工同酬。

2. 管制的期限

管制作为一种限制人身自由的刑罚，其期限为3个月以上2年以下，数罪并罚时最高不能超过3年。刑期从判决执行之日起计算。

管制判决执行前先行羁押的时间要折抵刑期。其折抵标准是羁押 1 日折抵刑期 2 日。之所以规定羁押 1 日折抵刑期 2 日，是因为判决执行以前先行羁押的属于剥夺自由，而管制只是限制自由。

3. 管制的执行

（1）执行要求。

根据《刑法》第 39 条的规定，被判处管制的犯罪分子，在执行期间，应当遵守下列规定：1）遵守法律、行政法规，服从监督；2）未经执行机关批准，不得行使言论、出版、集会、结社、游行、示威自由的权利；3）按照执行机关规定报告自己的活动情况；4）遵守执行机关关于会客的规定；5）离开所居住的市、县或者迁居，应当报经执行机关批准。同时，对于被判处管制的犯罪分子，在劳动中应当同工同酬。

（2）执行措施。

一是社区矫正。根据《刑法》第 38 条第 3 款的规定，对判处管制的犯罪分子，依法实行社区矫正。这是 2011 年《刑法修正案（八）》的修改规定。根据 2021 年《最高人民法院关于适用〈中华人民共和国刑事诉讼法〉的解释》第 519 条的规定，社区矫正执行地为罪犯的居住地；罪犯在多个地方居住的，可以确定其经常居住地为执行地；罪犯的居住地、经常居住地无法确定或者不适宜执行社区矫正的，应当根据有利于罪犯接受矫正、更好地融入社会的原则，确定执行地。

二是宣告禁止令。根据《刑法》第 38 条第 2 款的规定，法院根据犯罪情况，认为从促进犯罪分子教育矫正、有效维护社会秩序的需要出发，确有必要禁止其在管制执行期间内从事特定活动，进入特定区域、场所，接触特定人的，可以同时依法宣告禁止令。

（3）执行机构。

一是社区矫正机构。根据 2018 年《刑事诉讼法》第 269 条的规定，管制的社区矫正由社区矫正机构负责执行。在 2011 年《刑法修正案（八）》修改之前，对被判处管制的犯罪分子，由公安机关执行社区矫正。

二是公安机关。根据《刑法修正案（八）》的规定，被同时判处了禁止令的犯罪分子，违反以上禁止令的，由公安机关依照《治安管理处罚法》的规定处罚。

（4）执行解除。

根据《刑法》第 40 条的规定，被判处管制的犯罪分子，管制期满，执行机关应即向本人和其所在单位或者居住地的群众宣布解除管制。

（二）拘役

1. 拘役的概念和特征

拘役，是剥夺犯罪人短期人身自由，就近实行强制劳动改造的刑罚方法。在我国刑罚体系中，是一种介于管制与有期徒刑之间的主刑，也是短期剥夺自由刑。《刑法》第 42～44 条作了具体规定。

根据这些规定，拘役具有以下特征：

（1）拘役是一种短期自由刑。拘役的刑期最短不少于 1 个月，最长不超过 6 个月。所以，拘役是我国对罪犯予以关押、实行强制劳动改造的自由刑中最轻的一种。

（2）拘役适用于罪行较轻但需要被短期关押改造的犯罪分子，一般只适用于犯罪性质比较轻微、社会危害性不大的犯罪。在我国，除过失致人死亡罪没有被规定可以适用拘役外，对绝大多数过失犯罪都可以适用拘役。在故意犯罪中，比较轻微的犯罪如危险驾驶罪，在立法上就只设置了拘役这一种主刑。

2. 拘役与拘留措施的界分

拘役与刑事拘留、行政拘留、司法拘留等限制人身自由措施的不同，主要表现在：

（1）法律属性不同。拘役是刑罚方法；而刑事拘留是为保证刑事诉讼活动的顺利进行而依法限制现行犯或重大犯罪嫌疑分子人身自由的一种刑事强制措施；行政拘留又称治安拘留，是对违反治安管理的行为人所适用的一种行政处罚方法；司法拘留是在刑事诉讼、民事诉讼或行政诉讼过程中因行为人违反法庭秩序等诉讼秩序而采取的兼有保障性和惩罚性的司法强制措施。

（2）适用对象不同。拘役适用于罪行较轻的犯罪分子，而刑事拘留适用于具有刑事诉讼法规定的特定情形的现行犯或重大嫌疑分子，行政拘留适用于尚不构成犯罪的违反治安管理规定的行为人，司法拘留适用于违反刑事诉讼、民事诉讼或行政诉讼法庭秩序等诉讼秩序的诉讼参与人或者其他人。

（3）适用的机关不同。拘役由人民法院刑事审判庭判决，而刑事拘留由公安机关或人民检察院决定和由公安机关执行，行政拘留由公安机关执行，司法拘留均由人民法院院长批准决定和交公安机关执行。

（4）法律依据不同。拘役所适用的法律是刑法，而刑事拘留、行政拘留和司法拘留所适用的法律分别是刑事诉讼法，治安管理处罚法等行政管理法律，刑事诉讼法、民事诉讼法和行政诉讼法。

3. 拘役的期限

根据《刑法》第 42 条和第 69 条的有关规定，拘役的期限为 1 个月以上 6 个月以下；数罪并罚时，最高不得超过 1 年。可见，拘役的上限刑期与有期徒刑的下限刑期（6 个月）相衔接。这一规定较好地体现了拘役的特点，使刑罚体系更为连贯和严密。

拘役的刑期，从判决之日起计算。判决以前先行羁押的，羁押 1 日折抵刑期 1 日。

4. 拘役的执行

《刑法》第 43 条规定：被判处拘役的犯罪分子，由公安机关就近执行。在执行期间，被判处拘役的犯罪分子每月可以回家 1 天至 2 天；参加劳动的，可以酌量发给报酬。

（三）有期徒刑

1. 有期徒刑的概念和特征

有期徒刑，是剥夺犯罪分子一定期限的人身自由，对其实行强制劳动改造的刑罚方法；在我国刑罚体系中，是主刑的一种。《刑法》第 45～47 条作了具体规定。

根据这些规定，有期徒刑具有以下特征：

（1）属于剥夺自由刑。这是适用最为广泛的剥夺自由刑。它是指在一定期限内对罪犯实行关押，剥夺其人身自由的刑罚类别。

（2）具有广泛的适用性。有期徒刑的刑期上限与无期徒刑相接，下限与拘役相连，中间跨度很大，具有较大的可分性。它既可作为重刑适用于严重的犯罪行为，也可作为中度刑罚适用于危害居中的犯罪行为，还可以作为轻刑适用于危害较小的犯罪行为。因此，有期徒刑在我国刑罚体系中是一种适用范围最广泛的刑罚方法。除了极少数轻微犯罪，我国刑法都规定了有期徒刑。

(3) 罪犯被强制接受教育和劳动改造。被判处有期徒刑的犯罪分子，凡是有劳动能力的，都应当参加劳动，接受教育和改造。这种劳动是强制性的，体现了我国对罪犯实行劳动和教育改造的政策。

2. 有期徒刑与拘役的界分

它们都是在一定期限内剥夺罪犯人身自由的刑罚，罪犯都被关押于特定的场所执行刑罚。两者的重大区别在于：

(1) 适用对象不同。拘役作为一种轻刑，只适用于罪行较轻的罪犯；而有期徒刑既可适用于罪行较轻的罪犯，也可以适用于罪行较重的罪犯。在适用范围上前者明显窄于后者。

(2) 刑期不同。拘役的期限为 1 个月以上 6 个月以下，数罪并罚最高不超过 1 年；而有期徒刑的期限为 6 个月以上 15 年以下，数罪并罚最高可达 20 年。由此可见，拘役刑期短、起点低、幅度小，有期徒刑刑期长、起点高、幅度大；而且两种刑罚的刑期有前后的衔接关系，拘役上限刑期即为有期徒刑的下限刑期。

(3) 执行的场所和待遇不同。拘役由公安机关就近执行，在执行期间被拘役的犯罪分子每月可以回家 1 天至 2 天，参加劳动的，可以酌量发给报酬；被判有期徒刑的犯罪分子，一般要在监狱或其他执行场所执行刑罚，接受教育和改造，在刑罚执行期间不能享受回家探亲和获取报酬的待遇。

(4) 法律后果不同。被判处拘役的犯罪分子除前后所犯均为危害国家安全罪以外，不论何时再犯新罪，都不构成累犯；而因故意犯普通刑事罪，被判处有期徒刑的犯罪分子，刑罚执行完毕或者赦免以后，在 5 年之内再犯应当判处有期徒刑以上刑罚的故意犯罪的，均构成累犯，对其应当从重处罚。

3. 有期徒刑的期限及刑期计算

《刑法》第 45 条规定，有期徒刑的期限为 6 个月以上 15 年以下。要求在一般情况下，对犯罪分子所犯的一个罪一次判处的有期徒刑最高不能超过 15 年，最低不能低于 6 个月。但是，有三种情况例外：第一，根据《刑法》第 50 条的规定，判处死刑缓期执行的，在死刑缓期执行期间，犯罪分子如果确有重大立功表现，2 年期满以后可减为 25 年有期徒刑。第二，根据《刑法》第 69 条的规定，数罪并罚时有期徒刑的最高期限可达 25 年。第三，根据《刑法》第 71 条的规定，犯罪分子在服刑期间又犯新罪，以前罪没有执行完毕的刑罚为基础来确定应当执行的刑罚，其实际执行的刑期可能超过 15 年，甚至超过 25 年。

关于有期徒刑的刑期，刑法规定从判处执行之日起计算；判决执行以前先行羁押的，羁押 1 日折抵刑期 1 日。所谓“判决执行之日”，是指人民法院签发执行通知书之日。由于“先行羁押”也是剥夺人身自由，因而在计算有期徒刑的刑期时，应当予以折抵。如果被告人只是被取保候审，并未被剥夺人身自由，不能算作羁押。在实践中，有些罪犯在判决前曾经屡次被拘留又屡次逃跑，并继续犯罪，最后被逮捕判刑的，能够折抵刑期的只是最后一次被羁押的时间，在此之前多次羁押的时间，均不能折抵刑期。

4. 有期徒刑的执行

我国刑法对有期徒刑的执行场所和执行方式有明确规定。根据《刑法》第46条的规定，被判处有期徒刑的犯罪分子，在监狱或者其他执行场所执行刑罚。“其他执行场所”，是指少年犯管教所、看守所等。凡是被判有期徒刑的罪犯，有劳动能力的，都应当参加劳动，接受教育和改造。

(四) 无期徒刑

1. 无期徒刑的概念及特征

无期徒刑是剥夺犯罪分子终身自由，并强制其劳动改造的刑罚方法；在我国刑罚体系中，是主刑的一种。《刑法》第46条作了具体规定。

根据这些规定，无期徒刑具有以下特征：

(1) 适用于社会危害极大的罪犯。在我国刑法中，无期徒刑介于有期徒刑和死刑之间，是仅次于死刑的一种严厉的惩罚方法。一方面，对于设有死刑的法定刑幅度，刑法通常都把无期徒刑作为可选择适用的刑罚方法；另一方面，对于没有设置死刑的较为严重的犯罪，刑法也通常把无期徒刑设为法定最高刑，如盗窃罪。因此，无期徒刑在控制和限制死刑适用以及严惩具有极大社会危害性犯罪上，具有不可替代的地位。

(2) 为终身剥夺自由刑。这是无期徒刑的最突出特征。罪犯如果在服刑期间没有得到减刑，将在监狱服刑终身。这体现了其严厉性。

(3) 犯罪分子需要进行强制劳动改造。这体现了无期徒刑矫正、教育罪犯，使之成为社会新人的积极作用。

2. 无期徒刑的执行

根据刑法和监狱法的有关规定，被判无期徒刑的犯罪分子，在监狱或者其他场所执行刑罚；凡是有劳动能力的，都应当参加劳动，接受教育和改造。

根据刑法有关减刑和假释的规定，被判处无期徒刑的犯罪分子在执行期间，认罪服法，接受教育、改造，确有悔改、立功表现的，可获得减刑，由无期徒刑减为有期徒刑；如果实际执行13年以上，还可以获得假释。但累犯以及因杀人、爆炸、抢劫、强奸、绑架等暴力犯罪被判处无期徒刑的犯罪分子除外。在司法实践中，大多数被判处无期徒刑的犯罪分子，经过一段时间的改造，依法被减为有期徒刑，有的还得到假释。

(五) 死刑

1. 死刑的概念

死刑，是剥夺犯罪分子生命的刑罚方法；在我国刑罚体系中，是主刑的一种，也是刑罚体系中最严厉的惩罚方法。《刑法》第48～51条作了具体规定。

2. 死刑的政策

我国所采用的死刑政策，是“保留死刑，严格控制和慎重适用死刑”。根据《最高人民法院关于贯彻宽严相济刑事政策的若干意见》，它包括如下方面要求：一是，对于罪行极其严重的犯罪分子，论罪应当判处死刑的，要坚决依法判处死刑。二是，要依法严格控制死刑的适用，统一死刑案件的裁判标准，确保死刑只适用于极少数罪行极其严重的犯罪分子。拟判处死刑的具体案件定罪或者量刑的证据必须确实、充分，得出唯一结论。三是，对于罪行极其严重，但只要是依法可不立即执行的，就不应当判处死刑立即执行。

为贯彻以上“严格控制和慎重适用死刑”政策，我国刑法立法作了一系列修改，包括：(1) 2011年《刑法修正案（八）》和2015年《刑法修正案（九）》先后取消了13个经济性非暴力犯罪和9个在实践中较少适用罪名的死刑，从而使我国现行刑法中的死刑罪名从1997年《刑法》的68个到现在的46个。(2) 修改死缓罪犯执行死刑的条件及程序的规定，增加“情节恶劣”作为对因故意犯罪而报请最高人民法院核准后执行死刑的要求，从而提高死刑适用的门槛。(3) 针对贪污贿赂犯罪设置严惩罪犯与控制死刑适用的“终身监禁”制度，要求“被判处死刑缓期执行的，人民法院根据犯罪情节等情况可以同时决定在其死刑缓期执行2年期满依法减为无期徒刑后，终身监禁，不得减刑、假释”。(4) 修改绑架罪立法，取消1997年《刑法》关于绑架罪的过失致被绑架人死亡情形的死刑规定，并增加无期徒刑作为绑架罪的刑罚适用选项，以控制死刑适用。

同时，刑法在立法上还设置了控制和限制死刑适用的系列措施，包括：(1) 适用实质根据上的限制。根据《刑法》第48条的规定，死刑只适用于罪行极其严重的犯罪分子。所谓罪行极其严重，就是通常所说的罪大恶极。“罪大”是指犯罪性质和后果极其严重，给社会造成的损失特别巨大，是犯罪的客观危害的体现；“恶极”是指犯罪分子的主观恶性和人身危险性特别大，是罪犯的一种主观心理，通常表现为犯罪分子蓄意实施严重罪行，丧尽良知，不思悔改，极端蔑视法制，仇视社会。作为死刑适用的实质根据，“罪大”与“恶极”须同时具备，缺一不可。(2) 适用对象上的限制。根据《刑法》第49条的规定，对三种人不适用死刑：一是犯罪的时候不满18周岁的人。这是刑法对未成年犯人性关怀的体现。这里的“犯罪的时候”，是实施犯罪行为时而不是审判时，更不是等满18周岁后。二是审判的时候怀孕的妇女。这是刑法人道主义精神的体现。这里的“审判的时候”，是指从羁押到执行的整个诉讼过程，而不是仅指法院审理阶段。这里的“怀孕”，不仅包括在孕，而且包括自然或人工流产。三是审判的时候已满75周岁的人（原则上）。这里的例外是，审判的时候已满75周岁的人在以特别残忍手段实施了致人死亡的犯罪的，可以适用死刑。(3) 执行制度上的限制。根据《刑法》第48条第1款，对于应当判处死刑的犯罪分子，如果不是必须立即执行的，可以判处死刑同时宣告缓期2年执行。也就是，通过死刑缓期执行制度控制死刑的适用。(4) 适用程序上的限制。根据《刑法》第48条第2款，死刑除依法由最高人民法院判决的以外，都应当报请最高人民法院核准；死刑缓期执行的，可以由高级人民法院判决或者核准。这使死刑的适用有着比普通刑事案件更严格的程序控制制度。

3. 死刑缓期执行制度

(1) 死刑缓期执行的含义。

《刑法》第48条第1款规定，对于应当判处死刑的犯罪分子，如果不是必须立即执行的，可以判处死刑同时宣告缓期2年执行。这就是所谓的死刑缓期执行制度，通常简称“死缓”。它不是一个刑种，而是一个死刑的执行制度。

死刑缓期执行制度是我国死刑执行方法上的独创，具有保留死刑和限制死刑的双重功能。它既可以对罪行极其严重的犯罪分子保持最严厉的制裁，又给那些罪该判处死刑但又不是必须立即执行的犯罪分子留了一条生路，从而大大地减少了死刑的实际适用。

（2）死刑缓期执行的适用条件。

根据《刑法》第 48 条，适用死刑缓期执行必须同时具备两个条件：

其一，罪该处死。这是适用死刑缓期执行的前提条件，它表明适用死刑缓期执行的对象和适用死刑的对象均是罪行极其严重的犯罪分子。如果罪行不应当判处死刑，就不存在适用死刑缓期执行的问题。

其二，不是必须立即执行。这是区分死刑缓期执行与死刑立即执行的原则界限，是适用死刑缓期执行的本质条件。法律对这一条件没有明确、具体的规定，主要靠审判机关判断。

（3）死刑缓期执行的执行。

死刑缓期执行可以由高级人民法院判决或者核准。被判处死刑缓期 2 年执行的罪犯，根据《监狱法》第 2 条的规定，在监狱内执行刑罚。

根据《刑法》第 50 条和第 383 条、第 386 条的规定，对被判处死刑缓期 2 年执行的犯罪分子，在死刑缓期执行期满后，有四种处理方式：

一是减为无期徒刑。这是死刑缓期执行 2 年期满后的通常处理方式。《刑法》第 50 条第 1 款规定："判处死刑缓期执行的，在死刑缓期执行期间，如果没有故意犯罪，二年期满以后，减为无期徒刑"。这里的"故意犯罪"，是我国刑法规定的在故意的罪过心理支配下所实施的犯罪行为。根据《刑法》第 50 条第 1 款的规定，只有"没有故意犯罪"才可以"减为无期徒刑"；若有故意犯罪，则要么因为"情节恶劣"而"报请最高人民法院核准后执行死刑"，要么因为情节不恶劣而使"死刑缓期执行的期间重新计算"即重新执行 2 年考验期。同时，对于死刑缓期执行"减为无期徒刑"的处理方式，根据《刑法》第 50 条第 2 款的规定，对被判处死刑缓期执行的累犯以及因故意杀人、强奸、抢劫、绑架、放火、爆炸、投放危险物质或者有组织的暴力性犯罪被判处死刑缓期执行的犯罪分子，人民法院根据犯罪情节等情况可以同时决定对其限制减刑。至于这里的"故意犯罪"要达到何种性质和程度，尚未有立法和司法解释予以明确。

二是不得减刑、假释的终身监禁。这是立法对贪腐犯罪所作的特别处理方式。根据《刑法》第 383 条、第 386 条的规定，对犯贪污、受贿犯罪，数额特别巨大，并使国家和人民利益遭受特别重大损失的，被判处死刑缓期执行的犯罪人，人民法院根据犯罪情节等情况同时决定在其死刑缓期执行 2 年期满依法减为无期徒刑后，终身监禁，不得减刑、假释。从刑事政策视角看，这里不得减刑、假释的终身监禁，只不过是兼顾当前"严厉治腐"政策与"慎用死刑"政策的一种死缓执行制度。按《最高人民法院关于办理减刑、假释案件具体应用法律的规定》第 15 条的要求，对被判处终身监禁的罪犯，在死刑缓期执行期满依法减为无期徒刑的裁定中，应当明确终身监禁，不得再减刑或者假释。

三是减为有期徒刑。这是在死刑缓期执行期间有"重大立功表现"时的处理方式。《刑法》第 50 条第 1 款规定，判处死刑缓期执行的，在死刑缓期执行期间，"如果确有重大立功表现，二年期满以后，减为二十五年有期徒刑"。这是《刑法修正案（八）》所作的修改。之前的规定是，在死刑缓期执行期间，如果确有重大立功表现，2 年期满后，"减为十五年以上二十年以下有期徒刑"。也就是，《刑法修正案（八）》将有期徒刑的要求从以前的幅度标准直接提到固定的 25 年，从而相对平衡了死刑缓期执行与无期徒刑的适用。这里的"重大立功表现"，按《刑法》第 78 条的规定执行。对于以上"减为有期徒刑"的处理方式，根据《刑法》第 50 条第 2 款的规定，对被判处死刑缓期执行的累犯以及因故意杀人、强奸、抢劫、绑架、放火、爆炸、投放危险物质或者有组织的暴力性犯罪被判处死刑缓期执行的犯罪分子，人民法院根据犯罪情节等情况可以同时决定对其限制减刑。

四是立即执行死刑。这是在死刑缓期执行期间出现的极端情形下的处理方式。《刑法》第 50 条第 1 款规定：判处死刑缓期执行的，在死刑缓期执行期间，"如果故意犯罪，情节恶劣的，报请最高人民法院核准后执行死刑"。这里的"情节恶劣"，是《刑法修正案（九）》所增加的要求，这意味着，我国对死刑缓期执行改为死刑立即执行采取严格限制的做法。一方面，在通常情况下都会减为无期徒刑或有期徒刑，只有在犯罪人自己不想悔改的极端情形下，才会执行死刑。另一方面，即使是作为死缓执行死刑的极端条件的"故意犯罪"，也限制在"情节恶劣"的程度。至于何为"情节恶劣"，尚没有立法和司法解释予以明确，具体由法院根据案件情况予以裁决。

（4）死刑缓期执行期间的计算。

根据《刑法》第 51 条，死刑缓期执行期间，从判决确定之日起计算；死刑缓期执行减为有期徒刑的刑期，从死刑缓期执行期满之日起计算。这里的"判决确定之日"，是指判决生效之日。一审判决后，未有上诉与抗诉的，判决生效之日即法定 10 日上诉期满后的第 1 日，也即考验期限的起算日；法定 10 日上诉期间的最后 1 日为节假日的，以节假日后的第 1 日为期间届满日期。一审判决后，有上诉或抗诉的，二审法院维持原判的，考验期限应从二审判决确定之日起计算，即判决书送达给被告人之日。

4. 死刑的执行

根据现行《刑事诉讼法》第 262 条的规定，下级人民法院接到最高人民法院执行死刑的命令后，应当在 7 日以内交付执行，但是发现有下列情形之一的，应当停止执行，并且立即报告最高人民法院，由最高人民法院作出裁定：（1）在执行前发现判决可能有错误的；（2）在执行前罪犯揭发重大犯罪事实或者有其他重大立功表现，可能需要改判的；（3）罪犯正在怀孕。其中，在以上第一、二种停止执行的原因消失后，必须报请最高人民法院院长再签发执行死刑的命令才能执行；由于第三种原因停止执行的，应当报请最高人民法院依法改判。

现行《刑事诉讼法》第 263 条规定：死刑采用枪决或者注射等方法执行。死刑可以在刑场或者指定的羁押场所内执行。执行死刑应当公布，不应示众。

三、附加刑

（一）罚金

1. 罚金的概念

罚金，是指法院判处犯罪人向国家缴纳一定数额金钱的刑罚方法；在我国刑罚体系中，是附加刑的一种，也是适用最为广泛的财产刑。根据《刑法》第 34 条第 2 款的规定，它既可以附加适用也可以独立适用。

从法律性质上看，罚金是一种财产刑范畴的刑罚方法。它与作为承担经济法律责任的经济制裁、作为承担民事法律责任的民事制裁、作为承担行政法律责任的行政处罚，有着本质的不同。同时，罚金以强制犯罪人（包括自然人和单位）缴纳金钱为内容，只能由作为国家审判机关的法院依法判决，其他任何机关、团体、个人都无权适用。

2. 罚金的适用对象

罚金具有广泛的适用性。它既可适用于处刑较轻的犯罪，也可适用于处刑较重的犯罪。罚金的功能主要在于剥夺犯罪分子再犯罪的经济能力，因而罚金主要适用于经济犯罪和以营利、贪财为目的的犯罪，如破坏社会主义市场经济秩序罪、侵犯财产罪、贪污贿赂罪，大多规定了罚金的独立或附加适用。刑法对少数妨害社会管理秩序的犯罪，侵犯公民人身权利、民主权利的犯罪，也规定了并处或者单处罚金。

3. 罚金的适用方式

根据我国刑法的规定，罚金的适用方式有以下四种：

（1）单科式。刑法规定的单科罚金主要适用于单位犯罪。在我国刑法中，所有单位犯罪的单位刑事责任都只有罚金这种刑罚方法。例如，《刑法》第 387 条规定的单位受贿罪和第 393 条规定的单位行贿罪中，都规定对单位判处罚金。在这种情况下，罚金只能单独适用。

（2）选科式。罚金作为附加刑，既可附加适用，又可单独适用。对于某些犯罪，刑法分则规定单独适用的罚金与其他刑种并列，可供选择适用。例如，根据《刑法》第 275 条的规定，犯故意毁坏财物罪的，“处三年以下有期徒刑、拘役或者罚金”。在这种情况下，罚金作为一种可选择的法定刑，只能单独适用，不能附加适用。这是罚金与其他刑种并列时的选择适用方式。

（3）并科式。我国刑法中的并科罚金，几乎都是必须并处适用的。也就是，刑法分则条文中明确规定判处自由刑时，必须同时并处罚金。例如，犯《刑法》第 326 条规定的倒卖文物罪的，处 5 年以下有期徒刑或者拘役，并处罚金；情节特别严重的，处 5 年以上 10 年以下有期徒刑，并处罚金。在这里，罚金只能附加适用，不能单独适用。

（4）复合式。复合式是指将罚金的单处与并处同时规定在一个法条之内，以供选择适用。例如，《刑法》第 216 条规定，假冒他人专利，情节严重的，“处三年以下有期徒刑或者拘役，并处或者单处罚金”。在这种情况下，罚金既可以附加适用，也可以单独适用，究竟是并处还是单处须根据犯罪分子所犯罪行的情节轻重确定。

4. 罚金的数额裁量

《刑法》第 52 条规定，“判处罚金，应当根据犯罪情节决定罚金数额”。根据本条的规定，罚金数额应当与犯罪情节相适应。也就是，犯罪情节严重的，罚金数额应当多些；犯罪情节较轻的，罚金数额应当少些。这是罪刑相适应原则在罚金裁量上的具体体现。同时，基于罚金裁判执行的现实性，在裁量罚金数额时，通常还要考虑犯罪人的经济状况，以有利于判决执行和对犯罪人的惩治与教育。

从刑法分则条文关于抽象个罪的罚金刑规定来看，罚金数额在总体上是呈模糊性的。虽然《刑法》第 52 条规定“应当根据犯罪情节决定罚金数额”，但关于罚金在大多数犯罪中并没有明确的规定，导致在司法上的适用分歧与差别较大。下面结合刑法关于罚金数额的五种规定模式予以介绍。

（1）无限额罚金制。立法未明确罚金的具体数额要求，由法院依据刑法的相应规定确定，如并处罚金，其中，最低数额不能少于 1 000 元（未成年人犯罪的不能少于 500 元）。70%以上的犯罪采用的是这种模式。

（2）限额罚金制。立法规定了罚金数额的上下限，由法院在这个限度内确定罚金数额，如并处 2 万元以上 20 万元以下罚金，其罚金数额多少取决于罪犯及其所受主刑的轻重。

（3）比例罚金制。根据犯罪金额的百分比决定罚金的数额，如并处或者单处虚报注册资本金额 1%以上 5%以下罚金，其罚金数额多少取决于相应犯罪数额的基数。

（4）倍数罚金制。根据犯罪金额的倍数决定罚金的数额，如并处偷逃应缴税额 1 倍以上 5 倍以下罚金，其罚金数额的多少取决于犯罪数额的多少。

（5）倍比罚金制。同时依犯罪金额的比例和倍数决定罚金的数额，如并处或者单处销售金额 50%以上 2 倍以下罚金，其罚金数额多少取决于相应犯罪数额的基数。

5. 罚金的缴纳方式

罚金作为刑罚方法，其缴纳方式具有强制性。根据《刑法》第 53 条的规定，其缴纳方式有如下五种情况：

（1）限期一次缴纳。它要求犯罪分子在指定的期限内（一般是 3 个月内）一次缴纳完毕，适用于罚金数额不多或者数额虽然较多但犯罪分子缴纳并不困难的案件。

（2）限期分期缴纳。它适用于罚金数额较多，犯罪分子无力一次缴纳的案件。

（3）强制缴纳。它是指指定缴纳期限届满后，以查封、扣押、冻结等强制措施强制缴纳，适用于犯罪分子有缴纳能力而拒不缴纳的案件。

（4）随时追缴。它是指在任何时候发现犯罪人有可以执行的财产时可以随时追缴应当缴纳的罚金财物，适用于那些不能全部缴纳罚金的案件。

（5）延期、减少或免除缴纳。它适用于由于遭遇不能抗拒的灾祸等原因缴纳确实有困难的案件。根据《刑法修正案（九）》的规定，由于遭遇不能抗拒的灾祸等原因缴纳确实有困难的，经法院裁定，可以延期缴纳、酌情减少或者免除。相比以前的规定，它增加了“等原因”和“延期缴纳”方式，以及规定是否属于“缴纳确实有困难”“经人民法院裁定”，使罚金刑的缴纳方式有一定灵活性。

（二）剥夺政治权利

1. 剥夺政治权利的概念

剥夺政治权利，是指剥夺犯罪人参加国家管理和政治活动权利的刑罚方法；在我国刑罚体系中，是附加刑的一种，也是通常意义上的资格刑。《刑法》第 54～58 条作了规定。

2. 剥夺政治权利的内容

根据《刑法》第 54 条的规定，剥夺政治权利是剥夺犯罪分子下列四项权利：（1）选举权和被选举权；（2）言论、出版、集会、结社、游行、示威自由的权利；（3）担任国家机关职务的权利；（4）担任国有公司、企业、事业单位和人民团体领导职务的权利。

根据于1979年7月1日通过、1980年1月1日施行、1982—2020年7次修正的《全国人民代表大会和地方各级人民代表大会选举法》的规定，“依照法律被剥夺政治权利的人没有选举权和被选举权”。不过，根据1983年《全国人民代表大会常务委员会关于县级以下人民代表大会代表直接选举的若干规定》第5条的规定，被判处有期徒刑、拘役、管制而没有附加剥夺政治权利的，准予行使选举权利。对此，《全国人民代表大会常务委员会法制工作委员会、最高人民法院、最高人民检察院、公安部、司法部、民政部关于正在服刑的罪犯和被羁押的人的选举权问题的联合通知》作了具体规定，也就是：对准予行使选举权利的被羁押的人和正在服刑的罪犯，经选举委员会和执行羁押、监禁的机关共同决定，可以在原户口所在地参加选举，也可以在劳改场所参加选举；可以在流动票箱投票，也可以委托有选举权的亲属或者其他选民代为投票（第5条）。

另外，还有一些部门法律对被依法剥夺政治权利的人的相应具体被剥夺权利作了规定，主要包括：（1）2003年《海关关衔条例》第21条规定，海关工作人员因犯罪被依法判处剥夺政治权利或者有期徒刑以上刑罚的，其关衔相应取消，并且不再履行批准手续。（2）2009年修正的《人民警察警衔条例》第22条规定，人民警察犯罪，被依法判处剥夺政治权利或者有期徒刑以上刑罚的，其警衔相应取消。（3）2010年修正的《预备役军官法》第32条规定，预备役军官犯罪，被依法判处剥夺政治权利或者3年以上有期徒刑的，应当剥夺其预备役军官军衔。（4）2021年修正的《义务教育法》第24条规定，学校不得聘用曾经因故意犯罪被依法剥夺政治权利或者其他不适合从事义务教育工作的人担任工作人员。（5）2021年修订的《兵役法》第5条规定，依照法律被剥夺政治权利的公民，不得服兵役。（6）2009年修正的《教师法》第14条规定：受到剥夺政治权利或者故意犯罪受到有期徒刑以上刑事处罚的，不能取得教师资格；已经取得教师资格的，丧失教师资格。

3. 剥夺政治权利的适用对象

从刑法分则的规定看，剥夺政治权利的适用对象比较广泛。剥夺政治权利在适用方式上，既可以附加适用；也可以独立适用；而在适用对象上，既包括严重的刑事犯罪，也包括一些较轻的犯罪。

（1）剥夺政治权利附加适用的对象。附加适用剥夺政治权利，是作为一种比较严厉的刑罚方法适用于重罪犯。根据《刑法》第56条和第57条的规定，附加适用剥夺政治权利的对象，主要是以下三种犯罪分子：1）危害国家安全的犯罪分子。2）故意杀人、强奸、放火、爆炸、投毒、抢劫等严重破坏社会秩序的犯罪分子。“严重破坏社会秩序的犯罪”是个概括性的规定，是指出于故意而实施了相当于上列各罪的严重危害社会秩序的其他犯罪。最高人民法院于1997年12月23日的《关于对故意伤害、盗窃等严重破坏社会秩序的犯罪分子能否附加剥夺政治权利问题的批复》指出：对故意伤害、盗窃等其他严重破坏社会秩序的犯罪，犯罪分子主观恶性较深、犯罪情节恶劣、后果严重的，也可以依法附加剥夺政治权利。3）被判处死刑和无期徒刑的犯罪分子。刑法规定对该类犯罪分子应当剥夺政治权利终身。

（2）剥夺政治权利独立适用的对象。独立适用剥夺政治权利，是作为一种不剥夺罪犯人身自由的轻刑，适用于罪行较轻、不需要判处主刑的罪犯。

4. 剥夺政治权利的期限

剥夺政治权利的期限，除独立适用的以外，依所附加的主刑不同而有所不同。根据《刑法》第55条至第58条的规定，剥夺政治权利的期限有定期与终身之分，具体包括四种情况：

(1) 1年以上5年以下。它针对独立适用剥夺政治权利和被判处有期徒刑、拘役的犯罪人。需特别注意，"剥夺政治权利的效力当然及于主刑执行期间"。它是指在主刑被附加剥夺政治权利时，犯罪人才在主刑执行期间不享有政治权利；若主刑没有被附加剥夺政治权利，则犯罪人在主刑执行期间享有政治权利。

(2) 3年以上10年以下。它针对被判决死刑缓期执行或无期徒刑减为有期徒刑的犯罪人。

(3) 剥夺政治权利终身。它针对被判决死刑和无期徒刑的犯罪人。这里的"终身"，不是指"生命终结"，而是指"永远"，因为在生命终止后，犯罪人的言论和出版权还在，也要被剥夺。

(4) 与管制刑期相同。它针对被判处管制的犯罪人，前提是其同时被判了附加剥夺政治权利，否则其在管制执行期间享有政治权利。

5. 剥夺政治权利刑期的计算

根据刑法和其他有关法律的规定，剥夺政治权利刑期的计算有以下四种情况：

(1) 独立适用剥夺政治权利的，其刑期从判决确定之日起计算并执行。

(2) 判处管制附加剥夺政治权利的，剥夺政治权利的期限与管制的期限相同，同时起算，同时执行。管制期满解除管制，政治权利也同时恢复。

(3) 判处有期徒刑、拘役附加剥夺政治权利的，剥夺政治权利的刑期从有期徒刑、拘役执行完毕之日或者从假释之日起计算。但是，剥夺政治权利的效力当然及于主刑执行期间。也就是，主刑的执行期间虽然不计入剥夺政治权利的刑期，但犯罪分子不享有政治权利。

(4) 判处死刑（包括死刑缓期执行）、无期徒刑附加剥夺政治权利终身的，刑期从判决发生法律效力之日起计算。

6. 剥夺政治权利的执行

(1) 执行机关。《刑事诉讼法》第270条第一句规定："对被判处剥夺政治权利的罪犯，由公安机关执行。"

(2) 执行内容。被剥夺政治权利的犯罪分子，在服刑期间，应当遵守法律、行政法规和公安部门有关监督管理的规定，服从监督；不得行使《刑法》第54条规定的各项权利。

(3) 执行解除。《刑事诉讼法》第270条第二句规定："执行期满，应当由执行机关书面通知本人及其所在单位、居住地基层组织。"

（三）没收财产

1. 没收财产的概念

没收财产，是将犯罪分子个人所有财产的一部或者全部强制无偿地收归国有的刑罚方法；在我国刑罚体系中，是附加刑中最重的一种，也属于一种财产刑。《刑法》第59～60条对没收财产作了一般性的规定，刑法分则对适用没收财产刑的具体犯罪作了相应规定。而且，没收财产作为附加刑既可以附加适用又可独立适用。然而，我国刑法分则条文没有规定其可以独立适用，因而与其他附加刑不同的是，没收财产实际上在我国司法实践中只能附加适用。

没收财产与罚金的不同，主要表现在：（1）刑罚的内容不同。罚金是较轻的财产刑，剥夺的只是一定数额的金钱。没收财产刑则是较重的财产刑，它剥夺的既可以是全部财产，也可以是一部分财产；既可以是金钱，也可以是其他财产（如房屋、家具等）。（2）适用对象不同。罚金只适用于情节较轻的贪利性犯罪，没收财产刑则适用于危害国家安全的犯罪、走私罪及其他严重破坏经济秩序罪、以营利为目的的妨害社会管理秩序罪。（3）执行方法不同。罚金由人民法院执行，并且可以分期缴纳，如果犯罪人遭遇不能抗拒的灾祸，还可以酌情减少或者免除。没收财产无论附加适用或者单独适用，都应由人民法院执行，必要时也可以会同公安机关执行；同时没收财产还具有一次性的特点，即没收财产刑一旦宣告，就一次性地没收犯罪人的财产的一部分或者全部，不存在减免的问题。

2. 没收财产的适用对象

刑法分则规定有没收财产的条文共 50 余个，没收财产主要适用于以下几类犯罪：（1）危害国家安全罪。根据《刑法》第 113 条的规定，对所有的危害国家安全罪都可以并处没收财产。（2）严重的经济犯罪。在刑法分则第三章规定的破坏社会主义市场经济秩序罪中，某些严重的经济犯罪的刑罚有没收财产。如生产、销售伪劣商品罪，走私罪和金融诈骗罪等绝大部分罪名都设置了没收财产。（3）严重的财产犯罪。刑法分则第五章规定的侵犯财产罪中，抢劫罪、盗窃罪、抢夺罪、诈骗罪等设置了没收财产。（4）其他严重的刑事犯罪。例如，《刑法》294 条规定的组织、领导、参加黑社会性质组织罪，第 318 条规定的组织他人偷越国（边）境罪有特别严重情节的，第 383 条规定的贪污罪等，也配置了没收财产。

3. 没收财产的范围

没收财产的范围，是指刑法规定对犯罪人的哪些财产可以没收，对哪些财产不能没收。《刑法》第 59 条运用肯定与排除相结合的模式，对没收财产的范围进行了规定。根据这些规定，没收财产的范围应当从以下三个方面确定：

（1）没收财产是没收犯罪分子个人所有财产的一部分或者全部。所谓犯罪分子个人所有财产，是指属于犯罪分子本人实际所有的财产及与他人共有财产中依法应得的份额。据此，应当严格区分犯罪分子个人所有财产与其家属或者他人所有财产的界限，只有对被依法确定为犯罪分子个人所有的财产，才能予以没收。至于是没收一部分财产还是没收全部财产，应考虑对犯罪分子所处主刑的轻重，以及犯罪分子家庭的经济状况和其人身危险性大小。

（2）没收全部财产时应为犯罪分子个人及其扶养的家属保留必需的生活费用。这是出于维持犯罪分子个人和其所扶养的家属的生活的需要，以体现刑法的人文关怀。

（3）不得没收犯罪分子家属所有或者应有的财产。所谓犯罪分子家属所有的财产，是指纯属犯罪分子家属个人的财产，如家属自己穿用的衣物、个人劳动所得财产。所谓犯罪分子家属应有的财产，是指犯罪分子与家属共同所有的财产中应当属于家属的那一份财产。对于犯罪分子与他人共有的财产，他人所有的部分，也不得没收。

4．没收财产的方式

（1）选科式。刑法分则对某种犯罪或者某种犯罪的特定情节规定为并处罚金或者没收财产，也就是，既可以适用没收财产，也可以适用罚金，由法官酌情选择适用。例如，《刑法》第 383 条规定，贪污数额特别巨大或者有其他特别严重情节的，处 10 年以上有期徒刑或者无期徒刑，并处罚金或者没收财产。在这里，没收财产与罚金可以选其一而判处，如果选择了没收财产，则只能附加适用，不能单独适用。

（2）并科式。在对犯罪人科处生命刑或自由刑的同时，并处没收财产。这是我国刑法分则对没收财产的多数情况规定。这种方式又可根据是否必须科处没收财产分为两种情况：一是必并制。在判处罚金的同时必须并处没收财产。例如，《刑法》第 383 条规定，对犯贪污罪，贪污数额特别巨大，并使国家和人民利益遭受特别重大损失的，处无期徒刑或者死刑，并处没收财产。二是可并制。它指在判处其他刑罚的同时可以并处没收财产。例如，《刑法》第 113 条规定，犯危害国家安全罪的，"可以并处没收财产"。在这里，可以适用也可以不适用没收财产。

5．没收财产的执行

《刑事诉讼法》第 272 条规定："没收财产的判决，无论附加适用或者独立适用，都由人民法院执行；在必要的时候，可以会同公安机关执行。"

关于需要以没收的财产偿还债务的问题，《刑法》第 60 条规定："没收财产以前犯罪分子所负的正当债务，需要以没收的财产偿还的，经债权人请求，应当偿还。"根据这一规定，只有同时具备了以下三个条件，才能以没收的财产偿还债务：（1）必须是没收财产以前犯罪分子所欠债务，包括所欠国家、集体和个人的债务。（2）必须是正当的债务。非正当的债务，如赌债、高利贷超出合法利息部分的债务，不在此列。（3）必须经债权人提出请求。偿还犯罪分子所负债务，仅限于没收财产的范围内并按我国民事诉讼法规定的清偿顺序偿还。

（四）驱逐出境

驱逐出境，是强迫犯罪的外国人离开中国国（边）境的刑罚方法；在我国刑罚体系中，是附加刑中特别的一种，只适用于犯罪的外国人，而不适用于犯罪的本国人，不具有普遍适用的性质。驱逐出境被规定在《刑法》第 35 条。

需要注意的是，在我国立法上，有两种性质的"驱逐出境"：一种是这里针对犯罪人适用的刑罚方法（附加刑），另一种是《出境入境管理法》规定的针对行政违法人适用的行政处罚方法。它们名称完全相同，但性质根本不同。

根据《刑法》第 35 条关于"对于犯罪的外国人，可以独立适用或者附加适用驱逐出境"的规定，驱逐出境是既可以独立适用又可以附加适用的，完全符合我国《刑法》第 34 条关于附加刑既可以附加适用也可以独立适用的规定的立法精神。同时，又因其只适用于"犯罪的外国人"，故它只是一种特别附加刑。

在实践中，在具体适用驱逐出境时，要考虑犯罪的性质、情节和犯罪分子本人的情况，以及外交的需要。一般的掌握标准是：罪行较轻、不宜判处有期徒刑，而又需要驱逐出境的，可以单独判处驱逐出境；对于罪行严重，应判处有期徒刑的，必要时也可以附加判处驱逐出境。对于单独判处驱逐出境的，从判决确定之日执行；附加判处驱逐出境的，从主刑执行完毕之日起执行。

第三节　非刑罚的制裁方法

一、非刑罚刑法制裁方法概述

非刑罚制裁方法是针对犯罪人适用的不具有刑罚性的刑事处罚方法。它可能是因为犯罪情节轻微、不需要判处刑罚而免予刑罚处罚，如《刑法》第 37 条规定的“训诫或者责令具结悔过、赔礼道歉、赔偿损失，或者由主管部门予以行政处罚或者行政处分”6 种非刑罚处罚措施；也可能是为了防止犯罪分子再实施相关职业犯罪行为而在判处刑罚处罚的同时作出禁止一定时期内从事某种职业的禁令，如《刑法》第 37 条之一规定的从业禁止；还可能是为了防止在管制的执行期间或缓刑的考验期间再次实施相关犯罪而给出从事相关职业或出席相关活动的禁令，如《刑法》第 38 条和第 72 条规定的禁止令；另有可能是因为要对犯罪所获得的财物或供犯罪使用的物品进行追缴、退赔或没收的处置，如《刑法》第 64 条规定的刑事追缴、刑事退赔和刑事没收。

这些措施，根据非刑罚制裁方法的侧重点不同，可以具体分为非刑罚的教育性制裁方法（训诫、责令具结悔过、赔礼道歉）、经济性制裁方法（赔偿损失、责令退赔、刑事追缴、刑事没收）、行政性制裁方法（由主管部门予以行政处罚或行政处分）和防卫性制裁方法（禁止令、从业禁止）四种。

以上措施，都是根据案件的具体情况“可以”酌定适用。具体要不要适用，根据案件的具体情况由人民法院决定。同时，根据《刑事诉讼法》第 177 条关于“对于犯罪情节轻微，依照刑法规定不需要判处刑罚或者免除刑罚的，人民检察院可以作出不起诉决定”的规定，对于这些本是构成犯罪的“可以免予刑罚处罚”的轻微犯罪，可以酌定不起诉，从而使其在程序上不作为犯罪处理。

二、非刑罚的教育性制裁方法

（一）训诫

训诫，是人民法院对犯罪情节轻微免予刑事处分的犯罪分子，责令其保证悔改并且以后不再犯罪的一种教育方法。根据最高人民法院 1964 年 1 月 18 日《关于训诫问题的批复》，人民法院对于情节轻微的犯罪分子，认为不需要判处刑罚，而应予以训诫的，应当用口头的方式进行训诫。在口头训诫时，应当根据案件的具体情况，一方面，严肃地指出被告人的违法犯罪行为，分析其危害性，并责令他努力改正，今后不再重犯；另一方面，也要讲明被告人的犯罪行为尚属轻微，可不给予刑事处分。该批复对训诫的内容、执行方式作了有约束力的明确解释。它既是对司法实践的总结，也是对司法实践中的具体做法的认同。实践表明，训诫作为一种非刑罚的处理方法，适用于情节轻微不需要判刑的犯罪人，可以产生感化、教育效应，进而预防和减少犯罪。

（二）具结悔过

具结悔过，是指人民法院责令犯罪情节轻微不需要判刑的人用书面方式保证悔改，以后不再重新犯罪的教育方法。适用具结悔过，必须具备两个条件：一是对象必须是可以免予刑事处罚的人。应当判处刑罚的，或者不构成犯罪的，都不能适用具结悔过。二是根据案件情况又需要责令因犯罪分子用书面方式保证悔改的。实践表明，具有我国特色的这一非刑罚处理方法，对于那些被免予刑事处罚且对自己罪过有一定认识的犯罪分子能发挥较好的教育、预防作用。

（三）赔礼道歉

赔礼道歉，是指人民法院责令因犯罪情节轻微而被免予刑事处分的犯罪分子，向被害人承认错误并表示悔改和道歉的一种教育方法。这种教育方法，具有如下特点：一是道歉的公开性。它要求犯罪人公开向被害人当面承认错误，表示歉意。二是内在的悔过性。赔礼道歉不是应付局面的走过场，而必须犯罪分子具有内在的悔过自新，能够真正达到教育、警戒的目的。三是关系的修复性。这一教育方法，追求的是犯罪行为对被害人所造成心理创伤的修复，从而达到化解社会矛盾、维护社会和谐稳定的刑法目标。

三、非刑罚的经济性制裁方法

（一）责令赔偿损失

这里的责令赔偿损失，是特指人民法院对犯罪情节轻微不需要判刑的犯罪人，责令其向被害人支付一定数额的金钱，以弥补被害人因犯罪行为而遭受的损失的处理方法。它是在免予刑事处罚的前提下所采用的处理方法。

责令赔偿损失与《刑法》第 36 条规定的赔偿经济损失，有着根本的不同。

根据《刑法》第 36 条的规定，这里的赔偿经济损失，是指人民法院对犯罪行为给被害人造成经济损失的犯罪分子，除依法给予刑事处罚外，还根据情况判处经济损失赔偿的保障性刑法处理措施。这里规定的“经济损失”，既包括由犯罪行为直接造成的被害人物质损失，如毁坏财物、盗窃、诈骗等直接侵害财产的犯罪行为所造成的损失，也包括由于犯罪行为的侵害间接造成的被害人经济上的损失，如伤害行为，不仅使被害人身体健康受到损害，而且使被害人遭受支出医疗费用等经济损失。这里的“根据情况”，是指人民法院将造成经济损失的行为的性质、情节，被害人遭受损失的程度，以及被告人的经济状况等具体情况作为判处的根据；是提起刑事附带民事诉讼的实体法依据。而对于刑事退赔不可以提起刑事附带民事诉讼。

这里的赔偿经济损失，作为非刑罚的保安防卫性措施，具有如下特点：一是犯罪的前提性。这个经济损失是由犯罪行为造成的，只有是犯罪行为造成的损失才能进入刑事审判中予以判决。二是刑罚的同时性。与《刑法》第 37 条关于赔偿损失的要求不同的是，这里的赔偿经济损失以行为成立犯罪并且需要给予刑罚处罚为前提。三是损失的物质性。2021 年《最高人民法院关于适用〈中华人民共和国刑事诉讼法〉的解释》第 175 条第 2 款规定：“因受到犯罪侵犯，提起附带民事诉讼或者单独提起民事诉讼要求赔偿精神损失的，人民法院一般不予受理。”据此，这里的经济损失是特指物质性损失，包括犯罪行为直接和间接造成的，从而使其与《刑法》第 37 条关于赔偿损失的要求有所不同。四是判决的附带性。这里判处赔偿经济损失，本是民事诉讼行为，只不过是由犯罪行为造成，需要基于刑事诉讼中的犯罪行为及其情节等作出，而在刑事诉讼中以附带民事诉讼方式一并处理更为便利。因此，一方面，其刑事附带民事诉讼要以《刑法》的这个规定为实体依据；另一方面，当事人也可以根据民事诉讼法的规定和程序另行提起民事诉讼。这是这里的赔偿经济损失不同于《刑法》第 37 条规定的赔偿损失、第 64 条规定的责令退赔的重要方面。2021 年《最高人民法院关于适用〈中华人民共和国刑事诉讼法〉的解释》第 176 条规定：“被告人非法占有、处置被害人财产的，应当依法予以追缴或者责令退赔。被害人提起附带民事诉讼的，人民法院不予受理。”五是赔付的优先性。根据《刑法》第 36 条第 2 款的规定，在犯罪分子的财产不足以全部支付这里的赔偿经济损失与被判处的罚金的，或者被判处没收财产的，应当先承担对被害人的经济损失赔偿等民事赔偿责任。

综上，责令赔偿损失与赔偿经济损失的区别主要表现在：一是法律性质不同。虽然二者都是赔偿被害人的“损失”，但责令赔偿损失赔偿的是犯罪行为给被害人造成的轻微侵害，而赔偿经济损失赔偿的是犯罪行为带来的经济损失。二是适用对象不同。责令赔偿损失是对依法被免予刑事处罚的人适用，而赔偿经济损失是对依法被判处刑罚的人适用。三是适用条件不同。责令赔偿损失以犯罪情节轻微不需要判刑为适用条件，而赔偿经济损失以罪行相对较重又需要判刑为适用条件。四是处理结果不同。责令赔偿损失是只让被告人赔偿损失而不对他判刑即只赔不罚，而赔偿经济损失是对被告人既判刑又让其赔偿即又罚又赔。

（二）刑事追缴

刑事追缴，是指将犯罪分子违法所得的一切财物强制无偿收归国有或进行其他处置的非刑罚处罚方法。《刑法》第 64 条规定：“犯罪分子违法所得的一切财物，应当予以追缴或者责令退赔；对被害人的合法财产，应当及时返还；违禁品和供犯罪所用的本人财物，应当予以没收。没收的财物和罚金，一律上缴国库，不得挪用和自行处理。”

根据以上规定，刑事追缴在性质上，具有刑事上的强制收归国有等的惩罚性，属于非刑罚的处罚方法。一方面，它因针对犯罪分子实施而不同于行政违法追缴。另一方面，它被规定于《刑法》总则第四章“刑罚的具体运用”的“量刑”节中，并不在第三章“刑罚”规定的刑罚的体系和种类中，故其性质上不属于刑罚方法，只是在“量刑”中适用的刑法处理措施。

根据《刑法》第 37 条的规定，追缴、退赔、返还、没收、上缴做法的内在关系是：一方面，刑事追缴以现实存在的犯罪分子违法所得的一切财物为对象。这里的“违法所得”，是指犯罪行为而非一般违法行为的所得。在权属关系上，它不属于犯罪分子所有，是犯罪分子通过犯罪行为才占有的财物，包括犯罪分子占有的违法所得的财物和转移至他人但应当追缴的违法所得的财物。这些财物，可以是已为司法机关所控制的，也可以是随时通过措施予以控制的，还可以是需要司法机关采用一定追查手段才能最终被发现和控制的。对于财物已被犯罪分子使用、挥霍或毁坏的，就不是追缴而是责令退赔。不过，只要财物是现实存在的，人民法院就可以予以追缴处理。另一方面，财物被追缴后的处理方式，根据财物的性质，有如下三种：一是对于属于被害人合法财产的，包括权利人非故意供犯罪使用的，应当及时返还给被害人；二是对于追缴的财物中属于违禁品（如买卖的毒品）等的，应当予以没收；三是对于不属于被害人的合法财产或没有被害人的，一律上缴国库。

（三）责令退赔

所谓责令退赔，是指在犯罪分子违法所得的一切财物已被用掉、毁坏或挥霍的情况下，人民法院责令犯罪分子返还相应财物的保障性刑法处理措施。在我国，它被规定在《刑法》第 64 条。

根据以上规定，在性质上，责令退赔既不是刑罚处罚方法也不是非刑罚处罚方法，而是针对犯罪分子适用和具有刑事意义的经济性处置方法。从《刑法》立法来看，它不在第三章“刑罚”规定的刑罚的体系和种类中，而被规定于《刑法》总则第四章“刑罚的具体运用”的“量刑”节，以保障犯罪分子违法所得的一切财物得以返还被害人或上缴国库。

责令退赔与刑事追缴的不同，主要在于犯罪分子违法所得的财物是否仍然存在。1999 年最高人民法院《全国法院维护农村稳定刑事审判工作座谈会纪要》规定：“对因犯罪分子非法占有、处置被害人财产而使其遭受的物质损失，应当根据刑法第六十四条的规定处理，即应通过追缴赃款赃物、责令退赔的途径解决。如赃款赃物尚在的，应一律追缴；已被用掉、毁坏或挥霍的，应责令退赔。”据此，若财物仍然存在的话，则予以刑事追缴和返还被害人或上缴国库；若已被用掉、毁坏或挥霍，则责令犯罪分子退赔并返还被害人或上缴国库。二者的以上不同，是区分责令退赔与刑事追缴的重要标志。另外，2021 年《最高人民法院关于适用〈中华人民共和国刑事诉讼法〉的解释》第 176 条规定：“追缴、退赔的情况，可以作为量刑情节考虑。”

（四）刑事没收

刑事没收，是指将违禁品和供犯罪所用的本人财物强制无偿地收归国有的处置措施。《刑法》第 64 条对其作了规定，也即“违禁品和供犯罪所用的本人财物，应当予以没收”。在性质上，刑事没收与刑事追缴一样，具有刑事上的强制收归国有的惩罚性，属于非刑罚的处罚方法。二者的不同，主要表现在适用对象上：刑事追缴的对象是犯罪分子违法所得的一切财物，而刑事没收的对象是违禁品和供犯罪所用的本人财物。当然，违禁品和供犯罪所用的本人财物也可能属于犯罪分子违法所得的一切财物，二者在客观上存在一定的交叉关系。

刑事没收与没收财产是两个完全不同的措施。它们的不同主要表现在：一是法律性质不同。刑事没收被规定在《刑法》第 64 条，是量刑中的一种非刑罚处置措施；没收财产被规定在《刑法》第 59 条，是刑罚方法中的附加刑。二是适用对象不同。刑事没收的适用对象是违禁品、供犯罪所用的本人财物以及犯罪所得的其他需要没收的财物，没收财产的适用对象是犯罪分子所有的合法财产。

刑事没收与行政收缴是在手段方面相近的概念。收缴，是一个经常在行政法上使用的概念，是指将违反治安管理的非法财物，包括违禁品、赌具、赌资、吸毒、注射毒品的用具以及直接用于违反治安管理的本人所有的工具，强制无偿地收归国有的处置措施。根据《刑法》第 64 条的规定，刑事没收是将“违禁品和供犯罪所用的本人财物”强制无偿地收归国有的处置措施。这样，刑事没收与行政收缴的主要区别在于行为是否涉嫌犯罪。行为涉嫌犯罪的违禁品和所用本人财物，为刑事没收的对象；行为只涉嫌行政违法的，为行政收缴的对象。

在实践中，作为刑事没收对象的财物，实际上包括三大类：第一，违法所得的“财物”。这通常又有两种情形：一是犯罪行为所得之物及其产生的收益，如赌博赢取的赌资；二是作为犯罪行为的报酬而得到的财物，如受雇实施报复犯罪的佣金。第二，违禁品。这通常是指那些因对社会具有危险而被禁止个人非法持有的物品，如枪支、弹药、假币、毒品等。第三，供犯罪所用的本人财物。这里包括两方面的内容：一是“供犯罪所用”。基于刑事没收的剥夺犯罪分子再犯罪能力等立法目的，这里的“供犯罪所用”应是经常性或密切性地对实施犯罪具有重要作用的财物，如经常用于犯罪的汽车。据此，那些在犯罪中也发挥了作用的生活必需品或常用品，如穿着的衣服、鞋袜、家庭日常使用的轿车（即使在某个盗窃等案件中有次被用作了交通工具）等，就不是这里的没收对象。[①] 同时，基于主客观相一致原则，这里的“供犯罪所用”还应是犯罪分子主观上是故意以此作为完成犯罪的物品。二是“本人财物”。这通常指那些主要或通常直接用于犯罪的本人财物，如刀具、毒药、窃听器、经常用于犯罪的汽车等犯罪工具。至于犯罪分子借用或擅自使用他人财物供犯罪所用是否需要予以没收，需看财物所有人或占有人事前是否知悉是供犯罪使用，若有证据证明确实不知悉，则应当及时或在案件审理结束后予以返还。

四、非刑罚的行政性制裁方法

所谓由主管部门予以行政处罚或者行政处分，是指人民法院根据案件的情况向犯罪人所在单位提出行政处罚或者行政处分的司法建议，而由主管单位给予犯罪分子适当行政处罚或者处分的方法。在我国，《刑法》第 37 条规定：“对于犯罪情节轻微不需要判处刑罚的，可以免予刑事处罚，但是可以根据案件的不同情况……由主管部门予以行政处罚或者行政处分。”

根据有关法律法规的规定，行政处罚是行政机关对违反行政管理法规的行政责任追究方式，包括治安管理处罚、财政金融管理处罚、市场监督管理处罚、环境管理处罚等等，其处罚方式有警告、罚款、拘留、没收、停止营业等。行政处分是主管机关依法对违反行政法规和劳动纪律的国家机关工作人员、职员、工人等所给予的纪律责任追究方式，其处分方式有警告、记过、记大过、降级、撤职、开除留用察看或开除公职等。

作为行政性制裁方法的“由主管部门给予行政处罚或者行政处分”，其具有如下几个特点：一是刑事处罚性。它是针对已经构成犯罪的犯罪行为和不需要判处刑罚、可以免予刑罚处罚的犯罪分子适用，具有非刑罚处罚的刑事处罚性，与直接由行政机关针对行

---

① 王琪轩，杨海明．“供犯罪所用的本人财物”的司法认定：陕西西安中院判决被告人蒋某、林某等盗窃案．人民法院报，2018－12－06（6）．

政违法或违纪的人适用的行政处罚或者行政处分根本不同。二是刑事司法性。它是根据人民法院的刑事司法建议而作出的，具有刑事司法性，与行政机关直接按自己职权作出的行政处罚或者行政处分根本不同。三是司法建议性。作出行政处罚或者行政处分是行政机关的职权职责，人民法院既不可以越权直接作出，也不能写在判决书上。至于最终是否给予行政处罚或行政处分，应由行政机关或行政主管部门决定。四是案情需要性。人民法院提出行政处罚或者行政处分的司法建议，应根据罪行的性质、危害程度和预防犯罪的需要。

五、非刑罚的防卫性制裁方法

非刑罚的防卫性制裁方法，是为了防止行为人继续实施严重危害社会行为而采用的强制性防卫措施。这个措施，因存在刑法意义上的剥夺或限制行为人的一定权利的属性，可以被理解为刑法上的制裁方法。根据我国刑法的规定，这个防卫性制裁方法包括刑事从业禁止和刑事禁止令两种。

（一）刑事从业禁止

从业禁止，是法律规定进行特定对象从事某项职业的法律措施。所谓刑事从业禁止，是指人民法院根据刑法关于犯罪情况和预防再犯罪的需要，禁止犯罪人在一定期限内从事相关职业的预防性措施。在法律性质上，刑事从业禁止既不是刑罚和非刑罚处罚的刑事处罚措施，也不是行政处罚和经济制裁措施，而只是一种兼有制裁和防卫性质的预防性措施。这是在《刑法修正案（九）》中增加的一项处置措施，被规定在现行《刑法》第37条之一。

根据以上规定，在我国“刑事从业禁止”的适用需符合如下条件：(1) 前提条件。要求以犯罪被判处刑罚为适用前提。这里的“刑罚”，包括所有主刑和附加刑。(2) 对象条件。要求为利用职业便利或者违背职业特定义务要求而实施犯罪的行为人。(3) 实质条件。要求是基于犯罪情况和预防再犯罪的需要。(4) 时间条件。禁止其自刑罚执行完毕之日或者假释之日起从事相关职业，期限通常为3年至5年，按其他法律法规的特别规定，也可能是终身禁止。(5) 排他条件。根据本条关于“其他法律、行政法规对其从事相关职业另有禁止或者限制性规定的，从其规定”的规定，这里的从业禁止只是在其他法律、行政法规对其从事相关职业无禁止或者限制性规定时适用，若其他法律、行政法规有类似规定，优先适用类似规定。在我国，这些应优先适用的相关法律法规包括《公司法》《法官法》《检察官法》《教师法》《安全生产法》《种子法》等。如2018年修正的《公司法》第146条规定，“因贪污、贿赂、侵占财产、挪用财产或者破坏社会主义市场经济秩序，被判处刑罚，执行期满未逾五年，或者因犯罪被剥夺政治权利，执行期满未逾五年”的，不得担任公司的董事、监事、高级管理人员；2009年修正的《教师法》第14条规定：“受到剥夺政治权利或者故意犯罪受到有期徒刑以上刑事处罚的，不能取得教师资格；已经取得教师资格的，丧失教师资格。”

在实践中，对于其他法律法规规定的从业禁止，需与《刑法》第37条之一结合起来适用。如2021年修正的《食品安全法》第135条第2款规定：“因食品安全犯罪被判处有期徒刑以上刑罚的，终身不得从事食品生产经营管理工作，也不得担任食品生产经营企业食品安全管理人员。”据此，对于因食品安全犯罪应判处有期徒刑以上刑罚的，根据《刑法》第37条之一和《食品安全法》第135条第2款的规定，应同时判处其终身不得从事食品生产经营管理工作，也不得担任食品生产经营企业食品安全管理人员。

为保障从业禁止令的有效施行，立法设置了治安处罚和构成犯罪的法律后果。根据《刑法》第37条之一第2款的规定，违反本条规定的从业禁止令的，会带来两方面的法律后果：一是情节比较轻微、尚不构成犯罪的，由公安机关依法给予治安管理处罚。二是情节严重的，依照《刑法》第313条关于拒不执行判决、裁定罪的规定追究刑事责任。这里的“情节严重”，主要是指违反法院的从业禁止决定，经有关方面劝告、责令改正仍不改正的，或者因违反从业禁止决定受到行政处罚又违反的，或者违反从业禁止决定且在从业过程中又有违法行为的。[①]

(二) 刑事禁止令

禁止令作为法学术语，是指法院下达的禁止当事人实施某种行为的指令。刑事禁止令是刑法规定的对犯罪分子适用的兼有惩罚性和防卫性的预防性防卫措施。在我国，《刑法修正案（八）》对管制执行期间和缓刑考验期间的禁止令作了规定。分别规定在《刑法》第38条第2款和第77条第2款。2011年《最高人民法院、最高人民检察院、公安部、司法部关于对判处管制、宣告缓刑的犯罪分子适用禁止令有关问题的规定（试行）》也对其适用作了较为详尽的规定。

刑事禁止令与刑事从业禁止是两个既有相同点又有很大不同的易混淆概念。它们的相同点表现在，都是禁止性的防卫措施，都存在禁止从事某项职业的内容。不同点主要表现在如下方面：(1) 禁止范围不同。“禁止令”的禁止范围比“从业禁止”更大。根据《刑法》第38条和第72条的规定，无论是管制执行期间还是缓刑考验期间的禁止令，它们的适用都是根据犯罪情况，同时禁止犯罪分子在执行或考验期间“从事特定活动，进入特定区域、场所，接触特定的人”。据此，虽然禁止令在刑法上尚只针对管制和缓刑的执行期间，但它既可以对从业进行限制，也可以对行为及特定活动进行限制。如，禁止危险驾驶罪犯罪人在缓刑考验期内在公共场所饮酒，设立公司、企业、事业单位，从事证券交易、申领贷款、使用票据或者申领、使用信用卡等金融活动等。而从业禁止令虽然可以适用于所有犯罪，但被禁止的实际上只是在一定时期内“从事相关职业”，其被禁止的范围相对小些。在实践中，从业禁止常见于性侵犯罪、涉食品安全犯罪、责任事故犯罪等几类比较常见的犯罪。(2) 适用期限不同。禁止令是在管制执行期间或缓刑考验期间，而从业禁止是从刑罚执行完毕之日或者假释之日后的3年至5年期限甚至终身。(3) 适用对象不同。禁止令是针对正在执行刑罚的罪犯适用，而从业禁止是针对刑罚执行完毕的人员适用。(4) 适用机关不同。禁止令由人民法院判决，由司法行政机关指导管理的社区矫正机构负责执行，并由人民检察院实行监督；而从业禁止令由人民法院判决，由公安机关监督执行。(5) 法律后果有所不同。违反禁止令的法律后果是：管制执行期间违反禁止令的，由公安机关给予治安管理处罚；缓刑考验期间违反禁止令未达到

① 王爱立．中华人民共和国刑法释义．北京：法律出版社，2021：65-66.

情节严重的，同样由公安机关给予治安管理处罚，但若达到情节严重的，则会被撤销缓刑，执行原判刑罚。而违反从业禁止令的法律后果也是两个方面：情节比较轻微、尚不构成犯罪的，由公安机关依法给予治安管理处罚；情节严重的，依照《刑法》第 313 条关于拒不执行判决、裁定罪的规定予以定罪处罚。

所涉法律条文及司法文件

1.《刑法》第 41 条、第 44 条、第 47 条、第 65～89 条

2.《监察法》(2018 年) 第 44 条

3.《刑事诉讼法》(2018 年) 第 76 条

4.《行政处罚法》(2021 年) 第 35 条

5.《社区矫正法》(2019 年)

6.《社区矫正法实施办法》(2020 年)

7.《最高人民法院关于审理拒不执行判决、裁定案件具体应用法律若干问题的解释》第 8 条

8.《最高人民法院关于办理减刑、假释案件具体应用法律的规定》

9.《最高人民法院关于处理自首和立功具体应用法律若干问题的解释》

10.《最高人民法院关于处理自首和立功若干具体问题的意见》

11.《最高人民法院、最高人民检察院关于办理职务犯罪案件认定自首、立功等量刑情节若干问题的意见》

代表性文献推荐

1. 吴宗宪．刑事执行法学．3 版．北京：中国人民大学出版社，2019.

2. 刘湘廉．限制加重原则之反思与并科原则之提倡，法商研究，2022 (3).

3. 罗智勇，董朝阳，孙自中.《关于加强减刑、假释案件实质化审理的意见》的理解与适用．中国应用法学，2022 (3).

4. 郭华．《社区矫正法》制定中的争议问题研究．法学，2017 (7).

5. 彭文华．我国刑法制裁体系的反思与完善．中国法学，2022 (2) .

思考题

1. 何谓刑罚？它在本质上到底是对犯罪的报应还是预防或其他？它的刑法地位是什么？什么样的规范有资格规制刑罚？

2. 何谓刑罚权？它在运行中有哪些具体表现？这些表现形式与运行方式体现或贯彻了宪法、刑法和刑事诉讼法的哪些方面规定？

3. 何谓刑罚的目的？它与刑罚的功能有何关键的不同？刑罚在功能上是否只是针对犯罪人的？如何处理刑罚的特殊功能与一般功能的关系？

4. 我国刑法规定的刑罚方法有哪些？各自的概念、特点、性质（如是自由刑还是资格刑等）、适用对象、刑期及各自判决机关、执行机关分别是什么？各有何理解和适用的关键点？对它们可以作哪些分类？这些刑罚方法是否意味着我国具有完整的刑罚体系？

5. 如何理解“剥夺政治权利终身”？如何理解“剥夺政治权利的效力当然施用于主刑执行期间”？

6. 我国的死刑政策是什么？我国刑法规定的死刑适用的实质标准是什么？试结合我国刑法规定论述如何减少和控制死刑。

7. 何谓非刑罚处理方法？它与刑事责任是什么关系？它与民事制裁方法、行政制裁方法、经济制裁方法有何关键的不同？

8. 刑法上为何要设置禁止令？禁止令的适用范围有哪些？

第十六章 刑法制裁制度

内容导读

刑法制裁制度，是对刑法关于量刑情节、数罪并罚、缓刑、减刑、假释、社区矫正、时效、赦免的制度性规定的抽象概括。基于刑法关于这些制度的规定，它们并不能被笼统地理解为只是量刑情节、刑罚裁量制度、刑罚执行制度和刑罚消灭制度，而具有多重属性。从刑法规定的内容和功能而言，诸如累犯、自首、坦白、立功是量刑情节，但从它们的成立条件、立法种类和处罚规则等制度化规定而言，它们是量刑制度也即量刑情节性制度；诸如数罪并罚、缓刑、减刑、假释、社区矫正、时效、赦免，从执行机关的执行要求或刑罚消灭的实质而言，它们是刑罚执行（缓刑、假释、社区矫正）或刑罚消灭制度（时效、赦免），但从其法院行使裁量权才能作出裁处而言，它们都是刑罚裁量制度。

第一节 量刑情节制度

所谓量刑情节制度，是指刑法关于特定量刑情节的成立条件、立法种类和处罚规则等制度化规定的量刑制度。在我国刑法上，立法对累犯、自首、坦白、立功等法定量刑情节的成立条件、立法种类和处罚规则等的制度化规定，就属于这里的量刑情节制度。累犯、自首、坦白、立功等量刑情节名称与具有从重、从轻、减轻和免除处罚功能的量刑情节本身，在特点、内容、意义等方面有很大的不同。

一、累犯制度

（一）累犯的概念

所谓累犯，是指因犯罪而受过一定的刑罚处罚，在刑罚执行完毕或者赦免以后，在法定期限内又犯一定之罪的罪犯。累犯是一种从重处罚的法定量刑情节，也是一种从重处罚的量刑制度。

根据《刑法》第65条和第66条的规定，累犯有一般累犯和特别累犯之分，它们在构成条件上存在着差别。《刑法》第356条规定的毒品犯罪的再犯，不属于刑法总则意义上的累犯。

(二) 累犯的构成条件

1. 一般累犯的构成条件

根据《刑法》第65条的规定，一般累犯，是指被判处有期徒刑以上刑罚的犯罪分子，刑罚执行完毕或者赦免以后，在5年内再犯应当判处有期徒刑以上刑罚之罪的犯罪分子。它的构成条件包括以下四个方面。

(1) 主体条件：年满18周岁的人。不满18周岁的人犯罪不成立累犯。

(2) 主观条件：前罪与后罪都是故意犯罪。如果前后两罪都是过失犯罪，或者前后两罪中其一是过失犯罪，则不构成累犯。刑法对累犯的主观构成要件作了将过失犯罪排除在外的限制，是因为故意犯罪的犯罪人比过失犯罪的犯罪人具有更为严重的人身危险性和更大的主观恶性，理应受到重罚，并且，经常发生且对国家、社会和公民危害最大的，主要是故意犯罪。

(3) 刑度条件：前后罪所判或应判的刑罚都是有期徒刑以上的刑罚，包括无期徒刑和死刑缓期2年执行。如果前后罪所判或应判的刑罚都低于有期徒刑，或者有一罪所判或应判的刑罚低于有期徒刑的，都不构成累犯。所谓"前罪被判处有期徒刑以上刑罚"，是指法院根据犯罪全部情况，最后确定的宣告刑为有期徒刑以上刑罚的。所谓"后罪应当被判处有期徒刑以上刑罚"，是指根据后罪社会危害性的大小，实际上应当判处有期徒刑以上刑罚。

(4) 时间条件：后罪发生在前罪刑罚执行完毕或者赦免以后5年之内。如果后罪发生在前罪的刑罚执行期间，则不成立累犯，应按数罪并罚予以定罪处刑。如果后罪是发生在前罪刑罚执行完毕或者赦免的5年以后，则不构成累犯，应按再犯酌定从重处罚。"刑罚执行完毕"指主刑执行完毕，不包括附加刑执行完毕在内。主刑执行完毕以后5年内又犯罪的，即使附加刑还未执行完毕，也可以构成累犯。缓刑考验期满是"原判刑罚未执行"，不包括"刑罚执行完毕"，假释考验期期满算是原判刑罚执行完毕。"5年以内"的起始日期，应当从刑满释放之日起计算。被假释的犯罪分子，如果在假释考验期内又犯新罪的，不构成累犯，而应在撤销假释之后，适用数罪并罚。这因为假释是附条件提前释放，在撤销假释后，原判的刑罚仍须继续执行，而不是已执行完毕。如果假释犯在假释考验期满后5年内再犯新罪的，则可以构成累犯。

2. 特别累犯的构成条件

根据《刑法》第66条的规定，特别累犯，是指因犯危害国家安全犯罪、恐怖活动犯罪、黑社会性质组织犯罪受过刑罚处罚，在刑罚执行完毕或者赦免后的任何时候再犯危害国家安全犯罪、恐怖活动犯罪、黑社会性质组织犯罪中任一犯罪的犯罪分子。它的构成条件是：

(1) 主体条件：没有任何主体条件的限制。

(2) 主观条件：前罪与后罪是也必须是危害国家安全犯罪、恐怖活动犯罪、黑社会性质的组织犯罪三类犯罪的20多个罪名中的任何一个个罪，不过对前后罪所判或应判的刑罚的种类和轻重没有限制，可以是管制、拘役或者单处的某种附加刑。如果前后罪不是以上三类犯罪中的任何一个个罪，或者其中之一不是以上三类犯罪中的任何一个个罪，那么不成立特别累犯。当然，可能成立一般累犯。

（3）刑度条件：前罪被判处的刑罚和后罪应判处的刑罚的种类及其轻重不受限制。即使前后两罪或者其中一罪被判处管制、拘役甚至单处附加刑，也不影响特别累犯的构成。

（4）时间条件：前后罪间没有间隔的时间限制，刑罚执行完毕或者赦免以后的任何时候都可以。如果后罪发生在前罪的刑罚执行期间，则不成立特别累犯，应按数罪并罚予以定罪处刑。

（三）累犯与再犯的界分

（1）相同点：1）都实施了两次或两次以上的犯罪行为；2）都是从重处罚的量刑情节，只不过一个是法定量刑情节、另一个是酌定量刑情节；3）累犯和再犯中的毒品再犯的前后罪都是故意犯罪；4）特别累犯和再犯的前罪与后罪之间都没有时间间隔的限制。

（2）不同点：1）在犯罪主体上，一般累犯要求是年满 18 周岁的人，而再犯没有这个限制。2）在犯罪性质上，累犯的前后罪都是故意犯罪或三大类特定犯罪中的任何一个犯罪，且一般累犯的前后罪都需要被判处有期徒刑以上刑罚，而再犯没有这些限制。3）在时间条件上，累犯的后罪必须在前罪刑罚执行完毕或赦免以后实施，且一般累犯要求后罪在前罪刑罚执行完毕或赦免后的 5 年内实施，而再犯并没有这个 5 年限制。

（四）累犯的从重规则

《刑法》第 65 条规定，对累犯应当从重处罚。据此，对累犯裁量刑罚，确定其应当承担的刑事责任时，应注意把握以下几个方面的问题。

（1）对于累犯必须根据一定的标准从重处罚，即无论是具备一般累犯的构成条件者，还是具备特别累犯的构成条件者，都必须对其在法定刑的限度以内，判处相对较重的刑罚，即适用较重的刑种或较长的刑期。

一方面，对于累犯应当比照不构成累犯的初犯或其他犯罪人进行从重处罚。具体而言，就是当累犯所实施的犯罪行为与某一不构成累犯者实施的犯罪行为在性质、情节、社会危害程度等方面基本相似的条件下，应比照对不构成累犯者应判处的刑罚再予以从重处罚。虽然我国刑法对此并未明文规定，但基于刑法设置累犯制度的宗旨和累犯制度的基本精神，应当如此。

另一方面，对于累犯从重处罚，必须根据其所实施的犯罪行为的性质、情节和社会危害程度，确定具体应判处的刑罚，切忌毫无事实根据地对累犯一律判处法定最高刑。在司法实践中，有个别审判人员习惯于对累犯不问情况一律判处法定最高刑，似乎“从重处罚”就是一律判“满贯刑”，这种理解显然是不妥当的。

（2）对累犯“应当”从重处罚，而不是“可以”从重处罚。“应当”从重是命令性规范，法官没有灵活选择的余地，即凡是符合累犯条件而构成累犯的，审判人员就必须对犯罪人在法定刑的幅度内处以较重的刑罚，否则就有悖于罪刑相适应的刑法原则。

（3）根据《刑法》第 74 条、第 81 条第 2 款的规定，对累犯不得适用缓刑、假释。因为缓刑和假释的适用，都以犯罪人不致再危害社会为条件，而累犯则属于屡教不改、具有较大人身危险性的人，所以对累犯适用缓刑、假释，不利于对累犯的教育、改造，起不到预防犯罪的刑罚目的，更不能保证社会的安全。

二、自首制度

（一）自首的概念

所谓自首，是指犯罪以后自动投案，如实供述自己罪行的行为，或者被采取强制措施的犯罪嫌疑人、被告人和正在服刑的罪犯，如实供述司法机关还未掌握的本人其他罪行的行为。自首是一种从宽处罚的法定量刑情节，也是一种从宽处罚的量刑制度。

自首制度对分化瓦解犯罪势力，迅速侦破刑事案件，感召犯罪分子主动投案，激励犯罪分子改过自新，减少社会不安定因素，及时打击和预防犯罪起着积极的作用。

（二）自首的种类及成立条件

根据《刑法》第 67 条的规定，自首有“一般自首”（第 1 款）和“准自首”（第 2 款）两种情形。一般自首，是指犯罪分子犯罪以后自动投案，如实供述自己罪行的行为。准自首，是指被采取强制措施的犯罪嫌疑人、被告人和正在服刑的罪犯，如实供述司法机关还未掌握的本人其他罪行的行为。《刑法》第 164 条第 4 款、第 390 条第 2 款和第 392 条第 2 款规定的“特别自首”，只是刑法分则规定的特别适用于行贿类和介绍贿赂类特定犯罪案件的情形，不属于刑法总则意义上具有普遍适用性的自首。

1. 一般自首的成立条件

根据 1998 年《最高人民法院关于处理自首和立功具体应用法律若干问题的解释》、2010 年《最高人民法院关于处理自首和立功若干具体问题的意见》的规定，一般自首的成立条件包括如下两个方面。

（1）犯罪以后自动投案。

自动投案，是指犯罪分子于犯罪之后，被动归案之前，自行向有关机关或个人投案，承认自己实施了犯罪，并自愿置于所投机关或个人的控制之下，等候交代犯罪事实，并最终接受国家的审理和裁判的行为。它包括如下两种情形。

一是狭义的自动投案。这种意义上的自动投案，是指犯罪事实或者犯罪嫌疑人未被司法机关发觉，或者虽被发觉，但犯罪嫌疑人尚未受到讯问、未被采取强制措施时，主动、直接向公安机关、人民检察院或者人民法院投案。

二是广义的自动投案。这是基于犯罪嫌疑人投案的主动性和自愿性而成立的自动投案。具体包括：1）犯罪嫌疑人向其所在单位、城乡基层组织或者其他有关负责人员投案的；2）犯罪嫌疑人因病、伤或者为了减轻犯罪后果，委托他人先代为投案，或者先以信电投案的；3）罪行尚未被司法机关发觉，仅因形迹可疑，被有关组织或者司法机关盘问、教育后，主动交代自己的罪行的；4）犯罪后逃跑，在被通缉、追捕过程中，主动投案的；5）经查实确已准备去投案，或者正在投案途中，被公安机关捕获的；6）并非出于犯罪嫌疑人主动，而是经亲友规劝、陪同投案的；7）公安机关通知犯罪嫌疑人的亲友，或者亲友主动报案后，将犯罪嫌疑人送去投案的；8）犯罪后主动报案，虽未表明自己是作案人，但没有逃离现场，在司法机关询问时交代自己罪行的；9）明知他人报案而在现场等待，抓捕时无拒捕行为，供认犯罪事实的；10）在司法机关未确定犯罪嫌疑人，尚在一般性排查询问时主动交代自己罪行的；11）因特定违法行为被采取劳动教养①、行政拘留、司法拘留、强制隔离戒毒等行政、司法强制措施期间，主动向执行机关交代尚未被掌握的犯罪行为的；12）罪行未被有关部门、司法机关发觉，仅因形迹可疑被盘问、教育后，主动交代了犯罪事实，有关部门、司法机关在其身上、随身携带的物品、驾乘的交通工具等处发现与犯罪有关的物品的；13）交通肇事后保护现场、抢救伤者，并向公安机关报告的；14）交通肇事逃逸后自动投案，如实供述自己罪行的；15）其他符合立法本意的情形。

“犯罪以后自动投案”需要等待接受司法机关的审查与裁判。1998年《最高人民法院关于处理自首和立功具体应用法律若干问题的解释》规定：“犯罪嫌疑人自动投案后又逃跑的，不能认定为自首。”对此，理论上通常将其解释为，犯罪嫌疑人必须被置于有关机关或个人的控制之下，并等待交代犯罪事实和接受公安、司法机关的审查与裁判。具体包括如下两个方面。

一是自首人必须将人身自由权利自行交由有关机关或者个人支配，自愿服从其管理。那些匿名将赃物送回司法机关或者物主处，或用电话、书信向公安、司法机关报案或指出赃物所在的行为，并没有将自身置于公安、司法机关的控制之下，虽然为一种可以从宽处罚的悔罪表现，但都不能成立自首。

二是等待交代犯罪事实和接受司法机关的审查与裁判。所谓审查，是指公安机关、监察机关、检察机关以及人民法院对案件的审理、查证，对被告人的审核、询问等诉讼活动。所谓裁判，是指人民法院在审理的基础上，对案件定罪量刑所作的裁定和判决。自动投案却拒绝接受国家的审查和裁判，如自动投案并交代罪行后又脱逃、隐匿的，或者自动投案并交代罪行后又翻供推翻自己的供词，以推脱罪责，使自己逃避应得的惩罚，都不能成立自首。判断是否接受公安、司法机关的审查和裁判，关键看是否有翻供或脱逃公安、司法机关控制的行为。以下表现应被理解为接受公安、司法机关的审查和裁判：其一，仅仅有不愿接受公安、司法机关审查和裁判的意思表示。其二，对以前供述的补充或不客观交代的修正或更正。其三，依法根据事实为自己辩护，寻找、提出说明自己无罪、罪轻的事实和证据。其四，依法行使上诉权提起上诉。这是法律赋予当事人的权利，不可理解为拒绝接受司法机关的裁判。

（2）如实供述自己的罪行。

按2010年《最高人民法院关于处理自首和立功若干具体问题的意见》的规定，如实供述自己的罪行，是指犯罪嫌疑人自动投案后，如实交代自己的主要犯罪事实。至于何为这里的“主要犯罪事实”，尚没有立法和司法解释作出明确规定。结合刑法的立法精神和以上司法解释的相关规定，具体可以从如下几个方面把握。

第一，所供述的必须是犯罪的事实。投案人供述的必须是有关犯罪的一切实际情况，而不是与犯罪无关的其他行为与事实，包括基于对法律和事实的认识错误而交代了一些

① 2013年11月15日公布的《中共中央关于全面深化改革若干重大问题的决定》提出废止劳动教养制度。2013年12月28日全国人民代表大会常务委员会通过了《关于废止有关劳动教养法律规定的决定》，规定劳动教养废止前依法作出的劳动教养决定有效，劳动教养废止后，对正在被依法执行劳动教养的人员，解除劳动教养，剩余期限不再执行。

与犯罪无关的行为或事实，以及违反道德或一般的违法行为与事实。

第二，所如实供述的只要是主要犯罪事实。所谓主要犯罪事实，是指足以证明行为人的行为构成犯罪的基本事实，是决定犯罪性质认定的罪与非罪、此罪与彼罪、轻罪与重罪的犯罪构成事实。对于那些不影响犯罪性质认定的事实细节未予供述的，虽然影响自首从宽处罚的力度，但是不影响自首的成立。诸如持枪抢劫的"持枪"情节、防卫挑拨的"预谋杀人"、强奸行为的"轮奸"、故意伤害的"重伤"、交通肇事的各种"逃逸"，都是这里的主要犯罪事实，但都不是量刑情节，而都只是相应犯罪（基本犯、加重犯）的定罪情节。那些事关犯罪行为的严重社会危害性或犯罪人的重大人身危险性而对量刑结果有重大影响的事实，也可以是这里的主要犯罪事实。投案人交代犯罪事实时，只需要自己对犯罪事实的认识和表述与客观存在的犯罪事实基本相一致。被告人对自己行为性质的辩解，只是法律评价问题，不影响自首的成立。但是，如果犯罪人在供述罪行的过程中推诿责任，保全自己，意图逃避制裁；大包大揽，庇护同伙，意图包揽罪责；歪曲罪质、隐瞒情节，企图蒙混过关；掩盖真相，避重就轻，试图减轻罪责；等等，都不属于"如实供述自己的罪行"，不能成立自首。

第三，投案人所交代的必须是自己实施或支配他人实施并应由自己承担刑事责任的罪行。这些犯罪事实，既可以是投案人单独实施的，也可以是投案人和他人共同实施的；既可能成立一罪，也可能成立数罪。如果交代的是自己耳闻目睹的他人罪行，那么属于检举揭发或立功，而不是自首。共同犯罪案中还应当供述所知的同案犯，主犯还应当供述所知的其他同案犯的共同犯罪事实。

第四，犯罪人供述自己罪行的方式是多种多样的，可以是口头的，也可以是书面的；可以是直接的，也可以是间接的。

2. 准自首的成立条件

根据《刑法》第 67 条第 2 款的规定，准自首的成立条件包括以下两个方面。

（1）主体为被采取强制措施的犯罪嫌疑人、被告人和正在服刑的罪犯。

这里的强制措施，是指我国刑事诉讼法所规定的拘传、取保候审、监视居住、拘留和逮捕等措施。所谓正在服刑的罪犯，是指已经人民法院判决，正在被执行所判刑罚的人。只有上述三种人，才能构成准自首的主体。

（2）如实供述司法机关还未掌握的本人其他罪行。

按照 2010 年《最高人民法院关于处理自首和立功若干具体问题的意见》，这里的"司法机关还未掌握的本人其他罪行"，是指犯罪嫌疑人、被告人在被采取强制措施期间，向司法机关主动如实供述本人的其他罪行。至于该罪行能否认定为司法机关已掌握，应根据不同情形区别对待：1）如果该罪行已被通缉，一般应以该司法机关是否在通缉令发布范围内作出判断，不在通缉令发布范围内的，应认定为还未掌握，在通缉令发布范围内的，应视为已掌握；如果该罪行已录入全国公安信息网络在逃人员信息数据库，应视为已掌握。2）如果该罪行未被通缉、也未录入全国公安信息网络在逃人员信息数据库，应以该司法机关是否已实际掌握该罪行为标准。

这里的"其他罪行"，是指犯罪嫌疑人、被告人在被采取强制措施期间如实供述本人其他不同种罪行。至于该罪行与司法机关已掌握的罪行属同种罪行还是不同种罪行，一般应以罪名区分：虽然如实供述的其他罪行的罪名与司法机关已掌握犯罪的罪名不同，但如实供述的其他犯罪与司法机关已掌握的犯罪属选择性罪名或者在法律、事实上密切关联。如因受贿被采取强制措施后，又交代因受贿为他人谋取利益行为，构成滥用职权罪的，应认定为同种罪行。

（三）自首认定中的其他问题

自首的成立条件是自首认定中的基本方面，但基于自首所涉问题的复杂性，自首在司法认定中还有如下需要进一步明确的其他问题。

1.“自动投案”的认定

第一，在投案时间上，自动投案须发生在尚未归案之前。所谓尚未归案，是对自动投案的时间限定。这里的“归案前”，具体包括：1）犯罪事实或犯罪嫌疑人未被公安、司法机关发觉或掌握前；2）犯罪事实虽然已被公安、司法机关发觉或掌握，但犯罪嫌疑人未受到调查谈话、讯问、未被宣布采取调查措施或强制措施前，或在公安、司法机关确定犯罪嫌疑人而在一般性排查时主动交代的；3）罪行尚未被有关部门或公安、司法机关发觉，仅因形迹可疑，被有关组织、部门或公安、司法机关盘问、教育后投案，或自己主动报案并留在现场，在公安、司法机关询问时承认自己是作案人的；4）在犯罪后逃跑，在被通缉、追捕的过程中投案；5）被公安机关捕获，但查实确已准备去投案或正在去投案的途中或明知他人报案而在现场等待被抓捕；6）公安机关通知犯罪嫌疑人亲友送去投案；7）在因特定违法行为而被采取行政、司法强制措施期间主动交代犯罪行为。

第二，在投案主体上，一般自首的投案主体原则上是犯罪嫌疑人本人。其具体包括单位犯罪案件的单位负责人、单位直接负责的主管人员和其他直接责任人员。犯罪人投案于有关机关或个人，并不限于必须到有关机关去或者直接投向有关个人。犯罪分子因病、因伤委托他人代为投案，亲友陪同或送去投案，或者先以信件、电报、电话投案的，也都视为本人投案。

第三，在投案对象上，自行向有关机关或个人投案。投案对象可以是公检法机关，也可以是所在单位、城乡基层组织或者其他有关负责人员，还可以是其他单位、组织或有关负责人。在实践中，这些机关，首先是指对犯罪负有侦查、起诉、审判职能的公安机关、人民检察院和人民法院及其派出单位，如街道派出所、基层人民法庭等。其次是指公、检、法以外的其他国家机关以及犯罪人所属的国家机关、国有公司、企业、事业单位、人民团体的保卫部门或乡、村政府及其治保组织。这些机关，未必是对其犯罪具有刑事管辖权的机关或与犯罪人有关的机关、单位、组织等。这里的个人，包括司法机关及其他机关、单位的人，主要是指不在执行职务的司法机关及其他国家机关、企业事业单位的国家工作人员。如果是向正在依法执行职务的国家工作人员投案，则属于向其所属的机关、单位投案。此外，接受投案的“个人”也可以指某些非国家工作人员，如村主任、治保主任等。

第四，在自动性上，自动投案必须是基于犯罪分子本人的自愿意志。这表现在：1）犯罪分子的归案，并不是由违背犯罪分子本意的原因所造成的。司法实践中经常出现的送子女或亲友归案的情形，一般并非出于犯罪分子的主动，而是经家长、亲友规劝、陪同投案的。为有利于鼓励亲友帮助罪犯尽快接受教育和迅速侦破刑事案件，无论是公安机关通知犯罪分子的家长后，或者家长、监护人主动报案后，犯罪分子被送去归案的，只要犯罪人后来如实供述了自己的罪行，一般也应按自首处理。2）对于那些被询问、被盘问、被通知、被抓捕的犯罪嫌疑人或被调查人，在查实确实具有投案的意愿和行动时，如对明知被报案而留在现场并不拒捕的，对交通肇事案件在肇事后保护现场、抢救伤者并向公安机关报告的，都可以认定为具有一般自首的“自动性”。3）投案后又逃跑等情形，因不具有自动性而不能视为自首。犯罪嫌疑人等自己主动投案，原则上需将自己置于投案对象的控制之下，等待接受公安、司法机关的审查和裁判。4）自动投案的动机不影响归案行为的自动性认定。无论是出于真诚悔罪，还是为了争取宽大处理，或者经亲友规劝而醒悟，或慑于法律的威严，或潜逃在外生活无着等，都可以认定。据此，那些被动归案的，如犯罪后被群众扭送归案的，或被公安机关逮捕归案的，或者在追捕过程中走投无路当场被捕的，或者经公安、司法机关传讯、采用强制措施被动归案的，均不能认定为自动投案。

基于以上情形与要求，以下情形不能被认定为自首：1）犯罪嫌疑人自动投案后又逃跑的，不能认定为自首；2）罪行未被有关部门或公安、司法机关发觉，仅因形迹可疑被盘问、教育后，主动交代了犯罪事实，但有关部门或公安、司法机关在其身上、随身携带的物品、驾乘的交通工具等处发现与犯罪有关的物品的，不能认定为自动投案；3）犯罪嫌疑人被亲友采用捆绑等手段送到公安、司法机关，或者在亲友带领侦查人员前来抓捕时无拒捕行为，并如实供认犯罪事实的，不能认定为自动投案和自首，但可以参照法律对自首的有关规定酌情从轻处罚。

2.“如实供述自己罪行”的认定。

按2010年《最高人民法院关于处理自首和立功若干具体问题的意见》的规定对“如实供述自己罪行”的认定，除前述成立条件中的内容外，还包括如下需要特别注意的问题。

（1）“如实供述主要犯罪事实”认定。

2010年《最高人民法院关于处理自首和立功若干具体问题的意见》规定：这里的“如实供述自己的罪行”，除供述自己的主要犯罪事实外，还应包括姓名、年龄、职业、住址、前科等情况。其中，犯罪嫌疑人供述的身份等情况与真实情况虽有差别，但不影响定罪量刑的，应认定为如实供述自己的罪行；犯罪嫌疑人自动投案后隐瞒自己的真实身份等情况，影响对其定罪量刑的，不能认定为如实供述自己的罪行。

其实，这个解释并不符合刑法关于自首的“如实供述自己的罪行”要求。一方面，“姓名、年龄、职业、住址、前科等情况”并不是刑法意义上的“罪行”。虽然对它们如实供述与否，确实影响对犯罪嫌疑人的追诉和作为“自动投案”的要求，但不能由此将它们解释为“罪行”。另一方面，根据这个解释，实践中对何为这里的“主要犯罪事实”，不仅理解不一，而且会出现案件的所有事实都可能被理解为“主要犯罪事实”的情形。

（2）连续犯的“如实供述主要犯罪事实”认定。

犯罪嫌疑人多次实施同种罪行的，应当综合考虑已交代的犯罪事实与未交代的犯罪事实的危害程度，决定是否认定为如实供述主要犯罪事实。虽然投案后没有交代全部犯罪事实，但如实交代的犯罪情节重于未交代的犯罪情节，或者如实交代的犯罪数额多于未交代的犯罪数额，一般应认定为如实供述自己的主要犯罪事实。无法区分已交代的与未交代的犯罪情节的严重程度，或者已交代的犯罪数额与未交代的犯罪数额相当，一般不认定为如实供述自己的主要犯罪事实。

（3）主要犯罪事实的交代时间。

犯罪嫌疑人自动投案时虽然没有交代自己的主要犯罪事实，但在公安、司法机关掌握其主要犯罪事实之前主动交代的，应认定为如实供述自己的罪行。

3. 准自首的司法认定

根据2010年《最高人民法院关于处理自首和立功若干具体问题的意见》的规定，准自首的成立条件包括以下几个方面。

（1）在主体上，准自首的主体是被采取强制措施的犯罪嫌疑人、被告人和正在服刑的罪犯。这里的强制措施是指我国刑事诉讼法所规定的拘传、取保候审、监视居住、拘留和逮捕等措施。所谓正在服刑的罪犯，是指已经人民法院判决，正在被执行所判刑罚的人。只有上述三种人，才能构成准自首的主体。

（2）在时间上，与一般自首在犯罪嫌疑人归案前不同的是，准自首在归案后。这里的“归案后”，具体包括：1）被采取强制措施期间；2）正在服刑期间。

（3）在自动性上，主动交代尚未掌握的犯罪行为、本人其他罪行的必须是基于犯罪分子本人的自愿意志。也就是，那些被采取行政、司法强制措施或刑事制裁措施的违法人、被告人、罪犯，是主动交代尚未掌握的犯罪行为、本人其他罪行。

（4）在供述内容上，必须如实供述司法机关还未掌握的本人其他罪行。这有两方面的内容：一是所供述的必须是本人已经实施但司法机关还不知道、不了解或尚未掌握的犯罪事实；二是被采取强制措施的犯罪嫌疑人、被告人和正在服刑的罪犯所供述的罪行在犯罪性质或者罪名上与司法机关已经掌握的罪行不同。

4. 共同犯罪自首的认定

共同犯罪人自首时所应供述的自己罪行的范围，必须与其在共同犯罪中所起的作用和具体分工相适应。（1）主犯应供述的罪行范围。主犯中的首要分子必须供述的罪行，应包括其组织、策划、指挥下的全部罪行；其他主犯必须供述的罪行，应包括其在首要分子的组织、策划、指挥的支配下，单独实施的共同犯罪的罪行以及与其他共同犯罪人共同实施的犯罪行为。（2）从犯应供述的罪行范围。从犯中次要的实行犯必须供述的罪行，应包括犯罪分子自己实施的犯罪，以及与自己共同实施犯罪的主犯和胁从犯的犯罪行为；从犯中的帮助犯必须供述的罪行，包括自己实施的犯罪帮助行为，以及自己所帮助的实行犯的犯罪行为。（3）胁从犯应供述的罪行范围。这其中包括自己在被胁迫下实施的犯罪，以及其所知道的胁迫自己犯罪的胁迫人所实施的罪行。（4）教唆犯应供述的罪行范围。这其中包括自己的教唆行为，以及所了解的被教唆人产生犯罪意图之后实施的犯罪行为。

5. 数罪自首的认定

正确认定数罪的自首，关键在于判断犯罪人是否如实地供述了所犯数罪并区分为不同情况予以处理。（1）就一般自首而言，对于犯罪人自动投案后如实地供述所犯全部数罪的，应认定为全案均成立自首。对于犯罪人自动投案后仅如实供述所犯全部数罪的一部分，而未供述其中所犯各罪的全部罪行的，应当分别予以处理：若行为人所犯数罪为异种数罪的，其所供述的犯罪成立自首，其未交代的犯罪则不成立自首，即其自首的效力仅及于如实供述之罪。若行为人所犯数罪为同种数罪，则应根据犯罪人供述犯罪的程度，决定自首成立的范围。其中，犯罪人所供述的犯罪与未供述的犯罪在性质、情节、社会危害程度等方面大致相当的，只应认定所供述之罪成立自首，未供述之罪不成立自首，即自首的效力同样及于如实供述之罪。犯罪人确实由于主客观方面的原因，只如实供述了所犯数罪中的主要或基本罪行，应认定为全案成立自首，即自首的效力及于所犯全部罪行。(2) 就准自首而言，被司法机关依法采取强制措施的犯罪嫌疑人、被告人，如实供述司法机关还未掌握的本人非同种罪行的；或者正在服刑的罪犯，如实供述判决宣告前发生、判决确定的罪行以外的司法机关还未掌握的同种罪行或者非同种罪行的，以自首论。

6. 自首成立后翻供的自首认定

犯罪嫌疑人自动投案并如实供述自己的罪行后又翻供的，不能认定为自首；但在一审判决前又能如实供述的，应当认定为自首。

(四) 自首的从宽规则

各国刑法对自首从宽的规定有所不同，有的采取相对从宽处罚规则，有的采取绝对从宽处罚规则。我国采用的是相对从宽处罚规则。据《刑法》第 67 条第 1 款的规定，对于自首的犯罪分子，可以从轻或者减轻处罚，其中，犯罪较轻的，可以免除处罚。具体结合如下规则予以从宽处理。

(1) 自首从宽的尺度，以自首所体现的人身危险性和社会危害性情况为实质根据。自首作为犯罪后的应从宽处罚表现，其从宽尺度，包括对从轻、减轻、免除处罚的选取及其各功能下的从宽尺度，不在于罪行的轻重，而在其所体现的人身危险性和社会危害性方面的量刑实质根据。具体需根据犯罪的事实、性质、情节和对于社会的危害程度；结合自动投案的时间阶段、动机、客观环境，交代犯罪事实的完整性、稳定性以及悔罪表现等具体情节，依法决定。一方面，投案越早，投案出于悔过自新，能尽可能全面交代自己的罪行和知晓的同案犯情况的，都体现了行为人的人身危险性较小，应考虑给予幅度相对较大的从宽，包括对犯罪较重的给予减轻处罚或幅度较大的从轻，对犯罪较轻的给予免除处罚；相反，投案越晚，投案只是为了轻处，交代自己的罪行有限，不交代或有限交代知晓的同案犯情况的，应给相对较小的从宽幅度，包括对较轻犯罪不予免除处罚。另一方面，因自首而让行为的社会危害性得到控制甚至减小的，如因自首的交代同案犯情况而让同案犯落网，因自首的及时交代而让行为后果被有关机关或个人控制等，在自首的从宽幅度中也应有相应体现。

(2) 这里的“可以”不是法官任意选择，而是原则上要从宽。按司法解释，对于自首的被告人，除罪行极其严重、主观恶性极深、人身危险性极大，或者恶意地利用自首规避法律制裁者以外，一般均应当依法从宽处罚。

(3) 对于犯有数罪的人，投案后仅供述其中一罪的，只对其所供述的罪按自首从轻或者减轻处罚。但是，如果供述数罪的主要罪行的，也可以对全案按自首从宽处罚。

(4) 交通肇事后保护现场、抢救伤者，并向公安机关报告的，应认定为自动投案，构成自首的，因上述行为同时系犯罪嫌疑人的法定义务，对其是否从宽以及对从宽幅度的确定要适当从严掌握。交通肇事逃逸后自动投案，如实供述自己罪行的，应被认定为自首，但应依法以较重法定刑为基准，视情况决定对其是否从宽处罚以及从宽处罚的幅度。

三、坦白制度

（一）坦白的概念

所谓坦白，是指犯罪嫌疑人在被动归案后、被依法提起公诉前，如实供述自己被怀疑、被发觉、被立案侦查的罪行的行为。坦白是一种从宽处罚的法定量刑情节，也是一种从宽处罚的量刑制度。

“坦白从宽”是我国长期奉行的一项刑事司法政策。坦白制度是如此政策的立法要求和体现，旨在鼓励犯罪嫌疑人尽早交代犯罪事实，以利于侦破案件、节省司法资源、提高诉讼效率、分化瓦解犯罪势力和激励犯罪分子悔过自新。在2011年以前，坦白是酌定从宽处罚的量刑情节，2011年《刑法修正案（八）》将它规定为从宽处罚的法定量刑情节和从宽处罚的量刑制度，具体规定在《刑法》第67条第3款。

（二）坦白的成立条件

根据《刑法》第67条第3款的规定，坦白的成立，须具备如下五个条件。

1. 坦白的主体只能是犯罪嫌疑人

这是坦白制度的主体立法意旨所决定的。坦白制度的主体立法意旨在于鼓励犯罪嫌疑人尽早交代犯罪事实，以利于侦破案件、节省司法资源、提高诉讼效率，因而《刑法》第67条第3款关于坦白的规定，将其主体限定为犯罪嫌疑人。按刑事诉讼法的相关规定：犯罪嫌疑人是因涉嫌犯罪而受到刑事追诉但尚未被提起公诉的人。已经被提起公诉的被告人和正在服刑的罪犯等可以成为准自首主体的人，其虽然也是“被动到案”，也有“如实交代自己的罪行”，但将这些行为认定为坦白会使坦白制度失去立法意义，因而他们不能认定为坦白的主体。不过，他们在庭审、刑罚执行阶段的“如实交代自己的罪行”，可以作为认罪态度较好等酌定量刑情节而在量刑中予以酌定从轻处罚或作为减刑、假释的一个考察因素。

2. 坦白的归案方式是被动归案

这是坦白区别于自首的关键方面。在实践中，被动归案的方式，通常有如下三种：一是被群众扭送归案，二是被公安、司法机关传唤到案，三是因被公安、司法机关采取强制措施而归案。这里“强制措施”，特指刑事诉讼法规定的拘传、取保候审、监视居住、拘留、逮捕五种刑事强制措施。

3. 坦白的时间是在被动归案后、被依法提起公诉前

这是基于与自首的区别以及由立法将坦白的主体限定为犯罪嫌疑人所决定的。一方面，若是案发后自动投案，成立的就是自首而不是坦白，只有被动归案才是坦白，因而坦白是在被动归案后。另一方面，若案件被提起了公诉，则这时的当事人就不叫犯罪嫌疑人而叫被告人，因而是被依法提起公诉前。在提起公诉后的审判期间和量刑后的刑罚

执行期间，当事人的“如实交代自己的罪行”，虽然不能被认定为坦白，但可以作为酌定从宽量刑或减刑、假释的一个因素考虑。

4. 坦白的对象是侦查机关

这是由坦白的被动到案及其制度设置的立法意旨决定的。自首因是主动投案而投案供述对象可以是灵活多样与便利的机关或个人，而坦白因是被动归案而供述对象只能是侦查机关。侦查机关办案人员所接受的坦白供述，不能被理解为个人接受，而是侦查机关接受。

5. 坦白的内容是犯罪嫌疑人自己被怀疑、被发觉、被立案侦查的罪行

这由坦白的被动性所决定，也是坦白区别于自首的另一关键方面。具体表现在：坦白是如实供述自己的公安、司法机关已经掌握的罪行，或公安、司法机关尚未掌握的同种罪行。若是归案后如实供述自己的公安、司法机关尚未发觉的罪行，或者同案犯的公安、司法机关尚未掌握的同一罪行，或者公安、司法机关已掌握罪行的其他种类的罪行，则成立的是准自首；若归案后交代的是非同案犯的其他人罪行，或者同案犯的公安、司法机关尚未掌握的其他罪行，则属于立功中的检举。

（三）坦白司法认定的其他问题

坦白的成立条件是坦白认定中的基本方面，除此之外，坦白在司法认定中还有如下需要进一步明确的问题。

1. 坦白与自首的界分

它们既有相同点，又有很大的不同。相同点如，其不仅都以自己实施了犯罪行为为前提，都是在归案后如实供述自己的罪行，都是从宽处罚的法定量刑情节，而且自首其实是坦白的一种情形，是其中最高层次的坦白。

它们的主要不同在于：（1）主体不同。自首的主体可以是犯罪嫌疑人、被告人和罪犯，而坦白的主体只是犯罪嫌疑人。（2）时间不同。一般自首在犯罪嫌疑人归案前，准自首在归案后；而坦白在归案后、被依法提起公诉之前。（3）对象不同。自首的对象既可以是公检法机关，也可以是所在单位、城乡基层组织或者其他有关负责人员，还可以是其他单位、组织或有关负责人，而坦白的对象只是侦查机关。（4）归案方式不同。自首总体上是主动投案，而坦白是被动归案。（5）内容不同。自首是主动交代公安、司法机关尚未掌握的罪行或本人的其他罪行，而坦白是如实供述自己的公安、司法机关已经掌握的罪行，或公安、司法机关尚未掌握的同种罪行。（6）从宽幅度不同。自首是犯罪人自动投案之后，主动如实供述自己犯罪事实的行为，这表明犯罪人的人身危险性相对较轻；坦白则是犯罪人被动归案之后，如实交代自己已被掌握的犯罪事实的行为，犯罪人的人身危险性与自首犯比相对较重，因而对自首的从宽幅度要大于坦白。二者最主要区别就在于是否自动投案和供述的是不是公安、司法机关已经掌握的罪行。

2. 被动归案后出示证据的坦白认定

这需要基于坦白制度的立法意旨和规定予以认定。具体是，犯罪嫌疑人被动到案后，未如实供述，但在移送审查起诉或者提起公诉之前的如实供述，如果是在公安、司法机关掌握其主要犯罪事实并出示证据之前主动交代的，应认定为坦白，但如果是在出示证据之后主动交代的，则不应认定为坦白。

3. 坦白与庭审中如实供述的关系处理

需基于禁止重复评价原则予以处理。其一，二者不一致时的关系处理。行为人在立案侦查阶段被动归案后如实供述了自己的罪行，但在审判阶段又不如实供述即翻供的，一方面应当按立法规定认定其坦白的从宽处罚的法定量刑情节，另一方面又基于其审判阶段又不如实供述而不给其坦白的从宽处罚或只给予较小幅度的从宽处罚。其二，二者一致时的关系处理。行为人在立案侦查阶段的坦白成立，庭审中也是一致的如实供述，不认定为坦白与当庭认罪两个量刑情节，一并作为坦白情节处理，并给予幅度相对较大的从宽处罚。

4. 坦白成立后翻供的坦白认定

这包括两种情况：一是犯罪嫌疑人被动到案后，如实供述后又翻供，不能认定为坦白。但是在提起公诉前又能如实供述的，其如实供述仍符合坦白成立的时间和身份要求，应认定为坦白，不过其翻供的经历表明了其人身危险性的不稳定，其坦白从宽的幅度相对小些。二是犯罪嫌疑人被动到案后，如实供述后又翻供，但在提起公诉后进入审判阶段又如实供述的，其供述时的身份和时间节点都不符合坦白的立法要求，不能被认定为坦白，但其在庭审中的如实供述可以作为当庭认罪情节予以酌定从宽处罚。

（四）坦白的从宽规则

《刑法》第 67 条第 3 款规定：如实供述自己罪行的，可以从轻处罚；因其如实供述自己罪行，避免特别严重后果发生的，可以减轻处罚。据此，坦白的从宽规则把握，需重点关注如下方面。

（1）坦白从宽的尺度以坦白所体现的人身危险性和社会危害性情况为实质根据。坦白作为犯罪后的应从宽处罚表现，其从宽尺度，包括从轻、减轻处罚的选取及其各功能下的从宽尺度，不在于罪行的轻重，而在其所体现的人身危险性和社会危害性方面的量刑实质根据。具体需根据犯罪的事实、性质、情节和对于社会的危害程度，结合坦白的时间、动机、环境以及坦白交代的犯罪事实的完整性、稳定性以及悔罪表现等具体情节，依法决定。一方面，出于悔过自新、尽早交代、主动交代、全面交代的，都体现了行为人较小的人身危险性，应考虑给予幅度相对较大的从宽，包括对犯罪较重的给予减轻处罚或幅度较大的从轻；相反，悔罪态度不好，迟迟不愿交代，经过反复教育后才交代，避重就轻交代的，或者先坦白后反悔和在提起公诉前才又坦白的，应给相对较小的从宽幅度。另一方面，因坦白而让行为的社会危害性得到控制甚至减小的，如绑架犯归案后如实供述人质所在地点，使人质获救的，爆炸犯归案后如实供述爆炸物的安放地，避免了爆炸事故的，不仅可以减轻处罚，而且还可以根据其所体现的社会危害性程度而给予更大幅度的减轻处罚。

（2）这里的“可以”不是指法官可任意选择，而是指原则上要从宽。按相关司法解释关于“可以”的理解，对于坦白的犯罪人，除罪行极其严重、主观恶性极深、人身危险性极大，或者恶意地利用自首规避法律制裁者以外，一般均应当依法从宽处罚。

（3）对于犯有数罪的人，只对其中一罪坦白的，只对其所坦白的罪按坦白的从宽处罚。但是，如果供述数罪的主要罪行的，也可以对全案按坦白从宽处罚。

四、立功制度

（一）立功的概念

根据《刑法》第68条的规定，所谓立功，是指犯罪分子揭发他人的犯罪行为，查证属实的，或者提供重要线索，从而得以侦破其他案件的行为。立功是一种从宽处罚的法定量刑情节，也是一种从宽处罚的量刑制度。

立功制度也是我国宽严相济刑事政策的重要体现和内容，不仅可以激励犯罪分子改过自新、重新做人，使其能以较为积极的态度协助公安、司法机关工作，提高公安、司法机关的办案效率，而且可以有效地瓦解犯罪势力，促使其他犯罪分子主动归案，减少因犯罪而对社会造成的不安定。

（二）立功的种类及其成立条件

根据《刑法》第68条和第78条的规定，立功有普通的立功与刑罚执行的立功之分。它们虽然在施行主体和适用对象上不同，但在本质上是相同的，并在司法解释上具有一致性。[①] 同时，这两种立功，又都有一般立功和重大立功两种类型。下面就它们的成立条件，分别加以介绍。

1. 普通的立功

这是《刑法》第68条规定的立功，又称“判前”立功。一般立功的成立条件为：

（1）在主体上，立功者必须是犯罪分子本人。这里的犯罪分子，指犯罪嫌疑人和被告人，不包括未实施犯罪行为的人、到案前的犯罪行为实施者和终审判决确定后的罪犯。犯罪分子的亲属等实施或代犯罪分子实施的具有立功表现的揭发检举行为的，不能认定为作为法定量刑情节的立功。犯罪分子亲友为使犯罪分子“立功”，向公安、司法机关提供他人犯罪线索、协助抓捕犯罪嫌疑人的，不能认定为犯罪分子有立功表现。

（2）在内容上，立功表现必须是有利于国家和社会的。根据《刑法》第68条和1998年《最高人民法院关于处理自首和立功具体应用法律若干问题的解释》的规定，立功包括如下三种表现：一是犯罪分子揭发他人的犯罪行为，并经查证属实的。犯罪分子被羁押或者归案后，不仅如实地交代自己的犯罪，而且还主动地揭发其他人的犯罪行为，包括揭发同案犯共同犯罪事实以外的其他犯罪行为。这种揭发必须经公安、司法机关查证属实。如果经过查证，发现其揭发的情况不是事实，或者无法证实，或者不属于犯罪行为，则这种揭发不是立功。共同犯罪案件的犯罪分子到案后，揭发同案犯共同犯罪事实的，属于坦白的内容，按坦白情节予以从轻或减轻处罚。二是犯罪分子提供重要线索，使侦查机关从而得以侦破其他案件的。重要线索应是指公安、司法机关尚未掌握的重要犯罪线索，即能够证明犯罪的重要事实、犯罪人或者有关证人等。提供的重要线索必须是实事求是的，公安、司法机关能够据此查明犯罪，侦破案件。如果经过侦查，发现提供的线索不实，或者无法证明发生过犯罪，或者不属于犯罪行为的，就不应当认为是立功。三是犯罪分子有其他有利于国家和社会的突出表现的。如有重要的发明创造，对提

---

① 黄永维，聂洪勇，李宗诚．《关于办理减刑、假释案件具体应用法律若干问题的规定》的理解与适用．人民司法，2012（7）．

高生产、促进建设有利；积极抢险救灾，减少或防止了国家损失，保护了他人的安全等等。

（3）在时间上，立功行为必须发生在犯罪分子到案后至终审判决确定前的期间内。在这个期间的任何符合立功立法意旨的有利于国家和社会的突出表现，原则上都可以认定为这里的立功。但到案前和终审判决确定后的有利于国家和社会的突出表现，都不能认定为这里的立功，只是分别可以考虑作为平时一贯表现较好的酌定量刑情节与作为减刑、假释的因素。因此，实践中所谓“能人犯罪”前给社会作出重要贡献的表现，不能认定为这里的立功。

重大立功的成立条件，在主体和时间要求上与一般立功是一致的，只是在内容上，要求那些有利于国家和社会的突出表现是“重大”的。这个“重大”的突出表现，根据《刑法》第 68 条和 1998 年《最高人民法院关于处理自首和立功具体应用法律若干问题的解释》的规定，具体为：有检举、揭发他人重大犯罪行为，经查证属实；提供侦破其他重大案件的重要线索，经查证属实；阻止他人重大犯罪活动；协助公安、司法机关抓捕其他重大犯罪嫌疑人（包括同案犯）；对国家和社会有其他重大贡献等表现。这里所称“重大犯罪”“重大案件”“重大犯罪嫌疑人”的标准，一般是指犯罪嫌疑人、被告人可能被判处无期徒刑以上刑罚或者案件在本省、自治区、直辖市或者全国范围内有较大影响等情形。

2. 刑罚执行的立功

这是《刑法》第 78 条规定的立功，又称“判后”立功。其一般立功的成立条件为：

（1）在主体上，立功者必须是已被判决确定有罪的罪犯本人。这里的罪犯，指终审判决确定后的犯罪人。罪犯的亲属等实施或代罪犯实施具有立功表现的揭发检举行为的，不能认定为作为减刑、假释因素的立功。

（2）在内容上，立功表现必须是有利于国家和社会的。根据《刑法》第 78 条和有关司法解释的规定，包括如下：1）检举、揭发他人犯罪行为，经查证属实的；2）提供侦破其他案件的重要线索，经查证属实的；3）阻止他人犯罪活动的；4）协助司法机关抓捕其他犯罪嫌疑人；5）具有其他有利于国家和社会的突出表现。

（3）在时间上，立功行为必须发生在终审判决确定后的期间内。在这个期间内的任何符合立功立法意旨的，有利于国家和社会的突出表现，原则上都可以被认定为这里的立功。

刑罚执行的重大立功的成立条件，在主体和时间要求上与一般立功是一致的，只是在内容上，要求那些有利于国家和社会的突出表现是“重大”的。这个“重大”的突出表现，据《刑法》第 78 条、第 81 条和有关司法解释的规定，具体为重大立功的表现或内容为对国家和社会有重大贡献：1）检举、揭发他人重大犯罪行为，经查证属实的；2）提供侦破其他重大案件的重要线索，经查证属实的；3）阻止他人重大犯罪活动的；4）协助司法机关抓捕其他重大犯罪嫌疑人；5）有发明创造或者重大技术革新的；6）在日常生产、生活中舍己救人的；7）在抗御自然灾害或者排除重大事故中，有突出表现的；8）对国家和社会有其他重大贡献的。

（三）普通立功的认定

根据2010年《最高人民法院关于处理自首和立功若干具体问题的意见》的规定，对普通立功的认定，除要符合其一般立功或重大立功的成立条件外，还需注意如下问题。

1. 关于立功线索的查证程序和具体认定

立功线索的查证程序如下：被告人在一、二审审理期间检举揭发他人犯罪行为或者提供侦破其他案件的重要线索，人民法院经审查认为该线索内容具体、指向明确的，应及时移交有关人民检察院或者公安机关依法处理。侦查机关出具材料，表明在3个月内还不能查证并抓获被检举揭发的人，或者不能查实的，人民法院审理案件可不再等待查证结果。被告人检举揭发他人犯罪行为或者提供侦破其他案件的重要线索经查证不属实，又重复提供同一线索，且没有提出新的证据材料的，可以不再查证。

基于立功线索的查证具体区分如下情形予以认定：一是根据被告人检举揭发破获的他人犯罪案件，如果已有审判结果，应当依据判决确认的事实认定是否查证属实；如果被检举揭发的他人犯罪案件尚未进入审判程序，可以依据侦查机关提供的书面查证情况认定是否查证属实。检举揭发的线索经查确有犯罪发生，或者确定了犯罪嫌疑人，可能构成重大立功，只是未能将犯罪嫌疑人抓获归案的，对可能判处死刑的被告人一般要留有余地，对其他被告人原则上应酌情从轻处罚。二是被告人检举揭发或者协助抓获的人的行为构成犯罪，但因法定事由不追究刑事责任、不起诉、终止审理的，不影响对被告人立功表现的认定；被告人检举揭发或者协助抓获的人的行为应被判处无期徒刑以上刑罚，但因具有法定、酌定从宽情节，宣告刑为有期徒刑或者更轻刑罚的，不影响对被告人重大立功表现的认定。

2. 立功与自首的界分

二者共同点又有区别。共同点表现在：主体上都可以是犯罪嫌疑人、被告人和正在服刑的罪犯；处罚上二者都是从宽处罚的法定量刑情节。

二者的不同点主要表现在：一是行为的内容不同。这是二者最直观的不同。自首是指犯罪以后自动投案，如实供述自己罪行的行为；而立功是指犯罪分子有揭发他人犯罪行为经查证属实的行为，或者提供重要线索从而得以侦破其他案件的行为。二是具体的主体不同。一般自首是犯罪嫌疑人，准自首是被采取强制措施的犯罪嫌疑人、被告人和正在服刑的罪犯；普通立功是犯罪嫌疑人、被告人，刑罚执行立功是正在服刑的罪犯。三是共犯人在自首和立功上的成立要件不同。共犯人自动投案后，如实供述本人同案的同案犯罪事实，成立自首；共犯人自动投案后，如实供述与本人不同案的同案犯罪行，经查证属实，或者共犯人协助抓获同案犯，成立立功。四是法律效果不同。对于自首的犯罪分子，根据犯罪轻重并考虑自首的具体情节，可以从轻或者减轻处罚，其中犯罪较轻的，可以免除处罚；对于有一般立功的犯罪分子，可以从轻或者减轻处罚，有重大立功的犯罪分子，可以减轻或者免除处罚。五是从宽的机理不同。于自首是因为犯罪者认识到自身的错误，并通过自首的悔改行为致人身危险性减小而从宽；于立功则是因为在帮助相关机关破案时贡献了自己的力量致整体上的社会危害性减小而从宽。六是从宽处罚的幅度不同。按相关司法解释，自首的从宽幅度在总体上要稍大于一般立功。

3. 立功与坦白的界分

二者有共同点又有区别。共同点表现在：二者在性质上都是从宽处罚的法定量刑情节；主体上都包括犯罪嫌疑人。

二者的不同点主要表现在：一是行为的内容不同。这是二者最直观的不同。坦白的犯罪人交代的是“自己”的犯罪行为，而立功的犯罪人交代的是“他人”的犯罪行为。二是行为的主体不同。坦白的主体只能是犯罪嫌疑人，而立功的主体可以是犯罪嫌疑人、被告人甚至罪犯。三是行为的时间不同。坦白发生在犯罪人的犯罪行为已被发觉，公安、司法机关已对犯罪人进行传讯或者采取强制措施后；而立功则既可以发生在犯罪事实被发觉前，也可以发生在犯罪事实被发觉后的侦查、审查起诉、审判阶段。四是程度的形式不同。坦白要求犯罪人如实供述主要犯罪事实，只有成立与否的认定；而根据犯罪人所作的“贡献”的不同，立功可以分为一般立功和重大立功，立功程度不同。五是揭发同案犯的目标不同。坦白的揭发同案犯共同犯罪事实，旨在如实供述同案犯的共同犯罪事实；立功的揭发同案犯共同犯罪事实，旨在协助抓捕同案犯。六是从宽的幅度不同。对立功的犯罪人的从宽幅度通常比对坦白的犯罪人的从宽幅度要大一些。

（四）立功的从宽处罚规则

根据《刑法》第 68 条的规定，对于一般立功，可以从轻或者减轻处罚；有重大立功表现的，可以减轻或者免除处罚。结合 2010 年《最高人民法院关于处理自首和立功若干具体问题的意见》的规定，立功的从宽处罚规则如下：

（1）立功从宽的尺度以立功所体现的人身危险性和社会危害性情况为实质根据。立功作为犯罪后的应从宽处罚表现，其从宽尺度，包括对从轻、减轻、免除处罚的选取及其各功能下的从宽尺度，不在于罪行的轻重，而在其所体现的人身危险性和社会危害性方面的量刑实质根据。具体需考虑其犯罪事实、犯罪性质、犯罪情节、危害后果、社会影响、被告人的主观恶性和人身危险性等。同时，还应考虑检举、揭发罪行的轻重，被检举、揭发的人可能或者已经被判处的刑罚，提供的线索对侦破案件或者协助抓捕其他犯罪嫌疑人所起作用的大小等。基于以上需考虑的根据，一方面，具有立功情节的，一般应依法从轻、减轻处罚；犯罪情节较轻的，可以免除处罚；另一方面，当行为人的人身危险性较小或社会危害性得以减小时，应考虑给予幅度相对较大的从宽。具体尺度上，在类似情况下，对具有立功情节的被告人的从宽幅度要适当小于对具有自首情节的被告人。

（2）这里的“可以”不是法官任意选择，而是原则上要从宽。按以上司法解释，对于立功的被告人，除犯罪情节特别恶劣、犯罪后果特别严重、被告人主观恶性深、人身危险性大，或者在犯罪前即为规避法律、逃避处罚而准备立功的以外，一般均应当依法从宽处罚。

（3）从宽与从严处罚并存时的裁量，不是基于情节的个数，而是基于各情节所表征的社会危害性和人身危险小大小。因此，按照以上司法解释：对于被告人具有立功情节，同时又有累犯、毒品再犯等法定从重处罚情节的，既要考虑立功的具体情节，又要考虑被告人的主观恶性、人身危险性等因素，综合分析判断，确定从宽或者从严处罚。累犯的前罪为非暴力犯罪的，一般可以从宽处罚，前罪为暴力犯罪或者前、后罪为同类犯罪的，可以不从宽处罚。

（4）共同犯罪的立功从宽处罚尺度按宽严相济政策处理。具体是，在基于立功情节进行处罚时，应注意共同犯罪人以及首要分子、主犯、从犯之间的量刑平衡。其中，犯罪集团的首要分子、共同犯罪的主犯检举揭发或者协助公安、司法机关抓捕同案地位、作用较次的犯罪分子的，从宽处罚与否应当从严掌握，如果从轻处罚可能导致全案量刑失衡的，一般不从轻处罚；如果检举揭发或者协助公安、司法机关抓捕的是其他案件中罪行同样严重的犯罪分子，一般应依法从宽处罚。对于犯罪集团的一般成员、共同犯罪的从犯立功的，特别是协助抓捕首要分子、主犯的，应当充分体现政策，依法从宽处罚。

（5）在2011年4月30日以前犯罪后自首又有重大立功表现的，适用《刑法修正案（八）》第68条第2款的规定，应当减轻或者免除处罚。

（6）在刑罚执行期间立功的，按《刑法》第78条和有关司法解释的规定，作为减刑、假释的一个条件。

第二节　数罪并罚制度

一、数罪并罚的界定

（一）数罪并罚的概念

数罪并罚，是指人民法院对于行为人在法定时间界限内所犯数罪分别定罪量刑后，按照法定的并罚原则及刑期计算方法决定其应执行的刑罚的制度。

数罪并罚制度的设置，具有重要的法律意义。一方面，数罪并罚制度是对罪刑相适应原则的贯彻。基于一人犯一罪与一人犯数罪的社会危害性和人身危险性的不同，根据每个罪行的社会危害性和人身危险性给予犯罪人刑法制裁是贯彻罪刑相适应原则的要求和体现，以既要实现社会的公平、正义，又要避免刑法的过于苛厉，还要体现刑法的人道精神和保障刑罚的目的和功能得到实现。另一方面，数罪并罚制度有利于判决结果的说理与透明以及当事人上诉权的行使。通过对不同罪行分别定罪和分别量刑，以利于犯罪人明晰自己每个犯罪行为的处刑情况及其理由，从而有利于保障当事人的辩护权、上诉权、申诉权。

（二）数罪并罚的特征

依照我国刑法的规定，数罪并罚具有以下三个特征。

第一，必须是一人犯有数罪。数罪并罚的前提是一人犯有数罪。如果一个人的行为不构成数罪，则不能为了对其加重处罚而适用数罪并罚。此处的数罪，是指实质上的数罪或独立的数罪。也就是说，一行为人犯有一罪或形式数罪，或者非共犯的数行为人犯有数罪（各个行为人分别犯有一罪）不发生数罪并罚的问题。至于怎样区分实质数罪即应予并罚之数罪与形式数罪即不予并罚的数罪，我国刑法未作明确的规定。目前，我国刑法学界基本上都主张以犯罪构成为标准来确定罪数、划分一罪与数罪。据此，实践中的近似数罪，但并非数罪，或本为数罪，但刑法将其作为一罪来规定的情形，就不再适用数罪并罚。例如：一行为在刑法上规定为一罪或处理时作为一罪的情形，包括继续犯、想象竞合犯等；数行为处理时作为一罪的情形，包括惯犯、结合犯等；数行为处理时作为一罪的情形，包括连续犯、牵连犯、吸收犯等，均不属于应予并罚的实质数罪范畴。

第二，数罪必须是发生于法定的期间内。根据我国刑法的规定，并非任何时候的实质数罪都需并罚，而是限于以下三种情况，即：(1) 判决宣告以前一人犯数罪；(2) 刑罚执行过程中发现被判刑的犯罪分子在判决宣告以前还有其他罪没有判决；(3) 判决宣告以后，刑罚执行完毕以前，被判刑的犯罪分子又犯新罪。司法实践中，在处理被告人刑满释放后又犯罪的案件时，发现他在前罪判决宣告以前，或者在前罪判处的刑罚执行期间，犯有其他罪行，未经过处理，并且依照刑法的规定应当追诉的，如果漏罪与新罪属于不同种的罪行，即应对漏罪与刑满释放后又犯的新罪分别量刑，并依照《刑法》第69条的规定，实行数罪并罚。如果漏罪与新罪属于同一种罪，可以判处一罪从重处罚，不必实行数罪并罚。

第三，必须在对数罪分别定罪量刑的基础上，依照法定的并罚原则、范围与方法，决定执行的刑罚。

数罪并罚不是对数罪所判刑罚的简单相加，而是对犯罪分子所犯数罪，依照刑法分则的相关规定，一个罪一个罪地确定其罪名，量定刑罚，然后根据数罪并罚所应遵循的法定原则，决定执行的刑罚。在审判实践中，对于数罪中有一罪或者数罪应当判处无期徒刑或死刑（含死缓）的案件，同样应当对各罪分别量刑，然后决定执行其中最高的刑罚。对附加刑也应当分别量刑，这样才能看出附加刑是针对何罪适用的。只有数罪中有判处附加刑的，才能在决定执行的刑罚中有附加刑。

二、数罪并罚的原则

（一）数罪并罚原则的类型

所谓数罪并罚的原则，是指对一人所犯数罪合并处罚所依据的基本规则。据各国刑法情况，各国所采用的数罪并罚原则，通常有以下几种。

1. 并科原则

它是指将一人所犯数罪分别宣告的各罪刑罚绝对相加、合并执行的合并处罚原则。并科原则在某种程度上是报应论刑罚思想的产物，形似能够直观体现罪刑相适应原则，但无法使刑罚体系中各刑罚措施得到均衡适用，不仅现实中在很多情况下很难执行，而且也使刑罚显得过于严酷，无法体现与死刑或无期徒刑均衡适用，有悖于现代法治国家刑罚制度的基本精神。因此，世界上单纯采纳并科原则的国家并不多见。

2. 吸收原则

它是指在对数罪分别宣告的刑罚中，选择其中最重的刑罚为执行的刑罚，其余较轻的刑罚被最重的刑罚所吸收，不予执行的合并处罚原则。吸收原则虽然对于死刑、无期徒刑等刑种的并罚较为适宜，且适用颇为便利，但若普遍采用，即适用于其他刑种（如有期徒刑、财产刑等），则弊端较为明显。

3. 限制加重原则

它是指以一人所犯数罪中法定（应当判处）或已被判处的最重刑罚为基础，再在一定的限度之内对其予以加重作为执行并罚的合并处罚原则。本原则可以克服吸收原则和并科原则的过于严酷且不便于具体适用或过于宽泛而不足以惩罚犯罪的不足，可以在一定意义上贯彻有罪必罚和罪刑相适应的原则，不足主要在于其仅适用于有刑期的刑罚。

（二）我国刑法所采用的数罪并罚原则

我国《刑法》第69条规定：判决宣告以前一人犯数罪的，除判处死刑和无期徒刑的以外，应当在总和刑期以下、数刑中最高刑期以上，酌情决定执行的刑期，但是管制最高不能超过3年，拘役最高不能超过1年，有期徒刑总和刑期不满35年的，最高不能超过20年，总和刑期在35年以上的，最高不能超过25年。数罪中有判处有期徒刑和拘役的，执行有期徒刑。数罪中有判处有期徒刑和管制，或者拘役和管制的，有期徒刑、拘役执行完毕后，管制仍须执行。据此规定，我国刑法所采取的数罪并罚原则是以限制加重原则为主体，以并科原则和吸收原则为补充。

1. 对判决宣告的数个主刑为有期徒刑、拘役或管制的，采取限制加重原则

有期徒刑、拘役和管制本身都有一定的期限，因此，在数刑的总合刑期以下、数刑中最高刑期以上酌情决定执行的刑期是比较恰当。但是，如果总和刑期过高，决定执行的刑罚就可能过长，因而我国《刑法》对最高刑期加以限制，即“在总和刑期以下、数刑中最高刑期以上，酌情决定执行的刑期”，但是管制最高不能超过3年，拘役最高不能超过1年，有期徒刑总和刑期不满35年的，最高不能超过20年，总和刑期在35年以上的，最高不能超过25年。

2. 对判处死刑或无期徒刑的，采取吸收原则

根据《刑法》第69条的规定，在我国，对无刑期要求的死刑、无期徒刑、有刑期的不同刑罚如有期徒刑与拘役和无刑期与有刑期的剥夺政治权利间，均采用本原则。具体是：死刑或者无期徒刑吸收其他主刑，有期徒刑吸收拘役，剥夺政治权利终身吸收剥夺一定期限的政治权利。

3. 对判有不同刑种和附加刑的，一般采取并科原则

根据《刑法》第69条的规定，在我国，对剥夺自由刑的有期徒刑与限制自由刑的管制、剥夺自由刑的拘役与限制自由刑的管制、主刑与附加刑、财产刑与资格刑、驱逐出境与其他附加刑，均采用本原则。也就是说，“数罪中有判处有期徒刑和管制，或者拘役和管制的，有期徒刑、拘役执行完毕后，管制仍须执行”，“数罪中有判处附加刑的，附加刑仍须执行，其中附加刑种类相同的，合并执行，种类不同的，分别执行”。

三、数罪并罚的适用

根据《刑法》第69条、第70条、第71条的规定，适用数罪并罚有以下三种情况。

（一）判决宣告以前一人犯数罪的并罚

这种情况所适用的法律是《刑法》第69条的规定。据此规定，判决宣告前一人犯数罪的，分别定罪、分别宣告刑罚，然后根据数罪并罚的三个原则，合并确定拟移交执行的刑罚。这里的“一人犯数罪”，若是性质相同的数罪，则按连续犯的法律适用规则，直

接按一罪从重处罚即可。

必须注意，如果判决宣告以前发现的数罪为同种数罪时，是否应当并罚？对此，立法上并未作出明确规定，通行的见解是，对于判决宣告以前发现的同种数罪，原则上无须并罚，只要在特定犯罪的法定刑范围内作为一罪从重处罚即可以实现罪刑相适应的刑法原则。但是，当特定犯罪的法定刑过轻，且非并罚即难以使处罚结果与罪刑相适应原则符合时，若法律未明文禁止，则可以有限制地对同种数罪实行并罚。

（二）判决宣告后发现漏罪的并罚

这种情况所适用的法律是《刑法》第 70 条的规定。据此规定，发现漏罪的并罚采取的并罚方法为“先并后减”。也就是说，判决宣告以后，刑罚执行完毕以前，发现被判刑的犯罪分子在判决宣告以前还有其他罪没有判决的，应当对新发现的罪作出判决，把前后两个判决所判处的刑罚，依照《刑法》第 69 条的规定，决定执行的刑罚。已经执行的刑期，应当计算在新判决决定的刑期以内。具有以下几个特点。

（1）必须在判决宣告以后，刑罚执行完毕以前发现漏罪，且漏罪是指被判刑的犯罪分子在判决宣告以前实施的并未被判决的罪。其中，“判决宣告以后”，具体是指判决业已宣告并发生法律效力之后。如果漏罪被发现的时间不是在判决宣告以后至刑罚执行完毕以前的期限内，而是在刑罚执行完毕之后，或者所发现的罪行不是在判决宣告之前实施的，而是在刑罚执行期间实施的，则不得适用《刑法》第 70 条进行合并处罚。

（2）对于新发现的漏罪，不论与前罪的性质是否相同，即无论是异种数罪还是同种数罪，都应当单独作出判处。

（3）应当把前后两个判决所判处的刑罚，即前罪所判处的刑罚与漏罪所判处的刑罚，按照相应的数罪并罚原则，决定执行的刑罚。

（4）在计算刑期时，应当将已经执行的刑期，计算在新判决决定的刑期之内，也就是说，前一判决已经执行的刑期，应当从前后两个判决所判处的刑罚合并而决定执行的刑期中扣除。这种刑期计算方法被称为“先并后减”。

（三）判决宣告后又犯新罪的并罚

这种情况所适用的法律是《刑法》第 71 条的规定。据此规定，发现漏罪的并罚采取的并罚方法为“先减后并”。也就是说，判决宣告以后，刑罚执行完毕以前，被判刑的犯罪分子又犯罪的，应当对新犯的罪作出判决，把前罪没有执行的刑罚和后罪所判处的刑罚，依照《刑法》第 69 条的规定，决定执行的刑罚。具体具有以下特点。

（1）必须在判决宣告以后、刑罚执行完毕以前，被判刑的犯罪分子又犯新罪，即在刑罚执行期间犯罪分子又实施了新的犯罪。其中，“判决宣告以后”具体应指判决已经宣告并发生法律效力之后。

（2）对于犯罪分子所实施的新罪，不论与前罪的性质是否相同，也即无论是异种数罪还是同种数罪，都应当单独作出判决。

（3）应当把前罪没有执行的刑罚和后罪所判处的刑罚，依照刑法规定的相应原则，决定执行的刑罚。也就是说，首先应从前罪判决决定执行的刑罚中减去已经执行的刑罚，然后将前罪未执行的刑罚与后罪所判处的刑罚并罚，决定执行的刑罚。此种计算刑期的方法被称为“先减后并”。

以上情况意味着，“先减后并”的并罚方法比“先并后减”更加严厉。这不仅表现在“先减后并”方法下拟移交执行的刑罚与实际执行的刑期都会相对更高，而且表现在“先减后并”方法下的实际执行的刑罚会超过数罪并罚法定最高刑。之所以如此，是因为这种犯罪分子在服刑期间不思悔改，继续作恶，又犯新罪，表明其难以改造，人身危险性较大。

（四）在缓刑和假释考验期内发现漏罪或又犯新罪的并罚

对在缓刑考验期内无论是发现漏罪还是犯新罪的并罚，根据《刑法》第 77 条第 1 款的规定，都是依照《刑法》第 69 条关于判决前犯数罪的并罚方法，确定应当执行的刑罚，已经经过的缓刑考验期不能再新确定的刑期中扣减，因为缓刑的原判刑罚并没有实际执行。

对在假释考验期内发现漏罪和犯新罪的并罚，按照《刑法》第 86 条的规定，是分别按《刑法》第 70 条关于发现漏罪的“先并后减”方法和《刑法》第 71 条关于犯新罪的“先减后并”方法予以并罚。对于已经经过的假释考验期，因按《刑法》第 85 条的规定是“认为原判刑罚已经执行完毕”，而有观点主张应当计算在已经执行的刑期内。这是假释撤销的数罪并罚与缓刑撤销的数罪并罚不同的关键方面。

第三节　刑期折抵制度

一、刑期折抵的界定

（一）刑期折抵制度的概念

所谓刑期折抵，是指把先行羁押的时间折抵判决中确定的可折抵法定刑罚的刑法制裁制度。从功能上看，它是一种审判机关对受刑人在判决或新判决执行之前由于非医学观察等原因而被办案机关强制剥夺或限制人身自由的时间，在一定条件下可以折抵判决或新判决中确定的某些法定可折抵刑罚的量刑制度。

我国最早规定刑期折抵制度的立法是 1908 年完成的《大清新刑律》。该法典第 80 条规定：“未决期内羁押之日，得以 2 日抵徒刑、拘役 1 日或抵罚金 1 元。”国民政府时期的《暂行新刑律》《1928 年中华民国刑法》《1935 年中华民国刑法》和革命根据地时期的《赣东北特区苏维埃暂行刑律》（1931 年 5 月 19 日）也都对此作了类似规定。[①] 之后的 1979 年《刑法》、1996 年《行政处罚法》、2012 年《刑事诉讼法》、2018 年《监察法》也都先后对此作了规定。

然而，即便如此，关于刑期折抵制度的司法适用仍有较多分歧。为此，自新中国成立至今，我国的司法机关就已出台了数十个关于刑期折抵的专门和相关司法解释。这是在其他任何问题上都不曾出现的现象，值得理论上予以深入关注。

（二）刑期折抵制度的特征

刑期折抵制度，具有如下几个主要特征。

① 《赣东北特区苏维埃暂行刑律》第 44 条规定：“未决期内，羁押之日，得以 2 日抵徒刑、拘役 1 日。”

1. 刑期折抵是一项重要的量刑制度

这是刑期折抵的基本功能所在。这表现为，它是关于什么是刑期折抵以及如何进行刑期折抵的“办事规程或行动准则”，为判决以前依法“先行羁押”的期间、折抵判决后某些可折抵的刑期提供具体的操作标准和规格。从应用和制度层面上看，刑期折抵在刑法中的地位，应如缓刑、减刑、假释等，是一项刑罚裁量制度，具体为因先行羁押而将宣告刑形成执行刑的制度。

2. 刑期折抵的本刑为有期的自由刑

刑期折抵的本刑是作为主刑的有期自由刑，对于那些在裁判中不能够具体确定时间、金钱、财物、资格等的刑罚，也即作为生命刑的死刑、作为自由刑的无期徒刑、作为财产刑的全部没收财产、作为资格刑的永久驱逐出境、永久吊销驾驶执照、剥夺政治权利终身等，不能用于折抵。对于不能单独适用的附加刑，无论是财产刑还是资格刑，往往是基于特定目的而设置，不允许其折抵是世界各国的立法通例。[①]

3. 刑期折抵以“先行羁押”的事实上存在为前提

这里的“先行羁押”，也即作为刑期折抵事实前提的“羁押”，是一个刑法学中的特定范畴，其既不同于刑事程序法中的程序性羁押，也不同于从实质意义上界定的任何剥夺或完全限制人身自由的强制措施。具体包括如下几种情形：作为独立刑事强制措施的刑事拘留、逮捕；作为部分限制人身自由的指定监视居住；作为限制人身自由的非刑事强制措施的监察留置、行政拘留和司法拘留等。

4. 被强制剥夺或限制人身自由的事实理由与所判刑罚的事实理由间有密切的关联性

这主要体现在，被强制剥夺或限制人身自由的事实理由与被处罚的犯罪行为系同一行为，或虽不属同一行为，但与被处罚的犯罪行为有一定联系。“系同一行为”间的刑期折抵是刑期折抵中的通常情形，“不属同一行为”间的刑期折抵是刑期折抵中的特例，如，被强制剥夺或限制人身自由期间，通过侦查或其他原因，发现了与作为被强制剥夺或限制人身自由的事实理由的行为不一样的其他罪行，且该罪行被依法追诉并被判处某些法定刑罚，则此种情况下的被强制剥夺或限制人身自由的时间，同样应当折抵刑期。

二、刑期折抵的原则

刑期折抵的原则，有法定主义与裁定主义之分。所谓法定主义，是指由刑法明文规定羁押折抵一定范围内的刑罚的折抵规则；所谓裁定主义，是指刑法上仅规定羁押日数折抵刑期的标准，而折抵与否或折抵多少，由法官予以裁量的折抵规则。

世界各国对刑期折抵原则的立法大体有两种模式：一是，仅采用法定主义或仅采用裁定主义单一式；二是，兼采法定主义和裁定主义的混合式。其中，混合式是世界各国刑法的通行做法。在我国，现行刑法立法规定的刑期折抵原则是单一的法定主义，即按照法律的规定，被判管制、拘役或有期徒刑的所有未决羁押，均一律折抵判决中确定的刑期，以避免赋予法官过多的裁量权而留下徇私舞弊的机会。

---

① ［德］弗兰茨·冯·李斯特．德国刑法教科书．徐久生，译．北京：法律出版社，2021：387.

三、刑期折抵的适用

(一)逮捕的刑期折抵

逮捕,作为刑事诉讼中最严厉的强制措施,是指公安机关、人民检察院和人民法院,为了防止犯罪嫌疑人或者被告人实施妨碍刑事诉讼的行为,逃避侦查、起诉、审判或者发生社会危险性,而依法暂时剥夺其人身自由的一种强制措施。它是最为常见的适用刑期折抵的羁押措施。逮捕的期间,只要被逮捕的行为被判有"刑期"的刑罚,就应当折抵刑期。根据我国现行《刑法》第41条、第44条和第47条的规定,可能是逮捕1日折抵拘役或有期徒刑刑期1日、折抵管制刑期2日。

(二)拘留的刑期折抵

在我国现行立法中,有着名称众多的"拘留",常见的如行政拘留、治安拘留、民事拘留、刑事拘留、司法拘留(包括民事司法拘留、行政司法拘留、刑事司法拘留)等。这些不同名称的拘留大多有着不同的法律规制和不同的适用对象。具体可以根据我国现行各拘留立法及其创制目的和性质不同,把它们分为行政拘留(治安拘留)、刑事先行拘留、司法拘留(包括民事司法拘留、行政司法拘留、刑事司法拘留,是人民法院对行为人因"聚众哄闹、冲击法庭或者殴打司法工作人员,严重扰乱法庭秩序"而采取的司法处置措施)等三种情形。这些情形下,在同一行为涉嫌犯罪而被追究刑事责任和被判处管制、拘役和有期徒刑时,可以依法折抵刑期。

对于行政拘留,根据1996年制定、2021年修订的《行政处罚法》第35条第1款的规定:"违法行为构成犯罪,人民法院判处拘役或有期徒刑时,行政机关已经给予当事人行政拘留的,应当依法折抵相应刑期。"据此,行政拘留刑期折抵的可折抵刑种,仅为拘役和有期徒刑,无管制。这与我国现行《刑法》第41条、第44条和第47条规定的管制、拘役和有期徒刑均可折抵刑期有所不同。

其他类型的拘留,只要被拘留的行为被判有"刑期"的刑罚,就应当有刑期折抵问题。根据我国现行《刑法》第41条、第44条和第47条的规定,可能是拘留1日折抵拘役或有期徒刑刑期1日,也可能是拘留1日折抵管制2日。

(三)监察留置的刑期折抵

所谓"监察留置",是指监察机关对涉嫌贪污贿赂、失职渎职等严重职务违法或者职务犯罪的被调查人,在已经掌握其部分违法犯罪事实及证据,但仍有重要问题需要进一步调查和具有特定情形时,经依法审批而将其留置在特定场所的法律强制措施。按照2018年《监察法》第22条,它包括以下情形:"被调查人涉嫌贪污贿赂、失职渎职等严重职务违法或者职务犯罪,监察机关已经掌握其部分违法犯罪事实及证据,仍有重要问题需要进一步调查,并有下列情形之一的,经监察机关依法审批,可以将其留置在特定场所:(一)涉及案情重大、复杂的;(二)可能逃跑、自杀的;(三)可能串供或者伪造、隐匿、毁灭证据的;(四)可能有其他妨碍调查行为的。""对涉嫌行贿犯罪或者共同职务犯罪的涉案人员,监察机关可以依照前款规定采取留置措施。""留置场所的设置、管理和监督依照国家有关规定执行。"《监察法》第44条第3款规定:"被留置人员涉嫌犯罪移送司法机关后，被依法判处管制、拘役和有期徒刑的，留置一日折抵管制二日，折抵拘役、有期徒刑一日。”

（四）监视居住的折抵刑期

监视居住，是指公安、司法机关依法责令犯罪嫌疑人、被告人在一定期限内未经批准不得离开住处或指定居所，并对其行动自由加以监视的部分限制自由刑事强制措施。在我国，2012 年以前，对于如此措施的适用期限能否适用刑期折抵，立法上没有明确规定，司法上为司法解释所否定。事实上，对于被指定监视居住的犯罪嫌疑人、被告人，其活动范围被限制在指定的居所，言行举止须受严密监视，人身自由受到严格限制，所以指定监视居住应当折抵刑期。于是，2012 年修订的《刑事诉讼法》第 74 条作了明确的肯定性规定，即“指定居所监视居住的期限应当折抵刑期。被判处管制的，监视居住一日折抵刑期一日；被判处拘役、有期徒刑的，监视居住二日折抵刑期一日”。

第四节 缓刑制度

一、缓刑的界定

（一）缓刑的概念

缓刑，是指对罪行较轻的犯罪分子，在符合法律规定条件下，暂缓其刑罚执行，并规定一定的考验期，在考验期内没有发生撤销缓刑的法定事由，原判刑罚就不再执行的刑罚制度。我国《刑法》第 72 条等对其作了规定。另外，我国《刑法》第 449 条还规定了战时缓刑制度[①]，理论上通常称之为特殊缓刑制度。这个规定，只是刑法针对军人违反职责罪的一个分则性特别制度，不属于总则的普遍性缓刑制度。

（二）缓刑制度的特点

1. 缓刑不是刑种，而是一种刑罚制度

在世界各国，缓刑通常有刑罚暂缓宣告和刑罚暂缓执行两种模式。我国刑法采用的是刑罚暂缓执行模式。同时，在我国刑法立法中，缓刑既是刑罚裁量制度，也是刑罚执行制度。其为刑罚裁量制度表现在《刑法》第 72 条的适用条件规定、第 74 条的排除适用对象规定、第 77 条的法律适用后果规定，这些都是关于法院刑事审判庭如何进行缓刑裁量的规定。其为刑罚执行制度表现在《刑法》第 73 条的缓刑考验期规定、第 75 条的执行规则规定、第 76 条的社区矫正规定，这些都是关于执行机关如何执行缓刑的规定。

2. 缓刑只是附条件不执行原判刑罚

这表现在，判处刑罚，同时宣告暂缓执行，但又在一定期限内保持执行的可能性。这个“条件”是犯罪分子在缓刑考验期内没有再犯新罪，或者未被发现漏罪，或者没有违反法律、法规或者有关规定。只有这样，才符合缓刑适用的实质条件，也就是犯罪分子具有悔罪表现，适用缓刑不致再危害社会。否则，如果再犯新罪，或者发现漏罪，则

① 《刑法》第 449 条规定：在战时，对被判处 3 年以下有期徒刑没有现实危险宣告缓刑的犯罪军人，允许其戴罪立功，确有立功表现时，可以撤销原判刑罚，不以犯罪论处。

应撤销缓刑，把前罪与后罪所判处的刑罚，依照数罪的原则决定执行的刑罚；如果违反法律、法规或者有关规定，则应撤销缓刑，执行原判刑罚。

3. 不执行原判刑罚的缓刑产生的不利法律后果相对较小

根据《刑法》第 65 条、第 66 条的规定，对被判处缓刑的犯罪分子，因不执行原判刑罚，不属于“刑罚执行完毕”，进而不符合一般累犯和特殊累犯的成立条件而不会带来成立累犯的法律后果。同时，按照 2018 年修正的《刑事诉讼法》第 286 条关于“犯罪的时候不满十八周岁，被判处五年有期徒刑以下刑罚的，应当对相关犯罪记录予以封存”的规定，以及最高人民法院、最高人民检察院、公安部、司法部于 2022 年 5 月 24 日联合发布的《关于未成年人犯罪记录封存的实施办法》的规定，对于被宣告缓刑等的未成年罪犯的犯罪记录适用前科封存制度，在参军、考公务员、事业单位等时可以开具无犯罪证明。

（三）缓刑制度的刑法意义

1. 有助于更好地实现刑罚目的

刑罚的目的之一在于实现特殊预防，即预防犯罪人重新犯罪。基于刑罚个别化原则，对某些符合法定条件的犯罪人，在判处刑罚并保留执行可能性的条件下，暂缓刑罚的执行，使其在不剥夺人身自由的社会生活中改过自新。这不仅可以减少公安、司法机关的人力、物力负担，以最经济的方法实现刑罚的惩罚、威慑、教育和改造的功能，而且可能更好地实现特殊预防的刑罚目的。

2. 有助于避免短期自由刑的弊端

本制度就是将被判处拘役和 3 年以下有期徒刑的短期自由刑的犯罪分子放在社会上予以监督改过自新，从而可以防止因执行短期自由刑而产生的罪犯交叉感染。

3. 有利于犯罪分子的再社会化

对罪行较轻的犯罪分子适用缓刑，既可通过判刑对犯罪分子表示惩戒，又可暂不执行和不脱离社会，予以监督改过自新。这不仅减少了其亲属精神上的痛苦和生活上的困难，避免因实际执行刑罚而给其家庭带来的不利影响，有利于社会的安定，而且有利于犯罪的再社会化。

二、缓刑的适用

（一）缓刑的适用条件

根据《刑法》第 72 条、第 74 条的规定，缓刑的适用条件有以下几个方面。

1. 缓刑只适用于罪行较轻、社会危害性较小的犯罪分子

这是缓刑适用的对象条件。根据《刑法》第 72 条的规定，缓刑只适用于被判处拘役或者 3 年以下有期徒刑的犯罪分子。如果是被判处 3 年以上有期徒刑或更重刑罚的犯罪分子，其罪行较重，社会危害性较大，不符合缓刑适用的政策目标。至于被判处管制的犯罪分子，虽然罪行相对更轻，但因为其本身是限制自由刑，适用缓刑已无必要。在实践中，缓刑一般适用于交通肇事、责任事故、危险驾驶、重婚、虐待、伤害、妨害公务、销赃等比较轻微的犯罪。对于强奸、抢劫等严重刑事犯罪，一般不宜适用缓刑。

然而，虽然独立适用的附加刑通常也是适用于罪行较轻的犯罪，但是因为附加刑与主刑有着不同的立法目的，因而刑法规定缓刑不适用于附加刑，即“被宣告缓刑的犯罪分子，如果被判处附加刑，附加刑仍须执行”。据此，即使缓刑被撤销，原判附加刑也必须执行。

2. 适用缓刑确实不致再危害社会

这是适用缓刑的实质条件。也就是说，有些犯罪分子虽然被判处拘役或 3 年以下有期徒刑，但犯罪情节恶劣，没有悔罪表现，不予关押可能会再危害社会，也不能宣告缓刑。只有确认犯罪分子留在社会上不致再危害社会，才能适用缓刑。至于如何确认犯罪分子不致再危害社会，则应着重考虑以下两个方面：其一，犯罪情节的轻重。这可从犯罪动机、目的是否卑鄙，手段是否恶劣，危害后果是否严重等加以考察。也就是说，从主观恶性和客观危害两个方面统一评价罪行的社会危害性大小。其二，犯罪人是否有悔罪表现。这可从犯罪后是否真诚认罪悔过，是否如实坦白交代自己的全部罪行，是否积极退赃，是否检举揭发同伙的罪行等加以考察。也就是说，从犯罪人的罪后各种表现衡量犯罪人的人身危险性即再犯可能性的大小。只有对社会危害性和人身危险性都较小的犯罪分子，才可以适用缓刑。

3. 适用缓刑的犯罪分子不是累犯和犯罪集团的首要分子

这是缓刑适用的排除条件。累犯屡教不改，主观恶性深，人身危险性大，适用缓刑难以防止其再犯新罪。犯罪集团的首要分子纵然因其所犯罪行应判拘役或 3 年以下有期徒刑的，但因其人身危险性较大而不适宜适用缓刑。因此，《刑法》第 74 条规定：“对于累犯和犯罪集团的首要分子，不适用缓刑。”

以上三个条件，必须同时符合，才能宣告缓刑。同时，对于符合以上缓刑适用条件的，还需要注意的是：一是宣告缓刑的，要给予一定时间的考验期。二是宣告缓刑，可以根据犯罪情况，同时作出禁止令，具体是禁止犯罪分子在缓刑考验期限内从事特定活动，进入特定区域、场所，接触特定的人。三是对宣告缓刑的犯罪分子，在缓刑考验期限内依法实行社区矫正。四是缓刑的效力不及于附加刑，即被宣告缓刑的犯罪分子，如果被判处附加刑，附加刑仍须执行。

（二）缓刑的宣告类型

《刑法》第 72 条规定，对于被判处拘役、3 年以下有期徒刑的犯罪分子，同时符合下列条件的，可以宣告缓刑，对其中不满 18 周岁的人、怀孕的妇女和已满 75 周岁的人，应当宣告缓刑：（1）犯罪情节较轻；（2）有悔罪表现；（3）没有再犯罪的危险；（4）宣告缓刑对所居住社区没有重大不良影响。据此，立法对符合这三个条件的缓刑适用，针对不同对象分别采取了裁定主义与法定主义，其中：对一般犯罪分子，采用的是裁定主义，即“可以宣告”；对不满 18 周岁的人、怀孕的妇女和已满 75 周岁的人，采用的法定主义，即“应当宣告”。

所谓“可以宣告”缓刑，是指对于符合缓刑适用条件的，原则上要宣告缓刑的情形。在这种情形下，宣告缓刑是原则，无须另外说明理由，但不宣告缓刑是例外，需要特别说明不适用缓刑的理由。这个“理由”，通常是案件的具体情况，包括是否有适用缓刑的环境、条件，如犯罪分子所居住的社区居民是否同意对其适用缓刑，所居住社区是否有社区矫正机构或较为完善的矫正条件等。

所谓“应当宣告”缓刑，是指对于符合缓刑适用条件的不满 18 周岁的人、怀孕的妇女和已满 75 周岁的人，必须宣告缓刑的情形。在这种情形下，宣告缓刑是无例外的。

（三）缓刑与相关情形的界分

1. 缓刑与死缓的界分

二者虽然都属于广义的缓刑，但在相对于具体立法及其刑法地位来看，又是完全不同的两种制度。主要表现在：（1）适用前提不同。缓刑的适用，以犯罪分子被判处拘役、3 年以下有期徒刑为前提；死缓即死刑缓期执行的适用，以犯罪分子被处死刑为前提。（2）执行方法不同。对于被宣告缓刑的犯罪分子不予关押，实行社区矫正；对于被宣告死缓的罪犯，必须予以关押和实行劳动改造。（3）考验期限不同。缓刑的考验期，依所判刑种和刑期确定；死缓的考验期为 2 年。（4）法律后果不同。缓刑的法律后果，依犯罪分子在考验期内是否发生法定情形而分别为原判刑罚不再执行、撤销缓刑予以数罪并罚、撤销缓刑执行原判刑罚；死缓的法律后果，依在死缓考验期内是否有故意犯罪及其情节恶劣情况而分别给予核准执行死刑、死刑缓期执行期间重新计算和减为无期徒刑或 25 年有期徒刑。

2. 缓刑与监外执行的界分

这主要表现在：（1）法律性质不同。缓刑是附条件暂缓执行原判刑罚的制度；监外执行涉及刑罚执行过程中的具体执行场所的问题，它并非不执行原判刑罚，只是对所判刑罚暂时以监外执行。（2）适用对象不同。缓刑只适用于被判处拘役、3 年以下有期徒刑的犯罪分子；监外执行可以适用于被判处拘役、有期徒刑的犯罪分子。（3）适用的条件不同。缓刑的适用，以犯罪分子的犯罪情节较轻、有悔罪表现和没有再犯罪的危险等为基本条件；监外执行的适用，须以犯罪分子患有严重疾病需要保外就医，以及怀孕或者正在哺乳自己的婴儿等不宜收监执行的特殊情形为条件。（4）适用的方法不同。缓刑应在判处刑罚的同时予以宣告，并应依法确定缓刑的考验期；监外执行是在判决确定以后适用的一种变通执行刑罚的方法，在宣告判决和刑罚执行过程中均可适用，且不需要确定考验期，若监外执行的法定条件消失，仍应收监执行。（5）适用的依据不同。适用缓刑的依据是刑法中的有关规定，适用监外执行的依据是我国刑事诉讼法的有关规定。

3. 缓刑与免予刑事处罚的界分

两者成立的前提，都是行为已构成犯罪；区别在于各自宣告的条件不同。免予刑事处罚是由于具备法定免除刑罚条件而没有判处刑罚，自然也就不存在刑罚的执行；缓刑则依附于原判刑罚，在考验期内如果再犯新罪或者被发现有漏罪，或者违反法律、法规或者有关规定，仍须执行原判刑罚。

4. 缓刑与战时特别缓刑的界分

（1）刑法地位不同。缓刑是刑法总则意义的普遍性刑罚制度，原则上适用于所有被判处拘役、3 年以下有期徒刑的犯罪分子；战时特别缓刑是《刑法》第 449 条规定的特别刑罚制度，仅适用战时犯罪的军人。（2）适用的实质条件不同。缓刑的实质适用条件是犯罪分子的犯罪情节较轻、有悔罪表现、没有再犯罪的危险、宣告缓刑对所居住的社区没有重大不良影响；战时缓刑的实质适用条件是罪行较轻、没有现实危险。（3）适用的法律意义不同。缓刑的适用是为了避免短期自由刑的适用弊端，促使犯罪人自律改恶向善，使犯罪人融入社会等；战时缓刑的适用是为了激励犯罪军人戴罪立功。（4）法律后果不同。缓刑的法律后果，依犯罪分子在考验期内是否发生法定情形而分别为原判刑罚不再执行，撤销缓刑予以数罪并罚，撤销缓刑执行原判刑罚；战时缓刑的法律后果，是确有立功表现时，撤销原判刑罚，不以犯罪论处。

三、缓刑的考验期

缓刑考验期，是指对被宣告缓刑的犯罪分子进行考察的一定期间。

缓刑的考验期，是缓刑制度的重要组成部分。设立考验期的目的，在于考察被判缓刑的人是否接受改造、弃旧图新，以使缓刑制度发挥积极的效用。法院在宣告缓刑的同时，应当确定适当的考验期。确定缓刑考验期长短的基本原则应当是既能鼓励缓刑犯改造的积极性，又能满足对其教育和考察的需要。

《刑法》第 73 条规定：拘役的缓刑考验期限为原判刑期以上 1 年以下，但是不能少于 2 个月。有期徒刑的缓刑考验期限为原判刑期以上 5 年以下，但是不能少于 1 年。可见，我国刑法设置的缓刑考验期具有以下几个特点：（1）按判处拘役和有期徒刑分别规定不同的缓刑考验期限。也即所犯罪行的轻重程度不同，考验期限也相应不同。（2）以原判刑期为考验期限的起点。如果不以原判刑期为起点，就有可能出现考验期限短于原判刑期，考验期已满而刑期未满的情况。（3）明确规定了缓刑考验期的最高限和最低限。这就为审判机关在具体确定缓刑考验期限时提供了明确的界限，但又给审判机关留下了一定程度的裁量余地。（4）缓刑考验期不得延长或缩短。

根据《刑法》第 73 条第 3 款的规定，缓刑考验期限，从判决确定之日起计算。所谓“判决确定之日”，是指判决发生法律效力之日。根据我国刑事诉讼法的规定，从接到第一审人民法院判决书的第二日起 10 日内，被告人没有提起上诉，人民检察院没有提出抗诉的，该判决即发生法律效力。对于已提起上诉或提出抗诉的案件，如果第二审法院维持原判，则应从二审法院的判决或裁定确定之日起计算。判决前先行羁押的日期，不予折抵缓刑考验期，因为羁押期与缓刑考验期的性质不同。

四、缓刑的法律后果

根据《刑法》第 76 条、第 77 条的规定，适用缓刑的法律后果有三种。

一是原判刑期不再执行。按《刑法》第 76 条的规定，对宣告缓刑的犯罪分子，在缓刑考验期限内，依法实行社区矫正，如果没有《刑法》第 77 条规定的情形，缓刑考验期满，原判的刑罚就不再执行，并公开予以宣告。

二是撤销缓刑予以数罪并罚。按《刑法》第 77 条第 1 款的规定，被宣告缓刑的犯罪分子，在缓刑考验期限内犯新罪或者发现判决宣告以前还有其他罪没有判决的，应当撤销缓刑，对新犯的罪或者新发现的罪作出判决，把前罪和后罪所判处的刑罚，依照《刑法》第 69 条的规定，按数罪并罚的原则决定刑罚执行期限。

三是撤销缓刑，执行原判刑罚。按《刑法》第 77 条第 2 款的规定，被宣告缓刑的犯罪分子，在缓刑考验期限内，违反法律、行政法规或者国务院有关部门关于缓刑的监督管理规定，或者违反人民法院判决中的禁止令，情节严重的，应当撤销缓刑，执行原判刑罚。

按《最高人民法院关于适用〈中华人民共和国刑事诉讼法〉的解释》第543条的规定，人民法院收到社区矫正机构的撤销缓刑建议书后，经审查，确认罪犯在缓刑考验期限内具有下列情形之一的，应当作出撤销缓刑的裁定：（1）违反禁止令，情节严重的；（2）无正当理由不按规定时间报到或者接受社区矫正期间脱离监管，超过1个月的；（3）因违反监督管理规定受到治安管理处罚，仍不改正的；（4）受到执行机关2次警告，仍不改正的；（5）违反法律、行政法规和监督管理规定，情节严重的其他情形。人民法院收到社区矫正机构的撤销缓刑建议书后，经审查，确认罪犯在缓刑考验期限内具有规定情形的，或者有其他违反监督管理规定的行为，尚未构成新的犯罪的，应当作出撤销缓刑的裁定。

以上情形表明，撤销缓刑的条件与对缓刑犯在考验期间的要求是相一致的。缓刑犯没有遵守上述有关条件，就表明其并未真诚悔改，可能继续危害社会，主观恶性深，人身危险性大，就难以只在维持原判刑罚效力的条件下自觉进行改造，就难以收到预防犯罪的效果。

第五节　减刑制度

一、减刑的界定

减刑，是指对被判处管制、拘役、有期徒刑或者无期徒刑的犯罪分子，在刑罚执行期间认真遵守监规，接受教育改造，确有悔改或者立功表现，适当减轻其原判刑罚的刑罚制度。

根据我国刑法的立法，减刑制度只是刑罚裁量制度。其表现为，《刑法》第78条关于减刑适用条件与限度的规定、第79条关于减刑程序的规定和第80条关于无期徒刑减刑的刑期计算的规定，都只是关于法院如何对犯罪人裁量变更执行刑的规定，不是《监狱法》等刑罚执行法律法规关于刑罚如何执行的规定。因而，减刑制度在刑法意义上不是刑罚执行制度，而只是刑罚裁量制度。

在我国刑法中确立和贯彻减刑制度是有重大意义的。这个制度体现了我国惩办与宽大相结合、惩罚与教育相结合的刑事政策。在我国，一切危害国家和人民利益的犯罪行为都要受到刑罚的制裁。但是，犯罪人经过服刑改造，确有悔改或立功表现的，都可以得到减刑的宽大处理。这对于巩固改造成果，进一步加速犯罪分子的改造，实现刑罚目的有积极的作用。

二、减刑的条件

根据《刑法》第78条的规定，减刑分为可以减刑、应当减刑两种。可以减刑与应当减刑的对象条件和限度条件相同，只是实质条件有所区别。对于犯罪分子适用减刑，必须符合下列条件。

（一）对象条件

减刑只适用于被判处管制、拘役、有期徒刑、无期徒刑的犯罪分子。被判处上述四种刑罚之一的犯罪分子，无论其犯罪行为是故意还是过失，是重罪还是轻罪，是危害国家安全罪还是其他刑事犯罪，只要是具备了法定的减刑条件就都可以减刑。

（二）实质条件

减刑的实质条件，因减刑的种类不同而有所区别。

1.“可以”减刑的实质条件

“可以”减刑的实质条件，是犯罪分子在刑罚执行期间认真遵守监规，接受教育和改造，确有悔改表现或者有立功表现。一般地说，犯罪分子在服刑中的悔改表现和立功表现是统一的。但也有些犯罪分子有悔改表现而无立功表现，或者有立功表现而无突出的悔改表现。刑法规定有悔改或者立功表现，都是减刑的条件。犯罪分子只要具备了其中之一，就可以减刑。当然，如果既有悔改表现又有立功表现，则可以在法定的减刑限度内给予更大幅度的减刑。至于何为这里的“悔改表现”“立功表现”，立法并没有规定。

根据2016年《最高人民法院关于办理减刑、假释案件具体应用法律的规定》的规定，“确有悔改表现”是指同时具备以下条件：（1）认罪悔罪；（2）遵守法律法规及监规，接受教育改造；（3）积极参加思想、文化、职业技术教育；（4）积极参加劳动，努力完成劳动任务。并且，对职务犯罪、破坏金融管理秩序和金融诈骗犯罪、组织（领导、参加、包庇、纵容）黑社会性质组织犯罪等罪犯，不积极退赃、协助追缴赃款赃物、赔偿损失，或者在服刑期间利用个人影响力和社会关系等不正当手段意图获得减刑、假释的，不认定其“确有悔改表现”。不过，罪犯在刑罚执行期间的申诉权利依法受保护，对其正当申诉不能不加分析地认为是不认罪悔罪。

根据以上解释，具有下列情形之一的，可以认定为有“立功表现”：（1）阻止他人实施犯罪活动的；（2）检举、揭发监狱内外犯罪活动，或者提供重要的破案线索，经查证属实的；（3）协助司法机关抓捕其他犯罪嫌疑人的；（4）在生产、科研中进行技术革新，成绩突出的；（5）在抗御自然灾害或者排除重大事故中，表现积极的；（6）对国家和社会有其他较大贡献的。第4项、第6项中的技术革新或者其他较大贡献应当由罪犯在刑罚执行期间独立或者为主完成，并经省级主管部门确认。

2.“应当”减刑的实质条件

“应当”减刑的实质条件，是犯罪分子在刑罚执行期间有重大立功表现。根据《刑法》第78条的规定和以上解释，具有下列情形之一，应当认定为有“重大立功表现”：（1）阻止他人实施重大犯罪活动的；（2）检举监狱内外重大犯罪活动，经查证属实的；（3）协助司法机关抓捕其他重大犯罪嫌疑人的；（4）有发明创造或者重大技术革新的；（5）在日常生产、生活中舍己救人的；（6）在抗御自然灾害或者排除重大事故中，有突出表现的；（7）对国家和社会有其他重大贡献的。其中，第4项中的发明创造或者重大技术革新应当是罪犯在刑罚执行期间独立或者为主完成并经国家主管部门确认的发明专利，且不包括实用新型专利和外观设计专利；第7项中的其他重大贡献应当由罪犯在刑罚执行期间独立或者为主完成，并经国家主管部门确认。另外第3项是司法解释增加的，其他 6 项是《刑法》第 78 条规定的。

（三）限度条件

减刑是在原来判处的刑罚的基础上，根据犯罪分子的悔改或者立功表现，将其原判刑罚予以适当减轻。但是，无论是刑种的减轻，还是刑期的减轻，都必须减得适当，即必须有一定的限度。如果减得过多，违背了罪刑相适应的刑法基本原则；如果减刑的幅度过小，对于犯罪分子而言，难以起到鼓励、鞭策的作用，也难以发挥减刑制度的积极作用。

根据《刑法》第 78 条的规定，减刑的限度为：减刑以后实际执行的刑期，判处管制、拘役、有期徒刑的，不能少于原判刑期的 1/2；判处无期徒刑的，不能少于 13 年；人民法院依照《刑法》第 50 条第 2 款规定限制减刑的死刑缓期执行的犯罪分子，缓期执行期满后依法减为无期徒刑的，不能少于 25 年，缓期执行期满后依法减为 25 年有期徒刑的，不能少于 20 年。所谓实际执行的刑期，是指判决执行后犯罪分子实际服刑的时间。如果判决前先行羁押的，羁押期限应当计入实际执行的刑期之内。

根据以上相关司法解释规定，减刑起始时间、间隔和幅度因所判主刑不同而有所不同。具体情形有如下几个方面。

（1）被判处有期徒刑的罪犯减刑的起始时间、间隔和幅度。

被判处有期徒刑的罪犯减刑起始时间为：不满 5 年有期徒刑的，应当执行 1 年以上方可减刑；5 年以上不满 10 年有期徒刑的，应当执行 1 年 6 个月以上方可减刑；10 年以上有期徒刑的，应当执行 2 年以上方可减刑。有期徒刑减刑的起始时间自判决执行之日起计算。对于确有悔改表现或者有立功表现的，一次减刑不超过 9 个月有期徒刑；确有悔改表现并有立功表现的，一次减刑不超过 1 年有期徒刑；有重大立功表现的，一次减刑不超过 1 年 6 个月有期徒刑；确有悔改表现并有重大立功表现的，一次减刑不超过 2 年有期徒刑。

被判处不满 10 年有期徒刑的罪犯，两次减刑间隔时间不得少于 1 年；被判处 10 年以上有期徒刑的罪犯，两次减刑间隔时间不得少于 1 年 6 个月。减刑间隔时间不得低于上次减刑减去的刑期。对于罪犯有重大立功表现的，可以不受上述减刑起始时间和间隔时间的限制。

对符合减刑条件的职务犯罪罪犯，破坏金融管理秩序和金融诈骗犯罪罪犯，组织、领导、参加、包庇、纵容黑社会性质组织犯罪罪犯，危害国家安全犯罪罪犯，恐怖活动犯罪罪犯，毒品犯罪集团的首要分子及毒品再犯，累犯，确有履行能力而不履行或者不全部履行生效裁判中财产性判项[①]的罪犯，被判处 10 年以下有期徒刑的，执行 2 年以上方可减刑，减刑幅度应当比照以上规定从严掌握，一次减刑不超过 1 年有期徒刑，两次减刑之间应当间隔 1 年以上。

对被判处 10 年以上有期徒刑的前述罪犯，以及因故意杀人、强奸、抢劫、绑架、放火、爆炸、投放危险物质或者有组织的暴力性犯罪被判处 10 年以上有期徒刑的罪犯，数罪并罚且其中两罪以上被判处 10 年以上有期徒刑的罪犯，执行 2 年以上方可减刑，减刑幅度应当比照以上规定从严掌握，一次减刑不超过 1 年有期徒刑，两次减刑之间应当间

① "财产性判项"是指判决罪犯承担的附带民事赔偿义务判项，以及追缴、责令退赔、罚金、没收财产等判项。

隔1年6个月以上。

对于罪犯有重大立功表现的，可以不受上述减刑起始时间和间隔时间的限制。

(2) 被判处无期徒刑的罪犯减刑的起始时间、间隔和幅度。

被判处无期徒刑的罪犯在刑罚执行期间，符合减刑条件的，执行2年以上，可以减刑。减刑幅度为：确有悔改表现或者有立功表现的，可以减为22年有期徒刑；确有悔改表现并有立功表现的，可以减为21年以上22年以下有期徒刑；有重大立功表现的，可以减为20年以上21年以下有期徒刑；确有悔改表现并有重大立功表现的，可以减为19年以上20年以下有期徒刑。无期徒刑罪犯减为有期徒刑后再减刑时，减刑幅度依照2016年《最高人民法院关于办理减刑、假释案件具体应用法律的规定》(以下简称《减刑、假释规定》)第6条的规定执行。两次减刑间隔时间不得少于2年。对于罪犯有重大立功表现的，可以不受上述减刑起始时间和间隔时间的限制。

对被判处无期徒刑的职务犯罪罪犯，破坏金融管理秩序和金融诈骗犯罪罪犯，组织、领导、参加、包庇、纵容黑社会性质组织犯罪罪犯，危害国家安全犯罪罪犯，恐怖活动犯罪罪犯，毒品犯罪集团的首要分子及毒品再犯，累犯以及因故意杀人、强奸、抢劫、绑架、放火、爆炸、投放危险物质或者有组织的暴力性犯罪的罪犯，确有履行能力而不履行或者不全部履行生效裁判中财产性判项的罪犯，数罪并罚被判处无期徒刑的罪犯，符合减刑条件的，执行3年以上方可减刑，减刑幅度应当比照《减刑、假释规定》第8条从严掌握，减刑后的刑期最低不得少于20年有期徒刑；减为有期徒刑后再减刑时，减刑幅度比照第6条从严掌握，一次不超过1年有期徒刑，两次减刑之间应当间隔2年以上。对于罪犯有重大立功表现的，可以不受上述减刑起始时间和间隔时间的限制。

被判处死刑缓期执行的罪犯减为无期徒刑后，符合减刑条件的，执行3年以上方可减刑。减刑幅度为：确有悔改表现或者有立功表现的，可以减为25年有期徒刑；确有悔改表现并有立功表现的，可以减为24年以上25年以下有期徒刑；有重大立功表现的，可以减为23年以上24年以下有期徒刑；确有悔改表现并有重大立功表现的，可以减为22年以上23年以下有期徒刑。对于被判处死刑缓期执行的罪犯减为有期徒刑后再减刑时，比照前述关于有期徒刑减刑的规定办理。

对被判处死刑缓期执行的职务犯罪罪犯，破坏金融管理秩序和金融诈骗犯罪罪犯，组织、领导、参加、包庇、纵容黑社会性质组织犯罪罪犯，危害国家安全犯罪罪犯，恐怖活动犯罪罪犯，毒品犯罪集团的首要分子及毒品再犯，累犯以及因故意杀人、强奸、抢劫、绑架、放火、爆炸、投放危险物质或者有组织的暴力性犯罪的罪犯，确有履行能力而不履行或者不全部履行生效裁判中财产性判项的罪犯，数罪并罚被判处死刑缓期执行的罪犯，减为无期徒刑后，符合减刑条件的，执行3年以上方可减刑，一般减为25年有期徒刑；有立功表现或者重大立功表现的，可以比照以上有关规定减为23年以上25年以下有期徒刑；减为有期徒刑后再减刑时，减刑幅度比照以上有关规定从严掌握，一次不超过1年有期徒刑，两次减刑之间应当间隔2年以上。

对于被判处死刑缓期执行的罪犯经过一次或者几次减刑后，其实际执行的刑期不得少于15年，死刑缓期执行期间不包括在内。不过，死刑缓期执行罪犯在缓期执行期间不服从监管、抗拒改造，尚未构成犯罪的，在减为无期徒刑后再减刑时应当适当从严。

对于被限制减刑的死刑缓期执行罪犯，减为无期徒刑后，符合减刑条件的，执行 5 年以上方可减刑。减刑间隔时间和减刑幅度依照以上有关规定执行。

对于被限制减刑的死刑缓期执行罪犯，减为有期徒刑后再减刑时，一次减刑不超过 6 个月有期徒刑，两次减刑间隔时间不得少于 2 年。有重大立功表现的，间隔时间可以适当缩短，但一次减刑不超过 1 年有期徒刑。

对被判处终身监禁的罪犯，在判处死缓的裁定中就应当明确终身监禁，不得再减刑或者假释。

（3）被判处管制、拘役、余期不满 2 年有期徒刑的罪犯减刑的起始时间、间隔和幅度。

对于被判处管制、拘役的罪犯，以及判决生效后剩余刑期不满 2 年有期徒刑的罪犯，符合减刑条件的，可以酌情减刑，减刑起始时间可以适当缩短，但实际执行的刑期不得少于原判刑期的 1/2。

（4）关于附加刑的减刑问题。

根据《减刑、假释规定》，被判处有期徒刑罪犯减刑时，对附加剥夺政治权利的期限可以酌减。酌减后剥夺政治权利的期限，不得少于 1 年。

被判处死刑缓期执行、无期徒刑的罪犯减为有期徒刑时，应当将附加剥夺政治权利的期限减为 7 年以上 10 年以下，经过一次或者几次减刑后，最终剥夺政治权利的期限不得少于 3 年。

（5）关于缓刑的减刑问题。

被判处拘役或者 3 年以下有期徒刑，并宣告缓刑的罪犯，一般不适用减刑。但罪犯在缓刑考验期内有重大立功表现的，可以参照《刑法》第 78 条的规定予以减刑，同时应当依法缩减其缓刑考验期。缩减后，拘役的缓刑考验期限不得少于 2 个月，有期徒刑的缓刑考验期限不得少于 1 年。

（6）关于未成年犯和老年犯的减刑问题。

对在报请减刑前的服刑期间不满 18 周岁，且所犯罪行不属于《刑法》第 81 条第 2 款规定情形的罪犯，认罪悔罪，遵守法律法规及监规，积极参加学习、劳动，应当视为确有悔改表现。对这些罪犯减刑时，减刑幅度可以适当放宽，或者减刑起始时间、间隔时间可以适当缩短，但放宽的幅度和缩短的时间不得超过《减刑、假释规定》的相应幅度、时间的 1/3。

对老年罪犯、患严重疾病罪犯或者身体残疾罪犯减刑时，应当主要考察其认罪悔罪的实际表现。对基本丧失劳动能力，生活难以自理的上述罪犯减刑时，减刑幅度可以适当放宽，或者减刑起始时间、间隔时间可以适当缩短，但放宽的幅度和缩短的时间不得超过《减刑、假释规定》的相应幅度、时间的 1/3。

（7）关于又犯新罪的减刑问题。

被判处有期徒刑、无期徒刑的罪犯在刑罚执行期间又故意犯罪，新罪被判处有期徒刑的，自新罪判决确定之日起 3 年内不予减刑；新罪被判处无期徒刑的，自新罪判决确定之日起 4 年内不予减刑。罪犯在死刑缓期执行期间又故意犯罪，未被执行死刑的，死刑缓期执行的期间重新计算，减为无期徒刑后，5 年内不予减刑。被判处死刑缓期执行的罪犯减刑后，在刑罚执行期间又故意犯罪的，依照以上有关规定处理。

以上的“减刑间隔时间”，是指前一次减刑裁定送达之日起至本次减刑报请之日止的期间。

三、减刑的适用

（一）减轻原判刑罚的理解

减轻原判刑罚有两层含义：一是将原判较重的刑种减为较轻的刑种，如把无期徒刑减为有期徒刑，但有期徒刑不能被减为拘役或者管制；二是将原判较长的刑期减为较短的刑期，即将有期徒刑、拘役、管制的刑期缩短。

（二）审判监督程序中的减刑适用

按相关司法解释的规定，人民法院按照审判监督程序重新审理的案件，裁定维持原判决、裁定的，原减刑裁定继续有效。再审裁判改变原判决、裁定的，原减刑裁定自动失效，执行机关应当及时报请有管辖权的人民法院重新作出是否减刑的裁定。重新作出减刑裁定时，不受《减刑、假释规定》有关减刑起始时间、间隔时间和减刑幅度的限制。重新裁定时应综合考虑各方面因素，减刑幅度不得超过原裁定减去的刑期总和。

（三）减刑与相关情形的界分

减刑不是改判。改判是对错判的纠正，即原判决在认定事实或适用法律上确有错误，依照二审、复核或者审判监督程序将原判决撤销，经重新审理作出判决。减刑则是在原判决正确的前提下，综合考虑犯罪人在刑罚执行期间的具体表现，按照减刑的条件和程序将原判刑罚适当减轻。

减刑也不是减轻处罚。减轻处罚是在判决宣告前，对具有减轻情节的犯罪人，在法定最低刑以下判处刑罚的量刑方法。其与判决已经确定、在刑罚执行中的减刑制度是完全不同的。

（四）减刑的适用程序

根据《刑法》第 79 条的规定，对于犯罪分子的减刑，由执行机关向中级以上人民法院提出减刑建议书。人民法院应当组成合议庭进行审理，对确有悔改或者立功事实的，裁定予以减刑。非经法定程序不得减刑。

第六节　假释制度

一、假释的界定

假释，是对被判处有期徒刑、无期徒刑的犯罪分子，在执行一定刑期以后，因其认真遵守监规，接受教育改造，确有悔改表现，没有再犯罪的危险，而附条件地将其提前释放的刑罚制度。

在我国刑法立法上，假释既是刑罚裁量制度，也是刑罚执行制度。其为刑罚裁量制度的立法表现是《刑法》第 81 条的适用条件规定、第 82 条的假释程序规定、第 83 条的考验期规定、第 86 条的法律适用后果规定。这些规定，都是关于法院刑事审判庭如何进行假释裁量的规定，而不是关于执行机关如何执行的规定。其为刑罚执行制度的立法表现是《刑法》第 84 条的执行规则规定、第 85 条的社区矫正规定。这些规定，都是关于执行机关如何执行假释的规定。

假释制度的意义在于：正确地适用假释制度，把那些经过一定服刑期间确有悔改表现、没有必要继续关押改造的罪犯放到社会上进行改造，可以有效地鼓励犯罪分子服从教育和改造，使之早日复归社会，有利于化消极因素为积极因素。

二、假释的条件

根据《刑法》第 81 条的规定，适用假释必须同时符合下列三个条件。

（一）对象条件

假释只能适用于被判处有期徒刑、无期徒刑的犯罪分子。一方面，因假释适用的实质条件所限，对如下四种人不得适用假释：一是累犯。这是因为其人身危险性大，有再犯罪的危险。二是因故意杀人、强奸、抢劫、绑架、放火、爆炸、投放危险物质或者有组织的暴力性犯罪被判处 10 年以上有期徒刑、无期徒刑的犯罪分子，以及因以上情形和犯罪被判处死刑缓期执行，被减为无期徒刑、有期徒刑后的罪犯。这也是因为他们的人身危险性大，有再犯罪的危险。三是因犯贪污罪、受贿罪被判处死缓，同时被决定在其死缓期满减为无期徒刑后终身监禁的罪犯。这主要因为他们本是被适用死刑的罪犯，基于反腐倡廉的严惩刑事政策，对他们不得减刑假释。四是对于生效裁判中有财产性判项，罪犯确有履行能力而不履行或者不全部履行的罪犯。这表明罪犯缺乏悔改表现，不能适用假释。另一方面，假释是对犯罪分子有条件地提前释放，国家并不排除对其继续执行尚未执行的那部分刑罚的可能性。这决定了假释不适用于被判处其他刑罚的犯罪分子。

同时，为了贯彻对未成年犯教育、感化、挽救的方针，对下列罪犯适用假释时可以依法从宽掌握；对于既符合法定减刑条件，又符合法定假释条件的，可以优先适用假释：（1）过失犯罪的罪犯、中止犯罪的罪犯、被胁迫参加犯罪的罪犯。（2）因防卫过当或者紧急避险过当而被判处有期徒刑以上刑罚的罪犯。（3）犯罪时未满 18 周岁的罪犯。（4）基本丧失劳动能力、生活难以自理，假释后生活确有着落的老年罪犯（年满 65 周岁）、患严重疾病罪犯（因患有重病，久治不愈，而不能正常生活、学习、劳动）或者身体残疾罪犯（因身体有肢体或者器官残缺、功能不全或者丧失功能，而基本丧失生活、学习、劳动能力，但是罪犯犯罪后自伤致残的除外）。（5）在服刑期间改造表现特别突出的罪犯。（6）具有其他可以从宽假释情形的罪犯。其中，对年满 80 周岁、身患疾病或者生活难以自理、没有再犯罪危险的罪犯，既符合减刑条件，又符合假释条件的，优先适用假释；不符合假释条件的，参照《减刑、假释规定》的有关规定从宽处理。也就是说，对其减刑时，主要考察其认罪悔罪的实际表现，并且减刑幅度可以适当放宽，或者减刑起始时间、间隔时间可以适当缩短，但放宽的幅度和缩短的时间不得超过《减刑、假释规定》中相应幅度、时间的 1/3。

（二）实质条件

假释只适用于那些“认真遵守监规，接受教育改造，确有悔改表现，没有再犯罪的危险”的犯罪人。这是适用假释的实质条件或者关键条件。

这里的“确有悔改表现”，是指同时具备以下四个方面：认罪悔罪；认真遵守法律法规及监规，接受教育改造；积极参加思想、文化、职业技术教育；积极参加劳动，努力完成劳动任务。其中需特别注意的是：这里的要求不是“认罪服法”而是“认罪悔罪”，并且罪犯在刑罚执行期间提出申诉的，不能不加分析地认为是不认罪悔罪；这里的“认真遵守法律法规及监规”，不仅要求遵守监狱规定，还要求遵守法律法规及其他纪律；这里的“积极参加思想、文化、职业技术教育”，不是仅“积极参加政治、文化、技术学习”，而是还要“接受教育改造”，以突显教育改造的要求；这里的“努力完成劳动任务”，不是“完成生产任务”，而是完成劳动改造的任务。

这里的“没有再犯罪的危险”，是指除符合《刑法》第 81 条规定的情形外，还应当根据犯罪的具体情节，原判刑罚情况，在刑罚执行中的一贯表现，罪犯的年龄、身体状况、性格特征，假释后生活来源以及监管条件等因素综合考虑。在实践中，通常归纳为如下三个方面：第一，犯罪情节及原判刑罚情况。这是判断罪犯是否符合假释条件的参照基础，不能疏于考量。第二，罪犯的改造表现及人身危险性表征。罪犯在改造期间内认真遵守监规，接受教育改造，确有悔改表现，也是假释适用的基本条件。同时，还应调查罪犯犯罪前的一贯表现，罪犯的性格特征、心理状态等人格状况，以进一步判断其人身危险性高低。这对假释适用应产生直接影响。第三，罪犯被假释后的社会接纳情况。罪犯被假释后的生活来源、监管条件以及共同居住的家庭成员及收入情况等，对于罪犯能否顺利重新回归社会有重要影响，也是决定假释是否适用的重要因素。①

（三）时间条件

假释只适用于已经执行一定期限刑罚的罪犯，具体有四种情况：一是被判处有期徒刑的需执行原判刑期的 1/2 以上；二是被判处无期徒刑的需实际执行 13 年以上；三是被判处死刑缓期执行的罪犯减为无期徒刑或者有期徒刑后，需实际执行 15 年以上；四是如果有国家政治、国防、外交等方面特殊需要的情况，经最高人民法院核准，可以不受上述执行刑期的限制。其中，罪犯减刑后又假释的，间隔时间不得少于 1 年；对一次减去 1 年以上有期徒刑后，决定假释的，间隔时间不得少于 1 年 6 个月。不过，对罪犯减刑后余刑不足 2 年决定假释的，可以适当缩短间隔时间。

对罪犯之所以还必须执行一定期限刑罚后才能适用假释，是因为，只有执行一定期间的刑罚，才能比较准确地判断罪犯是否认真遵守监规，接受教育改造，确有悔改表现，没有再犯罪的危险，以保证假释的效果；也才能保持人民法院判决的稳定性和维护法律的严肃性。

三、假释的适用

（一）审判监督程序中的假释适用

相关司法解释规定：人民法院按照审判监督程序重新审理的案件，裁定维持原判决、裁定的，原假释裁定继续有效。再审裁判改变原判决、裁定的，原假释裁定自动失效，

① 黄永维，聂洪勇，李宗诚．《关于办理减刑、假释案件具体应用法律若干问题的规定》的理解与适用．人民司法，2012（7）．

执行机关应当及时报请有管辖权的人民法院重新作出是否假释的裁定。

（二）假释与相关情形的界分

1. 假释与减刑的界分

两者都是刑罚执行制度，且适用的基本条件都含犯罪分子在刑罚执行期间认真遵守监规，接受教育改造，确有悔改表现的内容，但在许多方面仍存在区别：（1）适用对象不同。假释只适用于被判处有期徒刑、无期徒刑的犯罪分子；减刑适用于被判处管制、拘役、有期徒刑、无期徒刑的犯罪分子。（2）适用条件不同。假释必须在执行一定期限的刑罚之后才能适用；减刑虽然也要求执行一定期限的刑罚，但法律没有规定适用减刑的最低服刑期限，也就是说，只要犯罪分子确有悔改或者立功表现，原则上在任何时候都可以实行减刑。（3）适用次数不同。假释只能宣告一次；而减刑不受次数的限制，可以减刑一次，也可以减刑数次。（4）适用方法不同。假释附有一定的考验期限和应当履行的义务，如果发生法定情形，就撤销假释；而减刑没有设置考验期限和其他限制条件，即使犯罪分子再犯新罪，已减的刑期也不恢复。（5）释放的时间不同。对被假释人应当立即解除监禁，予以附条件释放；对被减刑人则要视其减刑后是否有余刑，才能决定是否释放，有未执行完毕的刑期的，仍需在监狱继续执行。

2. 假释与缓刑的界分

两者都是有条件地不执行原判刑罚，都有一定的考验期限，都以发生法定情形为撤销条件。但两者也存在许多区别，具体表现在如下五个方面。

（1）适用的对象不同。缓刑只能适用于被判处拘役、3 年以下有期徒刑的犯罪分子；假释只能适用于被判处有期徒刑、无期徒刑的犯罪分子。

（2）适用的实质条件不同。缓刑的实质适用条件是犯罪分子的犯罪情节较轻、有悔罪表现、没有再犯罪的危险、宣告缓刑对所居住的社区没有重大不良影响；假释的实质适用条件是犯罪分子认真遵守监规，接受教育改造，确有悔改表现，没有再犯罪的危险。

（3）适用的时间不同。缓刑是在缓刑判决生效之后即开始适用，不需要执行原判刑罚；假释只有在执行了一定期限的刑罚后才能适用，按立法的规定，“假释考验期限，从假释之日起计算”。

（4）确定考验期限的标准不同。有期徒刑缓刑的考验期为原判刑期以上 5 年以下，但不能少于 1 年；拘役缓刑的考验期为原判刑期以上 1 年以下，但不能少于 2 个月。而假释的考验期是：有期徒刑的假释考验期限，为没有执行完毕的刑期；无期徒刑的假释考验期限为 10 年。

（5）不执行的刑期不同。缓刑附条件不执行的刑期为原判刑罚的全部刑期，假释附条件不执行的刑期为原判刑罚未执行刑的刑期。

3. 假释与监外执行的界分

假释也不同于监外执行。监外执行的适用对象宽于假释的，无论是被判处无期徒刑、有期徒刑的还是被判处拘役的罪犯，都可以适用。在适用条件上，监外执行不要求罪犯的刑罚已经被执行了一定期限和有悔改表现，只要罪犯患有严重疾病需要保外就医或者怀孕或者正在哺乳自己的婴儿，不宜在监内执行刑罚，即可适用监外执行。但只要妨碍监内执行的条件一消失，就要收监执行。而被假释的罪犯，如果在考验期内没有再犯新罪，没有发现未判决的漏罪，或者没有违反法律、行政法规或者有关假释的监督管理规定的，就认为原判刑罚已经执行完毕。

（三）假释的程序

根据《刑法》第82条、第79条的规定，对于犯罪分子的假释，应当遵守法定的程序，非经法定程序不得假释。

假释的法定程序主要有两项：一是由执行机关向中级以上人民法院提出假释建议。二是中级以上人民法院收到假释建议书后，应当组成合议庭对假释案件进行审理，要重点审查罪犯是否确有悔改或者立功表现。对符合法定假释条件的，裁定予以假释。

四、假释的考验

假释是附条件的提前释放，因此设有考验期和考验要求。

（一）假释犯的考验期限

《刑法》第83条规定：被判处有期徒刑的犯罪分子，其假释的考验期为原判刑罚没有执行完毕的刑期，即在宣告假释时原判刑罚的剩余时期；被判处无期徒刑的犯罪分子，其假释的考验期限为10年。这个考验期限，从假释之日起计算。

（二）假释犯的考验要求

根据《刑法》第84条的规定，被宣告假释的犯罪分子，应当遵守下列四项要求：遵守法律、行政法规，服从监督；按照监督机关的规定报告自己的活动情况；遵守监督机关关于会客的规定；离开所居住的市、县或者迁居，应当报经监督机关批准。

（三）假释的考验方式

根据《刑法》第85条的规定，对假释的犯罪分子的考验方式是依法实行社区矫正。这意味着，假释不再是由公安机关予以监督考察，而是由社区矫正机构予以监督考察，具体是：一是按《刑法》第84条规定的考验要求予以监督考察；二是按2020年《社区矫正法》等的有关规定予以监督考察。

五、假释的法律后果

根据《刑法》第85条、第86条的规定，假释可能会出现以下法律后果。

（1）刑罚执行完毕。具体是：如果没有发生《刑法》第86条规定的撤销假释的事由，假释考验期满，就认为原判刑罚已经执行完毕，并由社区矫正机构公开予以宣告。

（2）撤销假释，实行数罪并罚。具体是：被假释的犯罪分子，在假释考验期限内犯新罪，应当撤销假释，依照《刑法》第71条的规定实行数罪并罚；在假释考验期限内，发现被假释的犯罪分子在判决宣告以前还有其他罪没有判决的，应当撤销假释，依照《刑法》第70条的规定实行数罪并罚。

（3）撤销假释，执行未执行完的刑罚。具体是：被假释的犯罪分子，在假释考验期限内，有违反法律、行政法规或者国务院有关部门关于假释的监督管理规定的行为，尚未构成新的犯罪的，应当依照法定程序撤销假释，收监执行未执行完毕的刑罚。

（4）对被假释的犯罪分子，如果在假释考验期满以后，才发现其在假释考验期限内又犯新罪，只要没有超过追诉时效期限，也应当依照《刑法》第86条的有关规定，撤销假释，把前罪没有执行的刑罚和后罪所判处的刑罚，按照《刑法》第69条的规定，决定执行的刑罚。

(5) 犯罪分子被假释后，原判附加刑的，附加刑仍须继续执行。原判有附加剥夺政治权利的，附加剥夺政治权利的刑期从假释之日起计算。

(6) 依法被撤销假释的罪犯，一般不得再假释。但因发现漏罪被撤销假释的，如果罪犯对漏罪曾作如实供述但原判未予认定，或者漏罪系其自首，符合假释条件的，可以再假释。不过，被撤销假释的罪犯，收监后符合减刑条件的，可以减刑，但减刑起始时间自收监之日起计算。

第七节　社区矫正制度

一、社区矫正的界定

所谓社区矫正，是指将符合条件的罪犯放置于社区内，由专门国家机关在相关社会团体和民间组织以及社会志愿者的协助下，在判决、裁定或决定确定的期限内，矫正其犯罪心理和行为恶习，并促进其顺利回归社会的刑罚制度。我国现行《刑法》的第38条（管制的社区矫正）、第76条（缓刑的社区矫正）和第85条（假释的社区矫正），现行《刑事诉讼法》的第269条，2020年《社区矫正法》，分别从实体、程序和专门法角度对其作了规定。

社区矫正制度作为不同于监禁矫正制度的刑罚执行方式，对于克服监狱内服刑罪犯易交叉感染、重报应惩罚的局限性具有重要意义。

二、社区矫正的适用

（一）社区矫正的机关

社区矫正的机关包括决定机关和执行机关。社区矫正的决定机关是人民法院、监狱管理机关、公安机关，具体是：人民法院依法对判处管制、宣告缓刑、裁定假释、决定暂予监外执行的罪犯决定实行社区矫正；监狱管理机关、公安机关对依法批准暂予监外执行的罪犯决定实行社区矫正。

社区矫正的执行机关是社区矫正机构，具体是：国务院司法行政部门主管全国的社区矫正工作。县级以上地方人民政府司法行政部门负责本行政区域的社区矫正工作。司法所承担社区矫正日常工作。社会工作者和志愿者在社区矫正机构的组织指导下参与社区矫正工作。

（二）社区矫正的规则

《刑法》第39条关于管制执行规则的规定，第76条和第77条关于缓刑社区矫正执行规则的规定，第85条和第86条关于假释社区矫正执行规则的规定，就是关于社区矫正执行机关如何执行管制、缓刑和假释的社区矫正的规定。

(1) 关于管制的社区矫正规则。根据《刑法》第39条的规定，被判处管制的犯罪分子，在执行期间，应当遵守下列规定：1）遵守法律、行政法规，服从监督；2）未经执行机关批准，不得行使言论、出版、集会、结社、游行、示威自由的权利；3）按照执行机关规定报告自己的活动情况；4）遵守执行机关关于会客的规定；5）离开所居住的市、县或者迁居，应当报经执行机关批准。其中，对于被判处管制的犯罪分子，在劳动中应当同工同酬。

（2）关于缓刑的社区矫正规则。根据《刑法》第75条的规定，被宣告缓刑的犯罪分子，应当遵守下列规定：1）遵守法律、行政法规，服从监督；2）按照考察机关的规定报告自己的活动情况；3）遵守考察机关关于会客的规定；4）离开所居住的市、县或者迁居，应当报经考察机关批准。

（3）关于假释的社区矫正规则。根据《刑法》第84条的规定，被宣告假释的犯罪分子，应当遵守下列规定：1）遵守法律、行政法规，服从监督；2）按照监督机关的规定报告自己的活动情况；3）遵守监督机关关于会客的规定；4）离开所居住的市、县或者迁居，应当报经监督机关批准。

三、社区矫正的解除宣告

社区矫正人员矫正期满，司法所应当组织解除社区矫正宣告。

司法所应当针对社区矫正人员不同情况，通知有关部门、村（居）民委员会、群众代表、社区矫正人员所在单位、社区矫正人员的家庭成员或者监护人、保证人参加宣告。

四、社区矫正的违规处理

缓刑、假释的社区矫正人员在社区矫正期间有违反社区矫正监管规则或人民法院的禁止令的，视情况撤销原判缓刑、假释执行原判刑罚或予以数罪并罚或依法由公安机关依法给予处罚。

第八节　时效制度

一、时效制度的界定

（一）时效的概念

刑法上的时效，是指刑事法律规定的国家对犯罪分子行使刑事追诉权和刑罚执行权的有效期限的刑罚制度，通常有追诉时效和行刑时效之分。所谓追诉时效，是指刑法规定的，对犯罪分子追究刑事责任的有效期限。它意味着，在法定的追诉时效期限内，司法机关有权追诉犯罪分子的刑事责任，超过此期限，司法机关不能再追诉行为人的刑事责任。所谓行刑时效，是指刑法规定的，对判处刑罚的人执行刑罚的有效期限。它意味着，在法定的期限内，刑罚的执行机关有权执行法院判决的刑罚，超过此期限，执行机关就不能再执行法院判决的刑罚。我国立法只规定了追诉时效，没有规定行刑时效。

（二）时效制度的刑法意义

刑法上的时效制度，作为刑罚制度的重要内容，其刑法意义主要表现在如下方面。

其一，有利于刑法目的与任务的实现。在现代刑法上，刑法运用刑罚等制裁犯罪，在终极意义上是“保护人民”（《刑法》第1条）和“保卫国家安全，保卫人民民主专政的政权和社会主义制度，保护国有财产和劳动群众集体所有的财产，保护公民私人所有的财产，保护公民的人身权利、民主权利和其他权利，维护社会秩序、经济秩序，保障社会主义建设事业的顺利进行”（《刑法》第2条）。如果行为人在相当长的时间内没有再犯罪，这就表明其在很大程度上已能够约束自己和悔过自新，就已在一定程度上达到刑法的立法目的和实现了刑法的任务，无须再追诉犯罪。

其二，有利于节省司法资源。对每一个犯罪的追诉从侦查到交付执行，都要耗费大量的人力、财力、物力等司法资源。如果对符合一定法定条件的犯罪行为人不通过刑事追诉也能达到相应效果，那么不予追诉就可以节省大量司法资源，可以将有限的司法资源运用到那些更需要的犯罪追诉和社会治理上。

其三，有利于社会的和谐稳定。对犯罪的追诉，特别是给予自由刑的处罚，往往会产生使犯罪人难以回归社会等不良后果。时效制度的这种不脱离社会的自我约束与悔过自新方式，因避免了刑罚适用的固有弊端而更有利于行为人回归社会与社会和谐稳定。

二、追诉时效的期限

根据《刑法》第87条和第88条的规定，我国的追诉时效期限有如下五种情况：(1)经过5年。对于法定最高刑为不满5年有期徒刑的犯罪，其追诉时效是5年，过了5年就不再追诉。(2)经过10年。对于法定最高刑为5年以上不满10年有期徒刑的犯罪，其追诉时效是10年，过了10年就不再追诉。(3)经过15年。对于法定最高刑为10年以上有期徒刑的犯罪，其追诉时效是15年，过了15年就不再追诉。(4)经过20年。对于法定最高刑为无期徒刑、死刑的犯罪，其追诉时效是20年，过了20年就不再追诉。(5)没有期限限制。具体有三种情况：1)对于法定最高刑为无期徒刑、死刑的犯罪，20年以后认为必须追诉的，报请最高人民检察院核准后还可以追诉，没有期限限制；2)在人民检察院、公安机关、国家安全机关立案侦查或者在人民法院受理案件以后，逃避侦查或者审判的犯罪，不受追诉期限的限制；3)被害人在追诉期限内提出控告，人民法院、人民检察院、公安机关应当立案而不予立案的，不受追诉期限的限制。以上三种情况中，后两种情况在理论上称之为“追诉时效的延长”。

以上追诉时效期限的计算根据是“犯罪的法定最高刑”。这里有两个关键点。

一是关于“犯罪的法定最高刑”的理解。它是相对于犯罪的某个法定刑幅度而不是某个罪名的整体法定刑的，在罪名存在基本犯或加重犯、减轻犯时，就是它们各自所对应的法定刑幅度的“最高刑”。例如：行为成立故意伤害罪的基本犯（故意伤害他人）的，所对应的法定刑幅度是“处三年以下有期徒刑、拘役或管制”，由此其法定最高刑是“三年有期徒刑”，追诉时效期限为5年；行为成立故意伤害罪的第一档加重犯（重伤）的，所对应的法定刑是“处三年以上十年以下有期徒刑”，其法定最高刑是“十年有期徒刑”，追诉时效期限为15年。又如：行为成立故意杀人罪的基本犯的，所对应的法定刑幅度是“处死刑、无期徒刑或者十年以上有期徒刑”，其法定最高刑是“死刑”，追诉时效期限一般情况下为20年；行为成立故意杀人罪的减轻犯的，所对应的法定刑是“处三年以上十年以下有期徒刑”，其法定最高刑是“十年有期徒刑”，追诉时效期限为15年。

二是关于“犯罪的法定最高刑”的衔接点。在“犯罪的法定最高刑”刚好是5年、10年时，其追诉时效期限不是5年和10年，而是10年和15年，但法定最高刑刚好是15年时，其追诉时效期限也是15年。例如，行为成立交通肇事罪的第二档加重犯的，所对应的法定刑是“处七年以上有期徒刑”，其法定最高刑是“15年有期徒刑”，追诉时效期限为15年。

三、追诉时效的起算

根据《刑法》第89条的规定，追诉时效视情况分别自“犯罪之日”、“犯罪行为终了之日”和“犯后罪之日”三种情况起算。

（一）自“犯罪之日”起算

这是立法规定的通常情况下的追诉期限起算日，即“追诉期限从犯罪之日起计算”，是除连续犯、继续犯和再犯外的所有犯罪的追诉期限起算日。

所谓犯罪之日，是指犯罪成立之日。由于刑法对不同种类和形态的犯罪所规定的构成要件不同，因而其犯罪成立之日的计算标准亦相应不同：（1）行为犯或以某种危害结果的发生为既遂构成所必需的犯罪，应从犯罪行为实施之日起计算。（2）危险犯，应从实施危险行为之日起计算。（3）预备犯，应从预备犯罪之日起计算。（4）中止犯，应当分情况予以确定：如果是在着手实行犯罪后中止犯罪，应从犯罪行为实施之日起计算；如果是在预备阶段中止犯罪，则应从犯罪中止成立之日起计算。（5）未遂犯，应从犯罪未遂成立之日起计算。（6）共同犯罪，以整体共同犯罪行为得到实施之日起计算。（7）结果犯，应从犯罪结果发生之日起计算。结果加重犯，应从加重结果发生之日起计算。（8）犯罪行为发生在我国境外，而犯罪结果发生在我国境内的，也应从犯罪结果发生之日起计算。

（二）自“犯罪行为终了之日”起算

这是立法特别针对连续犯和继续犯规定的追诉期限起算日，即“犯罪行为有连续或者继续状态的，从犯罪行为终了之日起计算”。

因为连续犯和继续犯的犯罪之日与犯罪行为终了之日间有一个过程，且在这个过程中犯罪行为也在延续或继续，因而它们不可以自“犯罪之日”起算追诉时效的期限，否则不利于对犯罪的打击与追诉，需要自犯罪行为终了之日起算追诉时效的期限。

（三）自“犯后罪之日”起算

这是立法针对再犯规定的追诉期限起算日，即“在追诉期限以内又犯罪的，前罪追诉的期限从犯后罪之日起计算”。这种情况，理论上被称为“追诉时效的中断”。

四、追诉时效的中断和延长

（一）追诉时效的中断

追诉时效中断，是指在追诉时效进行期间，发生法律规定的事由，使已经经过的时效期间归于失效，追诉期限从法律规定的事由发生之日起重新开始计算的制度。追诉时效中断制度是为了防止犯罪人利用时效制度逃避罪责，继续犯罪而设立的。

《刑法》第 89 条第 2 款规定，在追诉期限内又犯罪的，前罪追诉的期限从犯后罪之日起计算。这一规定表明，我国追诉时效中断是以犯罪人在追诉期限内又犯罪为条件的，但不论新罪的性质和刑罚轻重。根据刑法的这一规定，追诉时效中断后时效起算的时间为“犯后罪之日”。所谓犯后罪之日，即后罪成立之日。

（二）追诉时效延长

追诉时效延长，是指在追诉时效进行期间，发生了法律规定的事由，致使追诉期限延伸的制度。根据《刑法》第 88 条的规定，我国追诉时效延长分为两种情况。

（1）在人民检察院、公安机关、国家安全机关立案侦查或在人民法院受理案件以后，犯罪人逃避侦查或者审判的，不受追诉期限的限制。

在法定期限内，只要对犯罪案件开始立案、侦查或者受理起诉，不论犯罪人逃避侦查或起诉的时间、状态持续多久，公安、司法机关都可以对其进行追究。

（2）被害人在追诉期限内提出控告，人民法院、人民检察院、公安机关应当立案而不予立案的，不受追诉期限的限制。

这里的“被害人”包括受到犯罪侵害的自然人和单位。控告可以是书面的，也可以是口头的。但控告必须是被害人在自己的人身、财产权利遭受不法侵害并且已经发现犯罪嫌疑人后而向公安、司法机关所作的告发。如果被害人在不知道犯罪嫌疑人是谁的情况下报案，则不能适用时效延长的规定。

第九节　赦免制度

一、赦免的界定

（一）赦免的概念

赦免，是国家以政令的形式，免除或者减轻犯罪人的罪责或者刑罚的一种制度，是实现犯罪人刑事责任的一种特别方式。赦免制度一般不由刑法加以规定，而通常是由宪法加以规定。因此，赦免既不是一项严格意义上的刑罚制度，甚至也不只是一项刑法制度，而是一项事关国家大政方针的重要宪法制度。在理论上，之所以通常把它理解为刑罚消灭制度，只是因为它的适用对象是犯罪人，它的适用结果是免除或减轻罪与刑，在客观上带来追诉权或行刑权的消灭。

（二）赦免的种类

赦免有大赦和特赦之分。大赦是指国家元首或者国家最高权力机关，对某一时期内犯有一定罪行的不特定犯罪人，一概予以赦免的制度。特赦是指国家元首或者国家最高权力机关，对已受罪刑宣告的特定犯罪人，免除其全部或者部分刑罚的制度。但这里带来追诉权或行刑权消灭的刑法效果，并不只是简单的刑罚执行问题。对于大赦来说，因其既可以赦刑又可以赦罪而既涉及刑事责任的大小又涉及刑事责任的有无问题；对于特赦来说，因其只能赦刑而只涉及刑事责任的大小问题。

特赦与大赦的区别主要表现在如下五点：(1) 特赦的对象是特定的，而大赦对象是不特定的；(2) 特赦只能施行于法院判决后，而大赦可以施行于法院判决后，也可以施行于法院判决前；(3) 特赦只能赦刑，大赦既可以赦刑又可以赦罪；(4) 特赦后再犯罪的，有可能构成累犯，而大赦后行为人再犯罪的，没有累犯问题；(5) 特赦往往公布被赦人的名单，大赦一般不公布被赦人的名单。我国《宪法》只规定了特赦，对大赦未作规定。

二、特赦的适用

特赦是国际通行的，在遇有重要历史节点时国家对特定罪犯赦免余刑的人道主义制度，以促进社会的和谐稳定。自新中国成立以来，我国共实行了 9 次特赦，分别是在 1959 年、1960 年、1961 年、1963 年、1964 年、1966 年、1975 年、2015 年和 2019 年。

依据我国现行《宪法》第 67 条和第 80 条之规定，我国的特赦是由党中央或国务院提出建议，经全国人民代表大会常务委员会审议决定，由国家主席发布特赦令，并授权最高人民法院和高级人民法院执行。

新中国成立后至 1975 年间，对战争罪犯、反革命罪犯和部分普通刑事罪犯进行过七次特赦。被特赦的战犯中，包括伪满洲国皇帝爱新觉罗·溥仪等。这对于发展爱国统一战线，化消极因素为积极因素，团结一切可以团结的人，推动国家社会主义建设的发展，发挥了重要的作用。

2015 年的第八次特赦，是为庆祝中国人民抗日战争暨世界反法西斯战争胜利 70 周年，产生了很好效果：这些人回去以后，都对党和政府的宽大和人道主义心怀感激，也都能够很快地融入家庭生活和社会生活。

2019 年的第九次特赦是为庆祝中华人民共和国成立 70 周年，体现依法治国理念和人道主义精神，是“法安天下、德润人心”的体现，彰显了全面依法治国的理念，有利于形成良好的社会氛围，有利于贯彻落实宽严相济的刑事政策，也展现了我国的人权司法保障水平，促进了社会和谐。

所涉法律条文及司法文件

1.《刑法》第 41 条、第 44 条、第 47 条、第 65～89 条

2.《监察法》(2018 年) 第 44 条

3.《刑事诉讼法》(2018 年) 第 76 条

4.《行政处罚法》(2021 年) 第 35 条

5.《社区矫正法》(2019 年)

6.《社区矫正法实施办法》(2020 年)

7.《最高人民法院关于审理拒不执行判决、裁定案件具体应用法律若干问题的解释》第 8 条

8.《最高人民法院关于办理减刑、假释案件具体应用法律的规定》

9.《最高人民法院关于处理自首和立功具体应用法律若干问题的解释》

10.《最高人民法院关于处理自首和立功若干具体问题的意见》

11.《最高人民法院、最高人民检察院关于办理职务犯罪案件认定自首、立功等量刑情节若干问题的意见》

12.《最高人民法院关于办理减刑、假释案件具体应用法律的补充规定》

代表性文献推荐

1. 吴宗宪．刑事执行法学．3版．北京：中国人民大学出版社，2019.

2. 刘湘廉．限制加重原则之反思与并科原则之提倡．法商研究，2022（3）.

3. 石经海．刑期折抵制度研究．北京：法律出版社，2022.

4. 罗智勇，董朝阳，孙自中．《关于加强减刑、假释案件实质化审理的意见》的理解与适用．中国应用法学，2022（3）.

5. 郭华．《社区矫正法》制定中的争议问题研究．法学，2017（7）.

思考题

1. 对累犯从重处罚的根据是什么？如何理解累犯与再犯的竞合关系？如何理解特殊累犯中的“特殊”？

2. 自首在刑法上到底是一个量刑情节还是一项量刑制度？为什么？自首与坦白的关键区别点是什么？余罪自首的认定应当注意哪些问题？认罪认罚在刑法上是不是一种独立的量刑情节？为什么？

3. 何谓刑法上的立功？在犯罪前、行刑期间给国家和社会作出的重要贡献能否被认定为刑法上的立功？

4. 数罪并罚的原则有哪些？“先减后并”和“先并后减”何者处罚更重？为什么？

5. 何谓刑期折抵？我国有哪些立法对刑期折抵制度作了规定？有何特点？

6. 适用缓刑的实质条件是什么？普通缓刑与战时缓刑的区别是什么？

7. 减刑的实质标准是什么？如何把握？减刑算不算一种对已决犯的刑罚裁量？

8. 假释的适用条件包括哪些？撤销假释的法律后果有哪些？

9. 何谓社区矫正？它的法律性质是什么？适用于哪些情形？

10. 刑法上为何要设置追诉时效制度？追诉时效的起始时间如何计算？如何理解追诉时效的延长和中断？请举例说明。

11. 何谓赦免？我国的赦免制度有何特点？

图书在版编目（CIP）数据

中国刑法学总论/石经海主编．-- 北京：中国人民大学出版社，2023.7
21 世纪普通高等教育法学系列教材
ISBN 978-7-300-31981-0

Ⅰ.①中… Ⅱ.①石… Ⅲ.①刑法－法学－中国－高等学校－教材 Ⅳ.①D924.01

中国国家版本馆 CIP 数据核字（2023）第 135801 号

21 世纪普通高等教育法学系列教材
中国刑法学总论
主 编 石经海
副主编 王志远 郭泽强 丁胜明
Zhongguo Xingfaxue Zonglun

出版发行	中国人民大学出版社		
社 址	北京中关村大街 31 号	**邮政编码**	100080
电 话	010－62511242（总编室）		010－62511770（质管部）
	010－82501766（邮购部）		010－62514148（门市部）
	010－62515195（发行公司）		010－62515275（盗版举报）
网 址	http：//www.crup.com.cn		
经 销	新华书店		
印 刷	大厂回族自治县彩虹印刷有限公司		
开 本	787 mm×1092 mm 1/16	**版 次**	2023 年 7 月第 1 版
印 张	23.75 插页 1	**印 次**	2024 年 2 月第 2 次印刷
字 数	530 000	**定 价**	68.00 元

《　　　　　　》※任课教师调查问卷

为了能更好地为您提供优秀的教材及良好的服务，也为了进一步提高我社法学教材出版的质量，希望您能协助我们完成本次小问卷，完成后您可以在我社网站中选择与您教学相关的1本教材作为今后的备选教材，我们会及时为您邮寄送达！如果您不方便邮寄，也可以申请加入我社的**法学教师QQ群：436438859（申请时请注明法学教师）**，然后下载本问卷填写，并发往我们指定的邮箱（cruplaw@163.com）。

邮寄地址：北京市海淀区中关村大街31号中国人民大学出版社806室收

邮　　编：100080

再次感谢您在百忙中抽出时间为我们填写这份调查问卷，您的举手之劳，将使我们获益匪浅！

基本信息及联系方式：※

姓名：________ 性别：________ 课程：____________

任教学校：________________ 院系（所）：__________

邮寄地址：________________ 邮编：____________

电话（办公）：________ 手机：________ 电子邮件：________

调查问卷：※

1. 您认为图书的哪类特性对您选用教材最有影响力？（　　）（可多选，按重要性排序）

   A. 各级规划教材、获奖教材　　B. 知名作者教材

   C. 完善的配套资源　　D. 自编教材

   E. 行政命令

2. 在教材配套资源中，您最需要哪些？（　　）（可多选，按重要性排序）

   A. 电子教案　　B. 教学案例

   C. 教学视频　　D. 配套习题、模拟试卷

3. 您对于本书的评价如何？（　　）

   A. 该书目前仍符合教学要求，表现不错将继续采用

   B. 该书的配套资源需要改进，才会继续使用

   C. 该书需要在内容或实例更新再版后才能满足我的教学，才会继续使用

   D. 该书与同类教材差距很大，不准备继续采用了

4. 从您的教学出发，谈谈对本书的改进建议：____________

____

____

选题征集：如果您有好的选题或出版需求，欢迎您联系我们：

联系人：黄　强　联系电话：010-62515955

索取样书：书名：____________

书号：____________

备注：※ 为必填项。